Werner Jank/Hilbert Meyer
Didaktische Modelle

Werner Jank
Hilbert Meyer

Didaktische Modelle

Die Deutsche Bibliothek – CIP – Einheitsaufnahme

Jank, Werner:
Didaktische Modelle/Werner Jank, Hilbert Meyer. –
Frankfurt am Main: Cornelsen Scriptor – 1991
ISBN 3-589-21012-5
NE: Meyer, Hilbert:

1. Auflage 1991
5.   4.   3.   2.   1.   Die letzten Ziffern bezeichnen
95 94 93 92 91   Zahl und Jahr des Drucks.

© 1991 Cornelsen Verlag Scriptor GmbH & Co., Frankfurt am Main
Das Werk und seine Teile sind urheberrechtlich geschützt. Jede Verwertung in anderen als den gesetzlich zugelassenen Fällen bedarf der vorherigen schriftlichen Einwilligung des Verlags.
Umschlaggestaltung: Studio Lochmann, Frankfurt am Main, unter Verwendung einer Illustration von Karsten Friedrichs
Herstellung: Hans Reichert, Bad Soden
Satz: Grützmacher GmbH, Frankfurt am Main
Druck und Bindearbeiten: Clausen & Bosse GmbH, Leck
Vertrieb: Cornelsen Verlagsgesellschaft, Bielefeld
Printed in Germany
ISBN 3-589-21012-5
Bestellnummer 210125

INHALTSVERZEICHNIS

Vorwort 13

TEIL I: GRUNDLEGUNG

ERSTE LEKTION
Vom Nutzen didaktischen Theoriewissens 15
1.1 Arbeitsdefinition für »Didaktik« 16
1.2 Aneignungsschwierigkeiten didaktischen Theoriewissens 18
    1.2.1 »Es geht auch ohne Theorie!«? 18
    1.2.2 Vom Unterschied zwischen Theoriewissen und
           Handlungskompetenz 21
    1.2.3 Vom Unterschied der Herstellung und der Darstellung
           einer didaktischen Theorie 24
    1.2.4 Die Dialektik des Lehrens und Lernens 28
1.3 Theorieaneignung: mit Kopf, Herz, Händen und allen Sinnen .. 29
    1.3.1 Erstes Beispiel 30
    1.3.2 Zweites Beispiel 33

ZWEITE LEKTION
Zum Zusammenhang von Theoriewissen und Handlungskompetenz 37
2.1 Die Übersetzung von Theoriewissen in
    unterrichtspraktisches Handeln 38
    2.1.1 Drei-Schritte-Schema 38
    2.1.2 Arbeit am eigenen didaktischen Konzept 40
2.2 Routinebildung im Unterricht 46
    2.2.1 Was heißt Routine? 46
    2.2.2 Beispiel und Interpretation 50
    2.2.3 Reflektierte Routinebildung – Quadratur des Kreises? 57

DRITTE LEKTION
Zentrale Fragestellungen der Didaktik ... 59
Vorbemerkung ... 60
3.1 Die zwei Seiten der Didaktik: Analyse und Handlungsorientierung ... 61
    3.1.1 Didaktik als Erforschung der Unterrichtswirklichkeit ... 62
    3.1.2 Didaktik als Entwurf einer (besseren?) Unterrichtswirklichkeit ... 65
    3.1.3 »... an welchem Punkt entspringt aus der Erkenntnis dessen was ist, die Regel über das, was sein soll?« ... 66
    3.1.4 Die vier Ebenen der Didaktik ... 69
3.2 Zum Normproblem der Didaktik ... 73
3.3 Zu den Begriffen »materiale« und »formale« Bildungstheorie ... 77
3.4 Didaktische Reduktion – didaktische Inszenierung ... 80
3.5 Zum Deduktionsproblem der Didaktik ... 84
3.6 Das Legitimationsproblem der Didaktik ... 87

VIERTE LEKTION
Vom Nutzen der Wissenschaftstheorie für das Verständnis didaktischer Modelle ... 91
Vorbemerkung ... 92
4.1 Begriffsklärungen ... 92
    4.1.1 Was sind didaktische Modelle? ... 92
    4.1.2 Was ist Wissenschaftstheorie? ... 95
4.2 Überblick ... 100
    4.2.1 WISSENSCHAFTSTHEORETISCHE LANDKARTE ... 100
    4.2.2 Empirisch-analytisch orientierte Wissenschaften ... 102
    4.2.3 Dialektisch orientierte Ansätze, Kritische Theorie der Gesellschaft ... 105
4.3 Hermeneutische Positionen ... 107
    4.3.1 Wissenschaftsgeschichte ... 107
    4.3.2 Der Begriff »Geisteswissenschaften« ... 110
    4.3.3 Hermeneutik – Schlüsselbegriff der Geisteswissenschaftlichen Pädagogik ... 112
    4.3.4 Acht Maximen der Geisteswissenschaftlichen Pädagogik ... 115

4.4 Amerikanischer Pragmatismus, Symbolischer
    Interaktionismus, Phänomenologie 119
    4.4.1 Amerikanischer Pragmatismus 119
    4.4.2 Symbolischer Interaktionismus 121
    4.4.3 Phänomenologie 123
4.5 Theorieentwicklung 1990: Paradigmenwechsel oder
    Paradigmenschwund? 124

TEIL II:
DIDAKTISCHE MODELLE

Vorbemerkungen 130

FÜNFTE LEKTION
Bildungstheoretische Didaktik 131

5.1 Zu den Autoren der Bildungstheoretischen Didaktik 132
5.2 Die fünf Grundfragen der Didaktischen Analyse 133
5.3 Ein Beispiel 134
5.4 Grundbegriffe – Hintergründe – Kritik 137
    5.4.1 Was heißt »Bildungstheoretische« Didaktik? 137
    5.4.2 Kategoriale Bildung 142
    5.4.3 Didaktische Analyse 144
    5.4.4 Das Elementare, Fundamentale und Exemplarische 146
    5.4.5 Bildungsinhalt und Bildungsgehalt 152
    5.4.6 Sachanalyse 153
    5.4.7 Exkurs über den »Primat der Didaktik« 155
    5.4.8 Didaktik im engeren Sinn / Didaktik im weiteren Sinn 159
    5.4.9 Unterrichtsmethodische Vorbereitung 162
5.5 Weiterentwicklung des Modells:
    »Kritisch-konstruktive Didaktik« 165
    5.5.1 Theoretische Grundlagen: Aus alt mach' neu 166
    5.5.2 Das Verhältnis von Unterrichtsinhalten und
          Unterrichtsmethoden 170

5.5.3 Perspektivenschema zur Unterrichtsplanung 171
5.5.4 Definition und theoretische Überlegungen
zur Unterrichtsmethode 174
5.6 Was heißt »Allgemeinbildung« heute? 175

SECHSTE LEKTION
Lehrtheoretische Didaktik 181

6.1 Zu den Autoren der Lern- bzw. Lehrtheoretischen Didaktik .. 182
6.2 Begriffsklärungen und Beispiel 183
    6.2.1 Was heißt »Strukturanalyse des Unterrichts«? 183
    6.2.2 Beispiel 185
6.3 Grundbegriffe – Hintergründe – Kritik 192
    6.3.1 Interdependenz 193
    6.3.2 Faktorenanalyse/Bedingungsprüfung 198
    6.3.3 Wertfreiheit als Prinzip? 198
    6.3.4 Von der Analyse zur Planung von Unterricht 201
6.4 Paul Heimanns Bildungstheorie 204
    6.4.1 Intentionalität 204
    6.4.2 Thematik 208
    6.4.3 Unterrichtsmethoden und Medien 210
    6.4.4 Bildungsbegriff 212
    6.4.5 Praxisrelevanz 214
6.5 Das »Hamburger Modell« der Lehrtheoretischen Didaktik 217
    6.5.1 Vier Ebenen der Unterrichtsplanung 218
    6.5.2 Intentionalität: Kompetenz, Autonomie, Solidarität 220
    6.5.3 Thematik: Sach-, Gefühls- und Sozialerfahrung 221
    6.5.4 Umrißplanung 224
    6.5.5 Die konkrete Utopie: Unterrichtsplanung als Diskurs
aller Beteiligten 230
    6.5.6 Ausgewogenheit als Prinzip? 231
    6.5.7 Siebenmeilenstiefel oder kleine Schritte? 232

SIEBTE LEKTION
Dialektisch orientierte Didaktik 235

7.1 Wer ist Lothar Klingberg? 236

7.2 Lehrplanwerk, Didaktik und Methodik –
    Zum Begriffsverständnis in der DDR 237
7.3 Grundbegriffe 241
    7.3.1 Das didaktische Grundverhältnis: Lehren und Lernen 241
    7.3.2 Sozialistische Allgemeinbildung 246
    7.3.3 Wissenschaft und Schulfach:
          »Abbreviatur« und »Didaktische Brechung« 250
    7.3.4 Aspektanalyse des Unterrichts 252
7.4 Prozeßkomponenten des Unterrichts 257
    7.4.1 Begriffsklärungen 257
    7.4.2 Die vier Teilkomponenten:
          Ziel-Inhalt-Methode-Organisation 258
    7.4.3 Ziel-Inhalt-Methode-Organisation-Relation 260
    7.4.4 Primat der Ziel-Komponente 262
7.5 Unterrichtsmethoden 264
    7.5.1 Die dialektische Einheit von Lehr- und Lernmethode 264
    7.5.2 »Innere« und »äußere Seite« der Unterrichtsmethode 266
    7.5.3 Klassifikationsschema 270
    7.5.4 Vergleich der Methodenpraxis DDR-BRD 272
7.6 »Tätigkeit, Leben, Jugendmut, das ist der wahre Witz!«
    oder: Die Didaktik der 80er Jahre 275
    7.6.1 Subjektposition der Lernenden 276
    7.6.2 Konstituierung von Unterrichtsinhalt 278
    7.6.3 »Kollektives Subjekt des Unterrichts« 280
7.7 Schlußthese zu Teil II 284

TEIL III:
ORIENTIERUNGSHILFEN

Vorbemerkungen 286

ACHTE LEKTION
Unterrichtskonzepte im Überblick 289
8.1 Begriffsklärungen und Überblick 290

    8.1.1 Was sind Unterrichtskonzepte? 290
    8.1.2 Was sind didaktische Prinzipien? 292
    8.1.3 Überblick 293
8.2 Lernzielorientierter Unterricht 298
    8.2.1 Arbeitsdefinition 298
    8.2.2 Techniken der Lernzielanalyse 301
    8.2.3 Sinn und Unsinn der Lernzielorientierung 308
8.3 Erfahrungsbezogener Unterricht 310
    8.3.1 Schulkritik als Ausgangspunkt 311
    8.3.2 Erlebnisse – Erfahrungen – Haltungen 313
    8.3.3 Phasenschema zur Unterrichtsplanung 316
    8.3.4 Symbolisierungsformen des Unterrichts 320
    8.3.5 Rückfragen 321

Christel Wopp:
8.4 Offener Unterricht 322
    8.4.1 Was ist Offener Unterricht? 323
    8.4.2 Funktionen und Ziele der Öffnung 325
    8.4.3 Bausteine für einen Offenen Unterricht 327
    8.4.4 »Wege entstehen beim Gehen« 332

NEUNTE LEKTION
Handlungsorientierter Unterricht 337

9.1 Warum Handlungsorientierung? 338
    9.1.1 Langeweile-Syndrom 338
    9.1.2 Die Verantwortung der SchülerInnen für
          den Lehrerfolg der LehrerInnen 339
    9.1.3 SchülerInnen-Nebentätigkeiten im Unterricht 341
    9.1.4 Lernen in der Risiko-Gesellschaft 343
    9.1.5 Entschleunigung der Didaktik 345
**9.2 Das historische Umfeld des Handlungsorientierten
Unterrichts** 346
    9.2.1 Überblick 346
    9.2.2 Johannes Langermanns Konzept des
          »Handelnden Unterrichts« 349
9.3 Grundbegriffe und Merkmale 352
    9.3.1 Handelnder oder Handlungsorientierter
          Unterricht? 352

9.3.2 Handlungsbegriff 353
9.3.3 Arbeitsdefinition 354
9.3.4 Sieben Merkmale Handlungsorientierten Unterrichts 355
9.3.5 Perestroika 360
9.3.6 Unterrichtsorganisation 361

9.4 Orientierungshilfen 362
9.4.1 Planungsraster 362
9.4.2 Einstiegsphase 365
9.4.3 Verständigung über das anzustrebende
  Handlungsprodukt 366
9.4.4 Erarbeitungsphase 367
9.4.5 Auswertungsphase 368

9.5 Pro und Contra 368
9.5.1 Unterrichtspraktische Kritik 368
9.5.2 Bildungstheoretische Begründung 371
9.5.3 Wie realistisch ist ein solches Konzept? 374

Bernhard Hauke:
9.6 »Appelbräu e.G.« – Bericht über ein Schulprojekt 376

ZEHNTE LEKTION
Ratschläge für Stundenentwürfe 385

10.1 Vorbemerkungen 386
10.1.1 Über das Lesen von Prüfungsstundenentwürfen 386
10.1.2 Widersprüchliche Erwartungen 388
10.1.3 Rezepte – Nein Danke – Ja bitte! 393

10.2 Methodischer Gang des Unterrichts 395

10.3 Gliederung des schriftlichen Unterrichtsentwurfs 399
10.3.1 Vom Unterschied zwischen der Unterrichtsplanung
  und ihrer Darstellung im schriftlichen Entwurf 401
10.3.2 Übungsaufgabe 401
10.3.3 Welchen Gliederungspunkten sollen Ihre einzelnen Aussagen
  zugeordnet werden? 407

Literaturverzeichnis 421
Bildnachweis 443
Sach- und Personenregister 444

VORWORT

Liebe Leserin, lieber Leser!

Dieses Buch ist für Studentinnen und Studenten, für Referendarinnen und Referendare sowie deren Ausbilder geschrieben. Wir wollen all jenen Anregungen geben, die freiwillig oder gezwungenermaßen darüber nachdenken, welche Rolle didaktisches Theoriewissen für ihr unterrichtspraktisches Handeln haben könnte. Auch wenn das Buch viele Auflockerungen in Form von Zeichnungen, Cartoons, Thesen und LANDKARTEN enthält, sollten Sie vor einem Kauf bedenken, daß wir einen *Beitrag zur Grundlagendiskussion in der Didaktik* geschrieben haben. Wir haben uns bemüht, Ihnen plausibel zu machen, warum theoretische Probleme zu praktisch wichtigen Fragen werden können, und umgekehrt, warum unterrichtspraktische Probleme mit Hilfe von didaktischem Theoriewissen besser aufgearbeitet werden können als ohne.

In den 80er Jahren hat es in der BRD und im deutschsprachigen Ausland kaum Neuansätze, wohl aber interesssante Weiterentwicklungen der gängigen *didaktischen Modelle* gegeben. Ähnliches kann für die DDR bis zum Jahre 1989 gesagt werden. Durch deren Zusammenbruch und die Bildung der fünf neuen Länder ist allerdings eine völlig neue Situation entstanden, deren Auswirkungen auf die Theorieentwicklung der 90er Jahre heute noch nicht vorausgesagt werden können. Wir haben in systematischer Absicht, aber auch aus bildungspolitischen Gründen ein DDR-spezifisches Modell in den Teil II dieses Buchs aufgenommen: die dialektisch orientierte Didaktik Lothar Klingbergs. Dabei war für uns überraschend festzustellen, daß die theoretischen Differenzen der gängigen didaktischen Modelle hüben und drüben in den 80er Jahren spürbar geringer geworden sind.

Wir unterscheiden in diesem Buch zwischen didaktischen Modellen und Unterrichtskonzepten. *Unterrichtskonzepte* wollen praxisnahe Orientierungshilfen für die Gestaltung anspruchsvollen Unterrichts liefern. Einige dieser Konzepte werden im Teil III dargestellt.

Das Buch ist wieder einmal hundert Seiten länger geworden, als es der Verlag gern gesehen hätte, aber dennoch unvollständig. Es gibt noch weitere didaktische Modelle und zahlreiche Unterrichtskonzepte, auf die wir lediglich hinweisen, ohne sie darzustellen und zu würdigen.

Dieses Buch ist das Ergebnis einer 1983 begonnenen Zusammenarbeit der beiden Autoren. Damals hatte der eine, Hilbert Meyer, eine Vorlesung zum Thema »Einführung in die Didaktik« gehalten. An dem 300 Seiten langen Vorlesungsmanuskript hatte Werner Jank schon kräftig mitgeschrieben, auch Teile der Vorlesung gehalten. 1989 haben wir eine stark überarbeitete, auf 520

Seiten angewachsene Buchfassung der Vorlesung universitätsintern veröffentlicht (»Didaktische Modelle: Grundlegung und Kritik«, herausgegeben vom Zentrum für pädagogische Berufspraxis der Carl-von-Ossietzky-Universität Oldenburg).

Die beiden Autoren mußten sich für die Veröffentlichung zusammenraufen und Team-Geist entwickeln. Aber dies ging überraschend gut. Wir fanden in allen wichtigen Fragen Konsens. Viele Lektionen sind Abschnitt für Abschnitt gemeinsam geschrieben, bei anderen hat der eine einen ersten Entwurf geschrieben, der andere gekürzt, gezeichnet, kritisiert. Teil II wird federführend von Werner Jank verantwortet. Teil III trägt stärker die Handschrift von Hilbert Meyer. Wegen dieser langwierigen Entstehungsgeschichte gibt es Überlappungen zu dem 1987 im Cornelsen Verlag Scriptor erschienenen Buch »UnterrichtsMethoden«. Wir haben uns bemüht, sie so gering wie möglich zu halten. Die nun vorgelegte Fassung ist nochmals Satz für Satz und Lektion für Lektion gemeinsam durchgearbeitet, ergänzt und gekürzt worden. Christel Wopp, Oldenburg, und Bernhard Hauke, Berne, haben zwei Abschnitte in Teil III beigetragen, die sie selbst verantworten, die aber voll mit uns abgestimmt sind. Die Schlußphase der Manuskript-Überarbeitung war wie immer hektisch. Wir danken Gaby S.-J., Christa M., Karsten F., Rüdiger K., Werner D., Horst L. und Maria B. für Geduld und Hilfe.

Die Zeichnungen und Cartoons stammen, wenn nichts anderes vermerkt ist, von Karsten Friedrichs, Oldenburg, Theodor Schulze, Bielefeld, und den beiden Autoren. Die LANDKARTEN stammen von Hilbert Meyer.

Dieses Buch stellt eine komprimierte, wissenschaftstheoretisch orientierte Einführung in Didaktische Modelle und Unterrichtskonzepte dar. Es kann die Lektüre dieser Modelle nicht ersetzen – es soll sie ergänzen.

Wir wünschen Ihnen Spaß bei der Lektüre dieses Buchs und hoffen, daß Sie Anregungen für den Aufbau und die Weiterentwicklung Ihrer didaktischen Handlungskompetenzen finden.

Wiesloch
bei Heidelberg/
Oldenburg

Juli 1991　　　　　　　　　　　　　Werner Jank und Hilbert Meyer

TEIL I

ERSTE LEKTION:
Vom Nutzen didaktischen Theoriewissens

Ziele + Inhalte dieser Lektion

> In der ERSTEN LEKTION fragen wir, warum es so schwer ist, sich didaktisches Theoriewissen anzueignen.
> - ❑ Im ersten Abschnitt umreißen wir, wie wir den Begriff Didaktik benutzen.
> - ❑ Im zweiten Abschnitt erläutern wir, warum Theoriewissen und Handlungskompetenz unterschieden werden müssen und warum der Zusammenhang zwischen beiden kompliziert ist.
> - ❑ Im dritten Abschnitt kommen zwei Lehrerinnen zu Wort. Anhand ihrer Erfahrungsberichte zeigen wir, daß Theorieaneignung nicht nur mit dem Kopf, sondern immer auch mit dem Herzen, den Händen und allen Sinnen erfolgt.

1.1 Arbeitsdefinition für »Didaktik«

Häufig wird in der Schule, an den Hochschulen und im Referendariat eine eigentlich unzulängliche »Vulgärdefinition« von Didaktik in Abgrenzung zur Unterrichtsmethodik benutzt:

- ❏ Didaktik beantwortet die Frage nach dem *Was* (= Inhaltsfrage),
- ❏ Methodik beantwortet die Frage nach dem *Wie* (= Vermittlungsfrage).

Diese Definition ist nicht falsch, aber viel zu eng! Denn die Didaktik beantwortet auch noch zahlreiche andere Fragen, zum Beispiel die nach dem *Warum* (= Begründungsfrage) und *Wozu* (= Zielfrage) und die nach dem *Wer* (= Lehrer-Schüler- bzw. Lehrender-Lernender-Relation). In Langfassung kann der *Gegenstandsbereich* der Didaktik fürs erste folgendermaßen bestimmt werden:

Die Didaktik schließt also die Frage nach den Methoden ein. Wenn man nun versucht, dieses weite Verständnis von Didaktik zu einer knappen Definition zusammenzufassen, so kann folgende *Arbeitsdefinition* als Ausgangspunkt für dieses Buch formuliert werden:

> **Definition 1.1:** Didaktik = Theorie und Praxis des Lehrens und Lernens.

Die Definition soll deutlich machen, daß die Didaktik eine Disziplin ist, die nicht nur für das Lehren und Lernen an Schulen, sondern auch an jedem anderen denkmöglichen Ort zuständig ist, sei dies nun an Volkshochschulen und Universitäten, bei der Fahrschule, beim Einüben in den Gebrauch eines Personalcomputers oder bei der Gestaltung einer Friedens-Demo.

Didaktik ist nicht nur Theorie, sondern immer auch *Praxis* des Lehrens und Lernens. Diese in der Arbeitsdefinition enthaltene Festlegung ist nicht selbst-

1.1 Arbeitsdefinition für »Didaktik«

verständlich. Sie besagt, daß Didaktik nicht nur als akademische Disziplin an Hochschulen betrieben wird, also theoretische Aussagen über Lehr-/Lernprozesse macht, sondern Bestandteil des pädagogischen Handelns von LehrerInnen, SchülerInnen, PastorInnen, FernsehmoderatorInnen usw. sein kann.

Das Wort »Praxis« kommt aus dem Griechischen und heißt schlicht »Handlung« oder »Tun«. Von Praxis wird überall dort gesprochen, wo *Menschen* schöpferisch oder reproduzierend tätig werden. Deshalb ist Praxis immer gesellschaftlich bestimmt und historisch gewachsen – die Natur hat demgegenüber keine Praxis.

»Praxis« setzt zweierlei voraus: einmal den Tatbestand, daß die Lebensverhältnisse, in denen wir praktisch tätig sind, *unvollkommen* sind und verbessert werden können und müssen; zum zweiten, daß Menschen aus eigenem Willen und zielgerichtet handeln können, also zur *Selbstbestimmung* fähig sind (vgl. Benner 1987, S. 25-35).

Wenn wir in diesem Buch von »Unterrichtswirklichkeit«, von »Erziehungswirklichkeit« oder vom »Unterrichtsprozeß« sprechen, beziehen wir uns auf diesen allgemeinen Praxisbegriff.

Mit dem Begriff *»didaktisches Modell«* bezeichnen wir – ähnlich wie unser akademischer Mentor Herwig Blankertz – ein auf Vollständigkeit zielendes Theoriegebäude zur Analyse und Planung didaktischen Handelns in schulischen und nichtschulischen Lehr- und Lernsituationen. Auf S. 92 finden Sie eine genauere Definition dieses Begriffs; in der 5. bis 7. Lektion die ausführliche Darstellung solcher Modelle. Von einem »didaktischen Konzept« bzw. einem »Unterrichtskonzept« sprechen wir, wenn die strengen Ansprüche auf Vollständigkeit und Allgemeingültigkeit der Theorie nicht erfüllt oder gar nicht gestellt werden.

Das Wort »Didaktik« stammt vom griechischen Verb »διδάσκειν« (didáskein) ab und kann sowohl aktiv (als »lehren« oder »unterrichten«) wie auch passiv (als »lernen«, »belehrt werden«, »unterrichtet werden«) und medial (»aus sich selbst lernen«, »ersinnen«, »sich aneignen«) übersetzt werden. Das vom Verb abgeleitete Substantiv »δίδαξιζ« (= dídaxis) bedeutet: Lehre, Unterricht, Unterweisung. Die »διδακτική τέχνη« (didaktiké téchne) ist die Lehrkunst. Schon in der Antike bezog sich das Wort Didaktik also sowohl auf das Lehren wie auch auf das Lernen (vgl. Heursen 1989).

Herwig Blankertz

1.2 Aneignungsschwierigkeiten didaktischen Theoriewissens

1.2.1 »Es geht auch ohne Theorie!«?

Wir haben uns überlegt, welche Leser und Leserinnen zu diesem Buch greifen werden: Vielleicht sind einige von Ihnen Mentoren und Seminarleiter der Zweiten Phase der Lehrerausbildung, andere Schulräte, Hochschullehrer usw. Sie bringen differenzierte Vorkenntnisse zum Thema dieses Buches mit. Die Mehrzahl der Leser und Leserinnen dürfte jedoch zu den StudentInnen und ReferendarInnen zählen und *eher diffuse Vorkenntnisse* haben:

- ❏ Die Frage, wie der *Begriff* der Didaktik zu definieren sei, haben wir eben schon beantwortet. Was sich hinter der abstrakten Definition verbirgt, dürfte jedoch bei den meisten von Ihnen unklar geblieben sein. Die Vorstellungen darüber, was der Gegenstand der Germanistik oder der der Geographie oder der Mathematik sei, sind Ihnen vermutlich klarer als der Gegenstand der Didaktik.
- ❏ Einige von Ihnen haben vielleicht schon eine Reihe von *Namen* gehört: Comenius, Pestalozzi, Herbart oder Diesterweg, Klafki, Klingberg, Rumpf, Wagenschein, Giesecke, Otto usw.
- ❏ Sie wissen auch, daß man zwischen der *Allgemein-* und den *Fachdidaktiken* oder, wie in den fünf neuen Bundesländern gesagt wird, den Fachmethodiken zu unterscheiden pflegt.
- ❏ Sie haben ein mehr oder weniger konkretes Gefühl, daß die Didaktik für Ihre Berufsausbildung wichtig sei. Vielleicht hoffen Sie sogar, durch das Studium der Didaktik zu einer guten Lehrerin bzw. einem guten Lehrer zu werden. Aber wie genau dies vonstatten gehen soll, wissen Sie nicht.

Und dann raffen Sie sich im zweiten oder dritten Semester auf und gehen in eine Vorlesung oder in ein Einführungsseminar zur Didaktik. Dort treffen Sie auf einen Hochschullehrer (seltener auf eine Hochschullehrerin), der Ihnen – sei's mit vornehmer Distanz oder mit dem Durchsetzungswillen eines Staubsaugervertreters – *sein didaktisches Modell* (vielleicht auch gleich ein halbes Dutzend weiterer) mit Voraussetzungen und Konsequenzen, mit Vor- und Nachteilen schmackhaft zu machen versucht. Er will Sie zum Beispiel zu einem Anhänger der Bildungstheoretischen oder der Lehrtheoretischen Didaktik oder einer hausgemachten Mischung beider Ansätze machen; er will Sie von den Vorzügen des Genetischen Unterrichts à la Wagenschein überzeugen oder deutlich machen, daß keiner besser als Célestin Freinet (der mit der Druckerwerkstatt) die pädagogischen Herausforderungen der 90er Jahre zu beantworten hilft; oder er will Ihnen zeigen, daß die bis zur Wende im Gebiet der ehemaligen DDR vertretenen didaktischen Prinzipien eigentlich gar nicht so weit von den Positionen der bürgerlichen Didaktik entfernt waren, wie früher angenommen wurde. Aber *was passiert mit diesen didaktischen Modellen* auf dem »langen Marsch« durch die Köpfe und Herzen der Studierenden bis zu

1.2 Aneignungsschwierigkeiten didaktischen Theoriewissens 19

den ersten Unterrichtsversuchen im Praktikum oder Referendariat? Die Zahl derer, die sich eines dieser Modelle wirklich von A bis Z aneignen, um es dann werkgetreu im Unterricht umzusetzen, dürfte sehr gering sein! Häufig werden die Modelle nur ansatzweise übernommen und mit den Vorschlägen der Mentoren oder den Erinnerungen an die eigene, oft ja nur ein oder zwei Jahre zurückliegende Schülerzeit verknüpft. Sie werden »ausgeschlachtet«, im Anspruch reduziert, den eigenen Interessen und Erfahrungen angepaßt, manchmal vielleicht auch verbessert. Kurz gesagt: Sie werden »praxistauglich« gemacht. Hin und wieder treffen wir auch auf Studentinnen und Studenten, die erfolgreich durch ihre Schulpraktika gekommen sind, ohne jemals vorher Didaktik studiert zu haben. Dies nährt den Verdacht, daß die in der Überschrift formulierte Behauptung zutrifft: Es geht auch ohne Theorie!

In vielen Einzelfällen kann diese Behauptung *empirisch* belegt werden:

❑ Hier und dort können Sie an den Schulen erfolgreich unterrichtende Lehrerinnen und Lehrer treffen, die es geschafft haben, sich während ihrer ganzen Ausbildungszeit am Studieren der Didaktik vorbeizumogeln und die dennoch ihre Examina – oft mit guten Noten – bestanden haben.

❑ Es gibt eine große Gruppe von Lehrerinnen und Lehrern (ausgerechnet jene mit den höchsten Gehältern!), in deren Ausbildung weder ein Didaktik- noch ein Pädagogikstudium vorgesehen ist, nämlich die ProfessorInnen an den Hochschulen und Universitäten. (Von der Kindergärtnerin bis zum Professor gilt als Faustregel: Je höher der Didaktikanteil in der Ausbildung, desto niedriger ist das Gehalt!)

❑ Eine US-amerikanische empirische Untersuchung, in der 20 akademisch ausgebildete Nicht-Lehrer (Ärzte, Juristen usw.) mit 20 ausgebildeten Lehrern »um die Wette« unterrichteten, ergab folgendes Ergebnis, das zwar peinlich, aber nicht unbedingt überraschend ist: Die Gruppe der Nicht-Lehrer zeigte mittelfristig die größeren Lehrerfolge.

Schon vor knapp 200 Jahren hatte der Theologie- und Pädagogikprofessor Friedrich Daniel Ernst *Schleiermacher* (1768-1834) an der neu gegründeten Universität von Berlin in seinen »Pädagogischen Vorlesungen« die nüchterne Feststellung getroffen, daß schon seit der Antike, also seit gut 2000 Jahren zielstrebig und zumeist auch mit Erfolg erzogen und unterrichtet worden sei, ohne daß es eine pädagogische Theorie für diese Arbeit gegeben hätte. Er folgerte daraus: »Die Dignität der Praxis ist unabhängig von der Theorie; die Praxis wird nur mit der Theorie eine bewußtere« (Schleiermacher 1957, S. 11; »Dignität« bedeutet soviel wie Würde oder Gültigkeit).

F.D.E. Schleiermacher

Für uns als Hochschullehrer für Didaktik sind solche Behauptungen, empirischen Befunde und theoretischen Erkenntnisse natürlich frustrierend: Sollen wir akzeptieren, einer zwar gut bezahlten, aber eigentlich überflüssigen Tätigkeit nachzugehen? Oder sollen wir den StudentInnen und LehrerInnen klarmachen, daß sie sich getäuscht haben, daß sie in Wirklichkeit doch theorieorientiert unterrichten, ohne dies gemerkt zu haben?

Eine Lehrerin, die wir gefragt haben, ob sie denn für ihren Unterricht didaktisches Theoriewissen benötige, antwortete uns: »Eigentlich nein! Ich könnte meine Didaktik zu einem Satz zusammenfassen: *»Ich hole die Schüler dort ab, wo sie zur Zeit stehen!«* Dieser Grundsatz ist nicht neu. Er stammt aus den Anfängen der Hermeneutik, also aus den Predigt-Lehren, wie sie im 17. und 18. Jahrhundert für die Ausbildung des Theologennachwuchses entwickelt wurden. Wir glauben aber kaum, daß diese Lehrerin ihren Satz als geronnenes Theoriewissen vergangener Jahrhunderte verstanden wissen wollte. Für sie – und für fast alle anderen Lehrer auch – gehört ein solcher Satz zum *alltäglichen Betriebswissen der Schule,* zu dem man auch ohne ein Studium der Geschichte der Didaktik zu gelangen vermag. Der zur Geisteswissenschaftlichen Pädagogik (vgl. S. 107 bis 119) zählende bekannte Didaktiker *Erich Weniger* (1894-1961) sagte von solchen Wissensbeständen, es handle sich um Praktiker-Theorien, um »Theorien ersten Grades«, von denen er Theorien zweiten und dritten Grades unterschied. Theorien zweiten Grades sind danach ausgearbeiteter und reflektierter als Praktiker-Theorien; Theorien dritten Grades sind nach Weniger wissenschaftlich abgesicherte und begründete Theorien (vgl. Girmes-Stein 1981).

Erich Weniger

Aber beim Übergang von Praktiker-Theorien zu abgesicherten und begründeten wissenschaftlichen Theorien gibt es Schwierigkeiten; ebenso beim umgekehrten Weg, beim Übergang von wissenschaftlichen Theorien zum konkreten, praktischen Handeln von Lehrern in der Schule. Diese Schwierigkeiten haben einen eleganten Namen: Sie gehören zu den *Theorie-Praxis-Problemen.* Hunderte von klugen Büchern sind über das Theorie-Praxis-Problem in der Pädagogik geschrieben worden, gelöst wurde es dadurch noch lange nicht. Es stellt sich in jeder Generation und für jeden einzelnen, der Lehrer oder Lehrerin werden will, neu. Wenn Sie persönlich Schwierigkeiten mit der Aneignung didaktischen Theoriewissens haben und die Gründe dafür erst einmal bei sich selber suchen, so ehrt Sie dies, es ist aber nicht (oder nur zu kleinen Teilen) richtig. Unsere These, die wir anschließend begründen werden:

1.2 Aneignungsschwierigkeiten didaktischen Theoriewissens 21

> **These 1.1:**
> Aneignungsschwierigkeiten beim Umgang mit didaktischem Theoriewissen haben ihre Gründe weniger in der Person, die sich Theoriewissen anzueignen versucht, *als in der Sache selbst:* in der Struktur und Funktion didaktischer Theorien und in der Form ihrer Darstellung.

In den folgenden drei Abschnitten (1.2.2 bis 1.2.4) werden wir – ohne Anspruch auf Vollständigkeit – einige Begründungen für diese These liefern.

1.2.2 Vom Unterschied zwischen Theoriewissen und Handlungskompetenz

In »Knaurs Lexikon in zehn Bänden« (1978) wird »Theorie« so definiert:

> Theorie (griech. »Schau«), urspr. die Betrachtung der Wahrheit durch reines Denken, unabhängig von ihrer Nutzbarmachung (Ggs. Praxis); Empirie. In der Wissenschaft die vorwiegend empir. oder deduktiv gewonnene, zusammenfassende Darstellung gesicherter Erkenntnisse eines Wissensbereichs in einem System, in dem alle Einzelphänomene gesetzl. erklärbar sind. Jede Wissenschaft strebt nach Umwandlung ihrer Hypothesen in Th. Die Untersuchung von Th. heißt Metatheorie, z.B. Metamathematik.

Das ist natürlich eine Feld-, Wald- und Wiesendefinition – aber sie erlaubt zu zeigen, was *didaktische* Theorie *nicht* ist: nämlich eine dieser Definition genügende, gleichsam naturwissenschaftlich exakte »Darstellung ... in einem System, in dem alle Einzelphänomene gesetzlich erklärbar sind«. Der entscheidende Grund dafür liegt darin, daß eine didaktische Theorie *mehr* liefern muß als nur eine zusammenfassende Darstellung der (wenigen) streng gesetzmäßig ablaufenden Prozesse in einer Lehr-Lern-Situation. Didaktische Theorien sollen das *pädagogische Handeln* des Lehrers und seiner zehn, zwanzig oder dreißig Schüler *nicht nur erklären, sondern auch anleiten.* Aber dieses Handlungsgefüge ist derart komplex, daß es weder möglich noch sinnvoll ist, *alle* Einzelphänomene einer Lehr-Lern-Situation zu erfassen.

> **These 1.2:**
> Pädagogisches Handeln ist zu komplex und unterliegt zu vielen, teilweise unbekannten Einflußgrößen, als daß durch eine Theorie wirklich *alle* Einzelphänomene in eindeutiger Weise gesetzlich erklärbar wären.

Diese These gilt sowohl für die Planung von Unterricht als auch für die nachträgliche Auswertung und Analyse.

Ungeachtet dieser These findet Unterricht aber tagtäglich in hunderttausenden Klassenzimmern statt. Und er »funktioniert« auch, wenn auch mit wechselndem Erfolg. Lehrerinnen und Lehrer beweisen täglich, daß sie das

Getriebe in Gang halten können, auch wenn niemand bis ins letzte Detail hinein erklären kann, wie sie das schaffen!
Deshalb erscheint es uns notwendig, folgende Unterscheidung zu treffen:

> Einerseits gibt es das »*Theoriewissen*« im engen Sinn und als Ergebnis der Beschäftigung mit didaktischer Literatur, mit empirischen Forschungsergebnissen usw. Es ist die Voraussetzung für so etwas wie die »Theoriekompetenz« eines Lehrers bzw. einer Lehrerin, also für die Fähigkeit, didaktische Probleme geschickt in einen Theoriezusammenhang einzuordnen und sie auf ihre theoretischen Voraussetzungen und Konsequenzen hin zu durchleuchten.

> Andererseits gibt es eine »*didaktisch-methodische Handlungskompetenz*«. Sie ist die Voraussetzung für die Fähigkeit, während des Unterrichtsprozesses zielorientiert zu handeln und auf immer wieder neue, nie genau voraussehbare Problemsituationen angemessen einzugehen. Didaktisch-methodische Handlungskompetenz von Lehrern und Schülern wird durch viel mehr als nur didaktisches Theoriewissen bestimmt: durch eigene Praxis-Erfahrungen, durch Anregungen von Kommilitonen und Kollegen, durch persönliche Einstellungen, durch die eigene Lern- und Erfahrungsbiographie usw.

»Theoriewissen« ist einerseits mehr, andererseits weniger als »Handlungskompetenz«:

☐ »*Theoriewissen*« *ist mehr als* »*Handlungskompetenz*«, weil zum »Theoriewissen« unverzichtbar das Bewußtsein davon gehört, sich im Zusammenhang einer Theorie zu bewegen und das eigene oder fremdes Handeln aus diesem Kontext heraus erklären und begründen zu können. Theorien zielen auf *Vollständigkeit*; sie wollen »das Ganze« ihres Gegenstands erfassen. Sie können deshalb zur *kritischen Instanz* gegenüber den Zwängen des alltäglichen Unterrichtsbetriebs werden und Betriebsblindheit verringern.
Rainer Bromme, ein Unterrichtswissenschaftler aus Bielefeld, hat das Manuskript zu diesem Abschnitt kritisch kommentiert und in einem Brief angemerkt: »Theorien sind nämlich notwendigerweise abstrakter und gegenüber den Einzelsituationen, wie sie in der Schule vorkommen, in bezug auf Details ‚ärmer'. Sie sind aber zugleich auch bezüglich solcher Einzelsituationen ‚reicher': *Sie enthalten die wesentlichen Prinzipien hinter den Situationen* (oder sollten sie wenigstens enthalten)! Die persönliche Aneignung einer Theorie besteht außerdem gerade in ihrer ‚Kontextualisierung', also einer *persönlichen Sinngewinnung* von allgemeinen Begriffen, indem diese allgemeinen Begriffe auf die eigene Situation, auf die eigenen persönlichen Erfahrungen usw. bezogen werden.« Theorien können also das Handeln erklären – und zwar nicht nur den mechanischen Ablauf von Handlungen, sondern gerade auch *den Sinn hinter* diesen Handlungen.
Die unvermeidliche Allgemeinheit didaktischer Theorien löst bei vielen, die sich während des Lehrer-Studiums mit didaktischem Theoriewissen beschäfti-

1.2 Aneignungsschwierigkeiten didaktischen Theoriewissens

gen, Frustration und Abwehr aus: Es ist besonders für Studienanfänger nur schwer nachzuvollziehen, was philosophisch weit ausholende Theorien (etwa über die Bedeutung des Begriffs »Erfahrung« in der Pädagogik) oder großangelegte empirische Untersuchungen mit Faktorenanalysen (etwa über die Entwicklung des Zahlbegriffs bei Kindern) mit den Anfänger-Schwierigkeiten im ersten Schulpraktikum zu tun haben sollen. Solche Abwehrhaltung kann in Einzelfällen berechtigt sein – grundsätzlich jedoch ist sie problematisch.

❑ »*Theoriewissen*« *ist weniger als* »*Handlungskompetenz*«, weil keine Theorie alle unterrichtlichen Einzelphänomene angemessen erklären und für jedes Problem eine Lösung angeben könnte. Aber selbst dann, wenn wir in einem Gedankenexperiment von der Annahme ausgingen, es gäbe eine solche vollkommene Theorie, wäre sie wenig wert. Denn kein Lehrer wäre in der Lage, seine von Sekunde zu Sekunde getroffenen didaktischen Entscheidungen erst einmal in die didaktische Theorie »hochzurechnen«, sie dort zu klären und dann wieder »kleinzuarbeiten« bis in seine konkrete Unterrichtssituation. Ein amerikanischer Schulpsychologe, Philip Jackson, hat einmal ausgerechnet, wie viele einzeln zu identifizierende Sozialkontakte ein Lehrer durchschnittlich an einem Schulvormittag zu seinen Schülern herstellt. Es sind mehr als tausend! Wollte man diese Sozialkontakte (und die zahllosen weiteren didaktisch-methodischen Maßnahmen) allesamt einzeln theoretisch rechtfertigen, träte unweigerlich der sogenannte »Tausendfüßler-Effekt« ein: In dem Augenblick, in dem dieser versuchte, alle seine Beine planmäßig und kontrolliert voreinander zu setzen, verheddarte er sich hoffnungslos.

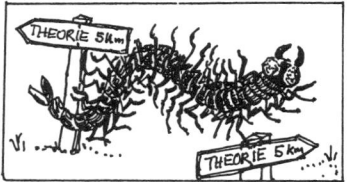

Theoriewissen und didaktisch-methodische Handlungskompetenz können nicht zur Deckung gebracht werden, weil sie Unterschiedliches leisten. Wer dies nicht beachtet und meint, ein differenziertes Studium der Allgemein- und der Fachdidaktik(en) reiche aus, um gut durch die Praktika und das Referendariat zu kommen, wird in Schwierigkeiten geraten. Die Stärke des Theoriewissens liegt ja gerade im In-Frage-Stellen der in der Unterrichtspraxis eingeschliffenen Handlungsformen, weniger im Entwerfen einer neuen, besseren Praxis.

Eine kleine *Nachbemerkung:* In der Geschichte der Pädagogik ist im Eifer der Suche nach wissenschaftlich exakten Erklärungen didaktischen Handelns oft übersehen worden, daß die Differenz zwischen Theorie und Praxis auch ihr Gutes hat: Gäbe es diese Differenz nicht, wäre also jedes Einzelphänomen exakt erklärbar und vorhersehbar, dann könnte Unterricht so total verplant werden, daß Spontaneität, Eigeninitiative und Kreativität keinen Platz mehr hätten. Dann stünden wir heute in der Schule in einer so schrecklichen »Brave New World«, wie sie Aldous Huxley in seinem berühmten Zukunftsroman beschrieben hat.

1.2.3 Vom Unterschied der Herstellung und der Darstellung einer didaktischen Theorie

Ein zweiter Grund für Aneigungsschwierigkeiten didaktischen Theoriewissens rührt aus der *Form,* in der wissenschaftliche Forschungsergebnisse präsentiert werden. Die Überlegungen, die beim »Austüfteln« einer didaktischen Theorie angestellt werden, können von dem, was dann endgültig als Theoriegebäude in Buchform veröffentlicht wird, weit entfernt sein. Lothar Klingberg, einer der führenden Didaktiker der ehemaligen DDR, schreibt in seiner »Einführung in die Allgemeine Didaktik« (7. Aufl. 1989, S. 69):

Lothar Klingberg

»In der Methode der wissenschaftlichen Arbeit muß streng zwischen der Methode der *Forschung* (der Erforschung, der Erkenntnis neuer Sachverhalte) und der Methode der *Darstellung* der gefundenen Erkenntnisse in einem System unterschieden werden. Die Darstellungsmethode der Wissenschaft ist – auf der Grundlage der Analyse der betreffenden Erscheinungen – rein logisch orientiert. Wir sprechen deshalb von der logischen (oder logisch-systematischen) Methode der Darstellung. Bei dieser Methode spielt der konkrete Erkenntnisprozeß nur insofern eine Rolle, als seine *Resultate* logisch geordnet werden. Im logischen System der Wissenschaft spielt es keine Rolle, *wann* ein bestimmtes Ergebnis gefunden wurde, in welcher zeitlichen Folge bestimmte Erkenntnisse gewonnen wurden und wie sie zustande kamen.«

Wenn Klingberg behauptet, die Darstellung von Wissen sei »rein logisch orientiert«, so ist dies sicherlich übertrieben. Die Darstellung wissenschaftlichen Wissens folgt vielfältigen Interessen: Der Autor will seine Position gegen Gegner verteidigen, er will in aller Regel die Nutzanwendung des erarbeiteten Wissens vorbereiten usw. In einem Punkt hat Klingberg aber sicherlich recht: Die Darstellung von Forschungsergebnissen produziert immer wieder eine nachträgliche Glättung des verwinkelt-verwickelten tatsächlichen Forschungsablaufs.

Ein russischer Mathematiker, von dem ein unterhaltsames Buch über den Zufall in der Mathematik stammt, hat dieses Problem auf andere Weise beschrieben:

1.2 Aneignungsschwierigkeiten didaktischen Theoriewissens

Sherlock Holmes deckt endlich die Karten auf

»Ach, mein lieber Watson!« sagte Holmes, streckte die in eine warme Decke gehüllten Beine weit von sich und ließ einen Rauchring zur Decke aufsteigen. »An einem so gemütlichen Abend möchte man ganz einfach nur Mensch sein!«

Nachdenklich blickte er auf die hellen Lichtflecke im niederbrennenden Kaminfeuer, und der Widerschein der erlöschenden Flammen glitt über sein scharf geschnittenes, hageres Gesicht. Lag es am Wein, dem man reichlich zugesprochen hatte, oder an dem reichhaltigen Abendbrot von Miss N.s treusorgender Hand, oder war es einzig und allein der Zauber des niederbrennenden Kaminfeuers – wie dem auch sei, Holmes' Gesicht entspannte sich und nahm einen weichen, gütigen Ausdruck an. Dr. Watson hatte seinen Freund noch nie in einem derartigen Zustand erlebt. Er paßte überhaupt nicht zu der entschlossenen männlichen Natur des berühmten Detektivs. Es schien, als wolle Holmes gleich lächeln und über die schulischen Erfolge seines Neffen plaudern.

Und tatsächlich, Holmes lächelte und erzählte:

»Sie können sich gar nicht vorstellen, mein lieber Doktor, wie sehr doch die Arbeit eines Detektivs vom glücklichen Zufall abhängt! Ich habe das erst so richtig begriffen, als ich die jüngsten Arbeiten über Kybernetik las. Besonders sind mir da die Werke des berühmten Kybernetikers Ross Ashby im Gedächtnis geblieben. Stellen Sie sich vor, dieser Mann hat sogar eine Maschine, den sogenannten Homöostaten, entwickelt, der eine Folge zufälliger Zustände so lange durchläuft, bis er innerhalb eines bestimmten Bereiches Stabilität erreicht hat, eine Maschine, die mit dem Zufall zurechtkommt. Man könnte direkt ins Träumen geraten!«

»Holmes, Sie wissen, daß es mir immer schwerfällt, Ihrem Gedankenflug zu folgen. Welche Verbindung besteht denn zwischen der Arbeit eines Detektivs und der Kybernetik? Und dann sprachen Sie so freundlich über den Zufall, der für den Detektiv, dessen Schlüsse in erster Linie logisch und nicht vom Zufall bedingt sein sollten, doch stets nur eine Störung darstellt.«

»Das stimmt alles, ist aber zu einfach gedacht. Natürlich muß man in seinen Schlußfolgerungen logisch sein. Aber wie kommt man zu diesen Schlüssen? Die Logik erlaubt es, die Richtigkeit eines Schlusses zu überprüfen, liefert uns aber nicht die Möglichkeit, zu dem Schluß selbst zu gelangen. Erinnern Sie sich, daß irgendein Philosoph einmal gesagt hat, daß die Logik nicht das logische Denken lehrt, ebensowenig wie die Kenntnis der Gesetzmäßigkeiten der Verdauung den Verdauungsprozeß verbessert.«

»Sie setzen mich in Erstaunen, Holmes! Waren Sie es nicht, der stets seine Stimme für die Logik in der Arbeit des Detektivs erhoben hat? Hat sich denn Ihre Meinung in dieser Frage geändert?« fragte Dr. Watson beunruhigt.

»Nicht eigentlich geändert, sondern vertieft«, entgegnete Holmes nachdenklich und blies wieder einen Rauchring zur Decke. »Alle unsere Bemühungen, Verbrechen auf analytischem Wege aufzudecken, sind höchstens als Anleitung für die Anfänger in der Polizeischule von Scotland Yard gut.«

»Aber erlauben Sie!« ereiferte sich der Doktor.

(...)

»Der Grund dafür liegt einzig und allein darin, daß ich Ihnen den Prozeß der Aufklärung des Verbrechens beschrieben habe, *nachdem* es bereits aufgeklärt war, und nicht *während* seiner Aufklärung.«

»Und was sollte das für einen Unterschied ausmachen?«

»Einen sehr großen! *Nach* der Aufklärung erscheint alles einfach und selbstverständlich. Im Prozeß der Beschreibung gehen alle Überlegungen nur in eine Richtung, nämlich in die Richtung des bereits bekannten Zieles. Das läßt sich z.B. in Form folgender Gedankenkette darstellen.« Holmes zeichnete etwas auf ein Blatt Papier.

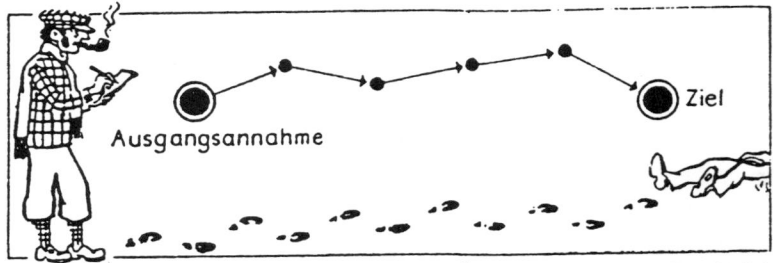

»Tatsächlich jedoch geht während der Überlegungen vor der Aufklärung des Verbrechens etwas ganz anderes vor sich. Das Ziel ist unklar. Unbekannt ist auch, wie man es suchen soll. Hier ähnelt die Gedankenkette sehr dem Verhalten eines blinden Huhns, das nach Körnern sucht. Das kann man folgendermaßen darstellen.« Und nun erschien auf dem Blatt eine andere Darstellung.

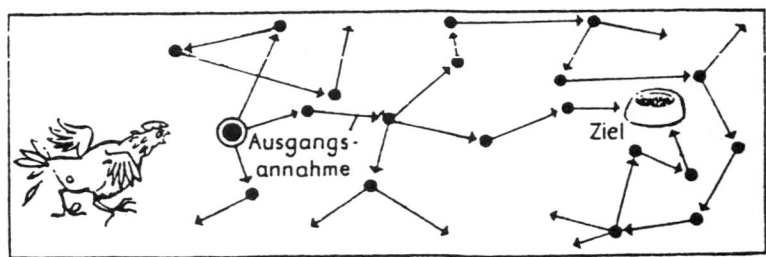

1.2 Aneignungsschwierigkeiten didaktischen Theoriewissens

»Hier gibt es viele falsche Vermutungen, die sich nicht bestätigen und daher verworfen werden. Der Weg zum Ziel ist nämlich außerordentlich verschlungen und verworren. Hier spielt der Zufall die entscheidende Rolle. Wenn das Ziel dann zufällig gefunden worden ist, kann man immer den kürzesten logischen Weg einzeichnen ... Aber, wie Sie sehen, war es nicht dieser Weg, der zum Ziele führte!«

(aus Leonhard A. Rastrigin: Zahl oder Wappen? Ein Buch über den Zufall.
Leipzig (Urania) 1973, S. 129-132)

Was Rastrigin – und Klingberg im Zitat davor – für Wissenschaften allgemein am Beispiel von Sherlock Holmes beschreiben, gilt natürlich auch für die Didaktik:

These 1.3:
Eine didaktische Theorie ist eine *systematische, möglichst widerspruchsfreie Form der Darstellung der Ergebnisse* der Überlegungen des jeweiligen Autors. *Die Denkprozesse,* Beobachtungen und Analysen, *die zu diesen Ergebnissen* geführt haben, folgen jedoch anderen Regeln als denen der Logik der systematischen Darstellungsform.

Sie sollten also keine falsche Ehrfurcht vor den in Buchform veröffentlichten Didaktiken entwickeln. Beim Austüfteln einer didaktischen Theorie spielen viele Faktoren eine Rolle: der individuelle Arbeitsstil eines Autors; das eher strenge oder vielleicht auch »hemdsärmelige« Verhältnis zum Gebot der wissenschaftlichen Überprüfung aller getroffenen Aussagen; die Schulerfahrungen der eigenen oder fremder Kinder; Zufallsfunde bei der Materialsuche; Zeitknappheit beim Schreiben eines Buches usw.

Es gibt also auf der einen Seite

 Methoden der Darstellung von Wissenschaftsergebnissen,

auf der anderen Seite andere

 Methoden der (wissenschaftlichen) *Untersuchung,* die zu diesen Ergebnissen hinführen.

Wenn man sich diese Unterscheidung vor Augen hält, sind die Schwierigkeiten bei der Aneignung didaktischen Theoriewissens teilweise zu erklären: Didaktische Bücher, Vorlesungen usw. liefern Ergebnisse der Wissenschaft »Didaktik«, können jedoch *nicht* den Weg zu diesen Ergebnissen im vollen Umfang mitliefern – jenen Weg, der auch durch Umwege, Irrwege und Sackgassen gekennzeichnet ist.

1.2.4 Die Dialektik des Lehrens und Lernens

Der dritte Grund für die Schwierigkeiten bei der Aneignung didaktischen Theoriewissens folgt daraus, daß die »Sache«, um die es geht, also die Gestaltung von Lehr- und Lernprozessen, *in sich* reichlich kompliziert ist.

Lehren und Lernen sind *zwei Seiten ein und derselben Sache, nämlich des Unterrichtsprozesses*. Der Lehrende weiß ja in der Regel, zu welchen Ergebnissen der Lernvorgang führen soll (zumindest in grober Richtung), und er strukturiert die Lernsituation entsprechend. Der Lernende hingegen ist Objekt dieser Strukturierung und damit Objekt der Anleitung und Führung durch den Lehrenden. Gleichzeitig beeinflussen jedoch die Lernenden durch ihr tatsächliches Handeln im Unterricht den vom Lehrer geplanten Ablauf. Sie sind nicht nur Objekte der Steuerung durch den Lehrer, sondern sie greifen auch als Subjekte aktiv ein (vgl. dazu auch Klingberg 1990 a, S. 27-67) – vor allem dann, wenn sie in einem schülerorientierten Unterricht in hohem Maße die Planung und Gestaltung mitbestimmen können. Zwischen dem Lehren und Lernen besteht ein *innerer Widerspruch,* der aber das Lernen nicht unmöglich macht, sondern vorantreibt:

- *Wer lehrt, übt* – ob er dies will oder nicht, ob er es weiß oder vielleicht nicht einmal bemerkt – *Gewalt über den Lernenden aus.* Er trifft stellvertretend für den Lernenden eine Fülle von Entscheidungen über Ziele, Inhalte, Methoden, Lernzeiten und Lernorte.

- *Wer lernt, muß selbst aktiv werden.* Kein Lehrender kann ihm das Lernen abnehmen. In der unlogischen Bitte eines Schülers an seinen Lehrer »Hilf mir, es selbst zu machen!« kommt diese Widersprüchlichkeit sprachlich zum Ausdruck. In dem unlogischen Stoßseufzer des Lehrers: »Ich erwarte, daß Ihr das jetzt selbst macht!« wird die gleiche Widersprüchlichkeit aus Lehrersicht ausgedrückt.

Der Lehrende zwingt den Lernenden, etwas zu tun, was dieser – alleingelassen – nicht oder zumindest anders getan hätte. Aber der Lehrende tut dies nicht, weil er den Lernenden drangsalieren will, sondern weil er die Hoffnung nicht aufgibt, daß der Lernende mit seiner Hilfe selbständig wird. Der Lehrende hat sein Ziel dann erreicht, wenn er selbst überflüssig geworden ist. Deshalb die folgende, für uns sehr wichtige, aber nicht von jedem Vertreter unserer Didaktik-Zunft geteilte These:

> **These 1.4:**
> Lehren und Lernen sind zwei unterschiedlich strukturierte, jedoch dialektisch aufeinander verwiesene Tätigkeiten.

Die im Studium anzueignende didaktische Theorie kann und darf also keine glatten und eindeutigen Lösungen nach dem Modell des »Nürnberger Trichters« vermitteln. Sie muß vielmehr darauf vorbereiten, die Schüler in ihrer Subjektivität und in ihrem Streben nach Selbständigkeit ernstzunehmen. Eine didaktische Theorie, die lediglich Aussagen über das Lehren macht und das Lernen außer acht läßt, ist keinen Pfifferling wert.

Wir fassen zusammen: Die Vorstellung einer direkten Steuerung des didaktisch-methodischen Handelns von Lehrerinnen und Lehrern durch didaktische Modelle und Theorien ist naiv. Weil die »Sache«, um die es geht, kompliziert ist, ist auch ihre Theorie komplex. Daß Lehrerinnen und Lehrer dennoch erfolgreich unterrichten können, rührt daher, daß zwischen Theoriewissen und didaktisch-methodischer Handlungskompetenz unterschieden werden muß. Diese Handlungskompetenz befähigt AnfängerInnen ebenso wie berufserfahrene LehrerInnen, auch in nicht genau vorhergesehenen Unterrichtssituationen vernünftig zu handeln. Die Frage ist nur: Woher haben sie diese Handlungskompetenz? Und welchen Beitrag leistet Theoriewissen für ihren Aufbau?

1.3 Theorieaneignung: mit Kopf, Herz, Händen und allen Sinnen

In welchem Umfang und auf welche Weise sich didaktisches Theoriewissen in didaktische Handlungskompetenz umsetzt, ist empirisch noch sehr wenig erforscht, so daß man nur Vermutungen anstellen kann. Sicherlich hängen das Berufsethos, die Bevorzugung bestimmter Sozialformen oder die Art und Weise, in der sich ein Lehrer Spickzettel für die alltägliche Unterrichtsvorbereitung anlegt, »irgendwie« auch mit dem didaktischen Konzept zusammen, das dieser Lehrer kennengelernt hat. Aber eben nur »irgendwie«:

- ❑ Seit Immanuel Kant wissen wir z.B., daß man nur jene Phänomene in der Wirklichkeit entdeckt, für die man auch Begriffe zu bilden in der Lage ist (»Begriffe ohne Anschauung sind leer; Anschauung ohne Begriffe ist blind«). Wir können also davon ausgehen, daß die im Studium und Referendariat angeeigneten Begriffe die Wahrnehmung des Unterrichts ein Stück weit steuern. Wer z.B. im Referendariat das Buch »Der fruchtbare Moment im Bildungsprozeß« von Friedrich Copei (3. Aufl., 1955) gelesen hat, wird auch in seinem Unterricht sensibler auf unvorhergesehene, interessante Lernsituationen achten als ein Referendar, der z.B. das Buch von Robert Mager: »Lernziele und Programmierter Unterricht« (1965) gelesen hat – ein Buch, in dem die Abweichung von der Lernziel-Planung als schlimmer Fehler dargestellt wird.
- ■ Wir wissen anhand erster Ergebnisse der Routine-Forschung inzwischen auch, daß die im Schulalltag von Lehrern entwickelte Handlungsroutine keineswegs »naiv« oder »theorielos« ist, sondern ein differenziertes, jedoch kompakt gebündeltes und vielschichtiges Berufswissen voraussetzt (siehe 2. Lektion).
- ❑ Wir wissen aufgrund vieler inzwischen vorgelegter Lernbiographien von LehrerInnen (z.B. dem Bericht von Lea Fleischmann, 1980) und durch

empirische Erhebungen aber auch, daß gerade das im Referendariat vermittelte Theoriewissen oft genug nicht als Lernhilfe, sondern als Ballast oder sogar als Behinderung wahrgenommen wird.

Es ist zwar naheliegend, aber dennoch ein Irrtum zu glauben, Handlungskompetenz und Theoriewissen würden »rein kognitiv«, also trocken, nüchtern, eben »theoretisch« angeeignet. Das ist Unsinn! Es gibt kein »theoretisches Lernen«. Didaktisches Theoriewissen und didaktische Handlungskompetenz werden *in einem ganzheitlichen und komplexen Lernvorgang angeeignet* – durchaus ähnlich der Aneignung von Wissen in der Schule.

> **These 1.5:**
> Die Aneignung didaktischen Theoriewissens erfolgt nicht nur mit dem Kopf, sondern auch mit Herz, Händen und allen Sinnen.

Wir möchten diese These anhand der Erfahrungsberichte einer Studentin und einer Grundschullehrerin untermauern.

1.3.1 Erstes Beispiel

Hannegret R. ist Studentin der Oldenburger »einphasigen« Lehrerausbildung und befindet sich im letzten, ziemlich anstrengenden Studienabschnitt, der mit den zwei unterrichtspraktischen Prüfungen abschließt, die andernorts am Ende des Referendariats liegen. Sie wohnt in Oldenburg und unterrichtet im 70 km entfernten Aurich.

1. *Streß:* An jedem Wochenende kam ich – gestreßt wie immer – zu Hause an, vollkommen umgekrempelt von den Ereignissen der Woche, mit Sack und Pack und zwei Apfelsinenkisten voller Bücher. Ich hatte immer Angst, einmal ein wichtiges Buch nicht zur Verfügung zu haben. Meine Verfassung als Wochenendfahrerin war so, daß ich, zu Hause angekommen, immer das Gefühl hatte, meine Leute müßten mich schon auf der Türschwelle mitleidig empfangen, mir alle Sachen aus der Hand nehmen, das Badewasser einlaufen gelassen haben und mich wie eine überlebende Kriegerin von vorne bis hinten betüdern, weil die Schlacht, die ich wieder einmal halbwegs – wenn auch von Woche zu Woche mit weniger Körpergewicht – überstanden hatte, soo schlimm war.

2. *Ein Kopf mit vielen weit rausgezogenen Antennen:* Ich war nicht mehr in der Lage, den Gedankenwirrwarr von Schüler-, Kollegen- und Mentoren-Reaktionen in meinem Kopf und Bauch abzuschalten; ich sah mich mit einem Kopf mit vielen, vielen weit rausgezogenen Antennen.
Ich war innerlich gereizt, reagierte auf Kleinigkeiten, wollte aber von allen Schülerinnen und Schülern geliebt werden. Wenn die Schüler Desinteresse am Unterricht zeigten, lastete ich es mir persönlich an: »Ich bin nicht gut – deshalb lassen die sich nicht auf mein Programm ein!«

1.3 Theorieaneignung: mit Kopf, Herz, Händen und allen Sinnen   31

Mein solidarisches Grundgefühl für Schülerinnen und Schüler verwandelte sich in solchen Momenten in *Ärger,* auf meine Betroffenheit reagierte ich mit *Macht* und *Autorität:* »freundlich« sanktionierende Befehle erteilen – Freundschaft und Befehl – zwei Ausdrücke, die nicht wirklich zusammengehören! Noch nie hatte ich das an mir erfahren – schon gar nicht, daß es funktioniert!

3. *Ein Brief aus Holland:* Eine in Holland wohnende Freundin, die nie Pädagogik studiert hatte, schrieb mir während der Praxisphase einen Brief, daß sie nun Zeichenunterricht an einer Schule gebe, daß sie mit gehörigem Bammel in die ersten Stunden gegangen sei, daß es aber sehr viel Spaß mache. Als ich den Brief durchgelesen hatte und aus der Hand legte, hatte ich den dringenden Wunsch, nach Holland zu gehen. Ich hatte ganz deutlich vor Augen: Irgend etwas mache ich falsch. Irgend etwas verhindert, daß mein Unterricht so funktioniert, wie er funktionieren müßte!
Fragen an meine Freundin: »Nach welcher didaktischen Grundlage arbeitest Du?« / »Wie hältst Du's mit der Schülerorientierung im Unterricht?« / »Wie baust Du die einzelnen Unterrichtsschritte auf?« / »Kommst Du auch immer mit der Zeitplanung durcheinander?« schienen mir eher unpassend zu sein, wenn ich bedachte, daß sie noch die Muße hatte, solch einen langen und lieben Brief zu schreiben.

4. *Vorausarbeiten?* Ich war hilflos, wenn ich daran dachte, wie ich dienstags, an meinem schlimmsten Tag mit sechs(!) Unterrichtsstunden, zittrig und völlig erschöpft immer erst – ohne etwas essen zu können – in das ungemachte Bett stieg. Einmal sagte ich zu meinem Mentor: »Mir als Anfängerin sind sechs Stunden an einem Tag zuviel. So dürft Ihr den Stundenplan für die nächsten Studenten, die hier an die Schule kommen, nicht wieder legen!« Darauf der Mentor: »Dann mußt Du eben am Wochenende mehr vorarbeiten!« Ich dachte: Was glaubst du denn, was ich am Wochenende mache? Immerzu nur Halligalli? Ich war doch sowieso nur am Arbeiten. Ansprüche an den

> Unterricht und die Unterrichtsvorbereitung lassen sich nämlich dehnen wie ein Gummi!
> Sollte ich meinem Ausbilder von der dauernden Scheißerei in den Pausen erzählen, von den Rückenschmerzen? Sollte ich heulen, damit es glaubwürdig wird? Nein! Wir waren kleine Würstchen genug, da wollten wir uns nicht noch weiter in Abhängigkeiten begeben. Für's Heulen waren die »parteiischen« Freundinnen und Freunde zu Hause da.
>
> 5. *Rundumprogramm:* Das Problem ist, daß Routiniers, selbst Mentoren, betreuende Hochschullehrer und Fachleiter sich dieses Rundumprogramm und diesen auf Hochtouren geschalteten Anfängeralltag bei Leibe nicht mehr vorstellen können. Mein Anspruch an einen guten Unterricht war so, daß ich mich selbst dabei nicht mehr finden konnte. Und wenn das so ist, muß der Unterricht genau dadurch schlecht werden!
> *So* läßt sich keine Schülerorientierung, keine Handlungs-, keine Erfahrungsorientierung im Unterricht und kein Spaß an der Schule aufbauen, wenn in mir selbst statt »Spaß« eine Zwangsorientierung auf die Schüler entsteht.

Die Studentin Hannegret hatte im Studium sehr gründlich Didaktik studiert, sich mit anspruchsvollen didaktischen Modellen identifiziert und auch sehr gute Abschlußnoten erzielt. Gerade deshalb macht die nachträgliche Lektüre eines solchen Erfahrungsberichts betroffen. Der Bericht zeigt, daß die Identifikation mit einem bzw. mehreren (eng verwandten) didaktischen Modellen das Überleben im Schulalltag nicht unbedingt einfacher macht; sie kann das Leiden an der Schule auch verstärken. Man kann ein einmal angeeignetes Konzept nicht wie ein schmutzig gewordenes Hemd abstreifen. Es bleiben Wunden und viele Fragen zurück, wenn die pädagogischen Ideale nicht in die Tat umzusetzen waren.

Der Bericht der Studentin macht aber auch deutlich, wie *vielschichtig* der Prozeß der didaktischen Theorieaneignung in aller Regel verläuft und wie langwierig er ist:

❏ Wer Studium und Referendariat hinter sich gebracht hat, hat zugleich auch eine individuelle *Lernbiographie didaktischen Theoriewissens* erworben.

❏ Diese Lernbiographie wird durch Persönlichkeitsfaktoren (Intelligenz, Fleiß, Motivation) ebenso wie durch die unterschiedlichen Lernbedingungen an den verschiedenen *Lernorten der Didaktik* bestimmt: Schon während der eigenen Schulzeit werden Bilder vom guten und vom schlechten Unterricht verinnerlicht. Auch die Persönlichkeit des Theoriewissen vermittelnden Hochschullehrers spielt eine Rolle. Man übernimmt seine Position eher, wenn er persönlich glaubwürdig und sympathisch ist.

❏ Die Erfahrungen in den *Praktika* des Lehramtsstudiums haben oft durchschlagende Bedeutung für den Aufbau einer theoriefreundlichen oder -feindlichen Haltung. Wer im Praktikum Kompetenzdefizite sinnlich-handgreiflich erfahren hat, wird Theoriewissen kritisch und zugleich konstruktiv zu nutzen versuchen. Wer das Glück hat, im Referendariat einem Mentor oder Seminarleiter

1.3 Theorieaneignung: mit Kopf, Herz, Händen und allen Sinnen

zugewiesen zu werden, der selbst »in Theorien zu denken« gelernt hat, hat die Chance, schon erworbenes eigenes didaktisches Theoriewissen experimentierend zu überprüfen und weiterzuentwickeln.

☐ Für viele StudentInnen – dies belegt Hannegrets Bericht mit Nachdruck – ist das entscheidende *Motiv* zum didaktischen Theoriestudium eine *liebevolle Parteinahme für die SchülerInnen*. Bei Studienbeginn ist sie oft noch abstraktdirekt: Man ist bereit, nahezu alles für »seine« Schüler und Schülerinnen zu tun, man solidarisiert sich mit ihnen oft genug gegen den Mentor, möchte im Gegenzug aber auch von allen SchülerInnen geliebt werden. Erst einige Zeit später setzt sich die Einsicht durch, daß die Parteinahme für die SchülerInnen darin besteht, sie freizugeben – und nicht darin, sie nach dem eigenen Bilde zu formen.

☐ Didaktisches Theoriewissen ist – für sich allein genommen – wenig wert. Es muß sich erst in der *Praxis,* also bei den ersten eigenen unterrichtlichen Gehversuchen als handlungsorientierend und hilfreich erweisen. In dieser Hinsicht unterscheidet es sich deutlich von dem Fachwissen, das in vielen anderen Wissenschaftsdisziplinen vermittelt wird. Die Rahmenbedingungen für einen vernünftigen Umgang mit didaktischem Theoriewissen müssen also stimmen – oder man muß die Kraft und das Geschick haben, sie sich zu schaffen.

Was folgt daraus? Zwischen der Aneignung von Theoriewissen und seiner Nutzung im Schulalltag muß begrifflich und inhaltlich unterschieden werden (vgl. Patry 1989, S. 108). Es kann passieren, daß vernünftige Theorien – falsch genutzt – den Unterrichtserfolg behindern oder unmöglich machen. Es kann auch sein, daß die Theorien von Anfang an praxisuntauglich sind oder nur für wenige herausgehobene Situationen passen, also feiertäglichen Charakter haben.

1.3.2 Zweites Beispiel

Christel W. ist Grundschullehrerin, seit zwanzig Jahren im Schuldienst und inzwischen engagierte Verfechterin des Konzepts des »Offenen Unterrichts« (vgl. Abschnitt 8.4). Auf die Frage, welche Rolle didaktisches Theoriewissen in ihrem Schulalltag spiele, gibt sie die folgende Antwort:

> 1. Da muß ich mit dem Antworten noch einmal ganz von vorn anfangen – in meiner Junglehrerinnenzeit. Nach sechs Semestern Studium und Erstem Examen habe ich gleich meine erste eigene Klasse, ein 4. Schuljahr mit 42 Kindern in der Stadt Papenburg im Emsland übernommen. In meinem Kopf war viel, leider ziemlich zusammenhangloses Theoriewissen, in meinem Herzen die feste Überzeugung, daß Schule menschlich sein müsse, und vor Ort der tägliche Kampf ums Überleben in sieben nicht studierten Fächern.
> 2. Das Ausbildungsseminar brachte praktische Hilfestellungen und deutliche Ratschläge, die an der Hochschule erlernte Theorie getrost zu vergessen – aber auch ein mulmiges, Protest herausforderndes Gefühl: Unterricht

ohne theoretische Begründungszusammenhänge, geht das überhaupt?

3. Viel Zeit, Antwort auf diese Frage zu finden, blieb nicht. Die zweite Prüfung stand bevor. Inzwischen hatte ich ein erstes Schuljahr übernommen und bis ins zweite geführt. Im Musikunterricht – das war an der PH mein Hauptfach gewesen – konnten sich die Emsländer Landkinder sicher im pentatonischen Raum bewegen:
   - Noten lesen und aufschreiben,
   - Bordun unterlegen
   - und auf Orffschen Instrumenten spielen.

   Das war beeindruckend, brachte Lob des Seminarleiters, gute Noten im Examen, aber bei mir die Frage:»Was soll das eigentlich?«

4. Ich verließ diese Schule kurz nach der Prüfung. Keiner in der Schule konnte die Arbeit in meiner Klasse fortsetzen, und bei mir entstanden erhebliche Zweifel, ob diese Inhalte für die Kinder überhaupt von Bedeutung waren, ob sie sich mit ihren Bedürfnissen, Wünschen und ihrem Können einbringen konnten.

5. Die Erfahrung des Nebeneinanders und der Beliebigkeit der Lerninhalte wiederholte sich in den anderen Fächern und brachte mich zunächst einmal dazu, *alles,* was für die Kinder Schule ausmacht, *stärker aufeinander zu beziehen:* die Unterrichtsinhalte, die Arbeitsformen, die Aktivitäten außerhalb der Schulstunden.

6. Ich versuchte, *die Kinder immer mehr an der Gestaltung von Unterricht zu beteiligen,* vermittelte ihnen das Gefühl, daß durch persönlichen Einsatz jeder zum Gelingen von Schule beitragen kann und Schule, so gestaltet, allen sehr viel Spaß bringt. Erziehungsziele, bezogen auf das einzelne Kind, verstärkten sich bei mir immer mehr in Richtung auf Kreativität, Eigenständigkeit und sozial verantwortliches Handeln. Ich weiß gar nicht mehr, welcher Theorie ich welche Idee für meine Unterrichtsarbeit zu verdanken habe. Ich versuchte ständig, Brauchbares aus theoretischen Abhandlungen zu übernehmen, in Praxis umzusetzen und daran zu feilen, bis mir der Unterrichtsstil gefiel und ich die Vorgehensweise verinnerlichte.

7. Das ging eine ganze Reihe von Jahren so weiter. Und dann stieß ich schließlich auf eine Theorie, die ziemlich genau auf das paßte, was ich mir inzwischen aus vielen verschiedenen Theorieansätzen zusammengeklaubt hatte. Das war die *Tätigkeitstheorie* des sowjetischen Psychologen Leontjew. Die Lektüre seiner Bücher war sehr anspruchsvoll, aber sie gab mir die Sicherheit, meinen Ansatz weiterzuentwickeln. Vor allem die Betonung der Selbsttätigkeit und Selbstregulation des Lernenden paßte zu meinem Konzept.

8. Seit einigen Jahren trete ich für den Offenen Unterricht ein; ich könnte genausogut sagen: für den Handlungsorientierten Unterricht. Ich bemühe mich, Theorie zum Maßstab für meine Unterrichtspraxis zu machen – aber nicht einseitig von der Theorie zur Praxis, sondern in ständiger Wechselwirkung.

1.3 Theorieaneignung: mit Kopf, Herz, Händen und allen Sinnen

Was charakterisiert diesen zweiten Erfahrungsbericht?

- ❏ Beeindruckend ist der schrittweise *immer selbstbewußter gewordene Umgang der Lehrerin* mit didaktischem Theoriewissen: Wenn die verschiedenen, von den Autoren selbst nicht aufeinander bezogenen Teiltheorien nützlich werden sollen, müssen sie im Interesse der Schülerinnen und Schüler integriert werden. Und diese Integration spielt sich im Kopf der Lehrerin, nicht in Büchern, Richtlinien oder Stundentafeln ab.
- ❏ Entscheidende Voraussetzung für diese Integrationsleistung ist offensichtlich neben einem grundständigen pädagogischen Optimismus ein langjähriger *handelnder Umgang mit Theoriewissen*. Je mehr Selbstbewußtsein ich gegenüber dem Buchwissen entwickle, um so vernünftiger kann ich damit im Schulalltag umgehen.

Die Aneignung didaktischen Theoriewissens und das praktische Erproben von Handlungsalternativen müssen in Wechselwirkung miteinander gebracht werden:

> **These 1.6:**
> Maßstab für die Brauchbarkeit didaktischen Theoriewissens ist die gelingende Unterrichtspraxis.

ZWEITE LEKTION:

Zum Zusammenhang von Theoriewissen und Handlungskompetenz

Ziele + Inhalte dieser Lektion:

In der ZWEITEN LEKTION stellen wir Überlegungen zum Zusammenhang von Theoriewissen und Handlungskompetenz vor.

- ❏ Im *ersten Abschnitt* wenden wir uns gegen die geläufige Vorstellung, daß Lehramts-Studentinnen und -Studenten, Referendarinnen und Referendare ihre Unterrichtspraxis geradlinig aus didaktischem Theoriewissen heraus entwickeln. Der Zusammenhang ist komplizierter!
- ❏ Der *zweite Abschnitt* handelt von dem allzu oft vernachlässigten Thema »Routine«. Aus der Beschreibung positiver und negativer Erscheinungsformen der Routine-Bildung von Lehrerinnen und Lehrern entwickeln wir die Forderung nach einer Versöhnung von Routine-Bildung und Reflexion im Unterrichtsalltag.

2.1 Die Übersetzung von Theoriewissen in unterrichtspraktisches Handeln

2.1.1 Drei-Schritte-Schema

Nehmen wir einmal an, Sie sind Lehramtsstudentin im dritten Semester und befinden sich in Ihrem ersten Schulpraktikum. Morgen oder übermorgen sollen Sie die erste Unterrichtsstunde Ihres Lebens geben. Sie sitzen am Schreibtisch und versuchen, einen Entwurf dafür zu Papier zu bringen. An der Hochschule hatten Sie ein Seminar über »Handlungsorientierten Unterricht« besucht. Nun wollen Sie dieses didaktische Konzept erproben. Sie kennen »Ihre« Schulklasse schon vom Hospitationsunterricht, und Sie wissen, welche Schüler schwierig sind, auf welche man sich verlassen kann. Sie haben das in der Klasse benutzte Schulbuch studiert und sich von Ihrem Mentor erläutern lassen, welchen Stellenwert Ihre Stunde in der gesamten Unterrichtseinheit dieser 5. Klasse haben soll.

Was wird von Ihnen erwartet? Sie sollen eine höchst anspruchsvolle Übersetzungsleistung von Theoriewissen in praktisches Handeln vollbringen:

- **Erster Schritt:** Sie sollen sich didaktisches Theoriewissen aneignen bzw. das im Hochschulseminar vermittelte Wissen über »Handlungsorientierten Unterricht« reaktivieren. Dabei müssen Sie nicht alle theoretischen Hintergründe und sämtliche Details dieses Konzepts, wohl aber seine groben Linien im Kopfe haben.

- **Zweiter Schritt:** Sie sollen aus diesem didaktischen Theoriegebäude einen stimmigen Stundenentwurf ableiten. Für diese erste Übersetzungsleistung benötigen Sie nicht nur didaktisches, sondern auch fachwissenschaftliches Theoriewissen; außerdem eine gewisse didaktisch-methodische Phantasie, um überhaupt eine tragfähige Idee für die Stunde zu entwickeln.

- **Dritter Schritt:** Sie müssen während der Unterrichtsstunde das, was Sie sich theoretisch ausgedacht und vielleicht auf einem Spickzettel notiert haben, in didaktisch-methodisches Handeln übertragen: Sie müssen die Stunde eröffnen und beschließen; Sie müssen agieren und reagieren, Arbeitsaufträge formulieren, das Unterrichtsgespräch leiten, das Lerntempo drosseln oder beschleunigen, loben oder tadeln.

2.1 Übersetzung von Theoriewissen in unterrichtspraktisches Handeln 39

In Abbildung 2.1 werden diese drei Schritte schematisch verdeutlicht:

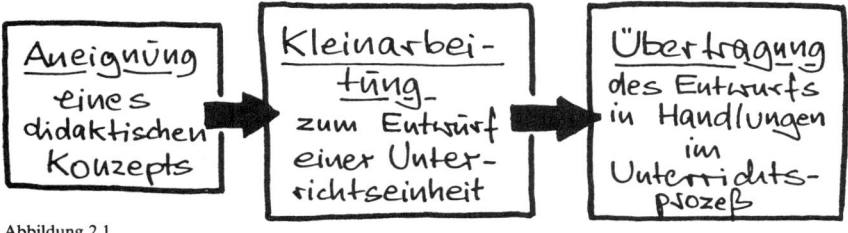

Abbildung 2.1

Eine solche Übersetzung theoretischer Annahmen und Konzepte in unterrichtspraktisches Handeln ist aus einer Reihe von Gründen schwierig und *allein* aus der Theorie heraus kaum zu schaffen, schon gar nicht für BerufsanfängerInnen:

☐ Eine noch so umfassende theoretische Belehrung über die Rolle der Lehrerin bzw. des Lehrers wird Ihnen nicht *dieses wunderliche Gefühl* vermitteln können, das den Berufsanfänger erfaßt, der das erste Mal in seinem Leben vor einer Schulklasse steht und plötzlich für alles verantwortlich ist, was mit ihm und durch ihn passiert.

☐ Sie müssen lernen, daß sich der Unterricht nicht einfach von selbst ergibt, sondern mit Ihrer Hilfe »*inszeniert*« werden muß.

☐ Sie werden erfahren, daß *Ihr Körper nicht bei allem,* was Sie sich im Kopf zurechtgelegt und ausgedacht haben, *mitspielt.* Dies gilt z.B. bei der Auswahl und Realisierung der verschiedenen Sozialformen des Unterrichts. »Im Kopf« fällt's nicht schwer, sich für eine »Schülerdiskussion« oder für das »sokratische Gespräch« zu entscheiden. Aber wenn Sie dann in der Gesprächsphase Ihrer Stunde angekommen sind und sich vornehmen, die SchülerInnen »wirklich kommen zu lassen«, merken Sie plötzlich, wie anstrengend es ist, *nicht* einzugreifen; schon Schweigephasen von zehn bis zwanzig Sekunden belasten Sie; pausenlos wollen Sie einzelne Schüleräußerungen kommentieren und in eine Ihrem Stundenziel entsprechende Richtung umbiegen.

☐ Sie werden die Erfahrung machen, daß Sie durch Ihr unterrichtspraktisches Handeln *Gewalt* über die SchülerInnen ausüben, daß aber auch die SchülerInnen ein Stück weit mit Ihnen machen, was sie wollen. Diese Erfahrung erschreckt und verwirrt manchen von Ihnen – so, wie die Studentin Hannegret (S. 30 ff.). »Rein theoretisch« ist auch diese Erfahrung nicht zu vermitteln.

☐ Sie müssen ein *Lernklima* schaffen und versuchen, die Neugierde und Begeisterung über das gewählte Stundenthema auf die SchülerInnen überspringen zu lassen.

☐ Sie müssen durch Ihr ganzes Auftreten vor der Klasse, also durch Mimik, Gestik und geistige Haltung deutlich machen, daß Sie die *LehrerInnenrolle* übernommen haben und erwarten, daß sich die SchülerInnen auf Ihre Vorschläge einlassen.

Warum ist dies so schwierig? Weil Sie erst lernen müssen, nicht nur mit dem Kopf und den in ihm enthaltenen guten Ideen, sondern *als ganzer Mensch* mit Hoffnungen und Ängsten, mit einem bestimmten Äußeren, mit einer starken oder leisen Stimme, mit zittriger oder klarer Handschrift vor den Schülern Ihrer Klasse zu stehen. Sie müssen als Anfängerin im Lehrberuf erst lernen, Ihren in der *»Grammatik der Sprache«* abgefaßten Stundenentwurf in eine *»Grammatik der Handlungen und der Gefühle«* zu übertragen.

> **These 2.1:**
> Eine lineare Übersetzung von Theoriewissen in unterrichtspraktisches Handeln ist unmöglich.

Denn die Handlungs- und Gefühlsgrammatik ist keine bloße Abbildung der didaktischen Theorie und des aus ihr abgeleiteten Stundenentwurfs in die Unterrichtspraxis, sondern etwas Neues: eine körperbezogene und ganzheitliche Modellierung einer Lehr-/Lernsituation. Ihr Denken, Fühlen und Handeln in dieser Lehr-/Lernsituation wird durch Ihr didaktisches Theoriewissen, aber selbstverständlich auch durch eine ganze *Palette weiterer Einflußfaktoren* geprägt. Deshalb ist die Vorstellung einer schematischen Übersetzung von Theoriewissen in das Handeln im Unterricht so, wie wir es in der Abbildung 2.1 beschrieben haben, naiv und nicht der Wirklichkeit entsprechend. In der Abbildung 2.2 haben wir solche Einflußfaktoren – ohne Anspruch auf Vollständigkeit – aufgelistet.

2.1.2 Arbeit am eigenen didaktischen Konzept

Jede Lehrerin und jeder Lehrer, aber auch schon jede Anfängerin und jeder Anfänger im Lehramtsstudium hat »Bilder« von gutem und schlechtem Unterricht im Kopf, von interessanten und langweiligen Lehrern und Themen, von Stunden, in denen man »was gelernt« oder »die Zeit totgeschlagen« hat.

Solche *Unterrichtsbilder* sind sinnlich-ganzheitliche und pragmatische Vorstellungen über den Ablauf und die Atmosphäre, über die Voraussetzungen und Ergebnisse guten bzw. schlechten Unterrichts. (In der Literatur werden sie manchmal auch als »subjektive Theorien« bezeichnet – vgl. Groeben u.a. 1988.) Diese fest verinnerlichten Bilder werden vom Lehrer bzw. von der Lehrerin fortwährend in die eigene Wahrnehmung der Unterrichtssituation hineinprojiziert. Dadurch leisten sie eine regelkreisartige Vernetzung des didaktisch-methodischen Denkens und Handelns:

❏ Wer von der Vorstellung besessen ist, daß sich Schüler vor der Arbeit drücken, daß sie bei Leistungskontrollen schummeln und insgesamt negativ gegenüber der Schule und den Lehrern eingestellt sind, wird nach dem Mechanismus der »self-fulfilling prophecy« auch fortwährend Unterrichtssituationen provozie-

2.1 Übersetzung von Theoriewissen in unterrichtspraktisches Handeln 41

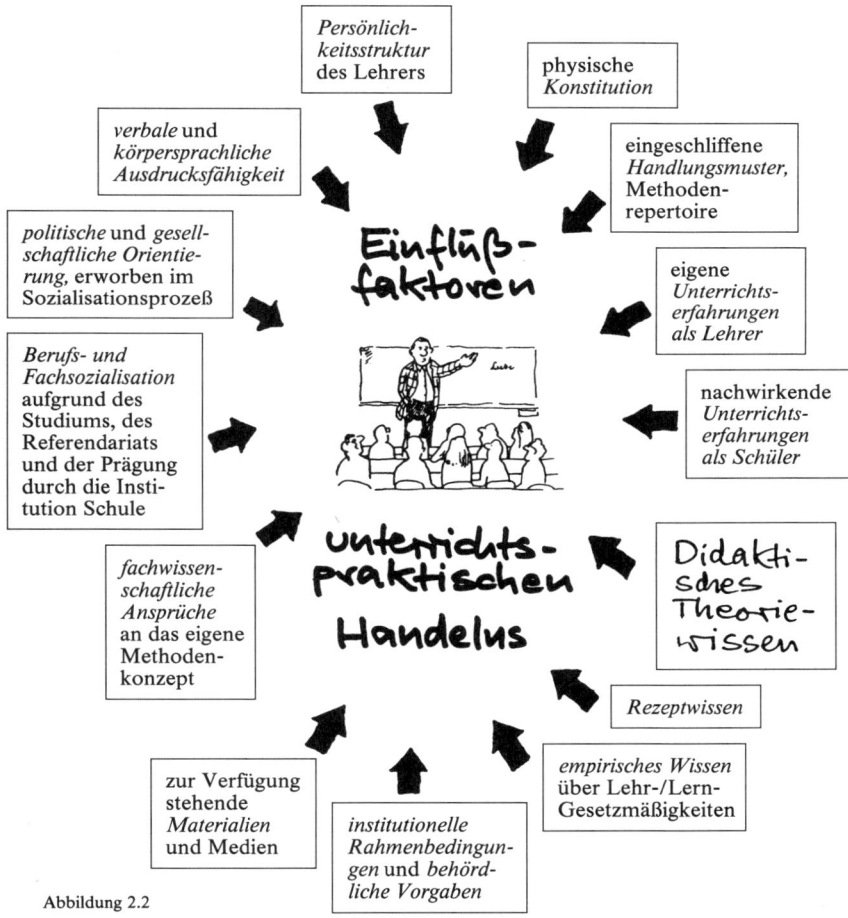

Abbildung 2.2

ren, in denen die Schüler dieses Verhalten an den Tag legen. Ein frustrierter Mathematiklehrer hat dieses aggressive Unterrichtsbild einmal zu dem Satz verdichtet: »Ich klopfe Stoff in kleine Teufel.«

❑ Wer mit der Einstellung in seine Schulklasse kommt, daß die 25 Jungs und Mädchen nett und neugierig, frech und intelligent, schlicht »zum Knuddeln« sind, wird – mit der Zeit – auch aufmüpfig-intelligente Schüler vor sich haben, mit denen man »Pferde stehlen kann«.

Die durch die Unterrichtsbilder gesteuerte Erwartungshaltung des Lehrers bzw. der Lehrerin hat maßgeblichen Einfluß auf den Unterrichtserfolg, wie dies in empirischen Untersuchungen zum sogenannten Pygmalion-Effekt im Klassenzimmer nachgewiesen worden ist (vgl. Rosenthal/Jacobson 1971).

Das *Bewußtmachen der Struktur und der Qualität der eigenen,* in langen SchülerInnen- und LehrerInnenjahren verinnerlichten *Unterrichtsbilder* bzw. subjektiven Theorien ist deshalb eine entscheidende Voraussetzung für eine gezielte Verbesserung der eigenen Unterrichtspraxis. Und genau hier kann das Aufarbeiten von didaktischen Theorien und Modellen helfen:

❑ Theoriewissen liefert sprachliche Kategorien, mit denen die eigene Unterrichtspraxis beschrieben werden kann (vgl. Abschnitt 3.1.4).
❑ Theoriewissen kann die Richtung beschreiben, in die alltägliche Unterrichtspraxis weiterentwickelt werden kann.
❑ Es kann berufserfahrenen LehrerInnen, die in Routine erstarrt sind und dies als Mangel empfinden, helfen, die Routinebildungen zu durchschauen und aufzubrechen (s. u.).

These 2.2:
Didaktisches Theoriewissen kann helfen, die von jedem Lehrer/jeder Lehrerin im Verlauf der Berufssozialisation verinnerlichten *Unterrichtsbilder in Kenntnis theoretischer Alternativen zu einem eigenen didaktischen Konzept weiterzuentwickeln.*

Wer seine verinnerlichten Unterrichtsbilder in Kenntnis theoretischer Alternativen weiterentwickelt, erarbeitet sich sein eigenes didaktisches Konzept, das häufig facettenreicher und manchmal auch wissenschaftlich anspruchsvoller als die in Buchform veröffentlichten Konzepte der Theoretiker sein kann. Die Grenzen zwischen den Praktiker-Theorien und den Theoretiker-Theorien sind also fließend. Jeder kann – wie dies von dem amerikanischen Psychologen G.A. Kelly (1955) formuliert wurde – sein eigener Wissenschaftler (»scientist«) sein. LehrerInnen können ihren eigenen Unterricht erforschen (vgl. Altrichter/Posch 1990); ganze Kollegien können die schulinterne Lehrerfortbildung nutzen, um ein eigenständiges, theoretisch weiterführendes und praktisch orientiertes Schulprofil zu erarbeiten (vgl. Miller 1990; Themenheft 5/1991, Jg. 43, der Zeitschrift »Pädagogik«: »Schulinterne Lehrerfortbildung – Gemeinsam statt einsam«).

Das in Abbildung 2.1 vorgestellte Schema zur Übersetzung von Theoriewissen in unterrichtspraktisches Handeln, das wir oben schon als zu einfach und wirklichkeitsfremd gekennzeichnet haben, muß in folgender Art und Weise verändert und ergänzt werden:

2.1 Übersetzung von Theoriewissen in unterrichtspraktisches Handeln

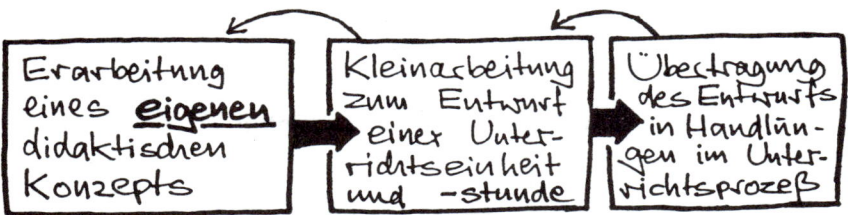

unter Berücksichtigung von:	unter Berücksichtigung der:	in Abhängigkeit von:
– eigenen Phantasien, Ängsten, Hoffnungen	– sozialen und psychischen Komplexität der Lehrer-Schüler-Interaktionen	– der eigenen Persönlichkeitsstruktur
– vorliegenden didaktischen Theorieansätzen	– fachwissenschaftlichen und curricularen Anforderungen an die Unterrichtsgestaltung	– der Körper- und Verbalsprache
– Stärken und Schwächen der eigenen Handlungskompetenzen		– der verfügbaren didaktisch-methodischen Handlungskompetenz
– eigenen Unterrichtserfahrungen als Schüler und als Lehrer	– institutionell-organisatorischen Rahmenbedingungen	– usw.
– usw.	– usw.	

Abbildung 2.3

Man wird allerdings *nicht* davon ausgehen dürfen, daß diese drei Schritte in Abbildung 2.3 fein säuberlich voneinander getrennt und exakt in der angegebenen Reihenfolge getan werden. Eher wird der Ablauf in der Praxis wohl dem Versuch ähnlich sein, im Winter mit Ledersohlen eine steil bergan führende vereiste Straße hochzugehen: zwei Schritte vor und einen zurück, manchmal vielleicht auch einen Schritt vor und zwei zurück.

Das Drei-Schritt-Schema in der veränderten Fassung *soll deutlich machen, worum es uns geht: Jede Lehrerin und jeder Lehrer sollte in der Zeit der Ausbildung und während der Berufstätigkeit Gelegenheit haben* (und solche Gelegenheiten auch tatsächlich nutzen), *sich ein eigenes didaktisches Konzept* unter Beachtung vorhandener Theorieansätze und in Wechselbeziehung zum Geflecht der vielen oben genannten Einflußfaktoren zu erarbeiten.

Ein solches eigenes didaktisches Konzept ist wichtig, aber noch keine Garantie für den Unterrichtserfolg. Zum Theoriewissen muß die Beherrschung des Handwerkszeugs des LehrerInnenberufs hinzukommen. Dieses Handwerkszeug bezeichnen wir als »*didaktisch-methodische*« bzw. »*unterrichtspraktische Handlungskompetenz*«. In der didaktischen Diskussion der ehemaligen DDR nannte man dies die »Könnensentwicklung des Lehrers« (vgl. Fuhrmann 1989).

> **Definition 2.1:** Handlungskompetenz besteht aus der *Fähigkeit, in immer wieder neuen,* nie genau vorhersehbaren *Unterrichtssituationen Lernprozesse der Schüler zielorientiert, selbständig und unter Beachtung der institutionellen Rahmenbedingungen zu organisieren.*

Kein Lehrer, keine Lehrerin wird mit einer solchen didaktisch-methodischen Handlungskompetenz geboren. Sie wird vielmehr schrittweise *durch praktische Tätigkeit in pädagogischen* (oder verwandten) *Situationen* entwickelt, überformt und hin und wieder auch aufgrund einschneidender Erfahrungen des Erfolgs oder des Mißerfolgs von Grund auf verändert.

Was der Aufbau solcher Handlungskompetenz für den alltäglichen Unterricht bedeutet, kann in Analogie zur »kommunikativen Kompetenz«, also zum Sprechen- und Sich-verständigen-Können verdeutlicht werden: So wie ein Mensch, der einmal sprechen gelernt hat, mit dieser Kompetenz immer wieder *neue* Sinnzusammenhänge erfassen und selbst produzieren kann, die den beim Sprechenlernen zugrunde gelegten Sinnhorizont weit überschreiten, so kann auch ein Lehrer, der unterrichtsbezogene Handlungskompetenz erworben hat, völlig neue, während der Ausbildung nicht geübte, ja nicht einmal vorhergesehene Unterrichtssituationen meistern. *Durch den schrittweisen Aufbau seiner Handlungskompetenz hat der Lehrer sich eine »Handlungs-Grammatik« angeeignet,* nach deren Satzbau-, Deklinations- und Konjugationsregeln er in Zukunft arbeitet. Statt von Handlungsgrammatik sprechen wir im folgenden hin und wieder auch vom *Handlungs-* oder *Methodenrepertoire* des Lehrers/der Lehrerin.

Wir haben in der These 2.1 schon darauf hingewiesen, daß es keine lineare Unterordnung der Kompetenzentwicklung unter die Aneignung didaktischen Theoriewissens gibt. In einzelnen Kompetenzbereichen wie z.B. dem Einsatz der Körpersprache im Unterricht ist dies offensichtlich. Die Ausformung der Körpersprache setzt lange vor dem Beginn des Studiums ein, sie ist zum Teil sogar gattungsgeschichtlich festgelegt und genetisch bestimmt. Andere Kompetenzbereiche, z.B. die Impulsgebung und Gesprächsleitung, können durch Training spürbar ausgebaut werden. Der Zusammenhang zwischen Theoriewissen und didaktisch-methodischer Handlungskompetenz ist also wiederum vielschichtig in die Lernbiographie der Didaktik eingebunden. Deshalb die nächste These:

> **These 2.3:**
> Zwischen der Aneignung von Theoriewissen und dem Aufbau von Handlungskompetenz besteht eine komplexe, durch die unterrichtspraktische Tätigkeit vermittelte Wechselwirkung.

2.1 Übersetzung von Theoriewissen in unterrichtspraktisches Handeln

In der Abbildung 2.4 ist dieser komplexe Zusammenhang graphisch zusammengefaßt und mit dem Stichwort »Routinebildung« (Abschnitt 2.2) verknüpft:

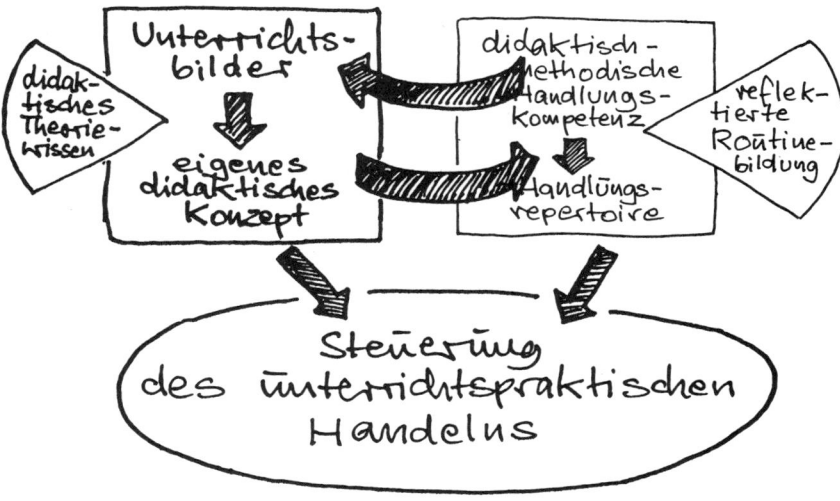

Abbildung 2.4

2.2 Routinebildung im Unterricht

2.2.1 Was heißt Routine?

Das im Schulalltag aus Lehrer- wie aus Schülersicht wichtige Thema »Routinebildung« wird in den wenigsten Didaktiken behandelt. Wir haben einige berufserfahrene LehrerInnen gebeten, aufzuschreiben, was ihnen zum Stichwort »Routine« einfällt:

> ❏ »Routine hat man, wenn man unbewußt das Richtige tut!«
> ❏ »Machen wir uns doch nichts vor: Beim Unterrichten haben wir bestimmte Bereiche, die laufen genauso routiniert ab wie das Autofahren. Da denkt man doch auch schon lange nicht mehr mit dem Kopf dran, wenn man die Kupplung treten muß!«
> ❏ »Wer in der Schule keine Routine entwickelt, macht sich auf die Dauer kaputt!«
> ❏ »Solange dem Lehrer seine eigene Routine nicht weh tut, wird er beim Unterrichten auch bei ihr bleiben. Erst wenn er vor unübersehbaren Schwierigkeiten steht, fängt er an, seine Routine zu überprüfen!«
> ❏ »Routine hat man als Lehrer, wenn man sich die Angst vor den Schülern nicht mehr anmerken läßt.«

Die Beurteilung der Routinebildung ist also zwiespältig: Einige Lehrer halten sie für ein durchaus positives Element ihres Lehrer-Daseins. Anderen dagegen merkt man eher ein schlechtes Gewissen an: Sie geben zwar zu, daß sie Routine entwickelt haben, aber gleichzeitig distanzieren sie sich davon.

2.2 Routinebildung im Unterricht

Fragt man Studentinnen und Studenten, so überwiegen die kritischen Stellungnahmen:

> ❏ »Routine – das ist der Anfang vom Ende!«
> ❏ »Routinebildung ist negativ, wenn der/die LehrerIn im Laufe der Zeit die Lust am Stoff verliert und dann entsprechend unterrichtet. So verlieren auch die Schüler den letzten Funken an Interesse!«

Routinebildung – so scheint es – ist für jüngere Semester der *»Königsweg« zur Anpassung* an die bestehenden Verhältnisse und deshalb zu bekämpfen. Wir halten eine pauschale Ablehnung der Routinisierung des unterrichtspraktischen Handelns jedoch für falsch, und zwar aus folgenden Gründen:

❏ *Erstens ist die Vorstellung, man könne die Routinebildung vermeiden, illusionär.* Schon nach wenigen selbst gehaltenen Unterrichtsstunden setzt bei LehramtsstudentInnen und erst recht bei ReferendarInnen die Routine ein: beim Tafeltext-Erstellen, beim Abwarten, bis die Schüler und Schülerinnen ihre Hefte vorgeholt haben, beim Abschätzen des Zeitbedarfs für einzelne Unterrichtsschritte, beim Fragenstellen und Drannehmen.

❏ *Zweitens führt die Routinebildung zur Entlastung des Lehrers:* Ein Lehrer, der z. B. das dreihundertste Mal in seinem Leben ein deutsches Diktat an seine Schüler zurückgibt, braucht sich kaum mehr Gedanken zu machen, wie die Rückgabe unterrichtsmethodisch gestaltet werden soll. Er läßt die Hefte von einem Schüler verteilen. Er läßt drei, vier Minuten Zeit, damit sich die Schüler ihre Note und – hoffentlich – auch die gemachten Fehler anschauen können. Er verteilt Lob und Tadel und bespricht dann mit den Schülern jene Wörter, die besonders häufig falsch geschrieben worden sind. Weil die Diktatrückgabe zu einem festen Bestandteil seines Handlungsrepertoires geworden ist, kann er sich auf die kniffligen Probleme *dieses* Diktats konzentrieren. Er hat den Kopf z. B. frei für methodisch phantasievolle Rechtschreib-Hilfen.

Es gibt eben im Schulalltag immer wieder Aufgaben und Tätigkeiten, die recht ähnlich strukturiert sind und die deshalb auch auf immer wieder ähnliche Weise bewältigt werden können. Diese *mehr oder weniger regelmäßige Wiederkehr ähnlicher Situationen* ist der Nährboden, auf dem Routine wächst – und dies keineswegs nur in der Schule. Insofern ist der Vergleich mit dem Kupplung-Treten beim Autofahren treffend.

Nicht alles, was ein Lehrer regelmäßig wiederholt, verdient die Bezeichnung »Routine«. Niemandem würde es einfallen, es als »Routine« zu bezeichnen, wenn ein Lehrer nach jeder Schülerantwort erst einmal »Mmm« macht, bevor er weiterredet, oder wenn ein Lehrer, der auf eine Schülerantwort wartet, sich dabei immer mit der linken Hand unter dem Kinn kratzt. Solche zwanghaften Handlungen werden von den Psychologen mit einem Fachbegriff als »Tick« bezeichnet.

Der wesentliche *Unterschied zwischen Ticks und Routine-Handlungen* – abgesehen von der Unwillkürlichkeit des Ticks – liegt darin, daß Routine-

Handlungen einen bestimmten unterrichtsspezifischen Zweck erfüllen oder zumindest erfüllt haben: Sie sind auf ein Ziel hin orientiert, das dem Handelnden bis zu einem gewissen Grad bewußt vor Augen steht. Der routiniert Handelnde braucht fast nur noch an sein Ziel und kaum mehr an die Ausführung der Handlung zu denken: Er kann darauf vertrauen, daß die Handlung, die zu diesem Ziel hinführt, »automatisch« richtig abläuft, weil er dieselbe Handlung schon hunderte Male vorher ebenso zielgerichtet und richtig ausgeführt hat. Eine solche Automatisierung einer zielgerichteten Handlung setzt voraus, daß sie irgendwann früher, als sie zum ersten Mal vollzogen wurde, sehr bewußt gesteuert worden ist. Wir schlagen deshalb folgende Definition vor:

> **Definition 2.2:** Routinebildung ist die Automatisierung *von ursprünglich bewußt gesteuerten zielgerichteten Handlungsabläufen.*

Routiniert handeln zu können, bietet eine Reihe von Vorteilen, die in empirischen Studien zur Funktion von Routinebildung und *Expertenwissen* analysiert worden sind. Bromme (1985) vergleicht Expertenwissen mit dem Wissen von Berufsanfängern:

- »Experten verfügen über ein Begriffssystem, das eine *schnelle interne Repräsentation* der jeweiligen Problemanforderung ermöglicht. Es werden die ‚Daten' wahrgenommen, die in bezug auf das Ziel der Problembearbeitung relevant sind.« (»Interne Repräsentation« heißt soviel wie innere bzw. geistige Vorstellung.)
- »Experten verfügen über lösungsrelevantes Wissen, das die *Zuordnung von Merkmalen der Problemanforderung und möglichen Lösungsstrategien* zum Inhalt hat. Diese enge Zuordnung ist die Grundlage für das empirisch zu beobachtende Phänomen des ‚subitizing' (...), d.h. für die Tatsache, daß die Wahrnehmung einer bestimmten Frage oft unmittelbar mit einer Beantwortung verbunden wird, z.B. beim Kopfrechnen oder wenn Lösungen geometrischer Aufgaben sofort ‚gesehen' werden.«
- »Im Prozeß der Problembearbeitung verfügen die Experten über mehr Informationen darüber, *wo* sie sich auf der Strecke zu dem gesuchten Ziel befinden.«
- »Vor allem verfügen die Experten über *mehr bereichsspezifisches Wissen* über die für die Aufgabenlösung relevanten Sachverhalte und Beziehungen. Es ist allerdings wichtig festzuhalten, daß damit nicht ein bloß quantitativer Unterschied gemeint ist, sondern der Unterschied liegt eher in der Qualität. Die vorhandenen Konzepte erlauben die Integration von mehr Details und die Bewertung von Problemelementen bezüglich ihrer Bedeutung für den Lösungsprozeß.« (Bromme 1985, S. 185 f.; Hervorh. von uns)

Bromme schließt daraus, daß das Handeln von routinierten Lehrern nicht »unbewußt« erfolgt, sondern daß das dahinter stehende Wissen *anders strukturiert* ist als bei Berufsanfängern. Er bezeichnet dies als *»Verdichtung des aufgabenrelevanten Wissens«* (S. 186). Diese »Verdichtung« ist vorrangig daran abzulesen, daß Routiniers

- nur einige *wenige Informationen* benötigen, um eine komplexe Unterrichtssituation einzuschätzen,
- und daß sie vor ihrer Entscheidung keine oder nur sehr *wenige Handlungsalternativen* durchdenken.

Das heißt, daß Routiniers ganz einfach wesentlich weniger Gedankenarbeit für ihr didaktisches Handeln brauchen als Berufsanfänger, die das Für und Wider einer Maßnahme viel stärker im Kopf herumwälzen – im Extremfall so lange, daß zum Schluß, wie ein Student es formulierte, »nichts mehr aus meinem Kopf rauskommt«. Routinehandlungen können *besonders ökonomische Formen des Handelns* sein: Sie können den Lehrer *von der Reflexion und der Legitimation* seines Handelns *entlasten* und ihm auf diese Weise den Kopf freihalten für neue Gedanken, Wahrnehmungen und weitere Handlungen.

> **These 2.4:**
> *Routinebildung ist reflexions- und legitimationsentlastend.*

Routine-Handlungen »fallen nicht vom Himmel«. Sie brauchen einen Anlaß oder einen *Auslöser.* Sie werden *dann* ausgelöst, wenn der Handelnde eine Situation vorfindet, die ihm vertraut ist und in der er schon häufig erfolgreich gehandelt hat.

Versucht man, die – zumeist in Sekundenschnelle ablaufende – Routinehandlung in ihre Elemente zu zerlegen, ergeben sich *fünf Einzelschritte:*
1. Eine Situation wird *wahrgenommen;*
2. sie wird als gewohnt und *typisch empfunden;*
3. sie wird »routinemäßig« mit einem *Handlungsziel* verknüpft, für das im Handlungs- bzw. Methodenrepertoire eine sicher beherrschte Routinehandlung vorhanden ist;
4. die Routine-Handlung wird *durchgeführt;*
5. während der Handlung wird *kontrolliert,* ob das Handlungsziel erreicht werden kann, und zum Abschluß, ob es erreicht worden ist oder nicht.

Natürlich ist eine solche Aufdröselung in Einzelschritte problematisch. Die fünf Schritte sind in Wirklichkeit so eng ineinander verschränkt, daß sie nur theoretisch auseinandergehalten werden können:

> **These 2.5:**
> Routinehandlungen sind eingebettet in einen *ganzheitlichen* und *verdichteten* Prozeß der Situationswahrnehmung, der Situationsbewertung, des Aufbaus einer Zielperspektive und der Erfolgskontrolle.

Diese »Verdichtung« der Wahrnehmung hat Vor-, aber auch Nachteile. Sie macht es für den Lehrer einfacher, sich auf wenige wirklich neue Aufgaben und

Probleme einer Unterrichtsstunde zu konzentrieren. Sie macht es auch für die Schüler leichter, sich auf die von Stunde zu Stunde wechselnden (Fach-)Lehrer jeweils kurzfristig umzustellen.
Sparsamste, oft nur körpersprachlich vermittelte Signale reichen aus, um den Unterrichtsprozeß routinemäßig zu steuern. Dies schließt nicht aus, daß Lehrer und Schüler aneinander vorbeireden. Für die Schüler ist es dann allerdings schwerer, die eigenen Interessen durchzusetzen, als für den Lehrer. Weil der Lehrer Motor und Schrittmacher des Unterrichts ist, kann er routiniert durchsetzen, was er für richtig hält, während es zur Schülerrolle gehört, sich immer wieder korrigieren zu lassen. Die Nachteile der Routinebildung stellen sich zwangsläufig ein – die Vorteile müssen bewußt erarbeitet werden:

> **These 2.6:**
> Routinebildung ist eine unverzichtbare Voraussetzung, aber keine Garantie dafür, in der verwalteten Schule von heute *Handlungsspielräume* für einen schülerbezogenen Unterricht wahrzunehmen, aufbauen und sichern zu können.

Deshalb gibt es in dieser 2. Lektion einen mehrfachen Wechsel zwischen einer eher positiv getönten, dann wieder negativen Bewertung der Routinebildung.

2.2.2 Beispiel und Interpretation

Das Beispiel, ein Ausschnitt aus einem Stundenprotokoll, entstand durch die Transkription einer Video-Aufzeichnung aus dem Deutschunterricht einer 7. Klasse eines ländlichen Gymnasiums. Thema der Stunde ist die Kurzgeschichte »Das Nachtpfauenauge« von Hermann Hesse. Die Schüler hatten als Hausaufgabe, die Geschichte zu lesen. Zu Beginn der Stunde versucht der Lehrer, im Gespräch mit den Schülern zu ermitteln, um *welche Textsorte* es sich hierbei handelt.

```
 1  L: Ja, also, wir sehen, das ist eine Jugenderinne-
       rung, die er hierbei aufschreibt (schreibt das
       Wort an die Tafel), und ... nun habe ich noch eine
       Frage. Wo, in welcher Art Bücher würdet ihr denn
 5     so eine ... Erinnerung erwarten, so eine Ge-
       schichte? (Pause) Außer, daß es nun mal im Lese-
       buch drin steht, nech? ... Ja, Ralf.
    S: Vielleicht in einem Tagebuch oder so?
 *  L: Tagebuch? (Schüler sagen nein) Warum nicht, Jan?
```

2.2 Routinebildung im Unterricht

```
10  S: Weil das ja über mehrere Jahre geht.
    L: Nun, was schreibt man eigentlich in ein Tagebuch?
       Von einem Tag? (Murmeln) Das heißt also? (Schüler
       reden durcheinander, einer setzt sich durch)
    S: ...Daß man da nicht alle diese äußeren Handlun-
15     gen da und so schreibt, sondern in einem Tagebuch
       das, was man empfindet, mehr dahinschreibt.
    L: Ja, und worüber empfindet man es, das, was man im
       Tagebuch schreibt, worüber empfindet man das?
```

```
    S: Über den einzelnen Tag, man kann ja nicht...
20  L: (unterbricht) Ja, über welchen Tag, das ist
       glaube ich noch nicht ganz deutlich gewor-
       den ... (auffordernd). Im Tagebuch schreibe
       ich ... Na, nehmen wir mal als Beispiel - heute
       ist der 25.10.1978 - was könnte man im Tagebuch
25     heute abend, wenn jemand Tagebuch führt, was
       könnte man da reinschreiben, Claudia?
    S: Das über den Tag, was er erlebt hat.
    L: Über welchen Tag?
    S: Heute.
30  L: Heute. Genau. Wir hatten festgestellt, da ist ein
 *     Abstand von etwa 22 Jahren. ... Jens.
    S: Ich glaub, in gesammelten Werken und so?
    L: Mmh. Gesammelte Werke ... Oder, Joachim?
    S: Vielleicht im Krimi oder so?
35  (Gelächter)
 *  L: Na.
    S: Abenteuerbuch?
 *  L: Abenteuerbuch? (Schüler reden durcheinander)
```

```
         S: In einem Jugendbuch? (Gemurmel)
     40  L: Ja, ich glaube, jetzt seid ihr aufs Raten gekom-
            men. Wir wollen das nochmal überlegen. Wir haben
            festgestellt, es handelt sich um eine Jugend-
            erinnerung, die er, etwa 20 Jahre später, wie Joa-
            chim vermutet hatte und das war ja ganz toll, die
     45     er 20 Jahre später aufschreibt ... Tja, wenn's
            nicht Tagebuch ist, weil man da gleich etwas auf-
            schreibt, dann müßte es wohl etwas anderes sein.
      *     Na, Silke?
         S: In Karl May-Büchern, da schreibt er ja auch alles
     50     also in Ich-Form und schreibt es dann also ...
         L: (unterbricht) Haben wir in dieser Geschichte
            Ich-Form?
         S: Teilweise wohl.
         L: Teilweise. Ja, ist richtig. Mmh.
     55  S: Vielleicht ist es auch ein Buch, wo so 'ne Lebens-
            beschreibung von einem Künstler, wo man dann ...
         L: Ich glaube auch, nech. Das ist also nicht nur
            eine Jugenderinnerung, sondern es ist eine
            Lebenserinnerung
     60     (schreibt das Wort ›Lebenserinnerung‹ an die
            Tafel) ...
         S: Eine Geschichte aus seinem Leben vielleicht ...
            (Gemurmel)
         L: Ja, und hier ist schon jemand ...
     65  S: Lebensgeschichte!
         L: ... ganz perfekt in Fremdwörtern und sprach von
            Memoiren - was sind das denn?
         S: Memoiren sind so ähnlich ... von früheren Erleb-
            nissen ...
     70  L: Ja, das sind Erinnerungen, nech, das ist ein
            Wort aus dem Französischen und da sind die Er-
            innerungen nun aufgefaßt.
```

Diese Unterrichtsszene ist ein typisches Beispiel für das sogenannte *gelenkte* bzw. *fragend-entwickelnde Unterrichtsgespräch:* Der Lehrer setzt das Gesprächsziel fest und bemüht sich, die Schüler durch geschickte Fragen und Impulse dahin zu bringen, das gewünschte Ergebnis sozusagen »von selbst« zu finden. Empirische Erhebungen (Klaus Hage u.a. 1985) haben ergeben, daß zwei Drittel des Frontalunterrichts mit dieser Unterrichtsmethode bestritten werden, obwohl es sich nach Auffassung vieler Didaktiker um eine der schwierigsten Unterrichtsmethoden überhaupt handelt.

Das übergeordnete *Ziel,* das der Lehrer in der ungefähr acht Minuten langen Unterrichtsszene verfolgt, ist die *Erarbeitung des Fachbegriffs »Memoiren«* bzw. »Lebenserinnerungen«. Da die SchülerInnen wider Erwarten nicht

2.2 Routinebildung im Unterricht 53

auf den Begriff kommen, entspinnt sich ein langwieriges Frage-und-Antwort-Spiel. Wir werden dieses Frage-Antwort-Spiel nun im Detail interpretieren. Wappnen Sie sich bitte mit Geduld! (In der 7. Lektion auf S. 253-256 kommen wir auf diese Unterrichtsszene nochmals zurück.)

1. Im ersten Interpretationsschritt werden wir den in These 2.5 angesprochenen Zusammenhang von Situationswahrnehmung, Situationseinschätzung, Entwicklung einer Zielperspektive und Erfolgskontrolle analysieren.

Wir beginnen die Betrachtung mit einer genaueren Analyse der Zeilen 3 bis 10. Sie liefern ein typisches Beispiel für das, was wir im Abschnitt 2.2.1 als *ganzheitliches* und *verdichtetes* Routinehandeln des Experten beschrieben haben:

- Der Lehrer will auf den Begriff »Lebenserinnerungen« hinaus, aber als routinierter Gesprächsführer nennt er den gewünschten Begriff nicht einfach, sondern wählt einen »entwickelnden« Weg, der die Schüler zum Nachdenken zwingen soll. Er stellt deshalb die Frage, »in welcher Art Bücher« der zur Diskussion stehende Text Hermann Hesses veröffentlicht worden sein könnte.
- Ein Schüler *antwortet* auf die Frage, signalisiert aber durch den fragenden Unterton, daß er sich seiner Sache nicht sicher ist: »Vielleicht in einem Tagebuch oder so?« (Zeile 8)
- Der Lehrer reagiert mit einem *Lehrerecho,* dem die anderen Schüler entnehmen können, daß er mit der Antwort des ersten Schülers unzufrieden ist. Er wiederholt das Wort »Tagebuch« mit fragendem Unterton. (Zeile 9)

Schon in diesem kurzen Wortwechsel lassen sich die fünf in These 2.5 genannten Elemente routinierten Lehrerhandelns nachweisen:

1. Der Lehrer hat eine Frage gestellt und *nimmt die Schülerantwort wahr.*
2. Er *bewertet* die Schülerantwort im Bruchteil einer Sekunde als falsch.
3. Er reagiert auf die neu entstandene Situation durch die Setzung einer *kurzfristigen Zielperspektive,* die ungefähr lauten könnte, daß die Schüler selbst erkennen sollen, daß der Begriff Tagebuch falsch ist.
4. Er *verknüpft* im selben Atemzug die Zielperspektive mit dem »Lehrerecho«, also der Rückgabe der Schülerantwort an die ganze Klasse. Er hat also eine seit Studium und Referendariat »eingebleute«, auch seinen Schülern seit langem vertraute Routine-Handlung durchgeführt.
5. Die Schüler reagieren – wie vom Lehrer erwartet – mit »Nein«. Dies registriert der Lehrer *(Erfolgskontrolle).*

Das schlichte »Nein« der Schüler reicht dem Lehrer aber nicht aus:

- Deshalb entwickelt er eine *neue, kurzfristige Zielperspektive,* die ungefähr lautet: Wenn die Schüler *begründen,* warum die Antwort »Tagebuch« falsch ist, finden sie vielleicht die gewünschte richtige Antwort schneller. Er greift das »Nein« der Schüler auf und fragt: »Warum nicht, Jan?«

- In den folgenden Zeilen (Zeilen 10 bis 30) geht es um diese Begründung, wobei der Lehrer zunächst immer wieder feststellen muß, daß die Begründungen der Schüler unzureichend sind (*Erfolgskontrolle*),
- bis er endlich in Zeile 30 erleichtert aufatmend feststellen kann, daß das Ziel »Begründung dafür, daß die Antwort ‚Tagebuch' falsch ist« endlich erreicht wurde.

Nun kann sich der Lehrer endlich wieder seiner *langfristigen Zielperspektive* zuwenden, die Schüler den Begriff »Memoiren« bzw. »Lebenserinnerung« selbst finden zu lassen (Zeilen 31 bis 39):

- Die Schüler wissen aber immer noch nicht, worauf der Lehrer hinaus will. Sie werfen diesen und jenen Begriff in die Debatte (»Gesammelte Werke«, »Krimi«, »Abenteuerbuch«). – Der Lehrer sagt nicht »nein« oder »falsch«, sondern bleibt bei seiner Linie, die Begriffe in Frageform an die ganze Klasse zurückzugeben.
- Erst in den Zeilen 40 bis 48 variiert der Lehrer sein Routine-Handeln: Er *kommentiert* die Schülerantworten (»Ich glaube, jetzt seid ihr aufs Raten gekommen«) und liefert eine zusammenfassende Hilfestellung zum Finden der gewünschten Antwort.
- Die Schüler raten aber immer noch, so daß *zu guter Letzt der Lehrer selbst den Begriff »Lebenserinnerung« einführt* (Zeile 58) und – verknüpft mit einem deutlichen Lob – das von einem Schüler dazwischengerufene Wort »Memoiren« aufgreift.

Wußten die Schüler im protokollierten Stundenabschnitt, wo es lang ging? Konnten sie am Ende dieser Szene das Gefühl haben, einen Weg neu geordneter Erkenntnis zurückgelegt zu haben, der – so verworren er auch zwischendurch gewirkt haben mag – nun deutlich sichtbar hinter ihnen lag? Wir meinen: *nein!* Denn der Lehrer – als einziger wissend, wohin er die Schüler bringen will – schießt eine Frage nach der anderen ab, während die Schüler, durch die Lehrerfragen eher gestört als auf die von ihm gewünschte Fährte gelockt, ziellos umhertappen, einen Begriff nach dem anderen in das Gespräch einbringen und schlicht raten, was der Lehrer denn wohl meinen könnte. Der Lehrer braucht lange (bis zur Zeile 40!), bis er dies erkennt, während die Schüler zunächst gutwillig mitraten, aber dann doch unruhig werden. Sie sind offensichtlich desorientiert.

Wir meinen, daß in dieser Unterrichtsszene ein deutliches Mißverhältnis zwischen dem Zeit- und Kraftaufwand des Lehrers und dem tatsächlichen Ertrag besteht. Es wäre sinnvoller gewesen, sehr viel früher das Raten der Schüler abzubrechen und den Begriff einzuführen.

Routinebildung stößt in der Unterrichtsszene an ihre *Grenzen:* Gerade weil der Lehrer so routiniert die Schülerantworten als Fragen an die ganze Klasse zurückgibt, kommt er in Schwierigkeiten.

These 2.7:
Die Routinisierung des Handelns kann zu Betriebsblindheit führen.

2.2 Routinebildung im Unterricht

Die Vorzüge routinierten unterrichtlichen Handelns können leicht *in Nachteile umschlagen.* Routinehandeln kann zur Folge haben, daß man ähnliche, aber nicht identische Situationen »über einen Leisten schert« und die Sensibilität für die kleinen, vielleicht um so wichtigeren Unterschiede verliert. Man handelt nach »Schema F« und übersieht, daß die Handlungsziele, die mit diesem Schema verknüpft waren, ihren Sinn verloren haben können.

Nun ist man vor solchen Fehlern keineswegs geschützt, wenn man *keine* Routinen entwickelt hat. Die durch Erfahrung gewachsene Routine kann aber das falsche Gefühl vermitteln, man habe das Bestmögliche getan. Bei Mißerfolgen wird dann allzu leicht der Schwarze Peter immer nur bei den anderen gesucht. So wird aus der grundsätzlich positiv zu beurteilenden Routine unter der Hand der ärgerliche Alltagstrott.

Geht man mit dem sogenannten »gesunden Menschenverstand« an die Beurteilung der Unterrichtsszene, so wird man kaum umhinkommen, das krasse Mißverhältnis zwischen Aufwand und Ertrag zu kritisieren. Dennoch sind solche Gesprächsabläufe typisch für alltäglichen (gymnasialen) Unterricht. Warum? Unseres Erachtens gibt es eine zweite Bedeutungsebene dieses gelenkten Gesprächs, die nicht vom inhaltlichen Ertrag, sondern von der *Ausbalancierung des Machtverhältnisses* zwischen Lehrer und Schülern bestimmt wird.

2. Wir kommen damit zu einem *zweiten Schritt* der Interpretation des Gesprächsauszugs, in dem es um die Analyse der kommunikativen Funktionen routinierten didaktischen Handelns geht.

Wir haben oben im Protokoll des Unterrichtsgesprächs an fünf Stellen ein Sternchen (*) angebracht, und zwar dort, wo der Lehrer einen steuernden *Impuls* gegeben hat:

✳ *Zeile 9* und *Zeile 38:* Der Lehrer sagt: »Tagebuch?« bzw. »Abenteuerbuch?« In beiden Fällen ein Lehrerecho, in dem der Lehrer bloß einen Begriff, den SchülerInnen genannt hatten, wiederholt und durch den Tonfall eine Frage daraus macht. Den SchülerInnen ist sofort klar, daß sie daneben geraten haben. In Zeile 9 bestätigt der Lehrer dies denn auch durch die Frage an Jan. Inhaltlich bringt ihnen dieses Lehrerecho keine neuen Ideen. Nach Zeile 40 verhält er sich anders: Er ist endlich zu der Einsicht gelangt, daß es besser ist, das ziellose Raten der SchülerInnen abzubrechen.

✳ *Zeile 31* und *Zeile 48:* Nach kurzen inhaltlichen Aussagen werden Schülernamen genannt. Jens und Silke wissen ganz genau, daß sie aufgefordert sind, eine schlaue Antwort zu geben, obwohl keine Frage gestellt worden ist. Wenn die Rollen (als Lehrer, als Schüler) nicht so perfekt eingeübt wären, könnten Jens und Silke unmöglich wissen, was eigentlich los ist: Ist das eine Drohung, eine Aufforderung, eine Ermahnung?

✱ *Zeile 36:* Der Lehrer sagt bloß: »Na!« Aber die Silbe hat eine reiche Bedeutung, die die SchülerInnen ohne Schwierigkeiten wahrnehmen. Sie heißt in etwa: »Lieber Joachim, das mit dem Krimi war voll daneben und das weißt du selber genauso gut« und (an die Adresse der übrigen SchülerInnen gerichtet) »Stellt bitte euer Lachen ein und kommt zur Sache zurück!«

Was in all diesen Situationen geschah, ist *routiniertes Handeln auf beiden Seiten, vom Lehrer und von den Schülern.* Man vertraut sich der immer schon stillschweigend, also ohne viel Nachdenken geübten Praxis eingespielter Interaktions- und Kommunikationsmuster an. Jens weiß, daß der Lehrer eine schlaue Antwort hören will, und der Lehrer weiß, daß Jens das weiß usw. Auf solche Art steuern routinierte Lehrer mit kleinsten (oft ausschließlich körpersprachlichen) Impulsen das Unterrichtsgeschehen. Und auch Schüler können das: Joachims Einwurf mit den Krimis kann durchaus gezielt darauf ausgewesen sein, die Lacher auf seine Seite zu bringen, und zugleich wollte er vielleicht Unmut über das langweilige und unergiebige Frage-Antwort-Spiel ausdrücken.

These 2.8:
Routinehandlungen dienen der immer wieder neu notwendig werdenden Ausbalancierung der Machtstrukturen im Klassenzimmer.

Routinebildung *kann* die Voraussetzung für die Nutzung neuer Handlungsspielräume sein (vgl. These 2.6) – aber dieser Effekt tritt nicht zwangsläufig ein. Sie kann auch das Nachdenken über den

Sinn des eigenen Handelns behindern, sie kann die Sensibilität und Offenheit für die von den SchülerInnen ausgesandten Signale nehmen. Die Kommunikations- und Interaktionsstrukturen einer Schulklasse werden dann nicht mehr offen ausgehandelt, sondern »eingefroren«. Sie erstarren zu Ritualen im Sinn Wellendorfs (1973, S. 63-175), werden also zu einseitig vom Lehrer gesetzten Mechanismen der Herrschaftssicherung. Auch in der analysierten Unterrichtsszene ist dies an den »Selbstverständlichkeiten« der Gesprächsleitung abzulesen: Der Lehrer, nicht ein Schüler, definiert das Gesprächsziel; der Lehrer hat das Recht, das Wort abzuschneiden, die Qualität der Beiträge zu bewerten usw.

2.2.3 Reflektierte Routinebildung – Quadratur des Kreises?

Ritualisiertes Routinehandeln hat, ob dies dem Lehrer bewußt ist oder nicht, die Funktion, die Auseinandersetzung mit widersprüchlichen Anforderungen an die Lehrerrolle zu verdrängen. Deshalb muß es regelmäßig kontrolliert werden. Denn es gibt in der Schule keine Handlungsspielräume »an sich«, sondern nur solche, die bewußt wahrgenommen und – wenn nötig – auch erkämpft werden. Sie müssen mit Leben und Phantasie erst gefüllt werden. Und genau hier beißt sich die Katze in den Schwanz: Die Emanzipation des Lehrers von den im Studium und im Referendariat angeeigneten didaktischen Vorgaben und Fertigkeiten scheint die Voraussetzung für die Entwicklung seiner eigenen, je individuellen und routiniert praktizierten Handlungskompetenz zu sein. Aber die mit der Routinebildung verknüpfte Reflexions- und Legitimationsentlastung behindert die Suche nach *neuen* Wegen, Zielen und Methoden.

»Reflexion« und »Routine« müssen also miteinander verknüpft werden, weil nur durch Reflexion die zum schulischen Alltagstrott verkommenen Lehrerroutinen von den grundsätzlich positiven, eine »ökonomische Haushaltsführung« des Lehrers ermöglichenden Routinen unterschieden werden können:

> **These 2.9:**
> Reflexion und Routinebildung müssen versöhnt werden, um ziellos gewordene Handlungsroutinen bewußt zu machen, sie abzubauen und so die Voraussetzungen für die phantasievolle Weiterentwicklung des didaktisch-methodischen Handlungsrepertoires zu schaffen.

Aber wie macht man das? Der Ansatzpunkt für eine solche Reflexion kann nur in der in These 2.2 von S. 42 formulierten Forderung gesucht werden, jedem Lehramtsstudierenden und später dann jedem fertig ausgebildeten Lehrer/jeder Lehrerin *bewußt* zu machen, welches didaktische Konzept er/sie schon im Hinterkopfe hat und wie stimmig das Konzept zum tatsächlichen unterrichtspraktischen Handeln paßt. Eine der von uns befragten Studentinnen, Carola, hat die Widersprüchlichkeit dieser Zielstellung auf den Begriff gebracht:

> »*Am schönsten wäre es, eine routinierte Lehrerin zu sein, ohne dabei routinierten Unterricht zu machen!*
> Damit meine ich: eine gewisse Sicherheit zu entwickeln, damit die SchülerInnen nicht einer unberechenbaren und ‚hibbeligen' Unterrichtssituation ausgesetzt werden. Und dabei sollte dann so viel Platz und Aufnahmebereitschaft für Ideen, Wünsche und Vorschläge der SchülerInnen bestehen bleiben, daß Langeweile, Einfältigkeit und Gleichförmigkeit des Unterrichts vermieden werden.«

DRITTE LEKTION

ZENTRALE FRAGESTELLUNGEN DER DIDAKTIK

Ziele + Inhalte dieser Lektion:

Die verschiedenen didaktischen Modelle haben ein und dasselbe Thema, nämlich die Theorie und Praxis des Lehrens und Lernens. Deshalb gehen sie alle von ähnlichen Fragestellungen aus, so verschieden ihre Antworten auch sein mögen. Ziel dieser Lektion ist es, Sie mit diesen zentralen Fragestellungen vertraut zu machen:
- ❏ Im *ersten Abschnitt* erörtern wir Aufgaben und Gegenstand der didaktischen Theoriebildung, nämlich die Beschreibung und »ideale« Modellierung von Unterrichtswirklichkeit.
- ❏ In den *anschließenden Abschnitten* werden Grundsatzfragen der Theoriebildung skizziert.
- ❏ Der *letzte, kurze Abschnitt* beschreibt, wie im Schulalltag und in der Theorie mit dem sogenannten Legitimationsproblem umgegangen wird.

Vorbemerkung

Ungefähr seit Mitte der 60er Jahre hat in den Ländern der alten BRD eine folgenreiche *Ausdifferenzierung der Didaktik in Theorie und Praxis* stattgefunden:

- Aufgrund des großen Lehrermangels der 60er und frühen 70er Jahre fand an allen westdeutschen Pädagogischen Hochschulen und Universitäten ein *quantitativ erheblicher,* zum Teil überstürzt durchgeführter *Ausbau* der Lehrerbildungs-Kapazitäten statt. Zahlreiche Universitäten und Gesamthochschulen wurden neu gegründet (Arbeitsgruppe Bildungsbericht 1990, S. 370-414).

- Die *»wissenschaftliche Landkarte«* der Didaktik ist dadurch *bunter* geworden. Die immer noch dominierende Geisteswissenschaftliche Pädagogik wurde ergänzt durch empirisch-analytisch orientierte, phänomenologische, seit 1970 auch dialektische und marxistische Positionen.

- In diese Zeit fiel auch der schrittweise Aufbau einer *eigenständigen empirischen Forschungspraxis* der Didaktik (zumeist unter dem Namen Unterrichtsforschung, manchmal auch unter dem weiteren Namen Lehr-/Lernforschung firmierend; vgl. Terhart 1986).

- Die Didaktik ist fest *an den Universitäten etabliert* worden – auch deshalb, weil viele der ehemaligen Pädagogischen Hochschulen mehr schlecht als recht integriert worden sind.

- Zur Allgemeinen Didaktik traten immer mehr *Fachdidaktiken* sämtlicher Fächer des allgemein- und berufsbildenden Schulwesens. Bisher hat sie noch niemand gezählt, aber es sind sicherlich mehr als hundert (vgl. Roth 1980).

- Zusätzlich zu den Fachdidaktiken entwickelten sich *Stufen-Didaktiken* (z.B. die Grundschuldidaktik oder die Didaktik der gymnasialen Oberstufe) und *Bereichs-Didaktiken,* in denen schulische und außerschulische Lernfelder gebündelt werden (Friedens- und Umwelterziehung, Verkehrserziehung, Gesundheitserziehung, Freizeitpädagogik usw. – vgl. den Überblick bei Beckmann 1991).

- Die *einseitige Orientierung an Schule und Unterricht ist aufgegeben* worden. Didaktik fühlt sich heute für sämtliche institutionalisierten und nicht-institutionalisierten Lehr-/Lernprozesse zuständig. Es gibt z.B. eine breite Forschung zur Weiterbildung, zur Hochschuldidaktik, zur kirchlichen Gemeindearbeit, zur gewerkschaftlichen Bildungsarbeit usw.

In der DDR gab es eine vergleichbare, quantitativ noch beachtlichere, allerdings nicht ganz so sprunghaft verlaufene Entwicklung:

- Die Didaktik konnte sich quantitativ und qualitativ als *Kerndisziplin der Pädagogik* etablieren (vgl. Stephan 1990).

- An den Fachschulen, Hochschulen und Universitäten hat ein für westdeutsche Maßstäbe beachtlicher Personalausbau stattgefunden. Zentrale und dezentrale Forschungseinrichtungen, umfassende Weiterbildungsmöglichkeiten, ein beispielhaftes Promotionsförderungsprogramm kamen hinzu.

- Nach dem Umbruch muß die Didaktik – als Teil der Erziehungswissenschaftlichen Sektionen – allerdings einen hohen Preis für die mehr oder weniger bereitwillig übernommenen partei- und staatstragenden Aufgaben zahlen. Das Personal wird radikal verringert; fast alle Sektionen werden »abgewickelt«, die »Aufwicklung« kommt nur schleppend voran.

Die Didaktik ist durch ihre Expansion nicht nur mächtiger und wichtiger, sondern auch *krisenanfälliger* geworden. Dies zeigt der weitgehende Zusammenbruch der Forschungsstrukturen in den neuen Bundesländern ebenso wie die lähmende Abhängigkeit der westdeutschen Didaktik von den Konjunkturen und Flauten der Lehrerbildung. Nach gut 15 Jahren des Gesundschrumpfens der Lehrerbildungskapazitäten in der alten BRD stehen wir seit Ende der 80er Jahre vor einem neuen Lehrerbildungs-Boom, der von einem vergreisten Personal kaum mehr bewältigt werden kann. Ab 1995 ist in vielen Schulformen mit akutem Lehrermangel zu rechnen. Darauf sind die westdeutschen Hochschulen wiederum nicht vorbereitet.

Es ist nicht übertrieben, von einem *Siegeszug der Didaktik* seit dem 2. Weltkrieg zu sprechen, aber die Didaktik ist dadurch nicht zu einer »normal science« mit klar umrissenem Aufgabenfeld und gesellschaftlicher Anerkennung geworden, sondern umstrittener denn je. Deshalb scheint uns eine Besinnung auf die zentralen Fragestellungen dieser Disziplin gleichfalls notwendiger denn je zu sein.

3.1 Die zwei Seiten der Didaktik: Analyse und Handlungsorientierung

Didaktik soll

 feststellen, wie die Unterrichtswirklichkeit *ist,* und

 entwerfen, wie besserer Unterricht aussehen *sollte.*

◄ »wie Unterricht wirklich ist«

»wie er aussehen sollte« ►

Diese grundlegende Unterscheidung, die ganz ähnlich von vielen Didaktikern vorgenommen wird (vgl. etwa Schulz 1980, S. 49 f.), hört sich vernünftig und plausibel an – und das ist sie auch. Ohne diese begriffliche und logische

Unterscheidung sind sinnvolle Debatten über pädagogische Fragen überhaupt nicht möglich.

Das heißt aber nicht, daß durch diese Unterscheidung schon alle Probleme gelöst wären. Beide Aufgabenbereiche stecken nicht nur, für sich genommen, voller ungelöster Fragen; auch die Beziehung zwischen ihnen wird von Didaktikern unterschiedlicher Richtungen auf unterschiedliche, teilweise entgegengesetzte Art und Weise bestimmt. Wir erläutern deshalb im folgenden zunächst jeden der beiden Aufgabenbereiche für sich und geben anschließend in zwei weiteren Abschnitten Hinweise zu ihrem Zusammenhang und zu ihrer Einbettung in die didaktische Theoriebildung.

3.1.1 Didaktik als Erforschung der Unterrichtswirklichkeit

Dieser Aufgabenbereich der Didaktik wird häufig durch folgende Begriffe bezeichnet: Beobachtung, Deskription, Analyse, deskriptive und/oder analytische Forschung, Untersuchung der vorfindlichen Realität, Empirie u.ä.m.

Ein Beispiel: Leo Roth (1971) hat in einer empirischen Vergleichsuntersuchung in drei Hauptschulklassen analysiert, ob die Wahl bestimmter Unterrichtsmethoden (in diesem Fall: des Frontalunterrichts, des Gruppenunterrichts und des Programmierten Unterrichts) Einfluß auf den Unterrichtserfolg hat oder nicht. Deshalb hat er einen genau umgrenzten Wissensinhalt (nämlich die Funktionsweise eines Kühlschranks) jeweils mit einer der drei Methoden gelehrt und dann ein halbes Jahr später getestet, in welcher der drei Klassen die Schüler am meisten behalten hatten.

Leo Roth

Schon dieses simple Beispiel macht deutlich, welche Schwierigkeiten auf den Forscher zukommen, wenn er die gestellte Frage eindeutig beantworten will: Er müßte z.B. klären, ob die Vorkenntnisse der Schüler vergleichbar waren; er müßte kontrollieren, ob die Persönlichkeit des Lehrers Einfluß auf die Lernleistung hatte; er müßte klären, ob der ungewohnte programmierte Unterricht Neugier und Interesse weckte und dadurch die Lernleistung beeinflußte, und ...

In der 1. Lektion lautete die These 1.2:

> Pädagogisches Handeln ist zu komplex und unterliegt zu vielen, teilweise unbekannten Einflußgrößen, als daß durch eine Theorie wirklich *alle* Einzelphänomene in eindeutiger Weise gesetzlich erklärbar wären.

Zu ergänzen wäre: Und erst recht ist der *Zusammenhang* aller Einzelphänomene untereinander zu kompliziert, als daß *eine* Theorie wirklich alles umfassend und in seinen Wechselbeziehungen erklären könnte. Jede noch so akribische Erforschung der Unterrichtswirklichkeit kann nie wirklich *alle* Einzelphänomene und ihre *Zusammenhänge* erfassen. Die Kompliziertheit dieses Geflechts wird dadurch noch erhöht, daß zahlreiche Einflüsse auf jeden Unterricht einwirken, die nicht direkt aus dem Ablauf des Unterrichts selbst erschlossen werden können: institutionelle Rahmenbedingungen, politische Vorgaben, Rahmenrichtlinien, die soziologische und psychologische Situation der LehrerInnen und SchülerInnen, entwicklungspsychologisch und lerntheoretisch fundierte Voraussetzungen usw. Deshalb ist die Erforschung der Unterrichtswirklichkeit auch auf andere wissenschaftliche Disziplinen angewiesen.

Wegen der Vielzahl der Faktoren, die in diesem Geflecht zusammenlaufen, wird in den Sozialwissenschaften in solchem Zusammenhang von der *»Faktorenkomplexion«* gesprochen – ein Begriff, den Friedrich Winnefeld in die pädagogische Literatur eingeführt hat (Winnefeld u.a. 1957; vgl. auch Heimann 1965, S. 9). Die *Kehrseite der Faktorenkomplexion* ist die Tatsache, daß in der deskriptiven Analyse von Unterrichtsprozessen immer nur *einige und vereinzelte* Faktoren berücksichtigt werden können. Jede Analyse muß sich auf wenige als wesentlich erkannte Faktoren beschränken – mit der Folge, daß andere Faktoren aus dem Blickfeld verschwinden, obwohl sie wirksam und vielleicht auch bedeutsam sind. Dies stellt die Aussagekraft und Gültigkeit von Forschungsergebnissen über Unterricht immer ein Stück weit in Frage.

> **These 3.1:**
> Analysen von Unterrichtsprozessen greifen immer nur einzelne Faktoren auf. Aussagekraft und Gültigkeit ihrer Ergebnisse sind daher beschränkt.

Daraus darf jedoch nicht geschlossen werden, daß die Erforschung der Unterrichtswirklichkeit sinnlos wäre. Weil wir bei einer photographisch genauen empirischen Erfassung der Wirklichkeit in der Informationsflut ertrinken würden, ist die Tatsache, daß wir nicht *alles* wissen, sondern selbst entscheiden können, worauf wir achten, kein Unglück, sondern ein Vorteil:

> **These 3.2:**
> Komplexitätsreduktion in der Erfassung der Unterrichtswirklichkeit sichert die Entscheidungs- und Handlungsfähigkeit des Forschers und den Nutzen von Forschungsergebnissen für die Unterrichtspraxis.

Die Thesen 3.1 und 3.2 sollen *vor blindem Wissenschaftsglauben warnen:* Aussagekraft und Gültigkeit von Forschungsergebnissen müssen in Beziehung zu den durch die Faktorenkomplexion auferlegten Grenzen gesehen und bewertet werden.

Deskriptive Analysen stehen darüber hinaus vor einem weiteren grundlegenden Problem: Jeder Forscher bringt in den Forschungsprozeß ein bestimmtes *Welt-, Gesellschafts- und Menschenbild* ein; er hat ganz bestimmte Vorstellungen von »gutem« und »schlechtem« Unterricht, *Vor-Einstellungen* und *Vor-Urteile.* Dies wirkt sich bis in die Forschungsergebnisse hinein aus: Wie man in den Wald hineinruft, so tönt es zurück. (Dieses Problem ist von Geistes- und Sozialwissenschaftlern viel intensiver diskutiert und wohl auch früher erkannt worden als von Naturwissenschaftlern. Mit dem Modell des »hermeneutischen Zirkels« versuchen sie, dieses Problem konstruktiv zu bearbeiten, anstatt es als lästiges Übel anzusehen – vgl. unten, S. 112 – 115.)

Ein Beispiel: Erst seit wenigen Jahren gibt es (z.B. bei Frasch/Wagner 1982; Spender 1985) detaillierte Untersuchungen zu der Frage, ob Jungen oder Mädchen häufiger im Unterricht drangenommen werden. Die Forschungsergebnisse sind hier eindeutig: Jungen werden häufiger drangenommen – und zwar unabhängig davon, ob sie von einem Lehrer oder einer Lehrerin unterrichtet werden. Solange in empirischen Untersuchungen immer nur pauschal von »dem« Schüler gesprochen wurde, konnte der heute viel diskutierte Tatbestand kaum als Forschungsproblem formuliert werden.

Der Forschungsgegenstand ist eben nie »an sich« gegeben. Er wird erst durch den theoretischen und forschungspraktischen Zugriff der Wissenschaftlerin/des Wissenschaftlers »erschlossen«. Extrem, aber zutreffend formuliert:

> **These 3.3:**
> Wissenschaftler »konstruieren« durch ihr Vorverständnis und durch die Auswahl und die Art und Weise des Einsatzes ihrer Forschungsmethoden den Forschungs-Gegenstand.

Zur Erläuterung der These kommen wir auf das in der 2. Lektion abgedruckte Beispiel des gelenkten Unterrichtsgesprächs zurück (vgl. S. 50 – 52). Auch wir haben den Protokoll-Ausschnitt nicht interesselos, sondern unter ganz bestimmten Gesichtspunkten und Fragestellungen analysiert und interpretiert: Wir haben gefragt, wie effektiv die Routine-Handlungen des Lehrers waren und welche Funktion die Ritualisierung der Kommunikationsstruktur hatte. Wir hätten genauso gut auch andere Fragen stellen können, etwa: Wie viele Schülerinnen und wie viele Schüler haben sich mündlich in dieser Unterrichtsszene beteiligt? Wie ist das Zahlenverhältnis zwischen der Anzahl der Wortmeldungen der SchülerInnen einerseits, des Lehrers andererseits? Oder: Welches Verständnis bringen die SchülerInnen zu den literarischen Begriffen »Jugenderinnerungen«, »Tagebuch« und »Lebenserinnerung« mit?

Mit anderen Worten: Der Protokoll-Ausschnitt »antwortet« nur auf das, was *wir* fragen. Deshalb ist ein *Vor-Verständnis* des zu klärenden Problems

3.1 Die zwei Seiten der Didaktik

erforderlich, um sinnvolle Fragen an einen Forschungsgegenstand stellen zu können: Man muß das, was man untersucht, immer schon ein Stück weit verstanden haben, um die »richtigen« Fragen stellen zu können.

> *Jürgen Habermas:* »Erst der wissenschaftliche Apparat erschließt einen Gegenstand, von dessen Struktur ich gleichwohl vorgängig etwas verstanden haben muß, wenn die gewählten Kategorien ihm nicht äußerlich bleiben sollen.« (Habermas 1969, S. 158)

Wissenschaft zu betreiben bzw. wissenschaftliche Untersuchungen durchzuführen bedeutet unter anderem, mit diesem Vorverständnis bewußt und verantwortungsvoll umzugehen und es offenzulegen – vor sich selbst, aber auch vor anderen. Dieses Ziel wird in sozialwissenschaftlichen und erst recht in naturwissenschaftlichen und technologischen Untersuchungen leider oft verfehlt.

Wir fassen zusammen:

> **These 3.4:**
> Forschungsfragen, Forschungsmethoden und Forschungsergebnisse sind immer vom Vorverständnis der Forscher beeinflußt.

3.1.2 Didaktik als Entwurf einer (besseren?) Unterrichtswirklichkeit

Dieser Aufgabenbereich der Didaktik wird z.B. durch folgende Begriffe bezeichnet: präskriptive und/oder normative Beschreibung künftigen Unterrichts, Planung, handlungsorientierender[1] Entwurf, Konzept, Programm, Konkrete Utopie.

Solche Entwürfe, Konzepte oder Programme sind das Thema dieses Buchs. Deshalb erübrigen sich an dieser Stelle viele Worte. Statt dessen eine Beobachtung aus der alltäglichen Praxis der Lehrerausbildung:

Wir haben zu Beginn einer Lehrveranstaltung an der Universität Oldenburg, in der es um die Didaktik des Faches Musik ging, 35 Studentinnen und Studenten nach ihrem Verständnis von »Didaktik« befragt. Dabei kam heraus, daß fast alle Befragten unterrichtsmethodische Problemstellungen in ihr Verständnis von Didaktik einschlossen; mehr als die Hälfte definierte Didaktik sogar nahezu gleichlautend wie »Unterrichtsmethodik«, z.B. als Art und Weise

---

1 Der Begriff *»Handlungsorientierung«* muß hier kurz erläutert werden: Gemeint ist die Orientierung des (Lehrer-)Handelns, nicht jedoch Handlungsorientierung im Sinn eines »Handlungsorientierten Unterrichts«, der darauf zielt, Schülern im Unterricht viele praktische Handlungsvollzüge zu ermöglichen (vgl. 9. Lektion).

der Vermittlung von Kenntnissen, Fertigkeiten usw. Dieses Ergebnis ist sicher nicht repräsentativ für Lehramtsstudentinnen und -studenten aller Fächer und Schulstufen. Wir glauben aber wohl, daß es typisch ist für viele LehramtsstudentInnen, die *von der Didaktik Hilfen für die konkrete Unterrichtsgestaltung erwarten,* also aus didaktischen Modellen *Handlungsorientierungen für die Unterrichtspraxis* entnehmen wollen. Wir halten diese Erwartung für *legitim und sinnvoll,* auch wenn dieser Anspruch von den didaktischen Modellen häufig nicht erfüllt wird. Daß es gute Gründe für die nur begrenzte Erfüllbarkeit dieses Anspruchs gibt, wird, so hoffen wir, aus unserer Kritik an den didaktischen Modellen und Unterrichtskonzepten in den folgenden Lektionen deutlich werden.

3.1.3 »... an welchem Punkt entspringt aus der Erkenntnis dessen was ist, die Regel über das, was sein soll?«

So formulierte der Ahnherr der Geisteswissenschaftlichen Pädagogik, Wilhelm Dilthey (vgl. Abschnitt 4.3), im Jahr 1888 die Gretchenfrage der Pädagogik (Dilthey 1958, S. 62). Und ähnlich wie Heinrich im »Faust« auf Gretchens Frage, wie er es denn mit der Religion halte, zwar viele Erläuterungen, aber keine klare Antwort gibt, reagieren viele Erziehungswissenschaftler auf Diltheys Frage: wortreich, aber ohne klare Angabe der geforderten Regel und ihres Ursprungs.

Das liegt nicht am Unvermögen der Pädagogen, sondern es ist in der Sache selbst begründet:

> **These 3.5:**
> Aus der Analyse der Unterrichtswirklichkeit, ihrer Vorbedingungen, Voraussetzungen und Folgen kann *nicht* unmittelbar auf das pädagogisch Wünschenswerte geschlossen werden.

Diese These bedarf der Erläuterung. In ihr wird nämlich nicht weniger behauptet, als daß alles noch so gründliche, präzise, umfassende und objektivierte Erforschen der Unterrichtswirklichkeit nicht ausreicht, um Erziehungs- und Unterrichtsziele zu formulieren und der Pädagogik ihre Richtung zu weisen.

Ein Beispiel aus dem Fach Musik:

Unbestritten und durch empirische Untersuchungen belegt ist, daß der Großteil der SchülerInnen der Sekundarstufe wesentlich mehr »Populäre Musik« bzw. »Rockmusik« als »Ernste Musik« hört (wie immer auch diese Musiksparten abgegrenzt werden). Darauf kann mit mehreren, für sich genommen plausibel klingenden, aber einander widersprechenden Forderungen für den Musikunterricht geantwortet werden:

1. Musikunterricht sollte einen *großen Bogen um Rockmusik machen*, weil es ja gerade darum geht, die Erfahrungsfähigkeit der Schüler zu erweitern, d.h. also, ihnen jene Sparten der Musik näherzubringen, die ihnen jetzt noch nicht jeden Tag im Ohr liegen.

2. Musikunterricht *muß Rockmusik einbeziehen*, um den Schülern deren musikalische Dürftigkeit und textliche Armseligkeit und die Manipulationsmechanismen der »Kulturindustrie« klarzumachen – mit dem Ziel, die Schüler letztlich doch zur Ernsten Musik hinzuführen.

3. Musikunterricht *kann ruhig auch Rockmusik einbeziehen*, wenn es dadurch gelingt, die Schüler zu motivieren, sich dann auch mit der E-Musik zu beschäftigen.

4. Musikunterricht *muß Rockmusik einbeziehen*, weil sie ein wesentliches Merkmal der Freizeit-Aktivitäten Jugendlicher ist und daher eng mit ihren Erfahrungen, Emotionen, Sehnsüchten usw. verknüpft ist. Schüler haben ein Recht darauf, ihre Erfahrungswelt im Musikunterricht anerkannt zu finden, statt sie dort abgewertet zu erleben. Solcher Musikunterricht klärt die Schüler über sich selbst und über ihr Verhältnis zur Umwelt und Gesellschaft auf.

5. Musikunterricht *muß primär Unterricht in Rockmusik sein*, weil sie die musikalische Erfahrungswelt der SchülerInnen darstellt und weil der Großteil der SchülerInnen außerhalb und nach der Schule ohnehin nie in Berührung mit E-Musik kommen wird. Der Musikunterricht wird dadurch lustvoller und lebensbezogener.

Alle fünf Positionen gab und gibt es unter Musikdidaktikern (vgl. Knolle 1979) und unter Lehrerinnen und Lehrern. Uns selbst paßt, so kurz und mit Ausschließlichkeitscharakter formuliert, keine dieser Positionen so recht, auch wenn uns die vierte Position am nächsten ist.

Nun kann an den fünf Positionen noch recht leicht erkannt werden, daß *nicht direkt aus der Form* des außerschulischen Musikverhaltens Jugendlicher *Folgerungen gezogen worden sind,* sondern daß dieses Verhalten bloß als Ausgangspunkt für die *Einbeziehung von Normen* genommen wird, die mit ihm nicht ursächlich zusammenhängen. Welche Normen sind dies?

1. Position: die Norm, daß die Erfahrungsfähigkeit der SchülerInnen erweitert werden müsse.

2. Position: die Norm, daß Rockmusik als dürftig und unkünstlerisch bewertet werden müsse und daß deshalb zur E-Musik hin zu erziehen sei.

3. Position: die Norm, daß das eigentliche Erziehungsziel die E-Musik sein müsse und Rockmusik dazu als Vehikel benutzt werden könne.

4. Position: die Norm, daß Aufklärung der SchülerInnen über sich selbst und über ihr Verhältnis zur Lebenswelt, in der sie sich bewegen, ein wesentliches Ziel des Musikunterrichts sein müsse.

5. Position: die Norm, daß als Gegenstand des Musikunterrichts nur tauge, was in der Lebenswirklichkeit der Schüler auch tatsächlich vorkomme.

Scheinbar argumentieren die Vertreter der fünf Positionen folgendermaßen:

Abbildung 3.1

In Wirklichkeit geschieht aber dieses:

Abbildung 3.2

Zusammengefaßt: Unterricht findet nicht in einem von den beteiligten Personen und von der Gesellschaft isolierten Raum statt, sondern hat spezifische Voraussetzungen und Konsequenzen. Diese Voraussetzungen können personengebunden und individuell sein (Fähigkeiten und Fertigkeiten des Lehrers/ der Schüler, ihre Wünsche, Hoffnungen, Ängste, vergangene Erfolge und Mißerfolge usw.); sie können gesellschaftlicher, (bildungs-)ökonomischer oder politischer Art sein; sie können die Schule als Institution mit bestimmten Ordnungen und Ritualen betreffen; sie können situationsgebunden sein – und vieles mehr. Diese Vorbedingungen können zum Teil durch deskriptive Analysen erfaßt werden, etwa mit Hilfe der Psychologie, der Soziologie, der Bildungsökonomie usw. Sie wirken auch über den »heimlichen Lehrplan« der Schule, und oft um so hartnäckiger, wenn die handelnden Personen sich ihrer nicht bewußt sind. Das *Wissen* um all diese Voraussetzungen kann sehr hilfreich bei der Unterrichtsvorbereitung sein – aber es *kann niemandem die konkreten Planungsentscheidungen oder das konkrete Handeln im Klassenzimmer abnehmen:* Wissen beeinflußt die Entscheidungen, aber es kann sie nicht ersetzen. Deshalb muß die Antwort auf Diltheys Frage nach dem Punkt, an dem »aus der Erkenntnis dessen, was ist, die Regel über das, was sein soll« entspringe, lauten: An gar keiner Stelle. Denn die drei Felder »Beobachtete Tatsachen«, »Bewertung« dieser Tatsachen und »Handlungsorientierung« (Abbildungen 3.1 und 3.2) liegen auf *unterschiedlichen logischen Ebenen* – und wer meint, aus beobachteten Tatsachen *ohne* Zuhilfenahme von Normen und Wertungen Handlungsorientierungen logisch ableiten zu können, lügt sich etwas in die Tasche: Er will ein Auto ohne Motor bauen, das dennoch fährt.

Deshalb ist es erforderlich, sich mit den in jedes pädagogische Handeln einfließenden Normen und ihrem Zustandekommen zu befassen. Wir tun dies in Abschnitt 3.2, wollen zuvor jedoch die beiden oben beschriebenen Aufgabenbereiche der Didaktik in den größeren Zusammenhang der Didaktik einordnen.

3.1.4 Die vier Ebenen der Didaktik

Die in den Abschnitten 3.1.1. und 3.1.2 thematisierten großen Aufgabenbereiche der Didaktik (Deskription und Präskription bzw. Analyse und Planung) sind beide der Unterrichtswirklichkeit verpflichtet – oder sollten es zumindest sein: deskriptive Analysen, indem sie die vorfindliche Wirklichkeit in der Schule und im Unterricht untersuchen – handlungsorientierende, präskriptive Entwürfe, indem sie auf eben diese vorfindliche Wirklichkeit verändernd Einfluß nehmen wollen. Innerhalb beider Aufgabenbereiche wird über den konkreten Unterrichtsprozeß nachgedacht – das eine Mal im nachhinein (Analyse), das andere Mal im vorhinein (Planung). Analyse und Planung haben also beide denselben Gegenstand, sie betrachten ihn jedoch aus unterschiedlichen Perspektiven. Sie dürfen nicht mit ihm selbst verwechselt werden: Bei der Analyse und der Planung wird *über* Unterricht nachgedacht, aber dieses Nachdenken ist nicht der Unterrichtsprozeß im Klassenzimmer. Vielmehr setzt das Nachdenken über Unterricht immer bereits ein gewisses Maß an Verallgemeinerung und Bezugnahme auf andere Unterrichtsanalysen oder -planungen (z.B. in Rahmenrichtlinien und Schulbüchern) voraus. Analyse und Planung liegen auf einer abstrakteren und allgemeineren Ebene als der konkrete Unterrichtsprozeß:

Ebene der Analyse und Planung (2. Ebene):

Analyse von Unterrichtsprozessen und Rahmenbedingungen (Deskription)	*Planung* von Unterrichtsprozessen und Rahmenbedingungen (Präskription)

Prozeßebene (1. Ebene):

Konkreter Vollzug von Unterricht im gemeinsamen Handeln von LehrerInnen und SchülerInnen in der *Unterrichtspraxis*

Abbildung 3.3

In Abbildung 3.3 werden die Begriffe »Analyse« und »Planung« unmittelbar auf tatsächliche Unterrichtsprozesse und ihre Rahmenbedingungen bezogen. Nun kann aber über Analyse und Planung von Unterricht bekanntlich noch allgemeiner nachgedacht werden: nicht über Deutschunterricht in Klasse 6 b in der Orientierungsstufe in Stiekelkamperfehn bei Frau Schulze am 2.2.1991 in der 3. Stunde, sondern – beispielsweise – über Deutschunterricht in 6. Klassen allgemein und unabhängig von bestimmten Schulen, Klassen, Lehrern, Schülern, Schulformen und Schulorten. Entsprechend allgemein müssen die Aussagen dann sein. Sie zielen auf die *grund*legenden Strukturmomente von Unterrichtsplanung und Unterrichtsanalyse und auf das *Verhältnis* von Prozeß- und Planungs- bzw. Analyseebene zueinander.

Deshalb bezeichnen wir diese dritte Ebene als *»Ebene grundlegender didaktischer Strukturen«*. (Einige Wissenschaftler – sowohl aus der alten BRD wie aus der DDR – benutzen den Begriff der »Objekttheorie« zur Kennzeichnung dieser Ebene; vgl. Diederich 1988; Patry 1989; Stephan 1990).

3.1 Die zwei Seiten der Didaktik

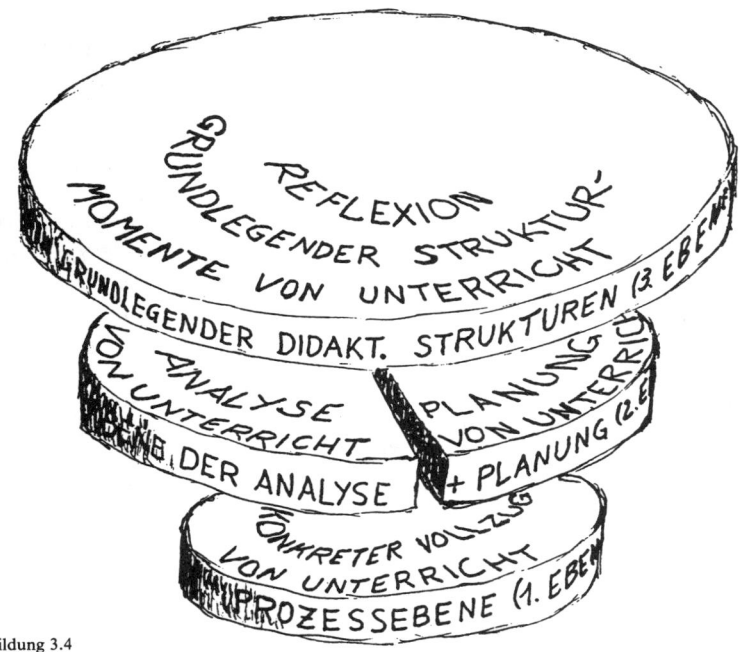

Abbildung 3.4

Der Blick ist von *beiden* Ebenen, der Ebene der grundlegenden didaktischen Strukturen *und* der Ebene der Analyse und der Planung, auf die erste, die Prozeßebene gerichtet. Die *Perspektive* ist jedoch unterschiedlich. Auf der 3. Ebene werden der *Rahmen* der Planungsentscheidungen bzw. Analysekriterien, ihre *grundsätzlichen Strukturierungsmöglichkeiten* und ihre *Wechselwirkungen* untereinander erfaßt und in Kategorien gegliedert – *aber in allgemeinen Begriffen*. Genau das ist es, was Didaktiker mit ihren didaktischen Modellen zu tun versuchen, mit solchen Theoriegebäuden also, wie wir sie in den Lektionen 5, 6 und 7 darstellen werden.

> **These 3.6:**
> Didaktische Modelle zielen zwar – vermittelt über die Ebene der Analyse und Planung – auf die Ebene des konkreten Vollzugs von Unterricht, sind selbst aber auf einer übergeordneten *Ebene grundlegender didaktischer Strukturmomente* angesiedelt.

Übrigens schlagen auch andere Didaktiker ähnliche Unterscheidungen vor, wie sie die Abbildung 3.4 zeigt (vgl. etwa Adl-Amini 1986; Klingberg 1987, S. 29 f.; Messner 1982; der Tendenz nach auch Klafki 1985 b, S. 40 f.).

Die 3. Ebene ist der 2. Ebene übergeordnet, jedoch *nicht* so, daß aus ihr unmittelbar Planungsentscheidungen oder Konzepte für die Unterrichtsanalyse abgeleitet werden können. Dies ist einer der Gründe dafür, daß es in der Regel leichter ist, Unterricht nach diesen Modellen zu *analysieren* als zu *planen*.

Nun drängt sich die Frage auf, wozu es überhaupt notwendig oder sinnvoll sei, sich in die dünne Luft der 3. Ebene zu begeben, anstatt auf dem Boden zu bleiben und Unterricht einfach zu planen. Einen wesentlichen Grund, der für diese Anstrengung spricht, haben wir in Abschnitt 3.1.3 beschrieben (vgl. These 3.5): Handlungsorientierung für die Unterrichtspraxis kann nicht einfach aus der Analyse eigenen oder fremden Unterrichts abgeleitet werden, sondern wird immer auch auf der Grundlage von Wertungen, Normen, Einstellungen usw. gebildet – auch und gerade dann, wenn man versucht, »guten« Unterricht, den man gesehen hat und toll fand, »nachzuunterrichten«. Erst die Ebene der grundlegenden didaktischen Strukturmomente stellt Begriffs- und Kategoriensysteme zur Verfügung, mit deren Hilfe die einzelnen Planungsentscheidungen in größere Zusammenhänge eingeordnet, auf ihren normativen, vielleicht – im negativen Sinn – ideologischen Gehalt hin überprüft und gegebenenfalls verändert bzw. verbessert werden können (vgl. Abschnitt 2.1.2).

> **These 3.7:**
> Eine kritische, auf der Ebene der grundlegenden didaktischen Strukturmomente angesiedelte Reflexion der eigenen Denkschemata und Planungs- bzw. Analyseraster ist notwendig, um die eigene Unterrichtspraxis gezielt zu verbessern.

Denn Unterrichtsplanung und -durchführung dürfen nicht zu pädagogischem »Werkeln« verkommen, das seinen eigenen Voraussetzungen und Wirkungen gegenüber blind ist.

Von diesen drei Ebenen der Didaktik läßt sich als eine *vierte,* noch abstraktere und übergeordnete *Ebene* jene Ebene unterscheiden, auf der untersucht wird, welchen Stellenwert, welche Funktion und welche Aussagekraft Didaktiken tatsächlich haben (bzw. haben könnten und haben sollten), welche Methoden sie anwenden können und sollen und welchen Normen (etwa ethischer, philosophischer oder religiöser Herkunft) sie unterliegen (vgl. zu dieser Unterscheidung Diederich 1988, v.a. S. 190-192). Das ist die wissenschaftstheoretische oder *»Metaebene«* (vom altgriechischen Wort »meta«, das unter anderem »nachgeordnet« bedeutet). Der Vergleich verschiedener Didaktiken sowie ihre Bewertung und Einordnung in die Gesamtheit der pädagogischen Wissenschaften wird erst auf der Metaebene möglich, weil hier ihre grundlegenden wissenschaftlichen Voraussetzungen, Möglichkeiten und Folgen untersucht werden. Diese wissenschaftstheoretische Ebene ist Thema der 4. Lektion.

Übrigens: Die Sätze, die Sie in diesen Sekunden gerade gelesen haben, bewegen sich ebenfalls auf der Metaebene.

3.2 Zum Normproblem der Didaktik

Der Grundbegriff dieses Abschnitts ist bereits wiederholt gefallen: In handlungsorientierende Aussagen didaktischer Modelle und Theorien fließen, sei es bewußt oder unbewußt, gewollt oder ungewollt, immer *Normen* ein. Es geht um die Frage: »*Woraufhin und wofür sollen Menschen erzogen werden?*« – und um die Normen, die den Hintergrund für die Antworten auf diese Frage bilden. An dieser Stelle muten wir Ihnen einen *kurzen Blick in die Geschichte* zu.

So lange Menschen ihr Selbst- und Weltverständnis auf der *Basis des Glaubens an Gott* entwickelten und ihr Leben danach einzurichten versuchten, waren Fragen nach dem, was getan werden soll, grundsätzlich auf der Basis des Glaubens beantwortbar. Auch Glaubensstreit, Reformation und spitzfindige theologische Dispute änderten nichts an der Annahme, daß sich konkrete Fragen der Lebensführung grundsätzlich theologisch beantworten ließen. Die strittigen Fragen waren meist eine Stufe tiefer angesetzt, z.B. bei dem Problem, welches der »wahre« oder »gottgefällige« *Weg* zu dem durch den Glauben vorgezeichneten Ziel war. Dies galt selbstverständlich auch im Hinblick auf die Normen erzieherischen Handelns – um so mehr, als die Erziehung in den Schulen lange Zeit – bis in unser Jahrhundert hinein – vorrangig Sache der Kirche war.

In einem langwierigen, im 15. Jahrhundert, also mit Beginn der Neuzeit einsetzenden Prozeß löste sich diese ausschließliche Orientierung an den Normen der Bibel und der Kirche auf. Die Renaissance in Italien, berühmte Wissenschaftler wie Galileo Galilei und René Descartes, radikale Reformatoren wie Martin Luther und Calvin trugen dazu bei, ein am »Naturrecht« und an den Naturwissenschaften orientiertes Welt- und Menschenbild zu schaffen. Die Autorität in Sachen Erziehungsnormen verlagerte sich allmählich von der Kirche (als Repräsentantin des Glaubens) hin zur *weltlichen Obrigkeit*, also – stark verkürzt gesagt – hin zum jeweiligen Herrscher bzw. zum Staat. Die Einführung der Schulpflicht im 18. Jahrhundert ist z.B. Ausdruck dieser Autoritätsverlagerung. Die Nationalstaaten mit ihren in absoluter Machtfülle regierenden Monarchen entstanden. Aber trotz ihrer Machtfülle fiel es leichter, die Gesetze der Monarchen als die Offenbarungen Gottes zu kritisieren. Genau dies geschah dann auch, und zwar vor allem seit der *Aufklärung,* zu deren wichtigsten Repräsentanten in Deutschland der Philosoph Immanuel Kant (1724-1804) gehörte.

Jean Jacques *Rousseau* (1712-1778) war der erste, der eine »weltliche« Theorie der Erziehung konzipierte und in Form seines Erziehungsromans »Emile oder Über die Erziehung« (Rousseau 1963; zuerst veröffentlicht 1762) für weite Kreise des gebildeten Bürgertums Europas popularisierte. In der Philosophie der Aufklärung und erst recht in der Französischen Revolution wurden dann die politisch-praktischen Konsequenzen aus der naturwissenschaftlichen »Revolution der Denkungsart« (I. Kant) gezogen und die menschliche Vernunft als oberste Instanz an die Stelle der theologischen Normen gesetzt.

J.J. Rousseau

F.D.E. *Schleiermacher* (1768-1834), von Haus aus Theologe, hat in seinen berühmten »Pädagogischen Vorlesungen« von 1826 auf den von der Aufklärung gelegten Fundamenten aufbauend theoretisch formuliert, daß jeder Mensch eine »...wenn auch im Einzelfall verschieden orientierte und ausgeprägte...« »Bildsamkeit« von Geburt an mitbringe, die es zu entwickeln und zu fördern gelte. Bedeutendstes Mittel dazu sei die »Selbsttätigkeit«: Jeder Mensch bilde sich in der tätigen Auseinandersetzung mit seiner Umwelt.

Dennoch kam die Emanzipation der Pädagogik von Theologie und Kirche nur langsam voran. Erst am Ende des 19. Jahrhunderts wurde die Pädagogik von Wilhelm Dilthey (1833-1911) das erste Mal konsequent als eine eigenständige »Geisteswissenschaft« begriffen und methodologisch durch die Weiterentwicklung der »Hermeneutik« (vgl. S. 112 - 115) untermauert. Dabei war die pädagogische Theorie weiter fortgeschritten als die schulische Praxis, die noch im ganzen 19. Jahrhundert stark von den Kirchen bestimmt wurde. Erst im Laufe des 20. Jahrhunderts haben die Kirchen ihren Einfluß auf die Schulen und Hochschulen eingebüßt – und nach wie vor ist der Staat (bzw. in der Bundesrepublik Deutschland die einzelnen Länder) die maßgebende Autorität in inhaltlichen, personellen und institutionellen Fragen, die die Schulen und Hochschulen betreffen. Im Land Niedersachsen wurden erst zu Beginn der 60er Jahre die Konfessionsschulen als Regelfall abgeschafft und die Mehrzahl der »Evangelischen« und der »Katholischen Volksschulen« in »Gemeinschaftsschulen« umgewandelt.

Ein wesentlicher Schritt auf dem Wege zur wissenschaftlichen Eigenständigkeit der Pädagogik war die von Dilthey propagierte und dann auch weithin akzeptierte *Unterscheidung von Natur- und Geisteswissenschaften*. Erst nachdem allgemein anerkannt wurde, daß auch jene Disziplinen »wissenschaftlich« sind, die sich nicht mit naturwissenschaftlich exakt kontrollierbarem Gesetzeswissen, sondern mit menschlichen Lebensäußerungen und ihrem »Sinn« befassen, konnte auch die Pädagogik ihre Minderwertigkeitskomplexe ablegen und selbstbewußt daran gehen, ihre inzwischen Jahrtausende alte pädagogische Praxis in historischen Dokumenten und aktuellen Bestandsaufnahmen theoretisch zu erkunden.

In den naturwissenschaftlichen Bereichen wird das technisch Machbare zumeist tatsächlich gemacht und oft sogar als das Maß des »Fortschritts« angesehen (von Atomkraftwerken und Atombomben über die Informationstechnologie bis hin zur Gentechnologie). Selten wird von den Naturwissenschaftlern selbst gefragt, ob das denn auch gut so sei, während für die Geistes- und Sozialwissenschaften eigentlich immer klar war, daß genau diese Frage wesentlich ist. *Diese Frage ist aber nur mit moralischen und ethischen Argumenten entscheidbar, nicht durch Naturgesetze.* Wissenschaftler, die die Frage nach vernünftigen Zielen der Erziehung für unwissenschaftlich halten und deshalb ausklammern, machen sich, wie das folgende Zitat zeigt, nicht nur lächerlich – sie verwickeln sich auch in Widersprüche. Statt der behaupteten Selbstbescheidung des Wissenschaftlers enden sie in zynischer Überheblichkeit:

> »Der Behaviorismus, ein gehorsamer Sprößling des Positivismus, entstand in der Psychologie Nordamerikas vor dem 1. Weltkrieg. Von John B. Watson, einem seiner forschen Hauptvertreter, stammt ein Satz, der zwar nicht direkt mit Behaviorismus zu tun hat, aber den Namen Watson im Gedächtnis hält: ›Gebt mir zehn Kinder, und ich mache aus ihnen, was ihr wollt.‹ Genau zitiert: ›Give me a dozen healthy infants, wellformed, and my own specified world to bring them up in and I'll guarantee to take any one at random and train him to become any type of specialist I might select – doctor, lawyer, artist, merchant-chief and, yes, even beggar-man and thief, regardless of his talents, penchants, tendencies, abilities, vocations, and race of his ancestors.‹ (Behaviorism, 1925).«
>
>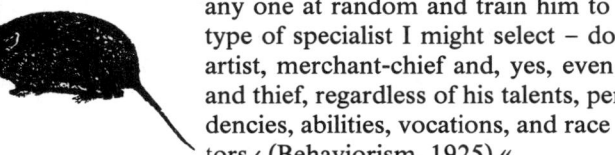
>
> (Jürgen Henningsen: Sprachen und Signale der Erziehungswissenschaft. Stuttgart, Klett 1980, S. 19)

Aber wie beurteilt man »gut« und »schlecht« in der Erziehung? Woher kommen die obersten Normen und Ziele, die grundlegenden Werthaltungen, vor denen jede einzelne pädagogische Handlung als »gut« gerechtfertigt werden könnte? Die liberale Antwort, daß diese Frage in einer demokratischen Gesellschaft von jedem einzelnen Bürger selbst zu entscheiden sei, ist nicht ausreichend, solange es allgemeinbildende Schulen gibt, die jeder Schüler besuchen *muß*. Die Frage nach »gut« und »schlecht« in Erziehung und Bildung darf nicht privatisiert werden. Sie muß vielmehr theoretisch *und* praktisch im vernünftigen Konsens möglichst vieler Bürger beantwortet werden.

Aus der Geschichte der Pädagogik ist eine ganze Reihe von Versuchen bekannt, diese Frage zu beantworten (von Rousseau über Pestalozzi, Herbart und Schleiermacher bis hin zu Dewey, W. Flitner oder Langeveld). Eine kritische Analyse der Veröffentlichungen dieser Autoren ergibt aber eher frustrierende Einsichten. Ein Buchtitel hierzu lautet z.B.: »*Das ungelöste Normproblem der Pädagogik*« (Ruhloff 1979). Soweit wir sehen, trifft diese Einschätzung zu. Es gibt bis heute keine Bestimmung oberster Normen erzieherischen Handelns, die gleichsam naturgesetzliche Kraft und Gültigkeit besäße. Die unterschiedlichen wissenschaftstheoretischen Positionen – und in der Folge auch die unterschiedlichen erziehungswissenschaftlichen Standpunkte – stehen, meinen wir, nebeneinander. *Es gibt keine neutrale Instanz, die Schiedsrichter spielen könnte.*

Nun könnte uns sogleich der Vorwurf treffen, wir würden der Beliebigkeit des wissenschaftstheoretischen und erziehungswissenschaftlichen Standpunkts das Wort reden. Es ist aber selbstverständlich *nicht* beliebig, welchen dieser Standpunkte man einnimmt. Es kann und darf nicht beliebig sein, ob man sich für christliche, marxistische, nationalsozialistische oder islamisch-fundamentalistische Normen in der Erziehung entscheidet. Dennoch: Den Stein der Weisen, der das Normproblem löst, hat bisher keiner gefunden.

Da die Unterrichtspraktiker nicht auf den Sankt-Nimmerleinstag warten können, an dem die Theoretiker eine befriedigende Lösung des Normproblems gefunden haben, ist eine moralisch, politisch und pädagogisch akzeptable Zwischenlösung erforderlich. *Herwig Blankertz* (1927-1983) hat in seiner »Geschichte der Pädagogik« (1982) herausgearbeitet, daß auch die heute vertretenen Konzepte der Pädagogik immer wieder an zentralen Stellen direkt den bei Rousseau, Kant, Humboldt, Schleiermacher und anderen formulierten *Anspruch auf Mündigkeit und Emanzipation des Menschen* zur übergeordneten Zielformel der Erziehung machen – also jenen Anspruch, der seit dem Zeitalter der Aufklärung zentral ist für das Selbstverständnis der bürgerlichen Gesellschaft, so wenig er auch jemals insgesamt realisiert werden konnte. Zu einem ähnlichen Ergebnis kam Wolfgang Klafki, der den Begriff »Allgemeinbildung« auf seine Bedeutung für die eben genannten »klassischen« Pädagogen des frühen 19. Jahrhunderts hin untersucht hat (vgl. ausführlicher Abschnitt 5.4.1).

Der Anspruch auf Aufklärung und Emanzipation enthält einen *utopischen Überschuß,* der das Ringen um seine Verwirklichung lohnend macht. In einer historischen Situation, in der die von Kant freigesetzte Idee der Aufklärung als utopische Idee *und* grundlegende Kategorie des Selbstverständnisses einer bürgerlich-kapitalistischen Gesellschaft wirksam ist und bis heute sowohl die Einbindung des Menschen in seine Gesellschaft als

Herwig Blankertz

auch die produktive Umgestaltung dieser Gesellschaft anleitet, hat die Pädagogik keine andere Wahl, als den uneingelösten Anspruch der Aufklärung als Ziel vor sich herzutragen. Herwig Blankertz hat dies so formuliert: »Wer pädagogische Verantwortung übernimmt, steht im Kontext der jeweils gegebenen historischen Bedingungen unter dem Anspruch des unbedingten Zweckes menschlicher Mündigkeit – ob er das will, weiß, glaubt oder nicht, ist sekundär. Die Erziehungswissenschaft aber arbeitet eben dieses als das Primäre heraus: Sie rekonstruiert die Erziehung als den Prozeß der Emanzipation, d.h. der Befreiung des Menschen zu sich selbst« (Blankertz 1982, S. 307).

Die Verpflichtung der Erziehung auf die historisch überlieferte Norm der Aufklärung und Emanzipation kann nicht zwingend logisch begründet werden, aber sie scheint das sinnvollste und tragfähigste Postulat auf allgemeiner Ebene zu sein, das derzeit denkbar ist. Daraus leiten wir die folgende zentrale These unseres Buchs ab:

These 3.8:
Die einzig vernünftige übergeordnete Norm, an der didaktische Modelle und unterrichtspraktisches Handeln von LehrerInnen und SchülerInnen zu messen sind, ist die Verpflichtung zur Aufklärung und Mündigkeit.

3.3 Zu den Begriffen »materiale« und »formale« Bildungstheorie

Das Postulat der Aufklärung und Emanzipation ist als oberste Norm erzieherischen Handelns gut und schön – aber gleichzeitig derart abstrakt, daß dem Lehrer oder Richtlinienautor, der konkrete Ziel-, Inhalts- und Methodenentscheidungen im Schulalltag treffen will, nur wenig geholfen ist. Vielmehr muß dieses Postulat erst zu konkreten Zielen und Aufgaben von Bildung und Erziehung »kleingearbeitet« werden.

Ein erster Schritt dazu besteht darin, eine Bildungstheorie zu entwickeln, in der geklärt oder zumindest angedeutet wird, an welchen Inhalten und mit welchen Methoden SchülerInnen lernen können, mündig zu werden.

Grundsätzlich werden von den Theoretikern »materiale« und »formale« Bildungstheorien unterschieden.

Worum geht es bei dieser Unterscheidung? Schlicht formuliert um die Frage, ob jener Mensch als gebildet zu bezeichnen ist, der ganz bestimmte Inhalte beherrscht (also z.B. das kleine Einmaleins, die schwache Deklination in der deutschen Grammatik oder die Prinzipien des Aufbaus organischer Kohlenstoffverbindungen), oder aber jener, der Methoden und Werkzeuge des Lernens gelernt hat.

❏ *»Materiale Bildungstheorien«* gehen von den *Inhalten* aus; sie fragen, *welche Inhalte* aus der vielfältigen Wirklichkeit so *wertvoll oder wichtig sind,* daß Schüler sie lernen bzw. erfahren sollen.

❏ *»Formale Bildungstheorien«* gehen von den zu erziehenden *Schülern* und ihren (vermuteten) subjektiven und/oder objektiven Bedürfnissen aus; sie fragen, was für die Schüler gegenwärtig oder künftig wichtig ist (vgl. Blankertz 1982, S. 84; Klafki 1963 a, S. 27).

1. Materiale Bildungstheorien (Objektivismus, das »Klassische«)	2. Formale Bildungstheorien (funktionale Bildung, methodische Bildung)
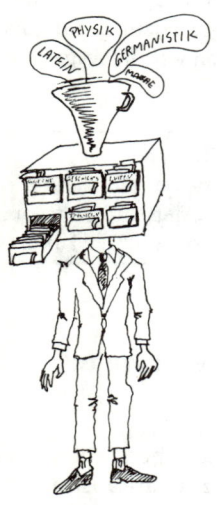	

Abbildung 3.5   Zeichnung: Uwe Köster

Die Unterscheidung dieser zwei Arten von Bildungstheorien hat sich schon im 18. Jahrhundert eingebürgert (auch wenn die Verwendung der Begriffe selbst jüngeren Datums ist), und zwar in einer Situation, in der die aus dem Mittelalter überkommenen Lateinschulen das erste Mal heftig unter Druck geraten waren. Schon damals stritten die Fachleute darüber, ob es noch Sinn mache, die Schüler mit der toten Fremdsprache Latein zu ärgern. Und schon damals wurde genauso wie heute der Lateinunterricht mit dem Hinweis zu rechtfertigen versucht, daß er »bilde«: Auch wenn nur ein kleiner Teil der Lateinschüler in ihrem späteren Berufsleben (als Theologe oder Gelehrter) wirklich lateinisch lesen, schreiben und sprechen müsse (= materialer Aspekt), so sei doch Latein für alle Schüler dieser Schulen gut und unverzichtbar, weil Latein die »Seelenfähigkeiten« der Schüler fördere und weil die Einübung der lateinischen Grammatik die beste Voraussetzung für das Erlernen weiterer Fremd-

3.3 »Materiale« und »formale« Bildungstheorie

sprachen sei (= formaler Aspekt; vgl. zur Begriffsgeschichte Schwenk/von Pogrell 1986).

Auch noch im Blick auf heutige didaktische Modelle erweist sich die Unterscheidung zwischen materialen und formalen Bildungstheorien als tragfähig und sinnvoll. Aber sie hat einen *Nachteil:* Sie schließt, auf den ersten Blick zumindest, »die *Gesellschaft*« bzw. gesellschaftliche Einflüsse und Erfordernisse aus. Es läßt sich ja nicht nur von der jeweiligen »Sache« oder von den Schülern her fragen, welche Inhalte für den schulischen Unterricht ausgewählt werden sollen. Ebenso wichtig ist es zu fragen, welchen Bildungsauftrag die Gesellschaft den Schulen gestellt hat und wie dieser pädagogisch zu bewerten ist. Die Erörterung dieser Frage ist auch deshalb unverzichtbar, weil es eine historische Tatsache ist, daß die jeweils herrschende Gesellschaftsordnung die Inhalte, Strukturen und Methoden der Erziehung immer stark beeinflußt (wenn nicht sogar bestimmt) hat.

Bei genauerer Betrachtung ist allerdings der gesellschaftliche Bezug auch in den »materialen« und »formalen« Bildungstheorien enthalten – wenn auch nur auf *indirekte* Weise: Wer nach dem Wert bestimmter Inhalte von der Sache her fragt, tut dies ja immer in einer *bestimmten* historischen Situation, in der Werthaltungen gesellschaftlich beeinflußt sind (auch dann, wenn die so zustandekommende Inhaltsauswahl gerade gegen die bestehende Gesellschaft erziehen soll). Und wer von den Subjekten, also von den SchülerInnen ausgehend nach Inhalten fragt, tut dies ebenfalls im Blick auf die *bestimmte* historische und gesellschaftliche Situation, in der die Schüler und Schülerinnen leben.

Deshalb bilden die gesellschaftlichen (und damit auch die politischen, ökonomischen, ökologischen usw.) Bezüge für beide Arten von Bildungstheorien den gemeinsamen Rahmen:

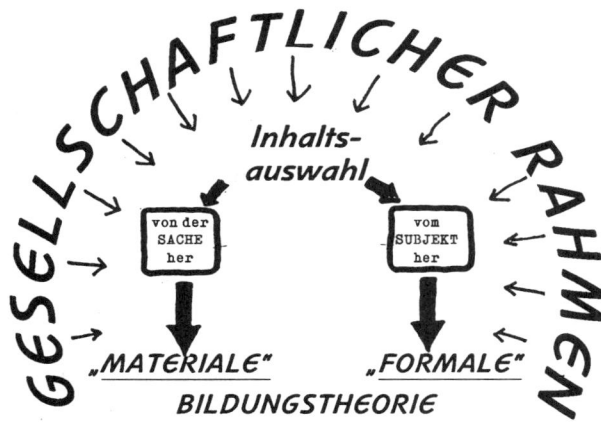

Abbildung 3.6

Es stellt sich die Frage, welcher der beiden Wege zur Inhaltsbestimmung von Unterricht der bessere sei oder ob beide Wege so miteinander verbunden werden können, daß keine Einseitigkeiten entstehen. Wir kommen auf diese Frage in der 5. Lektion zurück (vgl. v.a. Abschnitt 5.4.2).

3.4 Didaktische Reduktion – didaktische Inszenierung

Es ist vermutlich ohne lange Erklärungen einsichtig, daß Unterricht – gleichgültig in welchem Fach – nie die *ganze*, umfassende Wirklichkeit mit *allen* ihren Details vollständig an die SchülerInnen vermitteln kann. Unterricht kann immer nur Ausschnitte aus der komplizierten und vielschichtigen Wirklichkeit aufnehmen. Es ist also erforderlich, die Komplexität der Wirklichkeit didaktisch zu reduzieren:

> *Reduktion, didaktische*
>
> »**Begriff.** ›Didaktische Reduktion‹ ist kein fest umrissener Fachterminus der didaktischen Wissenschaftssprache, sondern die allgemeine Umschreibung für eine zentrale Aufgabe von Didaktik überhaupt: die Rückführung komplexer Sachverhalte auf ihre wesentlichen Elemente, um sie für Lernende überschaubar und begreifbar zu machen. Diese Komplexitätsreduktion in didaktischer Absicht spielt in unterschiedlichen didaktischen Argumentationskontexten eine Rolle und bekommt dort jeweils unterschiedliche Bedeutungen. Didaktische Reduktion – im allgemeinen Sinn – ist überall dort zu leisten, wo ein umfangreicher und differenzierter Bestand an Wissen für Lehr- und Lernzwecke ›aufbereitet‹ wird. Beispiele didaktischer Reduktion sind die Veranschaulichung eines Sachzusammenhangs im Tafelbild, die Ausarbeitung von Modellvorstellungen für komplizierte technische, naturwissenschaftliche oder ökonomische Zusammenhänge, die Darstellung einer ›idealen‹ mittelalterlichen Stadt im Wandbild ...«
>
> (Vogel 1986, S. 567)

Die Definition macht deutlich, daß hier vom jeweiligen Fach her gedacht wird. Der Autor beschreibt einige Beispiele und kritisiert dann solche rein aus der Fachperspektive vorgehende Verfahren der didaktischen Reduktion: »Die didaktische Reduktion ist in den vorgelegten Beispielen ausschließlich am zu reduzierenden Material orientiert – der Lernende wird nur berücksichtigt im Hinblick auf seine niveautypische Rezeptionskapazität. Sein Bildungsinteresse, die Bedeutung eines Lerninhalts für seinen Bildungsgang und seine Lernbiographie liegen außerhalb der Perspektive dieses Reduktionsmodells und spielen deshalb bei den Reduktionsentscheidungen auch keine Rolle mehr« (Vogel 1986, S. 569).

3.4 Didaktische Reduktion – didaktische Inszenierung

Gegenüber einer solchen, nur am jeweiligen Fachinhalt orientierten Vorgehensweise meinen wir, daß die didaktische Reduktion sozusagen »vom Kopf auf die Füße« gestellt werden müßte:

> **These 3.9:**
> In der didaktischen Reduktion muß die Vermittlung zwischen der Sachstruktur der Fachinhalte und der Lernstruktur der SchülerInnen angestrebt werden.

Dabei darf nicht übersehen werden, daß die Form dieser Vermittlung immer durch institutionelle, politische und historische Voraussetzungen mitgeprägt ist:

- Schon die *Einteilung des Unterrichts in bestimmte Schulfächer* und die Zuweisung unterschiedlicher Stundenzahlen an die einzelnen Fächer bedeutet eine erste, gravierende Begrenzung und Strukturierung der Unterrichtsinhalte. Früher z.b. war Latein für alle Gymnasiasten verpflichtend, heute nicht mehr.
- *Bestimmte Fächer* gelten als *allgemeinbildend* und führen zum Abitur – *andere nicht*. Jeder Mensch (oder sagen wir lieber: fast jeder) wird irgendwann einmal Kinder erziehen. Es wäre logisch, ein Schulfach »Erziehung« oder »Pädagogik« an allen allgemeinbildenden Schulen verpflichtend zu machen – dem ist aber nicht so.
- Es gibt zahlreiche äußere Bedingungen, die die Möglichkeiten von vornherein beschränken: z.B. das *Vorhandensein oder Nicht-Vorhandensein von Unterrichtsmaterialien* oder technischen Geräten, die für Versuche in Chemie und Physik oder für ästhetische Erfahrungen in Kunst und Musik gebraucht werden.
- Und auch die *Vorkenntnisse und Vorlieben des Lehrers/der Lehrerin* für bestimmte Themen und Unterrichtsmethoden beeinflussen – trotz Richtlinien und Schulaufsicht – in erheblichem Umfang, was tatsächlich im Unterricht durchgenommen wird.

Die didaktische Reduktion wird oft mißverstanden als bloße Reduktion des Umfangs der Unterrichtsinhalte. Nicht weniger wichtig als eine solche *quantitative Begrenzung* ist jedoch die *qualitative Strukturierung* durch die »Rückführung komplexer Sachverhalte auf ihre wesentlichen Elemente« (vgl. das obige Zitat, Vogel 1986), nämlich durch entsprechende Konzentration der Inhalte und Auswahl der Vermittlungsmethoden. Denn schulischer Unterricht vermittelt den Schülern nicht die gesamte außerschulische Wirklichkeit, sondern immer nur Bruchstücke dieser Wirklichkeit in einer *symbolisch vermittelten Form*:

> **These 3.10:**
> Unterricht dient der symbolischen Vermittlung der Wirklichkeit der Welt an die Schüler.

In den verschiedenen didaktischen Modellen werden unterschiedliche Vorgehensweisen bei der quantitativen Begrenzung und qualitativen Strukturierung bevorzugt. Für die Geisteswissenschaftliche Pädagogik insgesamt und vor allem für ihre schulpädagogisch wichtige Variante, die »Bildungstheoretische Didaktik«, ist z.B. das Prinzip des »Exemplarischen« von zentraler Bedeutung für die didaktische Reduktion (vgl. Abschnitt 5.4.4). Für das »Hamburger Modell«, mit dem Wolfgang Schulz die Lehrtheoretische Didaktik weiterentwickelte, ist – anders als in der Bildungstheoretischen Didaktik – die Kooperation aller am Unterricht Beteiligten (also LehrerInnen, SchülerInnen und Eltern) bei der Auswahl und Strukturierung der Inhalte und Lernwege von entscheidender Wichtigkeit (vgl. Abschnitt 6.5.5).

Die im Unterricht durch das Handeln des Lehrers und der Schüler inszenierte Wirklichkeit »symbolisiert« die Wirklichkeit außerhalb des Unterrichts. Dieser Tatbestand verschwindet jedoch regelmäßig und über weite Strecken des Unterrichts aus dem Bewußtsein der SchülerInnen und häufig auch des Lehrers. Unterricht stellt immer eine *eigene (Unterrichts-)Wirklichkeit* her, die die außerschulische Wirklichkeit nicht unmittelbar abbildet:

- Die Schüler erarbeiten unter Anleitung des Lehrers einen Textabschnitt aus »Macbeth« oder einen Paragraphen aus dem BGB. Schritt für Schritt werden die Bedeutungsschichten der Texte rekonstruiert und zugleich neu erschaffen. Die Schüler »eignen sich den Inhalt an« und verändern ihn dadurch jedesmal aufs neue.
- Die Schüler machen ein Planspiel zum Thema »Tarifkonflikt«. Sie schlüpfen in die ihnen zugewiesenen Rollen, aber sie streiten sich nicht nur als Inhaber der neuen Rolle, sondern immer auch wirklich miteinander. Ihr Ehrgeiz erwacht, jede Partei will siegen – keiner spielt nur seine zugedachte Rolle, sondern immer auch sich selbst.

> **These 3.11:**
> Im Unterricht wird die Wirklichkeit der Welt *neu* inszeniert.

Eine solche Neu-Inszenierung bietet den Schülern, wie im Theater, neue Blickwinkel und Sichtweisen auf die Inhalte. Die Schüler lernen nicht »den Inhalt als solchen«, sondern sie lernen ihn unter bestimmten *Perspektiven* kennen. Im Unterricht wird der Inhalt immer unter einer oder mehreren bestimmten Perspektiven bearbeitet und in eigener, unterrichtsspezifischer Weise sozusagen »neu konstruiert« (vgl. Menck 1986, Messner 1982 und 1983). Solche Perspektiven nannte Herwig Blankertz »methodische Leitfragen« (Blankertz 1969b, S. 96-98).

3.4 Didaktische Reduktion – didaktische Inszenierung

Es ist die Aufgabe des Lehrers, die im Unterricht stattfindenden Inszenierungen behutsam und mit einer klaren didaktischen Perspektive vorzunehmen. Dafür steht eine breite Palette unterschiedlicher Inszenierungsmuster von Unterricht zur Verfügung:

INSZENIERUNGSMUSTER

Der Unterrichtsinhalt kann nach dem Muster einer *»Museumsbesichtigung«* inszeniert werden. Museale Welten des Wissens und Könnens, der wissenschaftlichen, technischen und ästhetischen Kultur werden den neugierig zuschauenden oder schon lange ermüdeten Schülern vor Augen geführt. Der Unterricht dient der Kultivierung der Sinne und der Einübung in die *Vita contemplativa*.

Der Unterrichtsinhalt kann in einer *»Lern-Werkstatt«* erarbeitet werden. Lehrer und Schüler produzieren, experimentieren, vergleichen, organisieren; sie bauen Modelle, Theorien und Hypothesen; sie hantieren in Sprach-, Bilder- und Symbolwerkstätten. Der *Homo faber* wird zum Ideal.

Unterrichtsinhalte können in Analogie zur *industriellen Massenproduktion* hergestellt werden. Auf stromlinienförmig zubereiteten Lern-Fließbändern wird den Schülern die – vermeintlich durch die Zerstückelung leichter zu verdauende – Häppchenkost verabreicht. Alles ist geregelt, genormt und überprüft – bis hin zu dem von einigen US-amerikanischen Curriculumproduzenten gegebenen Versprechen, bei Lernmißerfolgen die Kosten für das Curriculum zu erstatten. Der amerikanische Traum der Taylorisierung des Lebens wird umgesetzt in den Bau zubetonierter *Lernschnellwege* (Rumpf 1986 b, S. 101-135).

Die Erarbeitung der Unterrichtsinhalte kann nach dem Muster einer *»Expedition ins Ungewisse«* erfolgen: Lehrer und Schüler lassen sich auf »das Risiko des Lernens« (Meyer-Drawe 1986b) ein. Das Unbekannte, das Ungebärdige, das Sperrige ist besonders interessant. Versuch und Irrtum, Verfremdung von Liebgewordenem, Spurensicherung und Selbsttätigkeit der Schüler sind unverzichtbar. Lernirrwege werden begrüßt – *Lernumwege führen zum Erfolg!*

Unterricht als *Drama:* Lehrer und Schüler inszenieren ihr Leben und ihre Subjektivität im Unterrichtsprozeß. Identitätsbildung der Schüler und des Lehrers stehen im Vordergrund des Interesses. Die Themen des Unterrichts werden zu diesem Zweck funktionalisiert; sie sind Material oder Ballast. Unterricht als existentielle *Besinnung* – vielleicht aber auch nur als Seelen-*Striptease*.

Diese Beispiele sollen zeigen: Das Problem der didaktischen Reduktion der Unterrichtsinhalte kann nicht gelöst werden, wenn nicht zugleich die Frage nach der *unterrichtsmethodischen Umsetzung* dieser Inhalte gestellt wird. Denn *was* bei den SchülerInnen ankommt, wird in hohem Maß davon beeinflußt, *wie* der entsprechende Inhalt inszeniert und vermittelt wird. Eine weitere Radikalisierung dieser unterrichtsmethodischen Zuspitzung der Reduktionsproblematik wird dann erreicht, wenn aus einem ganzheitlich-dynamischen Theorieverständnis heraus (Klane 1992) die Vorstellung verabschiedet wird, es gebe eindeutige Kriterien für das Exemplarische, das Fundamentale usw. Ziel der didaktischen Planung müsse das offene und kreative Herstellen *neuer* Sinnstrukturen sein. Solche Selbstregulation (Autopoiesis) kann auch am scheinbar Nebensächlichen, Zufälligen, ja Beliebigen erfolgen.

3.5 Zum Deduktionsproblem der Didaktik

Die didaktische Reduktion hat also zwei Seiten: eine qualitative der Form der Inszenierung und eine quantitative des Umfangs der Reduktion der Inhalte auf einen begrenzten Ausschnitt der Wirklichkeit. Für diese zweite, quantitative Seite wurde in der Erziehungswissenschaft vor allem in den 60er und 70er Jahren darüber nachgedacht, wie auf möglichst eindeutige, logisch stimmige und widerspruchsfreie Weise aus allgemeinen und übergreifenden Erziehungs- und Unterrichtszielen die konkreten »Fein-Lernziele« für den alltäglichen Unterricht abgeleitet werden könnten. Der Fachbegriff dafür – »Deduktion« – ist lediglich die Rückübersetzung des Wortes »Ableitung« ins Lateinische.

Die sogenannte *Lernzielorientierte Didaktik* (Mager 1965; Möller 1973) machte sich damals stark, dieses didaktische Problem auf vermeintlich elegante und einfache Weise gelöst zu haben. Ihre Vertreter erstellten Lernzielkataloge, in denen die Lernziele nach verschiedenen Abstraktionsniveaus hierarchisch angeordnet waren, so daß bei entsprechender Aufschreibe-Technik so etwas wie ein »Tannenbaum« entstand:

3.5 Zum Deduktionsproblem der Didaktik

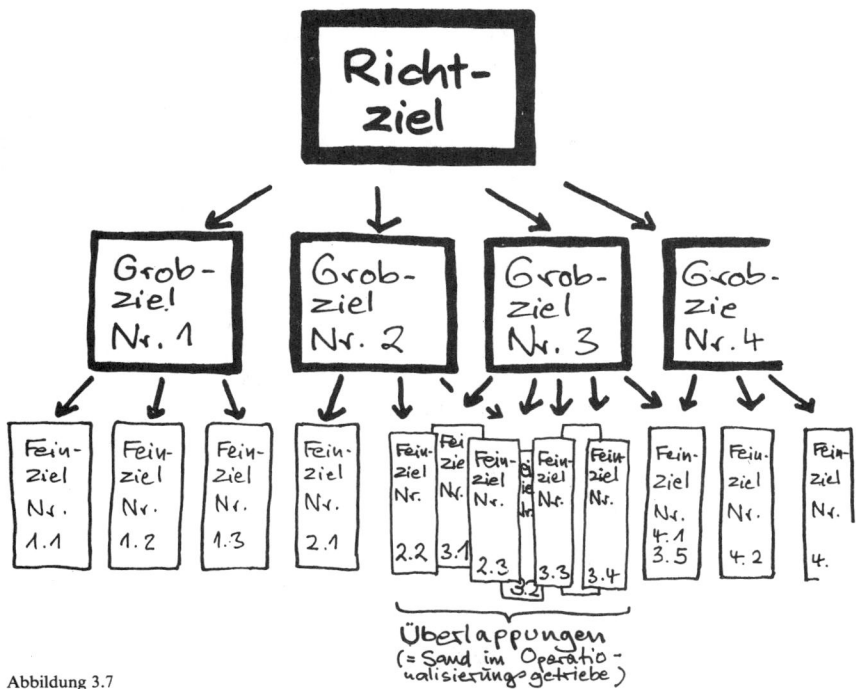

Abbildung 3.7

Werden die Feinziele in einer Form beschrieben, die ein beobachtbares Verhalten der SchülerInnen angeben, so spricht man von »operationalisierten Lernzielen«. »*Operationalisiert*« ist etwa das Lernziel »Die SchülerInnen sollen Noten, die im Violinschlüssel notiert sind, mit ihren Notennamen einschließlich der exakten Bezeichnung des Oktavbereichs benennen können«. *Nicht* operationalisiert ist hingegen die Formulierung: »Die SchülerInnen sollen die Noten im Violinschlüssel kennen«; diese zweite Formulierung beschreibt nämlich kein konkretes Verhalten.

Die Erfinder solcher Tannenbäume glaubten nun, sie hätten das Deduktionsproblem gelöst. Einige meinten sogar, man könne den ganzen Prozeß der Lernziel-Kleinarbeitung computerisieren, so daß nur noch die Richtziele »oben« eingegeben werden müßten, um »unten« eine präzis ausformulierte Lernzielliste ausgedruckt zu bekommen. Die Autoren irrten. Sie übersahen, daß beim Kleinarbeiten der Lernziele eine Fülle von Zusatz- und Auswahlentscheidungen notwendig ist:

> **These 3.12:**
> Lernziele auf unteren Abstraktionsebenen können nicht zuverlässig und schon gar nicht eindeutig aus Lernzielen der höheren, allgemeineren Ebene abgeleitet werden. In solche Lernzieldeduktionen fließen vielmehr immer wertende Entscheidungen ein.

Je nach ideologischer und wissenschaftstheoretischer Position dessen, der eine solche Deduktion vornimmt, können diese normativen Entscheidungen jeweils unterschiedlich ausfallen. Das wird zwar bei vielen Unterrichtsinhalten kaum eine Rolle spielen. Spätestens jedoch bei Themen, die in der Gesellschaft kontrovers diskutiert werden, wird das aber deutlich, etwa bei den Fragen danach, welche Feinlernziele aus dem Richtziel »Mündigkeit« zu deduzieren sind oder welche Feinlernziele zum Richtziel »Lernen, sich für den Schutz des ungeborenen Lebens einzusetzen«, führen.

Wir haben diesen Abschnitt vorwiegend in der Vergangenheitsform geschrieben, weil in der Erziehungswissenschaft von diesem Ansatz mittlerweile weitgehend abgegangen wurde. *»Lernzielorientierte Didaktiker«* gibt es heute zwar noch, sie spielen aber eine recht untergeordnete Rolle. Was durch Rahmenrichtlinien und in Lehrerseminaren bzw. im Referendariat im Hinblick auf Lernziele betrieben wird (und sich dann in Prüfungsstundenentwürfen spiegelt), ist eine stark verdünnte Fassung dieses Ansatzes.

Vergangenheit ist dieser Ansatz deshalb, weil er aus mehreren Gründen der *Kritik* nicht standhielt:

 Die Lehrer-Schüler-Interaktionen im Unterricht sind so *komplex* (vgl. Abschnitt 1.2.2), daß sie allein durch die Rationalisierung der Lernzielentscheidungen nicht ausreichend erfaßt und noch weniger gesteuert werden können.

 Weil Ziel-, Inhalts- und Methodenentscheidungen *in Wechselwirkung* zueinander stehen, muß die Analyse und Planung von Unterricht auf allen Abstraktionsebenen sowohl Ziel- wie auch Inhalts- und Methodenüberlegungen einschließen (vgl. Abschnitte 5.5.2, 6.3.1, 7.7).

 Zusammenhänge zwischen den Abstraktionsebenen können nicht »logisch«, sondern nur hermeneutisch, d. h. durch die Analyse von *Sinnzusammenhängen* erfaßt werden (vgl. Abschnitt 4.3.3).

 Die Lernzielorientierte Didaktik orientiert sich einseitig an den *Vorgaben* für Unterricht. Ihr fehlen die Kategorien und Fragestellungen, um die Schüler in ihrer individuell unterschiedlichen Lern- und Erfahrungsbiographie und mit ihren eigenen Lernwünschen zu berücksichtigen.

Und auch die LehrerInnen mit ihren Bedürfnissen und Interessen, mit Stärken und Schwächen werden nur als »Macher« benötigt. Ein didaktisches Konzept, in dem die Lehrer und Schüler eher als »Störgrößen« denn als leibhaftige Menschen mit Köpfen, Herzen und Händen auftauchen, ist aber wenig wert.

Wir fassen zusammen: Lehrerinnen und Lehrer, aber auch Autorinnen und Autoren didaktischer Konzepte sind dazu aufgefordert, ihren Unterricht bzw. die zur Gestaltung von Unterricht entwickelten Konzepte zu begründen. Aber alle Versuche, diese Begründungen durch eine »logische« Ableitung aus übergeordneten Normen herzustellen, sind gescheitert. Man kann ansetzen, wo man will: Immer landet man wieder beim – ungelösten – Normproblem der Didaktik.

Der Unterricht muß aber weitergehen – schließlich stehen die SchülerInnen jeden neuen Schultag vor der Tür und erwarten, unterrichtet zu werden. Der Lehrer muß sich also überlegen, wie er trotz grundsätzlicher Nicht-Deduzierbarkeit der Lernziele und trotz des ungelösten Normproblems sein didaktisch-methodisches Handeln rechtfertigen kann. Dieses *Legitimationsproblem* stellt sich auf jeder Ebene didaktischer Theoriebildung und praktischen unterrichtlichen Handelns. Es steht gleichsam quer zu den zuvor diskutierten Fragen der didaktischen Reduktion, der Inszenierung und der Deduktion.

3.6 Das Legitimationsproblem der Didaktik

LehrerInnen müssen ihr didaktisch-methodisches Handeln vor den SchülerInnen, den Eltern und Vorgesetzten und natürlich auch vor sich selbst rechtfertigen können. Zwei grundsätzlich unterschiedliche Formen der Rechtfertigung bzw. Legitimation sind denkbar und im Schulalltag auch weit verbreitet:

1. Der eine Lehrer wird sich *hinter die Fachkonferenzbeschlüsse und Richtlinien zurückziehen.* Weil die Richtlinien von einem demokratisch gewählten Kultusminister erlassen und darüber hinaus von Experten auf ihre wissenschaftliche Richtigkeit hin überprüft worden seien, sei auch die konkrete didaktische Entscheidung »vor Ort« legitimiert und von den Schülern zu akzeptieren.

2. Der andere Lehrer wird sich nicht hinter den Richtlinien verstecken, sondern seine Ziel-, Inhalts- und Methodenentscheidungen *argumentativ erläutern.* Er wird, so gut dies eben geht, seinen Schülern plausibel zu machen versuchen, warum seine Entscheidungen im Blick auf fachwissenschaftliche Grundsätze, verfügbare Zeit, Vorkenntnisse und Interessen der Schüler sowie Kompetenzen des Lehrers sinnvoll sind. Und er wird

vielleicht einige Entscheidungen aussetzen oder korrigieren, wenn es ihm nicht gelungen ist, die Zustimmung seiner Schüler zu finden.

Die zuerst skizzierte Legitimationsweise ist für die LehrerInnen vielleicht nervenschonend, für die SchülerInnen aber frustrierend und dadurch lernhemmend. Denn wer nicht einsieht, was er lernen soll, lernt schlechter! Die zweite Legitimationsweise mag ein wenig blauäugig erscheinen, ist aber ohne Zweifel die demokratischere und pädagogischere Form des Umgangs mit dem ungelösten Normproblem.

Beide Legitimationsweisen finden sich auch in anderen, nichtschulischen Institutionen und Lebenszusammenhängen wieder. Gesellschafts- und Systemtheoretiker (wie Jürgen Habermas und Niklas Luhmann) haben sie deshalb auf ihre logische Struktur und politische Funktion hin analysiert. Auch wenn zwischen dem um Argumente ringenden Lehrer im Klassenraum oder im Lehrerzimmer und der gesellschaftstheoretisch-philosophischen Grundüberlegung, nach welchen Strukturen überhaupt Entscheidungen argumentativ gestützt und ihre Anerkennung abgesichert werden können, Welten liegen: Auf ihre spezifische Weise beziehen sich sowohl der argumentierende Lehrer im Schulalltag als auch der Philosoph in seiner Vorlesung auf ein und dasselbe Problem: Wie kann ich vor anderen und mir selbst rechtfertigen, was ich tue?

Das Beispiel des ersten Lehrers ist typisch für die sogenannte *Legitimation durch Verfahren,* das des zweiten für die *Legitimation durch Diskurs.*

1. Verfahrenslegitimation

Sie geht von der These aus, daß in modernen Gesellschaften eine so große Komplexität der zu lösenden Probleme entstanden ist, daß der Nachweis der Sinnhaftigkeit jeder Einzelentscheidung praktisch und theoretisch nicht mehr möglich sei. Weil es keine absoluten Wahrheiten gebe und weil eine logische Deduktion unmöglich sei, würde sich eine moderne Gesellschaft selbst lähmen, wenn sie an der Begründung jeder einzelnen Maßnahme festhielte. Aus dieser Sackgasse, so die Auffassung Niklas Luhmanns, führe nur eine radikale Umformulierung des Problems heraus. Nicht die (unlösbare) Frage, wie Legitimität theoretisch denkbar sei, sondern die Frage, welche *Leistung* das Phänomen des Legitimierens für frühere Gesellschaften erbrachte und für die heutige erbringen müßte, wird analysiert. Die Legitimationsfrage wird sozialtechnokratisch umformuliert zu der Frage, wie die Mitglieder einer Institution bzw. einer ganzen Gesellschaft zur Anerkennung der von diesen sozialen Systemen getroffenen Entscheidungen gebracht werden können. Die Antwort ist einfach, aber brisant: Die Legitimation muß soweit als möglich *motivlos* werden, d.h. von den Wünschen und Interessen der Mitglieder des sozialen Systems abgelöst, dafür aber durch Einführung verbindlicher Verfahren gesichert werden. Ziel müsse sein, die Mitglieder zu einer generellen Anerkennungsbereitschaft von Entscheidungen zu führen, die dem sozialen System

3.6 Das Legitimationsproblem der Didaktik

Flexibilität im Lösen von Krisen und Überlegenheit gegenüber traditional gerechtfertigten Strukturen liefere (vgl. Habermas/Luhmann 1971, S. 260-267, S. 328).

2. Diskursive Legitimation

Sie hält an der *inhaltlichen* Begründungsbedürftigkeit der Entscheidungen sozialer Systeme fest, rechnet aber nicht damit, daß diese Begründungen ein für allemal aus übergeordneten Normen hergeleitet werden können, sondern daß sie jederzeit – so gut wie eben möglich – im Diskurs hergestellt werden sollten:

»Die Geltung von intersubjektiv anerkannten Normen beruht ... auf dem kontrafaktischen Anspruch, daß sie jederzeit in einem praktischen Diskurs gerechtfertigt werden könnten« (Habermas 1971 b, S. 263).

Habermas formuliert eine Reihe von Voraussetzungen für einen gelingenden Diskurs (1971 b, S. 148, 241, 264):

- Ein Diskurs muß von Handlungsdruck entlastet sein, so daß ohne Entscheidungsdruck über die Geltung einer Norm diskutiert werden kann.
- Es darf keine Auflagen für die Auswahl der Gesprächsteilnehmer und keine Beschränkungen für die Wahl der Themen und Beiträge geben.
- Kein Zwang außer dem des besseren Arguments darf ausgeübt werden. Das einzig akzeptierte Motiv ist das der »kooperativen Wahrheitssuche«.
- »Wenn unter diesen Bedingungen über die Empfehlung, eine Norm anzunehmen, argumentativ, d.h. aufgrund von hypothetisch vorgeschlagenen alternativenreichen Rechtfertigungen, ein Konsens zustande kommt, dann drückt dieser Konsens einen ›vernünftigen Willen‹ aus« (Habermas 1971 b, S. 148).

Sicherlich müssen wir davon ausgehen, daß zur Zeit und für die absehbare Zukunft nirgendwo in unserer Gesellschaft völlig »herrschaftsfreie« Diskurse gelingen werden – schon gar nicht in der Schule. Habermas behauptet dies auch gar nicht, sondern fordert mit guten Gründen, »kontrafaktisch« (also entgegen den realen Gegebenheiten) von der Möglichkeit der Herrschaftsfreiheit auszugehen. Er argumentiert an dieser Stelle pädagogisch: Wenn ich meinem Gesprächspartner zugestehe, daß er mich nicht übertölpeln, sondern ernsthaft mit mir um die Wahrheit ringen will, so sind die Chancen, daß wir gemeinsam der Wahrheit einen Schritt näher kommen, größer, als wenn ich von vornherein meinem Gesprächspartner böse Absichten unterstelle.[1]

---

[1] Der gegen Habermas erhobene Vorwurf, er habe mit seiner diskursiven Legitimation einen unzulässigen Zirkelschluß gemacht (also aus der Idee des herrschaftsfreien Gesprächs auf dessen Existenz geschlossen), trifft den Kern der Sache nicht.

Im Schulalltag dürfte es immer wieder zu einer Vermischung der zwei in der Theorie getrennten Legitimationsformen kommen: Viele Entscheidungen werden von den Schülerinnen und Schülern akzeptiert, weil der Lehrer bzw. die Lehrerin einen Vertrauensvorschuß hat; die Berufung auf die Richtlinien wird also »motivlos« akzeptiert. Erst dann, wenn es – aus welchen Gründen auch immer – zu Konflikten zwischen dem Lehrer und den Schülern gekommen ist, wird der Lehrer unter Rechtfertigungsdruck gesetzt. In diesem Fall sollte er sich nicht hinter den Entscheidungen des Kultusministers verstecken, sondern den Diskurs mit seinen Schülern beginnen und gemeinsam nach einer für Lehrer und Schüler akzeptablen Lösung suchen. Häufig wird der Lehrer sagen müssen: »Eure Argumente leuchten mir ein – aber leider dürfen wir so nicht vorgehen, weil eindeutige Vorschriften dagegenstehen.« Dies sind frustrierende Situationen. Sie sind der Preis jeder am Prinzip der Aufklärung orientierten Pädagogik.

Vierte Lektion:

Vom Nutzen der Wissenschafts-

theorie für das Verständnis didaktischer Modelle

Vorbemerkung

Auf der vorherigen Seite finden Sie eine Radierung von A. Paul Weber mit dem Titel »Ein Esel in Verlegenheit«. Wir hoffen, Sie können sich selbst Ihren Reim darauf machen, warum wir dieses Bild an den Beginn der Lektion zur Wissenschaftstheorie gesetzt haben: Der didaktische Esel, der sich von der Wissenschaftstheorie (sprich: dem Igel) Hilfestellung bei einem wichtigen und bedrängenden Geschäft erhofft, wird nicht unterstützt, sondern mehr als verunsichert ...

Übertragen auf unsere Fragestellung: Die Wissenschaftstheoretiker liefern den Didaktikern nur selten handfeste Hilfen zur Lösung ihrer praktischen und theoretischen Probleme. Sehr viel häufiger bringen sie die Didaktiker mit ihren Rückfragen in Verlegenheit und nähren so deren Minderwertigkeitsgefühle, nämlich das Gefühl vieler Vertreter dieser Zunft, »eigentlich« noch gar keine richtige Wissenschaft zu betreiben. Ein Trost ist dann allenfalls die von den Wissenschaftstheoretikern übermittelte Einsicht, daß es vielen anderen Handlungs-Wissenschaften nicht besser geht.

4.1 Begriffsklärungen

4.1.1 Was sind didaktische Modelle?

In der Modebranche oder in der Autoindustrie ist zumeist ohne Schwierigkeiten auszumachen, was ein »Modell« ist und welche Funktion es hat. In der Didaktik ist es ein wenig komplizierter. Wir benutzen den Begriff »*didaktisches Modell*« in dem von Herwig Blankertz (1969 b) eingeführten und von Horst Ruprecht (1972, S. 9-13) entfalteten Sinn und schlagen folgende Arbeitsdefinition vor:

> **Definition 4.1:**
> 1. Ein *didaktisches Modell* ist ein erziehungswissenschaftliches Theoriegebäude zur Analyse und Modellierung didaktischen Handelns in schulischen und nichtschulischen Handlungszusammenhängen.
> 2. Ein didaktisches Modell stellt den Anspruch, theoretisch umfassend und praktisch folgenreich die Voraussetzungen, Möglichkeiten und Grenzen des Lehrens und Lernens aufzuklären.
> 3. Ein didaktisches Modell wird in seinem Theoriekern in der Regel einer wissenschaftstheoretischen Position (manchmal auch mehreren) zugeordnet.

Wir beschränken uns im folgenden auf sogenannte *allgemein*-didaktische Modelle. Sie wollen ein allgemeines und deshalb notwendigerweise recht

4.1 Begriffsklärungen

formales Modell für die Gestaltung beliebigen Unterrichts liefern. Sie können von den Fach-, Stufen- und Bereichsdidaktiken einerseits (S. 60), von den auf konkreter Ebene angesiedelten Unterrichtskonzepten (S. 290-298) andererseits abgegrenzt werden.

In der (alten) Bundesrepublik, z.T. auch in Österreich und in der Schweiz, ist in den letzten 40 Jahren eine ganze Reihe solcher allgemeindidaktischer Modelle entwickelt, diskutiert und zum Teil flächendeckend, zum Teil nur hier und dort in der Lehrerbildung eingesetzt worden:

- *Bildungstheoretische Didaktiken*, die der Geisteswissenschaftlichen Pädagogik zuzuordnen sind (vgl. S. 107-119),
- die *Kritisch-konstruktive Didaktik* als Versuch der Bildungstheoretischen Didaktik, die Kritik der »Frankfurter Schule« konstruktiv aufzunehmen (vgl. Abschnitt 5.5 der 5. Lektion),
- die *Kommunikative Didaktik* (Schäfer/Schaller 1971; Winkel 1988; zusammenfassend Rosenbusch 1986), die wir wegen ihrer Nähe zur Bildungstheoretischen Didaktik in diesem Buch ein wenig stiefväterlich behandeln,
- die *Lern- bzw. Lehrtheoretische Didaktik*, die zunächst der empirisch-analytischen Theorie verpflichtet war, sich dann aber immer mehr der kritisch-konstruktiven Position angenähert hat (vgl. 6. Lektion),
- *Lernzielorientierte* und *informationstheoretisch-kybernetische Ansätze* der Didaktik, über deren Modell-Charakter noch zu streiten sein wird (vgl. Abschnitt 8.2).

In der ehemaligen *DDR* gab es zwar keine Vielzahl didaktischer Modelle, die sich in öffentlicher Diskussion gegeneinander zu profilieren versuchten, wohl aber eine ganze Reihe von Forscherkollektiven, die ähnlichen Fragestellungen nachgingen, wie sie in den westdeutschen Didaktik-Modellen akzentuiert wurden und werden: »Inhalt und Struktur sozialistischer Allgemeinbildung« (Neuner, Gunther, Hausten u.a.), »Lehrplantheorie« (Mader u.a.), »Konzentration auf das Wesentliche« (Hunneshagen, König, Leutert u.a.), »Integrative Bildung durch Wahlunterricht« (Naumann, Schladebach, Zabel u.a.), »Fähigkeitsentwicklung« (Faust, Paul, Wenge u.a.), »Kooperation und Kommunikation im Unterricht« (Rausch, Saar, Hemme u.a.). Ob, und wenn ja, welche dieser Forscherkollektive nach der Auflösung der Akademie der Pädagogischen Wissenschaften und der »Abwicklung« der Mehrzahl der erziehungswissenschaftlichen Sektionen noch die Möglichkeit haben, ihre Ansätze im Sinne westdeutscher allgemeindidaktischer Modelle weiterzuentwickeln, ist zur Zeit offen. Wir werden in diesem Buch exemplarisch *einen* eigenständigen Ansatz der Didaktik aus der ehemaligen DDR vorstellen:

- *Lothar Klingbergs* Versuch einer dialektisch orientierten Didaktik (vgl. 7. Lektion).

Die Autoren der didaktischen Modelle versuchen, die in der 3. Lektion skizzierten zentralen Fragestellungen der Allgemeinen Didaktik in je spezifischer Art und Weise zu beantworten:

☐ Es wird jeweils unterschiedlich bestimmt und begründet, was der *Gegenstand der Didaktik* sein solle: Geht es nur um unterrichtliches didaktisches Nachdenken und Handeln oder um Lehr/Lernprozesse überhaupt? Sollen Ziel-, Inhalts-, Methoden- und Organisationsprobleme didaktischen Handelns erörtert werden, oder wird lediglich ein Teilaspekt der Unterrichtswirklichkeit erfaßt?

☐ Es wird geklärt, welche *wissenschaftstheoretische Position* dabei zugrundezulegen sei.

☐ Und es wird definiert, von welchem *Theorie-Praxis-Verhältnis* das jeweilige Modell ausgeht. Sollen unmittelbare Handlungsorientierungen für Lehrer geliefert werden? Oder sollen lediglich diejenigen Teilfragen des Unterrichts herausgegriffen werden, die erfahrungswissenschaftlich objektivierbar sind? Soll die Theorie eine rationale Deduktion und Konstruktion der Praxis liefern, oder soll sie »nur« die nachgängige theoretische Aufarbeitung und Begründung vorhandener Praxis versuchen?

Keines dieser Modelle ist allgemein in dem Sinn, daß es voraussetzungslos jegliche Konkretisierung didaktischen Denkens und Handelns im Modell aufzuheben verstünde. Alle Ansätze bleiben vielmehr der jeweils gewählten wissenschaftstheoretischen Grundposition verhaftet. »Allgemein« sind sie nur im Gegensatz zu den Fach-, Stufen- und Bereichsdidaktiken. Deshalb halten wir uns an die von Herwig Blankertz (1969 b, S. 17) in seinem Standardwerk »Theorien und Modelle der Didaktik« formulierte Ausgangsthese:

These 4.1:
Es gibt keine Allgemeingültigkeit einzelner didaktischer Modelle. Erst die Verschränkung der jeweiligen Einzelaspekte zu einem Aspektzusammenhang spiegelt den »Gegenstand der Didaktik« angemessen wider!

Über die *Funktionen* der allgemeindidaktischen Modelle wird – wie könnte es anders sein – in der Pädagogen-Zunft heftig gestritten. Die einen (wie vor 12 Jahren einer der beiden Autoren) halten sie für *»Feiertagsdidaktiken«* (Meyer 1980, S. 181), weil sie von unrealistischen Annahmen über die Voraussetzungen des Unterrichts ausgehen. Andere halten sie für *Problematisierungshilfen* (Klafki 1985 e, S. 209; 1986 b, S. 24), noch wieder andere für wörtlich in didaktisches Handeln zu übertragende *»Unterrichtsrezepte«* (Grell/Grell 1979).

Lohnt es sich überhaupt, diese Modelle zu studieren? Unsere Antworten auf diese Frage haben wir in der 2. Lektion (S. 41-45) bereits formuliert: Die didaktischen Modelle können im konkreten Umgang mit den Schülern nur insofern helfen, als es gelingt, sie zur Weiterentwicklung der eigenen »didaktischen Theorie im Hinterkopf« zu nutzen und ihre Zielstellungen in fest verinnerlichte Haltungen vor der Klasse zu übertragen. Sie sind so etwas wie Katalysatoren für den Aufbau einer eigenen Theorie.

4.1.2 Was ist Wissenschaftstheorie?

Wer eine Examensarbeit schreiben muß und sich das erste Mal Gedanken darüber macht, wie diese Arbeit angelegt werden soll, erwartet häufig von Wissenschaftstheoretikern, daß die ihm sagen, wie er forschen soll. Er erwartet von der Wissenschaftstheorie das *Handwerkszeug* (Begriffe, Beweismechanismen, Forschungsmethoden) für seine wissenschaftliche Arbeit. Dies ist jedoch ein instrumentalistisches Mißverständnis der Funktion von Wissenschaftstheorien. Wissenschaftstheorien greifen nicht unmittelbar in den Forschungsprozeß von Wissenschaften ein, sondern erhellen, *wie* Wissenschaftler forschen.

> **These 4.2:**
> Wissenschaftstheorie ist die *Reflexion* über den tatsächlichen und den möglichen Forschungsprozeß einer Einzelwissenschaft.

Vielen Studentinnen und Studenten gelingt es übrigens, bis zum ersten Staatsexamen zu kommen, ohne sich jemals ernsthaft mit wissenschaftstheoretischen Fragestellungen befaßt zu haben. Denn der Einstieg in diese Literatur ist mühsam; ohne Fremdwörterlexikon und wirkliches Theorie-Interesse wird er nicht gelingen. Aber wen es einmal gepackt hat, den läßt's zumeist ein Leben lang nicht wieder los. Er stellt sich und anderen Fragen, auf die selten klare Antworten gefunden werden, die sich ihm aber dennoch immer wieder aufdrängen:

- Wann ist eine Behauptung wahr, wann ist sie falsch?
- Gibt es überhaupt »objektive« Aussagen? Und wenn ja: Wer entscheidet, ob eine objektive Aussage gefunden wurde?
- Gibt es wissenschaftliche Erkenntnisse ohne Sprache?
- Wie beeinflußt die Art und Weise, in der ich eine Untersuchung durchführe, das Ergebnis?
- Müssen Wissenschaftler berücksichtigen, auf welche Weise ihre Forschungsergebnisse in Politik, Wirtschaft, Gesellschaft und Schule genutzt, aber auch mißbraucht werden können?

Für die Beantwortung dieser und ähnlicher Fragen ist die Wissenschaftstheorie zuständig.

Wir schlagen folgende Arbeitsdefinition vor, die auf Formulierungen von Wilhelm Büttemeyer (Carl-von-Ossietzky-Universität Oldenburg) zurückgreift:

> **Definition 4.2:**
> 1. Wissenschaftstheorie ist eine *Teildisziplin* der Philosophie.
> 2. *Gegenstand* dieser Wissenschaft ist die Bestimmung der Voraussetzungen, die Diskussion der Zielsetzungen und die Analyse der Verfahren und Systematisierungsmöglichkeiten wissenschaftlicher Erkenntnis. Dies schließt die Erhellung der historischen Entwicklung und des gesellschaftlichen Verwertungszusammenhangs wissenschaftlicher Erkenntnisproduktion ein.
> 3. Die *Aufgabe* der Wissenschaftstheorie besteht darin, die Forschungspraxis und Theoriebildung wissenschaftlicher Einzeldisziplinen zu beschreiben, zu kritisieren und konstruktiv voranzutreiben.

Deshalb ist Wissenschaftstheorie eine *Meta-Theorie* in dem auf S. 72 erläuterten Sinn, die allerdings in der sogenannten Wissenschaftswissenschaft, in der Wissenssoziologie, in der Technikfolgen-Abschätzung u.a. einige empirische »Ausleger« entwickelt hat.

Die Wissenschaftstheorie ist nicht die einzige Disziplin, die über die Erscheinungsformen, die Voraussetzungen und Folgen von Wissenschaft nachdenkt:

❏ *»Methodologie«* ist – wörtlich aus dem Griechischen übersetzt – die Methodenlehre; sie beschäftigt sich also nur mit einem Teilaspekt des Wissenschaftsbetriebs, nämlich mit der Frage, mit Hilfe welcher Methoden mehr oder weniger gesicherte Erkenntnis produziert werden kann. Ein bekanntes Beispiel für eine dem Anspruch nach umfassende Methodologie hat Sir Karl Raimund Popper mit dem erstmals 1934 veröffentlichten Buch »Logik der Forschung« (Popper 1966) geliefert. Methodologien mit begrenzter Reichweite, die auf bestimmte Aufgabenstellungen zugeschnitten sind, werden auch als *Forschungskonzepte* oder -designs bezeichnet. In der unteren Zeile der diesem Buch beigelegten WISSENSCHAFTSTHEORETISCHEN LANDKARTE finden Sie eine Reihe von Beispielen.

❏ Wenn über die Bedingungen menschlicher Erkenntnis überhaupt nachgedacht wird, spricht man von *»Erkenntnistheorie«*, die die wissenschaftlichen Formen der Erkenntnis einschließt, aber auch unwissenschaftliche Aussagen, Mythen, Rätsel, alltägliches und abstruses Nachdenken über Gott und die Welt zum Gegenstand haben kann. Ein berühmter Ahnherr der Erkenntnistheorie ist Georg Fr. W. Hegel (1770-1831). Eine verständliche Einführung in Hegels Erkenntnistheorie liefert Helmut Danner (2. Aufl. 1989, S. 171 ff.).

Abbildung 4.1 beschreibt, wie wir uns das Verhältnis von Wissenschaftstheorie und Didaktik vorstellen:

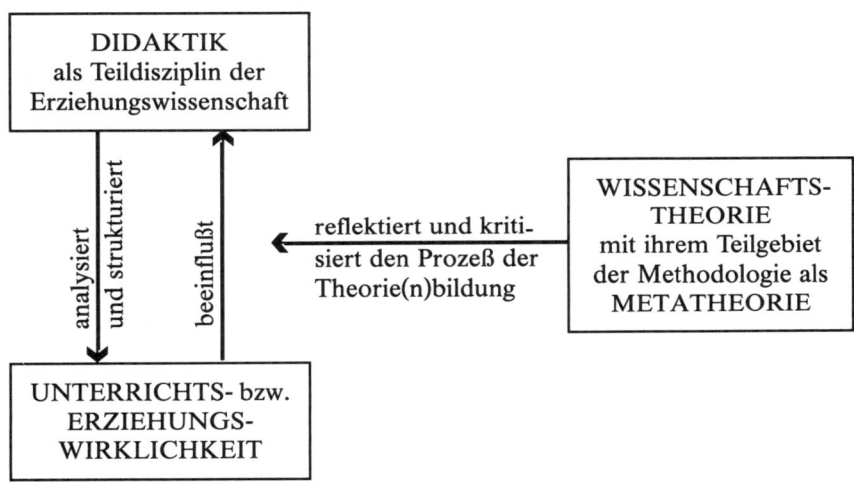

Abbildung 4.1

Wissenschaftstheorie kann helfen, den Aufbau, die Funktionen und den Geltungsanspruch, aber auch die Schwachstellen und Defizite wissenschaftlicher Theoriegebäude zu erkennen. Sie liefert kaum präzise Vorschriften, stellt aber wichtige Fragen an die Einzeldisziplinen, also auch an die Didaktik:

❏ **Erste Frage: Welche Ziele sollen die wissenschaftliche Arbeit leiten?**
Geht es in der Didaktik eher um Grundlagenforschung oder um ein Sich-Einmischen in praktische, auch politische Fragen oder um beides? Soll nur über die empirischen Gesetzmäßigkeiten des Lehrens und Lernens aufgeklärt oder sollen Normen und Prinzipien aufgestellt und begründet werden? Soll die Theorie oder die Praxis oder beides zusammen vorangetrieben werden? Soll durch die Forschungsergebnisse Unruhe gestiftet oder Bestehendes stabilisiert werden?

❏ **Zweite Frage: Welches ist das bzw. sind die Kriterien der Wissenschaftlichkeit?**
Ein oft genutztes Kriterium ist z.B. das der »intersubjektiven Überprüfbarkeit«: Eine Aussage gilt dann als »wissenschaftlich«, wenn sie – zumindest im Prinzip – nicht nur von dem Wissenschaftler, der sie aufgestellt hat, sondern auch von seinen Kollegen rational nachvollzogen werden kann. Ein anderes Kriterium lautet: Eine Aussage gilt dann als »wissenschaftlich anerkannt«, wenn wiederholt, aber vergeblich versucht worden ist, die

Falschheit der Aussage nachzuweisen (wenn also sogenannte »Falsifikationsversuche« ohne Erfolg geblieben sind).

- **Dritte Frage: Mit welcher Sprache soll der Wissenschaftler sprechen? Und wie soll er seine Begriffe bilden?**
  Soll man nur solche Begriffe verwenden, die in der Unterrichtspraxis benutzt und verstanden werden? Oder soll man eine wissenschaftliche »Kunstsprache« einführen?
- **Vierte Frage: Wie kommt ein Wissenschaftler zur Bildung von Hypothesen? Welche Methoden soll/darf er zur Überprüfung der Hypothesen verwenden?**
  Soll er präzise ausformulierte Hypothesen bilden oder lediglich beschreiben oder nur deuten, welche Vorstellungen in der Unterrichtspraxis vorherrschen? Darf man in der Didaktik Experimente im naturwissenschaftlichen Sinn machen und z.B. eine Kontrollgruppe absichtlich dumm belassen, um den Lernerfolg der Versuchsgruppe genauer erfassen zu können?
- **Fünfte Frage: Welche Struktur soll eine wissenschaftliche Theorie haben?**
  Soll eine Theorie eher systematisch-abstrakt aufgebaut oder soll sie – grundsätzlich – historisch hergeleitet werden? Soll die Theorie interdisziplinär oder nur auf die Einzeldisziplin hin formuliert werden? In welchem Verhältnis sollen deskriptive zu präskriptiven Aussagen stehen?
- **Sechste Frage: Welchen Geltungsanspruch hat die wissenschaftliche Erkenntnis?**
  Gelten die Aussagen nur für eine bestimmte Epoche und einen bestimmten Kulturkreis oder überzeitlich? (Z.B. die These, daß es eine Dialektik von Lehren und Lernen gebe.) Gelten die Aussagen nur für schulischen Unterricht oder für Lehren und Lernen jeglicher Form (institutionalisiert und/oder beiläufig)? Gelten nur die deskriptiven Aussagen oder auch die präskriptiven als wissenschaftlich?

Niemand wird bestreiten, daß dies für diejenigen, die selbständig forschen wollen, wichtige Fragen sind. Lohnt es sich aber für LehramtsstudentInnen oder für fertig ausgebildete LehrerInnen, die ja im Unterricht wissenschaftliches Wissen im wesentlichen nur anwenden, Wissenschaftstheorie zu studieren? Unsere Antwort ist eindeutig: Wer überlegen im Umgang mit Theoriewissen sein will, muß überlegen, welchen theoretisch begründbaren *Geltungsanspruch* das von ihm benutzte Wissen haben kann:

- Handelt es sich um nur für bestimmte Epochen und Kulturräume gültige Aussagen oder um Universalaussagen?
- Handelt es sich um Sollensforderungen oder um Tatsachenfeststellungen?

❏ Darf eine bestimmte Handlungsmaxime eines didaktischen Modells isoliert befolgt werden, oder ist sie nur dann sinnvoll, wenn sie mit den übrigen Maximen vernetzt wird?

Bei der Sensibilisierung für diese und viele ähnliche Fragen kann Wissenschaftstheorie entscheidend helfen:

These 4.3:
Wissenschaftstheoretisch reflektiertes Theoriewissen kann im Blick auf seinen *Geltungsanspruch* beurteilt werden. Deshalb ist es dem naiven Fürwahr-Halten wissenschaftlicher Aussagen qualitativ überlegen.

Nicht nur beim praktischen Handeln im Unterricht, sondern auch bei der theoretischen Reflexion über diesen Unterricht gibt es so etwas wie *Routinebildung* und *Betriebsblindheit*, die durch wissenschaftstheoretische Reflexion durchbrochen werden kann. Ein Wissenschaftler, der nicht zur Selbstkritik genötigt wird, gerät in die Gefahr, exakt beobachtete und analysierte Einzelphänomene völlig falsch zu deuten. Er ähnelt dann dem Geisterfahrer aus dem bekannten Geisterfahrer-Witz: Er hört im Radio, daß ihm auf der Autobahn ein Geisterfahrer entgegenkommt, und sagt seinem Mitfahrer: »Was heißt hier *einer* – es sind doch *Hunderte!*«

Nicht jede Form wissenschaftstheoretischen Reflektierens ist geeignet, dem Studierenden zu verdeutlichen, welchen Geltungsanspruch bestimmte theoretische Aussagen haben. Logisch-methodologische Akrobatik oder bloßes In-Schubladen-Packen wissenschaftlicher Positionen ist wenig wert. Vielmehr kommt es darauf an, wissenschaftstheoretische Fragen – mit Hilfe des Hochschullehrers/der Hochschullehrerin – aus ungelösten Praxisproblemen heraus zu entwickeln. Nur dann kann man wirklich lernen, den in These 4.3 formulierten Geltungsanspruch theoretischer Aussagen zu überprüfen.

These 4.4:
Wissenschaftstheoretisches Nachdenken darf nicht zum Schubkasten-Denken verkommen. Es muß vielmehr bei den *praktischen Fragen* der Theorieentwicklung einsetzen, um wirklich hilfreich zu sein.

Mit dieser Absicht werden wir im Teil II dieses Buches immer wieder auf wissenschaftstheoretische Teilfragen zurückkommen. Um Ihnen Orientierungshilfen in diesem Feld zu geben, werden wir aber zunächst einen allgemeinen Überblick über wissenschaftstheoretische Grundpositionen geben.

4.2 Überblick

4.2.1 WISSENSCHAFTSTHEORETISCHE LANDKARTE

Diesem Buch sind eine SYNOPSE DIDAKTISCHER MODELLE UND KONZEPTE und eine WISSENSCHAFTSTHEORETISCHE LANDKARTE beigelegt. Die LANDKARTE benötigen Sie für die Lektüre dieser 4. Lektion.

Auf den ersten und vermutlich auch auf den zweiten Blick ist diese LANDKARTE verwirrend. Es handelt sich um so etwas wie ein Sprach-Bild-Puzzle: Räumliche Nähe soll geistige Verwandtschaft der Positionen andeuten; und entsprechend die räumliche Ferne die geistige Distanz. Die LANDKARTE ist von oben nach unten und von rechts nach links in eine innere Ordnung gebracht worden:

- ❏ In der *ersten Zeile* haben wir drei wichtige Ahnherren der Wissenschaftstheorie abgebildet. (»Ahnfrauen« sind leider nicht dabei; bis heute ist Wissenschaftstheorie weitgehend eine Männer-Domäne geblieben.)
- ❏ In der *zweiten Zeile* finden Sie die in den letzten 150 Jahren entstandenen Grundpositionen.
- ❏ In der *dritten Zeile,* zu der es fließende Übergänge gibt, sind die Weiterentwicklungen der Vor- und Nachkriegszeit notiert. Obwohl hier schon ein beachtliches Gedrängel an Namen und Positionen zu finden ist, haben wir nur einen kleinen Teil der tatsächlich existierenden Positionen erfaßt.
- ❏ In der *vierten Zeile* folgen dann Forschungskonzepte und Methodologien, die nicht nur, aber auch in der Erziehungswissenschaft eingesetzt werden.

Wichtige Vertreter der jeweiligen Positionen haben wir namentlich benannt. Von vielen – aus Platzgründen nicht von allen – genannten Autoren finden sich ein oder zwei Veröffentlichungen im Literaturverzeichnis.

In der Senkrechten sind die verschiedenen Positionen in *drei wissenschaftstheoretische Hauptströmungen* geordnet:

- ❏ *links* die dialektischen, dialektisch-materialistischen und marxistisch-leninistischen Ansätze.
- ❏ *In der Mitte* die hermeneutisch orientierten Positionen. Wichtigste Einzelposition ist dabei die Geisteswissenschaftliche Pädagogik. Aus dieser Position sind besonders viele didaktische Modelle und Unterrichtskonzepte hervorgegangen. Deshalb werden wir die Position im Abschnitt 4.3 deutlich ausführlicher als die anderen beiden Hauptströmungen erläutern. Dort können Sie auch nachlesen, warum wir eine Krake in die Mitte der LANDKARTE gesetzt haben.
- ❏ Im *rechten Drittel* sind empirisch-analytische bzw. erfahrungswissenschaftliche Wissenschaftsansätze notiert.

Die Vertreter der drei Grundpositionen haben sich zum Teil heftig befehdet; abzulesen ist dies unter anderem am berühmt-berüchtigten »Positivismusstreit« vom Ende der 60er Jahre, der zwischen Anhängern der Frankfurter Schule (Adorno, Habermas u.a) und des Kritischen Rationalismus (Popper,

Albert u.a.) ausgefochten wurde (Adorno u.a. 1969; vgl. Büttemeyer/Möller 1979). Damals erhielt dieser Streit durch die Studentenrevolte eine zusätzliche Dynamik. Inzwischen sind die Diskussionen in ruhigere Fahrwasser geraten, was es leichter macht, die Differenzen und die Gemeinsamkeiten der Positionen zur Kenntnis zu nehmen. Für jede der drei Hauptströmungen lassen sich allgemein- und fachdidaktische Modelle benennen, die sich in ihren Zielstellungen und den Verfahren der Theoriebildung auf diese Grundpositionen berufen. In den Lektionen im Teil II dieses Buchs wird jeweils *ein* didaktisches Modell exemplarisch vorgestellt.

Lesehinweise:

Es gibt eine ganze Reihe gut lesbarer Einführungen und Grundlegungen der Wissenschaftstheorie. Die folgenden fünf Titel empfehlen wir LehramtsstudentInnen besonders:

❑ *Chalmers, Alan F.:* Wege der Wissenschaft. Einführung in die Wissenschaftstheorie. 2., durchges. Aufl., Berlin usw. (Springer) 2. Aufl. 1989.
Der australische Autor skizziert gängige wissenschaftstheoretische Positionen und deren Prinzipien (Induktivismus, Falsifikationismus, Strukturalismus, Rationalismus, Relativismus, anarchistische Erkenntnistheorie, Realismus). Schön kurz!

❑ *Danner, Helmut:* Methoden geisteswissenschaftlicher Pädagogik. 2., überarb. u. erg. Aufl., München – Basel (Reinhardt) 1989.
Das Buch liefert eine präzise, mit vielen Definitionen, Beispielen und Abbildungen versehene Einführung in Hermeneutik, Phänomenologie und Dialektik.

❑ *Henningsen, Jürgen:* Sprachen und Signale der Erziehungswissenschaft. Stuttgart (Klett) 1980.
Leicht verständlicher, steckbriefartiger Überblick, essayistisch und mit kritischer Distanz zum Fachjargon. Ein didaktisch geradezu beneidenswert gut geschriebenes Buch.

❑ *König, Eckard/Zedler, Peter:* Einführung in die Wissenschaftstheorie der Erziehungswissenschaft. Düsseldorf (Schwann) 1983.
Es handelt sich um die Buch-Version eines Studienbriefes der Fernuniversität Hagen; viele Beispiele, gut verständlich; ausführliche Darstellung der empirisch-analytischen und der hermeneutischen Grundpositionen.

❑ *Ruhloff, Jörg:* Das ungelöste Normproblem der Pädagogik. Heidelberg (Quelle & Meyer) 1979.
Zwar recht anspruchsvoll, aber dennoch gut für »Anfänger« geeignet, weil es ein überarbeitetes Vorlesungsskript einer Einführungsvorlesung ist.

4.2.2 Empirisch-analytisch orientierte Wissenschaften

Vertreter dieser Position versuchen, nichts als die »Tatsachen«, also das, was »wirklich« gegeben ist, zum Gegenstand der Forschung und zum Ausgangspunkt der Theorie-Konstituierung zu machen. Sie wollen analysieren, was sie in der »Empirie« vorfinden. Das griechische Wort ἐμπειρία (= empeiría) bedeutet »Sinneseindruck« oder »Erfahrung«.

Ein typischer Vertreter dieser Position, Aloys Fischer, schrieb 1914 (vgl. König/Zedler 1983, S. 38):

»Am Anfang aller Wissenschaft muß man also beschreiben, d.h. fragen, was die mit den Worten des betreffenden Gebietes bezeichneten Dinge und Sachverhalte sind; und zwar die Sachverhalte in ihrer natürlichen vortheoretischen Gegebenheit, als ‚Tatsachen', welche die Probleme der jeweils in Frage kommenden Wissenschaft noch enthalten, erst möglich machen ...
Wir stellen also auch in der Pädagogik die Frage: Was ist Erziehung? Einwirkung auf andere? Lesen? Deklamieren? Rechnen? Wir stellen die Frage am Anfang der Forschung, um die Objekte, um deren Theorie es sich handeln soll, so kennenzulernen, wie sie gegeben sind...
Die Tatsachen müssen jedoch darüber entscheiden, welche Begriffe auf sie angewandt werden dürfen; dazu aber müssen diese Tatsachen selbst in einer nicht schon mit Hilfe von ‚Theorien' (wenn auch vulgären und infolge ihrer universellen Verbreitung gern übersehenen Theorien) vollzogenen Beschreibung festgestellt worden sein.«

Nur empirisch gehaltvolle Sätze werden zugelassen. Metaphysische Aussagen sind für Vertreter dieser Position ohne Sinn. Normative Aussagen sind möglich, aber kein Gegenstand der Wissenschaft. Schon der Begründer dieser Position, der zu Napoleons Zeiten an der Pariser École Polytechnique ausgebildete »Erfinder« der Soziologie, *Auguste Comte* (1798-1857) bezog diese starre Position. Dabei hatte er naiv-überzogene Vorstellungen von der Leistungsfähigkeit einer solchen Wissenschaft. Er wolle, schrieb er 1824 in einem Brief, die Entwicklung der Gesellschaft »ebenso genau bestimmen, wie die Physik den Fall eines Steines berechnet« (vgl. Blankertz 1969 a, S. 76).

Die nach Comtes Buch »Cours de Philosophie positive« (6 Bde., Paris 1830-1842) benannten *Positivisten* und Neopositivisten haben wenig Freude an Comtes dogmatischer Ausgrenzung weiter Teile traditionellen wissenschaftlichen Denkens gefunden. Im Gegenteil: In immer wieder neuen Anläufen haben sie versucht, zu realistischeren Beschreibungen des wirklichen Ablaufs wissenschaftlicher Theorieproduktion zu gelangen. In Abschnitt 4.5 dieser Lektion kommen wir auf zwei dieser Autoren, auf Thomas S. Kuhn und Paul Feyerabend, zu sprechen.

Eine Spielart positivistischen Denkens stellt der *Behaviorismus* (= Verhaltenswissenschaft) dar (vgl. S. 75). Auf ihn haben sich insbesondere die Anhänger des Lernzielorientierten Unterrichts berufen (vgl. Abschnitt 8,2).

Behavioristen arbeiten mit einem »black-box-Modell«. Sie tun so, als ob sie nichts anderes als die vom Forscher auf einen Organismus (Mensch oder Tier) ausgeübten Reize (= inputs) und die durch diese Reize ausgelösten Reaktionen (= outputs) untersuchen:

Abbildung 4.2

Die frühen, klassischen Behavioristen haben sich jede noch so vorsichtige Mutmaßung über den Inhalt der black box verbeten. Sie wollten allein durch die Beobachtung der Verhaltensweisen eines Menschen oder eines Tieres zu Hypothesen über die Gesetzmäßigkeiten des Verhaltens kommen. Und sie hatten anfangs scheinbar große Erfolge. Ratten, Tauben, Regenwürmer und andere Viecher konnten durch Reiz-Reaktions-Konditionierung zu beeindruckenden Dressurleistungen gebracht werden. Bei höheren Organismen versagte das klassische Modell jedoch. Die Wissenschaftler begannen deshalb, Hypothesen über »intervenierende Variablen« innerhalb der black box zu formulieren. Inzwischen ist der Grundansatz selbst vollständig aufgegeben worden. Man hat eingesehen, daß es unmöglich ist, aus »reiner« Beobachtung von Verhalten auf absichtsvolles Handeln zu schließen.

Der in der Erziehungswissenschaft bekannteste und auch am häufigsten übernommene Ansatz innerhalb der empirisch-analytischen Grundrichtung ist der von *Karl-Raimund Popper* entwickelte *Kritische Rationalismus.*

Poppers Überlegungen setzen bei einem Problem ein, das die Empiriker (einschließlich der Behavioristen) nicht zu lösen vermochten: *Es ist ein Irrtum zu meinen, »reine« Beobachtung sei frei von theoretischen Vorannahmen* (vgl. 3. Lektion, S. 64 f.). Über das sprachlich vermittelte Vorverständnis des Wissenschaftlers fließen immer schon Annahmen über die Sinnhaftigkeit und Zielgerichtetheit des Verhaltens von Menschen in die Beobachtung ein. Die Intentionalität menschlichen Handelns kann aber nicht beobachtet werden. Sie ist nur durch hermeneutische Methoden des Sinnverstehens zu erschließen (s.u., Abschnitt

Karl-Raimund Popper

4.3.3). Darüber hinaus ist es schon aus rein logischen Gründen unzulässig, aus der Beobachtung gleichförmigen Verhaltens von Menschen zu folgern, hier müsse ein allgemeingültiges, also nie und nimmer zu brechendes Gesetz vorliegen. Selbst wenn man hundertmal beobachtet hat, daß Kinder, die von ihrem Lehrer gelobt worden sind, danach bessere Leistungen zeigen, darf daraus nicht gefolgert werden, daß dies immer so sei. Beim hundertundzweiten Male kann es anders sein. In seinem Buch »Logik der Forschung« (1966) versucht Popper deshalb, das ungelöste Problem der Empiriker mit einem methodologischen Trick zu umgehen:

- Statt die Theoriebildung mit »reinen« Tatsachenbeschreibungen einzuleiten, fordert er, *erst* eine Gesetzeshypothese aufzustellen und *dann* nachzuschauen, ob die Hypothese anhand bestimmter Tatsachenfeststellungen widerlegt werden kann oder nicht. Popper formuliert: Die allgemeine Gesetzeshypothese soll durch möglichst intelligent ausgedachte Falsifikationsversuche überprüft werden.
- Wenn es *nicht* gelingt, die Hypothese zu widerlegen, so gilt sie als »bewährt« und mit ihr auch die Theorie, aus der heraus sie aufgestellt wurde.
- An die Stelle der Verifikation von Hypothesen (also des Beweises ihrer Gültigkeit) tritt die Falsifikation: Hypothesen gelten so lange »auf Probe«, wie es niemandem gelungen ist, ihre Ungültigkeit zu beweisen.

Popper kehrt also zum Grundsatz der *Deduktion* wissenschaftlicher Einzelaussagen aus allgemeinen Gesetzeshypothesen zurück, während die Empiriker, aus deren »Stall« er stammt, durch *Induktion* zur Theorie kommen wollten. Dies ist auch der Grund dafür, daß sich Popper und seine Anhänger als kritische Rationalisten und nicht als Empiristen bezeichnen.

Poppers Falsifikationstheorie ist logisch einleuchtend, aber für die Pädagogik von begrenztem Wert: Zum einen ist es so, daß sich im alltäglichen Wissenschaftsbetrieb kaum jemand an Poppers Vorschlag hält. Das Widerlegen der eigenen Position betreibt man nur selten selbst, sondern überläßt dies dem Gegner oder den Zeitläufen. Zum anderen ist eine zentrale Annahme der Falsifikationstheorie im Bereich der Sozialwissenschaften (und damit auch der Pädagogik) so gut wie nie zu erfüllen: Um einen Falsifikationstest zu machen, benötigt man eine *allgemeingültige* Gesetzesaussage. In der Pädagogik gibt es aber praktisch immer nur qualitative Aussagen oder statistisch ermittelte Annahmen über gleichförmiges Verhalten, bei denen von vornherein klar ist, daß es Ausnahmen von der Regel gibt.

In seinem Buch »Von der Pädagogik zur Erziehungswissenschaft« (1971) hat der Konstanzer Erziehungswissenschaftler *Wolfgang Brezinka* seine Fachkollegen mit beschwörenden Appellen aufgefordert, Poppers Position zu übernehmen, um aus der metaphysischen Prinzipienlehre »Pädagogik« endlich eine reputierliche Wissenschaft zu machen. Aber Brezinka hat sich selbst nicht an sein Modell gehalten und zehn Jahre später an entscheidender Stelle Korrekturen vorgenommen (vgl. Garz 1989, S. 21 f.).

4.2.3 Dialektisch orientierte Ansätze, Kritische Theorie der Gesellschaft

Im *linken Drittel* der LANDKARTE finden Sie dialektische und dialektisch-materialistische Ansätze.

Dialektisches Denken läßt sich kaum lehrbuchmäßig auf wenige Absätze reduzieren und auch nicht in Schemata und Graphiken übertragen. Deshalb verzichten wir hier auf eine solche Kurzfassung und raten Ihnen, die Leistungsfähigkeit dieses Ansatzes in der 7. Lektion anhand der Didaktik Lothar Klingbergs zu überprüfen.

Die für die Pädagogik der alten Bundesrepublik wichtigste dialektische Position ist die der *Kritischen Theorie der Gesellschaft* mit Autoren wie Theodor W. Adorno, Max Horkheimer, Walter Benjamin und Jürgen Habermas. Nach dem an der Universität Frankfurt bis heute existierenden »Institut für Sozialforschung« wird diese Position auch *»Frankfurter Schule«* genannt.

Die Vertreter der Kritischen Theorie haben nachzuweisen versucht, daß die im Zeitalter der Aufklärung entstandene Verpflichtung auf »Vernunft« in den modernen empirisch-analytischen Wissenschaften instrumentalisiert worden ist: Lebenspraktische Vernunft, die am Wohlergehen des einzelnen und der Gesellschaft orientiert war, ist zunehmend durch Zweckrationalität ersetzt worden, die nicht mehr zwangsläufig den Interessen des einzelnen und der Gesellschaft dient, sondern zu einem Herrschaftsinstrument für wenige geworden ist: eine scheinbar zwingende Konsequenz aus der *»Dialektik der Aufklärung«* (Horkheimer/Adorno 1969). Aufklärung im klassischen Sinne führt nicht zwangsläufig zum selbstgesetzten Ziel – sie kann mit den Maßstäben der Aufklärung die Aufklärung selbst in Zweifel ziehen und zur »zynischen Vernunft« verkommen (vgl. Jay 1976; Sloterdijk 1984).

Der Adorno-Schüler *Jürgen Habermas* (geb. 1929) hat in einer Reihe wissenschafts- und gesellschaftstheoretischer Veröffentlichungen die Position der Frankfurter Schule beschrieben und weiterentwickelt (Habermas 1967; 1968 a; 1968 b; 1971 b; 1973; 1981). Er geht davon aus, daß *»Erkenntnis und Interesse«* (1968 a) zwei einander bedingende Grundbegriffe des Wissenschaftsprozesses sind. Wissenschaftliche Erkenntnis ist *immer* interessegeleitet. Die Interessen, denen der Wissenschaftler folgt, müssen aber offengelegt und begründet werden können.

Habermas unterscheidet drei grundlegende Formen von Erkenntnisinteressen:

- *Technisches bzw. zweckrationales Erkenntnisinteresse* zielt auf die Beherrschung natürlicher und – in wachsendem Umfang – auch gesellschaftlicher Prozesse. Es nutzt die immer umfassender und genauer werdenden Kenntnisse über Ursache-Wirkungs-Zusammenhänge in den Erfahrungswissenschaften, um wissenschaftliche Prognosen und Technologien zu entwickeln.

Jürgen Habermas

- *Praktisches Erkenntnisinteresse* zielt auf das Verständnis und die Weitervermittlung von Sinn und Bedeutung. Es ist geeignet, die Motive und Interessen handelnder Menschen zu erfassen. Die im Abschnitt 4.3 dieser Lektion beschriebenen hermeneutischen Positionen sind vorrangig durch dieses Erkenntnisinteresse gekennzeichnet.
- *Emanzipatorisches Erkenntnisinteresse* zielt auf die Überwindung überflüssiger, von Menschen verschuldeter Herrschaft und Machtausübung. Es ist an der Ausweitung der Freiheit des Subjekts interessiert.

Weil es unterschiedliche Erkenntnisinteressen gibt (die sich unschwer auch in der Erziehungswissenschaft und Didaktik nachweisen lassen), ist es nicht sinnvoll, eine *einzige* Forschungsmethode zu favorisieren. Vielmehr wird die Kombination und gegenseitige Relativierung von empirisch-analytischen Methoden einerseits, hermeneutischen und ideologiekritischen Methoden andererseits vorgeschlagen.

Von Erziehungswissenschaftlern sind zwei Grundbegriffe der Frankfurter Schule in ermüdender Häufigkeit zitiert worden: der des *Diskurses* und der der *Emanzipation:*

- Welche Funktion der »*herrschaftsfreie Diskurs*« für Habermas hat und an welche Voraussetzungen er geknüpft ist, haben wir auf S. 89 f. bereits beschrieben. Habermas will mit dem Begriff ausdrücken, daß Sprache ihrer Struktur nach auf symmetrische, chancengleiche Kommunikation ausgelegt ist und deshalb die konkrete Hoffnung auf nichtentfremdete Lebensverhältnisse zum Ausdruck bringt. »Ich« und »Du« sind syntaktisch gesehen »gleichberechtigt«; es gibt keine gewachsenen grammatikalischen Strukturen, die eine Über- und Unterordnung der Sprechpartner zum Ausdruck brächten.
Weil im Unterricht fortwährend sprachliche Verständigungen über Sach-, Sinn- und Problemzusammenhänge stattfinden, erscheint der Begriff des herrschaftsfreien Diskurses als grundlegende Zielkategorie der Unterrichtsführung gut geeignet.
Mißverständnisse hat es vor allem dadurch gegeben, daß Gegner der an Habermas' Theorie orientierten Didaktik-Modelle unterstellt haben, Habermas und seine Anhänger gingen davon aus, daß schon heute alle Voraussetzungen für den angestrebten herrschaftsfreien Diskurs erfüllt seien. Dies ist nicht

der Fall. Lehrer und Schüler können sich nur in dialektischer Widersprüchlichkeit der von Habermas skizzierten idealen Sprechsituation annähern (vgl. These 1.4 von S. 28).

❏ *Emanzipation* als individuelle oder kollektive Befreiung von überflüssig gewordener gesellschaftlicher Herrschaft bezeichnet formal die Zielperspektive gesellschaftlicher Entwicklung. Die Pädagogik hat den Begriff auf die Gestaltung des Unterrichts und des Lehrer-Schüler-Verhältnisses übertragen, dabei aber oft übersehen, welche Kriterien Habermas für gelungene Emanzipationsprozesse formuliert hat.
Dennoch ist der Rückgriff auf den Emanzipationsbegriff in der Pädagogik nicht zufällig, sondern begründet. Er signalisiert die Nähe zum Bildungs- und Mündigkeitsbegriff der Geisteswissenschaftlichen Pädagogik. Und deshalb fiel es auch Autoren wie Klafki, Mollenhauer und Blankertz so leicht, sich zur Kritischen Theorie hin zu öffnen (vgl. Blankertz 1971 b, Klafki 1976 a und 1976 b, Mollenhauer 1968; Danner 2. Aufl. 1989, S. 190-203).

In der Pädagogik der Bundesrepublik (alt) ist die Rezeption der Kritischen Theorie der Gesellschaft nach einem Höhepunkt in den 70er Jahren in den 80ern deutlich abgeebbt. In der DDR (alt) gab es kurz vor der Wende erste vorsichtige Rezeptionsversuche, die über das übliche Verdikt hinausgingen, daß es sich nur um eine Variante spätbürgerlichen Denkens handle.

4.3 Hermeneutische Positionen

4.3.1 *Wissenschaftsgeschichte*

Beim Betrachten der WISSENSCHAFTSTHEORETISCHEN LANDKARTE ist Ihnen vermutlich als erstes die *Krake* der »Geisteswissenschaftlichen Pädagogik« aufgefallen, die mit ihren langen Fangarmen die Mitte der Karte beherrscht und auch in das linke Drittel hinüberlangt. Das Bild der Krake haben wir aus zwei Gründen zur Kennzeichnung der Geisteswissenschaftlichen Pädagogik gewählt: einmal, weil diese Position in der Weimarer Republik und dann auch in der alten Bundesrepublik für mehrere Jahrzehnte eine geradezu marktbeherrschende Position erreicht hatte, zum anderen, weil diese Position aufgrund ihres spezifischen Theorie-Praxis-Verständnisses besser als andere zwischen der »großen« Theorie und dem Denken und Handeln der Praktiker vermittelt hat (siehe Abb. 8.1 in der 8. Lektion).

Die Geschichte dieser Position in Stichworten:

❏ *Schon in der Zeit zwischen den beiden Weltkriegen* dominierte die geisteswissenschaftliche Schule unter den Hochschullehrern für Erziehungswissenschaft bzw. Pädagogik. Daneben gab es – wie auch heute – weitere Richtungen der Pädagogik, etwa kirchlich-konfessionell gebundene Richtungen, Neukantianer, Existenzphilosophen und eine geringe Zahl gesellschaftskritisch engagierter Pädagogen, z.B. Otto Felix Kanitz (1925) oder

Siegfried Bernfeld (1925). Der »Austromarxismus« und das »Rote Wien« waren damals offenbar gute Nährböden für linke, gesellschaftskritische Erzieher und Erziehungstheoretiker.

❑ *Unter den Nationalsozialisten* wurden schon 1933 gut 50 Prozent aller Professoren der Preußischen Pädagogischen Akademien entlassen. Fast alle waren Vertreter der geisteswissenschaftlichen Schule der Pädagogik. Viele waren vorher für die Weimarer Republik eingetreten. Es gab aber auch eine ganze Reihe von Pädagogen, die sich nach der Machtergreifung auf die Seite der Nationalsozialisten schlugen und sich mehr als kompromittiert haben (z.b. Eduard Spranger, Peter Petersen, Theodor Wilhelm; zum Teil auch Wilhelm Flitner und Otto Friedrich Bollnow; vgl. Keim 1988; dagegen Tenorth 1990).

❑ *Nach 1945* wurden in der Bundesrepublik nahezu alle geisteswissenschaftlichen HochschullehrerInnen wieder mit Professuren versorgt – und zwar nicht nur die von den Nationalsozialisten mit Berufsverbot belegten, sondern auch die, die mit ihnen gemeinsame Sache gemacht hatten. Es gab dadurch in der Pädagogik nicht nur eine Kontinuität der Entwicklung, die an die Zeit *vor* 1933 anknüpfte, sondern auch eine Kontinuität aus dem Nationalsozialismus hinein in die Nachkriegszeit.

Die »große Stunde« der Geisteswissenschaftlichen Pädagogik kam nach 1945 auch deshalb, weil linke Pädagogen im Nationalsozialismus ermordet oder verfolgt worden waren und viele in der Emigration lebten. Auch erfahrungswissenschaftlich orientierte Pädagogen fehlten fast vollständig. Bis 1970 waren Vertreter der Geisteswissenschaftlichen Pädagogik auf nahezu allen wichtigen Lehrstühlen der Universitäten und Pädagogischen Hochschulen zu finden. Ob in Tübingen oder München, Marburg oder Göttingen – überall saßen Geisteswissenschaftler. Auch an der Ost-Berliner Humboldt-Universität war der erste Pädagogik-Professor, der Nohl-Schüler Heinrich Deiters, ein Geisteswissenschaftler.

❑ *Ab 1965* ist bei vielen geisteswissenschaftlichen Pädagogen eine *Auseinandersetzung* mit *dialektisch-materialistischen Positionen* zu beobachten. Dabei handelt es sich keinesfalls nur um opportunistisches Nachhinken hinter der Studentenrevolte, sondern häufig auch um ein wegbereitendes Vorpreschen: Wolfgang Klafki, Herwig Blankertz und Klaus Mollenhauer als Schüler Erich Wenigers, dazu Hartmut von Hentig, Heinz-Joachim Heydorn und einige mehr haben die Öffnung der Geisteswissenschaftlichen Pädagogik nach links maßgeblich gestaltet, während konservative Geisteswissenschaftler wie Josef Derbolav, Erich E. Geißler oder Kurt Aurin zunächst abwarteten, um sich dann aber 1978 mit dem Bonner Forum »Mut zur Erziehung« wieder kräftig zu Wort zu melden.

4.3 Hermeneutische Positionen

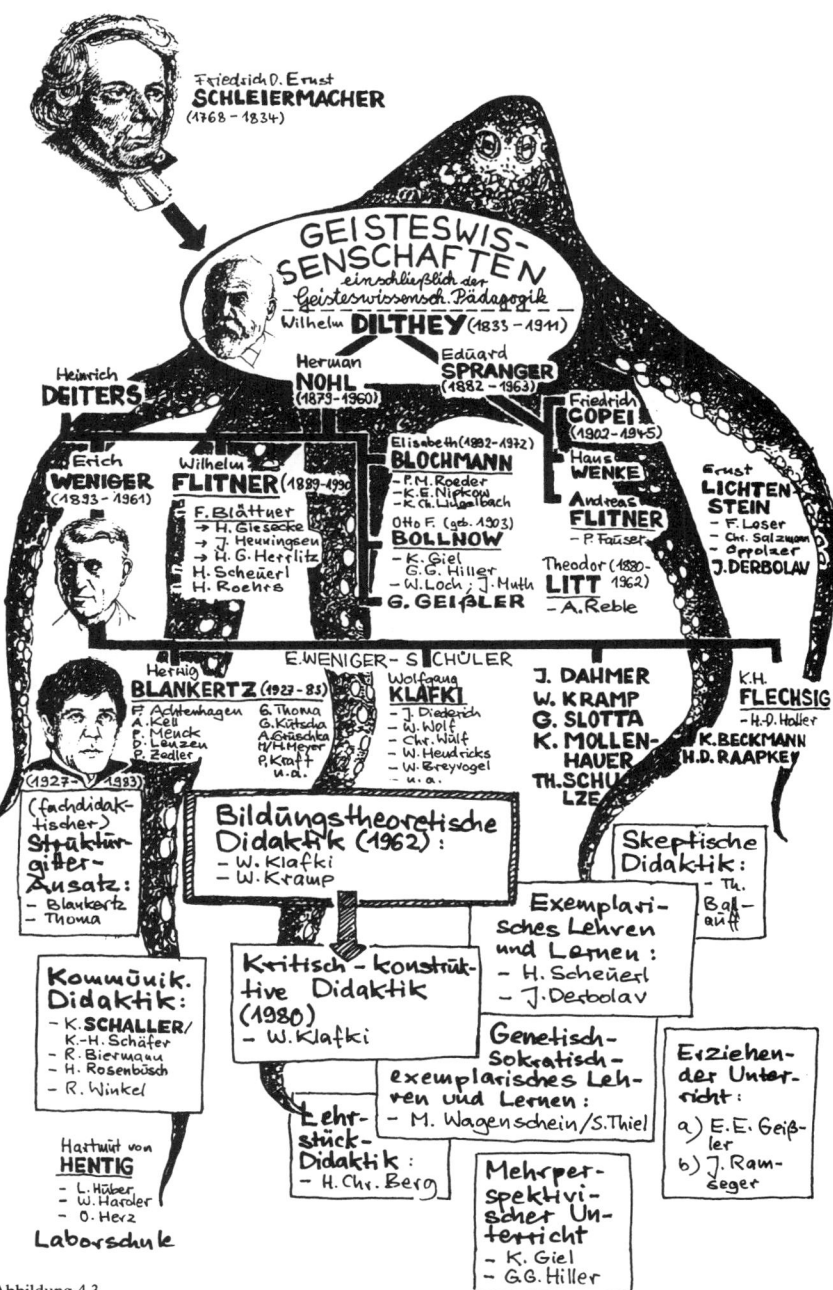

Abbildung 4.3

- Um 1970 ist die Geisteswissenschaftliche Pädagogik im Zuge der Studentenrevolte an den westdeutschen Hochschulen zunächst von gesellschaftskritisch orientierten Autoren (z.B. Huisken 1972) in die Defensive gedrängt worden. Sie hat dann aber, gerade weil sie sich nach links öffnete und weil ihre führenden Vertreter maßgeblich an der sozial-liberalen Bildungsreform ab 1967 mitgearbeitet haben, ihre Position wieder stabilisieren können. Sie hat sich durch die Öffnung zu gesellschaftskritischen Theorien und durch die Einbeziehung empirisch-analytischer Arbeitsweisen als lebensfähig erwiesen. Dies ist auch an der Weiterentwicklung der Klafkischen Bildungstheoretischen Didaktik zur »Kritisch-konstruktiven Didaktik« abzulesen.

- *Seit etwa 1980* kann man sogar von einer *Renaissance* des wissenschaftstheoretischen Interesses an dieser Position sprechen (vgl. Huschke-Rhein 1979; Adl-Amini/Oelkers 1981; Themenheft 1/1981 der »Zeitschrift für Pädagogik«). Der im Jahr 1968 von den Erich Weniger-Schülern für dessen Gedenkschrift gewählte Titel »Geisteswissenschaftliche Pädagogik am Ausgang ihrer Epoche« (Dahmer/Klafki 1968) ist mithin ein wenig vorschnell formuliert worden. Viele Fragestellungen, die heute scheinbar neu entdeckt werden, sind in Wirklichkeit schon vor 70 oder 80 Jahren von geisteswissenschaftlichen Pädagogen bearbeitet worden.

In der Pädagogik der DDR ist die Geisteswissenschaftliche Pädagogik lange als bürgerlich-rückständige Position angegriffen und nur verkürzt rezipiert worden. Erst in den 80er Jahren hat sich dies bei einigen wenigen DDR-Pädagogen geändert (vgl. z.B. Klingberg 3. Aufl. 1986; 1990a).

4.3.2 Der Begriff »Geisteswissenschaften«

Die Pädagogik ist, nach weithin akzeptiertem Selbstverständnis der Pädagogen, eine Teildisziplin der Geistes- und Sozialwissenschaften. Der Begriff *»Geisteswissenschaftliche Pädagogik«* ist nicht erfunden worden, um diese ohnehin übliche Zuordnung noch zu betonen. Vielmehr dient er der Abgrenzung von anderen Strömungen der Pädagogik und deren wissenschaftstheoretischen Grundpositionen – etwa zur Abgrenzung von »Kritisch-rationaler Erziehungswissenschaft« (vgl. Krumm 1983).

- Wann der Begriff »Geisteswissenschaften« oder »Geisteswissenschaft« zum ersten Mal aufgetaucht ist, ist noch nicht mit Sicherheit herausgefunden worden. Einen frühen Beleg gibt es schon 1787. (Ruhloff 1979, S. 33)
- Dann erschien der Begriff in der Übersetzung einer Schrift des englischen Philosophen und Ökonomen John Stuart Mill (1806-1873), und zwar als Übersetzung von »moral science«. Er wurde hier zur Abgrenzung von den Naturwissenschaften verwendet. Die auch heute noch weit verbreitete Auffas-

sung, der Begriff »Geisteswissenschaften« stamme aus dieser Übersetzung, ist falsch (Ruhloff 1979, S. 33 f. und S. 193).

❏ Schließlich griff *Wilhelm Dilthey* (1833-1911) den Begriff auf: 1883 erschien seine Schrift: »Einleitung in die Geisteswissenschaften«. Durch Dilthey wurde der Begriff sozusagen zum Allgemeingut; er diente (und dient bis heute) dazu, eine Gruppe von Einzelwissenschaften zu bezeichnen, nämlich die Wissenschaften vom Menschen: Geschichte, Sprach- und Kulturwissenschaften, Psychologie usw. Die Begriffe »Sozialwissenschaften« und »Gesellschaftswissenschaften« wurden erst später gebräuchlich, als man begann, innerhalb der Geisteswissenschaften noch weiter zwischen einzelnen Wissenschaftsgruppen zu unterscheiden.

Wilhelm Dilthey

❏ Vor allem Diltheys Schüler Max Frischeisen-Köhler (1878-1923), Herman Nohl (1879-1960, lange Zeit Professor in Göttingen) und Eduard Spranger (1882-1963, nach 1946 Professor in Tübingen) haben diesen Wandel des Selbstverständnisses vorangetrieben. Die Verbindung der Theoriebildung mit der pädagogischen Praxis – in Gestalt der Reformpädagogik vom Anfang dieses Jahrhunderts – war dabei sehr eng. Herman Nohl beschrieb sie in den zwanziger Jahren in seinem Buch »Die pädagogische Bewegung in Deutschland und ihre Theorie« (Nohl 3. Aufl. 1949). Erich Weniger hat – erst im nachhinein – diese pädagogische Denkrichtung wegen ihrer Entwicklung aus Diltheys Überlegungen heraus als »geisteswissenschaftlich« bezeichnet.

Dilthey stellte das System der Wissenschaften auf eine neue, philosophisch fundierte Grundlage. Die Systematisierung ergab sich für ihn nicht aus den verschiedenen Gegenständen der Einzeldisziplinen, sondern aus den Methoden ihrer Erforschung (vgl. Habermas 1968 a, S. 178-203). So kommt er zu einer viel zitierten und auch von uns geteilten grundlegenden Unterscheidung:

These 4.5:
»Die Natur erklären wir, das Seelenleben verstehen wir.«

Der Satz stammt aus Diltheys Text »Ideen über eine beschreibende und zergliedernde Psychologie« (Dilthey 1957, S. 143 f.; Hervorhebung von uns):

»Nun unterscheiden sich zunächst von den Naturwissenschaften die Geisteswissenschaften dadurch, daß jene zu ihrem Gegenstande Tatsachen haben, welche im Bewußtsein als von außen, als Phänomene und einzeln gegeben auftreten, wogegen sie in diesen von innen, als Realität und als ein lebendiger Zusammenhang originaliter auftreten. Hieraus ergibt sich für die Naturwissenschaften, daß in ihnen nur durch ergänzende Schlüsse, vermittels einer Verbindung von Hypothesen, ein Zusammenhang der Natur gegeben ist. Für die Geisteswissenschaften folgt dagegen, daß in ihnen der Zusammenhang des Seelenlebens als ein ursprünglich gegebener überall zugrunde liegt. *Die Natur erklären wir, das Seelenleben verstehen wir.* Denn in der inneren Erfahrung sind auch die Vorgänge des Erwirkens, die Verbindungen der Funktionen als einzelner Glieder des Seelenlebens zu einem Ganzen gegeben. Der erlebte Zusammenhang ist hier das erste, das Distinguieren der einzelnen Glieder desselben ist das Nachkommende. Dies bedingt eine sehr große Verschiedenheit der Methoden, vermittels deren wir Seelenleben, Historie und Gesellschaft studieren, von denen, durch welche die Naturerkenntnis herbeigeführt worden ist. Für die Frage, welche hier erörtert wird, ergibt sich aus dem angegebenen Unterschied, daß Hypothesen innerhalb der Psychologie keineswegs dieselbe Rolle spielen als innerhalb des Naturerkennens. In diesem vollzieht sich aller Zusammenhang durch Hypothesenbildung, in der Psychologie ist gerade der Zusammenhang ursprünglich und beständig im Erleben gegeben: Leben ist überall nur als Zusammenhang da.«

In unseren Worten zusammengefaßt:

Naturwissenschaften decken **kausale Zusammenhänge** auf, diese führen zur **Erklärung** der Natur.	Geisteswissenschaften suchen den **Sinn aller menschlichen Lebensäußerungen**, der nur im **Verstehen** dieser Lebensäußerungen aufgedeckt werden kann.

Um »Verstehen« als wissenschaftliche Methode zu präzisieren, griff Dilthey auf die Hermeneutik Friedrich D.E. Schleiermachers zurück, die er bei seinen ausführlichen biographischen Arbeiten zu Schleiermacher kennengelernt hatte (Schleiermacher 1959; Dilthey 1966).

4.3.3 Hermeneutik – Schlüsselbegriff der Geisteswissenschaftlichen Pädagogik

»Hermeneutik« ist ein Begriff, der heute in mehreren verschiedenen Bedeutungen verwendet wird. Die Bücher, die dazu geschrieben wurden, könnten ganze Bibliotheken füllen. Trotzdem versuchen wir eine Kurzbeschreibung.

Das Wort stammt aus dem Griechischen. Der »hermenéus« war Erklärer, Dolmetscher oder Herold; die »hermeneutiké téchne« war die Auslegungskunst. Im 17. Jahrhundert wurde der Begriff – wahrscheinlich in Anknüpfung an den Titel einer Schrift von Aristoteles – wieder aufgegriffen.

Fünf Bedeutungsebenen lassen sich unterscheiden. Alle fünf Bedeutungen werden heute nach wie vor verwendet. Um welche der Bedeutungen es jeweils

4.3 Hermeneutische Positionen

geht, muß man also immer aus dem Zusammenhang, in dem der Begriff vorkommt, schließen.

1. Hermeneutik als Auslegung bzw. *Interpretation von Texten,* und zwar insbesondere von Texten aus der Theologie, der Philologie oder der Jura. Der Begriff wurde im 17. Jahrhundert mit dieser Bedeutung eingeführt, und er behielt sie bis zum Beginn des 19. Jahrhunderts. Den genannten drei Fakultäten entsprechend, wurden fachbezogene Hermeneutiken für die Interpretation der biblischen Schriften, der Klassiker der Kirchengeschichte usw. entwickelt.
Anmerkung für Spezialisten: Es heißt oft, der Begriff habe mit dem Namen des griechischen Götterboten Hermes zu tun (Ruhloff 1979, S. 34); dies ist jedoch vermutlich ein erst im nachhinein hergestellter Bezug zur griechischen Mythologie (vgl. Birus 1982 c, S. 6 f.).

2. Zu Beginn des 19. Jahrhunderts hat *Schleiermacher* einen ersten Wandel des Begriffsverständnisses eingeleitet: Für ihn war Hermeneutik nicht mehr eine bloße »Hülfsdisciplin«, sondern die grundlegende Methode, um jede Art mündlicher oder schriftlicher Äußerung zu verstehen und zu analysieren. Während früher die Hermeneutik immer auch die Kunst des Vermittelns einer Botschaft an andere einschloß (etwa die Vermittlung des rechten Verständnisses der Gleichnisse Jesu in einer Predigt), definierte Schleiermacher Hermeneutik nun als reine Kunst des Verstehens: »Da (die) Kunst zu reden und zu verstehen einander gegenüberstehen, reden aber nur die äußere Seite des Denkens ist, so ist die Hermeneutik im Zusammenhang mit der Kunst zu denken und also philosophisch« (Schleiermacher 1959, S. 80).

3. *Wilhelm Dilthey* führte dann mit seiner oben skizzierten grundlegenden Unterscheidung von Geistes- und Naturwissenschaften einen neuerlichen Bedeutungswandel herbei. Die Hermeneutik wurde für ihn zur grundlegenden Dimension jeglicher Form des Sinnverstehens und damit zur Voraussetzung von Philosophie und Geisteswissenschaften überhaupt (vgl. Birus 1982 c, S. 7-10; Anz 1982). Dieses Verständnis führte zu einer *neuerlichen Ausweitung* des Gegenstandsbereichs der Hermeneutik, nämlich auf *menschliche Lebensäußerungen* schlechthin. Dies konnten etwa auch der Unterrichtsprozeß, die Kunst usw. sein.

4. Schließlich wurde die Hermeneutik bei *Martin Heidegger* (1889-1976) und bei *Hans-Georg Gadamer* (geb. 1900) losgelöst vom individuellen, subjektiven »Verstehen«; Heidegger sah die Funktion der Hermeneutik in der »Aufdeckung des Sinnes des Seins und der Grundstrukturen des Daseins« und in der *»Wesensbestimmung endlichen Daseins überhaupt«* (Birus 1982 c, S. 10; vgl. zu Heidegger: Figal 1982, zu Gadamer: Turk 1982).

5. Die Auseinandersetzung zwischen Vertretern der Frankfurter Schule und des Kritischen Rationalismus hat zu einer fünften Bestimmung des Begriffs geführt: In einer Art »*objektiver Hermeneutik*« sollen empirische Forschung (mit dem Objektivitätsanspruch naturwissenschaftlicher Verfahren) und hermeneutische Methoden (mit dem immer auch subjektiv bestimmten »Verstehen«) miteinander auf sinnvolle Weise verbunden werden. Hermeneutik ist hier also wieder eher so verstanden wie vor Schleiermacher, nämlich als *Hilfsdisziplin bei der wissenschaftlichen Suche nach Erkenntnis und Wahrheit*. Ein wichtiger Vertreter dieses Verständnisses von Hermeneutik in der Erziehungswissenschaft ist Ulrich Oevermann (vgl. Matthes-Nagel 1984).

Wenn im Zusammenhang mit der Geisteswissenschaftlichen Pädagogik von »Hermeneutik« die Rede ist, dann meistens im Sinn von Dilthey, seltener im Sinn der im letzten Punkt geschilderten Bedeutung.

Worin besteht nun die »hermeneutische Methode«? Flapsig geantwortet, »in Schreibtisch-Arbeit« – seriöser formuliert, in dem *methodisch kontrollierten Verstehen menschlicher Lebensäußerungen* (meist von geschriebenen Texten, oft auch von mündlichen Äußerungen, Filmen, Bildern, Unterrichtsdokumentationen usw.). Im folgenden sagen wir kurz: von *Zeichen*. »*Verstehen*« *heißt dann, Bedeutung und Sinn aus wahrgenommenen Zeichen zu rekonstruieren*. Logisch gesehen ist es ein Schlußverfahren, bei dem mehrere Schritte getan werden müssen:

- Der Hermeneut geht nicht voraussetzungs- und interesselos, sondern immer schon mit einem *Vorverständnis* an die Deutung des Textes.

- Dieses Vorverständnis wird sich im Zuge seiner hermeneutischen Interpretation *verändern:* Es wird bestätigt, vertieft oder widerlegt.

- Aufgrund dieser Modifikationen des Vorverständnisses oder aber aufgrund eines Wechsels der Deutungsperspektive wird eine erneute Interpretation der Zeichen nun neuerlich *das Verständnis erweitern oder verändern*. An dem Unterrichtsbeispiel aus der 2. Lektion (S. 50-52) haben wir zwei Interpretationsschritte vollzogen und dabei jeweils andere Fragen gestellt, also eine andere Perspektive eingenommen. Entsprechend haben wir auch jedesmal andere (nicht konträre, sondern einander ergänzende) Bedeutungen aus den Zeichen gelesen.

- Auf diese Weise nähert sich der Interpret schrittweise – sozusagen in Spiralen – der angemessenen Deutung der Zeichen. Er vollführt eine *hermeneutische Spirale*. (Früher sagte man dazu: hermeneutischer Zirkel.)

- Es ist wie bei der Interpretation eines Romans: Wenn man zu lesen beginnt, weiß man ja noch nichts über die handelnden Personen, nichts darüber, »wie es ausgeht«. Kennt man jedoch das ganze Werk (d.h. alle zu interpretierenden Zeichen) im Zusammenhang, so wird man auch mehr mit den Einzelheiten anfangen können. Das *Verständnis des Ganzen* hat zur Voraussetzung, daß man die *Einzelheiten* verstanden hat – umgekehrt wirkt das Verständnis des Ganzen zurück auf die Deutung der Einzelheiten.

❑ Bei dem Versuch, möglichst viele Bedeutungsschichten der Zeichen zu erfassen, kann die Spiralbewegung des zunehmenden (Vor-)Verständnisses auf andere Ebenen ausgeweitet werden: Der Hermeneut zieht den *»Lebenszusammenhang«* mit heran, aus dem die Zeichen stammen – etwa die Biographie des Autors eines Textes oder die Funktion, die ein Musikstück für den Hörer hat (Tanzmusik oder Trauermusik, Konzertmusik oder Kaufhausmusik usw.).

Die Frage, ob ein Hermeneut seinen Text bzw. die untersuchten Zeichen *angemessen interpretiert* hat, kann nicht mit bloßem »ja« oder »nein« beantwortet werden, weil ja das Urteil eines anderen Wissenschaftlers über die Angemessenheit selber wieder aus einem bestimmten Vorverständnis heraus und mit sinndeutenden Methoden getroffen worden ist. Der hermeneutischen Spirale unterliegen Interpreten und Kritiker gleichermaßen! Ein »empirisch« eindeutiger Nachweis der »Richtigkeit« einer Interpretation ist grundsätzlich nicht möglich. Das hat zur Folge, daß Hermeneutiker oft mit dem Argument kritisiert werden, sie würden in die interpretierten Zeichen nur jene Bedeutungen hineininterpretieren, die sie darin sehen wollen – aber ob das dann auch richtig und angemessen sei, sei die Frage. Und in der Tat gibt es viele Beispiele überzogener Interpretationen. Kultur- und Konzertführer und die Feuilleton-Seiten der Zeitungen sind voll davon. Hier zeigt sich eines der Hauptprobleme der Geisteswissenschaftler: Sie können Vertretern anderer Positionen nicht »beweisen«, daß sie recht haben.

Ausführliche und gut lesbare Erläuterungen der hermeneutischen Methode und Beispiele aus der Pädagogik finden Sie bei König/Zedler (1983, S. 75-101) und Danner (2. Aufl. 1989, S. 31-116).

4.3.4 Acht Maximen der Geisteswissenschaftlichen Pädagogik

Diltheys Verständnis der Geisteswissenschaften und der hermeneutischen Methode hat auch das Theorie-Praxis-Verständnis der Geisteswissenschaftlichen Pädagogik geprägt. Wir fassen die grundlegenden Aussagen, die bei Erich Weniger, Wolfgang Klafki, Herwig Blankertz u.a. zu finden sind (vgl. Dahmer/Klafki 1968), zu acht Maximen zusammen. Die ersten fünf Maximen sind nahezu wörtlich von den genannten Autoren übernommen:

1. Ausgangspunkt der Theoriebildung soll die Erziehungswirklichkeit sein.

Ausgangspunkt ist also *nicht* eine grundlegende wissenschaftliche Theorie, die vor der Praxis und unabhängig von ihr entwickelt wurde; Ausgangspunkte sind *nicht* übergeordnete philosophische Überlegungen oder religiöse Glaubenssätze (vgl. Blankertz 1969b, S. 18; Klafki 1985b, S. 35). Deshalb werden die sogenannten normativen Didaktiken (in denen das, was der Lehrer tun soll, aus übergeordneten Normsystemen abgeleitet wird, z.b. aus dem katholischen Glauben oder der Anthroposophie) scharf bekämpft. Die bildungstheoretischen Didaktiker tun (im Gegensatz z.b. zu den informationstheoretischen Didaktikern) nicht so, als ob es ohne ihre Didaktik gar keinen erfolgreichen Unterricht geben könne. Ganz im Gegenteil – sie halten sich an den auf Seite 19 dieses Buchs zitierten Satz von Schleiermacher: »Die Dignität der Praxis ist unabhängig von der Theorie; die Praxis wird nur mit der Theorie eine bewußtere« (Schleiermacher 1983, S. 11).

Gegen diese Maxime, immer von der Erziehungswirklichkeit auszugehen, muß eingewandt werden, daß so immer nur eine nachträgliche Rationalisierung von vorhandenen Einstellungen, Normen und Wirklichkeiten gelingen kann. Es wird zwangsläufig unterstellt, daß es in der Praxis tatsächlich auch vernünftig und rational zugehe. Aber was passiert, wenn die Erziehungswirklichkeit sich wandelt – und zwar zum Schlechten? Im Jahre 1933 war dies der Fall – und viele geisteswissenschaftliche Pädagogen haben sich einlullen lassen (von Bollnow bis Spranger) oder haben mitgemacht (von Theodor Wilhelm bis zum NS-Parade-Pädagogen Ernst Krieck, der 1934 in Heidelberg Professor wurde). Man blickte nach der Machtergreifung bzw. -übergabe aus dem Fenster, entdeckte, daß die Landschaft – scheinbar über Nacht – braun geworden war, und siehe da, auch in der Nazi-Ideologie konnten viele (gottseidank nicht alle!) geisteswissenschaftlichen Pädagogen die »Dignität der Praxis« wiederfinden.

Wir haben diesen Einwand deshalb so polemisch zugespitzt, weil er auch für die Diskussion der 70er und 80er Jahre – wenn auch mit umgekehrten Vorzeichen – bedeutsam ist. Es ist für Vertreter der undogmatischen Linken geradezu eine Pflichtübung geworden, die Subjektivität der Betroffenen zum Ausgangspunkt praktischer Entscheidungen und theoretischer Überlegungen zu machen: Die »Schülerinteressen« sollen die Unterrichtsvorbereitung leiten (Meyer 1980, S. 307); die subjektiven Erfahrungen der SchülerInnen sollen im »erfahrungsbezogenen Unterricht« (Scheller 1981) aufgearbeitet werden; die »subjektiven Theorien« von LehrerInnen sollen mit Hilfe der Wissenschaftler bewußt gemacht und vertieft werden (Groeben u.a. 1988). Aber oft bleibt unklar, wie denn nun begründete und pädagogisch verantwortbare Überzeugungen von subjektiven Irrationalismen, die es schließlich auch gibt, unterschieden werden sollen. Wie Geisteswissenschaftler dieses Problem zu lösen versuchen, haben wir im Abschnitt 3.2 der 3. Lektion skizziert.

②. Die Begriffsbildung der Didaktik muß in Fühlung mit der Praxis erfolgen.
Diese Forderung bedeutet, didaktische Begriffe, Begriffssysteme und Theorien so zu entwickeln, daß sie dem Unterricht in der Schulwirklichkeit angemessen sind. Geisteswissenschaftliche Pädagogik schließt nicht aus, daß Begriffe und Begriffssysteme aus nicht-pädagogischen Wissenschaf-

4.3 Hermeneutische Positionen

ten einbezogen werden, etwa aus der Psychoanalyse (wie dies Wellendorf, 1973, im 3. Teil seines Buchs »Schulische Sozialisation und Identität« tat), aus der Politischen Ökonomie (etwa Huisken 1972), der Informationstheorie (etwa von Cube 1986) oder der Systemtheorie (etwa Luhmann/Schorr 1979). Aber sie verwahrt sich dagegen, solche anderen Begriffssysteme und Theoriegebäude als alleinige Erklärungsmuster von Unterricht oder als alleinige Ausgangspunkte für die Unterrichtsplanung zu wählen. Sie fordert, Begriffe, Begriffssysteme und Theorien entlang der eigenen, *spezifisch pädagogischen* und *auf die Unterrichtspraxis bezogenen Problem- und Aufgabenstellungen* zu entwickeln, statt Begriffssysteme fremder Fragestellungen einfach auf die Pädagogik zu übertragen. Didaktik sei »Wissenschaft *von* der Praxis *für* die Praxis, also eine Wissenschaft, die mit der pädagogischen Praxis gemeinsam Verantwortung für die nachwachsende Generation teilt« (Klafki 1985 b, S. 37).

3. Die Erziehungswirklichkeit ist als historisch gewachsen und historisch bedingt zu betrachten.
Es gibt weder überzeitlich gültige Strukturprinzipien von Unterricht (wie dies z.b. von der Lehrtheoretischen Didaktik behauptet wurde; vgl. S. 184), noch überzeitliche Normen und Erziehungsziele. Dies bedeutet, daß die Didaktik für jede LehrerInnengeneration neu geschrieben werden muß. Die immer wieder notwendige Überarbeitung didaktischer Modelle wird nicht durch unentdeckt gebliebene Unzulänglichkeiten verursacht, sondern durch die Veränderung der schulischen und gesellschaftlichen Rahmenbedingungen.

Die Einsicht, daß didaktisches Denken historisch bestimmt ist, bedeutet zugleich, daß es *keinen linearen wissenschaftlichen Fortschritt* hin zu immer vollkommeneren Modellen geben kann. Hier unterscheidet sich die Geisteswissenschaftliche Pädagogik deutlich vom »offiziösen« Didaktik-Verständnis in der ehemaligen DDR (vgl. Stephan 1990).

4. Die Erziehungswirklichkeit ist nur als komplexes Geschehen angemessen zu erfassen und läßt sich nicht auf einige wenige Faktoren reduzieren.
Die auf den Unterricht einwirkenden Faktoren sind so komplex und so vielschichtig miteinander verwoben, daß jeder Versuch, die Steuerung des Unterrichtsprozesses an ein oder zwei »Super-Prinzipien« auszurichten, zum Scheitern verurteilt ist (vgl. Abschnitt 8.1). Deshalb lehnen es die Vertreter der Geisteswissenschaftlichen Pädagogik grundsätzlich ab, der Studentin oder dem Referendar *Unterrichtsrezepte* an die Hand zu geben. Vielmehr muß eine Balance zwischen verschiedenen, zum Teil auch konkurrierenden Prinzipien des Unterrichts hergestellt werden.

5. Die wissenschaftliche Forschungsmethode der Geisteswissenschaftlichen Pädagogik ist vorrangig das historisch-hermeneutische Verfahren.

Die Motive für die Bevorzugung der hermeneutischen Methode sind im vorhergehenden Abschnitt beschrieben worden. Der Zusatz »*historisch -hermeneutisch*« bringt zum Ausdruck, daß nahezu alle von den geisteswissenschaftlichen Pädagogen bis ungefähr 1970 vorgelegten Studien ihre systematische Fragestellung historisch hergeleitet haben (z.b. Klafki 1957; Blankertz 1959; Raapke 1958).

Die führenden Vertreter der Geisteswissenschaftlichen Pädagogik (Klafki, Mollenhauer, Blankertz u.a.) haben seit 1967 gefordert, ideologiekritische Verfahren in die erziehungswissenschaftliche Theoriebildung einzubeziehen, und zwar deshalb, weil sie unter dem Eindruck der weitgespannten Erwartungen der Curriculumforschung einerseits, der Aufarbeitung gesellschaftskritischer Theorien andererseits erkannt hatten, daß die alleinige Orientierung an den ersten fünf Maximen eine zu große Befangenheit gegenüber der Praxis schafft. Deshalb die sechste Maxime:

6. Didaktik muß sich den Prinzipien wissenschaftlicher Kritik verpflichten.

Didaktik muß sich selbstkritisch den zum ersten Mal in der Aufklärung formulierten Prinzipien wissenschaftlicher Kritik stellen. Sie darf nicht nur nachträglich zu rationalisieren versuchen, was in der Praxis bereits vorhanden *ist,* sondern muß im Blick auf eine konkrete Utopie die Gegenwart an dem messen, was der Fall sein *könnte*.

Schließlich nennt Klafki (1985 b, S. 36 f.) noch weitere tragende Ausgangspunkte der Geisteswissenschaftlichen Pädagogik und Bildungstheoretischen Didaktik:

7. Ziel- und Inhaltsfragen der Didaktik sind den Methodenfragen übergeordnet (Primat der Didaktik i.e.S. im Verhältnis zur Methodik).

Mit dieser heftig diskutierten Maxime wird betont, daß Unterricht nie ohne Zielstellungen und immer an bestimmmten, ausgewählten Inhalten stattfindet und die Detailplanung bei der Unterrichtsvorbereitung sich letztlich an dem Kriterium zu orientieren hat, ob denn die gewählte Zielstellung mit den ausgewählten Inhalten, Methoden und Medien tatsächlich erreicht werden kann. Mehr dazu in den Kapitelabschnitten 5.4 und 5.5.

4.4 Pragmatismus, Interaktionismus, Phänomenologie

8. Fachdidaktische Entscheidungen können nicht aus den Fachwissenschaften abgeleitet werden. Weil nicht nur fachwissenschaftliche, sondern auch gesellschaftliche und pädagogische Vorgaben bei der Unterrichtsplanung zu beachten sind, ist eine »Ableitung« grundsätzlich unmöglich. Klafki schreibt (1985 b, S. 36 f.): »So ist z.B. das Schulfach ‚Deutsch' nicht einfach eine Vorstufe der Universitätsgermanistik und das Schulfach ‚Musik' selbstverständlich nicht eine Vorstufe der Musikwissenschaft oder der Musikgeschichte. Die Einzelwissenschaften entwickeln als solche keine hinreichenden didaktischen Auswahlkriterien, wiewohl didaktische Entscheidungen selbstverständlich nicht ohne Bezug auf die jeweiligen Bezugswissenschaften gefällt werden können. Fachdidaktiken müssen als selbständige wissenschaftliche Disziplinen im Grenzbereich oder besser: im Beziehungsfeld von Erziehungswissenschaften und Fachwissenschaften bzw. allgemeiner Didaktik und Fachwissenschaften entwickelt werden.«

4.4 Amerikanischer Pragmatismus, Symbolischer Interaktionismus, Phänomenologie

Drei weitere hermeneutische Positionen verdienen es, neben der Geisteswissenschaftlichen Pädagogik in diesem Buch mehr als nur erwähnt zu werden, weil sie in einer Reihe von Didaktiken eine größere Rolle spielen: Der *»Amerikanische Pragmatismus«* mit dem primär aus ihm entstandenen *»Symbolischen Interaktionismus«* und die *»Phänomenologie«*. Gemeinsam ist den Vertretern dieser Positionen und denen der Geisteswissenschaftlichen Pädagogik – neben vielem anderen – ihr bewußter Umgang mit dem »Normproblem« der Pädagogik und mit der Frage nach der Legitimation erzieherischen Handelns (vgl. die 3. Lektion, Abschnitte 3.2 und 3.6).

4.4.1 Amerikanischer Pragmatismus

Die Philosophie des Pragmatismus entstand um die Wende zum 20. Jahrhundert in den USA. Ihr bedeutendster Vertreter ist der Philosoph und Pädagoge John Dewey (1859-1952).

❑ *Warum heißt der Pragmatismus Pragmatismus?*
Weil er die moralische Beurteilung von Problemen mit der Frage ihrer Lösbarkeit verknüpft: Strategien, die ein Problem lösen, sind gut.

John Dewey

Strategien, die es nicht lösen, sind schlecht – und damit auch die Handlungen der Menschen, die sie beim Versuch der Problemlösung vollführen. Die Suche nach optimalen (in der Regel zweckrationalen) Problemlösestrategien tritt folglich in den Vordergrund, das Nachdenken über die Ziele selbst in den Hintergrund (vgl. Brüggen 1980, S. 143-216).

❑ Bei George H. Mead heißt es: »Das Kriterium der Wahrheit ... ist, daß das Verhalten weitergeht, welches durch einen Konflikt von Bedeutungen angehalten wurde ... Das Kriterium (der Problemlösung) ist die Fähigkeit zu handeln, wo Handeln vorher blockiert war ... Wahrheit ist demnach gleichbedeutend mit der Lösung des Problems« (zit. n. Brüggen 1980, S. 153).

❑ Der Pragmatismus beschäftigt sich also intensiv mit dem *Normproblem,* aber er reduziert es auf die Frage, wie vorgegebene Normen – unabhängig von ihrem Inhalt – das kommunikative Handeln der einzelnen Menschen steuern. Der Pragmatismus fragt ganz »pragmatisch«, was Menschen tun können, um *aktuelle Probleme hier und heute* zu lösen. Das macht ihn sympathisch: Er versucht, den Elfenbeinturm der Wissenschaft für den Alltag des Problemlösens zu öffnen.

❑ Aber der Pragmatismus kann nichts zur Auswahl und Rechtfertigung der Normen beitragen, außer der einen *Maxime, daß gut sei, was Erfolg hat.* Da klingt ein wenig mit, wie wir Europäer uns den US-amerikanischen Frühkapitalismus vorstellen: Der Erfolg zählt, und der zum Millionär aufgestiegene Tellerwäscher ist Beweis und Symbol dafür. Das macht den Pragmatismus unsympathisch: Er steht in der Gefahr, für die Entwicklung von Sozialtechnologien im Dienst der Erfolgreichen mißbraucht zu werden.

Kurzbeschreibungen von Philosophien haben immer eines gemeinsam: Sie sind zu kurz! Die folgende stammt aus dem „Kleinen Wörterbuch der marxistisch-leninistischen Philosophie" (Buhr/Kosing 1974); sie ist zwar etwas überspitzt, weist aber auf ein zentrales Problem des Pragmatismus hin:

Pragmatismus: Bezeichnung für eine subjektiv-idealistische Strömung der bürgerlichen Gegenwartsphilosophie, die besonders in den USA verbreitet ist. Der P. wurde von Ch. S. Peirce und W. James begründet, weitere bedeutende Vertreter sind J. Dewey und F. C. S. Schiller. Im Mittelpunkt seiner theoretischen Auffassungen steht die These, daß unsere Vorstellungen, Begriffe, Aussagen keine Abbilder der objektiven Realität vermitteln, sondern Regeln für das praktische Verhalten sind. Wahrheit liegt demnach nicht in der Übereinstimmung der Aussagen mit dem objektiven Sachverhalt, sondern allein im praktischen Nutzen, im Erfolg. Die Folge davon ist ein völliger Relativismus, der geeignet ist, alle Auffassungen und praktischen Handlungen zu rechtfertigen, die sich im Leben bewähren, die Erfolg haben, die Nutzen bringen. Davon ausgehend leugnet der P. jede Art von Moral; sie ist für ihn eine Summe von Vorurteilen. Im praktischen Leben gibt es nach dieser Auffassung keine für alle Menschen verbindlichen moralischen Normen oder Gesetze.

4.4 Pragmatismus, Interaktionismus, Phänomenologie

☐ Weil der Pragmatismus von der Frage nach der Optimierung von Problemlösungs-Strategien ausgeht, ist er pädagogisch nur zum Teil ergiebig: Er legt neue Forschungsstrategien zur Analyse und Deskription von Lehr/Lern-Situationen nahe, bietet aber *wenig Hilfe zur Präskription* bzw. Orientierung pädagogischen Handelns (außer der einen, daß die SchülerInnen lernen sollen, Probleme »erfolgreich« im oben beschriebenen Sinn zu lösen).

☐ Der schon genannte wichtigste Vertreter dieser Richtung, *John Dewey*, gilt – gemeinsam mit William Heard Kilpatrick – als »Erfinder« der *Projektmethode,* die den philosophischen Prämissen des Pragmatismus entspricht. Anstatt vom Lehrer vorgekaute und in Häppchenkost aufgeteilte Aufgabenstellungen zu bearbeiten, sollen die SchülerInnen wirkliche Probleme des täglichen Lebens, Lernens und Arbeitens lösen. Der John Dewey zugeschriebene Slogan »Learning by doing« stammt nicht von ihm, bringt aber seine Vorstellungen auf den Punkt.

☐ Der Soziologe und Philosoph *George Herbert Mead* (1863-1931) entwickelte auf der Grundlage des Pragmatismus eine umfassende *Theorie menschlicher Kommunikation.* Ein Mensch, so die Kernaussage dieser Theorie, entwickelt seine Identität in der Interaktion mit anderen Menschen, indem er Schritt für Schritt verschiedene *Rollen* erlernt: die des Kindes, die des Erwachsenen, die der Schülerin bzw. des Schülers, die der Lehrerin bzw. des Lehrers.

☐ Daraus entwickelte sich nach 1945 die *Rollentheorie,* mit ihr die *Sozialisationstheorie* und schließlich weitere Ableger, etwa Theorien und Forschungen zur Rolle der Geschlechter, zum Generationenproblem oder zum klassen- und schichtspezifischen Spracherwerb und -verhalten. Theorien und Forschungen hierzu hatten während und nach der Studentenrevolte von 1968 Hochkonjunktur. Sie wurden – zum Teil mit klassenkämpferischen Untertönen – genutzt, um den akademischen Lehrbetrieb (»Unter den Talaren – der Muff von 1000 Jahren!«) und die Schule zu kritisieren. Einen guten Überblick über den heute aktuellen Stand der Sozialisationstheorien gibt Tillmann (1989).

4.4.2 Symbolischer Interaktionismus

Der Symbolische Interaktionismus ist eine zunächst spezifisch amerikanische Weiterentwicklung der Rollentheorie und ist seit Beginn der 70er Jahre auch in der Bundesrepublik rezipiert worden. Der Name ist erläuterungsbedürftig. Ein wenig umständlicher, aber genauer müßte man von der *»Theorie symbolisch vermittelter Interaktion«* sprechen:

❑ Symbolische Interaktionisten gehen davon aus, daß die Verständigung unter Menschen mit Hilfe von *Symbolen* (etwa der Sprache und ihren Worten, der Gestik und Mimik) geschieht und daß die *Interaktion* umso besser gelingt, je genauer die Interaktionspartner einander verstehen. Die ideale symbolische Interaktion ist die, in der jeder die vom anderen verwendeten Symbole umfassend und zutreffend entschlüsseln kann und jeder die von ihm selbst verwendeten Symbole so wählt, daß er mit ihnen seine persönliche und soziale Identität unverzerrt darstellt. Dem Symbolischen Interaktionismus schwebt also das Ideal glückender, harmonischer Kommunikation gleichberechtigter Menschen vor, die nicht um ihres eigenen Vorteils willen andere Menschen »in die Pfanne hauen« wollen. Er analysiert demzufolge Interaktionen unter der Perspektive ihres Gelingens oder Scheiterns, weiß aber wohl, daß es die ideale Interaktion nur als theoretisches Konstrukt gibt. Das Wort »Symbol« bezeichnet also, anders als etwa in der Psychoanalyse, das zu einer bestimmten Bedeutung gehörende Zeichen (das Wort »Tisch« ist ein Symbol für den Gegenstand; ein Runzeln der Augenbrauen ist ein Symbol etwa für Konzentration oder für Unwillen), nicht jedoch einen Begriff oder Gegenstand, der indirekt auf etwas anderes verweist (wie z.B. das Kreuzsymbol in der christlichen Tradition).

❑ Erving *Goffman,* ein amerikanischer Psychologe, deckt in seinem Buch »Interaktionsrituale. Über Verhalten in direkter Kommunikation« (1971) Formen ritualisierten Verhaltens in Standardsituationen auf. Seine Themen sind typisch für Forschungen, die dem Symbolischen Interaktionismus verpflichtet sind:

Imagepflege: Goffman untersucht, welche Rituale Menschen benutzen, um ihr Image aufzumöbeln: Sie spielen »Gelassenheit«; sie vermeiden bedrohliche Gesprächsthemen oder reagieren mit Ironie.

Verlegenheit: Was tun Menschen, um ihr Gesicht zu wahren, wenn sie in Verlegenheit geraten sind?

Mit dem Buchtitel einer weiteren Veröffentlichung signalisiert Goffman, wo die Antwort zu suchen ist: »Wir alle spielen Theater« (3. Aufl. 1976).

❑ Auch *schulische Interaktionsprozesse* sind im Blick auf Ritualisierungen und auf die Bedingungen des Gelingens und Scheiterns der Interaktion untersucht worden: Franz Wellendorf hat dies in seiner Untersuchung über »Schulische Sozialisation und Identität. Zur Sozialpsychologie der Schule als Institution« (1973) exemplarisch vorgeführt. Wer nähere Informationen zum Symbolischen Interaktionismus und seiner pädagogischen Bedeutung sucht, kann bei Micha Brumlik (1973 und 1983) nachlesen.

4.4.3 Phänomenologie

Werner Loch definiert in der Enzyklopädie Erziehungswissenschaft (Loch 1983, S. 156) »Phänomenologie« folgendermaßen:

»*Phänomenologie* heißt, wörtlich genommen, Lehre von den Erscheinungen, und ihr Thema ist ... die Beantwortung der Frage, wie die Welt dem Menschen und er dabei sich selbst zu Bewußtsein kommt. Was jedermann faktisch erlebt, wenn er handelnd und leidend, empfindend und fühlend, wahrnehmend und denkend, schaffend und verbrauchend sich zur Welt verhält, wird als eine Mannigfaltigkeit von Sachverhalten betrachtet, die im Bewußtsein des Individuums ... in ‚Erscheinung‘ treten und so als *Phänomene* auf dessen verschiedenen Reflexionsebenen sprachlich darstellbare Form und verständlichen Sinn gewinnen. ...
Phänomene sind etwas Anschauliches. Deshalb ist Phänomenologie auf *Beschreibung* angewiesen. ...
Die *phänomenologische Beschreibung* ist aber nun eine besondere Form der Beschreibung, weil sie etwas anschaulich machen will, was man an sich nicht sehen kann: Bewußtseinsvorgänge.«

Phänomenologen unterscheiden phänomenologisches Beschreiben streng von psychoanalytischen, empirischen oder hermeneutischen Verfahrensweisen der Beschreibung von Bewußtseinsvorgängen. Dennoch handelt es sich im Sinn der auf S. 113 f. gelieferten weiten Fassungen des Begriffs um eine hermeneutische Position (vgl. Lippitz 1984, S. 40; Danner 2. Aufl. 1989, S. 117-169):

»Im Unterschied zur Hermeneutik will die Phänomenologie ... nicht bei dem im Ausdruck sich zu verstehen gebenden Sinn stehenbleiben, sondern dahinterkommen, wie es möglich ist, daß ein mit Leib, Seele, Bewußtsein und Selbstverständnis als Ich ausgestattetes Lebewesen wie der Mensch überhaupt solche sinngebenden Intentionen zum Ausdruck zu bringen vermag (wie Antriebe und Gefühle, Vorstellungen und Gedanken, Urteile und Absichten). Der Phänomenologe will bei seinen Beschreibungen nicht (wie der Hermeneutiker) den in menschlichen Ausdrucksweisen verborgenen Sinn ‚auslegen‘, sondern den leibhaftigen menschlichen Verhaltensweisen überhaupt erst den Sinn ‚einlegen‘, der sie verständlich macht« (Loch 1983, S. 157).

Der Begründer der Phänomenologie war der Philosoph *Edmund Husserl* (1859-1938). Er beschrieb das Interesse phänomenologischer Philosophie als ein sozusagen »kreatives« Interesse: Es gehe um die Entstehung des »Ich« eines Menschen in der Welt und, umgekehrt, der Welt (bzw. der Vorstellung von der Welt) im Ich. Er und seine Nachfolger im engeren Sinn beanspruchten, mit der Phänomenologie *grundlegende Vorgaben für die Theorie und für die Praxis* menschlichen Handelns entwickeln zu können. Ihrem eigenen Anspruch nach ist die Phänomenologie also eine Art *Metatheorie aller menschlichen Praxis* (vgl. Loch 1983, S. 159). Insofern befaßt sich die Phänomenologie intensiv mit den Normen und Sinnstiftungen menschlichen Handelns und beansprucht sogar, das in der 3. Lektion in den Abschnitten 3.1.3 und 3.2 als ungelöst skizzierte Normproblem gelöst zu haben, weil es mit Hilfe ihrer Methode möglich sei, das Auseinanderfallen von Deskription und Präskription zu vermeiden.

Von Husserls Phänomenologie führen mehr oder weniger direkte Wege zur *Existenzphilosophie* des Philosophen und Psychoanalytikers Karl Jaspers (1883-1969), zur *Fundamentalontologie* des durch sein Verhalten im Nationalsozialismus belasteten Martin Heidegger (1889-1976), zum politisch links orientierten *Französischen Existenzialismus* (Merleau-Ponty, 1908-1961; Sartre 1905-1980) und in jüngerer Zeit zu den sogenannten Lebenswelt-Konzepten (Berger/Luckmann 1970, Luckmann 1980).

Vor allem von den *Lebenswelt-Konzepten* geht ein zunehmender Einfluß auf die Pädagogik aus (vgl. vor allem Meyer-Drawe 1984). Ansatzpunkte für solche pädagogischen Übertragungen sind z.B.:

❑ Didaktische Überlegungen zur pädagogischen Bedeutung der Alltags- und Lebenswelt der Kinder und Jugendlichen heute;

❑ Untersuchungen der Frage, wie Kinder und Jugendliche mit den Diskrepanzen leben können, die zwischen verschiedenen Lebenswelten (Familie, Schule usw.) bestehen;

❑ Überlegungen zur Beziehung zwischen vorwissenschaftlich-lebensweltlichen Erfahrungsweisen und den Wissenschaften im Interesse einer »Rehabilitierung vorwissenschaftlicher, leib-sinnlicher Erfahrung« (Lippitz 1980). »Die gesetzlich geordnete Welt ist keine gelebte Welt mehr, sie ist nur durch Ideation zugänglich«; deshalb geht Meyer-Drawe von der These aus, daß die Eröffnung spezifisch wissenschaftlicher Sichtweisen »nicht durch eine kontinuierliche Erweiterung lebensweltlicher Sichtweisen zu gewinnen ist, sondern nur durch eine krisenhafte Umstrukturierung von fungierenden Erfahrungshorizonten« (Meyer-Drawe 1986a, S. 508).

Käte Meyer-Drawe, führende Vertreterin des phänomenologischen Ansatzes in der Bundesrepublik, betont, daß mit dem Begriff »Lebenswelt« eher Programme als Lösungen angeboten würden (1986, S. 509), und warnt vor vorschnellen Übernahmen des Begriffs in pädagogische Argumentationen: »Verheißungsvoll ist dieser Begriff, weil er eine Illusion von Unmittelbarkeit ermöglicht, die ein lange gesuchtes Gegengewicht zur Abstraktheit von Theorie anzubieten scheint« (Meyer-Drawe 1986, S. 506).

4.5 Theorieentwicklung 1990: Paradigmenwechsel oder Paradigmenschwund?

1967 wurde das 1962 in Chicago erstmals veröffentlichte Buch »Die Struktur wissenschaftlicher Revolutionen« von Thomas S. Kuhn in deutscher Sprache veröffentlicht. Es hat das Nachdenken über wissenschaftstheoretische Grundpositionen der Erziehungswissenschaft nachhaltig beeinflußt.

4.5 Theorieentwicklung 1990

Kuhn analysiert, wann und unter welchen Bedingungen »Revolutionen« in der Wissenschaftsgeschichte stattgefunden haben, und kommt zu dem Ergebnis, daß dies dann der Fall war, wenn neue wissenschaftliche Entdeckungen mit dem alten »*Paradigma*«, also der Standard-Erklärung nicht mehr zu fassen waren und Anomalien und Krisen im Selbstverständnis der Wissenschaften provozierten.

Nach einer mehr oder weniger langen Krisenphase pflegte ein neues Paradigma, also eine grundlegend andere Form wissenschaflichen Denkens und Forschens zu entstehen. Der Wechsel vom einen zum anderen Paradigma ist, so Kuhn, nicht logisch nachzuvollziehen; alte und neue Paradigmen sind nicht miteinander vergleichbar. Das traditionelle Bild wissenschaftlichen Fortschritts im Sinn einer schrittweisen Annäherung an die Wahrheit ist damit abgelöst.

Zu Beginn der 70er Jahre bestand in der westdeutschen Erziehungswissenschaft ein Konsens darüber, daß es – im Sinne Kuhns – *drei große paradigmatische Orientierungen* gebe: die hermeneutische, die empirisch-analytische bzw. erfahrungswissenschaftliche und die dialektische bzw. kritisch-emanzipatorische Pädagogik – also jene drei Richtungen, die auch auf der WISSENSCHAFTS-THEORETISCHEN LANDKARTE abgebildet sind. Die Vertreter der drei Grundpositionen befehdeten einander heftig:

- Die Vertreter des dialektisch-materialistischen Ansatzes warfen den *Hermeneutikern* vor, nur »subjektiv sinnverstehend« zu arbeiten, also in den Sümpfen der Vorverständnisse zu versinken, ohne den gesellschaftlichen Rahmen, der die Vorverständnisse produzierte, zu durchschauen.
- Die Empiriker warfen den Hermeneutikern und den *Dialektikern* vor, Faktenwissen durch bloßes Meinen und fromme Wünsche zu ersetzen, also zutiefst unwissenschaftlich zu sein.
- Hermeneutiker und Dialektiker warfen wiederum den *Empirikern* vor, daß diese überhaupt nicht durchschauen könnten, was sie erforschten; sie seien mit ihren quantifizierenden Methoden nur beim »Fliegenbein-Zählen« und sie produzierten riesige Daten-Friedhöfe, mit denen sie nichts anzufangen wüßten; vor allem machten sie sich nicht klar, wie die Tätigkeit des Forschers die Situation, die er erforschen will, verändere.

Seit dem Ende der 70er und erst recht in den 80er Jahren sind nun allerdings *krisenhafte Auflösungserscheinungen* der paradigmatischen Grundorientierungen der Erziehungswissenschaft zu beobachten. Dafür werden unterschiedliche, teils wissenschaftstheoretische, teils forschungspraktische Ursachen benannt (vgl. Garz 1989; König 1990):

- Eine wachsende Zahl von Wissenschaftstheoretikern hat den Sinn der methodologischen Normierung von Forschungspraxis grundsätzlich in Zweifel gezogen. Der »anarchistische« Wissenschaftstheoretiker *Paul Feyerabend* eröffnete eine im Jahre 1968 an der Freien Universität Berlin gehaltene Vorlesung mit der Bemerkung: »Ich will Ihnen beweisen, daß die wichtigste Aufgabe der Wissenschaftstheoretiker darin besteht, den Fortschritt der Wissenschaft zu behindern!« Und in seinem berühmten Buch »Wider den Methodenzwang« (1976, S. 393) kommt er zu dem Schluß: »Alle Methodologien haben ihre Grenzen, und die einzige ‚Regel', die übrigbleibt, lautet ‚Anything goes'.«

❏ Noch radikaler als Feyerabend haben die Vertreter der *postmodernen Philosophie* (z.B. Jean-Francois Lyotard 1986) argumentiert. Für sie ist das »Projekt der Moderne«, also der Versuch, durch Aufklärung zu einer menschenwürdigen Gesellschaft zu gelangen, gescheitert. Sie vertreten die These, daß die Wissenschaft grundsätzlich ungeeignet sei, die Wirklichkeit zu erfassen; das, worauf sie sich bezieht, sei eine ‚Hyper-Realität' und theoretisch von Märchen, Mythen und Phantasmen nicht zu unterscheiden (etwa Klane 1991). Der Streit um verschiedene Paradigmen, so die Vertreter der Postmoderne, ist unnütz, weil er nicht entschieden werden kann.

Auch forschungspraktische Probleme haben die Auflösungserscheinungen der Paradigmen beschleunigt:

❏ Die hochgesteckten Erwartungen, die 1970 von der Bildungspolitik der sozialliberalen Reformära an die Erziehungswissenschaft herangetragen und von ihr auch akzeptiert wurden, haben sich nicht erfüllt. Das erste Mal in der Geschichte sollte das gesamte Bildungswesen nach rationalen Kriterien und empirisch kontrolliert erneuert werden. Aber die mit (zu) vielen Vorschuß-Lorbeeren bedachte und mit Millionen-Beträgen subventionierte *Curriculumforschung* ist sang- und klanglos abgetreten. Die Hoffnung, mit Hilfe der empirisch-analytischen Forschung das sogenannte *Technologie-Defizit* der Pädagogik zu beheben, ist zerstoben. Und das Ziel der schul- und gesellschaftskritisch orientierten Pädagogen, möglichst in wenigen Jahren eine Schule »ohne Statusunterschiede und Übervorteilung« (Adorno) zu schaffen, hat sich als illusionär erwiesen.

Was für die Erziehungswissenschaft und die Bildungspolitik insgesamt gilt, kann auch im Detail für die *Weiterentwicklung der didaktischen Theorien und Modelle* am Ende der 70er und in den 80er Jahren festgestellt werden. An die Stelle klar gegeneinander abgegrenzter Modelle tritt ein unübersichtliches Neben- und Durcheinander, zum Teil auch Absterben der Positionen:

❏ *Lernzielorientierte* und *informationstheoretisch-kybernetische Ansätze* der Didaktik stagnieren. Sie haben mit technokratischem Eifer eine riesige Baustelle vermessen, aber die Baukräne sind eingestürzt. Diese Didaktiken spielen in der Lehrerausbildung keine Rolle mehr.

❏ Die *kritisch-emanzipatorisch orientierten Didaktikmodelle* der BRD haben zwar Wichtiges und Grundsätzliches über die Dialektik des Fortschritts, über Entfremdungserscheinungen im Unterricht und über Rollenkonflikte des Lehrers zu Papier gebracht, aber auch sie haben es nicht geschafft, ein im Alltag der Lehrerausbildung eingeführtes dialektisches Didaktikmodell zu entwickeln.

❏ Was aus den auf S. 93 aufgelisteten didaktischen Modellierungen der ehemaligen *DDR* wird, ist zur Zeit offen. Explizit auf den *Marxismus-Leninismus* aufbauende Positionen dürften auf absehbare Zeit nur geringe Überlebenschancen haben, im weiteren Sinne dialektisch orientierte Ansätze noch am ehesten (vgl. 7. Lektion).

4.5 Theorieentwicklung 1990

❏ Die *Lerntheoretische Didaktik* (vgl. 6. Lektion) war dem empirisch-analytischen Paradigma verpflichtet. Zur *Lehr*theoretischen Didaktik gemausert, ist sie voll zum hermeneutischen Paradigma umgeschwenkt und deshalb in wissenschaftstheoretischer Sicht kaum mehr von der Bildungstheoretischen Didaktik zu unterscheiden.

❏ Bleibt als letztes die *Bildungstheoretische Didaktik* (vgl. 5. Lektion): Sie hat sich zur Kritisch-konstruktiven Didaktik weiterentwickelt und erfreut sich bei Praktikern und Theoretikern allgemeiner Beliebtheit, obwohl sie – vielleicht auch gerade weil sie – sich in wesentlichen Punkten seit den ersten Versionen um 1960 nicht gewandelt hat.

Wir fassen zusammen: Die didaktische Landkarte vom Anfang der 90er Jahre ist unübersichtlich geworden. Der akademische Streit zwischen den paradigmatischen Grundorientierungen hat aufgehört. Seit der Beinahe-Fusion von Bildungstheoretischer und Lehrtheoretischer Didaktik herrscht auf Kongressen und in Buchveröffentlichungen Langeweile vor. Neue paradigmatische Orientierungen sind weder in den alten noch in den neuen Bundesländern in Sicht.

These 4.6:
Statt eines Paradigmenwechsels ist die Didaktik-Szene zu Anfang der 90er Jahre durch Paradigmen*schwund* und Paradigmen*verschmelzung* gekennzeichnet.

Diese Tendenz ist auch bei der Weiterentwicklung von Forschungskonzepten und Methodologien zu beobachten. Es ist üblich, zwischen quantitativen und qualitativen Konzepten der Sozialforschung zu unterscheiden. Vor zehn Jahren standen sich die Verfechter dieser Ansätze eher feindlich gegenüber:

❏ *Quantitative Sozialforschung* versucht, durch eine quantifizierende Beschreibung der sozialen Wirklichkeit empirisch »harte« Fakten zu ermitteln. Es wird gezählt, gemessen, verglichen; komplizierte Verfahren der statistischen Auswertung mit anspruchsvollen Methoden der Validierung liegen inzwischen vor.

❏ *Qualitative Sozialforschung* (vgl. Soeffner 1979; Zedler/Moser 1983; Lamnek 1988 und 1990; Mayring 1990) versucht demgegenüber, die Forschung als Kommunikationssituation zwischen Forscher und Erforschten zu betrachten und deshalb von einem offenen und reflexiven Forschungsprozeß auszugehen.

Es dürfte einleuchten, daß gerade Didaktiker an der qualitativen Sozialforschung größtes Interesse zeigen. Denn bei der Erforschung von Lehr-/Lernprozessen gibt es eine Fülle von Fragestellungen, bei denen die Erforschten mitdenken und mitlernen können, also die Kommunikation mit dem Forscher suchen.

Zu den für die Didaktik interessanten Ansätzen qualitativer Forschung zählen die sogenannte Interpretative Unterrichtsforschung (Terhart 1978), die pädagogische Biographieforschung (Baacke/Schulze 1985), das Forschungsprogramm Subjektive Theorien (Groeben u.a. 1987), Forschungen zum

Alltagsbewußtsein/zum Alltagswissen (Schründer 1982). Einen Überblick über praktikable Forschungsmethoden zur subjektiven Sicht der Schüler im Unterricht liefern Martin Fromm (1988) und Wolfgang Fichten (1992).

In den letzten Jahren setzt sich jedoch die Einsicht durch, daß eine intelligente Kombination von quantitativen und qualitativen Forschungsmethoden in vielen Fällen die besseren Ergebnisse bringen kann. Die Vermischung der Methoden gilt nicht mehr als Sündenfall, sondern als Tugend (vgl. Diegritz/Rosenbusch 1977).

Die drei Paradigmen der Erziehungswissenschaft nähern sich einander an, aber das hermeneutische Paradigma dominiert in diesem Prozeß (vgl. Hoffmann 1991). In allen Positionen besteht inzwischen ein Grundkonsens darüber, daß die schon in der 3. Lektion formulierte Einsicht (These 3.3, S. 64) für jegliche Form wissenschaftlichen Arbeitens zutrifft (König 1990, S. 927; vgl. Garz 1989):

> **These 4.7:**
> Der Wissenschaftler *konstruiert* durch seine Forschungsarbeit den Forschungsgegenstand. Deshalb bedarf sein Vorgehen der hermeneutischen Reflexion.

TEIL II:

DIDAKTISCHE MODELLE

VORBEMERKUNGEN

1. Lehrziele

Auf Seite 92 haben wir definiert, was für uns ein didaktisches Modell ist und welcher theoretische und praktische Geltungsanspruch mit ihm verknüpft wird. Didaktische Modelle sind kein Selbstzweck – sie dienen vielmehr dazu, verinnerlichte didaktische Normen und Haltungen bewußt zu machen und sie in Richtung auf eine eigene didaktische Theorie »im Hinterkopfe« weiterzuentwickeln. Aufgrund dieser Aufgaben-Bestimmung formulieren wir folgende *Lehrziele* für den Teil II dieses Buchs:

- ❑ Das Studium didaktischer Modelle kann Schritt für Schritt zu mehr und intensiverer *Reflexion* der Unterrichtspraxis führen. Sie regen zu produktiver Selbstkritik an und können als »konkrete Utopie« Leitvorstellungen für eine Verbesserung des eigenen Handelns im Unterricht liefern.
- ❑ Das Studium didaktischer Modelle kann *kommunikationsfähig* machen. Die Modelle liefern die Fachsprache der Lehrerausbildung.
- ❑ Das Studium der didaktischen Modelle kann *Legitimationswissen* vermitteln: Mit ihrer Hilfe kann man Prüfungsstunden-Entwürfe schreiben und hinterher im Prüfungsgespräch die eigene Position verteidigen.

2. Lesehinweise

Folgende Bücher liefern einen Überblick über verschiedene didaktische Modelle. Sie erörtern ihren historischen Hintergrund, ihren systematischen Anspruch, ihre Stärken und Schwächen:

- ❑ *Herwig Blankertz:* Theorien und Modelle der Didaktik. München (Juventa) 1969 b (12. Aufl. 1986 – vgl. S. 94 der 4. Lektion).
- ❑ *Diederich, Jürgen:* Didaktisches Denken. Eine Einführung in Anspruch und Aufgabe, Möglichkeiten und Grenzen der Allgemeinen Didaktik. Weinheim, München (Juventa) 1988 (ein ausgesprochen originär gedachtes Buch – Geheimtip für Insider).
- ❑ *Glöckel, Hans:* Vom Unterricht. Lehrbuch der Allgemeinen Didaktik. Bad Heilbrunn/Obb. (Klinkhardt) 1990 (Glöckel, Hochschullehrer aus Nürnberg, liefert einen umfassenden Überblick über alle den Unterricht konstituierenden Faktoren – überzeugend in der Einbindung der aktuellen Diskussion in die Geschichte der Didaktik).
- ❑ *Peterßen, Wilhelm H.:* Handbuch Unterrichtsplanung. Grundfragen, Modelle, Stufen, Dimensionen. München (Ehrenwirth) 3. Aufl. 1988 (Gesamtüberblick für Anfänger – mit ausführlichen Darstellungen der gängigen didaktischen Modelle und vielen Unterrichtsbeispielen).

Ein kleines Lexikon, in dem wichtige Begriffe erläutert werden:

- ❑ *Mähler, Bettina/Schröder, Stefan:* Kleines Schullexikon. Frankfurt/M. (Cornelsen-Scriptor) 1991 (das Buch richtet sich insbesondere an LehrerInnen aus den neuen Bundesländern).

BILDUNGSTHEORETISCHE DIDAKTIK

Ziele + Inhalte dieser Lektion:

Die Bildungstheoretische Didaktik wurde in den späten 50er Jahren zum ersten, großen und bis heute aktuellen didaktischen Modell nach dem Zweiten Weltkrieg. Die FÜNFTE LEKTION handelt von ihm und seinem Nachfolge-Modell, der Kritisch-konstruktiven Didaktik.
- ❏ Im *ersten und zweiten Abschnitt* informieren wir über zwei ihrer Autoren (Wolfgang Klafki und Wolfgang Kramp) und über die fünf Grundfragen der didaktischen Analyse.
- ❏ Nach einem Beispiel für einen bildungstheoretischen Unterrichtsentwurf im *dritten Abschnitt* werden im *vierten Abschnitt* die wichtigsten Begriffe und Positionen ausführlich erläutert.
- ❏ Im *fünften Abschnitt* beschreiben wir die Weiterentwicklung dieses Modells durch Klafki zur Kritisch-konstruktiven Didaktik und nennen die »Schlüsselprobleme«, deren sich Allgemeinbildung heute nach Klafki annehmen müßte.

5.1 Zu den Autoren der Bildungstheoretischen Didaktik

Zu einem gängigen didaktischen Modell sind die vielfältigen bildungstheoretischen Reflexionen zu Beginn der 60er Jahre vor allem durch die Arbeiten von *Wolfgang Klafki* und *Wolfgang Kramp* geworden: Beide hatten nach dem Krieg bei dem bekannten Geisteswissenschaftler, Pädagogen und Geschichtsdidaktiker *Erich Weniger* in Göttingen studiert und promoviert (daher die Bezeichnung »Göttinger Schule« für die Bildungstheoretische Didaktik). In dem schmalen Bändchen »Didaktische Analyse« (hg. von Roth/Blumenthal 1962) haben sie dann einen praktikablen, damals noch beinahe konkurrenzlosen praxisnahen Leitfaden zur Unterrichtsvorbereitung vorgelegt.

Wolfgang Klafki

Nach diesem Modell sind Hunderttausende von ReferendarInnen ausgebildet worden. Es lohnt sich daher für Sie, sich damit zu beschäftigen. Hier wird die Sprache Ihrer Ausbildungsväter und -mütter gesprochen! (Auch dort, wo sich berufserfahrene Lehrer oft nicht einmal mehr an die Namen Klafki oder

Wolfgang Kramp

Weniger erinnern, haben sie doch häufig deren Begriffsbildungen und Argumentationsweisen übernommen.)

Wolfgang Klafki wurde am 1.9.1927 in Angerstein (Ostpreußen) geboren. Nach der Flucht und Schulzeit in Niedersachsen studierte er zunächst an der Pädagogischen Hochschule Hannover, wurde Lehrer, begann dann aber ein zweites Studium der Erziehungswissenschaft, Geschichte und Soziologie in Göttingen und in Bonn (bei Theodor Litt). Seit den 60er Jahren ist er Professor für Erziehungswissenschaft an der Universität Marburg. Er war der Leiter des Autorenteams, das das »Funk-Kolleg Erziehungswissenschaft« am Beginn der 70er Jahre schrieb (Klafki 1970 f.) – also das Buch, das Zehntausende von StudentInnen bei ihrem Einstieg in die Erziehungswissenschaft begleitete. Klafki hat die zu Beginn der 70er Jahre eingeleitete sozialliberale Bildungsreform engagiert und kritisch begleitet (u.a. in der Hessischen Richtlinien-Arbeit und beim Deutschen Bildungsrat) und bekennt sich zum demokratischen Sozialismus Willi Brandts.

Wolfgang Kramp wurde am 17.2.1927 in Danzig geboren. Er starb 1983 in Düsseldorf, wo er Professor für Schulpädagogik war. Nach PH-Studium und

Schuldienst wurde er in den 50er Jahren Assistent in Oldenburg. In Göttingen promovierte er bei Erich Weniger mit einer (nicht veröffentlichten) Arbeit über Comenius. Neben seinen »Hinweisen zur Unterrichtsvorbereitung« im oben erwähnten Buch »Didaktische Analyse« sind seine »Studien zur Theorie der Schule« (München 1973) von Gewicht.

5.2 Die fünf Grundfragen der Didaktischen Analyse

Im Mittelpunkt des didaktischen Modells von Wolfgang Klafki steht die »Didaktische Analyse« des Bildungsinhalts der Stunde. Die Reflexion setzt bei den Unterrichts*inhalten* ein, und nicht bei den Unterrichts*methoden* (vgl. Abschnitt 5.4.5). Das Wort »Analyse« kann leicht mißverstanden werden. Es geht hier nicht um ein Auseinanderpflücken des Unterrichtsinhalts, sondern um die didaktische Interpretation und Strukturierung im Hinblick auf die Unterrichtsplanung.

Wolfgang Klafki verlangt von jedem Lehrer, der sich am Nachmittag hinsetzt, um die nächsten Unterrichtsstunden vorzubereiten, die Beantwortung der schlichten *Frage, ob sich das, was man da den Schülern anzubieten hat, überhaupt lohnt!* Ein wenig anspruchsvoller heißt dies:

> Der Lehrer soll in der didaktischen Analyse klären, welcher *Bildungsgehalt* in den Unterrichtsinhalten stecken könnte.

Zur Strukturierung dieses Klärungsprozesses hat er *fünf Grundfragen* formuliert (Klafki 1962, S. 14-18; ähnlich auch Klafki 1963c; erste Fassung: Klafki 1958):

I. Welche Bedeutung hat der betreffende Inhalt bereits im geistigen Leben der Kinder meiner Klasse, welche Bedeutung sollte er – vom pädagogischen Gesichtspunkt aus gesehen – darin haben?	**Gegenwartsbedeutung**
II. Worin liegt die Bedeutung des Themas für die Zukunft der Kinder?	**Zukunftsbedeutung**
III. Welches ist die Struktur des (durch die Fragen I und II in die spezifisch pädagogische Sicht gerückten) Inhaltes?	**Sachstruktur**
IV. Welchen allgemeinen Sachverhalt, welches allgemeine Problem erschließt der betreffende Inhalt?	**Exemplarische Bedeutung**
V. Welches sind die besonderen Fälle, Phänomene, Situationen, Versuche, in oder an denen die Struktur des jeweiligen Inhaltes den Kindern dieser Bildungsstufe, dieser Klasse interessant, frag-würdig, zugänglich, begreiflich, „anschaulich" werden kann?	**Zugänglichkeit**

Es besteht immer die Gefahr, daß durch solch eine Fixierung auf fünf bestimmte Fragen zugleich auch eine Erstarrung des didaktischen Denkens eintritt. Die Bildungstheorie ist in ihnen »auf Flaschen gezogen« und schablonisiert. Klafki hat sich immer energisch gegen eine solche Erstarrung des Denkens durch Schemata gewandt und betont, daß sein didaktisches Modell, zunächst das Bildungstheoretische, dann das Kritisch-konstruktive, kein verbindliches Handlungsrezept sein soll, sondern eine Reflexions- und Problematisierungshilfe für den Lehrer (vgl. Klafki 1986 b, S. 24).

5.3 Ein Beispiel

Das folgende Beispiel für eine didaktische Analyse nach Klafki haben wir aus einem Buch von Wilhelm Peterßen (3. Aufl. 1988) übernommen (ein weiteres Beispiel finden Sie im »Leitfaden zur Unterrichtsvorbereitung«, Meyer 1980, S. 97-101).

Der bildungstheoretische Unterrichtsentwurf, zu dem die folgende didaktische Analyse gehört, könnte etwa folgendermaßen aufgebaut werden (die inhaltlichen Ausführungen zu den einzelnen Überschriften deuten wir nur an – vgl. ausführlicher Peterßen 3. Aufl. 1988, S. 48-53[1]:

```
Ingrid Comenius,                              11.11.90
Stiekelkamperfehn,
Realschule, Klasse 6

Thema der Stunde: „Biologisches Gleichgewicht
zwischen Feldmäusen und Mäusebussard"

1.   Zur Situation der Klasse
     Ich unterrichte in dieser Klasse seit Beginn des
     Schulhalbjahres. Die Schüler haben an ökolo-
     gischen Themen großes Interesse...

2.   Didaktische Analyse

2.1  Exemplarische Bedeutung: Welchen größeren bzw. allgemeinen
     Problemzusammenhang kann das Thema dieser Stunde für die
     Schüler erschließen?

     Das Thema „Biologisches Gleichgewicht zwischen
     Feldmäusen und Mäusebussard" ist exemplarisch
     für biologisches Gleichgewicht überhaupt. An
     der sogenannten Räuber-Beute-Beziehung, wie sie
```

---

[1] Die Reihenfolge der fünf Grundfragen stimmt im folgenden Text nicht überein mit der, die wir oben abgedruckt haben. Klafki hat die Reihenfolge aufgrund der Reaktionen auf die Veröffentlichung seines Modells selbst in späteren Veröffentlichungen verändert. Das signalisiert – trotz der von Klafki selbst behaupteten Unverbindlichkeit der Reihenfolge für den, der Unterricht plant (Klafki 1963 c, S. 135) – eine veränderte Gewichtung der fünf Fragen (vgl. Abschnitt 5.4.6).

dieses exemplarische Beispiel bietet, lassen sich besonders gut die Nahrungsabhängigkeit aller Lebewesen und das Gleichgewicht zwischen den Lebewesen...

2.2 *Gegenwartsbedeutung: Welche Bedeutung hat das Thema der Stunde bereits im geistigen Leben der Schüler meiner Klasse? Und welche Bedeutung sollte es aus pädagogischen Überlegungen erhalten?*

Den Kindern wird möglicherweise bekannt sein, daß der Mäusebussard sich unter anderem von Feldmäusen ernährt, aber wohl kaum, welche bedeutende Rolle...

2.3 *Zukunftsbedeutung: Worin liegt die Bedeutung des Themas für die Zukunft der Schüler?*

Nicht nur der späterhin aktive Kommunalpolitiker, sondern jeder Bürger muß zu Umweltproblemen Stellung beziehen. Manche der SchülerInnen werden später vielleicht aktiv für Umweltschutz, Naturschutz und...

2.4 *Welche Struktur haben Thema und Inhalt der Stunde?*

- *Welche einzelnen Momente bestimmen den Sinnzusammenhang des Themas, und in welchem Zusammenhang stehen sie zueinander?*
- *Ist der Inhalt „geschichtet"? Gibt es verschiedene Sinn- und Bedeutungsschichten?*
- *In welchem größeren sachlichen Zusammenhang steht das Thema?*
- *Was könnte den Schülern den Zugang zur Sache erschweren?*

- Der Mäusebussard ist der größte Feind der Feldmaus, er ernährt sich hauptsächlich von ihr.
- Nasser Sommer → wenig Getreide → wenige Feldmäuse → Bussarde können ihren jüngsten Jungvogel nicht großziehen → es stellt sich ein biologisches Gleichgewicht ein.
  ...

Das Thema weist neben der rein biologischen noch eine ökonomische (aus der Sicht des Bauern:

Feldmäuse sind Schädlinge, die mit allen Mitteln bekämpft werden müssen) und eine politisch-ökologische Schicht auf (aus der Sicht des umweltbewußten Politikers ...)

Vorausgegangen sein müssen monographische Behandlungen von Feldmaus und Mäusebussard ...

Landkindern dürfte schwerfallen, die als Schädling geltende Feldmaus vorbehaltlos ohne dies Prädikat zu sehen ...

2.5 *Unterrichtliche Zugänglichkeit:* **Welches sind die besonderen Fälle/ Beispiele/Probleme, an denen den Schülern das Thema interessant, frag-würdig und begreifbar gemacht werden könnte?**

Es gibt einen Film über den Mäusebussard, der auch für ...

Die gewonnenen Einsichten können im künftigen Unterricht aufgegriffen und angewendet werden, z.B. bei Themen wie „Jagd und Hege" (der Jäger sorgt für Gleichgewicht in der Natur, ist gleichsam ein „Ersatzraubwild" ...)

3. Methodische Gestaltung des Unterrichts

3.1 Die Stufung der Stunde

Ich beabsichtige, als Einstieg in das Thema der Stunde ein kurzes Unterrichtsgespräch zu den Fragen ...
...

3.2 Wahl der Unterrichts-, Spiel-, Übungsformen
...

4. Hausaufgaben
...

5. Herangezogene Literatur

Wolfgang Klafki: Didaktische Analyse als Kern der Unterrichtsvorbereitung;

Wolfgang Kramp: Hinweise zur Unterrichtsvorbereitung für Anfänger; beide in: Roth/Blumenthal 1962

5.4 Grundbegriffe – Hintergründe – Kritik

5.4.1 Was heißt »Bildungstheoretische« Didaktik?

In dieser ältesten der »gängigen« Didaktiken wird versucht, ein Konzept zur Unterrichtsvorbereitung auf der Grundlage einer Theorie der »Bildung« zu entwickeln. Weil sich diese Didaktik, wie alle in diesem Buch verhandelten Didaktiken, auf Unterricht überhaupt, nicht jedoch auf eine spezielle oder eine berufliche (Aus-)Bildung bezieht, geht es um »*Allgemeinbildung*«. Dies ist ein schillernder Begriff, von dem es nahezu ebenso viele Definitionen gibt, wie Didaktiker und Bildungspolitiker darüber geschrieben haben. Klafki hat seine Bedeutung in der frühbürgerlichen Zeit zu Beginn des 19. Jahrhunderts untersucht (Klafki 1985a und 1986a). Was er dabei als Grundlagen des *damaligen* Verständnisses von Allgemeinbildung herausfand, hat er zu den tragenden Argumentationssäulen seines eigenen didaktischen Modells aus den frühen 60er Jahren *unseres* Jahrhunderts gemacht – also

Zu den klassischen Bildungstheoretikern zählen z. B.:

Wilhelm von Humboldt
(1767 – 1835)

Johann Heinrich Pestalozzi
(1746 – 1827)

Friedrich Daniel Ernst Schleiermacher
(1768 – 1834)

Johann Friedrich Herbart
(1776 – 1841)

jenes Modells, das wir in dieser 5. Lektion vorstellen.

Klafki beschreibt als »implizite Leitfrage« der klassischen Bildungstheorien folgende Frage (Klafki 1986a, S. 461):

»Mit welchen Inhalten und Gegenständen müssen sich junge Menschen auseinandersetzen, um *zu einem selbstbestimmten und vernunftgeleiteten Leben in Menschlichkeit, in gegenseitiger Anerkennung und Gerechtigkeit, in Freiheit, Glück und Selbsterfüllung* zu kommen?«

Um diese komplexe Frage beantworten zu können, formuliert Klafki – mit den Autoren der klassischen Bildungstheorien – folgende einfache, aber keineswegs triviale Ausgangsthese:

These 5.1:
Bildung und Erziehung haben die Aufgabe, dem unmündigen Menschen zur Mündigkeit zu verhelfen.

Diese These ist deshalb nicht als trivial zu bezeichnen, weil es in Philosophie und Wissenschaftstheorie durchaus umstritten ist, ob auf dem Boden der Wissenschaft solche normativen Forderungen gestellt werden dürfen (vgl.

Abschnitt 3.2 und 4. Lektion). Vertreter des Lernzielorientierten Unterrichts (vgl. Abschnitt 8.2) distanzieren sich denn auch deutlich vom Wissenschaftscharakter dieser These.

Die Vertreter der Bildungstheoretischen Didaktik lassen sich davon aber nicht anfechten. Sie können nämlich in ideologiekritischen Analysen dieser konkurrierenden Didaktiken (vgl. Blankertz 1969 b, S. 106-111) nachweisen, daß jene – entgegen ihrem eigenen Selbstverständnis – doch immer wieder auf ein implizites Verständnis von Bildung zurückgreifen, das dem Grundsatz aus These 5.1 in irgendeiner Weise verwandt ist. Denn »irgendwie« will jeder Erzieher, jede Lehrerin und jeder Professor doch die pädagogisch legitimierbare Erziehung von Manipulation und Indoktrination abgrenzen. Erziehung, die nicht zur Mündigkeit führt, ist keine Erziehung mehr, sondern Verführung und Dressur!

Mit der Forderung von These 5.1, der wir uns anschließen, sind die Grundprobleme der Bildungstheoretischen Didaktik keineswegs gelöst – ganz im Gegenteil, sie fangen erst richtig an: Bis heute ist nämlich in der Bildungstheorie kein Konsens darüber erzielt worden, wie »Mündigkeit« bzw. »Gebildet-Sein« genauer zu beschreiben ist und aus welchen Elementen »Mündigkeit« bzw. »Gebildet-Sein« entsteht.

Die klassischen Bildungstheorien wiesen, sagt Klafki (1986 a, S. 458-465), *vier unverzichtbare, gemeinsame Charakteristika* auf, die er auch heute für verbindlich hält:

1. Bildung zielt auf die Befähigung zu vernünftiger Selbstbestimmung.

»Bildung« wurde von den Klassikern in einer doppelten Bedeutung verstanden: als entfaltete Fähigkeit zu *vernünftiger Selbstbestimmung* (Bildung, die jemand erworben hat) und als Weg zu dieser Fähigkeit (Bildung als Prozeß: jemand bildet sich). Selbstbestimmung, Freiheit, Autonomie, Mündigkeit und Vernunft waren die Begriffe, mit denen die Klassiker dieses Charakteristikum von Bildung beschrieben. Weil der Weg zur Fähigkeit vernünftiger Selbstbestimmung niemandem vorgeschrieben werden kann, sondern letztlich jeder seinen eigenen Weg dorthin finden muß, ist schon für die Klassiker *Selbsttätigkeit* ein zentrales Merkmal des Bildungsprozesses.

2. Bildung wird im Rahmen der historisch-gesellschaftlich-kulturellen Gegebenheiten erworben.

Die Fähigkeit zu vernünftiger Selbstbestimmung wird niemandem in die Wiege gelegt. Sie kann nur erworben werden in der selbsttätigen Auseinandersetzung mit der Welt, in der wir leben: mit der gesellschaftlichen und politischen Situation, mit den technischen Errungenschaften, mit den kulturellen Schöpfungen usw. Klafki hat 1985 sein heutiges Verständnis

5.4 Grundbegriffe – Hintergründe – Kritik

dieses von den Klassikern vor knapp 200 Jahren genannten Charakteristikums von Allgemeinbildung in Form von »*Schlüsselproblemen*« umrissen und dabei Themen genannt, an die die Klassiker noch nicht hatten denken können: z.B. die Friedensfrage und das Ost-West-Verhältnis, die Umweltfrage, das Nord-Süd-Gefälle und soziale Ungleichheit und ökonomisch-gesellschaftliche Machtpositionen (1985 a, S. 21). Die Begriffe der Klassiker für dieses Charakteristikum waren Humanität, Menschheit und Menschlichkeit, Welt, Objektivität, Allgemeines.

Klafki betont, daß Bildung im »Medium des Allgemeinen« erworben wird. Dabei muß zwischen den *objektiven Gegebenheiten* und dem Ziel der Fähigkeit zu vernünftiger *Selbstbestimmung des Subjekts* immer wieder aufs Neue *vermittelt* werden.

3. Bildung kann jede(r) nur für sich selbst erwerben.
Zu vernünftiger Selbstbestimmung zu gelangen, kann einem niemand abnehmen: Dies wäre ja bereits Fremdbestimmung. Vielmehr muß *jeder selbst* den Prozeß durchlaufen, der – wenn er denn glückt! – die Bedingung der Möglichkeit eines Lebens in Freiheit ist.

4. Der Bildungsprozeß erfolgt aber in der Gemeinschaft.
Niemand kann in völliger Isolation zu vernunftgeleiteter Selbstbestimmung gelangen. Der individuelle Bildungsprozeß bedarf der *Auseinandersetzung mit anderen Menschen* (und zum Teil der Anleitung in Form von Erziehung und Unterricht) – nicht zuletzt deshalb, weil die Freiheit des einzelnen ihre Grenze an der Freiheit der jeweils anderen Menschen findet.

Zusammengefaßt:

These 5.2:
Allgemeinbildung bezeichnet die Fähigkeit eines Menschen, kritisch, sachkompetent, selbstbewußt und solidarisch zu denken und zu handeln.

Unter den Didaktikern der verschiedensten Positionen herrscht mittlerweile weitgehend Einigkeit über die Richtigkeit dieser Interpretation der klassischen Bildungstheorien durch Klafki. Dies zeigt z.B. eine Publikation unter dem Titel »Bildung. Die Menschen stärken, die Sachen klären« (Otto/Sauer 1988). So unterschiedliche Didaktiker wie Hartmut von Hentig (2. Aufl. 1969), Wolfgang Schulz (1988) und Helmut Peukert (1988) sowie andere Autoren
- beschreiben im wesentlichen dieselben vier Charakteristika,
- beschwören die kritische, emanzipatorische, ja revolutionäre Sprengkraft der klassischen Bildungstheorien des Aufklärungszeitalters und

– interpretieren diese Theorien als den auch in unserer spätbürgerlichen Zeit nach wie vor verbindlichen Hintergrund *und* utopischen Vorgriff auf eine menschliche Zukunft.

Vernunftgeleitete »Selbstbestimmung« und »Mündigkeit« sind Schlüsselbegriffe der Epoche der Aufklärung (vgl. Abschnitt 3.2). Der Königsberger Professor Immanuel Kant (1724-1804), die Leitfigur der Philosophie der Aufklärung in Deutschland, definierte »Aufklärung« in einem bis heute vielzitierten Aufsatz so:

»Aufklärung ist der Ausgang des Menschen aus seiner selbstverschuldeten Unmündigkeit. Unmündigkeit ist das Unvermögen, sich seines Verstandes ohne Leitung eines anderen zu bedienen.«

(Kant 1966 c, S. 53/A 481)

So weit, so gut – aber: Was heißt dies *konkret,* und was bedeutet es für den *Unterricht in der Schule?*

Man kann nämlich recht gut beschreiben, wie Mündigkeit und Selbstbestimmung (bzw. Emanzipation, vgl. S. 106 f.) *nicht* aussehen. Und man kann recht schnell feststellen, wo und auf welche Weise *Un*mündigkeit und *Fremd*bestimmung herrschen. Versucht man jedoch, positiv zu beschreiben, was Mündigkeit zu bedeuten habe, so beginnt der Streit: Ist »mündig«, wer reaktionäre Politik ablehnt oder wer die PDS oder die Grünen wählt? Ist mündig, wer zwei Fremdsprachen beherrscht? Oder ist derjenige mündig, der das Lernen gelernt hat und selbständig den Umgang mit dem Computer einübt? Bezieht sich Mündigkeit immer nur auf das einzelne Individuum, oder kann Mündigkeit nur parallel zur Emanzipation der gesellschaftlichen Klasse gelingen, der man angehört? Gerade die Auseinandersetzung mit dieser letzten Frage hat die Bildungstheoretische Didaktik über Jahrzehnte mit Erfolg zu verdrängen versucht. Erst im Gefolge der Studentenrevolte hat man um 1970 mit der Rezeption von Marx begonnen, Lenin übersprungen und sich dann auf Jürgen Habermas' Variante der Kritischen Theorie der Gesellschaft gestürzt, um einer Antwort näherzukommen. In Klaus Mollenhauers Buch »Erziehung und Emanzipation« (1968) können Sie diesen Perspektivenwechsel nachlesen.

Klafkis Versuch, *positiv* zu bestimmen, was Unterricht in der Schule unter dem Anspruch von Mündigkeit und vernunftgeleiteter Selbstbestimmung bewirken soll, führte ihn 1959 zur Forderung nach *»kategorialer Bildung«* (was darunter zu verstehen ist, beschreiben wir in Abschnitt 5.4.2). Zu deren Grundlagen gehört die oben als Charakteristikum klassischer Bildungstheorien vorgetragene Überlegung, daß der Bildungsprozeß die Auseinandersetzung jedes einzelnen mit der ihn umgebenden Welt erfordert, also mit der

5.4 Grundbegriffe – Hintergründe – Kritik

vorfindlichen historischen, politischen, gesellschaftlichen, ökonomischen, ökologischen und kulturellen Wirklichkeit. Bildung in diesem Sinn ist also immer nur in einen »funktionierenden«, lebendigen kulturellen Traditionszusammenhang hinein möglich. Dieser konservative Zug haftet der Bildungstheoretischen Didaktik bis heute an, auch wenn Wolfgang Klafki selbst seit 1970 versucht, sie auf der Grundlage der Kritischen Theorie der Gesellschaft (Frankfurter Schule) weiterzuentwickeln (vgl. Abschnitt 5.5).

Der Versuch, die Thesen 5.1 und 5.2 konsequent zu berücksichtigen, bereitet den bildungstheoretischen Didaktikern aus wissenschaftstheoretischen Gründen gehörige Bauchschmerzen (und eröffnet den Gegnern dieser Didaktik Möglichkeiten der Kritik):

❏ Man kann den Satz, daß Bildung grundsätzlich Befähigung zur vernunftgeleiteten Selbstbestimmung und zur Mündigkeit sein solle, ja *nicht empirisch belegen*. Ganz im Gegenteil zeigen empirische Untersuchungen, daß Verführung, Manipulation und Abrichtung oft »besser« gelingen und häufiger nachzuweisen sind als das Gegenteil.

❏ Es ist schon aus logischen Gründen *unmöglich,* die Thesen 5.1 und 5.2 aus irgendwelchen übergeordneten Prinzipien, Weltanschauungen oder Weltverbesserungsformeln *wissenschaftlich exakt abzuleiten*. Denn dazu sind immer Zusatzentscheidungen erforderlich, die »logisch« in der Prämisse nicht enthalten sind (vgl. Abschnitte 3.1.3 und 3.5).

❏ Man kann jedoch – und dies haben die bildungstheoretischen Didaktiker (z.B. Herwig Blankertz 1982; Dietrich Benner 1973; 1987) immer wieder mit Fleiß und Akribie getan – *in historischen Analysen* zur Geschichte der Didaktik nachweisen, daß seit der Aufklärung immer wieder die Idee der Erziehung zur Mündigkeit beschworen, verteidigt und vorgelebt worden ist.

Fazit:
❏ Gerade weil die bildungstheoretischen Didaktiker wissen, daß man die Richtigkeit und den Sinn der Forderung, Bildung habe Aufklärung, Mündigkeit und Selbstbestimmung zu bewirken, nicht empirisch beweisen kann, halten sie das Normproblem und das *Legitimationsproblem der Didaktik* bewußt. Und gerade deshalb riskieren sie lieber, auf dem Erziehungsziel »Mündigkeit« zu bestehen und dafür kritisiert zu werden, als sich über diese Probleme hinwegzumogeln (wie dies die Lehrtheoretische Didaktik 1965 getan hat).

❏ Gerade weil diese Didaktiker trotz aller Norm- und Legitimationsprobleme auf dem *Prinzip der Erziehung zu Aufklärung,* Mündigkeit und Selbstbestimmung beharren, halten sie ein wichtiges Moment der »konkreten Utopie« vom aufrechten Gang des Menschen und von Freiheit und Emanzipation fest.

❏ Gerade weil sie »Bildung« zurückbeziehen auf die Auseinandersetzung mit der vorgegebenen Welt (also wegen ihres konservativen Zugs!),

> halten sie die Spannung zwischen der Utopie eines Lebens in Freiheit einerseits und der gegebenen gesellschaftlichen Wirklichkeit der Unfreiheit bewußt – und machen erst dadurch aus der träumerischen Utopie eines Lebens in grenzenloser Freiheit die *konkrete Utopie* eines Lebens in zerbrechlicher Freiheit, die von selbstbewußten Menschen immer wieder neu erkämpft werden muß.

5.4.2 Kategoriale Bildung

Die Frage nach dem Wesen von Bildung und Allgemeinbildung durchzieht Klafkis Schriften von den 50er Jahren bis heute. Deshalb konnten wir uns im vorigen Abschnitt ohne Bedenken auf Schriften Klafkis aus den 80er Jahren beziehen. Wir kehren nun zu Klafkis »Bildungstheoretischer Didaktik« aus der Zeit um 1960 zurück.

In der 3. Lektion (Abschnitt 3.3) hatten wir die seit dem frühen 19. Jahrhundert geläufige Unterscheidung zwischen »materialer« und »formaler« Bildungstheorie bzw. Didaktik erläutert und mit der etwas überspitzten Zeichnung eines Studenten garniert, der »materiale Bildung« als kopflastigen Intellektuellen mit Muskelschwund und »formale Bildung« als muskelprotzenden Body-builder mit Schrumpfkopf darstellt (vgl. S. 78):

❑ »Materiale Bildungstheorien« gehen von den Inhalten bzw. der jeweils in Frage stehenden »Sache« aus; sie fragen, welche Inhalte aus der vielfältigen Wirklichkeit so wertvoll oder wichtig sind, daß Schüler sie lernen bzw. erfahren sollen.

❑ »Formale Bildungstheorien« gehen von den zu erziehenden Schülern und ihren (vermuteten) subjektiven und/oder objektiven Bedürfnissen aus; sie fragen, welches Verhalten und welche Handlungsformen für sie gegenwärtig und/oder zukünftig wichtig sein könnte(n).

Klafki kritisiert die vier Ausprägungen dieser Bildungstheorien (s. Abb. 5.1 auf S. 143) mit unterschiedlichen Argumenten, setzt aber fort: »Dennoch konnten auch die kritischen Bemerkungen und Eingrenzungen die Tatsache nicht verleugnen, daß in jedem dieser vier Ansätze ein Wahrheitsmoment sichtbar wird« (Klafki 1963 a, S. 38). Es genüge nicht, eine Didaktik zu entwickeln, die diese vier Ansätze lediglich additiv nebeneinanderstellt, vielmehr müßten alle vier Ausprägungen dialektisch aufeinander bezogen werden. »*Kategoriale Bildung*« soll genau dies erreichen, sie soll die *objektbezogene (materiale) Seite der Didaktik mit der subjektbezogenen (formalen) Seite dialektisch verschränken.*

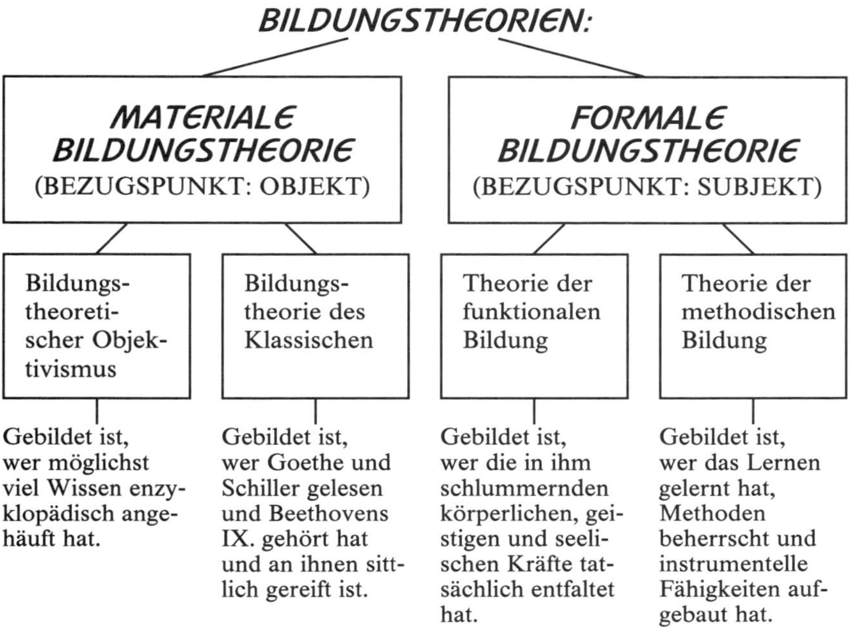

5.4 Grundbegriffe – Hintergründe – Kritik 143

BILDUNGSTHEORIEN:

MATERIALE BILDUNGSTHEORIE
(BEZUGSPUNKT: OBJEKT)

FORMALE BILDUNGSTHEORIE
(BEZUGSPUNKT: SUBJEKT)

Bildungstheoretischer Objektivismus	Bildungstheorie des Klassischen	Theorie der funktionalen Bildung	Theorie der methodischen Bildung
Gebildet ist, wer möglichst viel Wissen enzyklopädisch angehäuft hat.	Gebildet ist, wer Goethe und Schiller gelesen und Beethovens IX. gehört hat und an ihnen sittlich gereift ist.	Gebildet ist, wer die in ihm schlummernden körperlichen, geistigen und seelischen Kräfte tatsächlich entfaltet hat.	Gebildet ist, wer das Lernen gelernt hat, Methoden beherrscht und instrumentelle Fähigkeiten aufgebaut hat.

Abbildung 5.1

Kategoriale Bildung hat also zwei Bezugspunkte:

> »Bildung ist *kategoriale Bildung* in dem Doppelsinn, daß sich dem Menschen eine Wirklichkeit ›kategorial‹ erschlossen hat und daß eben damit er selbst – dank der selbstvollzogenen ›kategorialen‹ Einsichten, Erfahrungen, Erlebnisse – für diese Wirklichkeit erschlossen worden ist.«
> (Klafki 1963 a, S. 44; Hervorhebung bei Klafki)

Klärungsbedürftig ist nun allerdings, was der Begriff »kategorial« meint. Klafki im Original:

»Bildung nennen wir jenes Phänomen, an dem wir – im eigenen Erleben oder im Verstehen anderer Menschen – unmittelbar der Einheit eines objektiven (materialen) und eines subjektiven (formalen) Momentes innewerden. Der Versuch, die *erlebte* Einheit der Bildung sprachlich auszudrücken, kann nur mit Hilfe dialektisch verschränkter Formulierungen gelingen: Bildung ist Entschlossensein einer dinglichen und geistigen Wirklichkeit für einen Menschen – das ist der objektive oder materiale Aspekt; aber das heißt zugleich: Erschlossensein dieses Menschen für diese seine

Wirklichkeit – das ist der subjektive oder formale Aspekt zugleich im ›funktionalen‹ wie im ›methodischen‹ Sinne.

Entsprechendes gilt für Bildung als Vorgang: Bildung ist der Inbegriff von Vorgängen, in denen sich die Inhalte einer dinglichen und geistigen Wirklichkeit ›erschließen‹, und dieser Vorgang ist – von der anderen Seite her gesehen – nichts anderes als das Sich-Erschließen bzw. Erschlossenwerden eines Menschen für jene Inhalte und ihren Zusammenhang als Wirklichkeit.

Diese doppelseitige Erschließung geschieht als Sichtbarwerden von allgemeinen, kategorial erhellenden Inhalten auf der objektiven Seite und als Aufgehen allgemeiner Einsichten, Erlebnisse, Erfahrungen auf der Seite des Subjekts.«
(Klafki 1963 a, S. 43; Hervorhebung bei Klafki)

These 5.3:
»Kategoriale Bildung« ist der Versuch Klafkis, den Einseitigkeiten vorwiegend objektbezogener (materialer) und vorwiegend subjektbezogener (formaler) Didaktiken durch dialektische Verschränkung beider Ansätze auf didaktisch-inhaltlicher Ebene zu entgehen[1].

5.4.3 Didaktische Analyse

Wir hatten am Beginn von Abschnitt 5.2 gesagt, daß Klafki von jedem Lehrer, der sich nach dem Mittagsschlaf an die Unterrichtsvorbereitung für den nächsten Tag setzt, die Beantwortung der schlichten Frage verlangt, ob sich das, was man da den Schülern anzubieten hat, überhaupt lohne – und zwar (so ergänzen wir jetzt) im Sinn der kategorialen Bildung: ob die geplanten Inhalte etwas Allgemeines, kategorial Erhellendes sichtbar machen können und ob die Schüler bei der Arbeit an diesen Inhalten für diese »aufgeschlossen« werden

---

1 An dieser Stelle wird eine bedeutsame Differenz zwischen der Bildungstheoretischen Didaktik Klafkis und der dialektisch orientierten Didaktik Klingbergs sichtbar (vgl. 7. Lektion). Klingberg bemüht den Begriff der wechselseitigen Erschließung in ganz ähnlicher Formulierung wie Klafki, stellt ihn aber in einen anderen Zusammenhang:

»Die *Spezifik der Unterrichtsmethode* liegt in einer pädagogisch intendierten Synthese von Logischem und Psychologischem: Einmal geht es darum, *den Schüler für die ‚Sache' aufzuschließen*; zum anderen geht es darum, *die ‚Sache' für den Schüler aufzuschließen*. Das Problem der Unterrichtsmethode liegt in der wechselseitigen Adaption sachlogischer und psychologischer Faktoren bzw. Verbindlichkeiten, in der Synthese subjekt- und objektorientierter Handlungen, in der *wechselseitigen* ‚Bearbeitung' des Unterrichtsinhaltes und der Lernenden« (Klingberg 1983 c, S. 144; Hervorhebungen von uns; vgl. auch Klingberg 7. Aufl. 1989, S. 182).

Klingberg sieht in der Aufgabe dieser wechselseitigen Erschließung also eine Spezifik und ein Problem der Unterrichts*methode*. Klafki hingegen sieht darin ein Problem des Unterrichts*inhalts*, das in der »Didaktischen Analyse« zu bearbeiten sei (vgl. These 5.4).

und an ihnen »Kategorien«, allgemeine Begriffe und Erkenntnisse über Zusammenhänge gewinnen können. Zur Beantwortung dieser Frage schlug Klafki jene fünf Grundfragen der didaktischen Analyse vor, die wir in Abschnitt 5.2 genannt und an einem Beispiel in Abschnitt 5.3 erläutert haben.

> **These 5.4:**
> Die »Didaktische Analyse« soll klären, ob der vorgesehene Unterrichtsinhalt geeignet ist, den SchülerInnen im Sinn der kategorialen Bildung Inhalte der Wirklichkeit zu erschließen und umgekehrt die SchülerInnen für eben diese Inhalte empfänglich zu machen.

Das kann man aber nicht ein für allemal – so schön arbeitssparend das auch wäre. Dieser Nachweis kann vielmehr immer nur am gerade anstehenden, *konkreten Inhalt und* im Hinblick auf die *bestimmte Schulklasse* bzw. Lerngruppe erbracht werden. Allgemeine Didaktik, Fachwissenschaft und Fachdidaktik können dabei helfen, aber niemandem die Arbeit abnehmen. Die didaktische Analyse ist nie abgeschlossen. Sie muß immer wieder neu auf die jeweilige Lerngruppe bezogen werden. Das ist der Grund dafür, warum Klafkis berühmtester und meistzitierter Aufsatz (mit den fünf Grundfragen von Abschnitt 5.2) den Titel trägt: *»Didaktische Analyse als Kern der Unterrichtsvorbereitung«* (Klafki 1963 c).

> **These 5.5:**
> Für die Bildungstheoretische Didaktik ist die didaktische Analyse der zentrale Bezugspunkt jeder Unterrichtsplanung.

Andere didaktische Modelle und Konzepte sehen z.T. völlig andere zentrale Bezugspunkte für die Unterrichtsplanung vor (vgl. die nächsten Lektionen).

Der *Begriff »Bildungstheoretische Didaktik«* für dieses didaktische Modell ergibt sich aus dieser Schwerpunktsetzung. Eine didaktische Analyse durchzuführen heißt im Sinne dieses Modells, den Bildungswert der vorgesehenen Inhalte in jedem Einzelfall nachzuweisen. Die Meßlatte dafür ist die Frage, ob der jeweilige Inhalt kategoriale Bildung ermöglicht. Der Nachweis, der mit der didaktischen Analyse geführt werden soll, setzt also eine entfaltete Theorie der Bildung voraus. Wichtige Teile dieser Bildungstheorie werden in den folgenden Abschnitten skizziert.

5.4.4 Das Elementare, Fundamentale und Exemplarische

Die Bildungstheoretische Didaktik betont, daß lange nicht alles, was gelehrt und gelernt werden kann, auch bildet. Vielmehr komme es darauf an, das Verhältnis zwischen dem Besonderen, das der Unterrichtsinhalt darstellt, und dem Allgemeinen, für das er steht, genau zu bestimmen. Drei Begriffe sind von den Bildungstheoretikern dafür geprägt worden:

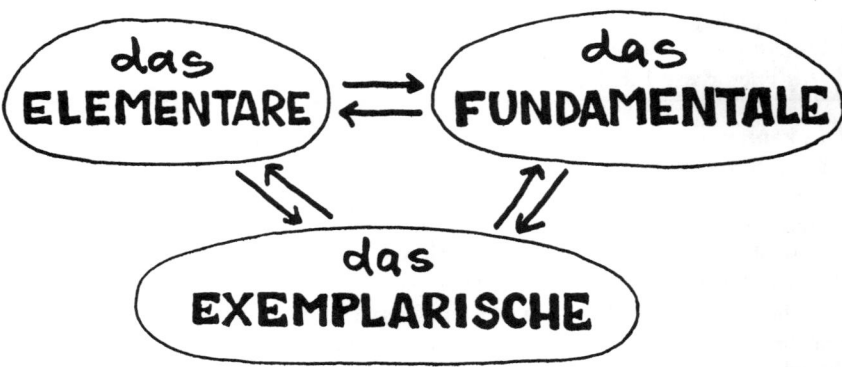

Abbildung 5.2

Der Begriff des *Exemplarischen* – auch als »exemplarisches Prinzip« bezeichnet – ist der bekannteste und bis heute in didaktischen Analysen regelmäßig verwandte Ausdruck. Mit ihm wurde versucht, der Stoffülle in den Lehrplänen der allgemeinbildenden Schulen Herr zu werden. Aber Vorsicht: Wer nur diese Funktion des Prinzips sieht, wird dem, was Autoren wie Klafki, Wagenschein, W. Flitner oder Derbolav meinten, nicht gerecht. Es geht nicht primär um die Quantität, sondern um die Qualität des Gelernten!

- »*Elementar*« ist, was am besonderen Fall bzw. Beispiel ein dahinterliegendes allgemeines Prinzip erfahrbar macht. Elementar ist jenes Besondere, das – über sich selbst hinausweisend – ein Allgemeines aufdeckt (vgl. Klafki 1957, S. 421).

- »*Fundamental*« sind Erfahrungen, in denen grundlegende Einsichten auf prägnante Weise gewonnen werden; Erfahrungen, in denen jemand schlagartig »eine neue Welt entdeckt« oder mit denen jemandem plötzlich »ein Licht aufgeht«. Unterrichtsinhalte sind, der Auffassung bildungstheoretischer Didaktiker zufolge, dann erst wirklich bildend (und nicht nur eine Anhäufung bloßen Faktenwissens), wenn sie *elementar im Hinblick auf die Sache* (im Besonderen ein Allgemeines zeigen) und wenn sie *fundamental im Hinblick auf die Schüler* sind (Grunderfahrungen und grundlegende Einsichten vermitteln).

- »Sowohl die ‚*Fundamentalia*' als auch die ‚*Elementaria*' müssen jeweils ‚exemplarisch', am eindrucksvollen, fruchtbaren Beispiel gewonnen werden. Und Inhalte dürfen insofern pädagogisch-exemplarisch (...) heißen, als sie Fundamentales oder Elementares aufzuschließen vermögen« (Klafki 1961, Sp. 191; Hervorhebungen bei Klafki).

5.4 Grundbegriffe – Hintergründe – Kritik

Die geisteswissenschaftlichen Pädagogen haben viel Zeit, Mühe und bedrucktes Papier zur Beschreibung von Unterrichtsszenen aufgewendet, die elementare, fundamentale und exemplarische Erfahrungen vermitteln. Und sie haben ganze Theorien zur philosophischen Grundlegung der Begriffe und zur Klärung der Voraussetzungen, Methoden und Realisierungsbedingungen in der Unterrichtspraxis entwickelt (vgl. etwa Gerner 1963, Klafki 1957, Wagenschein 1954). Heutzutage bezieht sich Horst Rumpf in vielen seiner Schriften auf moderne Weise auf dieses Prinzip (etwa Rumpf 1987) und – wiederum – Wolfgang Klafki (1985 c).

Die Autoren haben vor allem in zwei Metaphern versucht, solche Unterrichtsszenen zu erfassen: im Bild der »*Begegnung*« zwischen dem Kind und dem Inhalt und im Bild eines »*fruchtbaren Moments im Bildungsprozeß*«. Friedrich Copei (3. Aufl. 1955, S. 103 f.) hat in seinem erstmals 1930 erschienenen Buch »Der fruchtbare Moment im Bildungsprozeß« das berühmte und oft zitierte »Milchbüchsenbeispiel« aus seiner eigenen Unterrichtspraxis geschildert: Auf einem Schulausflug wollten Kinder, die bisher noch keine Dosenmilch kannten (das Beispiel stammt aus den 20er Jahren!), Milch aus der Dose gießen, die ein Schüler mitgebracht hatte. Aber aus dem Loch, das die Schüler in die Dose geschlagen hatten, floß kaum Milch heraus. Die Schüler begannen, selbst mögliche Lösungen des Problems zu suchen, bis sie am Ende – scheinbar fast ohne Zutun des Lehrers – sowohl das praktische Problem als auch die physikalische, theoretische Frage geklärt hatten, warum die Milch aus nur einem Loch nicht fließen kann. Heinrich Roth hat 1949 (Roth 7. Aufl. 1963, S. 109-117) in einem nicht weniger bekannten und in der Lehrerausbildung verbreiteten Aufsatz gefordert, den Kindern Erfahrungen vergleichbarer Art zu ermöglichen. Er bezeichnete sie als »*originale Begegnungen*«, die im Unterricht immer wieder neu gestaltet werden müßten. Ihr Ziel müsse es sein,

Friedrich Copei

»... das originale Kind, wie es von sich aus in die Welt hineinlebt, mit dem originalen Gegenstand, wie er seinem eigentlichen Wesen nach ist, so in Verbindung zu bringen, daß das Kind fragt, weil ihm der Gegenstand Fragen stellt, und der Gegenstand Fragen aufgibt, weil er eine Antwort für das Kind hat« (Roth 7. Aufl. 1963, S. 111).

Gemeinsam ist dem, was alle diese Begriffe bezeichnen, die Suche nach grundlegenden Erfahrungs-, Lern- und daher auch Lehrmöglichkeiten:

> "Wenn das Allgemeine erfaßt worden ist, dann sind wir in der Lage, neue Probleme, denen wir begegnen, als Beispiele alter Prinzipien, die wir bereits gemeistert haben, zu erkennen."
>
> (Jerome S. Brüner, zitiert nach W. Klafki, 1985c, S.93)

»Wo wir vom Exemplarischen sprechen können, da liegt ein Verhältnis von Allgemeinem und Besonderem vor, das am klarsten in der Beziehung von ‚Gesetz' und ‚Fall' zum Ausdruck kommt ...

Während das Besondere hier immer ein konkretes ‚Exempel' ist, auf das man gleichsam hinweisen, hinzeigen kann – *dieses* immer schneller bergab rollende Rad, *diese* Rechenaufgaben, *diese* Anwendung historischer Quellenkritik – ist das Allgemeine hier immer ein rein gedanklicher Zusammenhang: Gesetz, Struktur, Prinzip, Begriff. Und so wird das Allgemeine beim pädagogisch Exemplarischen eigentlich nicht *im* Besonderen, sondern *am* Besonderen gewonnen« (Klafki 1957, S. 443; Hervorh. bei Klafki).

Im Abschnitt 5.4.9 werden wir die Vorschläge zur unterrichtsmethodischen Umsetzung dieser bildungstheoretischen Prinzipien darstellen und kritisieren.

Martin Wagenschein (1896-1988), der vor allem für die naturwissenschaftlichen Fächer, für den Mathematik- und den Sachunterricht die theoretischen Grundlagen des exemplarischen Lehrens und Lernens erarbeitet hat (vgl. Wagenschein 4. Aufl. 1976; 1983; 1990), hat auch zahlreiche, zumeist höchst eindrucksvolle Beispiele für die exemplarische Betrachtung naturwissenschaftlicher Phänomene gegeben. Wiederholt kam er auf die Frage zu sprechen, wie die Mondphasen zustandekommen. Wir drucken seine Beschreibung in gekürzter Form:

Martin Wagenschein

»Die Mondsichel

Der Mond ist ein sehr aktueller Gegenstand unseres naturwissenschaftlichen Interesses geworden. Wir werden bald mehr von ihm wissen, wenn auch aus zweiter Hand; und vermutlich ziemlich Schauerliches, das kaum noch paßt zu dem glänzenden Nachtgestirn, wie wir es aus erster Hand kennen, und wie es langsam durch die Sternbilder zieht in wechselnder Gestalt. ›Wie kommt es‹, so fragte der aus dem Fernsehen bekanntgewordene Astronom Rudolf Kühn die vielen neugierigen Besucher seiner Sternwarte, ›daß die Gestalt des Mondes vom Vollmond

← Es war die Zeit des amerikanischen Mondflug-Programms!

mond zum Halbmond, zur Sichel und zum Neumond wechselt?‹ Das Ergebnis war am Ende sehr interessant. Etwa achtzig Prozent der Befragten wußten keine richtige Antwort, einerlei aus welcher sozialen Schicht sie kamen. An Besuchern vom Minister bis zum Hilfsarbeiter war auf unserer Station alles vertreten.* Diesen Befund kann ich aus eigener Erfahrung ergänzen: Allein unter Studenten hat etwa jeder Vierte** dieselbe rasche, doch absurde Auskunft zur Hand: der Schatten unserer Erdkugel sei es; der mache den Mond immer wieder zur Sichel.

Nicht die Unkenntnis als solche ist es, die hier bestürzt. Anständige Unkenntnisse, ehrliche, von schwierigen Dingen, gehören zur Bildung. Aber hier ist die Wahrheit leicht zu sehen; und noch leichter wäre zu bemerken, daß es der Erdschatten unmöglich sein kann, der den Mond aushöhlt. Denn der Sichelmond steht am Himmel niemals weit ab von der Sonne und nie ihr gegenüber (wie es ja sein müßte, wenn unser Schatten auf ihn fallen sollte). Der moderne Mensch hat hier also oft gerade das verlernt, was die Naturwissenschaft ihn hätte lehren können: einer Sache gewahr werden, beobachten. Bedenklicher noch: statt zu wissen, was er sehen könnte, wenn er gelernt hätte hinzusehen, hat er leere Sätze bereit; und hier nun gar von einem andern viel selteneren, auch nicht angeschauten und also auch nicht verstandenen Ereignis her, der Mondfinsternis. Er hat es durch sogenanntes Lernen verlernt.

Gewiß also bedeutet diese Kuriosum eine Bildungsfinsternis: ein leeres Gerede, eine Papiereule, hat sich vor den Mond gehockt und statt eines Wissens synthetische Torheit beschert. Sie verdeckt gerade *die* Wirklichkeit, aus welcher die Wahrheit hervorleuchten möchte. Um nämlich den wahren Grund der Sichelform zu erkennen, auch dazu genügt ein Hinsehen, ein geduldiges allerdings. *Ein* Rat muß dem nachdenklich Hinblickenden dabei freilich gegeben werden: daß es nichts nützt, in den Mond allein zu starren, man ihn vielmehr ›im Hinblick auf‹ die Sonne betrachten muß. Denn auf diesen Genieblick – die Sonne-Mond-Konstellation als eine ›Gestalt‹ zu sehen – wird der Einzelne von selbst kaum kommen; es sei denn, er wäre klüger als Heraklit gewesen ist (der dem Mond die

> Form eines breiten Nachens zudachte, der langsam seitlich schaukelt im Lauf des Monats). Durchschaut er die Konstellation, so sieht er, allmählich, wie der Mond als eine dunkle Kugel im Licht der Sonne hängt, und zwar einer sehr weit schräg *hinter* dem Mond schwebenden riesigen Sonne. – Das ist ein großer Augenblick: die Himmelskuppel löst sich in Raum auf.
>
> So würden ein oder zwei beharrliche Blicke genügen, richtete man sie nur auf die erstaunliche Wirklichkeit des Himmels selbst, die danach zu verlangen scheint, sich uns zu enthüllen. Der persönliche Vollzug einer solchen einfachen Enthüllung, Entdeckung, ist es, ohne den naturwissenschaftliche Bildung nicht ingang kommen kann.«
>
> (Wagenschein 7. Aufl. 1982, S. 42f.; Hervorhebungen bei Wagenschein)
>
> ---
>
> * Rudolf Kühn: »Astronomie populär« dtv 189, Seite 7.
> **Eine sehr vorsichtige Schätzung. Wahrscheinlich muß man für einen beliebigen Personenkreis sagen: jeder Zweite. (So versichern mir einige meiner Studenten, die diese Befragung, wenn auch unsystematisch, unter der Hand fortgesetzt haben.)

Gegen einen Unterricht, der die skizzierten Erfahrungen möglich macht, setzt Wagenschein ein Negativ-Beispiel, wie im Unterricht »naturwissenschaftliches Wissen, ganz ohne Notwendigkeit, wirklichkeitsfremd werden und sich abspalten kann« (Wagenschein 7. Aufl. 1982, S. 45):

Wir zerstören in der Schule die intensiven und innigen Erfahrungen, die zum Exemplarischen gehören, »nicht selten dadurch, daß wir zu früh die Pflanzen oder Tiere auf physikalische Weise behandeln, als sei das ihnen angemessen. Ich erinnere mich deutlich meines Befremdens, als ein Lehrer eine weiße Blume in Tinte stellte, die dann in ihr hochstieg, und sie damit (wie ich es heute ausdrücken würde) schändete. Der Biologie-Lehrer merkt so etwas meistens nicht, da ihm angewöhnt ist, solche Einwendungen als ‚unsachlich' zu unterdrücken, was nichts anderes heißt als dies: er verhält sich so, als wären die physikalischen Kategorien die dem Lebendigen adäquaten. Dies glaubt kein Kind (ohne es anders als durch Abneigung sagen zu können), und ich bin geneigt, mich darin den Kindern anzuschließen« (Wagenschein 7. Aufl. 1982, S. 28).

Der Sinn der Prinzipien des Elementaren, Fundamentalen und Exemplarischen ist es, »Bildung« zu ermöglichen. Gleichsam als Nebeneffekt ergibt sich die Möglichkeit zur *didaktischen Reduktion* (vgl. Abschnitt 3.4): Die Prinzipien erlauben es, aus der unendlichen Fülle aller *möglichen* Unterrichtsinhalte heraus Einschränkungen vorzunehmen und zu begründen, warum *bestimmte* Inhalte, die unterrichtet werden könnten, dennoch nicht

5.4 Grundbegriffe – Hintergründe – Kritik

unterrichtet werden sollen. Auf der Grundlage dieser Prinzipien kann z.b. begründet werden,

- ❏ warum *nicht* drei Dramen aus der Zeit der deutschen Aufklärung im Literatur-Unterricht bearbeitet werden sollen, sondern exemplarisch »nur« etwa Lessings »Nathan der Weise«,

- ❏ warum *nicht* die Multiplikation an der Berechnung der Quadrate dreistelliger Zahlen, sondern an elementaren, überschaubaren Fällen eingeführt werden soll,

- ❏ warum im Musikunterricht das Verhältnis zwischen Sprache und Musik *nicht* an einer fremdsprachigen Zwölfton-Chorkomposition von Arnold Schönberg bearbeitet werden soll, sondern besser an einem Beispiel, das eher die fundamentale, grundlegende Erfahrung der Möglichkeit eines Wort-Ton-Bezugs ermöglicht.

Dies führt zu einer ersten kritischen Rückfrage an die Bildungstheoretische Didaktik. Die Prinzipien des Exemplarischen, Elementaren und Fundamentalen eignen sich nämlich sehr gut zur Begründung dafür, warum bestimmte Inhalte *nicht* unterrichtet werden sollen, sie helfen aber nicht, die Inhalte des Unterrichts positiv einzugrenzen (vgl. auch Peterßen 3. Aufl. 1988, S. 58).

Es wiederholt sich hier auf konkreter, unterrichtsbezogener Ebene dasselbe Problem, das oben auf abstrakterer Ebene schon aufgetaucht war: Auch »Mündigkeit« läßt sich relativ einfach negativ umschreiben – aber was notwendig ist, um sie zu erreichen und zu sichern, bleibt offen (vgl. oben, S. 140).

> **These 5.6:**
> Bildungstheoretische Didaktik hat ihre Stärken darin, ungeeignete Unterrichtsinhalte begründet auszugrenzen; sie hat Schwächen in der Auswahl konkreter Inhalte für den Unterricht.

Diese Schwäche des Modells kann jedoch aus anderer Perspektive als Vorzug betrachtet werden: Weil konkrete Inhaltsentscheidungen nicht aus den Prämissen abgeleitet werden können, hat der Lehrer bzw. die Lehrerin vor Ort große Freiheitsspielräume und eine entsprechend große Verantwortung für die inhaltlich und methodisch phantasievolle Unterrichtsgestaltung. Weil die Bildungstheoretische Didaktik von der »Dignität der Praxis« vor der Theorie ausgeht (Schleiermacher), erliegt sie weniger leicht der Gefahr, den Praktiker in der Schule zu gängeln.

In der Möglichkeit der Begrenzung der Stoffülle liegt der Grund dafür, warum der Begriff »exemplarisch« so oft mißbraucht wird: Flüchtig betrachtet scheint er als Begründung dafür herhalten zu können, den Unterrichtsstoff nach *irgendwelchen* Kriterien auszudünnen und inhaltliche Kürzungen im Unterricht nach Gutdünken vorzunehmen. Wagenschein hat demgegenüber durch seine zahlreichen fach- und allgemeindidaktischen Arbeiten deutlich gemacht, daß zur Verwirklichung seines Konzepts exemplarischen Lehrens und Lernens nicht nur das Bewußtsein gehört, daß didaktische Reduktion quantitative Begrenzung *und* qualitative Strukturierung bedeutet (vgl. Abschnitt 3.4), sondern daß dazu auch ein freier Umgang mit den Richtlinien, ausreichende Muße, der Verzicht auf den 45-Minuten-Schulstunden-Rhythmus und vieles mehr gehören (vgl. 7. Aufl. 1982, etwa S. 90 f., S. 95-104).

5.4.5 Bildungsinhalt und Bildungsgehalt

Vor dem Hintergrund der Prinzipien des Exemplarischen, Elementaren und Fundamentalen ist auch die begriffliche Unterscheidung zwischen Bildungs*in*halt und Bildungs*ge*halt, die Klafki vornimmt, zu verstehen. Er erläutert:

> »Jene Bildungsinhalte also, die dem Lehrer in der Gestalt des Lehrplans sich darbieten und deren Bildungsgehalt (oder Bildungswert) es in der ‚didaktischen Analyse' aufzuspüren gilt, müssen als eine in bestimmten geistig-geschichtlichen Situationen und im Blick auf bestimmte Kinder (Lebenskreise, Schulformen, Bildungsstufen) getroffene Auswahl verstanden werden. Die Lehrplangestalter nehmen an, daß diese Inhalte, wenn die betreffenden Kinder oder Jugendlichen sie sich innerlich zu eigen gemacht haben, den jungen Menschen dazu befähigen werden, in sich und zugleich in seiner Beziehung zur Welt ‚eine gewisse Ordnung herzustellen' (Litt), ‚Verantwortung zu übernehmen' (Weniger), Lebensnotwendigkeiten zu bewältigen und freie Lebensmöglichkeiten zu ergreifen. (...)
> Solche Erschließung, solches Offen-machen für Inhalte und Werte können die sogen. Bildungsinhalte nur leisten, weil ihnen ein besonderes Wesensmerkmal eigen ist: Es charakterisiert einen Bildungsinhalt, daß er als einzelner Inhalt immer stellvertretend für viele Kulturinhalte steht; immer soll ein Bildungsinhalt Grundprobleme, Grundverhältnisse, Grundmöglichkeiten, allgemeine Prinzipien, Gesetze, Werte, Methoden sichtbar machen. Jene Momente nun, die solche Erschließung des Allgemeinen im Besonderen oder am Besonderen bewirken, meint der Begriff des Bildungs*gehaltes*. Jeder besondere Bildungs*inhalt* birgt in sich also einen allgemeinen Bildungs*gehalt*« (Klafki 1963 c, S. 133 f.; Hervorhebungen bei Klafki).

Eine Lehrerin, die sich nach Klafki vorbereitet, soll etwas Ähnliches tun wie eine Bildhauerin bzw. ein Bildhauer:

❏ Von *Michelangelo* wird die Aussage überliefert, er habe bei seiner Arbeit am Carrara-Marmor lediglich »freigelegt«, was immer schon im Marmorblock gesteckt habe. Bildhauerarbeit bestehe darin, »die dem Stein bereits ‚einbe-

5.4 Grundbegriffe – Hintergründe – Kritik

schriebene' Figur von ihrem ‚Überschuß' zu befreien« (Eco 1986, S. 19). – Er konnte natürlich nur aus seinem Block »befreien«, was er zuvor in ihn »hineingedacht« hatte.

❏ Die Lehrerin soll, im Bilde gesprochen, ebenfalls den Bildungs*ge*halt aus dem durch Lehrpläne und Richtlinien vorgegebenen Bildungs*in*halt »befreien«. – Aber die Lehrerin »befreit« nicht, was sie hineingedacht hat, sondern was die Lehrplangestalter zuvor vorgegeben haben.

Das schon fast als naiv zu bezeichnende Vertrauen, Lehrpläne seien das geeignete Material für diese Freilegungs-Arbeit, war in den 60er Jahren nichts Ungewöhnliches. Erst zehn Jahre später lehrte die Studentenbewegung, daß nicht alles gut ist, was von oben kommt. Deshalb ist die folgende Kritik aus *heutiger* Sicht zwar notwendig, aber, an Klafkis Text von 1963 gerichtet, nicht ganz fair: Klafkis didaktische Analyse überläßt die Entscheidung über die Bildungs*in*halte der Obrigkeit bzw. den Lehrplan-Autoren und verweist die Lehrerinnen und Lehrer auf die bloß interpretierende Freilegung des Bildungs*ge*halts, den die Bildungsinhalte des Lehrplans schon vorgezeichnet haben.

> **These 5.7:**
> Klafkis didaktische Analyse dient der Freilegung des Bildungs*ge*halts der vom Lehrplan schon vorgegebenen Bildungs*in*halte.

Hier zeigt sich nochmals der konservative Zug des didaktischen Modells (vgl. S. 140 f.), der einer der Hauptpunkte der zum Teil heftigen Kritik in den späten 60er und frühen 70er Jahren war (vgl. etwa Huisken 1972, S. 33-68). Anzumerken bleibt freilich schon jetzt, daß die in den folgenden Lektionen dargestellten didaktischen Modelle die Aufgabe keineswegs besser lösen.

5.4.6 Sachanalyse

In welche Einzelschritte soll die Lehrerin, ohne die Übersicht zu verlieren, die komplizierte und vielschichtige Aufgabe gliedern, Unterricht zu planen, um tatsächlich bis zu konkreten Entscheidungen für den Unterricht am nächsten Morgen vorzudringen? Und *in welcher Reihenfolge* soll sie diese Schritte tun?

❏ Soll sie sich zuerst möglichst *gründlich Sachkenntnisse* aneignen, bevor sie überlegt, was sie in den Unterricht auf welche Weise einbezieht?
❏ Soll sie mit einer *didaktischen Analyse* im Sinne von Klafki beginnen, also bei Überlegungen zum Bildungswert der vorgesehenen Unterrichtsinhalte?
❏ Oder soll sie lieber *nicht schematisch* vorgehen, eine Art *produktives Chaos* walten lassen und von methodischen zu sachanalytischen und didaktischen Überlegungen *springen,* wie es sich ergibt?

Was die richtige Antwort auf diese Fragen sei, war und ist in der Didaktik umstritten. Heinrich Roth schrieb in seinem 1950 erstmals veröffentlichten, weitverbreiteten Aufsatz »Die Kunst der rechten Vorbereitung« (7. Aufl. 1963, S. 119-128):

»Es geht zunächst nur um die *Sache*. Um das, was größer ist als wir. Was nicht wir zwingen, sondern was uns zwingt: die Wahrheit. Es geht nicht schon um das mögliche Verhältnis des Kindes zu dieser Wahrheit, sondern um das Verhältnis des *Lehrers* zu dieser Wahrheit. ...

Heinrich Roth

Nur der unverfälschte, seiner Tiefe, seinem Wesen und seiner Eigenart nach erfaßte Gegenstand in seiner reinen, objektiven Geistigkeit darf der pädagogischen Behandlung ausgesetzt werden. Aber nun ist die *pädagogische Besinnung* als zweiter Vorbereitungsschritt unerläßlich« (Roth 7. Aufl. 1963, S. 120; Hervorhebungen bei Roth).

Klafki argumentierte (und argumentiert) in diesem Punkt konträr zu Roth:

»Der für die erste Phase der Unterrichtsvorbereitung in der Literatur bisweilen gebrauchte Begriff ‚Sachanalyse' trifft ... noch nicht das Wesentliche, ja er beschwört die Gefahr herauf, daß man darunter eine vorpädagogisch-fachwissenschaftliche Analyse versteht, diese direkt zur Grundlage des Unterrichts macht und damit die spezifisch pädagogische Aufgabe aus dem Blick verliert« (Klafki 1963 c, S. 129).

Die große Mehrzahl der bildungstheoretischen Didaktiker vertritt die Position Klafkis. Wir schließen uns ihr an:

> **These 5.8:**
> Die Forderung nach einer »reinen« vorpädagogischen Sachanalyse ist unsinnig, weil diese gar nicht möglich ist.

Denn in der konkreten Unterrichtsvorbereitung gehen berufserfahrene LehrerInnen ebenso wie BerufsanfängerInnen immer schon mit ihrem Bild der Klasse und dem, »was dabei herauskommen soll«, an die Arbeit. Unterrichtsvorbereitung ist, auch wenn man sich dessen nicht ständig bewußt ist, immer ein ganzheitlicher Prozeß – und es wäre unsinnig, LehrerInnen zu verbieten, vernetzt zu denken.

Trotz der klaren Position Klafkis in dieser Frage haben spätere Autoren seine Aussagen widersprüchlich interpretiert und oft gegensätzliche Schlußfolgerungen aus ihnen gezogen. Häufig fordern AutorInnen allgemein- und fachdidaktischer Ratgeber und LehrerausbilderInnen an Hochschulen und Studienseminaren bis heute die peinlich genaue Einhaltung des *Dreischritts* »Sachanalyse → Didaktische Analyse → Methodische Vorbereitung«. Viele berufen sich dabei fälschlich auf Klafki (etwa Stöcker 13. Aufl. 1970, S. 302).

5.4 Grundbegriffe – Hintergründe – Kritik

Andere AutorInnen, die Klafki genauer gelesen haben, kritisieren ihn gerade wegen seiner Ablehnung einer »reinen« Sachanalyse (etwa Huwendiek 1982, S. 204; Richter 1976, S. 12 f., S. 16 f., Anm. 14; vgl. dagegen Meyer 1980, S. 256-258).

Die Ablehnung einer »reinen« Sachanalyse bedeutet nicht, daß Klafki gegen gründliche Sachkenntnis der LehrerInnen wäre! Aber er betont ausdrücklich, daß die Aneignung von Sachwissen »ihren eigentlichen Ort in der Lehrerbildung und in der Lehrerfortbildung – auch in der vom Lehrer ständig geforderten privaten Weiterbildung« haben muß, und nicht erst angesichts der für morgen früh zu planenden Unterrichtsstunde einsetzen darf (Klafki 1963 c, S. 129, Anm. 4).

In späteren Veröffentlichungen änderte Klafki die Reihenfolge seiner fünf Grundfragen (vgl. S. 133 f.). 1962 rückte er die ursprünglich vierte Grundfrage nach der exemplarischen Bedeutung des Themas an die erste Stelle. Die Fragen nach der Gegenwartsbedeutung, der Zukunftsbedeutung, der Sachstruktur und der Zugänglichkeit schlossen sich nun als zweite bis fünfte Frage an. Damit verstärkte er noch mehr die Bedeutung der »spezifisch pädagogischen Sicht«, in die die Sachanalyse zu stellen sei.

5.4.7 Exkurs über den »Primat der Didaktik«

Weniger klar als Klafkis Aussagen zur Sachanalyse sind seine Ausführungen zur »richtigen« Schrittfolge der anderen Teilschritte bei der Unterrichtsvorbereitung. Die *Unklarheiten* ergeben sich vor allem aus *zwei Gründen:*

1. Klafki konzentriert seine Überlegungen auf das Verhältnis zwischen didaktischen und methodischen Entscheidungen bei der Unterrichtsvorbereitung, wechselt dabei aber mehrfach die *Abstraktions-Ebene.*

2. Er hat sich in mehreren Aufsätzen zu diesem Thema geäußert. Dabei hat er, so scheint es, seine Auffassung dazu verändert. Seine Ausführungen sind deshalb nur zu verstehen, wenn zwei Aufsätze aufeinander bezogen werden, der von 1958 (hier zitiert als Klafki 1963 c) und der von 1962 (hier zitiert als Klafki 1963 b).

Um den Dschungel der Begriffe durchsichtiger zu machen, haben wir Klafkis Aussagen in einem *Schema* geordnet.

Bevor Sie sich die Abbildung 5.3 genauer anschauen, empfehlen wir Ihnen, noch einmal Abbildung 3.4 (S. 71) aufzuschlagen. Denn die Begriffe in der linken Spalte der Abbildung 5.3 sind dieselben, mit denen wir in der Abbildung 3.4 die erste, zweite und dritte Ebene der Didaktik überschrieben haben.

❑ Auffällig ist zunächst das *Fehlen von Eintragungen* in zwei der vier Felder der Spalte unter »Klafki 1958«. Lediglich in der Zeile »Ebene der Unterrichts-

5. Lektion: Bildungstheoretische Didaktik

	KLAFKI 1958	KLAFKI 1962
Ebene grundlegender didaktischer Strukturen		»Primat der Didaktik« im engeren Sinn im Verhältnis zur Methodik **Theoretiker** dürfen Didaktik i. e. S. und Methodik bei ihren theoretischen Überlegungen getrennt bearbeiten
Ebene der Unterrichtsplanung	Voraussetzung: 0) Vorentscheidung über Bildungsinhalte durch Lehrplan-Autoren Konkrete Unterrichtsvorbereitung in 2 Schritten in dieser Reihenfolge: 1) **Didaktische Analyse** ⬇ 2) **Methodische Vorbereitung**	**Praktiker** müssen bei der Unterrichtsplanung »ständig zwischen didaktischen und methodischen Erwägungen« wechseln DIDAKTIK i. e. S. ⇄ METHODIK Methodik ist nicht aus der Didaktik i. e. S. ableitbar.
Ebene der Unterrichtsanalyse	(mit Hilfe historisch-hermeneutischer Methoden)	● Historisch-hermeneutische Methoden ● Egänzend: Forderung nach »**Pädagogischer Tatsachenforschung** als Ergebniskontrolle«
Prozeßebene		

Abbildung 5.3

5.4 Grundbegriffe – Hintergründe – Kritik

planung« steht eine Eintragung, die ungefähr soviel besagt wie: »Lieber Lehrer, wenn Du Unterricht vorbereitest, dann überlege Dir zuerst, was Du machen willst, und erst dann, wie Du es machen willst!«

❏ Auffällig ist auch das *Fehlen von Eintragungen* in der untersten Zeile (Prozeßebene). Das heißt nicht, daß Klafki mit der Unterrichtspraxis nichts zu tun haben wollte. Dies bringt lediglich zum Ausdruck, daß seine beiden Aufsätze Überlegungen *über* Unterricht sind, aber nicht selber den Unterrichtsprozeß darstellen (vgl. zum Aufbau der Ordnungsbegriffe des Schemas, S. 69-72).

❏ Anders als 1958 betont Klafki 1962, daß bei der konkreten, alltäglichen Unterrichtsvorbereitung des Praktikers die Überlegungen *ständig zwischen eher didaktischen und eher methodischen Gesichtspunkten hin und her pendeln* können. Er rückt hier also von der klaren Anweisung ab, daß der erste Schritt der Unterrichtsvorbereitung die didaktische Analyse sein solle, nach der erst die methodische Vorbereitung vorzunehmen sei. Mit »Überlegungen zu didaktischen Gesichtspunkten« sind in diesem Zusammenhang übrigens nach wie vor die fünf Grundfragen der »Didaktischen Analyse« Klafkis von 1958 gemeint.

❏ Folgerichtig schreibt er 1962, daß bei der konkreten Unterrichtsvorbereitung *methodische Entscheidungen nicht* einfach mit Hilfe logischer Schlußfolgerungen aus vorher gefällten didaktischen Entscheidungen *abgeleitet werden können*. Noch 1958 hatte er gesagt, daß die Methodik von der Didaktik »abhänge«.

❏ In der mittleren Spalte des Schemas finden Sie einen dicken, nach unten weisenden Pfeil, mit dem die methodische Vorbereitung an die didaktische Analyse geknüpft wird. Viele Autoren bezeichnen genau diese Schrittfolge als Einlösung der These vom »Primat der Didaktik« (etwa Huwendiek 1982, S. 199; ähnlich auch Peterßen 3. Aufl. 1988, S. 58 f.). *Eben dies ist falsch*. Hier wird übersehen, daß die These vom Primat der Didaktik auf einer anderen, abstrakteren logischen Ebene formuliert worden ist, nämlich auf der Ebene der grundlegenden didaktischen Strukturen.

❏ Die oft zitierte »Erkenntnis vom Primat der Didaktik i.e.S. im Verhältnis zur Methodik« (so die Formulierung Klafkis im genauen Wortlaut) bezieht sich eben *nicht* primär auf die konkrete Unterrichtsvorbereitung des Praktikers, und sie schreibt gerade *nicht* vor, in der Unterrichtsplanung didaktische Entscheidungen im ersten Schritt vor den methodischen Entscheidungen zu fällen.

❏ Die »Erkenntnis vom Primat der Didaktik« heißt also nicht, daß bei der konkreten Planungstätigkeit von LehrerInnen die didaktische Analyse *zeitlich* gesehen der methodischen Vorbereitung *vorangehen* müsse (vgl. Kaiser 1972, S. 130; Diederich 1988, S. 209 f.)[1]. Vielmehr besagt die These nicht mehr, aber auch nicht weniger, als daß das Nachdenken über unterrichtsmethodische Problemstellungen nur dann Sinn hat, wenn es auf bestimmte inhaltliche Unterrichtsaufgaben bezogen ist. Die »Erkenntnis vom Primat der Didaktik« ist eine These über den systematischen Zusammenhang von Didaktik und Methodik, nicht jedoch eine Regieanweisung für den Lehrer. Sie ist eine Aussage *über* die Didaktik i.e. S., selber aber nicht Teil der Didaktik i.e.S., sondern der Didaktik i.w.S.

> **These 5.9:**
> Die These vom Primat der Didaktik ist eine Aussage über die systematische Über- bzw. Unterordnung von Didaktik i.e.S. und Methodik. Sie ist *keine* Anweisung zur *zeitlichen Vor- bzw. Nachordnung* dieser beiden Aspekte bei der *Unterrichtsvorbereitung.*

Die Tatsache, daß es für das Fußballspiel Regeln gibt (die also dem Spiel *systematisch vor- und übergeordnet* sind), heißt ja schließlich auch nicht, daß Kindern, die ihre ersten Fußball-Erfahrungen machen sollen oder wollen, zuerst diese Regeln erklärt werden müßten, bevor sie nach dem Ball treten dürfen.

❏ Klafki lehnt also nicht nur den *Drei*-Schritt Sachanalyse → Didaktische Analyse → Methodische Vorbereitung ab, sondern 1962 auch den *Zwei*-Schritt Didaktische Analyse → Methodische Vorbereitung (den er 1958 noch gefordert hatte). Er präzisiert den Zusammenhang zwischen den beiden Feldern vielmehr als *Wechselbeziehung:*

»Ist die Methodik auf die Didaktik *angewiesen,* um überhaupt begründet anfangen zu können, so ist die Didaktik auf die produktive Leistung der Methodik *verwiesen,* wenn es gilt, ihre Erkenntnisse aus dem Modus des theoretischen Vorentwurfes in das wirkliche Bildungsgeschehen zu übersetzen« (Klafki 1963 b, S. 86; Hervorhebungen bei Klafki).

❏ Vor diesem Hintergrund erklären sich auch die *Unterschiede in den Definitionen von »Didaktik« und »Methodik«* in den beiden Aufsätzen. Die Definitionen lauten:

---

1 Eine andere Frage ist, wie die *Ergebnisse* der didaktischen und methodischen Überlegungen, etwa in einem Lehrprobenentwurf während des Referendariats, *dargestellt* werden. Vgl. Abschnitt 1.2.3 (vor allem S. 27).

1958	1962
Didaktik: Nachdenken über das »Was« des Unterrichts	**Didaktik i. e. S.:** Theorie der Bildungsaufgaben, -inhalte und -kategorien
Methodik: Nachdenken über das »Wie« des Unterrichts	**Methodik:** bewußt eingeschlagener Weg auf die Lösung eines Problems zu

Abbildung 5.4

Die Definitionen waren 1958 noch sehr plakativ formuliert. Sie wurden von vielen Fachdidaktikern für bare Münze gehalten (ein Beispiel: Abel-Struth 1982, S. 35) und spielen selbst heute noch eine unselige Rolle, weil sie *Scheinklarheiten* produzieren.

Die »Erkenntnis vom Primat der Didaktik i.e.S. im Verhältnis zur Methodik« (die übrigens keine Erkenntnis Klafkis ist, sondern ein alter Lehrsatz der Geisteswissenschaftlichen Pädagogik) hat in der allgemein- und fachdidaktischen Diskussion der folgenden Jahre eine Reihe von Kontroversen ausgelöst, über die Bijan Adl-Amini (1986, S. 44-46) zusammenfassend berichtet. Der These vom Primat der Didaktik wurde die von der »durchgehenden Interdependenz der unterrichts-strukturellen Momente« (Heimann 1976 b, S. 157) entgegengehalten (vgl. 6. Lektion, v.a. Abschnitt 6.3.1). Am Ende der Diskussion stand eine gemeinsame Veröffentlichung des Bildungstheoretikers Klafki mit den beiden bekanntesten Vertretern der Lehrtheoretischen Didaktik, Wolfgang Schulz und Gunter Otto (Klafki/Otto/Schulz 1977). Die Standpunkte hatten sich zum Schluß so weit angenähert, daß man geradezu von einer Fusion der Bildungstheoretischen und der Lehrtheoretischen Didaktik sprechen kann.

5.4.8 Didaktik im engeren Sinn/Didaktik im weiteren Sinn

In der Abbildung 5.5 wird erläutert, wie sich die Vertreter der Bildungstheoretischen Didaktik die Untergliederung und Einbindung ihrer Disziplin in das Gesamt der Geisteswissenschaften vorgestellt haben.

Die Didaktik im weiteren Sinn (»Didaktik i.w.S.«) umfaßt nach Klafki alles, was mit der konkreten Ausgestaltung von schulischen Unterrichtsprozessen zusammenhängt (aber *nicht* z.B. historische Fragen). Die Didaktik im engeren Sinn (»Didaktik i.e.S.«) dagegen ist, Klafki zufolge, eines der Teilgebiete jener Didaktik i.w.S. Andere Teilgebiete sind dann etwa die Unterrichtsforschung, die Schultheorie und die Unterrichtsmethodik.

160   5. Lektion: Bildungstheoretische Didaktik

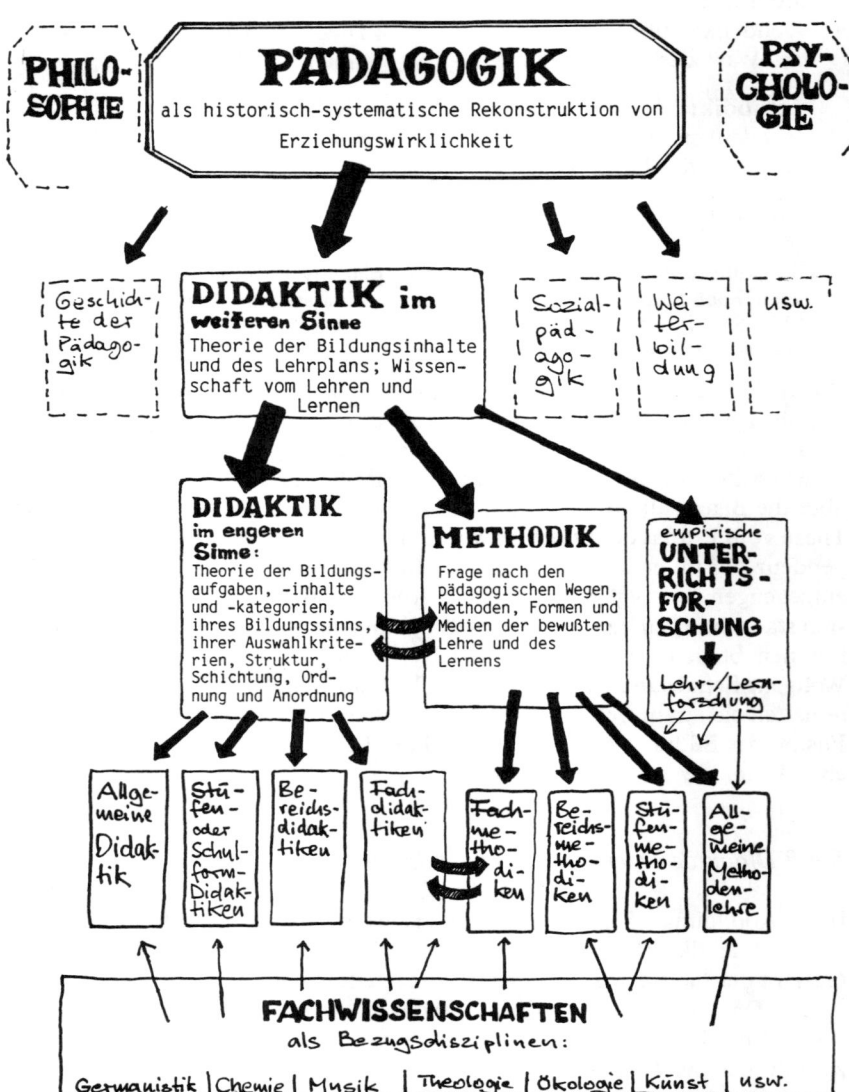

Abbildung 5.5

5.4 Grundbegriffe – Hintergründe – Kritik

Die begriffliche Unterscheidung zwischen der »Didaktik i.e.S.« und der »Methodik« hat sich schnell in der erziehungswissenschaftlichen Diskussion durchgesetzt. Daß sie *nur scheinbar klar ist*, haben wir im vorangegangenen Abschnitt dargestellt. Dennoch hat sich die Unterscheidung mit den hier beschriebenen Begriffsdefinitionen festgesetzt und ein zähes Eigenleben in der Erziehungswissenschaft und LehrerInnenausbildung geführt – vermutlich weil sie so schön griffig ist. Dabei scheint das *so* ursprünglich gar nicht beabsichtigt gewesen zu sein.

Die Unterscheidung wurde vielmehr anläßlich des 5. Pädagogischen Hochschultages in Trier 1962 von der die Tagung vorbereitenden Arbeitsgruppe getroffen, um die Themen der Referate und Diskussionen inhaltlich einzugrenzen und bearbeitbar zu machen. In seinem Bericht über die Arbeitsgruppe legt Klafki großen Wert darauf, daß die Unterscheidung »als pragmatisch, d.h. als aus Zweckmäßigkeitserwägungen erwachsend, nicht aber als dogmatisch verstanden werden will« (Klafki 1963 b, S. 84).

> **These 5.10:**
> Die Unterscheidung zwischen Didaktik (i.e.S.) und Methodik (als Folge der Unterscheidung zwischen Didaktik i.w.S. und Didaktik i.e.S.) ist eine pragmatische, im nachhinein verselbständigte Unterscheidung zweier eigentlich untrennbar miteinander verwobener Teilaspekte von Unterricht.

Wolfgang Klafki hat sich in mehreren Veröffentlichungen fast ausschließlich damit beschäftigt, die *Didaktik i.e.S.* zu entfalten (1957, 1963, 1977, 1985 u.a.m.). Diese *Beschränkung* halten wir für ein großes Problem. Das Modell fordert nämlich von StudentInnen, ReferendarInnen und LehrerInnen ein gerüttelt Maß an didaktischer Analyse, läßt sie jedoch bei der Kleinarbeit in einzelne Unterrichtsphasen, bei der Auswahl der Sozialformen, bei der Medienwahl und dergleichen weitgehend alleine.

> **These 5.11:**
> Klafkis Didaktische Analyse liefert nur unzureichende Orientierungen zur methodischen Planung des Unterrichts.

5.4.9 Unterrichtsmethodische Vorbereitung

Diese Lücke hat Wolfgang Kramp zu schließen versucht, der in enger Verbindung mit Klafki und auf der Grundlage seiner Didaktischen Analyse im Jahr 1962 einen Aufsatz »Hinweise zur Unterrichtsvorbereitung für Anfänger« veröffentlichte. Er bettete die Didaktische Analyse in den Zusammenhang von *vier Schritten der Unterrichtsvorbereitung* ein (vgl. Kramp 1961), die nacheinander zu vollziehen seien:

1. **Pädagogische Vorbesinnung**

2. **Didaktische Analyse**

3. **Methodische Vorbereitung**

4. **Unterrichtsplanung**

In der *Pädagogischen Vorbesinnung* sollen die Praktikanten die vom Lehrplan vorgegebenen Inhalte auf ihre Bildungswirksamkeit im Sinn der Kategorialen Bildung hin untersuchen, sich ihrer eigenen Möglichkeiten und Grenzen im Blick auf die Inhalte vergewissern und die Voraussetzungen, die die Schüler mitbringen, gründlich studieren.

Die *Didaktische Analyse* beschreibt Kramp mit einer modifizierten Fassung von Klafkis »Didaktischer Analyse als Kern der Unterrichtsvorbereitung«.

Die *Methodische Vorbereitung* ist für Kramp (wie für Klafki 1958) ein Schritt, der der Didaktischen Analyse nachfolgt. Sie sei abhängig von den Ergebnissen der Pädagogischen Vorbesinnung und der Didaktischen Analyse. Wir kommen gleich darauf zurück.

Die *Unterrichtsplanung* umfaßt die Erstellung der Stoffverteilungs- und Zeitpläne, die Aufstellung von Arbeitsplänen für abgegrenzte Unterrichtseinheiten (Materialsammlung, Notizen zur Unterrichtsvorbereitung, Übersichtsplan für die Unterrichtseinheit) und schließlich den Unterrichtsentwurf. Er gliedert hier also nach der Reichweite der Pläne.

Kern der Methodischen Vorbereitung nach Kramp ist die Wahl der Unterrichtsverfahren und der Unterrichtsmittel, die er detail- und kenntnisreich zu schildern versteht. Vieles davon ist auf die ländlichen, wenig bis überhaupt nicht gegliederten Volksschulen ausgelegt, die Kramp bei der Betreuung von Oldenburger PH-StudentInnen kennen- und schätzengelernt hatte. Abbildung 5.6 liefert einen Eindruck von der Kompliziertheit dieser Planungstätigkeit. Wohlgemerkt: *Ein Lehrer unterrichtet alle 9 Schuljahre zugleich!*

Der Unterricht insgesamt soll die fruchtbare Begegnung zwischen Kind und Gegenstand im Sinne Copeis (3. Aufl. 1955) und Heinrich Roths (7. Aufl. 1963) herbeiführen. Roth hatte in seinem Aufsatz das Prinzip der »originalen Begegnung« präzisiert:

»Alle methodische Kunst liegt darin beschlossen, tote Sachverhalte in lebendige Handlungen rückzuverwandeln, aus denen sie entsprungen sind: Gegenstände in Erfindungen und Entdeckungen, Werke in Schöpfungen, Pläne in Sorgen,

5.4 Grundbegriffe – Hintergründe – Kritik

Verträge in Beschlüsse, Lösungen in Aufgaben, Phänomene in Urphänomene«
(Roth 7. Aufl. 1963, S. 116).

S c h u l e M. (einkl.), Kreis F.; M e n t o r : Schulleiter J.
Dienstag, 27. September 1960, 9.15 bis 10.00 Uhr (3. Stunde).

Zeit	1. Schj.	2. Schj.	3./4. Schj.	5./6. Schj.	7.-9. Schj.
	Gesamtunterricht Erzählen, Spielen, Gestalten (Forts.)		Heimatkunde Modell und Karte des Heimatkreises (Zusf.) Grundl.: Unterrichtsgänge und -fahrten	Sachunterricht (Erdkunde) Ostpreuß. Pferdezucht (Einf.: Ostpreußen) Grundl.: Schulfilm F 244 („Trakehnen") Niederschr.	
9.15		(L) Kontrolle der Schreibübungen (2. Stunde)	(H) (Georg, 7. Schj.) Vorber. und Einweisung (Sandk.)	(H) (Wolfgang, 9. Schj.) Orientierungsübungen a. d. Wandkarte (alle)	
9.20	Gruppenraum	(H) (Meike, 8. Schj.) Märchen „Dornröschen":	Sandgrube (Hof)	(L) Kontrolle, Einzelaufträge	Auswertung der Nebenkarten (einz.; Atlas)
9.25		a) Vorlesen b) Besprechen		a) Arbeit am Sandkasten 3. Schj.: Gemeindebezirk 4. Schj.: Sielhäfen	Klassenraum	Besprechung: Pferdezucht in Ostpr. und in Oldenburg (Niederschriften/ Arbeitsheft)
9.30						
9.35		c) Einzelszenen darstellen Spiel: Dornröschen war ein schönes Kind Bei schl. Wetter: Malen im Gruppenraum (Der Königssohn kommt)	Gruppenraum	b) Arbeit an der Stecktafel (gleiche Aufg.) Bei schl. Wetter dasselbe sofort		Erzählung: Die Flucht aus Trakehnen (Augenzeugenberichte)
9.40						
9.45	Spielplatz (Hof)					
9.50						Skizze des Fluchtweges (Glastafel)
9.55		Wiederholung: Hausaufgaben zu morgen		(L) Kontrolle der Ergebnisse; HA: Kreiskarte z. E.		St.A.: Kartenskizze ins Merkheft abzeichnen (Beginn)

Vorher: Skizze an der Glastafel vorbereiten; Wandkarte (Ernst); Helfer einweisen (Meike, Georg, Wolfgang)
Nachher: Unterstufe verabschieden (Beginn morgen 9.15!); Rechenarbeitsmittel 3./4. Schuljahr (Egon); Büchertausch Oberstufe (Karin)

Zu den Abkürzungen:
L = Lehrer, H = Helfer, St. A. = Stillarbeit, HA = Hausaufgabe

Abbildung 5.6 (aus Kramp 1962, S. 63)

Deshalb fordert Kramp von der methodischen Vorbereitung, sie solle Unterrichtsverfahren zu jener »fruchtbaren Begegnung« aufzeigen, indem sie

- die Fragen nach der Sachstruktur, der exemplarischen Bedeutung und der Zugänglichkeit im Sinn Klafkis beantwortet,
- die dafür erforderlichen Verfahren zur »geistigen Aneignung« angesichts der Vorerfahrungen und Vorkenntnisse der Schüler bestimmt und
- die Gliederung des Unterrichts »unter sachlogischen, psychologischen und pädagogischen Gesichtspunkten« vornimmt (Kramp 1962, S. 44-47).

Das sind hohe Ansprüche. Wir meinen, daß Kramp sie nicht einlöst, und zwar deshalb nicht, weil er bei der differenzierten Erläuterung der »Unterrichtsphasen«, »Unterrichtsarten« (im Sinn von Sozialformen) und »Unterrichtsformen« (im Sinn von Aktionsformen bzw. Handlungsmustern) zu starren, theoretisch nicht mehr begründbaren Rezepten kommt. Kramp unterscheidet:

1) *Unterrichtsphasen.* Sie seien durch die Sachstruktur, den kindlichen Arbeitsrhythmus und die jeweilige pädagogische Situation bestimmt. »Jede dieser Phasen (Erstbegegnung, Erarbeitung, Vertiefung, Befestigung, Gestaltung) erfordert den Einsatz besonderer, nur ihr gemäßer Verfahrensweisen« (Kramp 1962, S. 47 f.).
2) *Unterrichtsarten.* Dafür hat sich später der Begriff »Sozialformen« durchgesetzt: Einzel-, Abteilungs- und Klassenunterricht.
3) *Unterrichtsformen.* Als Beispiele nennt Kramp (1962, S. 48) das Erzählen, Vortragen, Vormachen und -zeigen, das fragend-entwickelnde Gespräch, Versuche, Schülerreferat u.v.m.

Aber die Vorschläge zur Phasierung des Unterrichts (Punkt 1) erstarren zu einem Schema von der »Erstbegegnung« bis hin zur »Gestaltung«, das nicht erläutert und begründet wird. Damit entsteht die Gefahr der Schematisierung, unnötiger Lehrerzentrierung und der Gängelung der unterrichtsmethodischen Phantasie von Lehrern und Schülern (vgl. zur Geschichte und Kritik von Phasenschemata Meyer 1987 a, S. 155-206).

Ebenso schematisch ist es, wenn einzelne »Unterrichtsarten« und »Unterrichtsformen« bestimmten Unterrichtsphasen mehr oder weniger fest zugeordnet werden: Die Erstbegegnung z.B. »sollte ... grundsätzlich im Frontalunterricht stattfinden« (Kramp 1962, S. 49). Dies ist aber unserer Auffassung nach keineswegs zwingend.

Zwar warnte Kramp ausdrücklich vor der Schablonisierung der Methodischen Vorbereitung (1962, S. 44), er ist selbst aber dieser Gefahr nicht entgangen. Die Schablonisierung widerspricht dem Ziel der »doppelseitigen Erschließung« des Inhalts für die Schüler und der Schüler für den Inhalt im oben skizzierten Sinn der Kategorialen Bildung. Erst recht verhindern solche Zuordnungen die »originalen Begegnungen« im Sinne Roths, die dieser ausdrücklich als unterrichts*methodisches* Prinzip bezeichnet hatte.

> **These 5.12:**
> Schematisierte Unterrichtsplanung kann der Forderung nach »fruchtbaren Momenten«, »originalen Begegnungen« und nach der »doppelseitigen Erschließung« von SchülerInnen und Inhalt nicht gerecht werden.

Der von Copei und Roth formulierte Anspruch an die Vorbereitungstätigkeit des Lehrers und seine unterrichtspraktische Kompetenz ist so hoch, daß der Krampsche Versuch, ihn in »Hinweise zur Unterrichtsvorbereitung für Anfänger« umzuformulieren, der Aufforderung zur Quadratur des Kreises nahekommt. Die Gefahr, daß die Idee der »originalen Begegnung« und des »fruchtbaren Moments« im Alltag der Lehrerausbildung aus dem ursprünglichen theoretischen Begründungszusammenhang herausgerissen und dann zwangsläufig zur Leerformel wird, ist groß. Vielleicht ist dies einer der Gründe, deretwegen Paul Heimann, der »Vater« der Lehrtheoretischen Didaktik, vom »bildungsphilosophischen ‚Stratosphärendenken'« der Bildungstheoretischen Didaktik sprach und ihr die »Ausklammerung der Methodenorganisation« vorwarf (Heimann 1976 b, S. 146, S. 157).

5.5 Weiterentwicklung des Modells: »Kritisch-konstruktive Didaktik«

Am Schluß des I. Teils dieses Buchs haben wir festgestellt, daß sich die verschiedenen wissenschaftstheoretischen Positionen der Didaktik einander angenähert haben. Das läßt sich an den Veränderungen zeigen, die die Autoren an ihren allgemeindidaktischen Modellen und deren Prämissen vorgenommen haben.

Der Bildungstheoretischen Didaktik hätte um 1970 kaum jemand noch ein langes Leben vorausgesagt – aber Totgesagte leben länger! Die Didaktik wurde damals vor allem mit folgenden Argumenten angegriffen:

- *Politisch-gesellschaftskritisch:* Sie sei inhaltlich konservativ, orientiert am Bürgertum bzw. an der Mittelschicht und deren Ideologie, und sie sei politisch affirmativ – mit einem Wort: Sie helfe mit, die herrschende Klassengesellschaft zu stabilisieren.
- *Sozialwissenschaftlich:* Sie betreibe Didaktik an den SchülerInnen und LehrerInnen vorbei: Sie ignoriere die tatsächlichen Lebens- und Lernbedingungen der SchülerInnen, weil sie über keine angemessenen Forschungsmethoden verfüge und der empirischen Forschung nicht traue.
- *Didaktisch:* Ihr »bildungsphilosophisches ›Stratosphärendenken‹« (Heimann) lasse die Formulierung klarer Lernziele kaum zu.

❑ *Unterrichtspraktisch:* Sie vernachlässige wegen der These vom Primat der Didaktik die Unterrichtsmethodik, deren Rückwirkungen auf die Auswahl und Anordnung der Unterrichtsinhalte und überhaupt die alltägliche Schulpraxis – sie sei eben eine »Feiertagsdidaktik«.

Wolfgang Klafki hat sich mit allen vier Einwänden intensiv auseinandergesetzt und schließlich eine Neufassung seines didaktischen Modells vorgelegt: die Kritisch-konstruktive Didaktik.

5.5.1 Theoretische Grundlagen: Aus alt mach' neu

Vier neue Maximen charakterisieren die Weiterentwicklung der Bildungstheoretischen zur Kritisch-konstruktiven Didaktik:

Klafki versteht seine geänderte wissenschaftstheoretische Position als »kritisch« und als »konstruktiv« zugleich.

Klafki fordert, Unterricht so zu gestalten, daß er den drei in Abbildung 5.7 genannten grundlegenden Zielstellungen entspricht:

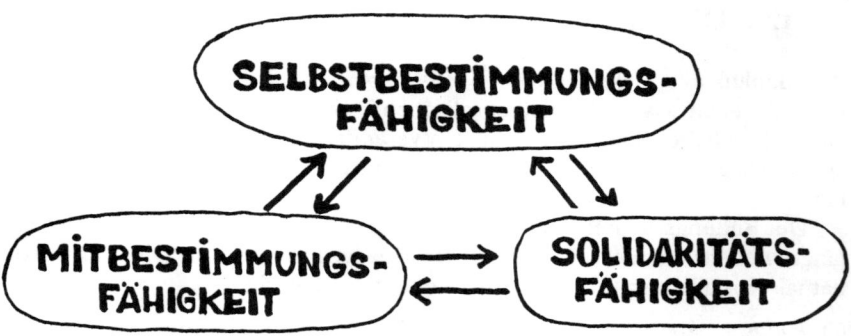

Abbildung 5.7

»Kritisch« ist die Position, weil die Didaktik zu bedenken hat, daß die schulische und gesellschaftliche Wirklichkeit das Erreichen dieser Ziele in vielfältiger Weise behindert. Sie soll diese Restriktionen aber nicht einfach hinnehmen, sondern – gemeinsam mit anderen Instanzen – auf ihre Beseitigung hinwirken (Klafki 1985 b, S. 37 f.). In diese Funktionsbestimmung einer »kritischen Theorie« geht sowohl das Gedankengut der klassisch-bürgerlichen Bildungstheoretiker (Schleiermacher, Wilhelm von Humboldt u. a.; vgl. S. 137-140) als

5.5 Kritisch-konstruktive Didaktik

auch die intensive Rezeption der »Kritischen Theorie« der Frankfurter Schule (vor allem Adorno, Habermas; vgl. S. 105-107) ein.

»Konstruktiv« ist die neue Position, weil Klafki sich nicht mehr damit zufrieden gibt, innerhalb der vorgegebenen institutionellen und curricularen Rahmenbedingungen Vorschläge zur Unterrichtsgestaltung zu formulieren, sondern so etwas wie eine konkrete Utopie entwerfen will: »Vorgriffe der Theorie, Modellentwürfe für mögliche Praxis, begründete Konzepte für veränderte Praxis, für eine humanere und demokratischere Schule« (Klafki 1985 b, S. 38).

Allerdings finden sich in dem eben genannten Aufsatz nur wenige Andeutungen zur Einlösung dieses Anspruchs, wohl jedoch in den zahlreichen Spuren des bildungspolitischen Engagements des Autors andernorts (z.B. im Marburger Grundschulprojekt, in Gesamtschul-Initiativen, in Resolutionen der Deutschen Gesellschaft für Erziehungswissenschaft).

2. **Klafki fordert »Integration« der Forschungsmethoden.**

Klafki will die bisher getrennt entwickelten Methoden-Konzepte des historisch-hermeneutischen, des erfahrungswissenschaftlichen und des gesellschaftskritisch-ideologischen Ansatzes integrieren.

Mit »Integration« meint Klafki hier nicht nur die bloße Addition von Untersuchungen, sondern die Verflechtung aller drei Forschungsmethoden von Beginn an. Denn jede der Forschungsmethoden kann, wenn sie allein und ohne Korrektiv durch die anderen Methoden eingesetzt wird, nur zu begrenzt gültigen und brauchbaren Ergebnissen führen.

- *Historisch-hermeneutische Methoden* seien wichtig, weil nur sie den Sinn und die Bedeutung pädagogischen Handelns angemessen erfassen könnten.
- Empirische Methoden, so Klafki, stellten das interpretierende Nachdenken über Sinn und Bedeutung pädagogischen Handelns auf den Boden »harter« und überprüfbarer Tatsachen.
- *Gesellschaftskritisch-ideologische Methoden* seien notwendig, um die gesellschaftlichen (ökonomischen, politischen, sozialen, ökologischen, ...) Voraussetzungen aufzuklären, auf deren Basis historisch-hermeneutische und empirische Methoden eingesetzt werden können, und um die möglichen gesellschaftlichen Folgen ihres Einsatzes abzuschätzen. Und sie sind notwendig, um historisch-hermeneutischer und empirischer Forschung eine inhaltliche, parteiliche Richtung zu geben: parteilich im Hinblick auf die SchülerInnen, um die es schließlich geht, und im Hinblick auf eine erhoffte Zukunft mit mehr Mitbestimmung, Solidarität und Demokratie (Klafki 1985 b, S. 47-62).

Die drei ursprünglich einander ausschließenden Methodenansätze werden von Klafki nicht locker aneinandergereiht, sondern mit einer präzisen Funktionszuweisung aufeinander bezogen. Klafki nimmt damit die von der Frankfurter Schule (insbesondere von Jürgen Habermas, 1967) geforderte Öffnung zur empirisch-analytischen Forschung konstruktiv auf.

3. Klafki unterscheidet nicht mehr zwischen »Didaktik im weiteren« und im »engeren Sinn«.

Vielmehr benutzt Klafki den Begriff »Didaktik« in einem Bedeutungsumfang, der etwa dem seines eigenen früheren Begriffs der »Didaktik im weiteren Sinn« entspricht. Das heißt: Didaktik integriert nicht mehr nur die Reflexion der Ziel- und Inhaltsentscheidungen, sondern auch die Reflexion der Methoden-, Medien- und Beurteilungsentscheidungen (Klafki 1985 b, S. 40 f.). Klafki bindet nun also auf der 3. Ebene der grundlegenden didaktischen Strukturen (vgl. Abschnitt 3.1.4) unterrichtsmethodische Fragestellungen wesentlich enger an Ziel- und Inhaltsentscheidungen als früher.

4. Die grundlegenden didaktischen Strukturmomente hängen in jeweils qualitativ unterschiedlicher Beziehung voneinander ab.

In diesem Punkt reagierte Klafki auf die akademische Diskussion, die sich an seine These vom »Primat der Didaktik« angeschlossen hatte (vgl. S. 159). Er bestätigt damit die »Interdependenzthese« der Lehrtheoretischen Didaktik (vgl. Abschnitt 6.3.1), betont jedoch zugleich, daß die wechselseitige Abhängigkeit aller Strukturmomente nicht eine gleich*artige* Abhängigkeit bedeute. Deshalb konnte Klafki bei einer nur wenig modifizierten Form der Primatsthese bleiben: Er spricht heute von einem »Primat der Zielentscheidungen im Verhältnis zu allen anderen, den Unterricht mitkonstituierenden Faktoren«. Das ist zwar kompliziert ausgedrückt, meint aber nicht viel anderes als die ältere Fassung: Zwar hänge alles miteinander zusammen, aber nicht auf immer die gleiche Art und Weise, sondern das Strukturmoment »Zielentscheidung« spiele eine besondere Rolle.

Der »Primat der Zielentscheidungen im Verhältnis zu allen anderen, den Unterricht mitkonstituierenden Faktoren« bedeutet, daß grundsätzlich keine unterrichtsbezogene didaktische oder methodische Entscheidung unabhängig von Zielentscheidungen getroffen werden kann. Das gelte vor allem für Entscheidungen darüber,
- »was jeweils in welcher Perspektive Thema des Unterrichts sein soll ...«,
- welche Unterrichtsmethoden und Medien eingesetzt werden sollen und
- welche Bedeutung den soziokulturell vermittelten Voraussetzungen der einzelnen Schüler und der gesamten Lerngruppe und den institutionellen Rahmenbedingungen im Zusammenhang der Unterrichtsplanung beigemessen werden soll (Klafki 1985 b, S. 64 f.).

5.5 Kritisch-konstruktive Didaktik

Was wir schon vom »Primat der Didaktik i.e.S.« gesagt hatten (vgl. S. 158), gilt auch hier: Klafki beschreibt den *systematischen Zusammenhang* von Zielentscheidungen mit den anderen Unterrichtsfaktoren, *nicht aber ein zeitliches Nacheinander* bei der Unterrichtsvorbereitung durch Lehrer:

»Es ist nicht gemeint, daß z.B. der sich vorbereitende Lehrer oder eine über Unterrichtsprobleme diskutierende Lehrergruppe ihre Überlegungen grundsätzlich nach dem Schema deutlich voneinander abhebbarer Entscheidungsebenen, die in zeitlicher Abfolge zu durchlaufen wären, durchführen sollten« (Klafki 1977, S. 15 f.).

Soweit die Korrekturen am Modell. Den größeren Teil der theoretischen Grundlagen der Bildungstheoretischen Didaktik hat Klafki jedoch nahezu unverändert beibehalten:

- Nach wie vor ist der *Begriff der Bildung* für Klafki »eine zentrale, orientierende Kategorie«, die sichern soll, daß »die praktisch-pädagogischen Bemühungen und die sie aufklärenden und begründenden theoretischen Untersuchungen und Reflexionen nicht in ein beziehungsloses Nebeneinander mannigfacher Einzelaktivitäten auseinanderfallen« (Klafki 1985 b, S. 42 f.).

- Nach wie vor behalten die auf den Seiten 115 bis 119 skizzierten *Maximen der Geisteswissenschaftlichen Pädagogik* ihre Gültigkeit.

- Ausdrücklich erklärt Klafki, seine alte Bestimmung der *»Kategorialen Bildung«* (vgl. Abschnitt 5.4.2) liege auch der Kritisch-konstruktiven Didaktik zugrunde (Klafki 1985 b, S. 44). Deshalb behält er auch die Frage nach der *»exemplarischen Bedeutung«* der auszuwählenden Inhalte bei. Es kann daraus geschlossen werden, daß Klafki sich auch von der Kritisch-konstruktiven Didaktik die Überwindung der Einseitigkeiten formaler und materialer Bildungstheorien erhofft.

Nicht nur einzelne Begriffe, sondern wesentliche Strukturelemente des neuen Modells hat Klafki also aus der Bildungstheoretischen Didaktik übernommen.

These 5.13:
Die Kritisch-konstruktive Didaktik ist eine Spielart der Bildungstheoretischen Didaktik und wie diese der Geisteswissenschaftlichen Pädagogik zuzuordnen (vgl. Klafki 1985 b, S. 42).

5.5.2 Das Verhältnis von Unterrichtsinhalten und Unterrichtsmethoden

Klafkis Position von 1958 könnte mit der Kurzformel beschrieben werden: »Der Unterrichtsinhalt bestimmt die Unterrichtsmethode.« Wir haben diese frühe Position Klafkis oben anhand der Abbildung 5.3 auf Seite 156 beschrieben. Schon 1962 sah Klafki das Verhältnis zwischen Unterrichtsinhalt und Unterrichtsmethode differenzierter. Die revidierte Position könnte in der folgenden Kurzformel zusammengefaßt werden: »Inhalts- und Methodenentscheidungen stehen in einer – je nach Richtung verschiedenartigen – Wechselwirkung zueinander« (s.o.). Dem haben Hermann-Josef Kaiser, Peter Menck, Gösta Thoma und andere Schüler von Blankertz ebenso wie Herwig Blankertz selbst (Blankertz 1969 b, S. 91-98; Kaiser 1972, Kaiser/Menck 1972, Menck 1972) entgegengehalten, daß aus fachwissenschaftlichen Inhalten erst durch *bestimmte, auf Unterricht und SchülerInnen bezogene Fragestellungen* Unterrichtsinhalte und Unterrichtsthemen würden. Diesen pädagogischen Fragestellungen an den Inhalt (im Unterschied zu fachwissenschaftlichen Fragestellungen) gaben sie den Namen *»methodische Leitfrage«*. Und weil Inhalte erst durch eine solche methodische Leitfrage zu Unterrichtsinhalten würden, wäre auch der Fall denkbar: »Die Methode bestimmt den Unterrichtsinhalt« – also scheinbar die glatte Umkehrung dessen, was Klafki 1958 gesagt hatte.

Klafkis Antwort darauf: Die methodische Leitfrage eröffne zwar eine pädagogische Perspektive auf einen Inhalt und mache ihn erst zu einem *Unterrichts*inhalt – aber diese pädagogische Perspektive sei etwas anderes als die für den Unterrichtsprozeß zu wählende Unterrichtsmethode (vom Frontal- bis zum Gruppenunterricht, vom LehrerInnenvortrag bis zur freien Diskussion usw.) – kurz, der Begriff »methodische Leitfrage« sei mißverständlich. Wir meinen, Klafki hat recht. Es handelt sich hier um zwei verschiedene Begriffe von »Methode« (vgl. Menck 1976, S. 797).

Um die Verwirrung komplett zu machen, weisen wir darauf hin, daß Kaiser (1972, S. 142) im Rahmen dieser Kontroverse von der »gegenstands- bzw. inhaltskonstitutiven Funktion« der Methode sprach und damit nun die *Unterrichtsmethode* im konkreten Unterrichtsprozeß meinte. Erst im Vollzug des Unterrichtsprozesses, dessen Ablauf ja durch die gewählten Unterrichtsmethoden gesteuert werde, entwickle sich in den Köpfen der Schüler das, was letztlich als Ergebnis des Unterrichtsprozesses »hängenbleibe« – und insofern konstituiere die Unterrichtsmethode den Unterrichtsinhalt und den Unterrichtsgegenstand. *Dieser* Gesichtspunkt ist in den von uns referierten Schriften Klafkis nicht aufgegriffen worden, stellt aber unserer Meinung nach einen ernstzunehmenden Einwand gegen einige Grundannahmen in Klafkis Modellen der Bildungstheoretischen und der Kritisch-konstruktiven Didaktik dar. In jüngerer Zeit hat sich vor allem Lothar Klingberg mit diesem Gesichtspunkt befaßt. Wir kommen darauf in der 7. Lektion zurück.

5.5.3 Perspektivenschema zur Unterrichtsplanung

Ebenso wie in der Bildungstheoretischen Didaktik verdichtet Klafki auch in der Kritisch-konstruktiven Didaktik seine Vorschläge zur Unterrichtsplanung zu einem Schema, das nun allerdings nicht mehr in Frageform gebracht, sondern begrifflich-systematisch formuliert ist:

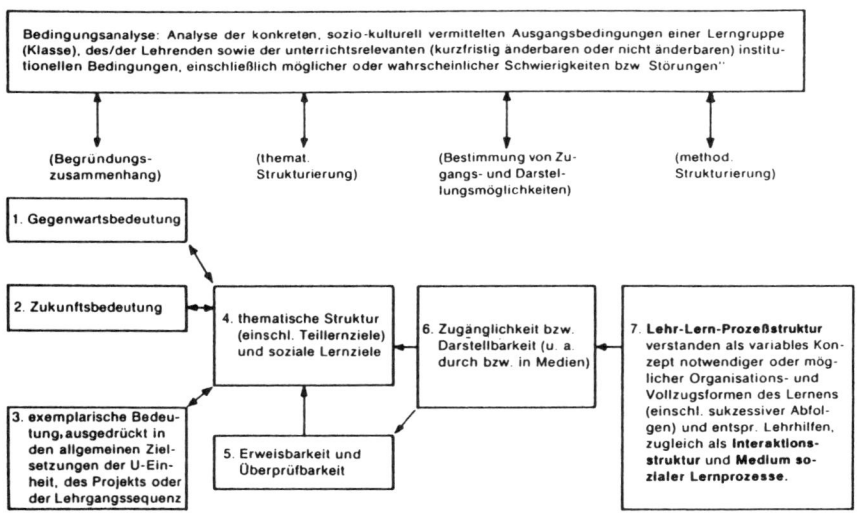

Abbildung 5.8: (Vorläufiges) Perspektivenschema zur Unterrichtsplanung (aus: Klafki 1985 e, S. 215)

Dieses Schema kann in drei Richtungen sinnvoll gelesen werden:

 Von oben nach unten:
Dann steht am Beginn die von Klafki neu und ausdrücklich in Anlehnung an das Strukturschema der Lehrtheoretischen Didaktik formulierte »Bedingungsanalyse«. Die *Pfeile* zwischen den Kästchen symbolisieren »Beziehungen, die sich sprachlich in folgender Form ausdrücken lassen: Frage X muß primär im Hinblick auf Frage Y (auf die der Pfeil weist) beantwortet werden. Doppelpfeile bezeichnen Wechselbeziehungen« (Klafki 1985 e, S. 213).

 Von links nach rechts:
Dann zeigt sich, daß Klafki verschiedene Bereiche didaktischer bzw.

methodischer Entscheidungen gruppiert. Bei der Unterrichtsvorbereitung sollen Lehrerinnen und Lehrer also das Thema im Blick auf die Schüler begründen, das Thema strukturieren, Zugangsmöglichkeiten bestimmen und den Unterricht methodisch strukturieren. Dies sollen die LehrerInnen in stetem Wechselbezug zur Bedingungsanalyse tun.

 Den Pfeilen folgend:
Dann zeigt sich, daß einige Entscheidungsfelder im *wechselseitigen* Bezug aufeinander gedacht werden sollen, andere primär im Hinblick auf *ein* anderes Feld. Ausdrücklich *nicht* gemeint ist damit, daß die Felder, an denen kein Pfeil endet, erst *nach* den anderen Feldern bearbeitet werden dürfen. Das Schema beschreibt vielmehr einen systematischen Zusammenhang auf der 3. Ebene grundlegender didaktischer Strukturen (vgl. Abbildung 3.4, S. 71).

Folgende weiteren, systematisch mehr oder weniger wichtigen Charakteristika der Abbildung 5.8 sind uns aufgefallen:

❏ Das Schema wird ausdrücklich als vorläufig bezeichnet, ohne daß jedoch die Richtung angegeben wäre, in die es der Autor weiterentwickeln möchte.

❏ Die aus der »Didaktischen Analyse« von 1958 bekannten fünf Grundfragen (Gegenwartsbedeutung, Zukunftsbedeutung usw.) sind beibehalten, jedoch in einen umfassenderen Planungszusammenhang eingebunden.

❏ Neu aufgenommen wurde der Punkt 5 »Erweisbarkeit und Überprüfbarkeit«, und zwar mit der ausdrücklichen Anmerkung, daß Schüler-Leistungskontrollen nur *eine,* gesondert zu rechtfertigende Form der Überprüfung darstellen.

❏ Das Perspektivenschema ist keine Maschinerie zur »wasserdichten« Unterrichtsplanung, sondern ein Problematisierungsraster:

»Selbst ein ausgearbeiteter, revidierter und erweiterter Entwurf zur Unterrichtsplanung im Sinne kritisch-konstruktiver Didaktik wird bestimmte Grenzen aufweisen, die schon der Didaktischen Analyse zum Vorwurf gemacht worden sind, die ich aber für unübersteigbar halte: Ein solcher Entwurf kann in keinem Falle ein normatives Kriteriensystem sein, dessen Anwendung begründete, konkrete Unterrichtsentscheidungen garantiert; er kann nicht bereits die Antworten auf die in dem Raster aufgeworfenen Fragen enthalten, kann also einem Unterricht planenden Lehrer, einer Lehrergruppe oder Lehrern und Schülern die didaktischen Entscheidungen und Begründungen im konkreten Falle nicht abnehmen. Auch ein künftiger Entwurf muß *in den Grenzen eines Problematisierungsrasters* bleiben, das Dimensionen und generelle Kriterien des Unterrichts bzw. der Unterrichtsplanung benennt und damit bewußt macht, hinsichtlich derer begründete, konkrete Entscheidungen aber immer nur in den jeweiligen praktischen Situationen getroffen werden können« (Klafki 1985 e, S. 209; Hervorhebungen bei Klafki).

Das Perspektivenschema selbst sagt noch recht wenig über die konkrete Unterrichtsvorbereitung und den Unterrichtsprozeß aus. Deshalb besteht die Gefahr, daß sein systematischer Vorzug gegenüber der Fassung von 1958,

5.5 Kritisch-konstruktive Didaktik

nämlich die Integration der didaktischen Analyse in einen *umfassenden* Begründungszusammenhang von Bedingungsanalyse und Unterrichtsmethoden-Reflexion, im Alltag der Lehrerausbildung nicht ausgespielt werden kann.

> **These 5.14:**
> Der systematische Zusammenhang von Bedingungsanalyse, didaktischer Strukturierung und Methodenreflexion der Kritisch-konstruktiven Didaktik bedarf dringend einer didaktisch und methodisch phantasievollen unterrichtspraktischen Entfaltung.

Vielleicht ist deshalb das ältere Didaktik-Modell von 1958 in der LehrerInnenausbildung immer noch verbreiteter als das aus den 80er Jahren.

Im Perspektivenschema und seiner Erläuterung finden sich jedoch einige Hinweise, aufgrund welcher Zielstellungen die fällige unterrichtspraktische Entfaltung vorgenommen werden sollte:

1. Neue Zielstellungen

Das Perspektivenschema setzt bei den Zielen der Selbstbestimmungs-, Mitbestimmungs- und Solidaritätsfähigkeit an (vgl. S. 166 f.). Es stellt den LehrerInnen die Aufgabe, nicht bloß Bildungs*gehalte* freizulegen, sondern Bildungs*inhalte* begründet auszuwählen – und zwar begründet im Hinblick auf ihren bildenden Gehalt für die jeweils selbst vorzunehmende Interpretation der drei Zielbegriffe. Damit schafft Klafki – zumindest als theoretisch-didaktischen Anspruch an die Unterrichtsvorbereitung – die Bedingung der Möglichkeit einer selbständigen und selbsttätigen Interpretation von Bildung, Unterricht und Erziehung, für die nur die Grenzen des Aufklärungspostulats selbst gelten. Klafki unterscheidet zwischen

- *potentiell emanzipatorischen Themen* (politische Konfliktanalysen, Themen zu gesellschaftlichen Abhängigkeitsstrukturen, Drogen, Sexualität, Aufklärung u.ä.) und
- *instrumentellen Themen* (Erkenntnisse, Kenntnisse, Fertigkeiten, die zwar für die drei genannten Ziele unverzichtbar sind – etwa beginnend beim Schreiben und Lesen –, die aber für sich genommen »sozusagen ziel- oder wertambivalent« sind; Klafki 1985 b, S. 71 f.).

Beide Themenarten seien unverzichtbar im Hinblick auf die drei oben genannten Zielbestimmungen. Konkrete Hinweise für die Auswahl solcher Themen bei der Unterrichtsplanung gibt Klafki nicht. Es bleibt Sache der LehrerInnen, Themen und Inhalte auf ihre Gegenwarts-, Zukunfts- und Exemplarische Bedeutung hin auszuwählen und argumentativ zu begründen (vgl. jedoch sein Konzept der »Schlüsselprobleme« – Abschnitt 5.6).

 **Unterrichtsmethodische Konsequenzen**

Die generelle Orientierung des Unterrichts an den grundlegenden Zielen (Klafki bezeichnet sie auch als Prinzipien) soll sich unmittelbar in der unterrichtsmethodischen Gestaltung widerspiegeln:

»Im Lehr-Lern-Prozeß müssen die Prinzipien der Selbstbestimmung, der Mitbestimmung und der Solidarität in einer Folge wachsender Schwierigkeitsgrade, wachsenden Anspruchs verwirklicht werden: in der Form der Mitplanung des Unterrichts bzw. einzelner Unterrichtsphasen durch die Schüler, durch Unterrichtskritik zusammen mit den Schülern, durch ›Unterricht über Unterricht‹. Das sind Elemente dessen, was heute unter den Stichworten ›offener‹, ›schülerzentrierter‹ bzw. ›schülerorientierter‹ Unterricht oder unter dem Motto ›Lehrer und Schüler machen Unterricht‹ erfreulich intensiv diskutiert wird« (Klafki 1985 b, S. 77).

Bei der unterrichtspraktischen Umsetzung dieser Überlegungen ist Klafki dann wieder ähnlich zurückhaltend wie im Jahre 1962. In dem zusammen mit Hermann Stöcker verfaßten fünften Aufsatz der »Neuen Studien« über die »Innere Differenzierung des Unterrichts« (Klafki 1985 d) werden viele konkrete Vorschläge zu diesem Teilaspekt der Methodenorganisation vorgestellt, aber es fehlt ein über dieses Thema hinausreichender zusammenfassender Raster, erst recht ein theoretisch entfaltetes Klassifikationsschema zur Ordnung der Methodenvielfalt.

5.5.4 Definition und theoretische Überlegungen zur Unterrichtsmethode

Unterrichtsmethode definiert Klafki als den *»Inbegriff der Organisations- und Vollzugsformen zielorientierten unterrichtlichen Lehrens und Lernens«* (Klafki 1985 b, S. 79 f.; 1985 e, S. 205 f.). Ausgehend von dieser Definition erläutert er:

❑ Unterricht ist ein *Interaktionsprozeß* und ein *sozialer Prozeß*, in dem die Lernenden mit Unterstützung von Lehrern zunehmend zur Selbständigkeit geführt werden sollen.

❑ Deshalb muß Unterricht durch »Unterricht über Unterricht« thematisiert und der Interaktionsprozeß von vornherein auf die geforderte wachsende Selbständigkeit hin angelegt werden.

❑ Unterrichtsmethoden dürfen daher nicht bloß als Instrumentarien der LehrerInnen gesehen werden, vielmehr sind sie Formen und Verfahren, in denen Lehren und Lernen in Wechselwirkung zueinander gebracht werden. Damit nähert sich Klafki der für Klingbergs didaktisches Modell grundlegenden Aussage, daß »Lehren« und »Lernen« – dialektisch aufeinander bezogen – das »didaktische Grundverhältnis« überhaupt darstellen (vgl. Abschnitt 7.3).

❑ »Das Problem der Unterrichtsmethodik läßt sich folglich durch die Grundfrage umschreiben, ob die Organisations- und Vollzugsformen des Lehrens *adäquates* Lernen ermöglichen« (Klafki 1985 b, S. 79; Hervorhebung von uns). Was

»adäquat« in diesem Zusammenhang heißt, erläutert er – leider – nur an einem Negativ-Beispiel: Die Übungstechnik des »Wettrechnens« im Klassenzimmer diene – gewollt oder ungewollt – der Einübung in die Konkurrenzorientierung und führe bei einem Teil der Schüler zum Aufbau von Angst vor Bloßstellung und Versagen. Es widerspreche also dem Ziel der Förderung der Solidaritätsfähigkeit.

- Deshalb dürfen Entscheidungen über Unterrichtsmethoden nicht ausschließlich im Blick auf die fachlichen Unterrichtsziele und -inhalte getroffen werden. Vielmehr müssen »die individuellen oder gruppen- bzw. sozialisationsspezifischen Lernvoraussetzungen der Schüler«, die in der Bedingungsanalyse erhoben werden sollen, als gleichrangige Faktoren berücksichtigt werden (Klafki 1985 b, S. 80).

- »Die Methodenforschung, insbesondere auch die der Bereichs- und Fachdidaktiken, muß sich zum Ziel setzen, ein variables Methodenrepertoire zu entwickeln, das es den Lehrern und in zunehmendem Maße den Lernenden selbst ermöglicht, Hilfen für zieladäquate Lernprozesse, die unterschiedliche Lernausgangsbedingungen berücksichtigen, zu geben oder aufzufinden« (Klafki 1985 b, S. 80).

- Schließlich fordert Klafki: »Lernen im Sinne kritisch-konstruktiver Didaktik muß in seinem Kern *entdeckendes* bzw. *nachentdeckendes* und *sinnhaftes, verstehendes Lernen anhand exemplarischer Themen* sein, ein Lernen, dem die reproduktive Übernahme von Kenntnissen und alles Trainieren, Üben, Wiederholen von Fertigkeiten eindeutig nachgeordnet oder besser: eingeordnet werden muß, als zwar notwendige, aber nur vom entdeckenden und/oder verstehenden Lernen her pädagogisch begründbare Momente« (Klafki 1985 b, S. 77; Hervorhebungen bei Klafki).

Wir fassen zusammen:

> **These 5.15:**
> **Klafki entwickelt ein im Ansatz dialektisches, dann aber nicht weiter entfaltetes Methodenverständnis.**

5.6 Was heißt »Allgemeinbildung« heute?

Was ist das »Allgemeine« an der Allgemeinbildung? In den klassischen Bildungstheorien waren dies drei Aspekte (vgl. Klafki 1985 a, S. 17 f.):

- Allgemeinbildung ist *Bildung für alle* ohne Unterschied der Herkunft, der Geburt, der gesellschaftlichen Klasse oder des Vermögens.
- Allgemeinbildung ist *allseitige Bildung,* also eine Bildung, die jeden einzelnen möglichst vielfältig fördert – nicht nur in bestimmten Spezialgebieten oder im Hinblick auf seinen späteren Beruf, sondern in allen seinen Möglichkeiten.

❏ Allgemeinbildung ist *Bildung »im Medium des Allgemeinen«,* nämlich im Gesamtzusammenhang der uns umgebenden Welt (vgl. S. 138 f.).

Es läßt sich einwenden, daß diese drei Aspekte nie ohne Einschränkungen verwirklicht worden sind. So war etwa der Anspruch, Allgemeinbildung als »Bildung für alle« zu verstehen, zur Zeit der klassischen Bildungstheoretiker alles andere als verwirklicht. Weitere Einschränkungen nennt Rang (1986, S. 478-481). Aber dennoch behielt diese traditionelle Bestimmung bis heute Gültigkeit auch über Systemgrenzen hinweg: *Sozialistische* Allgemeinbildung ist in ihrem Kern in der DDR gleich definiert worden (vgl. Abschnitt 7.3.2).

Seit Beginn der 80er Jahre wurde die Allgemeinbildungsfrage wieder zunehmend diskutiert. Dieses neue Interesse an dem alten Begriff wurde durch aktuelle Entwicklungen ausgelöst und wird, so vermuten wir, in den 90er Jahren noch weiter anwachsen:

❏ Die in den 70er Jahren eingeleiteten Reformen des allgemeinbildenden Schulwesens stagnieren. Unter dem Etikett »Réform der Reform« wurden sie teilweise sogar zurückgenommen (z.B. in der Reformierten Gymnasialen Oberstufe oder bei der flächendeckenden Einführung von Gesamtschulen).

❏ Konservative Bildungspolitiker diskutieren die Errichtung von Elite-Gymnasien und fackeln nicht lange bei ihrer Einführung (so in Baden-Württemberg im Herbst 1991).

❏ Die Klagen über mangelnde Studierfähigkeit der AbsolventInnen des Gymnasiums nehmen zu (vgl. Block 1990).

❏ Diese Klagen führen – zusammen mit Überlegungen, auf neue Technologien und Medien mit der Einführung neuer Schulfächer zu reagieren – zur grundsätzlichen In-Frage-Stellung des allgemeinbildenden Fächerkanons.

❏ Wirtschaftsvertreter und -manager fordern eine »solide Allgemeinbildung« und meinen damit vor allem sprachliche und schriftliche Ausdrucksfähigkeit in der deutschen und in zwei Fremdsprachen.

❏ Auseinandersetzungen auf parteipolitischer Ebene (so etwa das Gezänk um die bundesweite Anerkennung des Abiturs und um die nordrhein-westfälische Kolleg-Schule) beflügeln die Auseinandersetzungen um die Allgemeinbildung und belasten sie zugleich.

❏ Die deutsche Einigung wirft erneut die Frage nach der »richtigen« Allgemeinbildung auf, weil Kriterien entwickelt werden müssen, um Schul- und Hochschulabschlüsse wechselseitig zu bewerten und anzuerkennen. Auch die Diskussion über das 13. Schuljahr gehört in diesen Kontext.

❏ Schließlich werden alle diese Fragen verstärkt und in einem größeren, europäischen Zusammenhang diskutiert werden müssen, wenn der europäische Binnenmarkt verwirklicht wird.

Die Intensivierung der Diskussion um die Allgemeinbildung entstand also keineswegs zufällig. Öffentlichkeitswirksam wird sie aber eher in den politischen Zentralen, in den oberen Schulbehörden, von Wirtschaftsleuten und

5.6 Was heißt »Allgemeinbildung« heute?

Gewerkschaftlern sowie in Fernseh-Talkshows diskutiert als von Pädagogen und Erziehungswissenschaftlern. Doch auch diese haben sich zahlreich zu Wort gemeldet (vgl. die zusammenfassenden Analysen und die umfangreiche Auswahl-Bibliographie bei Heymann/von Lück 1990). Dabei sind zwei verschiedene Grundrichtungen auszumachen: Die einen schlagen einen Kanon von Fächern und Bildungsinhalten, von Kenntnissen und Fertigkeiten als unverzichtbaren Bestandteil der Allgemeinbildung vor (etwa Wilhelm 1985), sie entwerfen also eine aktualisierte »materiale« Bildungstheorie. Die anderen beschreiben Methoden und Kompetenzen, die die Menschen heute brauchen, um (über-)leben und arbeiten zu können; sie entwerfen also eher »formal« orientierte Bildungstheorien (vgl. S. 77 f. und 142 f.).

In dieser Situation hat sich Wolfgang Klafki, für den ja die »Kategoriale Bildung« (vgl. Abschnitt 5.4.2) weiterhin ein zentrierender Begriff geblieben ist, zu Wort gemeldet, gegen die Aufstellung festgeschriebener Inhaltskataloge Stellung genommen und eine Neubestimmung des Allgemeinbildungsbegriffs versucht. Drei schon von den Klassikern der Bildungstheorie herausgearbeitete Gesichtspunkte sind für ihn auch heute unverzichtbar:
1. Fundament des Bildungsbegriffs ist das *Aufklärungspostulat* (vgl. These 3.8, S. 77, und These 5.1, S. 137).
2. Auch heute muß gelten: Allgemein ist Bildung, wenn sie *allseitige Bildung für alle Menschen* im *Medium des Allgemeinen* ist.
3. Allgemeinbildung bezeichnet die Fähigkeit eines Menschen, *kritisch, sachkompetent, selbstbewußt* und *solidarisch* zu denken und zu handeln (vgl. These 5.2, S. 139).

Mit den drei übergreifenden Zielstellungen der Kritisch-konstruktiven Didaktik – Selbstbestimmungs-, Mitbestimmungs- und Solidaritätsfähigkeit – knüpft Klafki bewußt an das aufklärerische Erbe der klassischen Bildungstheoretiker an. Und indem er diese drei Zielstellungen durch einen Katalog von »Schlüsselproblemen« ergänzt, konkretisiert er zugleich seine Forderung nach »potentiell emanzipatorischen Themen« im Unterricht:

> »Meine These lautet: Bildung bzw. Allgemeinbildung bedeutet, in der hier angesprochenen Perspektive, ein geschichtlich vermitteltes Bewußtsein von zentralen Problemen der gemeinsamen Gegenwart und der voraussehbaren Zukunft gewonnen zu haben, Einsicht in die Mitverantwortlichkeit *aller* angesichts solcher Probleme und Bereitschaft, sich ihnen zu stellen und am Bemühen um ihre Bewältigung teilzunehmen. Ich bin der Meinung, daß sich über solche Zentralprobleme, sog. ›Schlüsselprobleme‹ unserer Gegenwart und der vor uns liegenden Zukunft, auf der Ebene der Gestalter von Richtlinien, Lehrplänen, Curricula, aber auch auf der Ebene des konkreten Unterrichts unter Mitbestimmung von Eltern und Schülern, bei offener Diskussion ein jeweils hinreichender Konsens herstellen lassen müßte, eine Übereinstimmung, die freilich immer wieder – gemäß sich wandelnden historischen

> Verhältnissen – zur Diskussion gestellt und neu gewonnen werden muß. Wohlgemerkt: Ich unterstelle nicht die Erreichbarkeit eines völligen Konsenses über die *Lösungen* solcher Schlüsselprobleme unserer Zeit und auch nicht über die *Wege* zu etwaigen Lösungen. Ich unterstelle nur die Möglichkeit, hinsichtlich der *Problemstellungen* zu einer hinreichenden Übereinstimmung zu kommen. Dabei denke ich an Probleme folgender Art:
> – die Friedensfrage und das Ost-West-Verhältnis
> – die Umweltfrage
> – Möglichkeiten und Gefahren des naturwissenschaftlichen, technischen und ökonomischen Fortschritts
> – sog. ›entwickelte Länder‹ und ›Entwicklungsländer‹ sowie das Nord-Süd-Gefälle
> – soziale Ungleichheit und ökonomisch-gesellschaftliche Machtpositionen
> – Demokratisierung als *generelles* Orientierungsprinzip der Gestaltung unserer gemeinsamen Angelegenheiten, also z.B. auch der Wirtschaft, oder Begrenzung auf Teilbereiche?
> – Arbeit und Arbeitslosigkeit in ihrer ökonomisch-gesellschaftlich-politischen Bedeutung und in ihrer Bedeutung für die individuelle und soziale Identität des einzelnen
> – Arbeit und Freizeit – sind wir wirklich auf dem Wege zu einer Freizeitgesellschaft?
> – Freiheitsspielraum und Mitbestimmungsanspruch des einzelnen und kleiner sozialer Gruppen einerseits und das System der großen Organisationen und Bürokratien andererseits
> – das Verhältnis der Generationen zueinander
> – die menschliche Sexualität und das Verhältnis der Geschlechter zueinander
> – traditionelle und alternative Lebensformen
> – individueller Glücksanspruch und zwischenmenschliche Verantwortlichkeit
> – Recht und Grenzen nationaler Identitätsbestimmung angesichts der Unabdingbarkeit universaler Verantwortung
> – Deutsche und Ausländer in Deutschland
> – Behinderte und Nichtbehinderte
> – Möglichkeiten und Problematik der Massenmedien und ihrer Wirkung
> – die wissenschaftliche Wirklichkeitsbetrachtung, die sog. ›Verwissenschaftlichung‹ der modernen Welt und das alltägliche Verhältnis von Mensch und Wirklichkeit.«
>
> (Klafki 1985a, S. 20 f.; Hervorhebungen bei Klafki)

Schlüssel*probleme,* dies macht der Text deutlich, dürfen nicht mit Schlüssel*themen* (im Sinn z.B. des Exemplarischen Prinzips) verwechselt werden, vielmehr handelt es sich um die Ziele bzw. Kriterien, auf die hin Richtlinienexperten, Lehrer und Schüler das Problem der Allgemeinbildung neu durchdenken sollen.

Nur dasjenige ist ein Schlüsselproblem, was im Diskurs mit den zu erziehenden jungen Menschen von ihnen als existenziell wichtig eingesehen wurde. Der »Computerführerschein für alle«, die Differentialrechnung oder

die zweite Fremdsprache sind dies sicherlich nicht; die Fragen, wie der Frieden gesichert und wie die ökologische Bedrohung der Erde gemeistert werden können, zählen sicherlich dazu.
Klafki hat angekündigt, sein Konzept der Schlüsselprobleme weiter auszuarbeiten. Die Auflistung der bisher 18 Schlüsselprobleme ist unvollständig; die Frage, mit welchem theoretisch durchdachten Verfahren der Katalog ergänzt und seine Funktion in der Lehrplanerstellung und Unterrichtsvorbereitung bestimmt werden kann, ist offen. Trotz solcher noch zu klärenden Fragen macht Klafkis Problemskizze deutlich: Die Stärke der Bildungstheoretischen Didaktik besteht darin, offen und konstruktiv auf neue Fragen und Herausforderungen eingehen zu können.

Wolfgang Klafki

SECHSTE LEKTION

LEHR-
THEORETISCHE
DIDAKTIK

Ziele und Inhalte dieser Lektion:

Die Lerntheoretische (oder auch: Lehrtheoretische) Didaktik entstand nicht zuletzt aus der Kritik, die Paul Heimann, Gunter Otto und Wolfgang Schulz gegen die Bildungstheoretische Didaktik vorbrachten.
- ❏ Im *ersten und zweiten Abschnitt* stellen wir die drei Autoren und das Kernstück ihres Modells vor.
- ❏ Im *dritten Abschnitt* erläutern wir die wichtigsten Grundbegriffe und sparen nicht mit Kritik.
- ❏ Im *vierten Abschnitt* versuchen wir nachzuweisen, daß Paul Heimann doch Bildungstheoretiker war, und im *fünften Abschnitt* beschreiben wir die insofern konsequente Weiterentwicklung dieser Didaktik zum »Hamburger Modell«.

6.1 Zu den Autoren der Lern- bzw. Lehrtheoretischen Didaktik

Der »Vater« der Lerntheoretischen Didaktik, *Paul Heimann* (1901-1967), arbeitete seit Ende des Krieges an der Pädagogischen Hochschule Berlin (West). Er war entscheidend beteiligt an Reformen der Schule und der Lehrerausbildung in Berlin und trat dabei unter anderem für die Errichtung von Gesamtschulen ein. »Sein« didaktisches Modell entwickelte er zu Anfang der 60er Jahre in Kooperation mit anderen Dozenten an der PH aus Anlaß des 1960 eingeführten »Didaktikums«, einer längeren und von Hochschullehrern betreuten Schulpraxis-Phase der Lehramtsstudentinnen und -studenten zwischen ihrem 3. und 4. Studiensemester. Wolfgang Schulz und Gunter Otto waren damals Assistenten in Berlin – deshalb auch der Name »*Berliner Schule*« für dieses Modell. Heimann hatte sich nach dem Krieg mit dem Vergleich der Bildungssysteme verschiedener Staaten beschäftigt, dabei besonders mit der Schule in der Sowjetunion.

Paul Heimann

Gunter Otto, geboren 1927 in Berlin, war von 1946 (also schon im Alter von 19 Jahren!) bis 1956 im Schuldienst und seit 1956 an der Pädagogischen Hochschule Berlin. Seit 1971 ist er Professor für Erziehungswissenschaft an der Universität Hamburg. Er ist einer der wenigen Pädagogen, die sowohl in der Allgemeinen wie auch in der Fachdidaktik, nämlich der Ästhetischen Erziehung, zu den führenden Köpfen der Zunft zählen. »Die allgemeine Didaktik praktisch machen – die Fachdidaktik allgemein machen« lautet sein Motto.

Otto hat zahlreiche gewichtige Bücher geschrieben und war bzw. ist Herausgeber mehrerer Zeitschriften (Westermanns Pädagogische Beiträge, Kunst + Unterricht, DIALOGE). Zusammen mit

Gunter Otto

seinem Freund und Gewerkschaftskollegen Wolfgang Schulz ist er das ideale Gespann für die Herausgabe von Enzyklopädien, für die Veranstaltung von Kongressen usw. Er hat die »Berliner« und die »Hamburger Didaktik« entscheidend mitgestaltet.

Wolfgang Schulz, geboren 1929 in Berlin, war in der Lehrerbildung und als Seminarleiter (von dem die damaligen Referendare heute noch schwärmen) tätig. Er ist seit 1977 Professor für Erziehungswissenschaft am größten erziehungswissenschaftlichen Fachbereich der Bundesrepublik in Hamburg, Bürgerschaftsabgeordneter für die SPD und blendender Vortragsredner.

Seine Stärke: Er kann Kritik konstruktiv aufnehmen und hat dies bei der Annäherung an die Bildungstheoretische Didaktik auch getan.

Schulz wird ärgerlich, wenn er immer wieder auf seinen Aufsatz »Unterricht – Analyse und Planung« aus der ersten großen und weit verbreiteten Darstellung dieses Didaktikmodells »festgenagelt« wird (Heimann/Otto/Schulz 1965). Er hat gegen Ende der 60er Jahre mit guten Gründen vorgeschlagen, das Modell nicht als »Lerntheoretische«, sondern als »Lehrtheoretische Didaktik« zu bezeichnen (vgl. Schulz 1970). Diesem Begriffswechsel folgen wir; deshalb werden wir dieses Modell im weiteren ebenfalls so bezeichnen.

Wolfgang Schulz

6.2 Begriffsklärungen und Beispiel

6.2.1 Was heißt »Strukturanalyse des Unterrichts«?

Im Mittelpunkt der Lehrtheoretischen Didaktik steht ein verhältnismäßig einfach strukturierter Raster von Begriffen und Begriffs-Relationen zur Beobachtung und Planung von Unterricht. Die Autoren schlagen vor, vier sogenannte

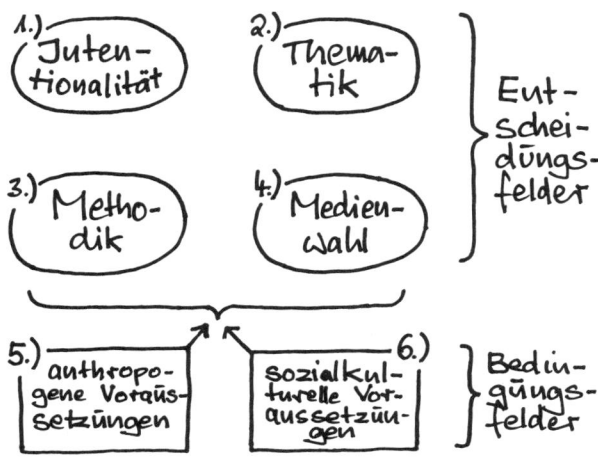

Abbildung 6.1

Entscheidungs- und zwei Bedingungsfelder zu unterscheiden und sie in der in Abbildung 6.1 gezeigten Weise einander zuzuordnen.

Keine Unterrichtsstunde kann gehalten werden, ohne daß der Lehrer bzw. die Lehrerin sich Klarheit darüber verschafft, welche Intentionen bzw. Ziele er/sie verfolgen will, was das Thema bzw. der Inhalt der Stunde sein soll, welche Methoden und welche Medien dazu herangezogen werden sollen. Hier muß sich der Lehrer *entscheiden,* was er will; deshalb der Name »Entscheidungsfeld« für die ersten vier Begriffe. Des weiteren muß sich der Lehrer Klarheit darüber verschaffen, von welchen *Voraussetzungen* er bei seinen SchülerInnen ausgehen kann. Diese Voraussetzungen nennen die Autoren »Bedingungsfelder« und unterscheiden sie nach dem Grad ihrer Veränderbarkeit. Anthropogene Voraussetzungen können so gut wie gar nicht verändert werden (z.b. die Tatsache, daß ein Schüler Linkshänder ist oder daß alle SchülerInnen mit einem gewissen Alter in die Pubertät kommen). Sozialkulturelle Voraussetzungen können vom unterrichtenden Lehrer auch nicht verändert werden, sie sind aber doch einem mehr oder weniger schnellen gesamtgesellschaftlichen Wandel unterworfen (z.B. die Tatsache, daß von Jungen ein anderes Geschlechtsrollenverhalten als von Mädchen erwartet wird).

Wie sind die Vertreter der Lehrtheoretischen Didaktik zu diesen sechs Feldern der Strukturanalyse (die übrigens Teil eines größeren Zusammenhangs ist – vgl. Abbildungen 6.2 und 6.5) gekommen?

Paul Heimann, von dem das Konzept zur Strukturanalyse stammt, hatte eine auf den ersten Blick verblüffend einfache Idee, wie man den »Knochenbau« einer Unterrichtsstunde ermitteln könne: Man müsse nur lange genug Unterricht beobachten und dann versuchen, die formalen Gemeinsamkeiten bzw. »Konstanten« der inhaltlich und situationsbezogen immer wieder variierten Vielfalt unterrichtlicher Erscheinungen zu bestimmen. Paul Heimann (1976 a, S. 105):

»Da gibt es zunächst einmal so etwas, was man eine zeitlose Struktur des Unterrichts nennen könnte. Damit meine ich die formale Baugesetzlichkeit des Unterrichts.
Sie wissen, kein Unterricht gleicht dem anderen. Sie steigen nicht zweimal in denselben Fluß. Der heutige Unterricht ist ein anderer als der gestrige, der vor einem Jahrzehnt war ein anderer als der heutige, der in Rußland ein anderer als in Amerika, und für den Unterricht in unseren verschiedenen Schulbezirken gilt das sicherlich auch. Es gibt niemals denselben Unterricht, aber es ergibt sich dennoch eine gewisse Gleichartigkeit in Hinsicht auf seine zeitlose, formale Struktur.«

Jeder konkrete Unterrichtsprozeß, ob diese oder jene Stunde im Rahmen der Berliner Lehrerausbildung, ob eine Stunde aus dem Jahr 1962, 1965 oder 1990, ob in Frankfurt am Main oder an der Oder, in jedem Fach, in jeder Schulform, in jeder historischen Kulturepoche soll also zurückgeführt werden können auf ein und dieselbe formale Struktur:

> **These 6.1:**
> Konkreter Unterricht ist eine inhaltliche Variation einer zeitlosen und konstanten formalen Struktur, die mit Hilfe der Strukturanalyse ermittelt werden kann.

6.2 Begriffsklärungen und Beispiel

Wissenschaftstheoretisch betrachtet ist These 6.1 nicht haltbar. Sie widerspricht den Thesen 3.3 und 4.7 aus Teil I unseres Buches. Es gibt keine zeitlos gültigen, sondern immer nur von Menschenhand gemachte formale Strukturen. Dies kann man schon daran ablesen, daß das Entscheidungsfeld Nr. 4, die Medien, in der akademischen Diskussion höchst umstritten ist; dies wird auch daran deutlich, daß – aus welchen Gründen auch immer – ein fünftes Entscheidungsfeld zur Ergebnissicherung oder Lernkontrolle in dem Raster fehlt.

6.2.2 Beispiel

In einem 1961 vor Berliner LehrerInnen gehaltenen und nach seinem Tode veröffentlichten Vortrag (Heimann 1976 a, S. 105 f.) beschreibt Heimann auf höchst amüsante Weise, wie er sich eine Strukturanalyse vorstellt:

»Im Unterricht geht stets folgendes vor:
a) Da ist jemand, der hat eine ganz bestimmte Absicht.
b) In dieser Absicht bringt er irgendeinen Gegenstand in den
c) Horizont einer bestimmten Menschengruppe.
d) Er tut das in einer ganz bestimmten Weise,
e) unter Verwendung ganz bestimmter Hilfsmittel, wir nennen sie Medien,
f) und er tut es auch in einer ganz bestimmten Situation.

Indem ich das hier so einfach aufgezählt habe, habe ich die 6 grundlegenden Gesichtspunkte zum Betrachten der Grundstruktur des Unterrichtens mitgeteilt. Wir können sie auf eine einfache Weise in Fragen verwandeln. Dann stellt sich Unterricht dar als eine Beantwortung folgender Grundfragen:

1. In welcher *Absicht* tue ich etwas?
2. *Was* bringe ich in den Horizont der Kinder?
3. *Wie* tue ich das?
4. Mit welchen *Mitteln* verwirkliche ich das?
5. An *wen* vermittele ich das?
6. In welcher *Situation* vermittle ich das?«

Er erläutert die sechs Grundfragen dann anhand einer von einer Studentin gehaltenen Unterrichtsstunde zum Thema »Mondphasen«, die er offensichtlich kurz vorher gesehen und noch frisch in Erinnerung hatte. Wir drucken längere Auszüge daraus ab, weil es besser in das Denken des »Urvaters« der Lehrtheoretischen Didaktik einführt als jede Umformung in eine systematische Darstellung und weil es vom Thema her gut mit dem auf den Seiten 148-150 wiedergegebenen Unterrichtsbeispiel des Bildungstheoretikers Martin Wagenschein verglichen werden kann.

»Ich will Ihnen das, was wir jetzt erörtern, an dem Beispiel einer Unterrichtsstunde aus dem Didaktikum verdeutlichen!
Stundenthema: Der Mond.
Stundenziel: Klärung von Naturerscheinungen.
Stundenart: Erarbeitungsstunde.
Unterrichtsanlaß: Die Kinder sollten lernen, daß es nur einen Mond, in verschiedener Form sichtbar, gibt.

Die Unterrichtsdurchführung werde ich jetzt als Beispiel dafür nehmen, damit wir nicht ganz ins Leere hinein sprechen.«

■ Intention/Absicht

»Die erste zu erörternde Kategorie ist die der Absicht, die Intention, das Stundenziel.
Keiner von Ihnen wird der Ansicht sein, daß er absichtslos in seinen Unterricht geht. Zumindest hat er mehrere Intentionen, die ihm mehr oder weniger bewußt sind. Eine Absicht liegt seinem Tun zugrunde.
(...) Formale Absichten können z.B. sein: Ich will heute die Kenntnisse meiner Schüler vermehren, oder anspruchsvoller: Ich will *Erkenntnisse* bei ihnen entwickeln oder: Ich will *Erlebnisse* provozieren, *Fähigkeiten* zur Entfaltung bringen, *Fertigkeiten* schulen. Andere Kollegen, die von der HERBARTSchen Gesinnungspädagogik herkommen, denken vielleicht an *Gewohnheitsstiftung*, an *Gesinnungserzeugung*, an *Gestaltungen*, an *Werkstücke* und Ähnliches. Hier habe ich Ihnen einen ganzen Kanon von möglichen Absichten vorgelegt. (...)
Welche Absicht hatte nun die Studentin, die den Mond behandeln wollte? Wenn Sie die Stunde analysieren, so kommen Sie auf verschiedene Absichten.
Es war wohl eine *Erkenntnisabsicht* dabei. Sie konnte jedoch nicht verwirklicht werden, denn es handelte sich um ein zweites Schuljahr. Es ist aber einfach nicht möglich, im 2. Schuljahr so komplizierte Vorgänge wie die Entstehung der Mondphasen zur *Erkenntnis* zu bringen! Infolgedessen konnte es nur eine Absicht, eine Intention sein, die auf *Kennenlernen* abzielte, auf eine rein phänomenologische *Kenntnisnahme* von der Tatsache des Mondes.
Die Studentin hatte aber außerdem Zeichnungen angefertigt und Pappmodelle mitgebracht. Sie befestigte sie an der Tafel und ließ den optischen Erscheinungsformen der Mondphasen die entsprechenden Bezeichnungen zuordnen. Sie entwickelte dabei ein Tafelbild mit einfachstem Tabellencharakter. Dieses Tun verwies auf eine neue Intention: Die Kinder sollten bekanntgemacht werden mit der Entstehungsweise von ‚Tabellen‘, sie konnten dabei in das ‚Lesen‘ von Tabellen eingeführt werden. Diese untergründige Intention brauchte im Bewußtsein der Studentin mit der erstgenannten Absicht nicht gekoppelt zu sein. Sie merken daraus, in jedem Unterricht verwirklichen sich *mehrere Absichten*, die dem Lehrer nicht insgesamt bewußt zu sein brauchen. So war es auch bei der Studentin, denn auf eine Frage hinsichtlich *ihrer* Intention hätte sie geantwortet: ‚Das wollte ich alles nicht! Ich wollte den Mond

durchnehmen.' Mit dieser Antwort ist folgender Tatbestand ausgedrückt: Im Bewußtsein der Studentin waren Stundenthema (= Gegenstand) und Stundenziel (= Intention) identisch! Hier müssen wir eine Korrektur vornehmen: Gegenstand und Intention *können* identisch *scheinen*, sie *sind* es in der Regel nicht! Sie liegen meistens weit auseinander. Genauer gesagt: Der Gegenstand klärt sich erst durch die Intention! Er wird erst zu einem profilierten Gegenstand durch klare, also durch bewußte Intention. Damit kommen wir zur zweiten Grundfrage, die wir als Beispiel an diese gewählte Stunde richten wollen, zur Frage nach dem Unterrichtsinhalt. (...)«

■ *Gegenstand/Thema*

»Bei dieser Frage merken Sie, daß sich der *Gegenstand* im Unterricht immer erst *konstituiert*, erst zum *Lerngegenstand* wird, indem er *intentional bestimmt* wird.

Der Mond kann sehr verschiedene Gegenstandskategorien verkörpern. Sie können z. B. – wie das in einem 2. Schuljahr naheliegt – den Mond als einen *mythologischen Gegenstand* behandeln. Dann meinen Sie einen Märchenmond, etwa einen Gegenstand, der in unseren lyrischen Gedichten auftaucht, von dem man z.B. auch Märchen erzählen kann. – Denken Sie an den Mann im Mond!

Sie können aber auch aus dem Mond einen *astronomischen Gegenstand* machen.

Sie merken daran, daß allein die Intention darüber bestimmt ist.

Die Studentin hatte keine klare Intention! Sie arbeitete infolgedessen mit einer ‚Mischgestalt', mit einem halb mythologischen, halb astronomischen Mond – und ich kann Ihnen gleich verraten, was Ihnen als erfahrenen Praktikern kein Geheimnis mehr ist: Bei einer solchen Diffusität *muß* man im Unterricht scheitern!

(Denn in dem Augenblick, wo sie der mythologisch-magischen, mithin der volkstümlichen Vorstellung vom Mond freie Bahn ließ, tauchte natürlich in der Vorstellung der Kinder und damit in ihren Äußerungen alles auf, was mit dem *Mann im Mond* zu tun hat, mit dem Mondgesicht, mit der Tatsache, daß der Mond ‚schlafen' geht. – Aber die Studentin wollte ja *Mondphasen erklären*. Sie wollte *klären*, daß es stets derselbe Mond ist, der nur durch verschiedene Sonnenbescheinung eine ganz bestimmte *astronomische Gestalt* annimmt usw.)

Hier wird ganz deutlich, daß allein durch die Intention der Gegenstand fixiert werden kann. Damit gehört zur Bewußtseinsbildung des Lehrers sein Wissen darum, welche Intention er an einem Gegenstand verwirklichen will. (...)

Wenn wir den *Gegenstand* und *Intention* bewußtseinsmäßig erfaßt haben und genau *unterscheiden* können, was das eine und was das andere ist, haben wir Klarheit als Voraussetzung der Unterrichtsvorbereitung gewonnen. Der folgende Schritt verlangt Klarheit darüber, ob ich eine oder mehrere Intentionen mit einem Gegenstand verbinde. Sie werden vielleicht sagen: das sind Binsenweisheiten! Das macht doch jeder Lehrer ganz bewußt.

Ich möchte Ihnen sagen: Tun Sie es nicht unbewußt! Wenn wir unseren reflektierenden Verstand auf diese sehr einfachen Verhältnisse richten, entdecken wir nämlich Erstaunliches!

Wir stellen fest, daß die Intentionalität beim Lehrer durchaus nicht im Verstand entsteht, sondern daß diese Impulse meistens aus der Tiefe seines Gemütes kommen. Nun haben es aber gerade diese Antriebe, die aus der Tiefe unseres Gemütes kommen, sehr nötig, durch die Kontrolle unserer ratio, speziell unserer didaktischen ratio zu gehen. Diese didaktische ratio würde hier sehr genau und unerbittlich unterscheiden und aussondern. Das wäre von Nutzen für unseren Unterricht, der natürlich durch Aufhellung und Analyse eine viel größere Präzision bekommt.

(...) Die 6 Grundfragen können in jeder beliebigen Reihenfolge behandelt werden. Wir haben an dem Beispiel der Stunde vom Mond nach *Intentionen* und nach dem *Gegenstand* gefragt. Fragen wir nun nach den *Medien*, die in dieser Stunde verwendet wurden. (...)«

■ *Medien*

»Jeder Gegenstand, den Sie in den Horizont der Kinder, den Sie also in die Schulstube bringen, hat es nötig, ein Medium anzunehmen. Er erscheint repräsentiert durch ein ganz bestimmtes ‚Vehikel'. Das kann sein (und ist das billigste): Ihr Wort. Sie wissen, wenn Sie einmal nicht viel Zeit haben, sich auf den Unterricht vorzubereiten, wenn Sie einmal eine Stunde ‚aus der rechten Hand' geben, dann bedienen Sie sich des Mediums, das dem sprechenden Menschen immer zur Verfügung steht, nämlich des Wortes. Sie wissen aber als erfahrene Pädagogen auch, daß das Wort in sehr seltenen Fällen das geeignete Medium ist für die Übermittlung von Unterrichtsinhalten. Es gibt nur in einem ganz kleinen Kreis, wo es die klassische Form ist, und wo es sogar die einzig mögliche Form ist. Wenn Sie z.B. ein Gedicht vortragen wollen, dann müssen Sie es eben sprechen. Ein Gedicht kann im wesentlichen nur durch verbale Medien an jemanden herangebracht werden, eben weil der Gedichtinhalt in dem Medium ‚Wort' adäquate Darstellung gefunden hat. Aber mit anderen Gegenständen ist es absolut nicht so. Andere Gegenstände verlangen nach ganz anderer medialer Repräsentation! Hier müßte ein kleiner Exkurs darüber entwickelt werden, was die Medien dem Gegenstand ‚antun'. Ich beschränke mich auf das Hervorheben der Ihnen allen bekannten Tatsache: Die Art und Weise, wie ich einen Unterrichtsinhalt an Kinder herangebracht habe, ist zugleich bestimmend für die Art und Weise, in der dieser Gegenstand in einem Kind lebendig wird. Das Medium bleibt gewissermaßen wie Eierschalen an dem Gegenstand haften. (Ich kann mich an meine eigene Jugend erinnern, als der Geschichtsunterricht noch ein vaterländischer Unterricht war und wir uns z.B. auch mit unserem Herrscherhause beschäftigen mußten. Wir hatten da in unserem kleinen Geschichtslehrbuch, das sehr primitiv war, 2 Vignetten (Graphiken) von Kaiser Wilhelm II. und seiner Gemahlin Auguste Viktoria. Ich sehe noch heute diese Vignetten vor mir. Für mich war das Kaiserhaus eben lange Zeit repräsentiert durch diese beiden Graphiken. Ob das gerade eine sehr adäquate Vorstellung über unser Kaiserhaus gewesen ist, wage ich heute zu bezweifeln.)

(...)

Die Medienfrage ist außerordentlich wichtig. Sie ist so wichtig, weil *Intentionen, Gegenstand* und verwendetes *Medium* in einer inneren Koordinierung, in einer Harmonie stehen müssen.

6.2 Begriffsklärungen und Beispiel

Sie können also den ganzen Unterricht schon von der Struktur her verbauen, wenn Sie eine falsche Medienwahl treffen!
Ich will das an dem Beispiel der ‚Mondlektion' kurz erläutern. Diese Studentin hatte sich große Mühe gegeben. Sie hatte einen Vollmond aus Pappe ausgeschnitten, ihn gelb angestrichen und ihn an die Tafel gehängt. Sie hatte die Mondphasen ausgeschnitten und eine ganz große schwarze Scheibe hergestellt, mit der sie den Vollmond verdunkeln konnte. Sie konnte also als Herrgott fungieren und ihn mehr oder weniger abdecken. Mit diesen ‚Vehikeln' ging sie also in die Klasse. Sie wollte den Kindern damit klarmachen, *warum* der Mond einmal als Vollmond, zum anderen als abnehmende oder als zunehmende Sichel zu sehen ist.
War das Medium dieser Intention adäquat? Bestand hier die innere Koordination zwischen Gegenstand, Medium und Intention?
Wenn sie die Absicht hatte, damit eine Erklärung von Naturerscheinungen herbeizuführen, so war das Medium falsch gewählt. Denn wo ist im Kosmos die schwarze Pappscheibe, die den Mond verdunkelt? D.h., es war also keine dem *astronomischen Gegenstand* angemessene Weise des Verfahrens und des *Mediums*, sondern es war eine, die eigentlich auf eine magische *Auffassung* des Mondes zurückging. Aber sie hatte absolut im Sinne, astronomisch zu verfahren!
So verwickelt sich der Lehrer häufig, ohne daß er es weiß, durch eine falsche Medienwahl in verhängnisvolle Unterrichtskonflikte. Was ist die Folge eines solchen unbedachten, unreflektierenden Verfahrens?
Die Folge ist, daß bei den Kindern keine reine Anschauung entsteht. (Sie ist

auch in diesem Falle nicht entstanden. – Sie haben zwar jetzt gewußt, irgendwie wird irgend etwas finster und wieder hell, und die Lehrerin hat das sehr schön vorgemacht – und sie stellten sich jetzt vielleicht den Himmel vor als eine Tafel mit Pappscheiben und einer allmächtigen Lehrerin, die den Mond verdunkelt). Das ist sehr drastisch, wenn ich das so sage, aber so bot sich das den Kindern dar.«

■ *Aus den nun folgenden Absätzen wurden später die anthropogenen Voraussetzungen.*

»Wir haben jetzt *Intention, Gegenstand* und *Medienfrage* behandelt. Eine Frage, die in diesem Zusammenhang sofort auftritt, ist diejenige nach der Schülerbezogenheit des Unterrichts. An *wen* vermittle ich überhaupt meine unterrichtlichen Intentionen? Anders gesagt: In welcher Weise ist das Unterrichtsvorhaben auf die Lernenden entworfen?
Sie kennen diesen Sachverhalt unter dem schlichten Wort der Kindgemäßheit des Unterrichtes genügend aus Ihrer Praxis. Wir müssen uns also immer fragen:
Waren Ziel, Gegenstand, Methoden und Lehrverhalten abgestimmt auf die Lernkapazität der Schüler (das ist eine lernpsychologische Frage), auf die Altersstufenmentalität (das ist eine entwicklungspsychologische Frage) oder gar auf die Individuallage der Kinder, d.h. auf die *einzelnen* Kinder? Hier sehen Sie auch, wie kompliziert die Struktur des Unterrichts ist! Wenn Sie sich

schon auf die Lernkapazität der Kinder eingestellt haben, wenn Sie also schon den Intelligenzquotienten Ihrer Klasse kennen, dann ist ja noch lange nicht gesagt, daß Sie damit die individuellen Unterschiede Ihrer Kinder unterrichtsmäßig erfassen. Hier greifen wir also ein sehr wichtiges Problem an – ein kaum lösbares Problem. Hier taucht ein Stück der inneren Widersprüchlichkeit von Schule überhaupt auf, und ich glaube, Sie sollten auch selbst die Schule sehr kritisch sehen und sollten Schule nicht einfach als etwas hinnehmen, was so sein muß, weil sie so ist, also einfach von der Faktizität der Schule ausgehen, sondern an solchen Fragestellungen sollte einem immer auch deutlich werden, daß die Schule im Grunde genommen etwas ist, was nicht geht und doch getan werden muß, wie es letzthin einmal jemand ausgedrückt hat. Das ist auch eine theoretische Einsicht in die Schule, denn sie verschafft uns einigen Trost, sie versöhnt uns etwas mit unseren Mißerfolgen, und sie zeigt uns etwas von der Wirklichkeit der Schule. (...)

Fragen wir jetzt einmal danach, wie in unserer ‚Mondstunde' diese Frage eine Rolle gespielt hat. Es war eine 2. Klasse. Die Kinder einer 2. Klasse und deren seelische und geistige Befindlichkeit können Sie sich sicher vorstellen. An diese Kinder wird ein Gegenstand herangeführt, der mit einer diffusen Intention verknüpft ist. Hier wird der Mond betrachtet. Die Kinder reagieren spontan darauf. Eine Gruppe reagiert aus der Mentalität des Kindes, das sein Märchenalter noch nicht überwunden hat und die ganze Märchenhaftigkeit und Romantik dieses Gegenstandes in den Unterricht mit hineinbringt. Eine andere Gruppe von Kindern – und die werden wir in Berlin immer mehr finden – hatte dieses naive Weltverhältnis längst verlassen und brachte zum Teil technische, zum Teil astronomische Daten ins Gespräch und verwirrte natürlich die Lehrerin. Jetzt entsteht eine ganz wichtige Frage in Hinblick auf die Intention: Was kann ich berechtigt als Lehrer nun von den Kindern fordern? (Das ist wieder eine Frage der zweiten Reflexionsebene). Habe ich (unter der Voraussetzung, es ließe sich statistisch ausrechnen) 60 % meiner Schüler, die sich noch in dieser naiven Weise mit der Welt beschäftigen, vor mir? Habe ich dann das Recht, daß ich den mythologischen Mond bei ihnen durch einen astronomischen Mond ersetze?
Oder soll ich die anderen Kinder, die einen Fortschritt in Hinsicht auf ‚wissenschaftliche Welterkenntnis' gemacht haben, frustieren? Oder soll ich die Klasse teilen? Soll ich zwei Monde in zwei Gruppen behandeln?
Das ist eine Frage, die uns wieder zurückwirft auf die Intention! Die Menschengruppe in ihrer So-Beschaffenheit verpflichtet mich, meine Intentionen genau zu überlegen. Nun könnte ich ja mit Ihnen die Frage diskutieren, wie würden Sie im 2. Schuljahr den Mond mit den Kindern behandeln? Sicherlich würden sich zwei Gruppen bilden. Die Mitglieder der einen würden sagen: Behandeln Sie den Mond als ein Märchen. Wir können die Kinder *nicht lange genug* in ihrem Märchenland lassen. Sie werden früh genug in den Strudel der verwissenschaftlichten und durchtechnisierten Welt gerissen. (...)
Die Mitglieder der anderen Gruppe würden dagegen sagen: Wir können heute *nicht früh genug* unseren Kindern folgen, die schon in sehr frühem Alter, mit 3 - 4 Jahren, mit technischen Dingen umgehen fast wie Erwachsene, zum Teil über technische Zusammenhänge besser orientiert sind, als wir Erwachsenen. Wir würden diese Kinder frustrieren! (...)«

■ Situationsbezug/sozialkulturelle Voraussetzungen

»Ich behaupte, jede Unterrichtsstunde findet unter einem spezifischen *Situationsdruck* statt, und ich verstehe darunter folgendes:
1. In jeder Klasse herrscht eine bestimmte Klassensituation. Jedem Lehrer ist diese Situation als ‚Klassenklima' bekannt. Gerade dann, wenn Sie häufig Klassen wechseln müssen, weil Sie als Fachlehrer in vielen Klassen arbeiten, spüren Sie es fast leibhaftig, daß Sie in ein anderes Klassenklima geraten sind. Sie werden sich jeweils darauf einstellen und in Ihren Verfahrensweisen darauf antworten. Mit einem Wort:
Sie werden sich nuancieren, um dem zu begegnen, was ich den ‚spezifischen Situationsdruck' dieser Klasse nenne. Das ist die engste, intimste Situation, die es in diesem Unterrichtszusammenhang gibt.
2. Sie dürfen aber nicht verkennen, daß das eine Situation geschachtelt in andere ist. Denn diese Klasse sitzt ja in einer ganz bestimmten Schule, und die ganze Schule wirkt ihrerseits wieder klimaerzeugend und situationsschaffend. Sie geben mir zu, wenn Sie in eine OTZ[1] hineinkommen oder in eine OPZ, in eine, die in Zehlendorf ist oder in eine, die im Wedding draußen arbeitet, so kommen Sie in ganz verschiedene Schulgebilde hinein, die Ihnen ganz verschiedene Voraussetzungen bieten und ganz bestimmte Voraussetzungen für Ihre unterrichtliche Tätigkeit schaffen. Das nicht mit in seinen Unterricht einbeziehen zu wollen, hieße den Unterricht untheoretisch geben. Man muß die Situation auch zum Theoretikum erheben.
Wir sind das einer Situation schuldig, die diese beiden von mir eben geschilderten (Klassensituation und Schulsituation) noch übergreift: ich spreche in diesem Zusammenhang von der sozialkulturellen Gesamtsituation unserer Zeit. Denn diese Gesamtsituation erfordert vom Lehrer in jeder Stunde, in jeder Minute seines Tuns eine Reflexion über die Beziehung seines Tuns zur Gesamtsituation. Das ist ein sehr anspruchsvolles Modell, und Sie werden vielleicht sehr skeptisch sein, ob man diesen Anforderungen nachkommen kann. Aber ich will Ihnen wieder an unserer ‚Mondsituation' zeigen, daß es notwendig ist. Die Tatsache, die wir eben erwähnt haben, in Hinblick auf die Schülergruppen ist gleichzeitig ein Bezug, ein Gehalt unserer Gesamtsituation. Unsere sozialkulturelle Gesamtsituation drängt den Lehrer in ganz bestimmte Verhaltensweisen hinein! So drängt z.B. unsere Zeitsituation den Lehrer dazu, etwa technische, astronomische, naturwissenschaftliche Dinge verfrüht in den Horizont unserer Kinder zu bringen, vielleicht schon im 2., 3., 4. Schuljahr.«

■ Methode

»(...) Nur ist es die Frage: Was für ein Physikunterricht beginnt im ersten Schuljahr? Und diese Frage läßt sich am ehesten mit der 6. Kategorie beantworten: Welche methodischen Strukturen sind eigentlich im Unterrichtsverlauf erkennbar? Wie kann ich meinen Unterricht methodisch gestal-

---

[1] OTZ = Oberschule Technischen Zweiges; OPZ = Oberschule Praktischen Zweiges

> ten, artikulieren, strukturieren, also das ewige Methodenproblem, die Frage des ‚Wie'. Es ist ja leider die einzige Frage gewesen, die die Geschichte der Pädagogik unentwegt beschäftigt hat. Es ist die Grundfrage, die Urfrage des Lehrers: Wie mache ich das?
> Sie haben ja sicherlich gedacht: Wir schenken Ihnen die Antwort auf alle 5 Fragen, die Sie erörtert haben, wenn Sie uns die eine beantworten: Wie mache ich es? Da muß ich Sie enttäuschen. Ich muß Ihnen sagen, Sie können die ‚Wie-Frage' nie entscheiden, wenn Sie nicht reflektiert haben über die anderen Fragen. Klarer gesagt: Sie können die Frage des ‚Wie' nur entscheiden im Zusammenhang mit der Erörterung aller anderen Grundfragen! Und hier wird Ihnen eine Grundgesetzlichkeit des Unterrichts klar: diese von mir herausgehobenen, exponierten 6 Fragekategorien sind niemals isoliert voneinander zu betrachten! Es ist schon eine didaktische Unnatürlichkeit, daß ich sie hier zum Zwecke der erkenntnismäßigen Betrachtung auseinandergenommen habe. Das würde Sie dazu verleiten, einmal gesondert für sich die Frage der Intention zu entscheiden. Das können Sie nicht! Sie können auch nicht die Frage des Mediums entscheiden. *Diese Faktoren sind streng interdependent!*
> Das heißt: die einen hängen von den andern ab. Setzen Sie einen Faktor, so setzen Sie gleich eine Grundbedingung, eine Conditio für den anderen Faktor. Diese Bedingungen zu erkennen und im Sinne dieser Erkenntnis im Unterricht zu praktizieren, das nenne ich den Unterricht theoretisch steuern. (...)«
>
> Paul Heimann: Vortrag vom 7. 12. 1961
> (Heimann 1976 a, S. 107-117, Hervorhebungen bei Heimann)

Weitere Unterrichtsbeispiele und ganze Stundenentwürfe zur Lehrtheoretischen Didaktik finden Sie an folgenden Orten:

- ❑ *Heimann/Otto/Schulz* (1965): Der größte Teil dieses Buchs (S. 48-216) liefert eine Serie fachdidaktisch akzentuierter Unterrichtsbeispiele und Stundenentwürfe.
- ❑ *Wilhelm Peterßen* (3. Aufl. 1988) bietet in seinem »Handbuch Unterrichtsplanung« mehrere Teilentwürfe zur Unterrichtsplanung.
- ❑ In *Hilbert Meyers* »Leitfaden zur Unterrichtsvorbereitung« (1980, S. 97-112) wird ein Stundenentwurf nach Schulz mit Stundenentwürfen nach Klafki und Möller verglichen.

6.3 Grundbegriffe – Hintergründe – Kritik

Wir verzichten im folgenden auf eine *Gesamt*darstellung der Lehrtheoretischen Didaktik in der Fassung von 1965 und verweisen statt dessen auf die systematisch-kritischen Darstellungen bei Blankertz (1969 b, S. 87-115) und bei Reich (1977) sowie auf die für die Arbeit in der Lehrerausbildung und im Referendariat gedachte Beschreibung bei Peterßen (3. Aufl. 1988, S. 82-102). Wir konzentrieren uns auf die konzeptionell und wissenschaftstheoretisch wichtigen Fragen.

6.3 Grundbegriffe – Hintergründe – Kritik

6.3.1 Interdependenz

Der in Abschnitt 6.2.2 in Auszügen wiedergegebene Vortrag von Paul Heimann macht deutlich, welche *Theoriefragen* den Autor besonders interessieren. An mehreren Stellen und dann noch einmal ganz deutlich am Schluß des drittletzten Absatzes wiederholt er seine wichtigste theoretische Einsicht: »Diese Faktoren sind streng interdependent!« An diesem Satz wird die implizite Kritik an der Bildungstheoretischen Didaktik besonders deutlich. Denn diese hatte ja, wie wir in der letzten Lektion gesehen haben, die Ziel- und Inhaltsfragen den Methodenfragen systematisch *vor*geordnet. Heimann stellt die sogenannte Interdependenz-These dagegen:

> **These 6.2.:**
> Intentionen, Themen, Methoden und Medien sowie anthropogene und soziokulturelle Voraussetzungen des Unterrichts stehen in einem Verhältnis strenger Interdependenz zueinander.

Das Schema aus Abbildung 6.1 ist deshalb noch unvollständig. Es gibt vielfältige Wechselwirkungen, die in Abbildung 6.2 angedeutet werden:

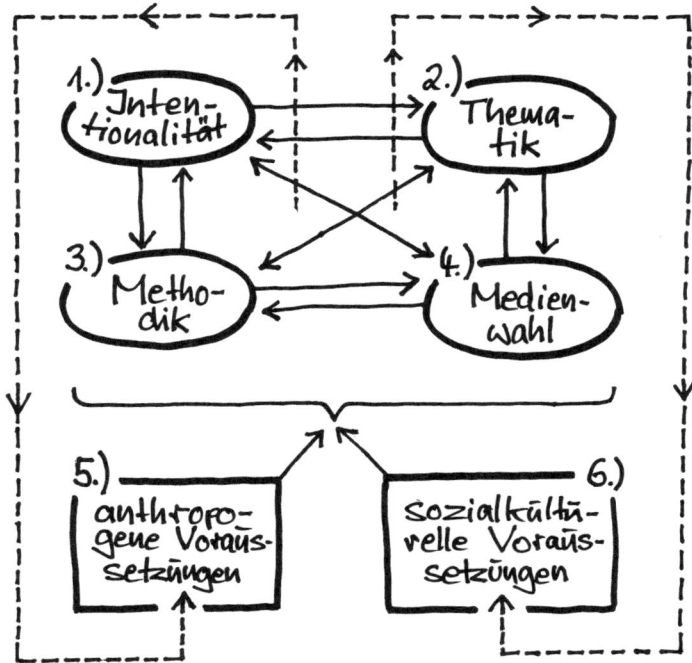

Abbildung 6.2

- ❏ Es gibt Interdependenzen zwischen den vier Entscheidungsfeldern. Heimann hat dies in seiner Unterrichtsskizze zum Thema »Der Mond« deutlich herausgearbeitet.
- ❏ Es gibt, wenn auch geringer ausgeprägt, Rückwirkungen der vier Entscheidungsfelder auf die zwei Bedingungsfelder. Denn der Unterricht verändert ja die sozialkulturellen Normen und die Verhaltensweisen der SchülerInnen.
- ❏ Schließlich gibt es innerhalb der Einzelfelder Interdependenzen (die in Abbildung 6.2 nicht erfaßt werden). So muß z.B. im Entscheidungsfeld Unterrichtsmethodik die Auswahl einer Sozialform, etwa der Partnerarbeit, stimmig zur Auswahl des Handlungsmusters, etwa einer Textbearbeitung, getroffen werden.

Die Frage, welche Wechselwirkungen zwischen den einzelnen Entscheidungs- und Bedingungsfeldern des Unterrichts bestehen, interessiert Paul Heimann deutlich mehr als die Frage, wie die einzelnen Felder am geschicktesten zu bezeichnen sind und wie viele es sein müssen, um den Anspruch auf Vollständigkeit der Strukturanalyse zu erfüllen. (Deshalb variiert er die benutzten Begriffe hin und wieder.)

Am wichtigsten ist für Heimann der Nachweis, daß *Inhalts- und Methodenentscheidungen interdependent* sind – auch deshalb, weil er meint, sich in diesem Punkt am deutlichsten von der Bildungstheoretischen Didaktik abgrenzen zu müssen. In dem 1962 veröffentlichten (von uns als Heimann 1976 b zitierten) grundlegenden Aufsatz »Didaktik als Theorie und Lehre« schreibt er:

»Die Ausklammerung der Methodenorganisation oder der Medienwahl aus dem Didaktikbegriff ist ein Akt folgenschwerer Desintegration, der sich nicht nur gegen das Ganze des Unterrichts, sondern sogar gegen den der ‚Inhaltlichkeit' selbst richtet. Denken über ‚Inhalte als lehrbare' impliziert das Methodische und die Medienwahl. Methoden und Medien sind auch Dimensionen des Inhalts-Kalküls. Hier tritt die durchgehende Interdependenz der unterrichts-strukturellen Momente ganz massiv in Erscheinung« (Heimann 1976 b, S. 157).

Schon 1962 hatte Wolfgang Klafki gegen die Interdependenzthese den Einwand erhoben, daß sie die *Art* der Wechselbeziehungen zwischen den Feldern zu wenig erfasse: »...die Methodik hängt in anderer Weise von der Didaktik ab als die Didaktik von der Methodik« (Klafki 1963 b, S. 85). Der Vorwurf wurde seither immer wieder erhoben, etwa von Huwendiek (1982, S. 225), neuerlich von Klafki (1985 b, S. 65) und von Reich (1977, S. 164).

Die Probleme entstehen deshalb, weil die Interdependenzthese eine Aussage über den *systematischen* wechselseitigen Zusammenhang der sechs Strukturmomente der Strukturanalyse ist, zunächst aber *nicht* eine Aussage über das empfohlene *Vorgehen bei der konkreten Unterrichtsvorbereitung*.

6.3 Grundbegriffe – Hintergründe – Kritik

> **These 6.3:**
> *Die Interdependenzthese ist eine Aussage auf der Ebene grundlegender didaktischer Strukturen.* Sie sagt nichts über die konkrete Ausgestaltung der Interdependenz im Unterrichtsprozeß bzw. in der Unterrichtsvorbereitung.[1]

Wir sagten, daß die Autoren der Lehrtheoretischen Didaktik die Art der Interdependenz nicht präzisierten. Dies gilt mit *zwei Einschränkungen:*

☐ Paul Heimann, im obigen Unterrichtsbeispiel »Der Mond« (S. 187): »Bei dieser Frage merken Sie, daß sich der *Gegenstand* im Unterricht immer erst *konstituiert,* erst zum *Lerngegenstand* wird, indem er *intentional* bestimmt wird.« Heimann präzisiert also die Wechselbeziehung zwischen zweien der sechs Strukturanalyse-Begriffe (Intention und Inhalt/Gegenstand), und zwar so:

mögliche Intentionen	konstituieren ⇒	den Gegenstand als Lerngegenstand

☐ Wolfgang Schulz (1965, S. 15): »Der Meisterlehrer vermittelt dem Hospitanten ein beruhigendes Evidenzerlebnis: Unterricht funktioniert« – aber der Theoretiker sieht sich genötigt, darauf hinzuweisen, »daß die Zweckmäßigkeit handwerklicher, technischer und künstlerischer Aktivität sich erst von den Zielen her entscheiden läßt, zu deren Verwirklichung sie eingesetzt werden sollen.« Und Schulz fügt hinzu, daß es das Verdienst von Erich Weniger und Wolfgang Klafki sei, diesen Gesichtspunkt herausgearbeitet zu haben. »Handwerkliche, technische und künstlerische Aktivität« ist wohl zu interpretieren als Tätigkeit des Lehrers und der Schüler im Unterricht, also als Teil der »Lehr- und Lernweisen« und daher als Teilbereich der Unterrichtsmethode. Wenn dies richtig ist, setzt Schulz also folgende Beziehung:

---

1 Das von Wolfgang Schulz in diesem Zusammenhang formulierte »Prinzip der Interdependenz, der widerspruchsfreien Wechselwirkung der Planungsmomente« ist deshalb mißverständlich. Bezieht man es, wie der Begriff »Prinzip« nahelegt, auf die dritte Ebene didaktischer Reflexion (siehe Abbildung 3.4 von Seite 71), so ist der Zusatz »widerspruchsfrei« überflüssig. Denn entweder gibt es den systematischen Zusammenhang oder es gibt ihn nicht. Bezieht man Schulz' Prinzip auf die zweite, die Planungsebene, so ist die Aufforderung an den Lehrer/die Lehrerin, Unstimmigkeiten zu vermeiden, sinnvoll, aber nicht in jedem Falle einzulösen. Es gibt objektive Faktoren (Lernbehinderungen, Zeitknappheit, Zwang zur Leistungsbeurteilung), die die Herstellung von »widerspruchsfreien« Wechselwirkungen immer wieder verhindern.
Lothar Klingberg formuliert das Problem übrigens präziser als Klafki, Heimann und Schulz: »Aus der korrelativen Beziehung von Unterrichtsinhalt und Unterrichtsmethode resultiert die wissenschaftslogische Interdependenz von didaktischer Inhalts- und Prozeßproblematik« (Klingberg 1983 b, S. 12).

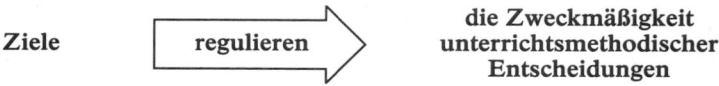

Schulz schloß sich also – die Interdependenzthese präzisierend, nicht außer Kraft setzend – ausdrücklich der Klafkischen These vom Primat der Didaktik i.e.S. im Verhältnis zur Methodik an. Deshalb unsere nächste These, die wir in ausdrücklichem Gegensatz zur bisherigen Rezeption der Interdependenzthese formulieren:

> **These 6.4.:**
> Die Thesen vom »Primat der Didaktik i.e.S. im Verhältnis zur Methodik« (Klafki) und von der »Interdependenz der unterrichts-strukturellen Momente« (Heimann; Schulz) schließen einander *nicht* aus, sondern *ergänzen und präzisieren einander.*

Deshalb ist es nicht verwunderlich, daß im Zuge der Annäherung der Standpunkte zwischen Klafki einerseits, Schulz und Otto andererseits während der 70er Jahre ein Konsens über das Verhältnis von Didaktik und Methodik erzielt wurde, der von den meisten Didaktikern nach wie vor akzeptiert wird. Heute gilt als Zauberformel der Didaktik der Grundsatz, daß *alle* Aspekte des Unterrichtsprozesses und *alle* Momente der Unterrichtsplanung einer »*allgemeinen Zielorientierung*« unterliegen:

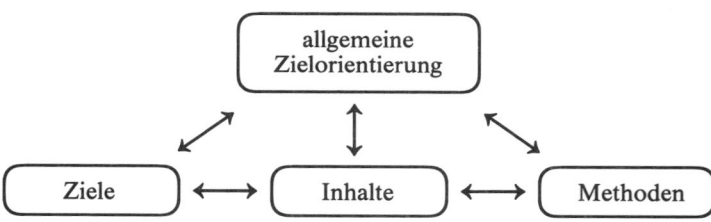

Abbildung 6.3

Die einzelnen Faktoren stehen *nicht* in *gleichförmiger oder symmetrischer Wechselwirkung zueinander.* Vielmehr gilt, daß die Wechselwirkung zwischen Zielen (bzw. Intentionen), Inhalten (bzw. Themen) und Methoden und die allgemeine Zielorientierung auf unterschiedlichen Ebenen didaktisch-methodischer Reflexion und didaktisch-methodischen Handelns jeweils unterschiedliche Formen annimmt.

Hätten Heimann, Otto und Schulz die Art der Wechselwirkungen auf den einzelnen Ebenen genauer untersucht, so wären sie vielleicht zu ähnlichen Präzisierungen gekommen, wie wir sie in der Tabelle auf der folgenden Seite (Abbildung 6.4) vorschlagen (vgl. auch Meyer 1987 a, S. 95).

6.3 Grundbegriffe – Hintergründe – Kritik

Ebene didaktischer Reflexion:	Art der Wechselwirkung:	Kommentar:
Ebene grundlegender didaktischer Strukturen (Ebene 3)	**Interdependenz:** Alle unterrichtsstrukturellen Momente *hängen wechselseitig miteinander zusammen.*	Die These ist zwar richtig (Stichwort: Komplexität des Unterrichts), aber die Mitteilung, daß alles mit allem zusammenhänge, hilft dem Praktiker kaum.
Ebene der Analyse (Ebene 2.1)	**Explikationszusammenhang:** Im nachhinein läßt sich *erklären, wie und warum* der Unterrichtsprozeß so und nicht anders ablief.	Die Interdependenzthese macht bewußt, daß Unterrichtsprozesse und -ergebnisse nie monokausal erklärt werden können, sondern nur aus dem Zusammenwirken vieler Faktoren.
Ebene der Planung (Ebene 2.2)	**Implikationszusammenhang:** Bei der Unterrichtsvorbereitung sind die *Entscheidungen* über Ziele, Inhalte, Methoden und Medien entlang der Leitlinie der „allgemeinen Zielorientierung" zu treffen. Änderungen in *einem* der Momente bewirken Folgen in den *anderen* und sind nicht beliebig.	Die Interdependenzthese macht bewußt, daß trotz aller Wechselwirkungen alle sechs unterrichtsstrukturellen Momente einem „*Primat der allgemeinen Zielorientierung"* unterstellt werden müssen.
Ebene des Unterrichtsprozesses (Ebene 1)	**Konstitutionszusammenhang:** Erst während des tatsächlichen Unterrichtsverlaufs bringen LehrerInnen und SchülerInnen durch ihr gemeinsames Handeln die Wechselwirkung von Zielen, Inhalten, Methoden und Medien *dieser* Stunde zum Abschluß. Sie modifizieren also die ursprüngliche Planung.	Die Interdependenzthese macht erklärbar, warum im Unterricht so häufig etwas anderes herauskommt, als es sich der Lehrer/die Lehrerin vorgenommen hatte. Weil auch die unvorhergesehenen und die unbewußt gebliebenen Planungsmomente den Unterrichtsablauf bestimmen, ist die Interdependenzthese auf dieser 1. Ebene identisch mit der Feststellung, daß wirklicher Unterricht ganzheitlich und lebendig ist.

Abbildung 6.4

6.3.2 Faktorenanalyse/Bedingungsprüfung

Die »Strukturanalyse« ist, so Heimann, *nur die eine Hälfte* der Didaktik als Theorie des Unterrichts. Sie bleibt ohne Wert, wenn sie nicht durch *die andere Hälfte* ergänzt wird: Die »Faktorenanalyse« oder, wie Wolfgang Schulz formuliert, die »Bedingungsprüfung« (vgl. Abb. 6.5 auf S. 199).

Heimann unterschied also zwei Ebenen der didaktischen Reflexion, die beide auf je spezifische Weise mit den tatsächlichen Entscheidungen von LehrerInnen bei der Unterrichtsvorbereitung und während des Unterrichtens zu tun haben:

- ❏ Die *Strukturanalyse* beschreibt, über welche Strukturmomente von Unterricht prinzipiell und unabhängig von der Spezifik konkreter Einzelstunden Entscheidungen gefällt werden müssen. Die vier Strukturmomente der intentionalen, thematischen, methodischen und medienwählenden Entscheidungen benennen also Felder, in denen LehrerInnen Entscheidungen fällen müssen, ohne daß mit diesen Feldern schon die Entscheidungen vorgegeben sind. Deshalb nannten Heimann und Schulz die Strukturanalyse »wertfrei«.
- ❏ Die *Faktorenanalyse* beschreibt, welche Faktoren auf diese Entscheidungen Einfluß haben können bzw. gehabt haben. Weil es bei der Faktorenanalyse um die Beurteilung und Gewichtung der den Unterricht bedingenden Faktoren geht, kann sie nicht mehr wertfrei sein. Sie ist vielmehr hermeneutisch vermittelt und ideologiekritisch. (Im Abschnitt 6.3.4 kommen wir noch einmal auf Heimanns Beschreibung der Aufgaben der Faktorenanalyse zu sprechen; sie ist nämlich zweideutig definiert.)

Wolfgang Schulz nannte im Anschluß an Heimann drei Aspekte der Faktorenanalyse: *Normenkritik, Faktenbeurteilung* und *Formenanalyse* (Schulz 1965, S. 39-42).

- ❏ *»Normenkritik«* soll die normativen Einflüsse auf den Unterricht aufdecken. Ihr Ziel ist »die permanente Ideologie-Kritik« (Heimann 1976 b, S. 164) von unterrichtsbezogenen Entscheidungen.
- ❏ Die *»Faktenbeurteilung«* dient dazu, mit Hilfe der Humanwissenschaften ermittelte Fakten daraufhin zu überprüfen, ob und gegebenenfalls in welcher Weise sie Einfluß auf den Unterricht haben (können).
- ❏ *»Formenanalyse«* dient der Aufdeckung gegenwärtig und in der Vergangenheit bevorzugter Unterrichtsmethoden und der Überprüfung ihres Erfolgs bzw. ihrer Wirkungen.

6.3.3 Wertfreiheit als Prinzip?

Paul Heimanns wissenschaftstheoretische Position kann vielleicht am ehesten als Mischung von Positivismus und Existentialismus (vgl. die 4. Lektion) charakterisiert werden. Auf der ersten Stufe didaktischer Reflexion wird untersucht, *wo die Orte unterrichtsbezogener Entscheidungen* überhaupt zu suchen sind (nämlich in den Entscheidungsfeldern der Strukturanalyse, die

6.3 Grundbegriffe – Hintergründe – Kritik

(2.) FAKTORENANALYSE:

I. Normenkritik

II. Faktenbeurteilung

III. Formenanalyse

– dient der Entscheidungsvorbereitung,
– ist als *zweite* Reflexionsebene nicht mehr wertfrei, sondern ideologiekritisch

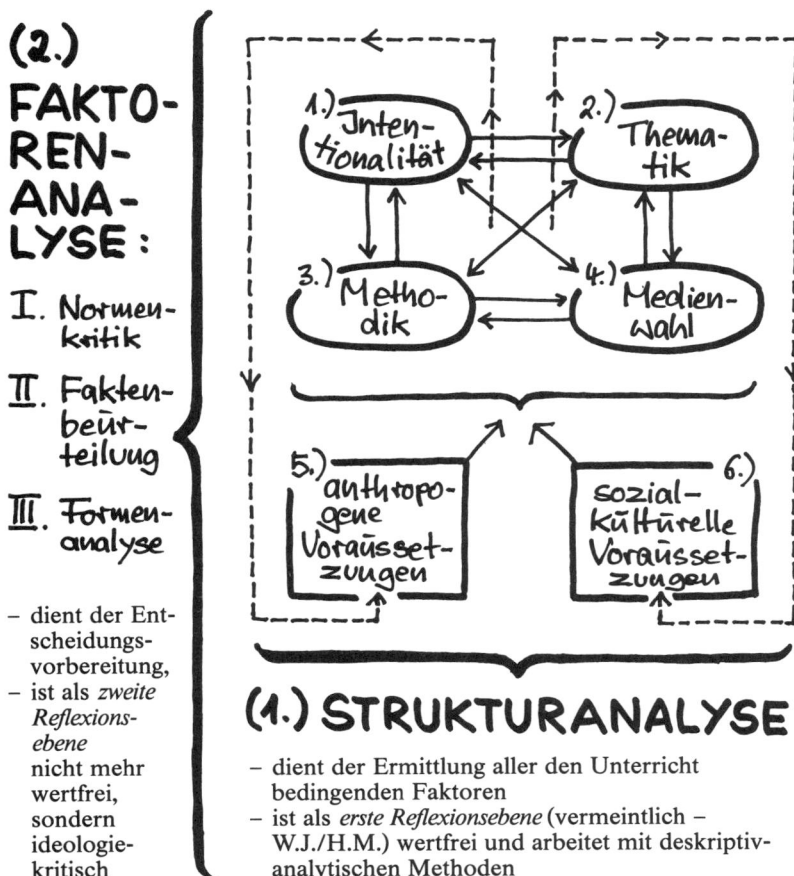

(1.) STRUKTURANALYSE

– dient der Ermittlung aller den Unterricht bedingenden Faktoren
– ist als *erste Reflexionsebene* (vermeintlich – W.J./H.M.) wertfrei und arbeitet mit deskriptiv-analytischen Methoden

Abbildung 6.5 (unter Verwendung von Abbildungen von Schulz 1969, S. 29, und von Lahn 1969, S. 225)

Heimann manchmal auch »Kategorialanalyse« nannte); auf der zweiten Reflexionsstufe wird untersucht, *welche Einflüsse auf die Entscheidungen einwirken* (Faktorenanalyse). Die Entscheidungen selbst sind dann – zumindest nach dem wissenschaftstheoretischen Credo von Paul Heimann – nicht mehr wissenschaftlich zu treffen:

»In der Kategorial-Analyse erweist sich Unterricht als ein bestimmt strukturiertes (Inter-)Aktionsfeld, in dem eindeutig zu benennende *Entscheidungen* zu fällen sind: für bestimmte Unterrichtsziele, Inhalte, Verfahren und Medien. Die Entscheidung selbst ist ein Akt der Freiheit, der den theoretischen Bereich transzendiert. Sache der Theorie ist es allein, die *Bedingungen* von Unterrichtsentscheidungen zu klären ...« (Heimann 1965, S. 10; Hervorhebungen bei Heimann).

Nach Heimann dienen also Struktur- und Faktorenanalyse dazu, unterrichtsbezogene Entscheidungen auf dem Boden der Wissenschaften im nachhinein *zu beurteilen* (Unterrichtsanalyse) oder im voraus *vorzubereiten* (Unterrichtsplanung), aber *nicht, die Entscheidungen selbst herbeizuführen.* Denn die Entscheidungen bedeuten immer zugleich Wertungen, die nicht auf dem Boden der Wissenschaften getroffen werden können, sondern nur auf dem Boden von Weltanschauungen, politischen Orientierungen, des Glaubens etc., d.h. also auf der Basis eines normativen Denksystems.

Heimanns und Schulz' Didaktik zielt darauf ab, die Grenzlinien zwischen Wissenschaft und Glaubenssätzen möglichst genau zu ziehen und Unterricht soweit als möglich mit wissenschaftlichen Mitteln aufzuklären und durchschaubar zu machen, dabei aber innerhalb der Grenzen des *wissenschaftlich* Möglichen zu bleiben und nicht auf das Gebiet von Normen, Weltanschauungen, Wertungen usw. hinüberzuwechseln.

Die Forderung nach Wertfreiheit wissenschaftlicher Aussagen ist typisch für positivistische Positionen. Heimann und Schulz berufen sich in den Veröffentlichungen der 60er Jahre auch auf entsprechende Wissenschaftstheoretiker. Sie handeln sich damit jedoch ein unlösbares Problem ein, an dem auch andere Positivisten gescheitert sind:

> **These 6.5:**
> Die Forderung nach wertfreier Wissenschaft ist selbst nicht wertfrei, sondern Ausdruck eines technologischen Erkenntnisinteresses.

Indem die Lehrtheoretische Didaktik Ideologien, Wertungen, Entscheidungen und Normen (und deren Bedingungen) zwar analysiert, die Ideologien, Wertungen, Entscheidungen und Normsetzungen selbst aber als nicht-wissenschaftlich aus der Didaktik ausgrenzt, bietet sie auch keine Handhabe, Ideologien nach qualitativen Maßstäben zu beurteilen (vgl. auch Reich 1977, S.162). Sie stehen in schöner Eintracht (oder Zwietracht) nebeneinander, ohne daß sich aus der Sicht dieses didaktischen Modells entscheiden ließe, welche denn die »bessere« wäre. Das ist auf der Theorieebene eine Art von »wertfreiem« Pluralismus, der alle qualitativen Differenzen ideologischer und normativer Denksysteme unterschiedslos plattwalzt, obwohl sich die Autoren in ihrem praktisch-bildungspolitischen Handeln als engagierte Demokraten und Gewerkschafter ausgezeichnet haben. Die unerwünschte Folge der theoretischen Zurückhaltung ist, daß immer dort, wo Entscheidungen notwendig werden, hinter dem Rücken des »wertfreien« Modells subjektive Wertungen der Lehrerin/des Lehrers in den alltäglichen Unterricht einfließen können, so daß der Weg für beliebige Setzungen und Willkür offen steht (vgl. Blankertz 1969 b, S. 108 f.; Hartfiel 1969, S. 204).

Wenn das Begriffssystem der Lehrtheoretischen Didaktik nicht wertfrei ist, dann kann es aber auch nicht überzeitlich, überregional und für jede Form von Unterricht gültig sein, sondern es *repräsentiert ideologische Normen der Gesellschaft der Zeit, aus der es kommt* (vgl. auch Hartfiel 1969, S. 196 f., und Reich 1977, S. 161-166).

Die Lehrtheoretische Didaktik verschiebt den Umgang mit dem ungelösten Normproblem (siehe oben, S. 75-77) auf andere Instanzen außerhalb der Didaktik und Pädagogik: auf jene Gruppierungen, die von Heimann als »gesellschaftliche Mächte« bezeichnet werden, und auf die Lehrerinnen und Lehrer.

> **These 6.6:**
> Die Lehrtheoretische Didaktik von 1965 *drückt sich vor der Auseinandersetzung mit dem Normproblem der Didaktik,* indem sie es aus der wissenschaftlichen Theoriebildung ausschließt.

6.3.4 Von der Analyse zur Planung von Unterricht

Es stellt sich die Frage, auf welcher Grundlage dann Lehrerinnen und Lehrer überhaupt noch ihre Entscheidungen bei der Unterrichtsvorbereitung treffen können: Wie sollen die didaktischen und methodischen Entscheidungen lauten, und warum sollen sie so und nicht anders getroffen werden?

○ Die *Strukturanalyse* sagt nur, über welche grundlegenden »Strukturmomente« prinzipiell entschieden werden muß – aber nicht, wie die Entscheidungen im einzelnen lauten sollen.

○ Die *Faktorenanalyse* sagt nur, wodurch die Entscheidungen prinzipiell beeinflußt werden – aber ebenfalls nicht, wie die Entscheidungen lauten sollen.

○ *Außerpädagogische Normsysteme* – etwa ein religiöser Glaube und seine theologische Theorie, eine Philosophie wie das »Naturrecht« oder ein politisches System und seine Ideologie – kommen aber auch nicht als Entscheidungsinstanzen in Frage: Die Lehrtheoretische Didaktik trat ja gerade *gegen* jede Form der »normativen« Pädagogik an.

Die Autoren der Lehrtheoretischen Didaktik versuchten nun, die Grundlagen der für jede Unterrichts*vorbereitung* notwendigen Entscheidungsfindung aus der Unterrichts*analyse* und ihren Kategorien heraus zu entwickeln. Deshalb heißt das grundlegende Buch der Lehrtheoretischen Didaktik so und nicht anders: »Unterricht – Analyse und Planung« (Heimann/Otto/Schulz 1965).

Wir meinen, daß die Übersetzung der Analysekategorien in ein Planungskonzept von Unterricht nicht gelungen ist! Heimann hatte 1962 als Aufgabe der »zweiten Stufe der Reflexion«, der Faktorenanalyse, formuliert:

»Auf einer zweiten Stufe der Reflexion geht es um die Ermittlung *der* Faktorengruppen, die die didaktische Entscheidung konkret und materiell herbeiführen. Es geht hier nicht um Möglichkeiten, sondern um Realisation von Entscheidung und Realitäten. Auf dieser Stufe sind die unterschiedlichen Begründungen für so und nicht anders abgelaufene oder für planend vorweg zu nehmende Unterrichtsvorgänge aufzusuchen und zu explizieren« (Heimann 1976 b, S. 153; Hervorhebung bei Heimann).

Wir halten diese drei Sätze für widersprüchlich:

❏ Im *zweiten Satz* sagt Heimann, daß es auf dieser Stufe um die »Realisation von Entscheidungen« gehe.

❏ Im *ersten und dritten Satz* sagt er jedoch anderes: Auf dieser Stufe seien die die Entscheidungen herbeiführenden *Faktorengruppen* und die *Begründungen* für die Entscheidungen *aufzusuchen* und zu *explizieren* -- und das ist etwas anderes als die Entscheidungen tatsächlich zu fällen!

Auf den ersten Blick scheint dieser Widerspruch unerheblich zu sein, aber beim zweiten Hinsehen bemerkt man *die großen Folgen des kleinen Unterschieds:*

❏ *Der zweite Satz* bedeutet, daß das *Fällen von Entscheidungen* bei der Unterrichtsvorbereitung *Sache der 2. Reflexionsstufe* (Faktorenanalyse) sei.

❏ *Erster und dritter Satz* dagegen besagen, daß das *Fällen von Entscheidungen* bei der Unterrichtsvorbereitung *nicht auf der 2. Reflexionsstufe* zu erfolgen habe, sondern nur, daß die *Voraussetzungen* (Normen, Fakten, Formen) für Entscheidungen hier zu klären seien.

An anderer Stelle präzisiert Heimann die Funktion der Faktorenanalyse als die der *Aufdeckung der Voraussetzungen* der Entscheidungsfindung – aber eben nicht der Entscheidungsfindung selbst (1976 b, S. 162 f.). Von hier führt also kein Weg zur konkreten Entscheidungsfindung bei der Unterrichtsvorbereitung.

Bleibt die Frage, wie *Schulz* in seinem Aufsatz »Unterricht – Analyse und Planung« (1965) mit dem Problem des Übergangs von der Analyse zur Planung umging. Er beschränkt seine Überlegungen hierzu auf den lapidaren Satz:

»Dieselbe Begriffsapparatur, die soeben zur Unterrichts*analyse* angeboten worden ist, vermag auch bei der Unterrichts*planung* gute Dienste zu leisten« (Schulz 1965, S. 43, Hervorhebungen bei Schulz).

»Dieselbe Begriffsapparatur« – das sind die beiden Schemata der Struktur- und Faktorenanalyse. Diese Aussage wird von Schulz nicht begründet, sondern einfach mitgeteilt wie eine feststehende Tatsache. Und sie wird so

6.3 Grundbegriffe – Hintergründe – Kritik

wenig erläutert, daß unklar bleibt, *wie* die Übertragung der Struktur- und Faktorenanalyse von der Unterrichts*analyse* in die Unterrichts*planung* aussehen könnte. Dabei ist es keineswegs selbstverständlich, daß man einfach dieselbe »Begriffsapparatur« benützen könne; Schulz' Lehrer, Paul Heimann, hatte ausdrücklich betont, die Unterrichts*planung* erfordere, im Gegensatz zur Unterrichts*analyse,* didaktische Entscheidungen nicht bloß im nachhinein zu verstehen, sondern sie selbst vorausplanend zu fällen:

»Bei der *Analyse* ist das Verhalten distanziert und emotional neutralisiert, erkennend, Zusammenhänge aufsuchend, zergliedernd, objektivierend,
bei der *Unterrichtsplanung* konstruktiv, kombinatorisch, erfinderisch, entscheidungsbedacht, engagiert.
Das sind zwei Seiten theoretischen Verhaltens, die sich zwar auf den gleichen Gegenstand beziehen und eine identische kategoriale Basis haben, sich aber tiefgehend dadurch unterscheiden, daß im zweiten Falle eine dimensionale Bereicherung der Reflexion durch das Auftreten der *Entscheidungskategorie* stattgefunden hat« (Heimann 1976 b, S. 151; Hervorhebungen bei Heimann).

Es ist etwa so, als ob Trainer Otto Rehhagel auf der Grundlage seiner Kenntnis der Fußballregeln (Strukturanalyse) und aufgrund einer gründlichen Faktorenanalyse, nämlich mit Hilfe der Kenntnis und kritischen Einschätzung prinzipieller Möglichkeiten wie Angriffs- oder Verteidigungsfußball, zwei oder drei Sturmspieler usw. (Normenkritik), der Kenntnis der Gegebenheiten wie Spielort, Heim- oder Auswärtsspiel, aktuelle Spielstärke der einzelnen Fußballer, Verletzungssituation etc. (Faktenbeurteilung) und der kritischen Untersuchung spieltaktischer Möglichkeiten wie Doppelpaß, Freistoßtricks, Abseitsfalle etc. (Formenanalyse) den konkreten Verlauf eines Fußballspiels (und nicht bloß das Ergebnis) vorhersagen oder vorausplanen wollte!

Schulz greift bei seinen Überlegungen zur Unterrichtsvorbereitung nicht mehr auf die von Heimann als unverzichtbar beschriebene Faktorenanalyse als »zweiter Reflexionsstufe« zurück, sondern beschränkt sich darauf, die Unterrichtsplanung von den Begriffen der Strukturanalyse her aufzubauen. Warum er dies tut, bleibt unklar.

Er ergänzt die Begriffe der Strukturanalyse dann jedoch um drei formale »Prinzipien«, deren erstes wir bereits im Abschnitt 6.3.1 erläutert haben:

❏ Prinzip der *Interdependenz:* Das ist der Versuch, die Heimannsche These der Interdependenz der unterrichts-strukturellen Momente auf die Unterrichtsplanung zu übertragen. Schulz fordert eine »widerspruchsfreie Wechselwirkung der Planungsmomente« (1965, S. 45). – Aber was heißt es schon, wenn man nur erfährt, man müsse beachten, daß alles mit allem zusammenhängt!

❏ Prinzip der *Variabilität:* »Der Unterrichtsplan wird erst unter Mitsteuerung der Schüler fertig« (Schulz 1965, S. 45). Dieses Prinzip erfordert nach Schulz die absichtsvolle Bereitstellung von Alternativen, das Zulassen von Variationen, nachträgliche Korrektur von Unterrichtszielen und Elastizität beim Ansteuern der Ziele.

❏ Prinzip der *Kontrollierbarkeit:* Dieses Prinzip wurde oft so mißverstanden, als ob bei der Unterrichtsvorbereitung bereits berücksichtigt werden solle, daß und wie die angezielten Unterrichtsergebnisse später abgeprüft werden könnten. Gemeint ist etwas anderes: die Überprüfung der eigenen Vorbereitung und des tatsächlichen Unterrichtsverlaufs durch die LehrerInnen. Es geht hier also nicht um die Überprüfung des Lernerfolgs der SchülerInnen, sondern um die *Überprüfung des Lehrerfolgs der LehrerInnen.*

Schulz führt die drei Planungsprinzipien ein, ohne die Notwendigkeit von Planungsprinzipien überhaupt oder die Wichtigkeit gerade dieser drei Prinzipien zu erläutern oder zu begründen. Er bezeichnet sie ausdrücklich als *formale Prinzipien,* die erst inhaltlich gefüllt werden müßten (was er aber nicht tut). Sie sind also wiederum, wie die Struktur- und die Faktorenanalyse, *Rahmenbegriffe,* die dem seinen Unterricht planenden Lehrer zwar sagen, *worüber* er entscheiden muß, aber nicht, welche Kriterien dabei gelten sollen.

> **These 6.7:**
> In der Lehrtheoretischen Didaktik von 1965 ist das Hauptanliegen ihrer Autoren ungelöst geblieben: der Übergang von der Unterrichtsanalyse zur Unterrichtsplanung.

Denn die Lösung dieses Problems setzt die Formulierung eines wie auch immer definierten Bildungsbegriffs voraus. Daß sich Ansätze zu einem solchen Bildungsbegriff bei Paul Heimann finden lassen, wollen wir im nächsten Abschnitt zeigen.

6.4 Paul Heimanns Bildungstheorie

Paul Heimann hat sich wiederholt polemisch gegen das »bildungsphilosophische ›Stratosphärendenken‹« der bildungstheoretischen Didaktiker gewandt und für sein eigenes didaktisches Modell explizit auf einen Bildungsbegriff verzichtet. Wir meinen, daß Heimann wider Willen doch den Kern einer ausbaufähigen, bis heute interessanten Bildungstheorie implizit formuliert hat.

Wir betreiben also ein wenig »Heimann-Archäologie« und analysieren zunächst, wie er die zwei zentralen Entscheidungsfelder der Intentionalität und der Thematik erläutert hat.

6.4.1 Intentionalität

Mit dem Begriff »Intentionen« werden die pädagogischen Absichten bezeichnet, die im Unterricht verwirklicht werden sollen. Im Unterrichtsbeispiel aus Abschnitt 6.2.2 hat Heimann erläutert, daß nicht nur die Lehrerin, sondern auch die SchülerInnen Intentionen verfolgen und daß beide so gut wie nie nur eine einzige, sondern zumeist ein ganzes Bündel von Intentionen verfolgen. Es wirken immer mehrere, keineswegs immer gleichgerichtete, sondern oft auch diffuse oder widersprüchliche Absichten zusammen. Sie brauchen nicht alle der Lehrerin oder dem Lehrer bewußt zu sein, bestimmen aber dennoch den Unterrichtsverlauf mit.

Diese Intentionen können, so Heimann, in einer bestimmten Weise systematisch geordnet werden. Heimanns *Ordnungssystem für Intentionen* (also *nicht* eine geordnete Liste von Intentionen, sondern die *Prinzipien* einer solchen Anordnung!) unterscheidet zwischen drei »Dimensionen«, die er als anthropologisch begründet beschreibt:

1) *pragmatisch-dynamische* (auf das Handeln gerichtete, auf das »Wollen« der Schüler bezogene) pädagogische Absichten,

2) *kognitiv-aktive* (auf das Denken bezogene) pädagogische Absichten,

3) *pathisch-affektive* (auf das Fühlen bezogene) pädagogische Absichten.

Jede dieser drei Dimensionen kann im Unterricht stärker oder schwächer verwirklicht werden. Deshalb könne man in allen drei Dimensionen *Qualitätsstufen* des im Unterricht Intendierten (bzw. Erreichten) unterscheiden. Heimann ordnet jeder der drei Dimensionen vier solche Stufen zu, die er graphisch in Form eines Dreiecks dargestellt hat (Abbildung 6.6 auf S. 206).

Heimann legte bei der Erläuterung des Schemas 6.6 besonderen Wert auf die folgenden Gesichtspunkte:

○ Die drei Dimensionen kommen in der Unterrichtswirklichkeit immer nur *vermischt* vor:

»Sie dürfen ... keineswegs meinen, diese Vorgänge verliefen isoliert! Das wäre ein großer Irrtum. Daran offenbart sich zugleich die Schwierigkeit aller solcher Schematismen. Sie können zu der Vorstellung verleiten, der Mensch sei dreiteilig. (...) Vielmehr muß darauf verwiesen werden, daß diese drei Dimensionen immer in engster Verflechtung auftreten. Bisweilen sind sie sogar ununterscheidbar. Nur der reflektierende, zurückblickende Verstand wird sie unterscheiden. Das ist das, was wir eben auch tun: Wir reflektieren darüber und nehmen die Sache zu diesem Zwecke auseinander. Sie dürfen also nicht dem verhängnisvollen Irrtum verfallen, zu meinen, Sie dürften oder könnten mit Ihren Kindern getrennte Denkkultur, Lebensbewältigungskultur und Gefühlskultur treiben! Das ist eben nicht möglich! *Trotzdem aber muß der Lehrer wissen, welche dieser Dimensionen jetzt gerade schwerpunktartig im Menschen aktualisiert wird*« (Heimann 1976 a, S. 127; Hervorhebung von uns).

○ Lernen sei, so Heimann, immer eine Form des *Handelns:* »Danach ist für uns auch der Lernende ein Handelnder! Das wäre die Grundthese« (Heimann 1976 a, S. 123). Deshalb sei die Dimension, die mit dem *Antrieb zum Handeln* verbunden ist, die wichtigste: die des »Wollens«, der »Daseinsbewältigung«, die »pragmatisch-dynamische« Dimension.

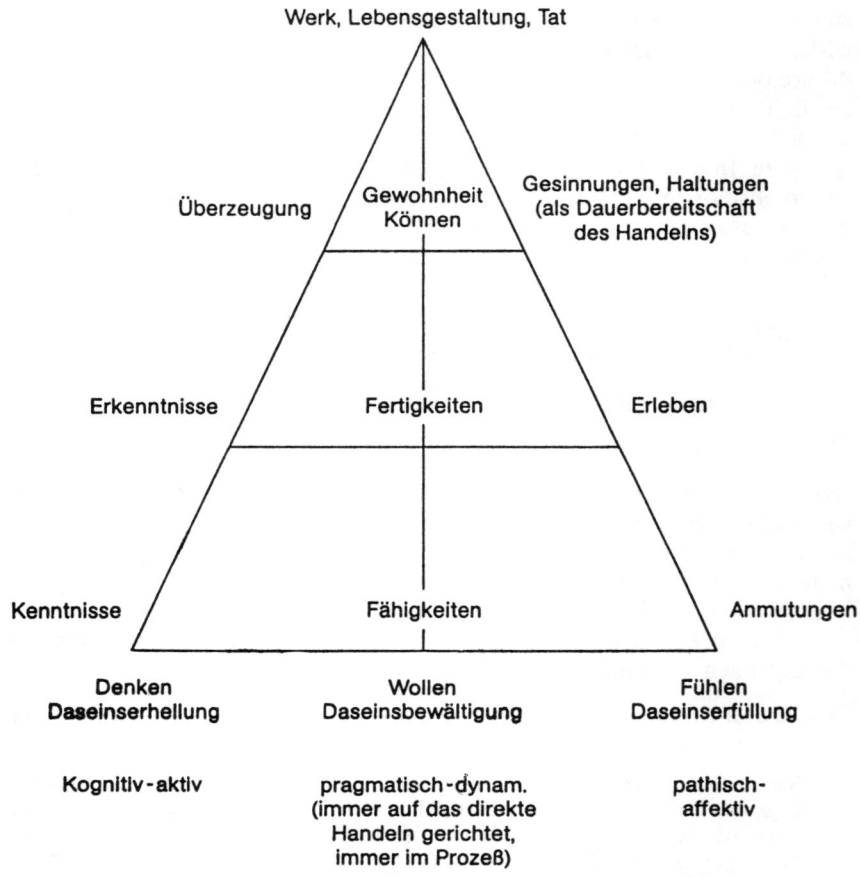

Abbildung 6.6 (aus: Heimann 1976 a, S. 125)

Den unauflöslichen Zusammenhang der drei Dimensionen zueinander und die Verklammerung der vier Qualitätsstufen sollen zwei »Gesetze« deutlich machen:

○ **Das Gesetz der dimensionalen Bereicherung:**
Lehrerinnen und Lehrer sollen sich, so fordert Heimann, klarmachen, *auf welcher der vier Stufen* sie den jeweiligen Gegenstand zum *Unterrichts*inhalt machen wollen und auf welcher zu wählenden Stufe sie entsprechende Handlungen und Leistungen von den SchülerInnen erwarten (Heimann 1976 a, S. 137 f.). Ein Beispiel:

GeschichtslehrerInnen sollen sich z.b. überlegen, ob ihre Schülerinnen und Schüler das Datum des 23. Mai 1949 als Tag der Verkündung des bundesrepublikanischen Grundgesetzes lediglich *zur Kenntnis nehmen* sollen (kognitivaktive Dimension, niedrigste Stufe), ob sie über die Kenntnis dieses Datums und anderer dazugehörender historischer Einzelkenntnisse hinaus auch Ursachen und Folgen *verstehen* (und nicht nur aufzählen können), in ihren Zusammenhängen begreifen und die zugrundeliegenden Strukturen des historischen Ablaufs *erkennen* sollen (Erkenntnisse; 2. Stufe), oder ob sie, weiter darüber hinaus, selbständiges *Interesse* an diesem historischen Geschehen entwickeln können und sich auch über den schulischen Rahmen hinaus damit beschäftigen sollen (Überzeugungen; 3. Stufe).

Innerhalb jeder Dimension entsteht also im Fortschritt von der untersten zu höheren Stufen eine Bereicherung und Vertiefung der Kenntnisse, Umgangs- und Handlungsmöglichkeiten der Schüler mit dem jeweiligen Inhalt bzw. Gegenstand – deshalb »dimensionale Bereicherung«.

○ **Das Gesetz der permanenten Induktion:**
Lehrerinnen und Lehrer sollen sich, so fordert Heimann, klarmachen, *in welcher der drei Dimensionen* sich ihr Unterricht *schwerpunktmäßig* bewegen soll und in welcher sie von ihren Schülerinnen und Schülern entsprechende Handlungen oder Leistungen erwarten (Heimann 1976 a, S. 139 f.).
Heimanns Analyse der *Mondphasen-Stunde* zeigt sehr gut, welche Probleme im Unterricht entstehen können, wenn ein Lehrer zu wenig berücksichtigt, daß ein Unterrichtsinhalt bei den SchülerInnen möglicherweise Reaktionen in einer ganz anderen Dimension hervorruft als der, die er eigentlich anzielte.
Kein Unterrichtsinhalt kann in nur einer einzigen Dimension bearbeitet werden. Vielmehr durchdringen sich Gesinnungen, Fertigkeiten, Kenntnisse usw. wechselseitig, oft ohne Wissen und nicht selten gegen die Absicht des Lehrers; sie *»induzieren«* einander.
Heimann geht davon aus, daß Unterrichtskonzeptionen jeweils eine gewisse »Schlagseite« hin zu einer dieser Dimensionen haben und daß sie dadurch die anderen Dimensionen verkürzen. Mit Hilfe seiner Begriffe ergebe sich deshalb ein System zur Einordnung von Unterrichtskonzeptionen, aber auch zur Einordnung des Unterrichtsstils einzelner Lehrerinnen und Lehrer.

Heimann fordert, daß die LehrerInnen »ein Gefühl für die Hierarchie des Anzustrebenden« (1976 a, S. 137) entwickeln und einzuschätzen lernen, in welcher Dimension sich ihr Unterricht jeweils schwerpunktmäßig bewegt oder bewegen soll.
Es geht ihm nicht um eine schematisierte Anwendung der Kategorien in der Unterrichtsvorbereitung, sondern darum, der Lehrerin und dem Lehrer zu helfen, nicht im richtigen Moment das Falsche – oder auch umgekehrt – zu tun.

Wir fassen zusammen: Heimanns Theorie der Intentionalität ist jenseits des empirisch-analytischen Forschungsparadigmas angesiedelt. Sie enthält klare Aussagen über das dem Lehren zugrunde zu legende Menschenbild und eine wertende Hierarchisierung der zugrundeliegenden Ziel-Dimensionen. (Insofern unterscheidet sich diese Theorie wohltuend von der wenige Jahre später in der BRD rezipierten behavioristischen Zieltheorie Benjamin Blooms; Bloom 1972). Dies heißt aber:

> **These 6.8:**
> Paul Heimanns Theorie der Intentionen unterrichtlichen Handelns setzt implizit eine Bildungstheorie voraus.

6.4.2 Thematik

Im Unterricht kann der Inhalt bzw. die Thematik in verschiedenen Ausprägungen auftreten. Heimann unterscheidet auch hier, wie schon bei den Intentionen, drei Ausprägungen, die er als »*drei konstante Grundformen*« bezeichnet: Wissenschaften, Techniken, Pragmata. Er erläutert die Begriffe an Beispielen aus den Fachdidaktiken:

»Ein Beispiel ist der Deutschunterricht, in dem so Unterschiedliches wie die *Wissenschaft* der Literaturgeschichte, *Techniken* wie die grammatische Schulung, *Pragmata* wie der konstruktive Aufsatz und das selbstgefertigte Poem in eins zusammenfallen. Dasselbe Modell findet sich fast in allen Unterrichtsdisziplinen wieder. Manchmal scheint sich ein Fach als rein pragmatische Disziplin darstellen zu wollen, z.B. die Leibeserziehung. Aber hat sie nicht ihr wissenschaftliches Komplement in der Biologie und Hygiene? Hier macht sich nach der Moderne hin eine begründete Tendenz breit, die den pragmatischen Disziplinen zuzuordnende Reflexion als Schul-Wissenschaft zu organisieren. Wieviel Reflexion steckt etwa im modernen Kunst-Unterricht, der neben die Kunst-Praxis in der Bildbetrachtung die Anfänge kunstwissenschaftlicher Analyse stellt? Wieviel Reflexion und ‚Wissenschaft' muten wir unseren Schülern in der ‚Politischen Bildung' auf schmalster pragmatischer Erfahrung zu? Hier herrscht innerhalb der strukturellen Grundformen eine durch die Moderne ganz besonders angeheizte Dynamik und gelegentliche Disproportionalität« (Heimann 1976 b, S. 157; Hervorhebungen bei Heimann).

Auch hier führt Heimann eine Wertung ein: Für ihn ist die zentrale Grundform die der *Techniken* (Heimann 1976 b, S. 158).

Heimann sieht also die Techniken als wichtigste Grundform der Inhalte und die »pragmatisch-dynamische« Dimension als die wichtigste der Intentionen. Er begreift das Lernen der Schüler als eine Form zu »handeln« (s.o.). Und er betont die Wichtigkeit der Beachtung der Wechselwirkungen aller drei Intentionalitäts-Dimensionen und aller drei Inhalts-Grundformen untereinander.

6.4 Paul Heimanns Bildungstheorie

Er steht hier offensichtlich in der Tradition der Reformpädagogik, und zwar insbesondere in einer gewissen Nähe zum amerikanischen Pragmatismus (vgl. S. 119-121) und zur deutschen Arbeitsschulbewegung (S. 297), wenn er durch schulischen Unterricht eine »handelnde Bewältigung des Lebens« (1976 a, S. 140) vorbereiten möchte und sich ausdrücklich auf Johann Heinrich Pestalozzis pädagogischen Slogan vom »Lernen mit Kopf, Herz und Hand« beruft.

Wir haben versucht, Heimanns Vorstellungen in einer Zeichnung zusammenzufassen (Abbildung 6.7; vgl. auch Abschnitt 6.4.4).

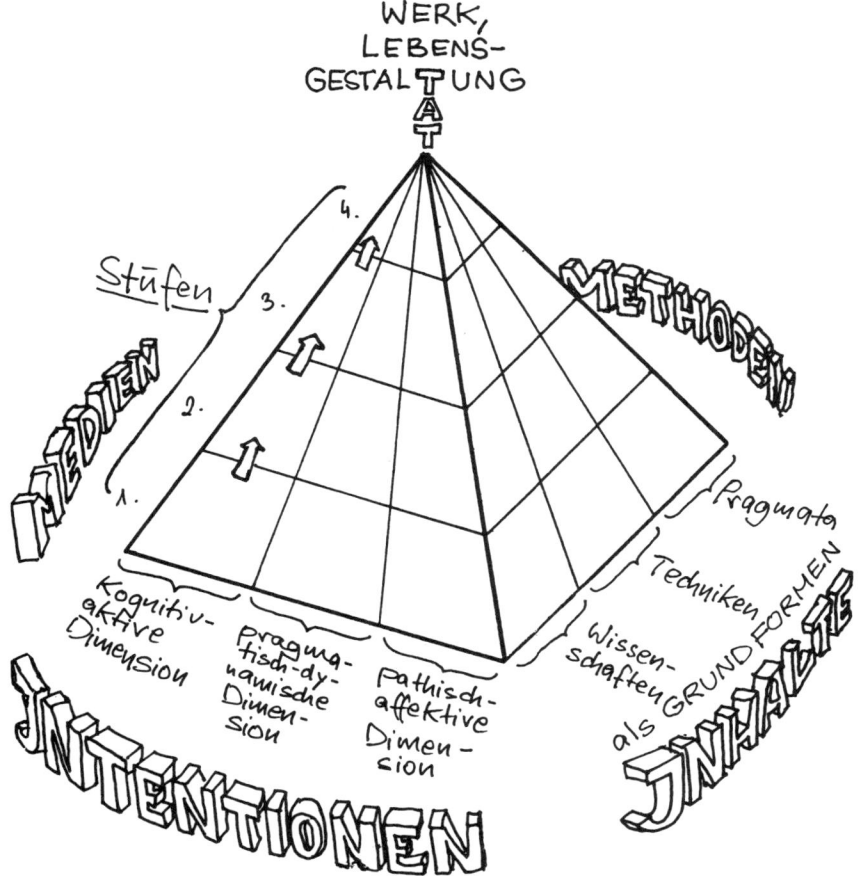

Abbildung 6.7

Die Pyramide der Abbildung 6.7 soll Heimanns Ideen über das hinaus weiterführen, was er selber und Schulz dazu veröffentlicht haben. Wir haben uns gefragt, was LehrerInnen bei der Unterrichtsvorbereitung mit dem Schema anfangen könnten. Es macht darauf aufmerksam, daß konkrete Entscheidungen darüber gefällt werden müssen,
– ob Unterrichtsinhalte eher in ihrer Grundform als Wissenschaft, als Technik oder als Pragmatum im Unterricht repräsentiert werden sollen;
– ob sie eher in der kognitiv-aktiven, in der pragmatisch-dynamischen oder in der pathisch-affektiven Dimension vermittelt werden und entsprechende Handlungen bzw. Leistungen der SchülerInnen ermöglichen sollen;
– auf welcher der vier Stufen sie angezielt werden sollen.

Zu *Fragen* umformuliert (die der Form der Fragen der Didaktischen Analyse der Bildungstheoretischen Didaktik ähneln):

❏ In welcher äußeren *Form* soll der betreffende Inhalt im Unterricht repräsentiert werden: eher in seiner wissenschaftlichen Form, eher als Technik oder eher als pragmatische Lösung von Problemen der Daseinsbewältigung?

❏ Welche *Dimension* soll mit dem betreffenden Inhalt im Hinblick auf das Handeln der Schüler in besonderem Maß geschult werden: die kognitiv-aktive, die pragmatisch-dynamische oder die pathisch-affektive?

❏ Welche der vier *Stufen* soll mit dem betreffenden Inhalt im Handeln der Schüler erreicht werden?

Auch eine Umkehrung dieser Fragerichtung ist denkbar, z.B.:

❏ Welcher Inhalt ermöglicht es im Unterricht, Lernprozesse auf der *2. Stufe* im *Inhaltsbereich »Technik«* in der *kognitiv-aktiven Dimension* in Gang zu setzen?

Wir meinen, daß es auf solche Weise möglich gewesen wäre, von einem *Analyseraster* (Struktur- und Faktorenanalyse), das keine unmittelbaren Hilfen zur Entscheidungsfindung bei der Unterrichtsvorbereitung gibt (vgl. oben, These 6.7), zu einem *Planungsraster* in Form eines inhaltsbezogenen Fragenkatalogs vorzudringen. Warum weder Heimann noch seine Schüler diesen Weg einschlugen, wissen wir nicht; wir meinen, daß hier eine große Chance zu einem überzeugenden Planungs-Fragenraster für die Unterrichtsvorbereitung verschenkt worden ist.

6.4.3 Unterrichtsmethoden und Medien

Heimann unterschied *unterrichtsmethodische Entscheidungen* in fünf Bereichen (zusammengefaßt nach Heimann 1976 a, S. 117-120 und 1976 b, S. 159 f.), ohne jedoch eine begründete Reihenfolge anzugeben. Wolfgang

6.4 Paul Heimanns Bildungstheorie

Schulz (1965, S. 30-34) hat die Begriffe zum Teil übernommen, zum Teil auch variiert und sie auf fünf *Ebenen* nach dem Kriterium der Reichweite der jeweils zu treffenden Methodenentscheidung geordnet:

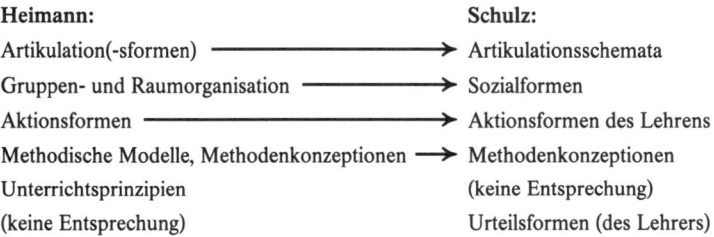

Heimann:	Schulz:
Artikulation(-sformen) ⟶	Artikulationsschemata
Gruppen- und Raumorganisation ⟶	Sozialformen
Aktionsformen ⟶	Aktionsformen des Lehrens
Methodische Modelle, Methodenkonzeptionen ⟶	Methodenkonzeptionen
Unterrichtsprinzipien	(keine Entsprechung)
(keine Entsprechung)	Urteilsformen (des Lehrers)

Schulz wollte mit seinem Raster *sämtliche* denkmöglichen Methodenentscheidungen erfassen, also ein Klassifikationsschema für Methoden liefern (vgl. Abschnitt 7.5.3). Eine ausführliche Darstellung des Rasters und eine Kritik des gesetzten Anspruchs finden Sie bei Meyer (1987 a, S. 219-221).

»*Medien*« sind »tiefgefrorene« Ziel-, Inhalts- und Methodenentscheidungen – zumeist in Form von Unterrichts- oder Lehrmaterialien. Sie müssen im Unterricht durch das methodische Handeln von LehrerInnen und SchülerInnen wieder »aufgetaut« werden.

Heimann war der erste, der die theoretische Eigenständigkeit der Medienfrage im Unterricht behauptet hat, indem er sie zu den sechs Strukturmomenten der Strukturanalyse rechnete (s.o.). Seither ist Heimanns These umstritten. Herwig Blankertz (1969 b, S. 225) und Lothar Klingberg (7. Aufl. 1989, S. 363) haben die These zu widerlegen versucht, Wolfgang Schulz hat sie in seinem Buch »Unterrichtsplanung« (3. Aufl. 1981, S. 122 f.) behutsam zurückgenommen, Gunter Otto (1985, S. 75) hat sie wieder erneuert (vgl. Meyer 1987a, S. 151). Pragmatische Gründe für die Abtrennung der Frage nach den Medien von der nach den Methoden sind eher zu finden als theoretische: Um 1960 nahmen der Medieneinsatz an den Schulen und auch der Umfang der Veröffentlichungen zur Mediendidaktik sprunghaft zu.

Aus heutiger Sicht klingen Heimanns Ausführungen zur Unterrichtsmethode und zu den Medien nicht weiter aufregend. Das liegt daran, daß sie seit den 60er Jahren zunehmend flächendeckend Ausbildungsinhalte der 1. und 2. Phase der LehrerInnen-Ausbildung geworden sind und daß sie auch die Theoriediskussion nachhaltig beeinflußt haben. Damals jedoch kamen sie einer Art »Palastrevolution« innerhalb der Pädagogenzunft gleich: Für die meisten Vertreter der marktbeherrschenden Geisteswissenschaftlichen Pädagogik und ihrer didaktischen Theorie (der Bildungstheoretischen Didaktik; vgl. 5. Lektion, v.a. Abschnitte 5.4.7 bis 5.4.9) galt Unterrichtsmethodik, zumindest bis 1962 (Klafki 1963b) als sekundär gegenüber der bedeutsameren und jedenfalls zuvor vorzunehmenden Reflexion der Bildungsinhalte (von den Medien ganz zu schweigen). Erst Heimanns grundlegende Kritik an dieser These vom »Primat der Didaktik« bewirkte bei vielen ErziehungswissenschaftlerInnen und häufig auch in den Seminaren der 2. Phase ein Umdenken hin zur uns heute geläufigen These von der »Interpendenz der unterrichtsstrukturellen Momente«, nämlich der Intentionalität, der Thematik, der Unterrichtsmethodik und der Medienwahl (vgl. das auf S. 194 wiedergegebene Zitat aus Heimann 1976b, S. 157). Deshalb meinen wir: Paul Heimann hat Methoden- und Medienfragen das ihnen zukommende Gewicht in der theoretischen Diskussion grundlegender didaktischer Strukturen (zurück-)gegeben. Das ist keine geringe Leistung – zumal gegen das Schwergewicht der Bildungstheoretischen Didaktik. Diese Leistung wirkt bis heute nach:

> **These 6.9:**
> Die Betonung der Unterrichtsmethoden und der Medien in der Lehrtheoretischen Didaktik erleichtert eine alltagsnahe Theorie der Unterrichtsanalyse und -planung.

6.4.4 Bildungsbegriff

Niemand kann Kenntnisse ganz allgemein erwerben, sondern man kann nur Kenntnis *von etwas* oder *über etwas* erwerben; niemand kann Erkenntnisse allgemein haben, sondern man kann nur *bestimmte Sachverhalte* erkennen; niemand kann »erleben«, ohne *etwas* zu erleben.

Deshalb müssen alle Begriffe aus Heimanns Dreieck zur Intentionalität (Kenntnisse, Fähigkeiten, Anmutungen usw.; vgl. Abbildung 6.6 auf S. 206) in der Unterrichtspraxis mit konkreten Lerninhalten und -gegenständen verbunden werden. An der Frage nach grundsätzlichen, theoretischen Lösungen für diese Konkretisierung setzen einige Kernstücke der Bildungstheoretischen Didaktik an: Die Untersuchung des Verhältnisses von Bildungs*in*halt und Bildungs*ge*halt sowie die Theorien des Elementaren, Fundamentalen und Exemplarischen und der Kategorialen Bildung dienen ihrer Beantwortung (vgl. Abschnitte 5.4.2 bis 5.4.5). Paul Heimann hat sich zur Konkretisierung der Verbindung der Intentionen mit bestimmten, konkret zu benennenden Inhalten und Gegenständen nicht geäußert, obwohl dies aufgrund der Interdependenzthese (vgl. Abschnitt 6.3.1) und seiner Überlegungen zur Intentionalität und zur Thematik (vgl. Abschnitte 6.4.1 und 6.4.2) nahegelegen hätte.

Ähnliches gilt im Hinblick auf die *Schüler*: Kenntnisse, Erkenntnisse, Anmutungen, Können usw. gibt es ja nicht im luftleeren Raum, sondern immer nur als Kenntnisse usw., die sich *bestimmte* Menschen aneignen. Hier wäre die

6.4 Paul Heimanns Bildungstheorie

Verbindung zu den anthropogenen und sozial-kulturellen Voraussetzungen aufzusuchen. Auch sie hat Heimann nicht konkretisiert.

> **These 6.10:**
> Heimanns Dimensionen der pädagogischen Absichten und ihre Stufungen entfalten ihren Sinn erst in der Verbindung mit *bestimmten* Gegenständen und Inhalten und im Bezug auf *bestimmte* SchülerInnen bzw. Lerngruppen in einem *bestimmten* situativen, sozialen und institutionellen Umfeld.

Mit den Qualitätsstufen des Dreiecks aus Abbildung 6.6 und der Forderung, daß die vierte, höchste Stufe eine – wenn auch in der Schule kaum erreichbare – Zielmarke des Unterrichts sein soll, wird also auch von Heimann selbst ausdrücklich der Übergang vom »wertfreien« Kategoriensystem der Strukturanalyse hin zu einem »werthaltigen« System vollzogen:

»Diese drei Dinge – Werk, Tat und Lebensgestaltung – liegen eigentlich in der Perspektive unseres bildenden Tuns! Gebildet wäre demnach *der* Mensch, bei dem in seinen Taten, in seiner Lebensgestaltung und in seinen Werken der hier angedeutete Reichtum an möglichen Weltverhältnissen erkenntnismäßiger Art, pragmatischer Art, gefühlsmäßiger Art auch immer realisiert gewesen sind! Sie müßten so realisiert sein, daß sie ein Maximum an Daseinserhellung aufweisen, ein Maximum an Daseinsbewältigung und ein Maximum an Daseinserfüllung. Das ist also ein Idealschema. Es ist aber wert, es anzustreben« (Heimann 1976 a, S. 137; Hervorhebung bei Heimann).

Damit entsteht die Grundlage für einen eigenständigen Bildungsbegriff. Heimann hat dies wohl auch bemerkt, aber nur beiläufig angesprochen.

Heimann sah in der Daseins*bewältigung* die wichtigste intentionale Dimension (siehe oben, S. 205) und in den *Techniken* die wichtigste thematische Grundform (siehe oben, S. 208). Deshalb unsere nächste These:

> **These 6.11:**
> Heimanns Theorie der Didaktik lebt von einem Bildungsbegriff der allseitig entfalteten, auf Daseinsbewältigung zielenden Persönlichkeit.

Vielleicht würde dieser Bildungsbegriff heute, im Jahre 1991, wegen seines Bezugs auf das Handeln, auf Techniken und auf Daseinsbewältigung als »handlungsorientiert« charakterisiert werden. Wir halten ihn, mit Verlaub, für nicht weniger »bildungsphilosophisches ‚Stratosphärendenken'«als Heimann seinerseits die Theorien der bildungstheoretischen Didaktiker empfunden hat! Heimann hat ein idealistisches Bildungsverständnis. Dessen historische Wurzeln liegen bei denselben Ahnen wie die des Klafkischen Bildungsbegriffs, nämlich bei Humboldt, Schleiermacher und anderen klassischen Bildungstheoretikern. Der systematische *Stellenwert* des Bildungsbegriffs wird in der Bildungstheoretischen Didaktik jedoch anders bestimmt als in der Lehrtheoretischen Didaktik, nämlich nicht als Kernstück der Didaktik insgesamt, sondern als eines der vier unterrichtsstrukturellen Momente, die untereinander in Wechselwirkung stehen.

6.4.5 Praxisrelevanz

Wir meinen – trotz aller Kritik, mit der wir ja nicht gespart haben –, daß in dem Modell der Lehrtheoretischen Didaktik Ansätze für die Lösung der Frage nach dem Übergang von der Analyse zur Planung stecken, die aber von Heimann und Schulz nicht »ausgereizt« worden sind.

1. *»Dimensionen«* und *»Stufen«* der Intentionen und *»Grundformen«* der Inhalte könnten u.E. weiterentwickelt werden zur *Grundlage für die Entscheidungsfindung* didaktisch-methodischer Fragen bei der Unterrichtsvorbereitung. Anregungen dafür haben wir in Form von Fragen zur Unterrichtsplanung oben (S. 210) gegeben.

2. Die beiden *Planungsprinzipien der Variabilität und der Kontrollierbarkeit,* die bei Schulz tatsächlich sehr formal bleiben, könnten fruchtbar für die alltägliche Unterrichtsvorbereitung und für die Legitimation der Vorbereitung von ReferendarInnen gegenüber ihren AusbilderInnen gemacht werden, wenn sie in Beziehung gesetzt würden zu den Dimensionen, Stufen und Grundformen der Intentionen und Inhalte. Denn die Suche nach Alternativen ließe sich erleichtern, wenn man wüßte, *wo* man sie suchen sollte! Die Suche könnte so angelegt werden, daß gezielt nach Variationsmöglichkeiten im Hinblick auf

- die (Qualitäts-)Stufen der Intention,
- die Dimensionen der Intention,
- die Grundformen der Inhalte

gesucht wird und diese unterrichtsmethodisch angemessen umgesetzt werden (vgl. unsere »Pyramide« oben, S. 209).

3. Und drittens könnte die pauschale These der *Interdependenz* im Blick auf die jeweils unterschiedliche Art der Wechselwirkung aller Planungsmomente entfaltet werden – so, wie wir dies in Abbildung 6.4 auf S. 197 angedeutet haben.

These 6.12:
Die Lehrtheoretische Didaktik der 60er Jahre ist im Blick auf ihren theoretischen Ertrag ein Modell der versäumten Gelegenheiten.

Warum ist diese Didaktik in der Praxis der LehrerInnenaus- und -weiterbildung dennoch so populär geworden?

○ So, wie dieses Modell in der Regel in der Ausbildungspraxis vermittelt wurde und wird, scheint es *leicht verständlich und einfach anzuwenden* zu sein. Es wird nämlich meist auf die erste Hälfte, auf die »Strukturanalyse« des Unterrichts reduziert.
○ Das Modell liefert einen halbwegs vollständigen *Raster zur Erfassung von Unterricht.*
○ Das Modell ist in *bildungspolitischer Hinsicht »parteipolitisch neutral«.* Kein Minister, der sich in seinen Richtlinien darauf stützt, muß befürchten, von der jeweiligen Opposition beschimpft zu werden (sei's als »Neomarxist« oder als »ewig Gestriger«).
○ Das Modell ist *fachdidaktisch indifferent:* Man kann mit ihm Sportunterricht ebenso gut oder schlecht analysieren wie Religions- oder Mathematikunterricht.
○ Das Modell liefert in der Fassung von Wolfgang Schulz (1965, S. 47) einen *praktischen Raster* zur Fixierung des sogenannten geplanten Stundenverlaufs:

Erwartetes Schülerverhalten	Geplantes Lehrerverhalten	Didaktischer Kommentar
...	...	...

○ Das Modell enthält – gemessen am Bedarf von Berufsanfängern – nur wenige, im Vergleich zur Bildungstheoretischen und Lernzielorientierten Didaktik jedoch viele Ausführungen zur *Unterrichtsmethodik.*

Aufgrund dieser Sachverhalte schien das Modell hervorragend zur Planung von Unterricht für Referendare und Berufsanfänger geeignet. Im Widerspruch zu dieser Einschätzung haben wir in den vorigen Abschnitten zu zeigen versucht, daß und warum die Lehrtheoretische Didaktik *nicht unmittelbar zur Planung und Vorbereitung von Unterricht taugt,* sondern nur zur umfassenden Erhellung der *Voraussetzungen* der Unterrichtsplanung. Warum ist das Modell dennoch schon nach wenigen Jahren – insbesondere in der Zweiten Phase der LehrerInnenausbildung – zu einem sehr weit verbreiteten Ansatz geworden? Wir meinen, daß dies einen ganz einfachen, wenngleich selten thematisierten Grund hat:
Die Lehrtheoretische Didaktik hilft dem Fach- oder Seminarleiter bzw. Hochschullehrer, im Unterricht von ReferendarInnen oder StudentInnen zu hospitieren, ein übersichtliches *Stundenprotokoll* herzustellen und dieses als Grundlage für eine kritische *Stunden-Nachbesprechung* zu verwenden!

❑ Die Strukturanalyse hilft dem Lehrerausbilder, bei der Unterrichtsbeobachtung keine für die Nachbesprechung zentralen Gesichtspunkte aus dem Blick zu verlieren: Sie erinnert ihn daran, auf die Ziel-, Inhalts-, Methoden- und Medienentscheidungen der Studentin bzw. des Referendars zu achten und zu überprüfen, ob und auf welche Weise die Voraussetzungen der SchülerInnen berücksichtigt wurden.

❏ Der Raster zur Fixierung des geplanten Stundenverlaufs (s.o.) ermöglicht den Lehrerausbildern, sich schnell und zügig sowohl im schriftlichen Unterrichtsentwurf als auch während der beobachteten Unterrichtsstunde zu orientieren.

Heimann und Schulz selbst haben in ihren Schriften aus den 60er Jahren – wenn auch etwas verschämt und im Gegensatz zu ihren eigenen Ansprüchen an das Konzept – angedeutet, daß sie bei der Entwicklung ihres Ansatzes primär an Situationen der Unterrichtsbeobachtung, -nachbesprechung und -beurteilung während der Lehrerausbildung, speziell im Berliner »Didaktikum«, gedacht hatten. »Wer einer Unterrichtsstunde beiwohnt«, schreibt Schulz (1965, S. 22 f.), möchte den Unterrichtsentwurf »geordnet befragen können, um schnell festzustellen, wo Schwerpunkte, wo Leerstellen in der Planung vorliegen, wie Planung und Durchführung sich zueinander verhalten. Auf dieser *ersten didaktischen Reflexionsstufe* wird er, ebenso wie der auf seinen eigenen Unterricht reflektierende Lehrer, eine *Strukturanalyse* vornehmen müssen.« (Hervorhebungen bei Schulz)

Und 1972 (S. 165) schrieb Schulz selbstkritisch, daß sich der Ansatz von 1965 für die Planung von Unterricht viel weniger brauchbar als für die Analyse erwiesen habe.

Wir fassen zusammen:

These 6.13:
Die Lehrtheoretische Didaktik ist weder eine Anfänger- noch eine Prüfungs- oder Profididaktik, sondern eine Didaktik für *Lehrerausbilder.*[1]

---

[1] Wir widersprechen also einem großen Teil der Autoren, die sich mit der Lehrtheoretischen Didaktik befaßt haben (eine Ausnahme stellt Reich, 1977, S. 165 und S. 192 f. dar). PeterBen (3. Aufl. 1988, S. 89 f.) beschreibt die Lehrtheoretische Didaktik ebenso als Modell zur Verbesserung und Rationalisierung der Unterrichtsplanung wie schon Hartfiel (1969, S. 191; vgl. dagegen aber im selben Aufsatz S. 204), Huwendiek (1982, S. 219 f.) und Memmert (1983, S. 109).

6.5 Das »Hamburger Modell« der Lehrtheoretischen Didaktik

Schulz hat seit den späten 60er Jahren zunehmend intensiv an einer Neufassung der Berliner Didaktik gearbeitet – nun aber ohne Heimann, der schon 1967 starb. Soviel wir wissen, waren wichtige Auslöser für seinen Wunsch nach einer Weiterentwicklung einerseits *kritische Einwände von Erziehungswissenschaftlern*, die die behauptete »Wertfreiheit« des Modells in Frage stellten (etwa Blankertz 1969 b, S. 109 f.); andererseits nahm Schulz frühzeitig Forderungen der Studentenbewegung von 1968 auf: vor allem die Kritik an systembedingten Herrschaftsstrukturen und die Forderung nach Emanzipation des einzelnen Menschen von Fremdbestimmung.

Wolfgang Schulz tastete sich zunächst langsam zu ersten Neuerungen – noch innerhalb des Konzepts der Berliner Didaktik – vor:

❑ 1972 schrieb er eine »Zwischenbilanz auf dem Wege zu einer kritischen Theorie«, in der er ein gesellschaftskritisches Selbstverständnis der Didaktik und einen emanzipatorisch-kritischen Ansatz favorisierte – er gab also die »Wertfreiheit« endgültig und ausdrücklich zugunsten des Eintretens für die in der Gesellschaft Benachteiligten auf (vgl. 1972, etwa S. 180 f.).

❑ 1977 veröffentlichen Schulz und Gunter Otto gemeinsam mit Wolfgang Klafki, dem führenden Vertreter der Bildungstheoretischen Didaktik, ein kleines Bändchen mit dem Titel »Didaktik und Praxis« (Klafki/Otto/Schulz 1977), in dem sie die Annäherung der ehemals konkurrierenden Modelle in wichtigen Teilfragen dokumentieren.

❑ Das Hamburger Modell wurde schließlich 1980 in dem Buch »Unterrichtsplanung« (von uns zitiert nach der 3. erweiterten Auflage 1981) veröffentlicht und in mehreren kürzeren Aufsätzen erläutert (z.B. Schulz 1980; 1986).

Das Buch »Unterrichtsplanung« war zugleich der Einführungsband in eine groß angelegte Buchreihe »Praxis und Theorie des Unterrichtens« (Urban & Schwarzenberg, später Beltz), in der neue allgemein- und fachdidaktische Ansätze für StudentInnen, ReferendarInnen und vor allem für »Profis« im Lehrgeschäft aufgearbeitet werden sollten. Ein gelungenes Beispiel aus dieser Reihe: Günther/Ott/Ritzel: »Musikunterricht 5 – 11« (1983). Wir skizzieren das Hamburger Modell im folgenden nicht in seiner vollen Breite, sondern konzentrieren uns auf jene Punkte, welche die Weiterentwicklung des didaktischen Modells deutlich machen.

6.5.1 Vier Ebenen der Unterrichtsplanung

Schulz nennt vier verschiedene Planungsebenen, die er nach der zeitlichen Abfolge, in der Lehrerinnen und Lehrer sie durchlaufen (sollen), und nach dem Grad der Konkretheit ordnet (Schulz 3. Aufl. 1981, S. 3; Hervorhebungen bei Schulz):

○ »In der *Perspektivplanung* wird der Unterricht über einen längeren Zeitraum, etwa ein Semester, ein Jahr, eine Schulstufe hin geordnet, in Auseinandersetzung mit den Rahmenplänen, den institutionellen und jeweils individuellen Bedingungen des Unterrichts, als Abfolge von Unterrichtseinheiten unter durchgängig geltenden Gesichtspunkten.

○ In der *Umrißplanung* einzelner Unterrichtseinheiten werden im Umriß die Vorbereitungen für eine Sinneinheit innerhalb der in der Perspektivplanung in Aussicht genommenen Unterrichtsreihe getroffen.

○ Die *Prozeßplanung* legt innerhalb dieses Umrisses da, wo es nötig erscheint, die Abfolge der Unterrichtsschritte in der Zeit sowie die Kommunikations- und Arbeitsformen im einzelnen fest.

○ Eine *Planungskorrektur* während der Realisierung des Planes antwortet auf nicht vorhergesehene Planungswirkungen.«

Mit dieser Unterscheidung von Planungsebenen und der Aufforderung an die LehrerInnen, möglichst die gesamte Schulzeit der SchülerInnen in den Blick zu nehmen, greift Schulz eine Tradition der Bildungstheorie auf (vgl. etwa W. Flitner 1950; Langeveld 2. Aufl. 1963), die in den gängigen Darstellungen allgemeindidaktischer Modelle aus den 60er und 70er Jahren weitgehend vergessen war: nämlich die Darstellung des Zusammenhangs zwischen der Planung von Unterrichtseinheiten und ihren Einzelstunden und die *Einbettung dieses Zusammenhangs in die große Perspektive* des insgesamt angezielten Bildungsprozesses über ein ganzes Schuljahr oder gar die gesamte Schulzeit hinweg. Einer der Gründe für die Verdrängung dieser Fragestellung lag sicherlich in der Rezeption der US-amerikanischen Curriculumforschung zu Beginn der 70er Jahre und der dadurch ausgelösten schlechten Arbeitsteilung zwischen den Curriculumforschern, die die »Gesamtrevision des Lehrplans« (Robinsohn 1967) betrieben, und den Vertretern der Allgemeinen Didaktik, die Konzepte zur Unterrichtsvorbereitung für Anfänger entwickelten. Selbst in eher rezeptorientierter Literatur und in Kompendien zur Unterrichtsvorbereitung spielten Überlegungen zum größeren Zusammenhang der Unterrichtsplanung von Einzelstunden, Einheiten, Schuljahren und der ganzen Schulzeit seit etwa 1960 eine deutlich geringere Rolle (so etwa bei Beckmann/Biller 1978; Ausnahmen bestätigen die Regel: Peterßen 3. Auflage 1988 äußert sich als einer der wenigen recht ausführlich dazu; interessant auch Hiller 1980).

In Abbildung 6.8 haben wir Schulz' Modell der Planungsebenen schematisch dargestellt:

6.5 Das »Hamburger Modell« der Lehrtheoretischen Didaktik 219

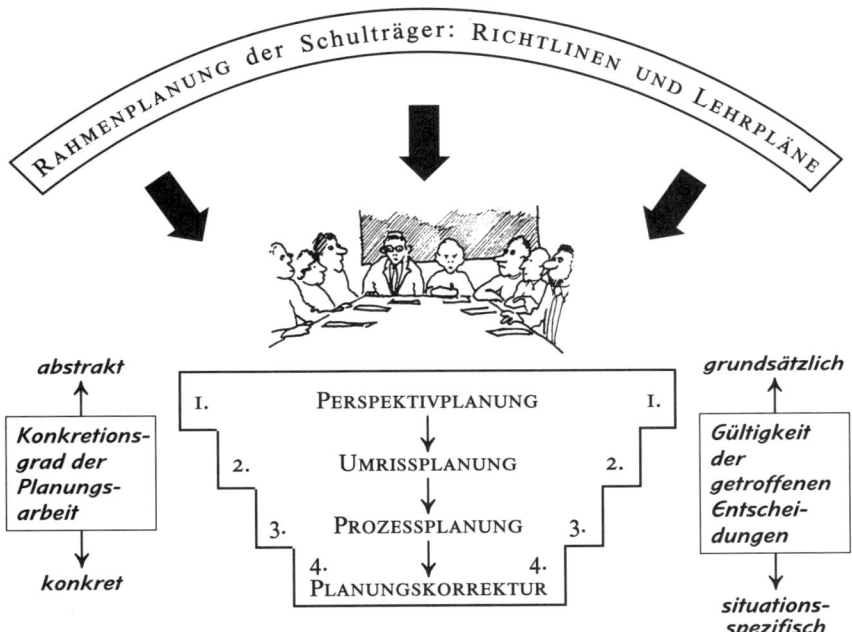

Abbildung 6.8

Wir haben das Schema, im Vergleich zu den oben im Zitat genannten vier Ebenen, um zwei Elemente erweitert: Am rechten Rand beschreiben wir, daß die Gültigkeit getroffener Planungsentscheidungen auf den unterschiedlichen Planungsebenen verschieden weit reicht. Schulz (3. Aufl. 1981) sagt dies zwar nicht ausdrücklich, aber es geht aus seiner Darstellung implizit hervor (etwa S. 30 f. und S. 65 f.). Und oben haben wir in einem die Planungsebenen umfassenden Bogen die Vorgaben der Schulträger (im Normalfall also die staatlichen Schulbehörden und Ministerien) hinzugefügt, wie Schulz sie am Beginn seines Kapitels »Zur Perspektivplanung des Unterrichts« beschreibt (Schulz 3. Aufl. 1981, S. 28 f.; vgl. auch Schulz 1985, S. 59).

Die Autoren der Berliner Didaktik waren der Auffassung gewesen, ein wertfreies, allgemeingültiges Beschreibungsmodell für jeglichen Unterricht entworfen zu haben. Schon zu Ende der 60er Jahre verließ Schulz ausdrücklich diese Position, indem er Egalisierung der Lernchancen, Individualisierung der Begabungsförderung und Erziehung zur Autonomie forderte (Schulz 1969 b, S. 137). Leitende Zielvorstellung wurde ihm in den 70er Jahren die *»Erziehung* *zur größtmöglichen Verfügung aller über sich selbst«* (Schulz 1980, S. 58). Das damals von Schulz, wie von den meisten anderen Didaktikern auch, geforderte entscheidende Instrument zur Verwirklichung dieser Zielvorstellung war die stärkere Beteiligung der SchülerInnen an der Unterrichtsplanung:

»Der Grad, in dem es den Lehrern als professionell didaktisch Handelnden gelingt, die Planung einer Unterrichtseinheit zum Bestandteil unterrichtsbezogener Interaktion zu machen, wird für mich immer mehr zum Indikator für die *emanzipatorische Relevanz* des Unterrichts, für die Ablösung der Arbeitsteilung zwischen Anordnen und Ausführen« (Schulz 1980, S. 65 f.; Hervorhebung bei Schulz).

> **These 6.14:**
> Planungsbeteiligung der SchülerInnen ist der entscheidende Prüfstein für die Demokratisierung des Unterrichts.

Eine praxisnahe Umsetzung dieser Forderung hat Gunter Otto gemeinsam mit weiteren Hamburger Hochschullehrern unter dem Titel »Lehrer und Schüler machen Unterricht« (Boettcher u.a. 1978) vorgelegt.

6.5.2 Intentionalität: Kompetenz, Autonomie, Solidarität

Schulz greift im Hamburger Modell auf das Konzept der Strukturanalyse der Berliner Didaktik zurück (so wird z.B. das Reichweiten-Modell der Unterrichtsmethodik wenig verändert übernommen). Die Begriffe der Strukturanalyse (Intentionalität, Thematik, Methodik, Medienwahl; vgl. Abschnitt 6.2.1) erhalten angesichts der in These 6.14 formulierten Zielstellung aber eine ganz andere Färbung als in der Berliner Didaktik, wo sie ja lediglich das formale Gerippe jeglichen Unterrichts kenntlich machen sollten: Schulz *verbindet* nämlich die engagierte *Parteinahme* für die SchülerInnen unmittelbar *mit den Intentionen,* die Unterricht haben soll, mit seinen »Richtzielen« und mit der Forderung nach Unterrichtsplanung in Interaktion *aller* Beteiligten (er meint damit: SchülerInnen, LehrerInnen und Eltern). Die drei zentralen Begriffe lauten nun (Schulz 3. Aufl. 1981, S. 35 f.):

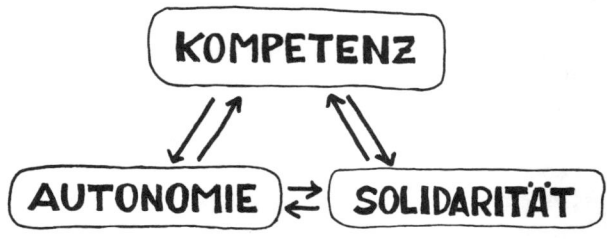

Die Pfeile zwischen den drei Begriffen symbolisieren den »Implikationszusammenhang«, den Schulz zwischen ihnen sieht: Kompetenz sei kein Wert für sich, sondern sei wichtig, indem sie Autonomie fördere. Autonomie sei ebenfalls kein Wert für sich, weil die Autonomie des einzelnen immer an die Grenzen stößt, welche ihm das Autonomiestreben seiner Mitmenschen setzt; Selbstbestimmung und Selbstverwirklichung dürfen nicht auf Kosten anderer gehen, sondern müssen in sozialer Verantwortung realisiert werden, also in Solidarität (Schulz 1980, S. 58 f.; 1986, S. 33 f.).

Ganz ähnliche Begriffs-Tripel haben Wolfgang Klafki (siehe oben, S. 166) und Lothar Klingberg (siehe unten, S. 281) für ihre weiterentwickelten Didaktik-Modelle formuliert. Klafki spricht von Selbstbestimmungsfähigkeit, Mitbestimmungsfähigkeit und Solidaritätsfähigkeit; Klingberg von Mitgestaltung, Mitentscheidung, Mitverantwortung.

Damit stehen die Autoren in der gemeinsamen europäischen Tradition der Philosophie der Aufklärung, wie sie insbesondere durch Immanuel Kant auf den Begriff gebracht wurde:

- »Habe Mut, dich deines *eigenen* Verstandes zu bedienen!« (Kant 1966 c, S. 53/A 481)
- »Handle so, daß die Maxime deines Willens jederzeit zugleich als Prinzip einer allgemeinen Gesetzgebung gelten könne« (Kant 1966 b, S. 140/A 54).

Der Verzicht auf das Wertfreiheits-Postulat der Didaktik (s.o., S. 198-201) hat weitreichende wissenschaftstheoretische Folgen. Das Hamburger Modell und die Kritisch-konstruktive Didaktik Klafkis gehen von den selben wissenschaftstheoretischen Grundpositionen aus. Man kann von einer – schon in Paul Heimanns impliziter Bildungstheorie grundgelegten – Beinahe-Fusion der Positionen sprechen.

> **These 6.15:**
> Das Hamburger Modell der Didaktik ist eine nur mit Hilfe hermeneutischer Methoden begründbare Variante bildungstheoretischen Denkens.

6.5.3 Thematik: Sach-, Gefühls- und Sozialerfahrung

»Thematik« entfaltet Schulz zu drei Aspekten der Erfahrung: Er unterscheidet Erfahrungen, in denen der Sach-, der Gefühls- oder der Sozialaspekt vorherrscht, und er betont auch hier wieder, daß in Wirklichkeit immer alle drei Aspekte in jeder Erfahrung zusammenwirken – auch dann, wenn einer der drei Aspekte aktuell im Vordergrund steht (Schulz 3. Aufl. 1981, S. 37 f.).

Die jeweils drei Felder der Intentionalität und der Thematik kombiniert Schulz zu einer *Matrix* (Abbildung 6.9), die als Suchschema für das Auffinden und Gewichten von Richtzielen dienen soll und die er deshalb als »heuristisch« (vgl. S. 268) bezeichnet (Schulz 3. Aufl. 1981, S. 39).

6. Lektion: Lehrtheoretische Didaktik

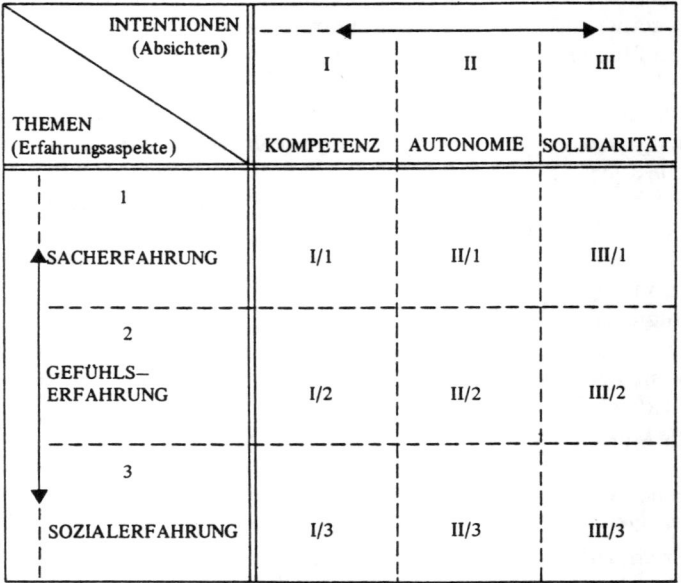

Heuristische Matrix zur Bestimmung von Richtzielen emanzipatorisch relevanten, professionellen didaktischen Handelns

Abbildung 6.9 (aus: Schulz 3. Aufl. 1981, S. 39)

Wie kann mit diesem Schema gearbeitet werden? Schulz sagt: »...eine Art Wünschelrute ist die Matrix, nichts weiter« (3. Aufl. 1981, S. 35). Man geht also bei der Erstellung von Perspektivplanungen (etwa Rahmenrichtlinien oder schulischen Stoffverteilungsplänen der Fachkonferenzen) von einem der neun Felder zum nächsten und versucht, die Felder mit Inhalt zu füllen. Das Ergebnis ist dann ein »Richtzielkatalog«.

Schulz liefert Beispiele als Erläuterungen zu den neun Feldern. Wir drucken eines davon ab (Schulz 3. Aufl. 1981, S. 40):

»**Feld I/3 Zur Kompetenzförderung, bezogen auf Sozialerfahrung**
Absolventen öffentlicher Schulen sollen die sozialen Beziehungen, die für unsere Gesellschaft charakteristisch sind, in denen sie also ihre Sacherfahrungen machen, derart handelnd bewältigen, daß sie ein Bewußtsein von der historischen, standortgebundenen Relativität der Interaktionsmuster in den erforderlichen Anpassungsprozessen immer wieder erneuern. So erhalten sie sich im Nachvollzug die Möglichkeit, ihr Verhalten angesichts konkreter Situationen zu variieren und aus Einsicht in seine soziale Bedingtheit zur Diskussion zu stellen.«

6.5 Das »Hamburger Modell« der Lehrtheoretischen Didaktik

Schulz beansprucht ausdrücklich, mit dieser Matrix »dimensionale Vollständigkeit« und »Ausgewogenheit« von Richtzielsammlungen sichern zu können. Die Matrix hat also die gleiche Funktion wie die in der Blankertz-Gruppe erarbeiteten fachdidaktischen »Strukturgitter« (vgl. Blankertz 1971a).

Schulz demonstriert die Leistungsfähigkeit der Matrix an der kritischen Analyse eines Katalogs »Allgemeiner Lernziele« der Hamburger Schulbehörde. Die Analyse ergibt, daß der Katalog keine Aussagen zum Richtziel »Solidarität« enthält, also nicht als ausgewogen bezeichnet werden könne, und daß jede Aussage des Katalogs ohne Rest einem der neun Felder der Matrix zugeordnet werden konnte. Der Anspruch auf Vollständigkeit der Erfassung von Ziel-Sammlungen sei also bestätigt (Schulz 3. Aufl. 1981, S. 42-51).

Die Themen und Intentionen, die mit Hilfe der Matrix identifiziert werden können, stellen noch keine konkreten Unterrichtsgegenstände wie etwa »Dreisatz« oder »Rolle vorwärts« dar, sondern *allgemein* umschriebene Erfahrungsfelder aus den Bereichen der Sach-, Gefühls- und Sozialerfahrung.[1] Dies ist insofern kein Problem, als die Matrix insbesondere für die Strukturierung der Perspektivplanung gedacht ist.

Weder die drei Begriffe der Intentionalität noch die der Themen sind trennscharf: Es gibt Überschneidungen und Zuordnungsprobleme. Das obige Beispiel aus Schulz' Richtzielsammlung zeigt dies: Soziale Beziehungen handelnd zu bewältigen, ist ohne Bezug auf Gefühlserfahrung und ausschließlich auf der Basis von Kompetenz bzw. ohne Autonomie oder Solidarität gar nicht denkbar. Schulz hat dies mit seinem Hinweis auf den Implikationszusammenhang der Intentionalitäts- und Thematikbegriffe ausdrücklich betont. Man sollte also von diesem Schema nicht Dinge erwarten, für die Schulz es gar nicht konstruiert hatte: Das Schema ist weder zur eindeutigen Erfassung noch zur Operationalisierung von Lernzielen, noch als Ausgangspunkt für Lernzieltaxonomien und -deduktionen gedacht, sondern dafür, eine erste, grobe Ordnung in allgemeine Richtzielkataloge zu bringen und so eine *allgemeine Orientierungsgrundlage* auf der Planungsebene der Perspektivplanung zu schaffen.

"Hamburger"-Modell der Schülerin T., Klasse 8

---

1 Im Zusammenhang der Umrißplanung dagegen (s.u.) verwendet er den Begriff »Themen« für *konkrete* Unterrichtsthemen (er nennt: »Telefonieren«, »schriftliche Division«, »Drogengefährdung«), allerdings ohne Hinweise dazu zu geben, wer auf welche Weise und mit Hilfe welcher Kriterien aus den allgemeinen Feldern der Sach-, Gefühls- und Sozialerfahrung heraus die konkreten Unterrichtsthemen entwickelt (Schulz 3. Aufl. 1981, S. 103 f.).

6.5.4 Umrißplanung

Die Umrißplanung ist für Schulz das »Kernstück der Unterrichtsplanung in der Alltagspraxis«. Sie muß deshalb auf die besonderen Erwartungen und die Arbeitsbedingungen der »Professionals« zugeschnitten werden, die Schulz mit seinem Modell ja erreichen will. Er versucht, die Komplexität der Planungstätigkeit auf dieser Ebene zu berücksichtigen und möglichst konkrete Hilfestellungen und Kategorienraster zu liefern. Die schematische Darstellung der »Handlungsmomente didaktischen Planens« (siehe Abbildung 6.11, S. 225) geriet aber eher ein wenig verwirrend.

Handlungsmomente didaktischen Planens
Schulz differenziert den didaktischen Handlungszusammenhang nach Feldern, in denen in jedem Fall Entscheidungen getroffen werden müssen. Diese Felder (»Handlungsmomente didaktischen Planens«) haben dieselbe Funktion, wie sie die Strukturanalyse in der Berliner Didaktik gehabt hatte: Sie nennen die formalen Bausteine der Unterrichtsplanung, ohne inhaltliche Entscheidungen vorwegzunehmen (siehe oben, S. 184 f., S. 200 f.). Deshalb ist es wohl auch kein Zufall, wenn die von Schulz nun vorgeschlagenen Begriffe und ihre Anordnung zu einem Schema Ähnlichkeiten mit der Strukturanalyse von 1965 aufweisen.

Im Mittelpunkt des Schemas stehen vier »Felder«, die die sechs Entscheidungs- und Bedingungsfelder der Strukturanalyse von 1965 aufnehmen, die Heimann aber mit neuen Begriffen mischt und in geänderter Weise ordnet:

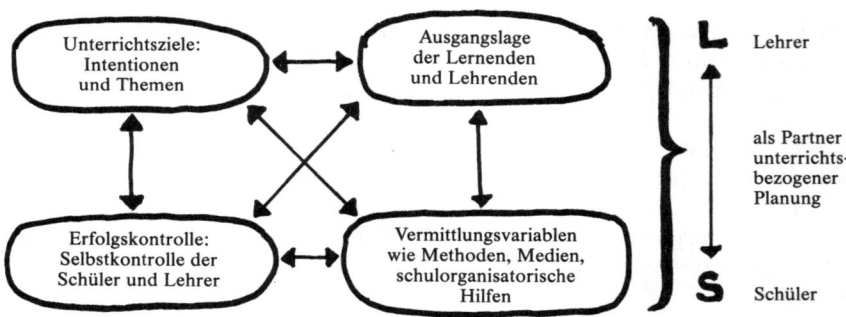

Abbildung 6.10

Intentionalität und Thematik (1965) werden nun zum Feld »Unterrichtsziele« zusammengefaßt. Methodik und Medienwahl heißen ein wenig umständlich »Vermittlungsvariablen«. Anthropogene und sozialkulturelle Voraussetzungen werden zusammengefaßt zur »Ausgangslage der Lernenden« und –

6.5 Das »Hamburger Modell« der Lehrtheoretischen Didaktik

stimmig zu den sonstigen Postulaten – um die »Ausgangslage der Lehrenden« ergänzt. »Erfolgskontrolle« war 1965 keines der Entscheidungsfelder, wohl aber eines der drei Planungsprinzipien. Sie war schon damals ausdrücklich auch auf die Überprüfung der Wirksamkeit des Lehrens und nicht nur als Leistungskontrolle der SchülerInnen gedacht gewesen. Neu ist dagegen, daß sich Schulz deutlich gegen bloße »Fremdkontrollen« der SchülerInnen durch die LehrerInnen ausspricht.

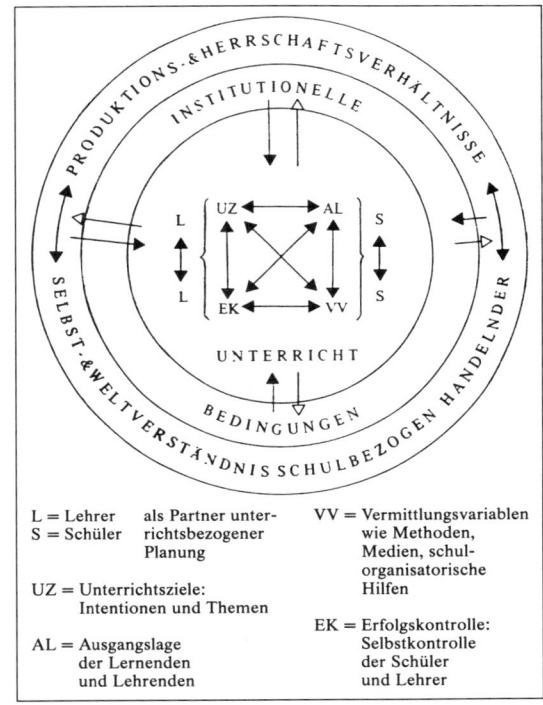

L = Lehrer
S = Schüler
  als Partner unterrichtsbezogener Planung

UZ = Unterrichtsziele: Intentionen und Themen

AL = Ausgangslage der Lernenden und Lehrenden

VV = Vermittlungsvariablen wie Methoden, Medien, schulorganisatorische Hilfen

EK = Erfolgskontrolle: Selbstkontrolle der Schüler und Lehrer

»Handlungsmomente didaktischen Planens in ihrem Implikationszusammenhang«[1]

Abbildung 6.11 (aus: Schulz 3. Aufl. 1981, S. 82)

Abbildung 6.11 zeigt, wie sich Schulz selbst die schematische Darstellung seines Modells vorstellt:

- ❏ Die vier Handlungsfelder bilden die Mitte der Zeichnung.
- ❏ LehrerInnen und SchülerInnen interagieren bei der Planung.
- ❏ Institutionelle, gesellschaftliche und weltanschauliche Rahmenbedingungen legen sich in Ringen um die Handlungsfelder und beeinflussen sich gegenseitig.

Im nächsten Schritt seiner Argumentation geht Schulz nun daran, die einzelnen Handlungsfelder bzw. -momente genauer zu beschreiben.

---

1 Den Begriff »Implikationszusammenhang« übernimmt Schulz von Blankertz (1969 b, S. 92), weitet seinen Bedeutungsumfang allerdings spürbar aus.

2. Differenzierung der Unterrichtsziele: Dimensionen und Stufen

Schulz greift in nur wenig veränderter Form die Unterscheidung von drei Dimensionen und vier Entfaltungsstufen auf, die Heimann (1976 a, S. 124-137) vorgeschlagen hatte (siehe oben, S. 204-208). Aber er beschreibt die Einbindung des Schemas in den Planungsvorgang 1980 ebensowenig wie 1965. Vielmehr beschränkt er sich auf den kurzen Hinweis, daß die konkreten Unterrichtsthemen bei der Planung auf ihre Elemente, Bedeutungsschichten und eventuell sachlich zwingenden Reihenfolgen der Elemente hin zu untersuchen seien.

Die *allgemeine* Didaktik habe dabei die Aufgabe, den Bezug des Unterrichts zur Lebenssituation der Lernenden zu sichern (weil Lebenssituationen ja ganzheitlichen Charakter haben und nur selten als isolierte Situationen, die *einer* bestimmten Wissenschaft zugeordnet werden können, auftreten). Die *Fach*didaktiken dagegen hätten die Aufgabe, die fachspezifischen Fragestellungen, Ergebnisse und Methoden korrigierend einzubringen, um Unterricht nicht zu »irrationalem Gesamtunterricht« verkommen zu lassen (Schulz 3. Aufl. 1981, S. 104).

Wir meinen: Mit dieser Selbstbeschränkung der Allgemeinen Didaktik ist Schulz *zu* bescheiden. Es ist löblich, daß er den Fachdidaktikern nicht ins Handwerk pfuschen will – aber der Verzicht auf die fachdidaktische Konkretisierung und Akzentuierung der Richtziele »Kompetenz«, »Autonomie« und »Solidarität« wird nahezu zwangsläufig zur Folge haben, daß sich nur ein Teil der Fachdidaktiker ernsthaft um die Aufarbeitung dieser Zielstellungen bemüht. Einzelne Bände der Schriftenreihe »Praxis und Theorie des Unterrichtens« (siehe oben, S. 217) belegen diese Vermutung. Die von der Blankertz-Gruppe erarbeiteten »Strukturgitter« waren in dieser Hinsicht konsequenter, auch wenn sie wenig Breitenwirkung zeigten, weil sie in einer schier unverständlichen Sprache abgefaßt worden sind. Die Autoren verzichten auf eine allgemeindidaktische »Super-Matrix« und formulieren vergleichbare emanzipatorische Zielstellungen von vornherein mit fachdidaktischen Schlüsselbegriffen (vgl. Lenzen/Meyer 1975).

3. Themenzentrierte Interaktion

In Anlehnung an Ruth Cohns »Themenzentrierte Interaktion« (TZI; vgl. Cohn 7. Aufl. 1986) schlägt Schulz vor, die Unterrichtsplanung und den Unterrichtsprozeß so zu gestalten, daß eine »*Balance zwischen Sachansprüchen, Personenansprüchen und Gruppenansprüchen*« hergestellt wird. (Das Nahverhältnis dieser drei Begriffe zu den oben erläuterten Kategorien Kompetenz, Autonomie, Solidarität ist offensichtlich.) Schulz erläutert die drei Begriffe:

6.5 Das »Hamburger Modell« der Lehrtheoretischen Didaktik 227

❑ »*Sachbezug (ES)*: Jedes Mitglied der Lehr-Lern-Gruppe wird ermutigt und übt sich darin, die Unterrichtsaufgabe in ihrem *sachlichen Anspruch* zu erfassen. Jedes Mitglied sagt sich:
Ich will die Forderungen, die der Schulträger an uns stellt, verstehen; um abschätzen zu können, inwieweit ich ihnen gerecht werden kann, muß ich sie auf Eindeutigkeit, Widerspruchsfreiheit, geschichtliche Herkunft, mittelfristig aktuelle Nützlichkeit für meine allseitige Entfaltung wie für die gesellschaftlichen Kräfte prüfen, die die Schule beeinflussen.«

❑ »*Personenbezug (ICH)*: Jedes Mitglied der Lehr-Lern-Gruppe wird ermutigt und übt sich darin, sich selbst als *Person* zu beobachten, zu befragen, anzunehmen und mitzuteilen. Jedes Mitglied sagt sich: ...«

❑ »*Gruppenbezug (WIR)*: Jedes Mitglied der Lehr-Lern-Gruppe wird ermutigt und übt sich darin, die *Gruppe* als ein Beziehungsgeflecht zu fördern, das jedem Mitglied hilft, sich selbst in Auseinandersetzung mit der Sache und als Helfer wie Hilfsbedürftiger den übrigen gegenüber zu entfalten, zu produzieren. Jedes Mitglied sagt sich: ...«
(Schulz 3. Aufl. 1981, S. 77-79; Hervorhebungen bei Schulz).

Personen- *und* Gruppenansprüche *und* Anforderungen, die sich aus der gestellten Aufgabe ergeben, sollen durch die Zentrierung der Interaktion auf das Thema zur Balance gebracht werden – so, wie dies in dem nebenstehenden Kugelkreuz symbolisiert wird. Auch hier ist das Grundmuster der von Klafki entworfenen Kategorialen Bildung wiederzuerkennen: Es geht um die doppelseitige Erschließung des Menschen zur Sache und der Sache zum Menschen (s.o., S. 143).

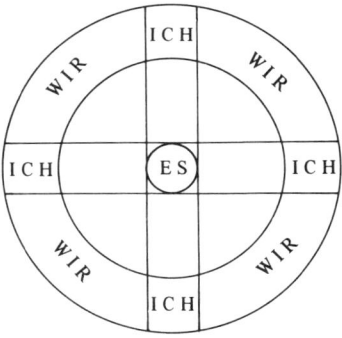

Ruth Cohn hat zwei »Postulate« und mehrere Hilfsregeln der themenzentrierten Interaktion formuliert, die von Schulz ausdrücklich auch für das Lernen im Klassenverband empfohlen werden. Der Schlüssel zum Erfolg themenzentrierter Arbeit liegt ihrer Erfahrung nach in der »achtungsvollen Einstellung zur Gefühlswelt und zum persönlichen Befinden des einzelnen« (7. Aufl. 1986, S. 112). Ein gutes Gruppenklima ermutigt die Teilnehmer, eigene Gefühle auszudrücken und die Gefühle der anderen wahrzunehmen und auf sie zu reagieren. Eine Mißachtung der Gefühlsdimension der Gruppenarbeit mag kurzfristig eine schnellere Erledigung der Arbeitsaufträge bewirken, langfristig zerstört sie jedoch die Arbeitsfähigkeit der Gruppe. Deshalb formuliert Ruth Cohn:

Postulate und das themenzentrierte interaktionelle System (TZI)

1. Sei dein eigener Chairman

Als mein eigener Chairman bin ich der »Vorsitzende meiner inneren Gruppe«, meiner verschiedenen Bedürfnisse und Bestrebungen. Ich versuche, sie mir auch in der Gruppensitzung bewußt zu machen: die körperlichen Empfindungen, die wechselnden Gefühle und die tief verankerten Grundstimmungen, die Wahrnehmung im Gruppengeschehen, die gedanklichen Eingebungen, Phantasien, Intuitionen, Urteile, Wertungen, Absichten. Ich akzeptiere mich, wie ich bin – was meine Wünsche, mich selbst zu ändern, einschließt. Ich mache mir meine Gefühle bewußt und wäge ab, mein »ich soll« gegen mein »ich möchte«; und ich versuche, meine Entscheidungen auch von körperlichen Fähigkeiten und Begrenztheiten abhängig zu machen, denen ich ebenso unterliege wie anderen natürlichen und sozialen Gegebenheiten: Menschen, Natur, sozialer Wirklichkeit.

Die Aussage »sei dein eigener Chairman« in interaktionellen Gruppen bedeutet: Übe dich, dich selbst und andere wahrzunehmen, schenke dir und anderen die gleiche menschliche Achtung, respektiere alle Tatsachen so, daß du den Freiheitsraum deiner Entscheidungen vergrößerst. Nimm dich selbst, deine Umgebung und deine Aufgabe ernst. Mein eigener Chairman zu sein bedeutet, daß ich mich als einzigartiges psycho-biologisches autonomes Wesen anerkenne – begrenzt in Körper und Seele, in Raum und Zeit und lebendig im lernenden, schaffenden Prozeß. Ich bin verantwortlich für meine Anteilnahme und meine Handlungen, nicht aber für die des anderen. Ich kann anbieten und biete an, so gut ich kann.

2. Störungen haben Vorrang

Störungen haben de facto den Vorrang, ob Direktiven gegeben werden oder nicht. Störungen fragen nicht nach Erlaubnis, sie sind da: als Schmerz, als Freude, als Angst, als Zerstreutheit; die Frage ist nur, wie man sie bewältigt. Antipathien und Verstörtheiten können den einzelnen versteinern und die Gruppe unterminieren; unausgesprochen und unterdrückt bestimmen sie Vorgänge in Schulklassen, in Vorständen, in Regierungen. Verhandlungen und Unterricht kommen auf falsche Bahnen oder drehen sich im Kreis. Leute sitzen am Pult und am grünen Tisch in körperlicher Gegenwart und innerer Abwesenheit. Entscheidungen entstehen dann nicht auf der Basis von realen Überlegungen, sondern unterliegen der Diktatur der Störungen – Antipathien zwischen den Teilnehmern, unausgesprochenen Interessen und persönlichen depressiven und angstvollen Gemütsverfassungen. Die Resultate sind dementsprechend geist- und sinnlos und oft destruktiv. Die unpersönlichen »störungsfreien« Klassenzimmer, Hörsäle, Fabrikräume, Konferenzzimmer sind dann angefüllt mit apathischen und unterwürfigen oder mit verzweifelten und rebellierenden Menschen, deren Frustration zur Zerstörung ihrer selbst oder ihrer Institutionen führt.

Das Postulat, daß Störungen und leidenschaftliche Gefühle den Vorrang haben, bedeutet, daß wir die Wirklichkeit des Menschen anerkennen; und

6.5 Das »Hamburger Modell« der Lehrtheoretischen Didaktik

> diese enthält die Tatsache, daß unsere lebendigen, gefühlsbewegten Körper und Seelen Träger unserer Gedanken und Handlungen sind. Wenn diese Träger wanken, sind unsere Handlungen und Gedanken so unsicher wie ihre Grundlagen.
>
> Aus: Ruth Cohn: Von der Psychoanalyse zur themenzentrierten Interaktion. Klett-Cotta, 7. Aufl., Stuttgart 1986, S. 121 f.

Die beiden Postulate oder Grundregeln werden dann durch insgesamt 9 »Hilfsregeln« ergänzt, die insgesamt die Themen- und Subjektzentrierung der Interaktion in der Gruppe unterstützen sollen, z.B.: »Vertritt dich selbst in deinen Aussagen; sprich per ‚Ich' und nicht per ‚Wir' oder per ‚Man'.« – »Wenn du eine Frage stellst, sage, warum du fragst und was deine Frage für dich bedeutet. Sage dich selbst aus und vermeide das Interview.« – »Halte dich mit Interpretationen von anderen so lange wie möglich zurück. Sprich statt dessen deine persönlichen Reaktionen aus.« – »Sei zurückhaltend mit Verallgemeinerungen.«

Ruth Cohn ist Psychoanalytikerin. Die TZI ist ein Modell zur Gestaltung des Interaktions*rahmens* von Therapiegruppen – mehr nicht. Die Übertragung dieses Modells auf schulischen Unterricht setzt günstige Rahmenbedingungen voraus:

☐ TZI setzt voraus, daß alle Beteiligten tatsächlich nach diesem Konzept arbeiten *wollen*. Aber nur ein Teil der SchülerInnen sitzt freiwillig im Unterricht. Wenn SchülerInnen die Lehrbemühungen ihrer LehrerInnen unterlaufen wollen und diese sich strikt an das Postulat »Störungen haben Vorrang« halten, dann haben die SchülerInnen ein sicheres Mittel zur Sabotage des Unterrichts in der Hand.

☐ Unterrichtsplanung und -durchführung auf der Grundlage der TZI bedürfen deshalb einer entfalteten pädagogischen Atmosphäre, der Bereitschaft zur Rücksichtnahme und – nicht zuletzt – beständiger Übung in der Gesprächsführung. Schulz gibt weder zum einen noch zum anderen Hinweise. In seinem Kapitel zu Unterrichtsmethoden (»Vermittlungsvariablen«) spielt das Konzept der TZI ebensowenig eine Rolle wie in seinen zahlreichen Beispielen für Unterrichtsplanung – und überhaupt beschränkt sich Schulz darauf, eine Systematik unterrichtsmethodischer Begriffe vorzuschlagen, ohne gleichzeitig auch darzustellen, wie man von dem Begriffssystem zur Unterrichtsplanung und -vorbereitung vordringen könnte (3. Aufl. 1981, S. 109-122).

> **These 6.16:**
> Das Hamburger Modell der Didaktik stellt höchste Ansprüche an die Konsensbereitschaft und die Methodenkompetenz der LehrerInnen und der SchülerInnen, liefert aber nur wenige konkrete Hilfestellungen zur Einlösung dieses Anspruchs.

6.5.5 Die konkrete Utopie: Unterrichtsplanung als Diskurs aller Beteiligten

Schulz zählt zur »Lehr-Lern-Gruppe« alle am Unterricht unmittelbar Beteiligten – also vorrangig LehrerIn *und* SchülerInnen. Jedes Mitglied der Lehr-Lern-Gruppe soll im Sinn der TZI den eben abgedruckten Anforderungen nachkommen. Damit schließt sich der Kreis zur pädagogischen Grundorientierung des Hamburger Modells am Aufklärungspostulat und an der Parteinahme für die SchülerInnen:

> **These 6.17:**
> Die Grundlage des Hamburger Modells ist zugleich seine zentrale Forderung: *Unterrichtsplanung* soll auf allen Planungsebenen als *Interaktion der am Unterricht Beteiligten* erfolgen.

Schulz argumentiert, vom allgemeinen (nicht nur pädagogischen) *Ziel der größtmöglichen Verfügung aller über sich selbst ausgehend,* in pädagogischer Konsequenz für Unterrichtsplanung als Interaktion von SchülerInnen, LehrerInnen und Eltern. Und er sieht das dafür geeignete Verfahren im Diskurs aller Beteiligten. (Eine Erläuterung des von Habermas stammenden Diskurs-Begriffs finden Sie auf den Seiten 89 f. und 106 f.)

Auf diese Weise gewinnt Schulz nun auch eine Möglichkeit der Auswahl und Legitimation der *konkreten* Ziele und Inhalte des Unterrichts: Im *demokratischen Diskurs* sollen sich, so Schulz, SchülerInnen, Eltern und LehrerInnen gemeinsam ihre Ziele setzen und Inhalte wählen. Einzige Beschränkung der Entscheidungsfreiheit liegt in dem Erfordernis der *Legalität* der Entscheidungen und im Beachten des Handlungsspielraums, den *Rahmenrichtlinien* in ihrer breitest-möglichen Interpretation zulassen (vgl. Schulz 3. Aufl. 1981, S. 99 f.). Die gemeinsame, TZI-geleitete diskursive Planungsarbeit soll also jene inhaltlichen Füllungen vornehmen, die mit Hilfe der oben vorgestellten Schemata allein nicht möglich sind. Die Kleinarbeit der Perspektivplanung bis hin zum konkreten Unterricht ist Sache des Planungsdiskurses aller Beteiligten.

Schulz erwartet also von LehrerInnen und SchülerInnen einen *wiederholten Durchgang* durch die in den vorausgegangenen Abschnitten skizzierten Planungsschritte (s. Abb. 6.12 auf S. 231).

Die anderen grundsätzlichen Aussagen Schulz' zur Unterrichtsplanung müssen vor diesem Hintergrund gesehen werden:
- Schulz betont immer wieder den *Implikationszusammenhang aller Handlungsmomente didaktischen Planens.*
- Auf der Ebene der Umrißplanung müsse innerhalb des Implikationszusammenhangs der *»Primat der Perspektivplanung«* beachtet werden (3. Aufl. 1981, S. 86 f.).

6.5 Das »Hamburger Modell« der Lehrtheoretischen Didaktik

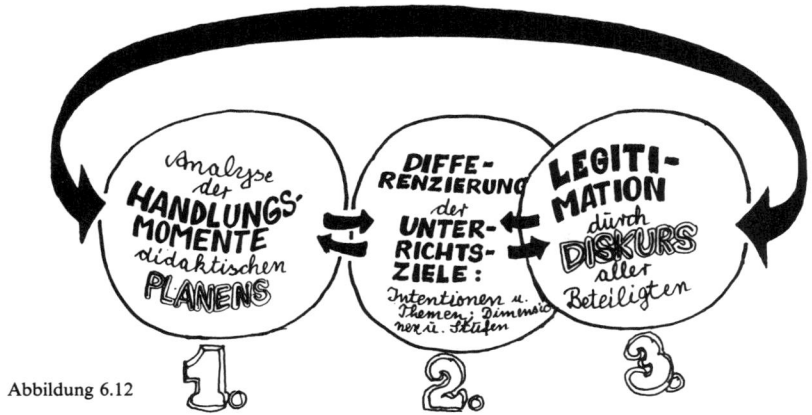

Abbildung 6.12

- Es gebe *keine* »richtige« zeitliche *Reihenfolge* oder Gewichtung einzelner Planungsschritte, sondern über ihre Abfolge müsse im konkreten Einzelfall jeweils neu entschieden werden (ebd., S. 85, S. 89).
- Schulz spricht sich ausdrücklich *gegen reine* Sachanalysen aus (ebd., S. 104-106), und
- er *lehnt die Operationalisierung von Lernzielen ab* (ebd., S. 90 f.).

6.5.6 Ausgewogenheit als Prinzip?

Ein Wort, das im Buch »Unterrichtsplanung« sehr häufig vorkommt, lautet »Ausgewogenheit«. »Ausgewogen« oder »in Balance« sollen nach Schulz (3. Aufl. 1981) sein:

- ❏ das Verhältnis zwischen thematischem, personalem und Soziierungsaspekt (S. 14) bzw. zwischen Sach-, Personen- und Gruppenbezug (S. 38),
- ❏ das Verhältnis zwischen der Erziehung zur Kompetenz, zur Autonomie und zur Solidarität (S. 36, S. 43),
- ❏ das Verhältnis zwischen Sach-, Gefühls- und Sozialerfahrung (S. 37, S. 43),
- ❏ das Verhältnis zwischen der kognitiven, der affektiven und der psychomotorischen Dimension (S. 101).

Den Hintergrund für diese Forderung bildet die Feststellung des Implikationszusammenhangs, also des unauflöslichen Wechselwirkungszusammenhangs der in den Begriffsgruppen genannten drei Aspekte. Daß im Unterricht alles mit allem zusammenhängt, ist selbstverständlich richtig:

- ❏ Auch in einem verkopften Mathematikunterricht über quadratische Gleichungen sind affektive Momente (etwa der Sympathie oder Antipathie gegenüber der Mathematik im allgemeinen und den quadratischen Gleichungen im besonderen oder gegenüber dem Lehrer) wirksam, und die Psychomotorik ist nicht vollständig lahmgelegt.

❏ Selbst in einer auf Gefühligkeit und gutes Gruppenklima abgestimmten Musikstunde mit vielen schönen Liedern in der letzten Stunde vor Weihnachten oder vor den Sommerferien werden auch Sacherfahrungen gemacht.

Wesentlich bedeutsamer aber ist die Frage, was aus dieser Wechselwirkung folgen soll. Der »Witz« gelungenen Unterrichts bzw. gelungener Unterrichtsvorbereitung besteht, so meinen wir in Übereinstimmung mit Paul Heimann (siehe oben, S. 193 f.), gerade darin, die Gewichte je nach der Spezifik von Unterrichtsthema und -gegenstand, je nach der Eigenart der SchülerInnengruppe und je nach den gegebenen Möglichkeiten der Lehrerin bzw. des Lehrers gezielt zu verteilen:

❏ In einer Deutschstunde, in der bei den SchülerInnen Interesse an Brecht, Goethe oder wem auch immer geweckt werden soll, ist es vermutlich sinnvoll, mehr auf Gefühls- als auf Sach- und Sozialerfahrung zu setzen.

❏ In einer Unterrichtseinheit zum Thema »Behinderte« ist es u.E. notwendig, Solidarität und Sozialerfahrung in den Vordergrund zu rücken, auch wenn dabei fachwissenschaftliche Aspekte zu kurz kommen sollten.

❏ Hin und wieder kann es aber auch erforderlich sein, gerade wegen der Betroffenheit einzelner SchülerInnen oder einer ganzen Klasse, ein die Gefühle aufrührendes Thema in sachlich-distanzierender Art und Weise zu behandeln.

Die Forderung nach Ausgewogenheit und Balance ist so pauschal noch zu ungenau. Sie muß nach den Reflexionsebenen didaktischen Handelns (siehe Abschnitt 3.1.4) ausdifferenziert werden:

❏ Auf der 3. Ebene der Analyse grundlegender didaktischer Strukturen ist die Forderung nach Ausgewogenheit grundsätzlich richtig. Sie entspricht der Forderung nach einer allseitig gebildeten Persönlichkeit.

❏ Auf der 2. Ebene der Unterrichtsplanung und der 1. Ebene des konkreten Vollzugs von Unterricht muß jeweils neu bestimmt werden, welche Form von »ausgewogener Einseitigkeit« geboten ist. Denn hier geht es um das, was Johann Friedrich Herbart als »pädagogischen Takt« bezeichnete. Pädagogischer Takt ist erforderlich, um das mechanische Abspulen theoretischer Vorgaben zu vermeiden und statt dessen eine dynamische Wechselwirkung von theoretischen Vorgaben und situativen Entscheidungen zu ermöglichen.

6.5.7 Siebenmeilenstiefel oder kleine Schritte?

Das Sympathische und Attraktive am Hamburger Modell besteht darin, daß Schulz direkt und gezielt drauflos geht in Richtung auf die Beteiligung von SchülerInnen und Eltern als gleichrangigen Partnern in der Unterrichtsplanung, in Richtung auf sachkundige Selbstbestimmung der SchülerInnen in solidarischem Miteinander und in Richtung auf die Utopie einer besseren, humaneren und schülerorientierten Schule. Schade ist es, daß er vor lauter

6.5 Das »Hamburger Modell« der Lehrtheoretischen Didaktik

Dahinstürmen die Landschaft, durch die er marschiert, aus den Augen verliert und mit ihr die vielen kleinen Schritte, die bei der Umsetzung des Modells im Schulalltag notwendig sind:

- ❑ Schulz bietet kein übersichtliches Gesamtkonzept der Planung, sondern eine Vielzahl verschiedener Schemata und Begriffsgruppen. Und er fordert die Beachtung ihres Implikationszusammenhangs. Es fehlt aber der Versuch, die Schemata konkret aufeinander zu beziehen. Schulz fordert den Wechselbezug, ohne ihn selbst zu verwirklichen oder wenigstens zu illustrieren (vgl. etwa 3. Aufl. 1981, S. 101-103).

- ❑ Beim Versuch, das Modell in die Praxis umzusetzen, werden Eltern und SchülerInnen in eine Situation versetzt, in der sie zwar mitplanen (und daher Planungsentscheidungen treffen und tragen) dürfen, ohne jedoch im jeweiligen Fach – in der Regel – auch nur annähernd so gut Bescheid zu wissen wie die Lehrerin/der Lehrer. Schulz' Buch hilft da nicht viel weiter – außer mit der Aufforderung an die Lehrer, sich in solchen Situationen »zur Einschränkung ihrer Rolle ... verstehen zu müssen« (3. Aufl. 1981, S. 61).

Schulz wendet sich seinem eigenen Anspruch nach an professionelle Lehrerinnen und Lehrer, aber das Hamburger Modell beschreibt eben doch *nicht*, wie Unterrichtsplanung unter Alltagsbedingungen in der Schule erfolgen kann. Diese Schwäche ist aber zugleich die Stärke des Modells: Es beschreibt die konkrete Utopie einer Schule, in der selbstbestimmtes, repressionsfreies Lehren und Lernen mit dem Ziel der Selbstverwirklichung in sozialer Verantwortung möglich ist und in gemeinsamer Arbeit von SchülerInnen, LehrerInnen und Eltern zunehmend realisiert wird:

These 6.18:
Das Hamburger Modell ist eine »Feiertagsdidaktik«, aber im besten Sinn: Es führt vor, wie aufregend, interessant und schön Lehren und Lernen sein *könnte,* wenn sich die Rahmenbedingungen von Schule und Unterricht spürbar ändern.

Daß die notwendigen Änderungen nicht »von oben« erlassen, sondern »von unten« erkämpft werden müssen, haben die vielen LehrerInnen bewiesen, die sich in den letzten Jahren auf das Wagnis des Offenen Unterrichts eingelassen haben (siehe Abschnitt 8.4). Wolfgang Schulz hat diese Entwicklung zu mehr Demokratie im Schulalltag in einer ganzen Reihe von Beiträgen nach der Veröffentlichung der »Unterrichtsplanung« tatkräftig unterstützt (vgl. Schulz 1990a, 1990b).

SIEBTE LEKTION:

Dialektisch orientierte Didaktik

Ziele + Inhalte dieser Lektion:

> Lothar Klingbergs Didaktik ist in systematischer Absicht in dieses Buch aufgenommen worden. Sie ist die einzige der von uns dargestellten Positionen, die sich konsequent darum bemüht, dialektisch zu argumentieren.
> Klingbergs Didaktik ist unseres Wissens bisher weder in der DDR noch in der BRD (alt) in ihrer Entwicklung von 1956 bis heute dargestellt worden. Dieses Defizit soll mit der 7. Lektion ein Stück weit behoben werden. Deshalb kommt der Autor auch häufig mit kurzen Textpassagen selbst zu Wort, zumal manche seiner vielen Veröffentlichungen schwer zugänglich sind.
> Der Zusammenbruch der DDR ist Anlaß zu kritischen Rückfragen – auch an die Didaktik Lothar Klingbergs. Aber er ist kein Anlaß zum Verriß. Wir wollen mit dieser Lektion dokumentieren, wieviel wir von diesem bedeutenden DDR-Didaktiker für den Aufbau unserer eigenen Position gelernt haben.

7.1 Wer ist Lothar Klingberg?

Als wir 1983 eine erste Fassung dieser Lektion schrieben, wußten wir von Lothar Klingberg wenig mehr, als daß er – für Beobachter im »Westen« – eine Art Geheimtip unter den Didaktikern in der DDR war:

- ❏ Er ist im Westen vielleicht weniger bekannt als andere (etwa Edgar Drefenstedt, Gerhart Neuner oder Helmut Klein),
- ❏ hat aber ein anspruchsvolles, komplettes didaktisches Modell vorgelegt, daß sich nicht auf die bloße Exegese des »Lehrplanwerks« der DDR beschränkt.
- ❏ Seine »Einführung in die Allgemeine Didaktik« wurde auch in der Bundesrepublik publiziert, aber in der Pädagogen-Zunft und erst recht in der Praxis der Lehrerausbildung wenig beachtet.

Klingberg wurde 1926 in Rosenberg (Oberschlesien) geboren. Nach einigen Jahren als Neulehrer[1] in Sachsen studierte er in Leipzig Geschichte, Philosophie, Pädagogik und Musik. Seine von Hugo Müller betreute Dissertation wurde unter dem Titel »Strukturprobleme der Unterrichtsstunde« 1956 an der Karl-Marx-Universität veröffentlicht (Klingberg 1956/57); der »Probevortrag« im Rahmen des Habilitationsverfahrens (1961) hatte das Thema »Zur Problematik der Allgemeinen Pädagogik als Lehrfach« (Klingberg 1962). 1964 wurde er Professor für Pädagogik und Didaktik – zuerst in Leipzig, dann an der Pädagogischen Hochschule »Karl Liebknecht« in Potsdam.

Lothar Klingberg

Dort lehrte er bis 1980 und forscht er bis heute mit den Schwerpunkten: Allgemeine Didaktik, Geschichte der Pädagogik, Probleme der Abiturstufe. Seine zahlreichen Bücher und Aufsätze erfuhren viele Auflagen; es gibt Klingberg-Übersetzungen unter anderem ins Russische, Spanische, Italienische und Japanische.

Klingberg kennt sich in der westdeutschen Didaktik-Szene besser aus als mancher westdeutsche Kollege. Seine Auseinandersetzung mit diesen Positionen, z.B. mit der Bildungstheoretischen Didaktik, erfolgt zumeist aber nur implizit. Wir werden an mehreren Stellen auf solche Verknüpfungen hinweisen.

---

1 »Neulehrer« hießen die meist kaum ausgebildeten, dafür aber umso engagierteren Lehrer, die nach der Entlassung von Lehrern mit Nazi-Vergangenheit am Neuaufbau des Schulsystems in der Sowjetischen Besatzungszone und dann in der DDR mitwirkten.

7.2 Lehrplanwerk, Didaktik und Methodik – Zum Begriffsverständnis in der DDR

Didaktisches und pädagogisches Schrifttum aus der DDR ist in der Bundesrepublik (alt) – wenn überhaupt – häufig verkürzt oder perspektivisch verzerrt rezipiert worden. Ein wesentlicher Grund dafür waren die Verständnisbarrieren, die aus dem prekären Verhältnis zweier deutscher Staaten in verschiedenen gesellschaftlichen, ideologischen, ökonomischen und militärischen Blökken entstanden waren, ein zweiter die gegenseitige Unkenntnis des konkreten schulischen Alltags im jeweils anderen Staat. Noch ist nicht abzusehen, welche Entwicklung das Schulwesen, die Lehrerausbildung und überhaupt der schulische und akademische Lehr-, Lern- und Forschungsbetrieb in den neuen Bundesländern nehmen und welchen Rang und welche Qualität Didaktik in den neuen Ländern und in ganz Deutschland in Zukunft haben wird.

Einige Worte über die grundlegend anderen Rahmenbedingungen der Didaktik-Entwicklung in der DDR sind erforderlich, um die spezifische Leistung der von Lothar Klingberg vorgelegten Schriften angemessen beurteilen zu können. Wir kennen die Schule in der Ex-DDR viel zu wenig, um kompetente Urteile über das komplizierte Wechselspiel von schulpraktischen und theoretischen Entwicklungen der Didaktik fällen zu können. Dennoch wagen wir im Interesse der westdeutschen Leser dieses Buchs einige allgemeine Vorbemerkungen und bitten zugleich die Kolleginnen und Kollegen aus der ehemaligen DDR um Verständnis für sicherlich unterlaufende schiefe, vielleicht auch falsche Darstellungen.

Das »*Lehrplanwerk*« der DDR war die Grundlage, von der aus der schulische Unterricht zu konzipieren war. In ihm als »schulpolitischem« und »wissenschaftlich-pädagogischem Dokument« (Klingberg 7. Aufl. 1989, S. 49) wurden die grundlegenden Fragen der Aufgaben und Ziele von Schule, Bildung und Erziehung in der DDR ebenso erfaßt wie die konkreten Anforderungen in den einzelnen Schulfächern. Das Lehrplanwerk war seinem Anspruch nach umfassender als entsprechende Rahmenrichtlinien oder Lehrpläne in der alten Bundesrepublik, weil es vom grundlegenden Bildungsauftrag über die Stoffverteilung für alle Fächer und Schulstufen bis hin zu konkreten Hinweisen für die Auswahl und Anordnung des »Stoffs« in einzelnen Unterrichtsstunden verbindliche Vorgaben setzte und darüber hinaus mit Erläuterungen (etwa den »Unterrichtshilfen«) auch den konkreten Unterrichtsprozeß weitgehend vorformte.

Klingberg beschrieb 1972 den Aufbau des Lehrplanwerks an einem Beispiel:

»Beispiel: Geographie, Klasse 6, Stoffeinheit 2.1.5. ›Das Mittelgebirgsland‹ (5 Stunden)
Im ersten Abschnitt werden zunächst *allgemeine Hinweise* gegeben. Dabei handelt es sich im wesentlichen um eine Skizze der Zielpositionen.

Anschließend wird dem Lehrer die *thematische Gliederung* der Stoffeinheit vorgegeben. Hier wird differenziert angegeben, welche Themen lediglich im *Überblick* behandelt werden und welche *Schwerpunkte* der Stoffeinheit sind.
Im folgenden Abschnitt werden die *Tätigkeiten der Schüler* angeführt, die der Entwicklung bestimmter Fähigkeiten und Fertigkeiten sowie dem selbständigen Wissenserwerb dienen.
Im letzten Abschnitt schließlich sind die *Ergebnisse des Wissenserwerbs* fixiert. Diese sind in *Begriffe, Erkenntnisse und Einsichten* und *Merkstoff* gegliedert.

Aus diesen Angaben des Lehrplans ist folgendes ersichtlich: Vorgegeben (wie wir gesehen haben, als *verbindliche* Größen) sind 1. die Ziele, die zu erreichenden Ergebnisse, 2. der Lehrstoff (in großen Zügen), 3. allgemeine Aussagen zur Führung des Unterrichtsprozesses, 4. die Anzahl der Unterrichtsstunden für die Stoffeinheit, 5. bestimmte Tätigkeiten der Schüler. *Nicht* vorgegeben sind die genaue Aufteilung des gesamten Stoffes auf die zur Verfügung stehenden fünf Stunden, die didaktische Gliederung und die methodisch-organisatorische Struktur der Unterrichtsstunden« (Klingberg 7. Aufl. 1989, S. 50 f.; Hervorhebungen bei Klingberg).

Die verbindlichen Festlegungen der Inhalte, des zeitlichen Rahmens und der Lernkontrollen reichten also erheblich weiter, als es bei Lehrplänen der Bundesrepublik in der Regel der Fall ist, und auch der theoretische Anspruch, mit dem die getroffenen Auswahlentscheidungen vermeintlich »zwingend« aus den wissenschaftstheoretischen Prämissen abgeleitet wurden, war hoch (zur Kritik vgl. Meyer 1972, S. 41-45). Das hatte Folgen für das Verständnis der Begriffe *»Didaktik«* und *»Methodik«*. Der Spielraum des einzelnen Lehrers für Entscheidungen über Inhalte (bzw. »Stoff«), über ihre Auswahl, Gewichtung und Verteilung war deutlich enger, der Druck, die Inhaltsauswahl gegenüber Vorgesetzten, Eltern und SchülerInnen zu rechtfertigen, fiel nahezu vollständig weg. Die Begründung und Legitimation der vorgeschriebenen Inhalte war Sache des Autorenkollektivs des Lehrplanwerks. Begründung und Legitimation mußten verstanden und nachvollzogen werden. Zwar hatte Didaktik als Legitimationsinstanz und Ideologieträger einen hohen Stellenwert im Bildungswesen der DDR; aber in der Ausbildung und Unterrichtspraxis der Lehrer hatte jener Teilbereich der Didaktik, den Klafki »Didaktik i.e.S.« nannte (siehe S. 159 f.), wenig Bedeutung.

> **These 7.1:**
> Der Gegenstandsbereich und die Aufgaben der Didaktik wurden in der DDR einerseits weiter, andererseits enger definiert als in der BRD.

Das Feld, auf dem Kreativität und pädagogisches Geschick jedes einzelnen Lehrers gefordert wurden, war demgegenüber die Unterrichtsmethodik. Es war dann nur konsequent, auch in theoretischen Zusammenhängen und in den Institutionen der Lehreraus- und -weiterbildung häufiger als in der BRD von »Methodik« zu sprechen. Am auffälligsten für westdeutsche Pädagogen wird

7.2 Lehrplanwerk, Didaktik und Methodik

diese Differenz an dem Tatbestand, daß in der DDR »Fachmethodik« hieß, was wir in der Bundesrepublik Fachdidaktik nennen. Dies ist kein bloßer Etikettentausch, sondern ein konzeptionell begründeter abweichender Sprachgebrauch.

> **These 7.2:**
> In der BRD wurde Didaktik in den 60er und 70er Jahren vorwiegend als »Inhaltsdidaktik« verstanden, in der DDR dagegen als »Umsetzungs- und Prozeßdidaktik«.

Die Umsetzung der Vorgaben des Lehrplanwerks ist, so Klingberg, ein »schöpferischer Prozeß«, in dem folgende Planungsaufgaben zu lösen sind:

- die Einbeziehung der Voraussetzungen, Interessen, Vorkenntnisse der SchülerInnen,
- die Anordnung der vorgeschriebenen Stoffe nach sachlogischen und psychologischen Gesichtspunkten,
- die Aktualisierung und Konkretisierung der Planung im Hinblick auf die Bedingungen und Gegebenheiten »vor Ort«,
- die Auswahl von Beispielen, Experimenten, Demonstrationsobjekten
- u.v.m.

Ohne ein neues inhaltliches Durchdenken des (vorgeschriebenen) Stoffs ist das Nachdenken über solche Aspekte der Unterrichtsvorbereitung aber nicht möglich. Deshalb ist der Begriff der »Methodik«, wie er in der DDR verwendet wurde, mit schlagwortartigen Trivialdefinitionen wie »Didaktik behandelt die Frage nach dem ‚Was', Methodik die Frage nach ‚Wie'« (vgl. S. 16) noch weniger angemessen erfaßt worden als in der (alten) Bundesrepublik.

> **These 7.3:**
> Der Begriff »Methodik« wurde in der DDR weiter als in der Bundesrepublik verstanden und schloß Fragestellungen ein, die in der BRD (alt) eher als »didaktisch« oder »fachdidaktisch« bezeichnet wurden.

Eine Folge des hohen Stellenwertes des Lehrplanwerks der DDR und des – im Vergleich zur Bundesrepublik – modifizierten Begriffsverständnisses von »Didaktik« und »Methodik« war eine gewisse Randstellung der Didaktik als wissenschaftlicher Teildisziplin: Ihre Wichtigkeit wurde immer wieder beschworen, tatsächlich aber durch häufige Weisungen seitens des Volksbildungsministeriums unterlaufen.

Gerade gegenüber dieser Tendenz hat Lothar Klingberg sich immer wieder und sehr konsequent für einen hohen Rang der Didaktik innerhalb der pädagogischen wissenschaftlichen Teil-Disziplinen und in der Lehrerausbil-

7. Lektion: Dialektisch orientierte Didaktik

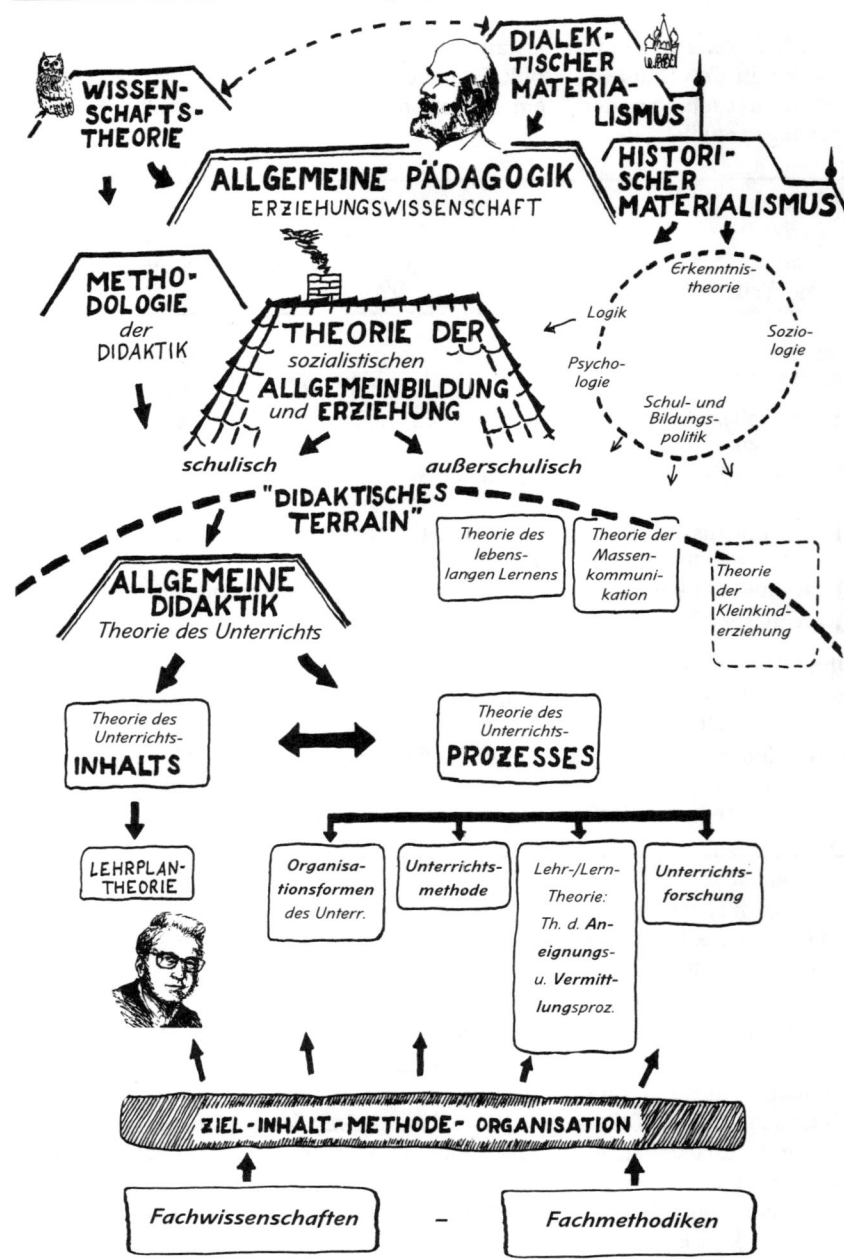

Abbildung 7.1

dung stark gemacht. Er bestand auf der *zentralen und integrierenden Funktion der Didaktik* für den Zusammenhang von Lehrplantheorie *und* Theorie der Prozeßgestaltung sowie auf der Einheit didaktischer Fragestellungen im Gesamtzusammenhang des Bildungsprozesses (Klingberg 1986 b, S. 48). Wir haben versucht, sein Verständnis der Rolle und des Orts der Didaktik im System der Wissenschaften in Abbildung 7.1 darzustellen.

7.3 Grundbegriffe

7.3.1 Das didaktische Grundverhältnis: Lehren und Lernen

Klingberg hat – vor allem in den Veröffentlichungen der 80er Jahre – herausgearbeitet, daß der Ausgangs- und Zielpunkt seines didaktischen Denkens das Verhältnis zwischen Lehrenden und Lernenden ist. *Lehren und Lernen* als unterscheidbare, aber aufeinander bezogene Tätigkeiten bilden für ihn die erste »Grundrelation« der Gestaltung des Unterrichtsprozesses. Klingbergs Interesse richtet sich, so erläuterte er in einem Vortrag an der Universität Oldenburg 1986, auf die »Dialektik von Lehrer- und Schülertätigkeit in einem didaktisch inszenierten Vermittlungs- und Aneignungsprozeß. Dahinter steht immer die Frage, wie Lehrende und Lernende *didaktisch* (weniger psychologisch usw.) miteinander umgehen, welche Rollen sie spielen, Positionen sie einnehmen oder beanspruchen usf.«. *Inhalt und Methode* als zweite Grundrelation »füllen« die erste Relation inhaltlich und unter Berücksichtigung des Lehrplans. Beide Relationen in ihren Zusammenhängen bilden die elementare Grundstruktur des didaktischen Feldes.

Klingberg faßt dies in ein Schema und erläutert:

❑ **Grundrelation 1** (Lehren – Lernen): »Sie ist das didaktische Grundverhältnis. Sie drückt aus: Jeglicher Unterricht vollzieht sich im Interdependenzverhältnis von Lehren und Lernen, in der sozialen Interaktion von Lehrenden und Lernenden.«

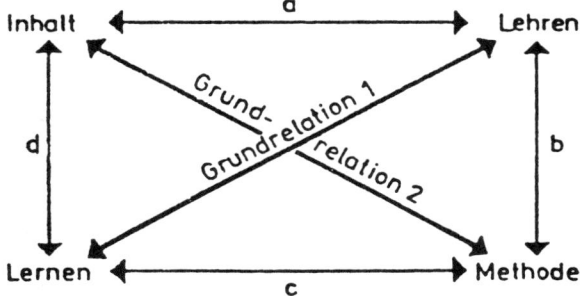

Abbildung 7.2 (aus: Klingberg 1986b, S. 46)

7. Lektion: Dialektisch orientierte Didaktik

❏ **Grundrelation 2** (Inhalt – Methode):
»Die Inhalt-Methode-Relation bringt die Kategorie ‚Bildungsgut' in den didaktischen Konnex ein und den für die didaktische Fragestellung wesentlichen Aspekt der (methodischen) Präsentation des Unterrichtsinhalts.
Die Linien a-d widerspiegeln die Relationen zwischen den Relationen, die Beziehungen zwischen den Kategorien *Lehren, Lernen, Inhalt* und *Methode«* (Klingberg 1986 b, S. 46; Hervorhebungen bei Klingberg).

Die von Klingberg in den letzten Jahren bearbeiteten Themen kreisen meist um Fragen der ersten Grundrelation, also des Lehrens und Lernens in der Prozeßstruktur des Unterrichts – und damit letztlich um den schulpraktischen Alltag. In Abbildung 7.1 ist also der Ort der von ihm in den letzten Jahren vorrangig bearbeiteten Themen im Feld »Theorie des Unterrichtsprozesses« zu suchen.

Lehren und Lernen sind für Klingberg zwei Seiten eines Prozesses, die auf eine spezifische, nämlich didaktische Art und Weise miteinander verbunden sind.

> **These 7.4:**
> Lehren und Lernen stehen im Unterrichtsprozeß in einem dialektischen Verhältnis zueinander.

Wir wollen an drei Aspekten nachzeichnen, wie Klingberg diese These weiter entfaltet.

1. Ein »dialektisches Verhältnis« ist mehr als bloße wechselseitige Beeinflussung oder Abhängigkeit, also mehr als Interdependenz. In dem schon erwähnten Gastvortrag und in einer auf das Thema bezogenen Zuschrift erläuterte Klingberg sein Verständnis von Dialektik und bezog es auf Didaktik und Unterricht (vgl. auch Klingberg 1986 b, S. 44 f.):

»Dialektik –

❏ das ist die Frage nach dem Werden und dem Gewordensein, nach den Ursprüngen und der Entwicklung, also nach der *Historizität* und ihrem Verhältnis zum *logisch-systematischen Aufbau* einer Sache oder eines Sachgebiets.

❏ Dialektisches Denken ist *Prozeßdenken*. Es ist die Anerkennung des Prinzips der Ent-

---

Dialektik (griech.), eigtl. »Kunst der Unterredung«; das method. (philosoph.) Bemühen um Aufweis und Überwindung von Widersprüchen im Denken und Sein. In der griech. Philosophie die Kunst, durch geschickte Unterscheidungen auch widersprüchl. erscheinende Lehren akzeptabel zu machen: so bei Zenon, dem »Erfinder« der D., auch bei den Sophisten, (...). Bei Aristoteles bezeichnet D. die Methode, über die Wahrheit oder Falschheit der für wahr gehaltenen Meinungen zu entscheiden. Im Anschluß an die Stoiker nennt Cicero den scharf und knapp formulierten Disput D., in dem durch den Aufweis der Folgen einer Meinung und ihres Gegenteils über deren Wahrheit oder Falschheit entschieden werden soll. (...) Im ausgehenden MA werden D. und Logik dagegen im allg. gleichgesetzt.
(...) Schelling verbindet als erster explizit das Wort »D.« mit dem schon von Fichte eingeführten dialekt. Dreischritt von These über die Antithese zu der sie beide aufhebenden Synthese. Hegel erklärt D. zur Metaphysik entgegengesetzten, absoluten Methode des Erkennens als innerer Gesetzmäßigkeit der Selbstbewegung des Denkens und der Wirklichkeit (...).

wicklung: In der Didaktik hat das Nachdenken über ‚Unterricht als einen Entwicklungsprozeß' eine lange Tradition, etwa durch Friedrich Adolf Wilhelm Diesterweg, dem es unter anderem um den Zusammenhang zwischen dem entwickelnden Unterricht als Methode und der Entwicklung der Schüler ging.

- [ ] Dialektik – das ist schließlich die Frage nach dem *Antrieb*, nach dem permanenten Impuls von Entwicklungsprozessen. Für Dialektiker ist dies der *Widerspruch*, der – mit Ernst Bloch – ‚Stachel'. Widersprüche – dialektische, nicht logische! – ‚treiben' auch den Unterrichtsprozeß an:

  ○ zwischen dem kollektiven Charakter der Institution Schule und dem überwiegend individuellen Charakter der Aneignungsprozesse auf seiten der Schüler,

  ○ zwischen der ‚inneren' Entwicklung der jungen Menschen und der ‚äußeren' Einwirkung auf sie durch Unterricht,

  ○ zwischen dem eher konservativen Blickpunkt des Lehrens auf die Vermittlung von tradierten Inhalten und der ‚revolutionären' Notwendigkeit, die Schüler auf ein Leben ‚heute und morgen' vorzubereiten,

  ○ zwischen dem Altersunterschied, dem Informationsgefälle und der sozialen Position von Lehrern einerseits, von Schülern andererseits,

  ○ zwischen Erzieherintentionen, -strategien und -taktiken und Schülerintentionen, -strategien und -taktiken etc.

Auch im Unterricht gibt es ‚Kampf' – Lehrende und Lernende liegen einander nicht ständig gerührt in den Armen (was langweilig wäre), sondern ‚kämpfen' auch mit- und gegeneinander. Dieser ‚Kampf' ist nötig, produktiv, ohne ihn gibt es keine Entwicklung.«

Damit ist D. das innere Bewegungsgesetz nicht nur der Begriffe, sondern auch des histor. und gesellschaftl. Seins. Marx griff das Hegelsche Verständnis von D. auf, befreite sie jedoch ihres idealist. Gehaltes und wandte sie zur Deutung der ökonom. und gesellschaftl. Verhältnisse an. Dabei werden insbes. die Wechselwirkungen von gesellschaftl. »Sein«, den Produktionsverhältnissen und dem »Bewußtsein«, dem Verständnis v.a. von der Gesellschaft selbst, untersucht und als »dialekt.«, bezeichnet. Engels stellt der »subjektiven D.« des Begreifens eine »objektive D.« der Dinge selbst entgegen, die nicht nur die Bewegung der Gesellschaft, sondern auch der Natur regelt. Hieraus entwickelte er eine dialektischen Materialismus, der zur Grundlehre des Marxismus wurde.

Materialismus (lat.), philosoph. Theorie, nach der alles Wirkliche nur als Materie interpretiert werden kann oder nur von materiellen Vorgängen ableitbar ist. (...)

Der **dialektische Materialismus** wurde in seinen Grundzügen bereits von Engels, der die Naturgeschichte und -vorgänge nach dialekt. Bewegungssätzen ordnen wollte, in seiner Schrift ›Herrn Eugen Dührings Umwälzung der Wiss.‹ (1878) entworfen. Er faßt die Natur als eine in ihrer Materialität begründete Einheit auf, die von der niedrigsten Form materiellen Seins, der toten Materie, über die lebende bis zur bewußtseinsfähigen Materie entwickelt. Der Übergang von einer Stufe zur nächsten erfolgt durch einen *qualitativen Sprung* (Quantitative Veränderungen [z.B. Wärmezufuhr] innerhalb einer bestimmten Qualität [z.B. Wasser] führen, wenn ein bestimmtes Maß überschritten wird, zu einem sprunghaften Übergang in eine andere Qualität [z.B. von Flüssigkeit zu Dampf]). Die Entstehung von Leben (und später Bewußtsein) wird durch das allmähl. Entstehen hierfür erforderl. chemophysikal. Bedingungen ermöglicht; die Tatsache des Entstehens selbst bleibt trotz einer hohen statist. Wahrscheinlichkeit zufällig.

Der **historische Materialismus** ist das zeitl. erste und sachl. entscheidende Lehrstück der marxist. Gesellschafts- und Geschichtstheorie (...). Als *histor. Prinzip* läßt sich die von Marx gegen die Linkshegelianer erhobene Forderung verstehen, die Sachverhalte nicht nur auf ihr Bestehen oder Nichtbestehen,

2. In diesem Zusammenhang nennt Klingberg auch den Widerspruch zwischen dem »aus der Logik des Lehrens resultierende(n) Erfordernis der führenden Rolle der Lehrenden auf der einen und dem aus der Logik des Aneignungsprozesses resultierenden Erfordernis zur Aktivität und schöpferischen Selbsttätigkeit der Lernenden auf der anderen Seite« (Klingberg 1986 b, S. 44). Der Hinweis auf die *Selbsttätigkeit der Schüler* ist hier alles andere als modisches Beiwerk – vielmehr verrät er *zwei Traditionslinien,* die im didaktischen Denken Klingbergs wirksam sind: zum einen die des dialektischen Materialismus, zum anderen die der klassischen Bildungstheorien:

> sondern insbes. auch daraufhin zu beurteilen, *wie, zu welchen* und *zu wessen* Zwecken sie herbeigeführt werden: als *materialist. Prinzip* läßt sich die gegen die ›Idealisten‹, insbes. Hegel, gerichtete Forderung bestimmen, in der Geschichte nicht die Entwicklung eines ›Geistes‹ oder Entwicklung von ›Begriffen‹, sondern die Handlungen ›wirkl.‹ Menschen zu sehen, die zur Befriedigung ihrer Bedürfnisse arbeiten und durch ihre Arbeit und deren gesellschaftl. Organisation ihre eigenen Lebensbedingungen (v.a. die *sozialen Verhältnisse*) schaffen. Diese Verhältnisse spiegeln sich in den herrschenden Meinungen über sie, in ›gesellschaftl. Bewußtsein‹ wider; ›Nicht das Bewußtsein bestimmt das Leben, das Leben bestimmt das Bewußtsein‹ (Meyers großes Taschenlexikon in 24 Bänden, Mannheim usw. 1983; Hervorhebungen im Original).

☐ Der *Dialektische Materialismus* geht davon aus, daß die Tätigkeit des Menschen eine praktische, die Umwelt und den Menschen selbst verändernde sei. »Die Entwicklung des Menschen vollzieht sich in seiner Lebenstätigkeit, also wesentlich im praktischen Vollzug seiner Auseinandersetzung mit seiner Umwelt« (Klingberg 7. Aufl. 1989, S. 77). *Selbsttätigkeit* und *Arbeit* sind hierfür kennzeichnend; Klingberg verweist ausdrücklich auf folgende Textstelle bei Karl Marx:

»Die Arbeit ist zunächst ein Prozeß zwischen Mensch und Natur, ein Prozeß, worin der Mensch seinen Stoffwechsel mit der Natur durch seine eigne Tat vermittelt, regelt und kontrolliert. Er tritt dem Naturstoff selbst als eine Naturmacht gegenüber. Die seiner Leiblichkeit angehörigen Naturkräfte, Arme und Beine, Kopf und Hand, setzt er in Bewegung, um sich den Naturstoff in einer für sein eignes Leben brauchbaren Form anzueignen. Indem er durch diese Bewegung auf die Natur außer ihm wirkt und sie verändert, verändert er zugleich seine eigne Natur. Er entwickelt die in ihr schlummernden Potenzen und unterwirft das Spiel ihrer Kräfte seiner eignen Botmäßigkeit. Wir haben es hier nicht mit den ersten tierartig instinktmäßigen Formen der Arbeit zu tun. ...

Eine Spinne verrichtet Operationen, die denen des Webers ähneln, und eine Biene beschämt durch den Bau ihrer Wachszellen manchen menschlichen Baumeister. Was aber von vornherein den schlechtesten Baumeister vor der besten Biene auszeichnet, ist, daß er die Zelle in seinem Kopf gebaut hat, bevor er sie in Wachs baut. Am Ende des Arbeitsprozesses kommt eine Resultat heraus, das im Beginn desselben schon in der Vorstellung des Arbeiters, also schon ideell vorhanden war« (Marx-Engels-Werke, Bd. 23, Das Kapital, Teil 1, 1962, S. 192 f.).

☐ Den Bildungsbegriff der *klassischen Bildungstheoretiker* haben wir oben beschrieben (Abschnitte 5.4.1 und 5.6). Nun ist zu ergänzen: »Bildung wird ... verstanden als Befähigung zu vernünftiger Selbstbestimmung, die die Emanzipation von Fremdbestimmung ... einschließt, ... Eben deshalb ist denn auch

7.3 Grundbegriffe

Selbsttätigkeit die zentrale Vollzugsform des Bildungsprozesses« (Klafki 1986 a, S. 458; Hervorhebung bei Klafki). In diesem Sinn blieb der Begriff, von Rousseau und Pestalozzi eingeführt, von Fichte theoretisch entfaltet, im 19. Jahrhundert (etwa bei Diesterweg) und verstärkt in der Arbeitsschulpädagogik zu Beginn des 20. Jahrhunderts bedeutsam. Klingberg: »Deshalb muß der Unterricht so konzipiert sein, daß der heranwachsende Mensch durch *Selbsttätigkeit zur Selbständigkeit im Denken und Handeln* geführt wird« (7. Aufl. 1989, S. 83; Hervorhebung bei Klingberg). Auch den klassischen Bildungstheoretikern war der Widerspruch zwischen dem Ziel der Selbständigkeit und der Führung durch den Lehrer bewußt (vgl. z.B. Schleiermacher 1957, S. 27).

Der »dialektische Widerspruch zwischen Führung und Selbsttätigkeit im Unterricht« sei, so Klingberg, ein in jedem Unterrichtsprozeß notwendig enthaltener Widerspruch, der auf den beiden Aspekten Lehren und Lernen als widersprüchlicher Einheit beruhe. »Dieser Widerspruch muß – theoretisch und praktisch – ausgetragen werden, nicht einfach gelöst, sondern immer wieder neu gelöst werden« (1990 a, S. 74)[1]. Seine späteren Überlegungen zur »Konstitutierung von Unterrichtsinhalt« schaffen einen theoretischen Rahmen, der eine präzisere Erfassung der Erscheinung und der Folgen dieses Widerspruchs erlaubt (Klingberg 1983 a; 1990 a, S. 49-67; vgl. Abschnitt 7.5.1).

Aus der didaktischen Grundrelation von Lehren und Lernen entwickelt Klingberg weitere Begriffspaare:

- Die Tätigkeiten, die beim Lehren und Lernen vollzogen werden, sind »vermitteln« und »aneignen« (7. Aufl. 1989, S. 80 f., S. 150-157, S. 180-190). Demzufolge müssen Methoden der »Vermittlung« bzw. »Darstellung« von denen der »Aneignung« unterschieden werden (7. Aufl. 1989, S. 69-71).
- Die Lernenden nehmen sowohl eine »Objektposition« als auch eine »Subjektposition« ein: Sie sind »Objekt« der Führung und Vermittlung durch den Lehrer, zugleich aber »Subjekt« ihres eigenen Aneignungsprozesses. 1972 forderte Klingberg lediglich, daß der Lehrer die Schüler als Subjekte wahrnehmen sollte. Mittlerweile hat er gerade dieses Postulat gründlich entfaltet (vgl. Abschnitt 7.6.1).

3. Alle widersprüchlichen Momente, die sich aus der Grundrelation von Lehren und Lernen ergeben, müssen in einem dialektischen Verhältnis zueinander gesehen werden. Sie können nicht einfach »aufgehoben« werden, sondern sind Triebkräfte der Weiterentwicklung des Unterrichtsprozesses. Dialektik darf nicht auf einen bloßen Interessengegensatz reduziert werden. Dialektik ist prozeßhaft und dynamisch.

---

[1] Dieses Buch ist die z.T. stark überarbeitete Fassung eines früheren Textes (Klingberg 1987).

> **These 7.5:**
> Der Unterrichtsprozeß wird durch seine dialektische Widersprüchlichkeit vorangetrieben.

Ein Ausdruck der didaktischen Grundrelation »Lehren – Lernen« ist die Dialektik von Führung durch die Lehrerin bzw. den Lehrer und »Selbstführung« der einzelnen SchülerInnen. Die Triebkraft der Widersprüche komme dann zum Ausdruck, wenn im Rahmen des dialektischen Prozesses »Unterricht« das Moment der Führung qualitativ »umschlage« in das Moment der Selbstführung (Klingberg 1986 d, S. 78). Klingberg versucht, diese permanente Entwicklung am Beispiel der »didaktischen Funktionen« im Bild eines Kreislaufs zu fassen, den man sich wie in einer Spirale als auf immer höherer Ebene ablaufend vorstellen muß (vgl. Abbildung 7.7 auf S. 268; Klingberg 1986 d, S. 81; vgl. auch 7. Aufl. 1989, S. 195-206).

Klingberg bricht hier mit einer alten didaktischen bzw. unterrichtsmethodischen Tradition. Die schon bei Comenius und Herbart grundgelegten, dann insbesondere von den Herbartianern entfalteten und bis heute üblichen starren *Stufen- und Phasenschemata des Unterrichts* werden von ihm abgelehnt. Statt dessen spricht er von »didaktischen Funktionen« (vgl. jüngst 1990a, S. 117-119).

Das Denken in »didaktischen Funktionen« ist ein Charakteristikum und auch eine Stärke der Didaktik-Diskussion der DDR gewesen (vgl. Liimets/Naumann 1982). Wer sich die Funktion, d.h. die Leistung eines Unterrichtsschritts oder einer sonstigen didaktischen Maßnahme klargemacht hat, kann eher auch Alternativen in den Blick nehmen und flexibler denken als derjenige, der sich nur – mehr oder weniger abstrakt – den Bildungswert einer didaktischen Maßnahme verdeutlicht hat.

7.3.2 Sozialistische Allgemeinbildung

In diesem Abschnitt und in den folgenden versuchen wir, einige Aspekte von Klingbergs Didaktik in ihrem systematischen Zusammenhang anzudeuten. Ging es im voranstehenden Abschnitt 7.3.1 um das Verhältnis von Lehren und Lernen als didaktischem Grundverhältnis, so wechseln wir nun die Betrachtungsebene. Wir springen in Abbildung 7.1 (S. 240) zwei Ebenen nach oben und fragen nach der der Klingbergschen Didaktik zugrundeliegenden Bildungstheorie.

Der Begriff der Allgemeinbildung hat in Klingbergs Didaktik zentrale Bedeutung. Dies ist nicht überraschend. Auch in der übrigen didaktischen Literatur aus der DDR fanden sich ähnliche Akzentsetzungen (etwa Hofmann

1973). Zwar war der *inhaltliche* Niederschlag des Begriffs von Allgemeinbildung in Lehrplänen, Rahmenrichtlinien, Lehrplanwerk usw. im einzelnen sehr unterschiedlich – aber *systematisch* gesehen nahm der Begriff in der Didaktik der DDR eher einen noch höheren Stellenwert ein als in der Bildungstheoretischen Didaktik der BRD (vgl. Abschnitte 5.4.1 und 5.6).

> **These 7.6:**
> Der bildungstheoretische Zentralbegriff der DDR-Pädagogik war der der (sozialistischen) Allgemeinbildung.

Er war der theoretische Ausgangspunkt der Lehrplangestaltung und die Grundlage für Überlegungen zu den Bildungs- und Unterrichtsinhalten im einzelnen. Deshalb war das Verständnis des Begriffs nicht ins Belieben der einzelnen DidaktikerInnen gestellt, sondern wurde in den politischen Gremien erarbeitet und verbindlich festgelegt (von Parteibeschlüssen der SED bis hin zu den Autorenkollektiven der Lehrpläne der einzelnen Fächer und der »Unterrichtshilfen«). In den gesetzlichen Grundlagen, auf denen das Lehrplanwerk 1964 bis 1971 entwickelt worden war, wurden drei schulpolitische Hauptaufgaben formuliert: allseitige Bildung sozialistischer Persönlichkeiten, Einheit von wissenschaftlicher Bildung und sozialistischer Erziehung, Oberschulbildung für alle Kinder des Volkes (vgl. Klingberg 7. Aufl. 1989, S. 49). Die staatliche schulische Programmatik schrieb Allgemeinbildung in dieser Auslegung fest und bestätigte sie mit den in den letzten Jahren vor der Einigung eingeführten neuen Lehrplänen und deren Grundlagen (Neuner 2. Aufl. 1988). Wir verzichten auf eine kritische Analyse dieser Programmatik, zumal wir in der Bundesrepublik im Glashaus sitzen: Die Differenz zwischen hochfliegenden Lehrplan-Präambeln und Schulalltag ist zwar anders geartet, als sie in der DDR war, aber wohl kaum geringer. Vielmehr beschränken wir uns auf die Beschreibung von drei Merkmalen von (sozialistischer) Allgemeinbildung und ihres Bezugs zum sozialistischen Menschenbild.

Das *sozialistische Menschenbild* war, der DDR-Definition zufolge, humanistisch geprägt und wurde ausdrücklich in den Traditionszusammenhang der frühbürgerlichen Aufklärung gestellt.

Klingberg präzisiert die auf das sozialistische Menschenbild hin orientierte »Idee der sozialistischen Allgemeinbildung« durch folgende *drei Merkmale*:[1]

---

1 Wenn wir in diesem Abschnitt 7.3.2 Klingberg zitieren, so nicht, weil Klingberg die folgenden Erläuterungen erfunden hätte – vielmehr beschreibt er lediglich das für die gesamte DDR-Pädagogik verbindliche Begriffsverständnis, das von anderen Autoren inhaltlich im wesentlichen gleich beschrieben wird (etwa von Hofmann 1973, S. 145-151, oder in den Standardbüchern zum »Lehrplanwerk«: Neuner 1972, S. 21-47, Neuner 2. Aufl. 1988, S. 13-22 und Drefenstedt/Neuner 1970, S. 28-30).

1. Sozialistische Allgemeinbildung ist hohe Bildung für alle.
Klingberg verweist ausdrücklich auf den humanistischen Grundsatz der klassischen bürgerlichen Pädagogik, nach dem »alle körperlich und geistig normal entwickelten Menschen allseitig bildbar sind und sich alles, was die Menschheit an Wertvollem und Schönem hervorgebracht hat, anzueignen in der Lage sind«. Dies schließe die Forderung nach »prinzipiell gleicher Bildung als Grundlage aller Differenzierungen und Spezialisierungen der Bildung ein« (7. Aufl. 1989, S. 55).

2. Sozialistische Allgemeinbildung ist universale Bildung.
Universale Bildung bedeutet »allseitige, harmonische Bildung der Persönlichkeit« (7. Aufl. 1989, S. 55). Allgemeinbildung muß sowohl die zur Bewältigung des gesellschaftlichen Lebens notwendigen Kulturgüter vermitteln (objektiver Aspekt), als auch die »menschlichen Wesenskräfte« ausbilden (subjektiver Aspekt):

»Allseitige Bildung heißt also: ,Einbildung' objektiver Werte und Inhalte und ,Ausbildung' menschlicher Wesenskräfte. Durch Bildung soll der Mensch zum Verständnis der Welt (und seiner Stellung in ihr) gelangen; er soll aber auch ,zu sich selbst' gelangen und das werden, ,was er ist'« (Klingberg 7. Aufl. 1989, S. 56).

Es geht hier um dasselbe Thema, das wir in der 3. Lektion unter dem Titel »materiale« und »formale Bildungstheorie« bearbeitet haben (Abschnitt 3.3). Zur Überwindung des Gegensatzes zwischen diesen beiden bildungstheoretischen Ansätzen hatte Wolfgang Klafki sein Konzept der »kategorialen Bildung« entwickelt und zur Bildungstheoretischen Didaktik ausgebaut (vgl. Abschnitt 5.4.2). Klingberg hätte dazu bestimmt viel zu sagen – um so auffallender ist seine Zurückhaltung an dieser Stelle (7. Aufl. 1989, S. 56):

»Die sozialistische Pädagogik hat den die bürgerliche Pädagogik zeitweilig beherrschenden Widerspruch von ,formaler Bildung' (im Sinne der Entwicklung der Kräfte des Menschen) und ,materialer Bildung' (im Sinne der Aneignung von Wissen und Können) dialektisch aufgehoben. Im Buch ,Lehrplanwerk und Unterrichtsgestaltung' heißt es dazu...«, und anschließend zitiert er aus dem staatlich sanktionierten Lehrplanwerk und aus Schriften anerkannter SED-Bildungspolitiker.

3. Sozialistische Allgemeinbildung ist wissenschaftlich fundierte Grundlagenbildung.
Sie besteht aus der »Vermittlung bzw. Aneignung des grundlegenden, elementaren und fundamentalen gesellschaftlichen Wissens aus allen Bereichen der Kultur (Wissenschaft, Kunst, Technik, Sprache, Körperkultur)«. Klingenberg beschreibt dieses dritte Merkmal als fachübergreifende Einheit der Welt im Bewußtsein des Menschen, als »weltanschauliche Bildung« und als »Voraussetzung für jede weiterführende Bildung« (7. Aufl. 1989, S. 58-60).

7.3 Grundbegriffe

Mit Ausnahme des Begriffs der Arbeit stammen alle zentralen Begriffe dieser drei Merkmale der sozialistischen Allgemeinbildung aus der Zeit der klassischen Bildungstheoretiker (vgl. oben S. 175 f.): Schon diese hatten das »Allgemeine« der Allgemeinbildung in den drei Momenten der Bildung *für alle* als *allseitige Bildung* im Medium des *Allgemeinen der umgebenden Welt* festgemacht (vgl. Klafki 1986 a, v.a. S. 460-467). Fast gleichlautend formuliert Klingberg:

»Während wir bei der Charakterisierung des ersten Merkmals der sozialistischen Allgemeinbildung ‚allgemein' im Sinne von ‚für alle' interpretiert, bei der Bestimmung des zweiten Merkmals ‚allgemein' in der Bedeutung ‚universal' (allseitig) verstanden haben, beleuchten wir nunmehr das Wesen der sozialistischen Allgemeinbildung unter dem Aspekt des ‚Allgemeinen' in der Bildung, also im Sinne des Grundlegenden, des Wesentlichen, des Übergreifenden und Fundamentalen« (Klingberg 7. Aufl. 1989, S. 58 f.).

Deshalb unsere nächste These:

These 7.7:
Der Begriff der »sozialistischen Allgemeinbildung« steht im Einklang mit den »klassischen« Bildungstheorien des frühen 19. Jahrhunderts und ist sekundär im Marxismus verankert.

Zu ergänzen wäre: Der Marxsche Humanismus- und Bildungsbegriff wurzelt seinerseits schon in der aufklärerischen Tradition der klassischen Bildungstheorien.

Klingberg hat in den ersten Abschnitten seiner »Einführung« ausführlich die schul- und bildungspolitische staatliche Programmatik beschrieben und darin seine Ausführungen zur sozialistischen Allgemeinbildung eingeschlossen (1. und 2. Kapitel seines Buchs). Den Aufbau seiner eigenen didaktischen Theorie hat er dann aber durch einen Wechsel der Perspektive hin auf den Unterrichtsprozeß vorgenommen. Deshalb bleiben seine Darstellungen zur (sozialistischen) Allgemeinbildung zwar für die Darstellung seines Welt- und Menschenbildes zentral, für die inhaltliche Entfaltung seiner Didaktik als Theorie des Unterrichts bilden sie jedoch nicht mehr als einen theoretischen Hintergrund.

Daß zwischen Anspruch und Wirklichkeit sozialistischer Allgemeinbildung gravierende Mißverhältnisse bestanden haben, ist auch Lothar Klingberg nicht entgangen, er hält sich jedoch mit allgemeiner Kritik am Bildungswesen spürbar zurück. Wer zwischen den Zeilen liest, kann allerdings unschwer erkennen, daß ihm parteiamtliche Schönfärberei zuwider gewesen sein muß.

1987 schrieb er im Vorwort seiner »Überlegungen zur Dialektik von Lehrer- und Schülertätigkeit« (1987, S. 6): »Theoretische Entwürfe sind gefragt, aber auch präzise empirische Untersuchungen, nicht zuletzt große und kleine Experimente, um auf neue Fragen neue Antworten zu versuchen (was zuerst bedeutet, darauf zu verzichten, ständig mit ‚guten Bilanzen' aufzuwarten). Gefragt ist die Wissenschaft vom Unterricht auch als ‚Unruhestifter', als permanent kritischer Impuls an die Praxis, aber vor allem an sich selbst.«

7.3.3 Wissenschaft und Schulfach: »Abbreviatur« und »Didaktische Brechung«

Wir haben in der 1. Lektion mit Hilfe eines kurzen Textabschnitts aus Klingbergs »Einführung« beschrieben, daß die Aneignungsschwierigkeiten, die viele StudentInnen und ReferendarInnen mit didaktischem Theoriewissen haben, zum Teil dadurch begründet sind, daß in der systematischen *Darstellung der Ergebnisse* didaktischer Theoriebildung die Umwege, Irrwege und Holzwege des didaktischen *Forschungsprozesses* geglättet worden sind und dadurch einen »naturwüchsigen« Erkenntnisprozeß kaum mehr zulassen (S. 24-27; These 1.3 auf S. 27). Klingberg hat dieses Problem in seiner »Einführung« auf das Verhältnis von Wissenschaft und Lehrfach bezogen:

»Im *Unterricht* geht es darum, die in den logischen Systemen der Wissenschaften vorliegenden wissenschaftlichen Fakten, Erkenntnisse, Gesetze usw. zu *vermitteln*. Aber das kann man offenbar nicht, indem man das logische System einer Wissenschaft kopiert und einfach zum System des Lehrfaches macht. Das ist deshalb nicht möglich, weil der Unterricht zwar aus der Sicht des Lehrers auch ein Problem der *Darstellung* ist – und so gesehen, spielt das logische System der Wissenschaft im Unterricht eine bedeutende Rolle –; aus der Sicht des Schülers ist der Unterricht aber vor allem ein *Erkenntnisprozeß*, der in manchem dem Erkenntnisprozeß in der Wissenschaft, in der wissenschaftlichen Forschung, ähnlich ist. Hierin liegt die logisch-psychologische Spannung des Unterrichts. Einmal muß der Lehrer *systematisch darstellen* (...); aber auf der anderen Seite darf der Lehrer nicht übersehen, daß sich der Schüler in einem *Erkenntnisprozeß* befindet und es nicht möglich ist, ihm das ›fertige System‹ zu vermitteln. (...) Die Gesetze der menschlichen Erkenntnis sind aber mit denen der logischen *Darstellung* von Ergebnissen des Erkenntnisprozesses nicht identisch« (Klingberg 7. Aufl. 1989, S. 70; Hervorhebungen bei Klingberg).

Er illustriert dies an einem Beispiel:

»Würde man das System einer bestimmten Wissenschaft einfach dem entsprechenden Lehrfach zugrunde legen, dann müßte man beispielsweise den Unterricht in der Botanik mit den niedrigsten (›einfachsten‹) einzelligen Pflanzen beginnen und mit den Phanerogamen (Blütenpflanzen) beenden. Aber aus didaktischen Gründen geht der Unterricht in der Botanik erst später zur Behandlung niederer Pflanzen über. Eine solche Anordnung ist didaktisch und psychologisch wohlbegründet:

7.3 Grundbegriffe

1. weil die Kenntnis höherer, ausgebildeter Formen des pflanzlichen Lebens das Verständnis keimhafter Andeutungen höheren Lebens in niederen Pflanzenformen erleichtert und

2. weil biologisch kompliziertere Pflanzengebilde – etwa eine Gartenblume – dem Kinde psychologisch näher stehen als biologisch zwar sehr einfache, dem Kind aber entfernt stehende einzellige Gebilde« (Klingberg 7. Aufl. 1989, S. 71).

Deshalb schreibt Klingberg allen »Abbild-Didaktikern« (siehe S. 415-417) den Merksatz ins Stammbuch:

> »Das logisch Einfache ist nicht immer das didaktisch Einfache!« (Klingberg 7. Aufl. 1989, S. 69).

Die im Verlauf der Geschichte angesammelten wissenschaftlichen Erkenntnisse und gesellschaftlichen Erfahrungen übersteigen in ihrem Umfang die Lernmöglichkeiten der einzelnen Menschen bei weitem: Kein Mensch kann das alles jemals lernen oder gar Erkenntnis- und Forschungsprozesse von Grund auf in allen Details noch einmal durchschreiten. Die Vermittlung von gesamtgesellschaftlich erworbenen Wissens- und Erfahrungsbeständen an die einzelnen Menschen (auch einer der dialektischen Widersprüche der Lehren-Lernen-Relation) ist nur denkbar, wenn die individuelle Aneignung verkürzt und vereinfacht wird. Klingberg beschreibt diese Verkürzung mit einem von Georg Friedrich Wilhelm Hegel stammenden Begriff als »Abbreviatur« (wörtlich: »Abkürzung«): Die geistige Entwicklung des Individuums sei eine verkürzte Rekapitulation der geschichtlichen Erkenntnis der Menschheit (Klingberg 1986 h, S. 665). Die Geschichte der Didaktik sei deshalb »im Kern die Geschichte der Herausbildung spezifisch didaktischer Abbreviaturmechanismen wissenschaftlicher Erkenntnisse (...) sowie anderer verallgemeinerter gesellschaftlicher Erfahrungen« (Klingberg 1986 h, S. 668). In diesem verkürzenden Vermittlungsprozeß erfahren die Inhalte, die vermittelt werden sollen, eine spezifisch didaktische »Brechung«:

»Unterricht ist nicht Wissenschaftslehre en miniature, sondern pädagogisch intendierte und didaktisch instrumentierte Lehre unter spezifisch organisatorischen und sozialen Bedingungen. ... ‚Didaktische Brechung' heißt: Einbindung der disziplinspezifischen, fachlogischen Fragestellungen, Intentionen und Strukturen in ein übergreifendes *pädagogisch* legitimiertes Konzept der Bildung und Erziehung sozialistischer Persönlichkeiten« (Klingberg 1986 h, S. 671, Fußnote 15; Hervorhebung bei Klingberg).

»Diese ‚Brechung' ist ein typisch didaktisches Instrumentarium der *Vermittlung* gesellschaftlicher, kollektiver und individueller Aneignungsprozesse. Durch diese ‚Brechung' der rein logisch (wissenschaftslogisch) konstruierten Systeme menschlicher Erkenntnis, ihre pädagogische und psychologische Modifikation, wird die ‚Übersetzung' der in den Erkenntnissystemen ‚geronnenen' historischen Erkenntnisprozesse in individuelle Aneignungsprozesse erst möglich« (Klingberg 1986 h, S. 668, Hervorhebung bei Klingberg).

Zusammengefaßt zur nächsten These:

> **These 7.8:**
> Klingberg spricht sich strikt gegen abbilddidaktische Konzeptionen aus und beharrt auf der Notwendigkeit einer spezifisch didaktischen »Brechung« wissenschaftlicher Aussagen und Aussagesysteme in der unterrichtlichen Darstellung.

Diese Position entspricht der in der Geisteswissenschaftlichen Pädagogik entwickelten Kritik an Abbild-Didaktiken (vgl. S. 153-155, 415-417).

7.3.4 Aspektanalyse des Unterrichts

In Gesprächen mit westdeutschen Didaktikern bemerkte Klingberg beiläufig, daß er sein Konzept der »Aspektanalyse« des Unterrichts für seinen eigentlichen Beitrag zur Weiterentwicklung der Didaktik der DDR hielt. Die Aspektanalyse hat die Aufgabe, dem Lehrer die *Formenvielfalt,* den inhaltlichen *Reichtum* und die komplexen *Voraussetzungen* und *Konsequenzen* des Unterrichts bewußt zu machen. Die Aspektanalyse hat Gemeinsamkeiten mit der in der Lehrtheoretischen Didaktik geforderten »Bedingungsprüfung« (S. 198), geht in der thematischen Breite und im Niveau der Verknüpfung der Teilaspekte aber deutlich darüber hinaus.

Klingberg nennt in seiner »Vorlesung« (7. Aufl. 1989, S. 115-149) und in »Unterrichtsprozeß und didaktische Fragestellung« (3. Aufl. 1986) zahlreiche Beispiele für solche Aspekte:

- Aspekt *»Unterricht und Weltanschauung«:* Weltanschauungen als Themen von Fachunterricht, als implizite Inhalte in allen Fächern; Unterricht als weltanschaulich, z.B. sozialistisch oder katholisch, gerichteter Unterricht usw.
- Aspekt *»Unterricht und Geschichte«:* Geschichtsunterricht, historische Anteile in allen Fächern, individuelle Geschichte der SchülerInnen und allgemeine Geschichte, Geschichte didaktischer Denkmuster und unterrichtsmethodischer Formen ...
- Aspekt *»Unterricht und Erkenntnis«:* Welchen Gesetzen folgt der menschliche Erkenntnisprozeß? In welchem Verhältnis stehen historisch-gesellschaftlich erworbene und individuelle Erkenntnis zueinander?
- Aspekt *»Unterricht und Ästhetik«:* Warum sagt man manchmal, eine Unterrichtsstunde sei schön gewesen? Was ist die Ästhetik des Unterrichtsinhalts? Wie können ästhetische Ausdrucksformen zu Unterrichtsgegenständen umgeformt werden?

7.3 Grundbegriffe

Wir greifen einen weiteren, bisher noch nicht genannten Aspekt heraus, um an ihm die Zielstellungen der Aspektanalyse zu erläutern: den Aspekt *»Unterricht und Sprache«*. Unterricht und Sprache sind auf vielschichtige Weise miteinander verwoben:

- Unterricht als *Sprachunterricht,*
- als Ort der Vermittlung literarischer Schöpfungen, also als *Literaturunterricht,*
- Sprache als ein Medium der Kommunikation über Sachzusammenhänge des Unterrichtsfachs, als *Fachsprache,*
- als ein Medium der Kommunikation im Unterricht, als *Unterrichtssprache,*
- als ein Medium der didaktischen Theoriebildung, als *Wissenschaftssprache,*
- schließlich als ein Medium zur Darstellung und *Vermittlung didaktischer Theorie.*

○ Ein Beispiel:

Auch in dem in der 2. Lektion, Abschnitt 2.2.2, S. 50-52, dokumentierten und danach in zwei Schritten interpretierten Unterrichtsbeispiel zu der *Kurzgeschichte von Hermann Hesse* »Nachtpfauenauge« lassen sich mehrere sprachliche Teilaspekte im Sinn Klingbergs ohne alle Mühe nachweisen: Im Vordergrund steht der Teilaspekt »Literaturunterricht«, gleichzeitig ist dieser aber durch die Arbeit an der Einführung  des Begriffs »Lebenserinnerungen« verknüpft mit Elementen des Sprachunterrichts. Schließlich ist die Sprache das mit Abstand wichtigste »Medium« des Unterrichts in dieser Szene, und zwar sowohl als Fachsprache wie auch als Unterrichtssprache. Diese Teilaspekte verweisen darauf, daß – in den Begriffen der ehemaligen DDR-Didaktik gesprochen – Sprache in diesem Unterricht zugleich als Ziel (Arbeit an Begriffen und ihren Bedeutungen), als Inhalt (konkreter Begriff »Lebenserinnerungen« am Beispiel der Kurzgeschichte von Hesse) und als methodisches Element präsent ist. Die »Ziel-Inhalt-Methode-Relation« (vgl. Abschnitt 7.4) ist sozusagen in die Sprache selbst »eingewandert«.

In dem Aufsatz »Unterricht und Sprache« (Klingberg 1986 e) bezieht sich der Autor vorrangig auf den Teilaspekt der Sprache als *Unterrichtssprache* und erarbeitet verschiedene Perspektiven, die wir – wiederum im Rückgriff auf das Unterrichtsbeispiel zum »Nachtpfauenauge« – in fünf Punkten skizzieren möchten:

 Die Unterrichtssprache hat sich *geschichtlich* entwickelt, um gesellschaftlich aufgehäufte Wissens- und Erfahrungsbestände dem lernenden Schüler weitergeben zu können (»Abbreviatur«; vgl. Abschnitt 7.3.3). In der im Unterricht verwendeten Sprache spiegelt sich in

gebrochener Weise die *Logik des jeweiligen Inhalts,* Gegenstands und Faches dialektisch wider. Über die Sprache werden mithin Erkenntnisprozesse ermöglicht und Werthaltungen vermittelt.

❑ In unserem Beispiel »Nachtpfauenauge« ist der *fachliche Ertrag* und Erkenntnisfortschritt allerdings frustrierend gering. Es fallen zahllose Begriffe bis hin zum Krimi, aber sie bleiben ohne Erklärung und ohne Zusammenhang untereinander – deshalb bleibt auch weitgehend unklar, warum der angezielte Begriff »Erinnerungen« besser als die anderen zur Kurzgeschichte von Hermann Hesse passen soll.

❑ Sprache ist in dieser Unterrichtsszene über die fachbezogenen Inhalte hinaus ein *Medium* des Unterrichtsprozesses. Dabei fallen deutliche Diskrepanzen zwischen den Anforderungen an den Fachunterricht »Deutsch« und der Struktur der Unterrichtssprache auf. Ob vom Lehrer oder von den SchülerInnen gesprochen, viele Sätze sind unvollständig oder werden grammatikalisch falsch fortgesetzt, oft gibt es nur »Ein-Wort-Sätze« ... Allerdings wird wir nicht sicher, ob dies nur negativ bewertet werden sollte. Denn die Vorstellung, daß LehrerInnen und SchülerInnen immer nur »wie gedruckt« sprechen könnten oder sollten, ist unrealistisch, ja beängstigend, weil die Unterrichtssprache dann alle Spontaneität verlieren und von vielen Anteilen der Umgangssprache gereinigt werden müßte.

2. »Unterricht« und »Sprache« sind in einem wesentlichen Punkt ihrer Struktur nach gleich: Beide sind *dialogisch.*
»Der Dialog, das ‚Gespräch' zwischen Lehrenden und Lernenden, ist das große Prinzip des Unterrichts. ... Eine monologische Version von Unterricht – Unterricht als ‚reine Lehre' – wäre die Negation der Idee des Unterrichts« (Klingberg 1986 e, S. 132).

Unterrichtssprache ist eine »künstliche Sprache«, eine pädagogische Sprache eben: LehrerInnen stellen Fragen, geben Arbeitsaufträge, loben usw. Sie ist ein didaktisch-sprachliches Gebilde eigener Natur, zu der nicht nur fachsprachliche Elemente gehören. Vor allem in der *Lehrerfrage* zeigt sich die Künstlichkeit der Unterrichtssprache:

»Die Lehrerfrage ist ein exemplarisches Produkt der Unterrichtssprache, sie reflektiert die eigentümliche Logik des didaktischen Sprechens: der (im allgemeinen) Wissende fragt den häufig Nichtwissenden. ...
Die Bedeutung der Lehrerfrage ist für uns unbestritten. Solange es Unterricht gibt, gibt es den fragenden Lehrer; nur: Der fragende Lehrer muß mit dem fragenden *Schüler* korrespondieren! Der fragende Schüler ist ein Indikator intakter, produktiver didaktischer Sozialprozesse. Der Dialogcharakter des Unterrichts darf nicht in der Rollenkonvention ‚redender und fragender Lehrer' – ‚schweigender und gelegentlich antwortender Schüler' erstarren« (Klingberg 1986 e, S. 140, Hervorhebung bei Klingberg).

In der Unterrichtsszene zum »Nachtpfauenauge« ist vom dialogischen Prinzip wenig zu spüren. Der Lehrer schießt eine Frage nach der anderen ab (von der Nasepul- über die Schrotschuß- bis zur Echo-Frage; vgl. Meyer 1987 b,

S. 208), aber er kommt der Antwort auf seine Ausgangsfrage nur mühsam näher. Dabei spricht er weitaus mehr als seine SchülerInnen, die oft nur mit einem einzigen Wort antworten. Der Lehrer hält sich an das, was in der BRD (alt) als »Gesetz der zwei Drittel« bezeichnet wird: Ungefähr zwei Drittel der Unterrichtszeit redet der Lehrer, ein Drittel bleibt für die Schüler (vgl. Flanders 1970; Ritz-Fröhlich 1973). Daß es in DDR-Klassen kaum anders zuging, belegen Zeilinger (1976) und Rausch (1978).

Klingberg unterscheidet drei *Grundformen des didaktischen Sprechens* von Lehrern (1986 e, S. 139), die er durch die Funktionen beschreibt, die sie im Unterricht haben:

- *Präsentation:* z.b. Beschreiben, Berichten, Erzählen usw. Typisch dafür sind der Lehrervortrag und die Vorlesung (hüben und drüben auch als »darbietender Unterricht« bezeichnet).
- *Anregung und Lenkung:* z.B. Aufforderungen, Fragen, Anweisungen, Impulse, Problemstellungen. Solche Verfahren sind charakteristisch für jene Unterrichtsform, die in der DDR ebenso wie in der BRD »erarbeitender Unterricht« hieß.
- *Regulation:* z.B. Bekräftigung, Wiederholung, Lob, Kritik, Ablehnung, Ansporn – also jene Aktionsformen, mit denen LehrerInnen kleine Situationen und kurze Szenen im Unterricht steuern. Sie haben »appellierenden und wertenden Charakter«.

Die Sprache in der Unterrichtsszene aus Abschnitt 2.2.2 ist vor allem die der Regulation, weniger die der Anregung durch Impulse und noch weniger die der Präsentation. Auch dies ein Indiz für die mangelnde Berücksichtigung des dialogischen Prinzips (s.o.).

Die gerade für die Sicherung der Anregungs- und der Regulationsfunktion wichtige *Körper-Sprache* des Lehrers und der Schüler wird bei Klingberg – anders als in der westdeutschen Didaktikdiskussion – nur kurz erwähnt (1986 e, S. 148), aber noch nicht aufgearbeitet.

Die Unterrichtssprache bündelt und transportiert die *sozialen Erfahrungen* des Lehrers und der Schüler (Klingberg 1986 e, S. 142 f.). Die Lehrersprache kann z.B. männlich oder weiblich geprägt sein. Sie kann eine autoritäre oder eine liberale Persönlichkeitsstruktur zum Ausdruck bringen. Sie kann berufsspezifisch überformt worden sein. Sprache ist das wichtigste Medium, mit dem die SchülerInnen ihre außerunterrichtlichen sozialen Erfahrungen in den Unterricht einbringen können, und sie ist auch dazu da, die im Unterricht selbst gemachten sozialen Erfahrungen zu artikulieren und zu verarbeiten.

Klingberg betont die Dialektik im »‚Zusammenprallen' außerdidaktischer und innerdidaktischer Erfahrungen«, etwa wenn außerschulische Erfahrungen in wissenschaftlich geprägte Erfahrungen »umgeschmolzen« werden (1986 e, S. 143; vgl. auch Klingberg 1986 f, v.a. S. 110-112). Der Lehrer aus unserem Unterrichtsbeispiel zum »Nachtpfauenauge« hat solches »Umschmelzen« vermutlich als Ziel vor Augen gehabt, ist damit aber nicht sehr weit gekommen. Spätestens in dem Moment, in dem der eine Schüler, vielleicht in provokativer Absicht, »Im Krimi oder so?« antwortet und die MitschülerInnen in Gelächter ausbrechen, wird klar, daß der Versuch gescheitert ist, die außerunterrichtlichen Leseerfahrungen der SchülerInnen einzubeziehen.

Die von Klingberg genannte Dialektik außer- und innerdidaktischer Erfahrung ist ein bestimmender Aspekt jeden Unterrichts. Wenn der Vorgang des »Umschmelzens« glückt, so entspricht das dem, was die Vertreter der Bildungstheoretischen Didaktik als »originale Begegnung« bezeichneten (vgl. S. 162 f.). In Westdeutschland wird dieser Aspekt heute vor allem von phänomenologisch-lebensweltlich orientierten Erziehungswissenschaftlern untersucht (vgl. etwa Lippitz 1980; Meyer-Drawe 1986 a und 1986 b).

5. Schließlich hat die Unterrichtssprache auch eine eigene *ästhetische Dimension* (Klingberg 1986 e, S. 145-147): Sie kann schön oder häßlich, harmonisch oder zerrissen, erhaben, schlicht oder pathetisch sein. Auch in dieser Frage ist für Klingberg die Dialektik von Form und Inhalt prägend:

Je besser die Form (die Unterrichtssprache) gestaltet ist und je besser sie mit dem Unterrichtsinhalt zu einer Einheit zusammenfließt, desto wirksamer werden Vermittlung und Aneignung der Inhalte in der Regel verlaufen.

Wir kommen zum Schluß dieses Abschnitts: Die von Klingberg geforderte Aspektanalyse kann nicht auf einige wenige Formeln verkürzt werden. Weil sie auf die Ermittlung des Aspektreichtums von Unterricht zielt, ist sie notwendigerweise selbst komplex:

These 7.9:
Erst die Vielfalt der analysierten und in Beziehung zueinander gebrachten Aspekte des Unterrichts erlaubt es, den Sinn und die Folgen von Unterrichtsprozessen angemessen zu erfassen.

Die Aspektanalyse stellt an Lehrer und Lehrerinnen ebenso wie an Wissenschaftler, Lehrplanautoren usw. hohe Ansprüche. Sie erfordert eine breite humanistische Bildung, didaktisch-methodische Phantasie beim Durchdenken unterrichtlicher Alternativen und die Bereitschaft und das Können, durchdachte Alternativen in die Tat umzusetzen. Vor 12 Jahren hätten wir die Klingbergsche Didaktik sicherlich mit zu den »Feiertagsdidaktiken« gezählt (vgl. Meyer 1980, S. 181). Hinzu kommt bei Klingberg, wie bei der Mehrzahl der führenden Didaktiker der ehemaligen DDR, eine eher unsinnliche, streng systematisch orientierte Fachsprache. Ziel einer lebendigen gesamtdeutschen Didaktik müßte sein, die Präzision und theoretische Durchdringung der Klingbergschen Schriften mit der Anschaulichkeit und Emotionalität westdeutscher Ratgeber-Literatur (siehe S. 288) zu verknüpfen.

7.4 Prozeßkomponenten des Unterrichts

7.4.1 Begriffsklärungen

In der DDR wurde ein von den Didaktikern und Methodikern allgemein verwendetes Begriffsschema entwickelt, mit dem Unterrichtsprozesse erfaßt werden sollten:

»Ziel, Inhalt, Methode und Organisation markieren einen in sich geschlossenen pädagogischen Systemzusammenhang« (Klingberg 7. Aufl. 1989, S. 84).

Klingberg definiert im Einklang mit anderen DDR-Didaktikern:

- *Ziel:* »beabsichtigte, vorauszuplanende Entwicklung und Veränderung des Zöglings im Sinne des sozialistischen Menschenbildes«,
- *Inhalt:* »sachliche Informationsgrundlage und ... Gegenstand der Aneignung für das Erreichen des Ziels«,
- *Methode, Organisation:* »Gesamtheit der Schritte, Maßnahmen und äußeren Bedingungen, die zum Ziel hinführen« (Klingberg 7. Aufl. 1989, S. 84).

Er bezeichnet die vier hier genannten Momente als »den pädagogischen Prozeß konstituierende grundlegende Momente oder Prozeßkomponenten« (7. Aufl. 1989, S. 83). Einen entsprechend zentralen Stellenwert haben zumindest drei der vier »Komponenten« und ihre Relationen untereinander in seinem didaktischen Modell. (»Organisation« wird in der »Einführung« ein wenig stiefväterlich behandelt, in jüngeren Aufsätzen des Autors jedoch ausführlicher thematisiert; vgl. S. 260.)

Die vier Komponenten werden ergänzt durch den Hinweis darauf, daß ihr Gefüge im Unterricht durch die vorgefundenen *Bedingungen* beeinflußt wird. Unterschieden werden kaum veränderbare Bedingungen (etwa: sozialistisch-humanistischer Erziehungsauftrag, vorhandene Unterrichtsmittel, Schul-

system) und veränderbare Bedingungen (etwa: Lerneinstellung und -leistung der Schüler, Disziplin, Lehrer-Schüler-Verhältnis; Klingberg 7. Aufl. 1989, S. 246-248).
Die vier Komponenten und zwei Arten von Bedingungen lassen sich in folgendes Schema umformen:

Relativ stabile Bedingungen } 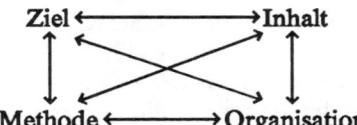 { Veränderbare Bedingungen

Abbildung 7.3

Wer sich bereits mit dem Modell der Lehrtheoretischen Didaktik befaßt hat, wird hier Verwandtes entdecken: Wir haben die Begriffe in Abbildung 7.3 so arrangiert, daß das Schema ähnlich dem der vier Entscheidungs- und zwei Bedingungsfelder der »Strukturanalyse« aufgebaut ist (siehe oben, S. 193). Das führt zu Fragen:

❏ Haben diese Komponenten und Bedingungen in Klingbergs Modell denselben zentralen systematischen Stellenwert wie die Strukturanalyse in dem der Lehrtheoretischen Didaktik?
❏ Gibt es in Klingbergs Modell Aussagen, die der »Interdependenzthese« der Lehrtheoretischen Didaktik vergleichbar sind?
❏ Muß unsere am Schema der Lehrtheoretischen Didaktik geübte Kritik auf Klingbergs Modell übertragen werden?

Wir beschreiben im folgenden das mit der unschönen Wortschlange der »Ziel-Inhalt-Methode-Organisation-Relation« Gemeinte in vier Schritten: Zunächst erläutern wir die *einzelnen* Begriffe, dann ihre *Relation* zueinander, im dritten Schritt beschreiben wir diese Relation als eine nicht gleichförmige, sondern *gewichtete* Relation. Und im vierten und letzten Teilabschnitt erläutern wir den Primat der Komponente »Ziel«.

7.4.2 Die vier Teilkomponenten: Ziel-Inhalt-Methode-Organisation

1. Ziel

Wenn unter Erziehung die »*zielgerichtete,* planmäßige Einwirkung auf die Entwicklung heranwachsender Menschen« verstanden wird, dann erhebt sich die Frage nach den »Orientierungspunkten der pädagogischen Führung« (wir würden sagen: die Frage nach den Normen pädagogischen Handelns). Klingberg fordert, Entscheidungen über die Ziele des Unterrichts nicht der subjektiven Entscheidung der LehrerInnen, sondern zunächst einmal der (»objektiven«) gesellschaftlichen Ableitung und Bestim-

7.4 Prozeßkomponenten des Unterrichts

mung zu überlassen. Das oberste Ziel sei die sozialistische Erziehung (Klingberg 7. Aufl. 1989, S. 85 f.). Die Differenzierung dieser grundlegenden Zielstellung in konkrete Teil- und Zwischenziele für die Stoffeinheit, die Unterrichtsstunde und die einzelnen Abschnitte der Unterrichtsstunde hingegen sei auch Aufgabe der LehrerInnen bei der Unterrichtsvorbereitung.

»Wichtig dabei ist, daß diese Zieldifferenzierungen nicht zu einer Auflösung des Ziels in isolierte Einzelaktionen und -maßnahmen führen, sondern eindeutig auf das *allgemeine* Ziel der sozialistischen Schule und die *allgemeinen* Aufgaben des Unterrichts bezogen sind« (Klingberg 7. Aufl. 1989, S. 88; Hervorhebungen bei Klingberg).

2. Inhalt

Dazu gehören nach Klingberg »nicht nur die anzueignenden Tatsachen, Begriffe, Theorien usw., sondern auch bestimmte Methoden und Techniken des Lernens und der Arbeit und darüber hinaus die ideologischen Schlußfolgerungen und Verhaltensnormen, die sich unmittelbar aus den stofflichen Zusammenhängen ergeben« (7. Aufl. 1989, S. 90). Der Inhalt sei die sachliche Informationsgrundlage im Bildungsprozeß, der Gegenstand der Aneignung und das entscheidende Mittel der Persönlichkeitsentwicklung im Unterricht (ebd.).

In Klingbergs »Einführung« bleiben die Erläuterungen zu dieser Komponente merkwürdig blaß. Aber in späteren Veröffentlichungen hat er versucht, sie genauer zu erfassen, und zwar nicht material (also nicht von der Frage nach der konkreten Auswahl bestimmter Inhalte), sondern im Hinblick auf den Unterricht als Interaktions- und Kommunikationsprozeß (vgl. S. 278-280).

3. Methode

»Methode« beschreibt Klingberg zunächst als »einzuschlagenden *Weg* der Vermittlung (Tätigkeit des Lehrers) und Aneignung (Tätigkeit des Schülers) des Unterrichtsinhalts« (7. Aufl. 1989, S. 90). Er betont, daß zumindest drei Bedeutungen auseinandergehalten werden müßten. Methode ist »(...)

1. ein Aspekt der Kategorie ‚Ziel'. In diesem Sinne spricht man auch von ‚Erziehung zur Methode'. (...)
2. ein Aspekt der Kategorie ‚Inhalt', denn die Vermittlung von Methoden und Techniken der geistigen und geistig-praktischen Arbeit ist Bestandteil des Bildungsgutes. (...)
3. eine Kategorie der *Prozeßgestaltung des Unterrichts durch Lehrer und Schüler*« (Klingberg 7. Aufl. 1989, S. 91; Hervorhebung bei Klingberg).

Ebenso müsse unterschieden werden zwischen *Lehr*methoden und *Lern*methoden:

»Der Lehrer darf nicht nur fragen, was *er* zu tun hat, sondern er muß fragen, was *die Schüler* tun müssen, damit ein bestimmtes Resultat ›herauskommt‹. Die Qualität der Schülertätigkeit aber wird in hohem Maße durch die Qualität des Lehrens, insbesondere durch die Lehrmethode bestimmt« (Klingberg 7. Aufl. 1989, S. 91 f.; Hervorhebungen bei Klingberg).

Der Komponente »Methode« ordnet Klingberg auch die Kontrolle, Bewertung und Leistungsüberprüfung zu.

Organisation

Wenn wir recht sehen, so ist die Einführung des Begriffs »Organisation« als Ergänzung der Ziel-Inhalt-Methode-Relation zuerst von Klingberg vorgeschlagen worden, von anderen DDR-Didaktikern aber nur zögernd aufgenommen worden.

In der »Einführung« werden Organisationsfragen zwar immer wieder angesprochen, aber nicht als theoretisch bestimmte Kategorie eingeführt. In späteren Arbeiten (Klingberg 1985, S. 729-732) wird der Begriff jedoch näher bestimmt, und zwar aus seiner Relation zum Begriff der Unterrichtsmethode. Klingberg betont, daß zwei grundsätzlich unterschiedliche Sichtweisen auf »Organisation« zu beachten sind:

»Während ‚Methode' im allgemeinen als Glied des unterrichtlichen Prozeßzusammenhanges aufgefaßt wird, bezeichnet der Begriff ‚Organisation' zwei Sachverhalte bzw. Vorgänge: erstens das für den Unterricht charakteristische Moment der *Organisiertheit*: relativ stabile organisatorische Strukturen, die historisch gewachsen sind und den Unterrichtsprozeß von vornherein organisatorisch-strukturell determinieren (damit auch auf den Faktor ‚Methode' begrenzend einwirken); zweitens das für Unterricht typische Moment des *Organisierens* von Lehr- und Lernhandlungen, das In-Szene-Setzen von unterrichtlicher Kommunikation und didaktischer Kooperation. Unterrichtsmethode kann einerseits als Element der Unterrichtsorganisation aufgefaßt werden; andererseits ist die Unterrichtsorganisation (das ‚Organisieren') ein Faktor der Methode. So ist es möglich, von der *Organisation methodischer Abläufe* zu sprechen wie auch von *Methoden der Organisation* unterrichtlicher Prozesse« (Klingberg 1985, S. 730; Hervorhebungen bei Klingberg).

7.4.3 Ziel-Inhalt-Methode-Organisation-Relation

Zunächst scheint Klingberg ein recht klares und einfaches Argumentationsmuster in bezug auf die Relation zwischen den vier Komponenten aufzubauen: »Der Stoff wird vom Ziel bestimmt« (Klingberg 1975, S. 114) und »Ziel und Inhalt bestimmen Methode und Organisation« (1975, S. 115, 7. Aufl. 1989, S. 90). Er entwickelt hier also ein argumentatives Gefälle von den Zielen über die Inhalte hin zu den Methoden und der Organisation:

ZIEL → JNHALT → METHODE → ORGANISATION

Beim zweiten Hinsehen wird es komplizierter: Nicht nur fehlt in der überarbeiteten Fassung der Satz:»Der Stoff wird vom Ziel bestimmt« (Klingberg 1975, S. 114; 7. Aufl. 1989, S. 90), sondern er differenziert an anderen Stellen seiner »Einführung« diese Relation deutlicher aus und beschreibt sie als unsymmetrisch. Die Relation sei, so schreibt Klingberg unter Berufung auf Gerhart Neuner, durch folgende Momente charakterisiert:

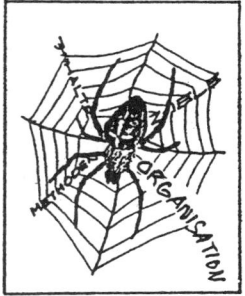

- »*Die führende Rolle der Ziele gegenüber dem Stoff und der Methode*, das heißt, Stoff und Methode dienen der Verwirklichung des Zieles. Das ist jedoch nur möglich, wenn sie von vornherein so ausgewählt und angeordnet werden, daß sie auf die Ziele, denen sie dienen, klar orientiert sind.

- *Die Trägerfunktion des Stoffes*. Die grundlegenden bildenden und erzieherischen Wirkungen des Unterrichtsprozesses gehen von seinem wissenschaftlichen Inhalt aus, freilich nicht linear-kausal, sondern vermittelt durch die Tätigkeit der Schüler, die vom Lehrer geleitet wird, vermittelt auch durch personale Beziehungen und durch Bedingungen, die teilweise über den Unterricht hinausgreifen.

- *Die Bildungs- und Erziehungspotenzen des Stoffes*. Übergreifende Ziele tragen in diesem Sinne nichts Fremdes, Zusätzliches in das Unterrichtsfach hinein. Sie haben vielmehr in ihm selbst ihre feste Grundlage.

- *Die Bildungs- und Erziehungswirksamkeit der Methode*. Der Stoff wird nicht ‚an sich', sondern nur über die Art und Weise seiner Vermittlung und Aneignung bildungs- und erziehungswirksam. Darauf beruht eine bestimmte Rückwirkung der Methode im weitesten Sinne auf die Auswahl des Stoffes und auch auf die Konkretisierung allgemeiner Zielsetzungen« (Klingberg 7. Aufl. 1989, S. 241; Hervorhebungen bei Klingberg).

Die Komponenten Ziel, Inhalt, Methode und Organisation stehen deshalb, so Klingberg, nicht in einem Verhältnis linearer, sondern in korrelativer Abhängigkeit zueinander:

»Die Beziehung zwischen Unterrichtsinhalt und Unterrichtsmethode ist korrelativer Natur. Inhalt und Methode sind aufeinander angewiesen. Der Inhalt determiniert die Methode, aber die Methode wirkt auf den Inhalt zurück; sie prägt ihn und entscheidet in hohem Maße über seine Präsentations- und Realisationsform, vor allem über die Methode vollzieht sich die Transformation von Unterrichtsinhalten in Bewußtseinsinhalte der Lernenden. So gesehen, ist die Methode mehr als ein Instrument der ‚Umsetzung' von Ziel-Stoff-Strukturen. Als Element der Form besitzt sie eine (relative) Eigengesetzlichkeit, die sich in der gewissen

Konstanz und Kontinuität tradierter Unterrichtsformen niederschlägt« (Klingberg 1983 b, S. 11 f.).

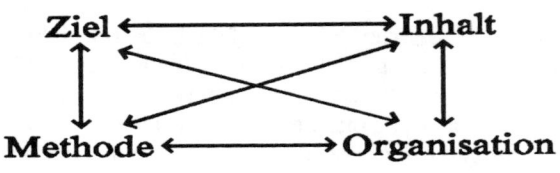

Abbildung 7.4

Klingberg geht also davon aus, daß unterrichtsmethodische Entscheidungen zwar durch Ziel- und Inhaltsentscheidungen bestimmt und daher, so würden wir ergänzen, auch legitimiert sind (oder zumindest sein sollten), daß jedoch dieses Verhältnis als eines der Deduktion (vgl. Abschnitt 3.5) nicht hinreichend beschrieben werden kann. Anders ausgedrückt: Nach Klingberg sind Methodenentscheidungen ziel- und inhaltsorientiert zu fällen, sie können aber nicht aus wie auch immer gearteten gesetzmäßigen Beziehungen abgeleitet werden. Vielmehr entscheidet die Form, *wie* der Unterricht gestaltet wird, mit darüber, *was* bei den einzelnen SchülerInnen letztlich »ankommt«.

These 7.10:
Ziele, Inhalte, Methoden und Organisationsformen des Unterrichts stehen in dialektischen Wechselbeziehungen zueinander.

7.4.4 Primat der Ziel-Komponente

Die Relationen der vier Komponenten untereinander sind nicht gleichförmig, sondern – wenn auch in dialektischer Wechselwirkung – hierarchisch dem *Ziel* als »didaktischer Führungsgröße« untergeordnet (Klingberg 7. Aufl. 1989, S. 84). Deshalb bezeichnet Klingberg in der »Einführung« die Ziel-Inhalt-Relation als *Primärrelation* gegenüber der Methode (7. Aufl. 1989, S. 243 f.).

Die Wechselbeziehungen der Komponenten stellten Klingberg und Edgar Rausch graphisch dar und betteten sie in die Grundrelation von Lehren und Lernen ein. Wir haben die Abbildung 7.5 »Komponenten des Unterrichtsprozesses« um den Teil, der die zu entwickelnden Kenntnisse, Einstellungen und Fähigkeiten der SchülerInnen im Detail aufschlüsselt, verkürzt (Klingberg 7. Aufl. 1989, S. 114, unter Mitarbeit von Edgar Rausch).

7.4 Prozeßkomponenten des Unterrichts

Komponenten des Unterrichtsprozesses

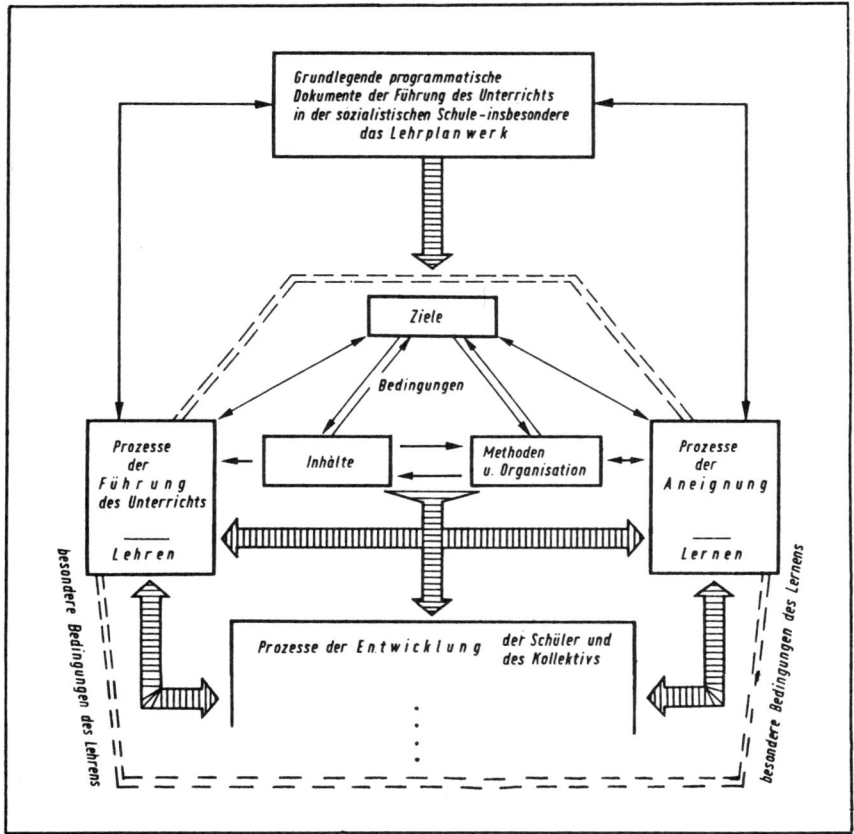

Abbildung 7.5

Dabei ist die Zielkomponente, wie die Abbildung deutlich macht, zur übergeordneten Kategorie geworden. Wir meinen allerdings, daß es Klingberg in den älteren Arbeiten noch nicht gelungen ist, den Gesichtspunkt der führenden Rolle des Ziels bzw. der Ziel-Inhalt-Relation einerseits und das Faktum der dialektisch vermittelten Rückwirkung der Unterrichtsmethoden auf die Ziel-Inhalt-Relation andererseits für den Leser/die Leserin ausreichend deutlich zu machen (vgl. z.B. Klingberg 1983 c, S. 115 f.). In jüngeren Veröffentlichungen hat Klingberg seine Position präzisiert. Wir kommen auf S. 276-280 darauf zurück.

Klingbergs Konzept der vier Prozeßkomponenten hat – systematisch gesehen – den gleichen Stellenwert wie die »Strukturanalyse« der *Lehrtheoretischen Didaktik* (siehe Abschnitt 6.2.1). Sie soll den »logischen Grundzusammenhang des pädagogischen Prozesses« bestimmen (Klingberg 7. Aufl. 1989, S. 83). Das entspricht dem Ziel der Berliner Didaktik von 1965, die »formale Grundstruktur« jeglichen Unterrichts zu ermitteln. Den Anspruch, die Strukturanalyse sei *wertneutral,* dürfte Klingberg für seine Komponenten allerdings deutlich zurückweisen: Seine Didaktik insgesamt soll ja helfen, das Handeln im Unterricht parteilich an der obersten Zielsetzung der (sozialistischen) Allgemeinbildung und – noch allgemeiner – des Aufbaus einer sozialistischen Gesellschaft zu orientieren.

7.5 Unterrichtsmethoden

Das Kapitel zur Unterrichtsmethodik in Klingbergs »Einführung« ist mit seinen 145 Seiten das mit Abstand längste Kapitel des Buchs – ein Indiz für das Gewicht, das Klingberg der Methodenfrage für den Aufbau seiner Theorie der Didaktik gibt. Aber nicht nur quantitativ, auch qualitativ übertrifft Klingberg die meisten westdeutschen KollegInnen: Die theoretische Substanz und Durchdringung des Themas »Unterrichtsmethode« sucht ihresgleichen vergeblich. Die praxisnahe, sinnlich-anschauliche Umsetzung des theoretischen Rahmens in Orientierungshilfen für StudentInnen und BerufsanfängerInnen kommt demgegenüber zu kurz.

7.5.1 Die dialektische Einheit von Lehr- und Lernmethode

Die Grundlage aller Überlegungen zur Unterrichtsmethode nicht nur Klingbergs, sondern der DDR-Didaktiker insgesamt, ist aus der didaktischen Grundrelation von Lehren und Lernen (vgl. Abschnitt 7.3.1) abzuleiten und läßt sich so zusammenfassen:

> **These 7.11:**
> »Der Begriff ‚Unterrichtsmethode' kann nur in der (dialektischen) *Einheit von Lehr- und Lernmethode* verstanden werden« (Klingberg 1983 c, S. 111).

Aus der grundlegenden Unterscheidung von Lehren und Lernen lassen sich weitere Begriffspaare ableiten, die wiederum in einem dialektischen Verhältnis zueinander stehen:

7.5 Unterrichtsmethoden

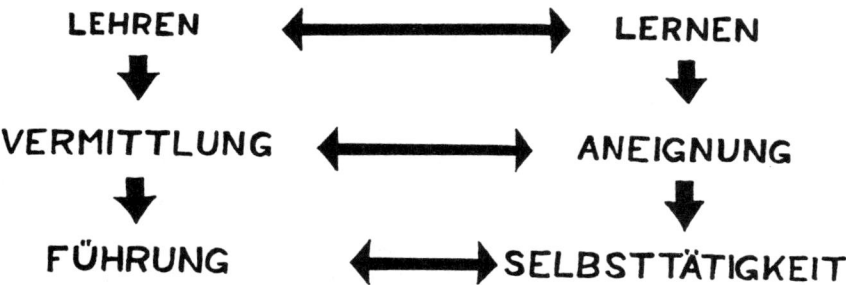

Abbildung 7.6

Der Begriff »Führung« ist in der westdeutschen Didaktik nur von wenigen Autoren benutzt worden. Er hat einen unangenehmen Beigeschmack und erinnert nicht nur an Peter Petersens »Führungslehre des Unterrichts« (1937; 3. Aufl. 1951), sondern auch an den Mißbrauch des Begriffs im Dritten Reich. Dennoch ist ein solcher Begriff (oder eines seiner Äquivalente) theoretisch stimmig und unterrichtspraktisch notwendig, solange er dialektisch mit dem der Selbsttätigkeit verknüpft wird. Selbsttätigkeit, nicht Gehorsam ist die Voraussetzung zur Selbständigkeit. Deshalb ist die Kategorie »Führung« geeignet, das widersprüchliche Grundprinzip des Lehrens und Lernens zum Ausdruck zu bringen: Junge Menschen werden im Unterricht angeleitet, etwas zu tun, das sie – alleingelassen – nicht oder zumindest ganz anders getan hätten. Der Lehrer muß seine SchülerInnen führen, aber nicht deshalb, weil er sie drangsalieren will, sondern weil er die Hoffnung nicht aufgibt, ihnen dadurch zu mehr Selbständigkeit zu verhelfen (vgl. S. 28 f.). Klingberg hat die dialektische Beziehung zwischen Führung und Selbsttätigkeit in seinem jüngsten Buch erneut überzeugend und grundlegend dargestellt (1990a, S. 79-89).

Neben die erste didaktische Grundrelation stellt Klingberg als zweite das dialektische *Verhältnis von Methode und Inhalt:*

»Wenn der Inhalt des Unterrichtsprozesses sein Wesen ist, dann ist Methode die (bzw. eine) Form, in der das Wesen des Unterrichtsprozesses erscheint. Dabei ist die Form immer Form eines bestimmten Inhalts; andererseits gibt es keinen Inhalt ohne Form. Die Form ist also nicht etwas schlechthin Äußeres, sondern Ausdruck des Wesenhaften. Methode haben bedeutet – im Sinne von methodos –, dem gesetzmäßigen Zusammenhang des didaktischen Prozesses ‚nachzugehen'« (Klingberg 1983 c, S. 115).

Unterrichtsmethoden – als Ensemble von Lehr- und Lernmethoden – stehen deshalb immer in einem *doppelten dialektischen Bezug:* einerseits mit den Inhalten, andererseits mit den Lehrenden und Lernenden sowie deren subjektiven Bedingungen und Voraussetzungen. So entsteht ein dialektisches Spannungsverhältnis zwischen den Anforderungen nach »logischer« Richtigkeit der Darstellung der Unterrichtsinhalte und nach »psychologischer« Angemessenheit des methodischen Handelns des Lehrers und der Schüler.

> **These 7.12:**
> Unterrichtsmethoden vermitteln zwischen »logischen« und »psychologischen« Ansprüchen an die Erarbeitung des Unterrichtsinhalts.

Daß es dieses Spannungsverhältnis gibt, ist nicht nur von DDR-Didaktikern festgestellt worden. Vertreter der Bildungstheoretischen Didaktik haben dies ganz ähnlich gesehen: Die Methoden müssen zwischen der subjektiven »Welt der Lernenden« und der objektiven »Welt der Bildung« vermitteln. Diese Mittlerfunktion wurde von Klafki seinem Konzept der Kategorialen Bildung zugewiesen (Abschnitt 5.4.2). Dennoch gibt es einen wesentlichen Unterschied: In Klafkis Konzept wird die Vermittlungsfunktion primär auf den Bildungsinhalt, bei Klingberg primär auf die Unterrichtsmethode und damit auf den Unterrichtsprozeß bezogen.

7.5.2 »Innere« und »äußere Seite« der Unterrichtsmethode

Mit der zweiten didaktischen Grundrelation, dem dialektischen Verhältnis von Inhalt und Methode, hat Klingberg die Unterrichtsmethode als die *Form* beschrieben, in der im Unterrichtsprozeß der Unterrichtsinhalt *erscheint*. Diese Form hat, wie Klingberg im Rückgriff auf Adolf Diesterweg feststellt, eine äußere und eine innere Seite:

❏ Die *»äußere Seite«* macht sichtbar, in welchen Organisationsformen und Strukturen der Unterrichtsprozeß abläuft. Sie ist durch Beobachtung der Form und des Inhalts der Lehrer-Schüler-Kommunikation rasch zu erfassen (Klingberg 7. Aufl. 1989, S. 256). Anzumerken bleibt: Die »bloße« äußerliche Beobachtung des Unterrichtsverlaufs setzt ein hermeneutisch vermitteltes Gesamtverständnis des Sinns von Unterricht voraus (siehe S. 103 f.).

❏ In der *»inneren Seite«* spiegelt sich wider, in welcher Art und Weise die Unterrichtsmethode auf das Ziel und den Inhalt einerseits, auf die Lernenden andererseits orientiert ist. Die innere Seite kann nicht auf Anhieb erfaßt werden. Sie macht eine genauere Bestimmung des »methodischen Gangs« einer Stunde erforderlich.

> **These 7.13:**
> Unterrichtsmethoden haben eine äußere, direkt beobachtbare und eine innere, durch die Interpretation des methodischen Gangs des Unterrichtsprozesses zu erschließende Seite.

Der »methodische Gang« des Unterrichts kann und darf nicht theoretisch-deduktiv als starres Schema vorgegeben werden, weil sonst das Schema die Sachzusammenhänge und die Vermittlungs- bzw. Aneignungsprozesse über einen Leisten schert, anstatt dem jeweils Einmaligen und Besonderen nachzuspüren (vgl. auch Abschnitt 10.2).

> **These 7.14:**
> Der methodische Gang des Unterrichts muß aus dem didaktischen Grundverhältnis von Lehren und Lernen (samt seiner Widersprüche) und aus der Grundrelation von Inhalt und Methode (mitsamt ihren Widersprüchen) heraus entwickelt werden.

Dazu bedarf es des Zusammenwirkens von LehrerInnen und SchülerInnen.

Drei unterschiedliche Komponenten prägen die innere Seite der Unterrichtsmethode (vgl. Klingberg 7. Aufl. 1989, S. 259; 1983 b, S. 18 f.; 1983 c, S. 118):

- ❏ Der methodische Gang ist gegliedert durch die *zeitliche Abfolge der Schritte oder Phasen,* die zum Ziel hin durchlaufen werden. In Westdeutschland wurde und wird dafür der Begriff »Artikulation« verwendet. Die einzelnen didaktischen Schritte haben immer eine bestimmte *Funktion* für die Vermittlung und Aneignung von Inhalten, z.B. als Vorbereitung und Einstieg, als Erarbeitung und Arbeit am neuen Stoff, als Phase des Übens, der Leistungsüberprüfung usw. Klingberg problematisiert allerdings mit guten Gründen die Zusammenfassung von Unterrichtsphasen zu Phasenschemata (siehe oben, S. 246). Klingberg sieht vier primäre didaktische Funktionen, die einander im Unterrichtsprozeß wie in einem Kreislauf – oder besser: wie in einer Spiralbewegung auf immer höherer Ebene – folgen. Er hat dies im »Kreislauf didaktischer Funktionen« zusammengefaßt (Abbildung 7.7 auf S. 268).

- ❏ Der methodische Gang einer Stunde wird geprägt durch Verfahren der Vermittlung und Aneignung von Inhalten, die verschiedener erkenntnistheoretischer Logik folgen. Sie lassen sich gruppieren zu *eher induktiven Methoden* (mit denen vom Einzelnen zum Gesamtzusammenhang fortschreitend in einen Inhalt eingeführt wird) und zu *eher deduktiven Methoden* (mit denen die Einzelphänomene aus dem Gesamtzusammenhang heraus abgeleitet oder erklärt werden). Dazu gehören etwa: Zusammenfügen/Zergliedern, Konkretisieren/Abstrahieren, Generalisieren/Differenzieren usw.

7. Lektion: Dialektisch orientierte Didaktik

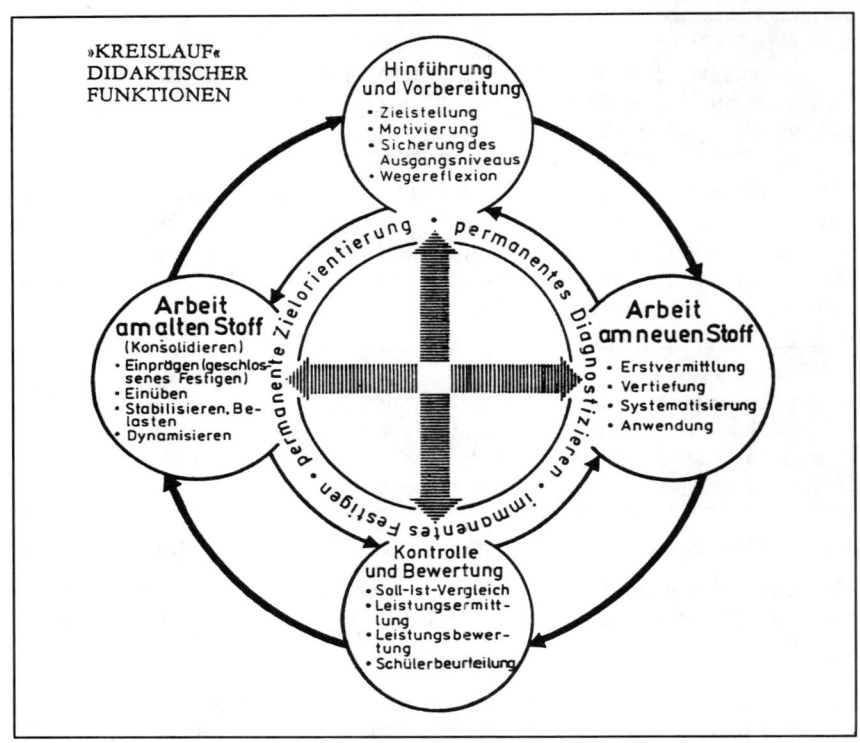

(Klingberg 1986 d, S. 81; vgl. auch 7. Aufl. 1989, S. 195-206)
Abbildung 7.7

☐ Schließlich wird der methodische Gang des Unterrichtsprozesses geprägt durch die *Art und Weise, in der der Inhalt präsentiert wird:* eher vortragend, darstellend und erläuternd oder eher fragend, entwickelnd, problemstellend. Klingberg spricht vom »Grad der ‚geistigen Einbeziehung' der Schüler in den Unterrichtsprozeß« (1983 c, S. 118) und kennzeichnet diese »Strukturlinie« mit »algorithmischen Vorschriften« und »heuristischen Verfahren«.
Ein Algorithmus ist eine eindeutige, kleinschrittig aufgebaute und festgelegte Handlungsanweisung. Heuristik ist dagegen die »Erfindungskunst« und die methodische Anleitung, Neues zu erfinden oder zu finden. »Heuristische Hypothesen« werden von Forschern aufgestellt, um anhand einer nur vorläufig gültigen Annahme zu einem besseren Verständnis eines Sachverhalts zu kommen.

Induktive und deduktive Methoden einerseits, algorithmische und heuristische Methoden andererseits sagen als Begriffe zunächst noch wenig aus. Die Unterschiede zwischen den beiden Begriffspaaren und das Verhältnis zwischen ihnen werden aber klarer, wenn man die insgesamt vier Begriffe den zwei

7.5 Unterrichtsmethoden

Achsen eines Koordinatensystems zuordnet (in Anlehnung an Klingberg 1990 b, S. 706-708):

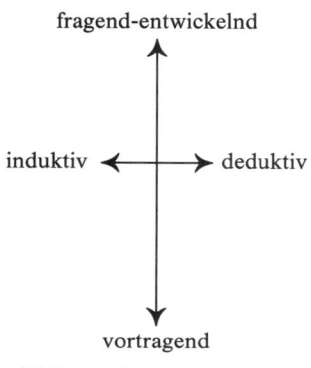

Abbildung 7.8

Dann zeigt sich nämlich, daß z.B. eine induktive Vorgehensweise sowohl vortragend wie auch fragend-entwickelnd gestaltet werden kann usw. Vortragend und induktiv geht z.b. eine Lehrerin vor, die in einem Vortrag im Physikunterricht – vielleicht unter Zuhilfenahme eines Modells oder einer Schautafel – zunächst die gleichzeitigen Bewegungen der Erde um die Sonne und des Mondes um die Erde darlegt, dann die Beleuchtung von Erde und Mond durch die Sonne an einzelnen Konstellationen zeigt und schließlich diese Einzelinformationen zusammenfaßt zum Ablauf der Mondphasen. Ein so aufgebauter Unterrichtsprozeß muß nicht unbedingt scheitern wie der, den Paul Heimann beschrieben hat (vgl. Abschnitt 6.2.2). Fragend-entwickelnd und deduktiv geht der Lehrer vor, der vom Gesamtphänomen der Mondphasen und unserer Wahrnehmung davon ausgeht und durch Fragen, Impulse u.ä. die SchülerInnen dazu bringt, selbst den Schritt der Auflösung des Gesamtphänomens in seine einzelnen Bestandteile der Bewegungen von Himmelskörpern im Raum und des Lichteinfalls zu tun. Ein so aufgebauter Unterrichtsprozeß muß nicht unbedingt glücken wie der, den Martin Wagenschein beschrieben hat (vgl. Abschnitt 5.4.4).

Die *äußere Seite* der Unterrichtsmethode wird von Klingberg ausdifferenziert in die methodischen Grundformen einerseits, die Kooperationsformen andererseits:

❑ Die »methodischen Grundformen« werden noch einmal untergliedert in darbietende, aufgebende und erarbeitende Lehrmethoden (7. Aufl. 1989, S. 252). Eine solche Untergliederung wird auch in westdeutschen Standardwerken zur Unterrichtsgestaltung nahezu gleichlautend verwandt (vgl. Stöcker 13. Aufl. 1970, S. 202-205; Giera 1974, S. 48-52).

❑ Der Begriff der »Kooperationsformen« (Frontalunterricht, Gruppenunterricht usw.) ist identisch mit dem in Westdeutschland gebräuchlichen, theoretisch aber nicht so präzise bestimmten Begriff der Sozialformen. Hier stützt sich Klingberg auf umfangreiche Arbeiten zur Kooperations- und Kommunikationsstruktur des Unterrichts von Edgar Rausch und Mitarbeitern (Interdisziplinäres Zentrum Unterrichtsforschung der Pädagogischen Hochschule Leipzig).

7.5.3 Klassifikationsschema

Klingberg hat seine Überlegungen zur Struktur der Unterrichtsmethode zu einem sogenannten *Klassifikationsschema* zusammengefaßt. Klassifikationsschemata sind theoretisch begründete Strukturmodelle methodischen Handelns, die den Anspruch stellen, eine vollständige und widerspruchsfreie Einordnung und In-Beziehung-Setzung sämtlicher Erscheinungsformen der Methode zu ermöglichen.

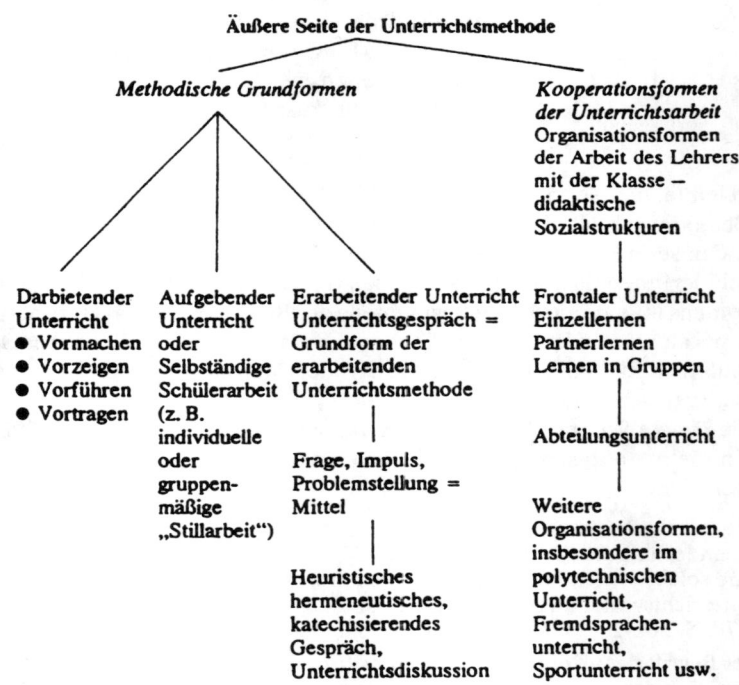

Abbildung 7.9 (aus: Klingberg 7. Aufl. 1989, S. 257)

7.5 Unterrichtsmethoden

Abbildung 7.10 (aus: Klingberg 7. Aufl. 1989, S. 258)

Keines der in der Didaktik diskutierten Klassifikationsschemata kann vollständig befriedigen, vielmehr haben alle ihre Stärken und Schwächen. Einen kritischen Überblick über die in der DDR diskutierten Ansätze finden Sie bei Fuhrmann/Weck (1976, S. 146-191); eine Auseinandersetzung mit Klingbergs Schema bei Meyer (1987 a, S. 219-240). Eine gesamtdeutsche Diskussion der Klassifikationsproblematik bringen Adl-Amini/Schulze/Terhart (1992).

Klingbergs Schema kann u.E. noch weiter entfaltet werden. So ist grundsätzlich zu überlegen, ob die Verankerung des Zeitaspekts ausschließlich auf der »inneren Seite« angemessen ist. Darüber hinaus spiegeln die von Klingberg gelieferten beispielhaften Nennungen einzelner Methoden ein aus unserer Sicht einseitig kognitiv orientiertes Schulsystem. Dies ändert jedoch nichts an unserer grundsätzlichen Einschätzung:

> **These 7.15:**
> Die theoretische Diskussion der Unterrichtsmethodik erfolgte in der DDR auf hohem Niveau.

Bleibt zu fragen, ob die praktische Entwicklung der Methodenkultur mit der theoretischen Arbeit Schritt halten konnte.

7.5.4 Vergleich der Methodenpraxis DDR – BRD

Klingbergs theoretische Grundlegung der Unterrichtsmethodik ist sowohl in der DDR wie auch in der BRD zur Durchführung empirischer Studien zur Methodenpraxis genutzt worden. Dies macht den Vergleich solcher Studien interessant.

Karl-Heinz Hunneshagen, Hans Leutert und Manfred Schulz haben 1988 in Chemnitz (alias Karl-Marx-Stadt) eine differenzierte Praxisanalyse aus Anlaß der Einführung des neuen Lehrplanwerks in den Klassen 5 bis 10 durchgeführt. Darin nehmen sie die Untergliederung der methodischen Grundformen in geringfügig variierter Form auf (vgl. Übersicht auf S. 273).

Ein Forscherkollektiv der Fernuniversität Hagen (Klaus Hage u.a. 1985) kommt in einer westdeutschen Studie über die Methodenpraxis in den Klassen 5 bis 10 zu teilweise ähnlichen, teilweise auch deutlich abweichenden Daten über die Häufigkeit der Nutzung einzelner Unterrichtsmethoden. Dabei wurde Klingbergs Klassifikationsschema in leicht veränderter Fassung zugrunde gelegt (vgl. Übersicht auf S. 274).

7.5 Unterrichtsmethoden

Übersicht über Häufigkeit und Zeitanteile
angewandter Unterrichtsmethoden (UR 1)

Unterrichtsmethoden	Gliederungsabschnitte			
	Anzahl absolut	in %	Zeitanteile in min.	%
Darbietung, insgesamt	527	29,5	1331	19,2
Vortrag des Lehrers	420	23,5	1011	14,6
Vorzeigen	25	1,4	84	1,2
Vormachen	8	0,4	29	0,4
Vorführen	30	1,7	126	1,8
*Darbietung	44	2,5	81	1,2
Erarbeitung, insgesamt	582	33,4	2416	34,8
Erarb. Katechisieren	274	15,3	932	13,4
Entwickelndes Gespräch	219	12,3	1076	15,5
Erarb. Diskussion	96	5,4	376	5,4
*Erarbeitung	8	0,4	32	0,5
Selbständige Schülertätigkeit, insgesamt	573	32,1	3015	43,4
Schülerexperiment	25	1,4	241	3,5
Schülervortrag	63	3,5	222	3,2
Selbst. Aufgabenlösen	392	21,9	2196	31,6
Selbst. Untersuchen	39	2,2	165	2,4
Selbst. Herstellen eines Gegenstandes	1	0,1	22	0,3
*Schülertätigkeit	53	3,0	169	2,4
**	45	2,5	126	1,8
Zwischensumme	1742		6888	
Sonstige Abschnitte	44	2,5	54	0,8
	1786		6942	

* Unterrichtsmethoden, die der jeweiligen methodischen Grundform, nicht aber einzelnen Methoden zugeordnet werden konnten.
** Unterrichtsmethoden, die weder einer methodischen Grundform noch einzelnen Methoden zuzuordnen waren.

Abbildung 7.11 (aus: Hunneshagen/Leutert/Schulz 1988, S. 141)

7. Lektion: Dialektisch orientierte Didaktik

Verteilung der unterrichtsmethodischen Dimensionen nach Schulformen in %

	Haupt-schule	Gymnasium	Gesamt-schule	Gesamt
Didaktische Funktion				
Einführung	9,71	8,11	7,01	8,26
Aneignung	68,85	57,40	63,06	62,88
Wiederholung	10,60	14,81	10,62	12,07
Erfahrung	2,21	3,45	2,34	2,68
Übung	3,53	4,46$^+$	0,42^{---}	2,82
Systematisierung	1,55	1,83	0,00$^-$	1,13
Anwendung	0,44^{---}	1,42^{--}	9,34^{+++}	3,74
Kontrolle	3,31^{--}	8,52	7,22	6,42
Qualifikationsziel				
Kenntniserwerb	70,20^{+++}	27,40^{---}	39,15	45,04
Intellektuelle Fähigkeiten	25,39^{---}	65,44^{+++}	49,79	47,38
Psychomot. Fertigkeiten	1,77	2,45	3,83	2,69
Werthaltungen	1,99	3,27	4,68	3,33
Soziale Verhaltensweisen	0,66	1,43	2,55	1,56
Methodische Grundform				
betreute Schülertätigkeit	8,43	8,25	15,38^{++}	10,68
selbständige Schülertätigkeit	7,54^{++}	2,47$^-$	3,21	4,35
Lehrervortrag	8,65	7,84	8,55	8,33
Demonstration	2,66	2,89	5,77$^+$	3,78
Katechisieren	4,88	10,31^{++}	5,56	6,98
Unterrichtsgespräch	45,23	57,11^{++}	44,02	48,93
Diskussion	1,77	0,82	3,42$^+$	1,99
Stillarbeit	16,63^{+++}	3,92^{---}	8,12	9,40
Schülervortrag	4,21	6,39	5,98	5,55
Sozialform				
Klassenunterricht	75,33	85,43$^+$	69,41	76,86
Klassenkooperation	0,22^{---}	2,83	4,64^{++}	2,60
Gruppenarbeit	10,92^{++}	3,44^{---}	8,23	7,43
Partnerarbeit	1,75	3,44	3,38	2,88
Einzelarbeit	11,79	4,86^{---}	14,35^{++}	10,24
Schülertätigkeit				
Aufnehmen	39,96^{+++}	18,18^{---}	20,13$^-$	25,83
Wiedergeben	30,35^{+++}	22,63	14,83^{---}	22,53
Produzieren	27,07^{---}	55,56$^+$	59,75^{+++}	47,79
Psychomot. Produktion	2,62	3,64	5,30	3,86

Legende: Die Zeichen (+) und (−) geben an, ob die einzelnen Kategorien in den Fachgruppen über- bzw. unterrepräsentiert sind;
chi^2-Test : +/− : p <.05
++/−− : p <.01
+++/−−− : p <.001

Abbildung 7.12 (aus: Hage u.a. 1985, S. 57; Legende S. 50)

Der in der DDR-Studie ausgewiesene hohe Anteil an »selbständiger Schülertätigkeit«, nämlich 32,1 %, ist für den westdeutschen Leser einigermaßen überraschend. Für die BRD-Studie werden hier lediglich 4,35 % angegeben. Ein genauerer Vergleich der Einzeldaten zeigt dann allerdings, daß die Vermutung, in der DDR sei das Paradies eines schülerorientierten Unterrichts schon verwirklicht gewesen, während in der BRD noch didaktisches Mittelalter geherrscht habe, voreilig ist; rechnet man die in der DDR-Studie nicht enthaltene »betreute Schülertätigkeit« zur selbständigen Schülertätigkeit hinzu, entstehen nahezu vergleichbare Daten. Offensichtlich wurde in der DDR-Studie der Begriff »selbständige Schülertätigkeit« ein wenig weicher definiert als in der BRD-Studie. Einen gravierenden Unterschied gibt es allerdings im Vergleich der Kategorien »Lehrervortrag« und »Unterrichtsgespräch«: In der DDR-Studie ist der Anteil des Lehrervortrags dreimal so hoch wie der in der BRD-Studie; beim Unterrichtsgespräch hingegen dreht sich das Verhältnis um. Dabei muß allerdings bedacht werden, daß es fließende Übergänge zwischen dem Lehrervortrag und dem Unterrichtsgespräch geben kann.

Unterrichtsmethoden, die einen hohen Grad an eigenverantwortlichem Denken und Handeln der Schüler voraussetzen, liegen hüben wie drüben auf den letzten Plätzen der Rangliste, obwohl bei Schülerbefragungen in der BRD immer wieder herausgekommen ist, daß sie sehr geschätzt werden: Schülerdiskussion/Erarbeitende Diskussion; Schülerexperiment; Schülerreferat. Unterrichtsmethoden wie Rollenspiel oder Planspiel werden nicht einmal erwähnt.

Wir folgern daraus mit der bei empirischen Untersuchungen gebotenen Behutsamkeit:

These 7.16:
Trotz unterschiedlicher ideologischer Prämissen, gesellschaftlicher Systeme und lehrplantheoretischer Vorgaben unterschied und unterscheidet sich die unterrichtliche Methodenpraxis der BRD (alt) und der DDR (alt) kaum voneinander. Hüben wie drüben dominiert ein lehrerzentrierter und einseitig kognitiv ausgerichteter Unterricht.

7.6 »Tätigkeit, Leben, Jugendmut, das ist der wahre Witz!« oder: Die Didaktik der 80er Jahre

West- wie ostdeutschen LeserInnen sei vorweg mitgeteilt, von wem das in der Überschrift enthaltene Zitat stammt: von Friedrich Engels. Es ist als Motto der jüngsten Buchveröffentlichung Lothar Klingbergs »Lehrende und Lernende im Unterricht« (1990 a) vorangestellt und signalisiert die konsequente Schülerorientierung, die er seinem didaktischen Denken in den letzten Jahren gegeben hat.

7.6.1 Subjektposition der Lernenden

Lothar Klingberg versucht in seinen neueren Veröffentlichungen mit großem argumentativen Aufwand zu zeigen, daß SchülerInnen nicht nur Objekte, sondern Subjekte im Unterricht sind, als solche ernst genommen und an Planung und Durchführung von Unterricht beteiligt werden sollen. Sein großer Aufwand zeigt, daß solche Argumentationen für DidaktikerInnen und LehrerInnen in der DDR nicht unbedingt selbstverständlich waren.

Der Ausgangspunkt seiner Argumentation ist eine schon aus der »Einführung« von 1972 vertraute Feststellung: Unterrichtsinhalte können nur individuell in der tätigen Auseinandersetzung mit der gestellten Aufgabe angeeignet werden. Deshalb sind die SchülerInnen Subjekte ihres jeweils individuellen Aneignungsprozesses, zugleich aber auch Objekte der Vermittlung dieses Aneignungsprozesses durch den Lehrer (vgl. oben S. 245). 1987 geht Klingberg in dem als Heft 74 (Reihe C) der »Potsdamer Forschungen« veröffentlichten Buch »Überlegungen zur Dialektik von Lehrer- und Schülertätigkeit im Unterricht der sozialistischen Schule« über diese Argumentation weit hinaus. Das Buch ist 1990 in erweiterter und überarbeiteter Fassung neu erschienen (Klingberg 1990 a). Er betont die aktive, subjekthafte Rolle der SchülerInnen mit drei neuen Argumenten:

 Schüler sind Subjekte, weil eine Kooperation von Lehrern und Schülern im Unterricht unerläßlich ist.

Klingberg sieht den Unterrichtsprozeß als komplexes Geflecht sozialer Beziehungen und sprachlicher Kommunikation. In diesem Geflecht kooperieren LehrerInnen und SchülerInnen und gestalten den Unterricht gemeinsam.

> **These 7.17:**
> Unterricht ist ein »Kooperationsgeschehen, ... in dem Lehrende und Lernende gemeinsam und arbeitsteilig tätig sind, ... eine Sache bearbeiten und sich selbst ‚bearbeiten'« (Klingberg 1990 a, S. 59).

Klingberg kritisiert die hohen Redeanteile von Lehrern im Unterricht und fordert gründliche empirische Untersuchungen zur unterrichtlichen Interaktion (etwa zu »offenen und verdeckten Kommunikationskanälen zwischen den Lernenden« und zum Sprachverhalten von Lehrern und Schülern; 1990 a, S. 59 f.).

7.6 Die Didaktik der 80er Jahre

 Schüler sind Subjekte, weil sie die konkrete Prozeßgestaltung des Unterrichts mitbestimmen.

Klingberg greift zu harten Worten, um traditionelle didaktische Positionen wegen ihrer zu geringen Beachtung der Schülerrolle im Unterricht zu kritisieren:

»Daß Schüler im Unterricht entscheiden und auch Unterricht selbst (mit-)entscheiden, ist eine empirisch belegbare Tatsache, wenn sie im allgemeinen auch unter anderen Blickpunkten registriert und reflektiert wird (z.B. dem Aspekt der Selbständigkeit). Die Analyse beliebiger Unterrichtsprozesse führt zu dem Ergebnis, daß die Lernenden – als Individuen und Kollektive – das Entscheiden im Unterricht und das Mitentscheiden von Unterricht realiter auf vielfältige Weise *vollziehen* und daß die Position entscheidender und mitentscheidender Schüler nur deshalb hier und da auf Irritationen stößt, weil in manchen theoretischen Konstruktionen die Unterrichtswirklichkeit nicht voll zur Kenntnis genommen wird. (...)

Erziehungswissenschaftler unter sich: »... und dies, liebe Kollegen, ist ein Kind...« Zeichnung: Buchegger

Schüler entscheiden – bewußt oder unbewußt – mit dem Grad ihres Engagements, durch die Art und Weise, wie sie sich präsentieren, verhalten und ‚bewegen‘, weitgehend über den Erfolg des Unterrichts. Das ist im Grunde genommen eine sehr schlichte Aussage. Erstaunlich ist nur, daß wir Didaktiker (auch Lehrer) häufig ‚so tun‘, als hinge alles von uns ab, als wäre Schülerverhalten allein durch Lehrerverhalten determiniert, als wäre die Logik des Lernens ein bloßer Reflex der Logik des Lehrens« (Klingberg 1990 a, S. 61 f.; Hervorhebung bei Klingberg).

 Schüler sind Subjekte, weil der Unterrichtsinhalt nur durch ihr aktives Handeln »zu Ende« konstituiert werden kann.

Sie sind nicht nur aktiv in der tätigen Aneignung der Inhalte, sondern im Prozeß der Konstituierung von Inhalt während des Unterrichtsablaufs »verändern« die Schüler den anzueignenden Inhalt auf je spezifische Weise: *Was* bei ihnen »ankommt«, hängt unmittelbar von der Art und Weise ab, *wie* sie es sich aneignen.

> **These 7.18:**
> »Letzten Endes entscheiden die Schüler selbst, was aus einem ‚vorgegebenen' Inhalt in ihren ‚Köpfen' und ‚Händen' wird« (Klingberg 1990 a, S. 56).

7.6.2 Konstituierung von Unterrichtsinhalt

An der Frage, wie Klingberg 1990 den Begriff »Unterrichtsinhalt« definiert und wie er seine Beziehungen zu den übrigen Komponenten des Unterrichtsprozesses bestimmt, lassen sich die theoretischen und unterrichtspraktischen Konsequenzen seines Perspektivenwechsels aufzeigen.

In der »Einführung in die Allgemeine Didaktik« von 1972 war die Ziel-Inhalt-Relation die »Primärrelation« (s.o., S. 262-264). 1990 rückt die Inhalt-Methode-Relation und damit der konkrete Unterrichtsprozeß in den Vordergrund der Aufmerksamkeit:

»Die didaktische Fragestellung ist durch den korrelativen Bezug von Inhalts- und Prozeßfrage charakterisiert. Immer geht es im Unterricht darum, *Inhalte* (didaktisch aufbereitete Inhalte – Unterrichtsinhalte) zu *vermitteln*. Anders gesagt: Unterricht vollzieht sich in der prozessualen Vermittlung und Aneignung von spezifischen Inhalten. Jede didaktische Fragestellung muß *von vornherein* aus diesem doppelten Bezug, aus dem korrelativen Verhältnis von Inhalt und Prozeß entwickelt werden. Eine solche Betrachtung verbietet jede Verengung des didaktischen Blickfeldes entweder auf eine sogenannte Inhaltsdidaktik oder auf eine sogenannte Prozeßdidaktik. Die Interdependenz der beiden didaktischen Perspektiven (vom Inhalt zum Prozeß und vom Prozeß zum Inhalt) besteht nun darin, daß Inhalte in einem vielschichtigen und mehrgliedrigen Prozeß entstehen, herausgearbeitet, gewissermaßen ‚konstituiert' werden und daß dieser Prozeß auch im Unterricht selbst vollzogen wird« (Klingberg 1990 a, S. 49; Hervorhebungen bei Klingberg).

Der Prozeß der Herausarbeitung bzw. Konstituierung des Unterrichts erfolgt in drei Stufen, die auf unterschiedlichen Ebenen angesiedelt sind:

(1) auf der Ebene der Lehrplanentwicklung,

(2) auf der Ebene der Unterrichtsprojektierung bzw. -planung,

(3) auf der Ebene des konkret vollzogenen Unterrichtsprozesses selbst.

Klingberg betont, daß der Unterrichtsinhalt auf der dritten Ebene nicht einfach »umgesetzt«, sondern »in einem Vermittlungs- und Aneignungsprozeß ‚zu Ende' geführt« wird:

»Erst im (prozessualen) Ineinandergreifen aller Faktoren des Unterrichts, aller seiner konstitutiven Elemente (Ziel, Inhalt, Methode, Unterrichtsmittel, Organisation, objektive und subjektive Bedingungen) kommt es zu einer ‚vollständigen' Herausbildung des Unterrichtsinhalts, vollzieht sich der Übergang vom Inhalt ‚als solchem' zu einem Inhaltselement der Persönlichkeitsentwicklung, des Prozesses der Bildung und Erziehung« (Klingberg 1990 a, S. 52).

Weil auf der *zweiten* Konstituierungsstufe der *Zusammenhang* zwischen Inhalt und konkreter Planung von Unterrichtsabläufen hergestellt werden muß, grenzt sich Klingberg an dieser Stelle deutlich von der Bildungstheoretischen Didaktik Klafkis (ohne ihn zu erwähnen) ab: Der Prozeß der konkreten Vermittlung und Aneignung von Unterrichtsinhalten dürfe »nicht zu einem separaten Terrain einer ‚Methodik' (in der Unterscheidung zum Problemkreis des Unterrichtsinhalts als des ‚eigentlichen' Reflexionsfeldes einer ‚Didaktik im engeren Sinne') verkürzt werden. Der wechselseitige Zusammenhang von didaktischer Inhalts- und Prozeßfrage ist das konstitutive Prinzip der Didaktik« (Klingberg 1990 a, S. 51 f.).

Klingberg sammelt eine ganze Reihe von Argumenten zur Unterstützung seiner These, daß die Unterrichtsinhalte erst auf der dritten Ebene »zu Ende konstituiert« werden können:

○ *Lehrintentionen der Lehrer und Lernintentionen der Schüler* entsprechen einander selten – die Folge sind widersprüchliche Ausgangssituationen, die erst produktiv gemacht werden müssen.
○ Lehrlogik und Lernlogik bzw. *Vermittlungs- und Aneignungslogik* sind nicht deckungsgleich, »sondern korrelativ-dialektisch aufeinander bezogen«; auch dieser Widerspruch muß erst fruchtbar gemacht werden.
○ Lehrer *vermitteln* nicht »reine« Inhalte, sondern ihre Vorstellungen und Ansichten dazu und bringen ihre *Subjektivität* ein.
○ Schüler *eignen* sich nicht »reine« Inhalte *an,* sondern haben ihren je *individuellen Assoziations- und Erfahrungshintergrund,* ihre eigenen sozialen und Interaktionserfahrungen.
○ Zu den intendierten Unterrichtsinhalten treten im Vollzug des Unterrichtsprozesses aktuell entstehende *»zusätzliche Inhalte«* (z.B. der sozialen Erfahrung im Prozeß, der Kommunikation, zum Teil auch »stoffbezogene« Inhalte.

Zusammengefaßt:

> **These 7.19:**
> Im Unterrichtsprozeß »erschaffen« Lehrer und Schüler gemeinsam den projektierten Unterrichtsinhalt auf ihre Weise neu (vgl. Klingberg 1983a, S. 764).

Diese These wird in den nächsten Jahren vermutlich noch einige Diskussionen auslösen. Insbesondere Fachdidaktiker dürften ihre Schwierigkeiten damit haben. Wer sich auf Klingbergs Position einläßt, muß bereit sein, fächerübergreifend zu denken und flexibel auf die wechselnden Lernvoraussetzungen der SchülerInnen und anarchisch-lebendigen Zufälle des Unterrichtsgeschehens einzugehen. Es ist dann nicht mehr möglich, den Unterricht allein über Ziel- und Inhaltsvorgaben zu steuern.

Klingbergs Verständnis von »Unterrichtsinhalt« ist trotz – oder vielleicht auch gerade wegen – dieser Schwierigkeiten in den letzten Jahren vermehrt von westdeutschen Didaktikern übernommen, zum Teil auch von diesen parallel erarbeitet worden (vgl. etwa Menck 1986, Messner 1982, Meyer 1986, Moser 1977a).

7.6.3 »Kollektives Subjekt des Unterrichts«

Klingberg entwickelt in seiner Veröffentlichung von 1990 eine konkrete Utopie im Sinn Ernst Blochs: Er will die Handlungsspielräume für Lernende und Lehrende vergrößern und dadurch die Subjektposition der Lernenden stärken:

»Von ‚Subjektposition der Lernenden' sprechen heißt, sie ernst zu nehmen in ihrer Subjektivität, in ihrer Einmaligkeit. Dieses Respektieren des Schülers als *Person* ist der Hauptsatz einer pädagogischen Ethik« (Klingberg 1990 a, S. 72; Hervorhebung bei Klingberg).

Das ist, wie Klingberg anmerkt, leicht gesagt und außerordentlich schwer zu tun. Mit moralischen Appellen an die Adresse der LehrerInnen oder der SchülerInnen ist kaum etwas zu bewirken. Die Forderung, die SchülerInnen ernst zu nehmen, muß auch didaktisch umgesetzt werden: Wenn die SchülerInnen ohnehin den Unterricht maßgeblich bestimmen (s.o.), dann ist es auch konsequent, ihnen die didaktische Kompetenz für eine qualitative Mitplanung und Mitgestaltung des Unterrichts zu vermitteln.

»Didaktische Kompetenz der Lernenden heißt: Lernende als mitgestaltende, mitentscheidende und mitverantwortende Akteure in das Unterrichtskonzept einzubeziehen, ihre *Subjektposition* in allen Funktionen des Unterrichts in Ansatz zu bringen und zu respektieren: bei der Planung (insbesondere bei komplexen Lernvorhaben), bei der Unterrichtsgestaltung selbst und bei der kritischen Begleitung und Reflexion didaktischer Prozesse. Der dialogische Charakter des Unterrichts schließt auch das Gespräch von Lehrenden und Lernenden über Inhalte, Methoden, Organisationsformen und Resultate des Unterrichts ein. Es geht also, kurz gesagt, um eine zunehmende Bewußtheit und kritische Verantwortlichkeit von Lehrenden *und* Lernenden für den Unterricht als einer Sache, die nicht *für* Schüler *ver*anstaltet, sondern *mit* ihnen *ge*staltet wird« (Klingberg 1990 a, S. 78; Hervorhebungen bei Klingberg).

Deshalb reicht es, sagt Klingberg, nicht aus, bloß die Anteile von Schüleraktivität, Selbsttätigkeit und Selbständigkeit quantitativ auszuweiten, ansonsten aber Unterricht weiterhin nach gewohntem Muster zu gestalten. Vielmehr muß dann die Gesamtkonzeption von Unterricht entsprechend verändert werden (1990 a, S. 85):

7.6 Die Didaktik der 80er Jahre

These 7.20:
Nicht nur die LehrerInnen, auch die SchülerInnen müssen didaktische Kompetenz entwickeln.

Und dieses anspruchsvolle Ziel können die SchülerInnen erreichen, wenn sie von den LehrerInnen frühzeitig und beharrlich zur Mitentscheidung, Mitgestaltung und Mitverantwortung des Unterrichts angehalten werden.[1]

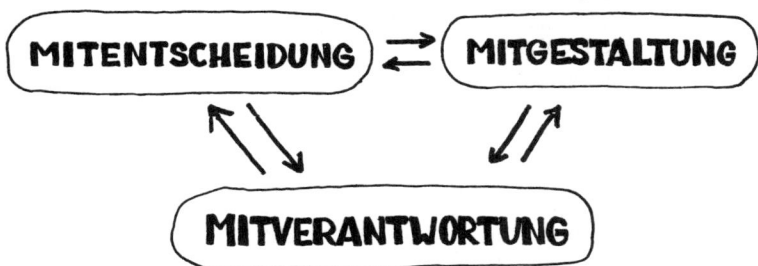

Wo es gelingt, den Unterricht unter diesen Leitgedanken zur gemeinsamen Sache von Lehrenden und Lernenden werden zu lassen, entsteht eine neue Qualität von Unterricht, die Klingberg mit der dialektischen Zielformel »*kollektives Subjekt des Unterrichts*« umschreibt (Klingberg 1983a, S. 768; 1987, S. 46; 1990 a, S. 78, S. 145 f. und S. 154-157).

These 7.21:
Wenn LehrerInnen und SchülerInnen den Unterricht gemeinsam mit didaktischer Kompetenz und pädagogischem Takt[2] gestalten, entsteht das kollektive Subjekt des Unterrichts.

---

[1] Auch Klingberg nennt also, wie Klafki und Schulz, eine Gruppe von drei Begriffen, um seine pädagogischen Leitgedanken zu umschreiben. Auffallend sind die Ähnlichkeiten zwischen den Begriffsgruppen der drei Autoren – trotz aller Unterschiede, die es im Detail gibt: Klafki nannte »*Selbstbestimmungs-, Mitbestimmungs- und Solidaritätsfähigkeit*« als seine obersten pädagogischen Ziele (vgl. oben S. 166), und Schulz nannte »*Kompetenz, Autonomie und Solidarität*« (vgl. S. 220).

[2] Mit dem Begriff »pädagogischer Takt« bezeichnete Herbart die Fähigkeit des Lehrers, seine theoretisch begründeten Ziele situationsangemessen und kreativ in praktisches Handeln umzusetzen. Der Herbart-Kenner Klingberg wird gegen unsere Ausweitung seiner These sicherlich nichts einzuwenden haben.

7. Lektion: Dialektisch orientierte Didaktik

Was leistet dieser ungewöhnliche, vom sowjetischen Pädagogen W.W. Krajewski übernommene Begriff des »kollektiven Subjekts des Unterrichts«? Er bringt in einer knappen Formel die vorantreibende Dialektik des Unterrichtsprozesses auf den Begriff:

❏ Wenn beide, LehrerInnen und SchülerInnen, zu Subjekten geworden sind, so gilt die Dialektik von Führung und Selbsttätigkeit (s.o., S. 264 f.) zwar fort, sie erhält aber eine neue, reichere Bedeutung: Auch die SchülerInnen können den Unterricht streckenweise führen und die LehrerInnen dadurch zu qualifizierter Selbsttätigkeit ermutigen. Auch die SchülerInnen sind für den Unterrichtserfolg (mit-)verantwortlich, ja, sie tragen Mitverantwortung für die pädagogischen Erfolgserlebnisse ihrer LehrerInnen.

❏ Wenn beide, LehrerInnen und SchülerInnen, zu Subjekten des Unterrichts geworden sind, ist überflüssige (d.h.: sachlich unbegründete) Fremdbestimmung abgebaut. Statt dessen »herrschen« solidarische Beziehungen.

❏ Wenn beide, LehrerInnen und SchülerInnen, zu menschlichen Subjekten des Unterrichts geworden sind, oder, wie Hugo Gaudig einmal formulierte, zu »Tätern ihrer Taten«, dann zählt nicht mehr das individualistische und leistungsfixierte Sich-Durchwursteln des/der einzelnen, sondern das aufeinander Rücksicht nehmende, sensible gemeinsame Lehren und Lernen. Ich lerne immer nur »für mich« – aber gemeinsam mit anderen geht es besser als allein.

Ernst Bloch (1963, S. 11): »Ich bin, aber ich habe mich nicht. Darum werden wir erst.«

Ernst Bloch

Hinter Klingbergs Formel vom »kollektiven Subjekt des Unterrichts« steckt (in die ihm eigene preußisch-strenge Sprache verpackt) der uralte Pädagogen-Traum einer Schule der Gewalt-Freiheit und Emanzipation, der Nächsten-Liebe und der gegenseitigen Achtung – einer Schule der menschlichen Vervollkommnung, ohne Vor-Herrschaftsgewalt, ohne zensorische Ungerechtigkeit und Tränen der Enttäuschung (vgl. aber Klane 1991).

Die Formel hätte beste Chancen, zu einem gesamtdeutschen pädagogisch-harmonistischen »Slogan« zu werden, wäre das Wörtchen »kollektiv« nicht durch die Geschichte der DDR, durch Zwangskollektivierungen und Zwangs-Arbeit belastet. Die Probe auf die Leistungsfähigkeit des Unterrichts- und Schul-Kollektivs unter veränderten gesellschaftlichen Rahmenbedingungen steht noch aus.

Nun wußte Klingberg auch schon 1987, bei der ersten Veröffentlichung des neuen Buchs, sehr wohl, daß die Verwirklichung seiner konkreten Utopie unter den gegebenen Verhältnissen auf eng gezogene Grenzen stößt. Deshalb forderte er alle PädagogInnen auf, mit einer »Politik der kleinen Schritte« die

7.6 Die Didaktik der 80er Jahre

Handlungs- und Entscheidungsspielräume von Lehrenden und Lernenden im Schulalltag auszuweiten. Auf jeder der drei Ebenen der Konstituierung von Unterrichtsinhalten (s.o.) stellt sich dieses Problem in anderer Art und Weise:

○ Auf der *Ebene des Lehrplans* muß der Unterrichtsinhalt bereits mit Blick auf die beiden anderen Konstituierungsebenen geplant werden:

Es müssen »bereits hier jene Spielräume und Entscheidungsfelder ‚eingeplant' werden..., ohne die der vorkonstituierte Inhalt nicht ‚zu Ende' konstituiert werden kann. Ohne angemessene Entscheidungsspielräume hinsichtlich der Auswahl und Anordnung von Stoffelementen im Rahmen einer gegebenen Thematik kann sich ein pädagogisch legitimierter didaktischer Vermittlungs- und Aneignungsprozeß nicht entfalten« (Klingberg 1987, S. 35; vgl. Klingberg 1990 a, S. 55 f.).

Klingberg betont den engen Zusammenhang zwischen den Spielräumen, die der Lehrplan den Lehrern einräumt, und den Spielräumen, die er den Lernenden für die Mitgestaltung, -entscheidung und -verantwortung einräumt. »Je engmaschiger die Stoffdetermination durch den Lehrplan ist, umso dichter ist das Netz verbindlicher, mehr oder weniger normierter Lehrer- und Schülerhandlungen« (Klingberg 1990 a, S. 102).

○ Auf der *zweiten Konstituierungsstufe* von Unterrichtsinhalten ist es Sache der LehrerInnen, sich Spielräume auch gegenüber ihren eigenen Planungen zu erhalten (Klingberg 1990 a, S. 56). Klingberg kritisiert:

»In traditioneller Sicht ist das Didaktische auf den *Lehrer* bezogen, auf Lehrerkompetenz und Lehrerhandeln (natürlich wurde immer schon der Bezug auf das Lernen und damit die Schülerposition hergestellt). Das ist der konsequente Ausdruck eines Konzepts einseitiger Lehrerdominanz und -zentrierung« (1990 a, S. 69; Hervorhebung bei Klingberg).

Demgegenüber fordert er die Entwicklung eines *»diskursiven Unterrichtsstils«*, der die Lernenden von vornherein stärker zu Kooperationspartnern macht (1990 a, S. 30).

○ Auf der *Ebene der konkreten Prozeßgestaltung* des Unterrichts geht es um die Einlösung der Dialektik von Lehrer- und Schülerorientierung des Unterrichts: Die didaktische Kompetenz der SchülerInnen soll im Sinne der geforderten Mitentscheidung, Mitgestaltung und Mitverantwortung gestärkt werden (s.o.). Aber dieses Ziel ist nur dadurch zu erreichen, daß die Kompetenz des Lehrers/der Lehrerin gefördert wird.
Was in Westdeutschland mit dem Schlagwort des schülerorientierten Unterrichts diskutiert wurde (vgl. Einsiedler 1986), wird von Klingberg theoretisch präzisiert: Die Schülerorientierung des Unterrichts kann nicht gelingen, wenn sie nicht durch die »Lehrerorientierung« ergänzt wird. Die Emanzipation des Lehrers hat die Emanzipation der Schüler zur Vorausset-

zung und zur Folge. Klingberg fordert deshalb, »die Idee des Unterrichts« neu zu durchdenken:

Es müsse »nach den *übergreifenden* pädagogischen und didaktischen Konzeptionen von Unterricht (einschließlich der relevanten gesellschaftstheoretischen Prämissen) gefragt werden, nach der Idee von Unterricht, die ihrerseits dieses Kategorientripel (Ziel, Inhalt, Methode, W.J./H.M.) inhaltlich und funktional konstituiert und legitimiert. Erst aus diesem Kontext heraus kann die Ziel-Inhalt-Methode-Relation produktiv abgeleitet werden« (Klingberg 1990 a, S. 102; Hervorhebung bei Klingberg).

7.7 Schlußthese zu Teil II

Die Nähe der Klingbergschen Position zu den revidierten Positionen Wolfgang Klafkis und Wolfgang Schulz' liegt auf der Hand. Auch Lothar Klingberg könnte unserer Interpretation der Interdependenzthese, die wir in der 6. Lektion als konsensstiftende »Zauberformel« gepriesen haben (siehe S. 196), zustimmen:

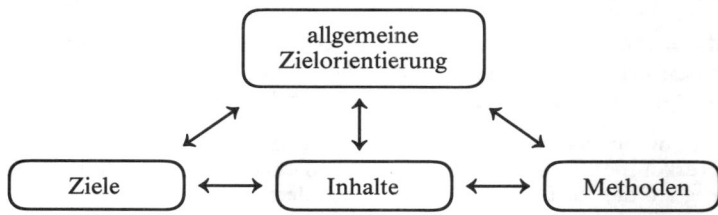

Wir kommen deshalb zu einer abschließenden These, die uns Autoren bei Beginn der Arbeit an diesem Buch überrascht hat, die wir dann jedoch herauszuarbeiten versucht haben:

> **These 7.22:**
> Die unterrichtstheoretischen und -praktischen Differenzen führender Didaktiker Deutschlands sind in den letzten zehn Jahren spürbar geringer geworden.

Trotz fortbestehender wissenschaftstheoretischer Differenzen nimmt in allen drei Modellen die konkrete Utopie einer konsequenten Beteiligung der SchülerInnen an der Planung und Gestaltung des Unterrichts Formen an.

TEIL III:

Orientierungs-hilfen

VORBEMERKUNGEN

Teil III dieses Buchs trägt die Überschrift »Orientierungshilfen«. Was ist mit diesem Begriff gemeint? In der akademischen Diskussion wird er nur selten verwandt. Er ist eher eine Sammelbezeichnung für ganz unterschiedliche Formen von Theorie- und Erfahrungswissen:

- ❑ Der Mentor, der seinem Praktikanten vor dessen erster selbstgehaltenen Unterrichtsstunde auf den Weg gibt: »Hauptsache, Sie bleiben schön locker!«, liefert eine Orientierungshilfe.
- ❑ Die Schülerin, die ihrem Lehrer sagt: »Die letzte Stunde hat aber Spaß gemacht!«, orientiert ihren Lehrer, auch wenn sie dies gar nicht vorgehabt hat.
- ❑ Und die Verfasser hochabstrakter fach- und allgemeindidaktischer Modelle wollen letztlich auch Orientierungshilfen für die Unterrichtspraxis geben.

Orientierungshilfen können also auf sehr unterschiedlichem Niveau der theoretischen Reflexion formuliert sein. Es gibt praxisnah formulierte Hilfestellungen, spöttisch manchmal als »pädagogische Mund-zu-Mund-Beatmung« bezeichnet, und praxisferne »Kopfgeburten«. Wie hilfreich die Orientierungshilfen dann tatsächlich sind, darf aber nicht nur am Abstraktionsniveau festgemacht werden. Unterrichtskonzepte können, dogmatisch verwandt, zur Desorientierung führen. Gute Theorien, mit Phantasie und Witz eingesetzt, können dagegen das Praktischste auf der Welt sein!

Wir schlagen vor, in Anlehnung an Erich Wenigers Unterscheidung von (pädagogischen) Theorien ersten, zweiten und dritten Grades, folgende *drei Ebenen* mit jeweils zwei Stufen zu unterscheiden, die nach ihrer Funktion für die Unterrichtsvorbereitung und -durchführung und nach ihrer Reichweite geordnet sind (Weniger 1990; vgl. 1. Lektion, S. 20):

- ❑ Auf einer *ersten Ebene* ist institutionell und biographisch begründetes *Erfahrungswissen* des Praktikers angesiedelt, das unbeschadet seiner vorhandenen oder fehlenden didaktischen Legitimation faktisch handlungsleitend ist. In den in langen Jahren verinnerlichten »Unterrichtsbildern« des Praktikers (vgl. S. 41 f.) kommt dieses Erfahrungswissen zählebig zum Ausdruck.
- ❑ Auf einer *zweiten Ebene* sind wissenschaftlich reflektierte *Handlungsorientierungen* für die Gestaltung des Unterrichts angesiedelt. Die Unterrichtskonzepte, um die es in der 8. und 9. Lektion geht, zählen dazu. Zumeist wollen Unterrichtskonzepte Gesamtorientierungen didaktisch-methodischen Handelns liefern. Manchmal geht es auch nur um begrenzte Ziel-Mittel-Rationalisierungen (so z.B. beim Lernzielorientierten Unterricht, in dem lediglich die Verknüpfung von Ziel- und Inhaltsentscheidungen rationalisiert wird und die übrigen Aspekte des Unterrichts außer acht bleiben).
- ❑ Auf einer *dritten Ebene* werden *systematische* Gesamtentwürfe didaktisch-methodischen Handelns einschließlich ihrer Rahmentheorien entwickelt. Zu dieser dritten Ebene zählen wir die im Teil II dargestellten allgemeindidakti-

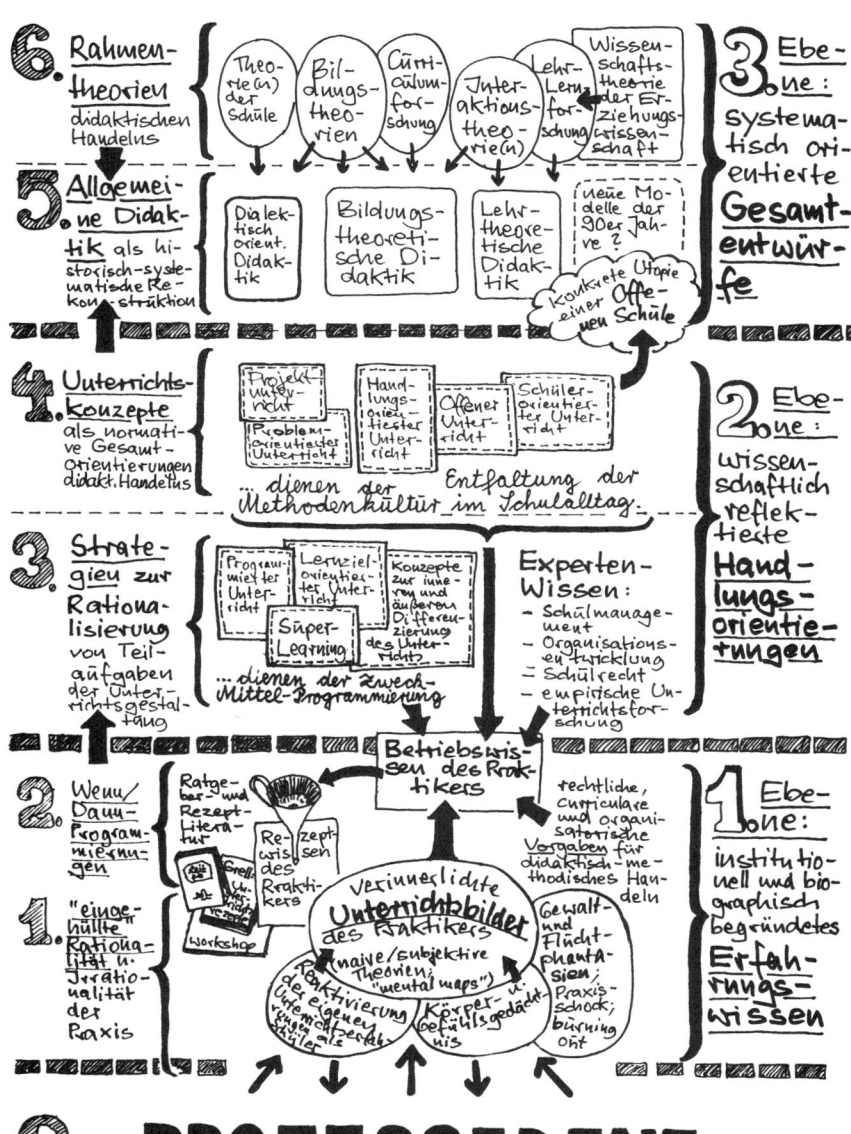

Abbildung 8.1: Ebenen des Orientierungswissens

schen Modelle. Hier geht es nicht mehr um unmittelbare Handlungsanweisungen bzw. -vorschläge, sondern um die historisch-systematische Rekonstruktion des Gegenstands didaktischen Handelns.

In der Abbildung 8.1 haben wir die drei Ebenen schematisch dargestellt. Wenn Sie diese drei Ebenen mit der Abbildung 3.4 aus der 3. Lektion vergleichen, werden Ihnen Gemeinsamkeiten und Unterschiede auffallen. In der 3. Lektion haben wir »nur« nach unterschiedlichen Funktionen und Abstraktionsgraden *didaktischen* Theoriewissens gefragt. Nun fragen wir ganz allgemein: Woher beziehen BerufsanfängerInnen und Routiniers ihr Orientierungswissen? Dann wird das Bild buntscheckiger. Dann geht es nicht nur um Theorie, sondern auch um Rezepte, Erfahrungen, Urteile und Vorurteile. Dann muß man nüchtern einplanen, daß LehrerInnen nicht nur theorie-konforme gute Vorsätze, sondern auch Gewalt- und Fluchtphantasien entwickeln, die zwar empirisch wenig erforscht sind (vgl. Paradies 1992), aber dennoch das didaktisch-methodische Handeln prägen können.

Erfahrungswissen wird häufig in die Form von Wenn-Dann-»Programmierungen« verpackt. Unterrichtsrezepte sind ein typisches Beispiel. Sie werden nicht aus einer Theorie hergeleitet, sondern als eindeutig gemeinte Handlungsanweisungen formuliert: »Immer *wenn* x droht, *dann* mußt Du y tun!« Bittet man den Rezept-Geber, seinen Ratschlag zu begründen, so wird er sich selbst dann, wenn ihm theoretische Begründungen bekannt sind, primär auf seine eigenen guten Erfahrungen mit dieser Handlungsmaxime berufen. Dadurch erhalten die Ratschläge des Praktikers Authentizität. Glaubwürdig werden sie für den Berufsanfänger/die Berufsanfängerin aber erst dann, wenn der Unterricht dieses Lehrers ebenfalls für gut gehalten wird.

Für eine umfassende Theorie didaktischen Handelns wäre eine Aufarbeitung sämtlicher Ebenen und Stufen der Abbildung 8.1 erforderlich. Dazu reichen weder der Platz noch unsere Kompetenzen. Wir konzentrieren uns im Teil III deshalb auf die zweite und vierte Stufe aus Abbildung 8.1:

❑ In der 8. und 9. Lektion werden mehrere Unterrichtskonzepte dargestellt und kritisch gewürdigt.
❑ In der 10. Lektion liefern wir rezeptartige Ratschläge zum Schreiben von Unterrichtsentwürfen.

Und nun noch einige *Lesehinweise:* Eine theoretische Aufarbeitung des Verhältnisses von Erfahrungswissen und wissenschaftlichem Wissen über Unterricht liefert Terhart (1980). Eine Sammlung von Unterrichtsrezepten für AnfängerInnen finden Sie bei Meyer (1980, S. 27-55). Empfehlenswert ist das Buch von Monika und Jochen Grell »Unterrichtsrezepte« (1979). Es geht allerdings über schlichte Handlungsanweisungen deutlich hinaus. Wir zählen es deshalb zu den auf Stufe 4 angesiedelten Unterrichts*kon*zepten.

ACHTE LEKTION

Ziele + Inhalte dieser Lektion:

- ❏ Im ersten Abschnitt dieser Lektion wird erklärt, was unter »Unterrichtskonzepten« zu verstehen ist. Auf S. 294 finden Sie eine Tabelle mit insgesamt dreizehn mehr oder weniger bekannten Unterrichtskonzepten.
- ❏ Vier dieser Konzepte werden dann ausführlich dargestellt – drei davon in dieser Lektion, das vierte zum Handlungsorientierten Unterricht in der 9. Lektion.
- ❏ Die vier Konzepte sind so ausgewählt worden, daß die heute diskutierte Spannbreite unterschiedlicher Modellvorstellungen zum Lehr- und Lernprozeß deutlich werden kann.

8.1 Begriffsklärungen und Überblick

8.1.1 Was sind Unterrichtskonzepte?

Unterrichtskonzepte liefern eine griffige Orientierung unterrichtspraktischen Handelns. Sie haben deshalb häufig einen unterrichtsmethodischen Akzent. Ihre Erfinder kümmern sich zumeist nur wenig um die wissenschaftstheoretische Einordnung und Kritik ihrer Konzepte. Fragen der Umsetzung unter alltäglichen Arbeitsbedingungen, Rückwirkungen der Konzepte auf das Selbstverständnis von LehrerInnen und SchülerInnen und ähnliche Probleme stehen im Vordergrund ihrer Überlegungen.

Unterrichtskonzepte sind – anders als die allgemeindidaktischen Modelle – von vornherein *normativ* (= wertend) und *präskriptiv* (= vorschreibend) gemeint (vgl. Abschnitt 3.1): Sie beschreiben, wie sich ihre Erfinder guten Unterricht vorstellen. Häufig, aber nicht immer enthalten die Unterrichtskonzepte auch eine mehr oder weniger polemisch vorgetragene Abgrenzung vom alltäglichen Unterricht und/oder von anderen Unterrichtskonzepten.

> **Definition 8.1:** Unterrichtskonzepte sind *Gesamtorientierungen didaktisch-methodischen Handelns,* in denen ein begründeter Zusammenhang von Ziel-, Inhalts- und Methodenentscheidungen hergestellt wird. In ihnen werden explizit ausgewiesene oder implizit als gültig unterstellte Unterrichtsprinzipien, Annahmen über die organisatorisch-institutionellen Rahmenbedingungen des Unterrichts sowie bestimmte Erwartungen an das Verhalten von LehrerInnen und SchülerInnen miteinander verknüpft.

Anstatt von Unterrichtskonzepten sprechen manche Autoren auch von Unterrichtskonzeptionen, von Unterrichtsmodellen, Methodenkonzepten usw.

Unterrichtskonzepte haben häufig (nicht immer) eine gewisse Nähe zu bestimmten Unterrichtsfächern oder zu fachdidaktischen Traditionen innerhalb eines bestimmten Fächerspektrums:

- Die »emanzipationsorientierten« Unterrichtskonzepte sind oft in Fächern wie Gesellschaftslehre, Politik, Deutsch, Geschichte, Religion favorisiert worden, also in jenen Fächern, die Johann Friedrich Herbart vor 190 Jahren »Gesinnungsfächer« nannte.
- Der »Problemlösende« oder »Problemorientierte Unterricht« hat insbesondere im Schulfach Mathematik und in den naturwissenschaftlichen Fächern Fuß gefaßt.

Unterrichtskonzepte werden in ihrer Bedeutung für die Reform alltäglichen Unterrichts gelegentlich überbewertet, dann auch schnell wieder zerredet und zerpflückt. Es gibt Modeströmungen und regelrechte Konjunkturen und Flauten der Konzepte.

8.1 Begriffsklärungen und Überblick

Dabei ist die Favorisierung oder Ablehnung eines Unterrichtskonzepts in der fach- und allgemeindidaktischen Diskussion keine Sache des Zufalls. Unterrichtskonzepte bringen vielmehr aktuelle unterrichtspraktische Probleme in einer prägnanten, konstruktiv gewendeten Formel auf den Begriff:

- ❏ Es ist sicherlich kein Zufall, daß das aus den USA importierte Konzept des Programmierten Unterrichts in der BRD in den 60er Jahren, also während einer Phase spürbaren LehrerInnenmangels rezipiert und weiterentwickelt worden ist, weil man hoffte, durch programmierte Medien die Arbeit der Lehrerin und des Lehrers ein Stück weit ersetzen zu können.
- ❏ Es ist ebensowenig zufällig, daß Konzepte wissenschaftsorientierten Unterrichts in der Zeit der sozial-liberalen Bildungsreform, also zu Beginn der 70er Jahre während der Hochkonjunktur der Curriculumforschung ihre Blütezeit hatten. Nach dem Scheitern der überzogenen Erwartungen wurden sie recht bald durch die Konzepte des schülerbezogenen und handlungsorientierten Unterrichts in der »Gunst des Publikums« abgelöst.

Während Lehrer und Lehrerinnen, die schon einige Jahre »auf dem Buckel haben«, sich durch die immer wieder neu propagierten Unterrichtskonzepte schnell bedrängt fühlen und dazu neigen, sie als Modeerscheinungen abzutun, üben sie auf StudienanfängerInnen und ReferendarInnen oft eine gewisse Faszination aus. Wer sich zu einem Unterrichtskonzept wie dem Offenen Unterricht bekennt, tut dies »mit Haut und Haaren«. Wer sich in die Literatur zu einem Konzept – etwa von Maria Montessori – einliest, ist vielleicht begeistert darüber, endlich eine Autorin gefunden zu haben, die sich mit Leib und Seele für ihre SchülerInnen einsetzt; die begeisternd zu schreiben versteht und die ihre Persönlichkeit nicht hinter blasser Begriffsakrobatik verbirgt. Diese Autoren reden nicht dauernd von Problemen und uneinlösbaren Ansprüchen, sondern geben Ratschläge und Rezepte, um guten Unterricht zu machen – Didaktik mit Fleisch und Blut!

> **These 8.1:**
> Unterrichtskonzepte liefern »Didaktik zum Anfassen«. Probleme didaktischer Theoriebildung treten in den Hintergrund oder verschwinden völlig.

Die Stärke solcher Konzepte ist zugleich ihre Schwäche. Nicht jeder Lehrer/jede Lehrerin kann mit jedem Konzept glücklich werden, weil die erfolgreiche Umsetzung davon abhängt, daß die erforderlichen Handlungsspielräume im Schulalltag gegeben sind oder geschaffen werden können und daß das Konzept zur eigenen Persönlichkeitsstruktur und zu den im Verlauf der Berufssozialisation verinnerlichten Unterrichtsbildern paßt.

8.1.2 Was sind didaktische Prinzipien?

Die Erfinder von neuen Unterrichtskonzepten wollen in ihren Schriften beschreiben, wie in ihren Augen guter Unterricht aussieht und was man tun muß, um zu diesem guten Unterricht zu gelangen. Deshalb formulieren sie didaktische Prinzipien, die den Konzepten häufig auch ihren Namen gegeben haben:

- ❏ das Prinzip der Öffnung des Unterrichts für den Offenen Unterricht,
- ❏ das Prinzip des genetischen Lernens für den Genetisch-sokratischen Unterricht usw.

Was sind »didaktische Prinzipien?« Der Begriff wird von einigen Autoren streng systematisch im Sinne »eherner« Gesetzmäßigkeiten des Unterrichts, von anderen mehr oder weniger lax im Sinne wünschenswerter normativer Orientierungen verwandt:

- ❏ Lothar Klingberg bezieht Prinzipien auf die Prozeßebene des Unterrichts und definiert sie im zuerst genannten streng systematischen Sinn: »Didaktische Prinzipien sind allgemeine Grundsätze der inhaltlichen und organisatorischen Gestaltung des Unterrichts, die aus den Zielen und den objektiv wirkenden Gesetzmäßigkeiten des Unterrichts abgeleitet werden« (Klingberg 7. Aufl. 1989, S. 209). Er nennt neun davon: das »Prinzip der Planmäßigkeit und Systematik des Unterrichts«, das »Prinzip der führenden Rolle des Lehrers und der Selbsttätigkeit der Schüler« usw. Klingberg vergleicht die didaktischen Prinzipien mit den Gliedern einer Kette. Wird ein Glied weggenommen, bricht die ganze Kette. In einer neueren Veröffentlichung (1983 b, S. 16) betont er die »methodenorientierende« und »methodensteuernde Funktion« der Prinzipien (vgl. auch Drews 1976).
- ❏ Wolfgang Schulz (s.o., S. 203), aber auch Arnim und Ruth Kaiser (5. Aufl. 1991, S. 245-260) beziehen Prinzipien auf die Gestaltung der zweiten Ebene aus Abbildung 8.1, also auf die Analyse- und Planungsebene von Unterricht. Hier haben sie die Funktion, dem Lehrer bei der Auswahl und Strukturierung der Unterrichtsinhalte zu helfen. Kaiser/Kaiser nennen z.B. die Prinzipien der Situationsbezogenheit und der Handlungsorientierung des Unterrichts.

Prinzipien sind »grundlegend«. Aber dies heißt nicht, daß sie sich zwangsläufig durchsetzen. Sie müssen vielmehr im Unterrichtsprozeß herausgearbeitet bzw. bei der Unterrichtsvorbereitung mit methodischer Phantasie umgesetzt werden. Prinzipien können auch an der Wirklichkeit scheitern – so z.B. das »polytechnische Prinzip« des spöttisch wegen seines Umschlags als »Blaues Wunder« bezeichneten Lehrplanwerks der DDR (Neuner 2. Auflage 1988, S. 27). Damit ist es aber nicht in seiner Sinnhaftigkeit, sondern »nur« in seiner Realisierbarkeit befristet widerlegt (vgl. Wettstedt 1991).

In der Literatur zu den Unterrichtskonzepten werden die theoretischen Probleme der Definition von Prinzipien kaum verhandelt:

- ❏ Einerseits werden oft mehrere Prinzipien und nicht nur das eine, namengebende beansprucht.
- ❏ Andererseits werden die in den Allgemeinen Didaktiken herausgearbeiteten grundlegenden Prinzipien oft gar nicht mehr erwähnt, sondern stillschweigend als bekannt vorausgesetzt.
- ❏ Ein und dasselbe Prinzip kann auch, wie Abbildung 8.2 deutlich machen soll, in unterschiedlichen Unterrichtskonzepten herausgehobene Bedeutung erlangen, ohne daß sich die Autoren groß Gedanken darum machen.
- ❏ Manche Autoren unterscheiden didaktische von methodischen Prinzipien (vgl. Klingberg 1983 b, S. 16). Aber die Übergänge sind fließend, weil Prinzipien immer einen hohen Abstraktionsgrad haben und sowohl für Ziel- wie auch Inhalts- und Methodenentscheidungen relevant sind.

Wegen dieser methodologischen Schwierigkeiten sollte man behutsam mit dem Etikett »Prinzip« umgehen.

These 8.2:
Didaktische Prinzipien sind zusammenfassende Chiffren für die didaktisch-methodische Akzentuierung eines Unterrichtskonzepts.

Prinzipien eignen sich nicht dazu, aus ihnen konkrete Ziel-, Inhalts- oder Methodenentscheidungen abzuleiten, sondern leisten umgekehrt die nachträgliche Interpretation dieser Entscheidungen. Deshalb nehmen sie oft den Charakter »pädagogischer Slogans« (Meyer 1972, S. 75 f.) an, die eher dazu genutzt werden, die eigenen Vorstellungen zur Unterrichtsreform in hellerem Licht erscheinen zu lassen und das »gegnerische« Konzept zu verunglimpfen, als wirkliche theoretische Klärungen didaktischer Sachverhalte herbeizuführen. Aus diesen Gründen sprechen wir in der 9. Lektion nur von »Merkmalen« und nicht von Prinzipien Handlungsorientierten Unterrichts.

8.1.3 Überblick

In Abbildung 8.2 haben wir eine größere Anzahl von Unterrichtskonzepten aneinandergereiht und um didaktische Prinzipien einerseits und Ansätze zur unterrichtsmethodischen Umsetzung andererseits ergänzt. Die von uns gewählte Reihenfolge ist nicht streng zu begründen. Ganz rechts sind Konzepte plaziert, die einen hohen Medieneinsatz erforderlich machen und oft mit Einzelarbeit einhergehen. In der Mitte sind die aus der Bildungstheoretischen Didaktik erwachsenen Unterrichtskonzepte genannt; links finden sich ihrem Selbstverständnis nach ganzheitliche und schülerorientierte Ansätze.

Die vielen durchgezogenen und gestrichelten Linien sollen deutlich machen, daß die Übergänge zwischen den Konzepten und zwischen den Prinzipien fließend sind.

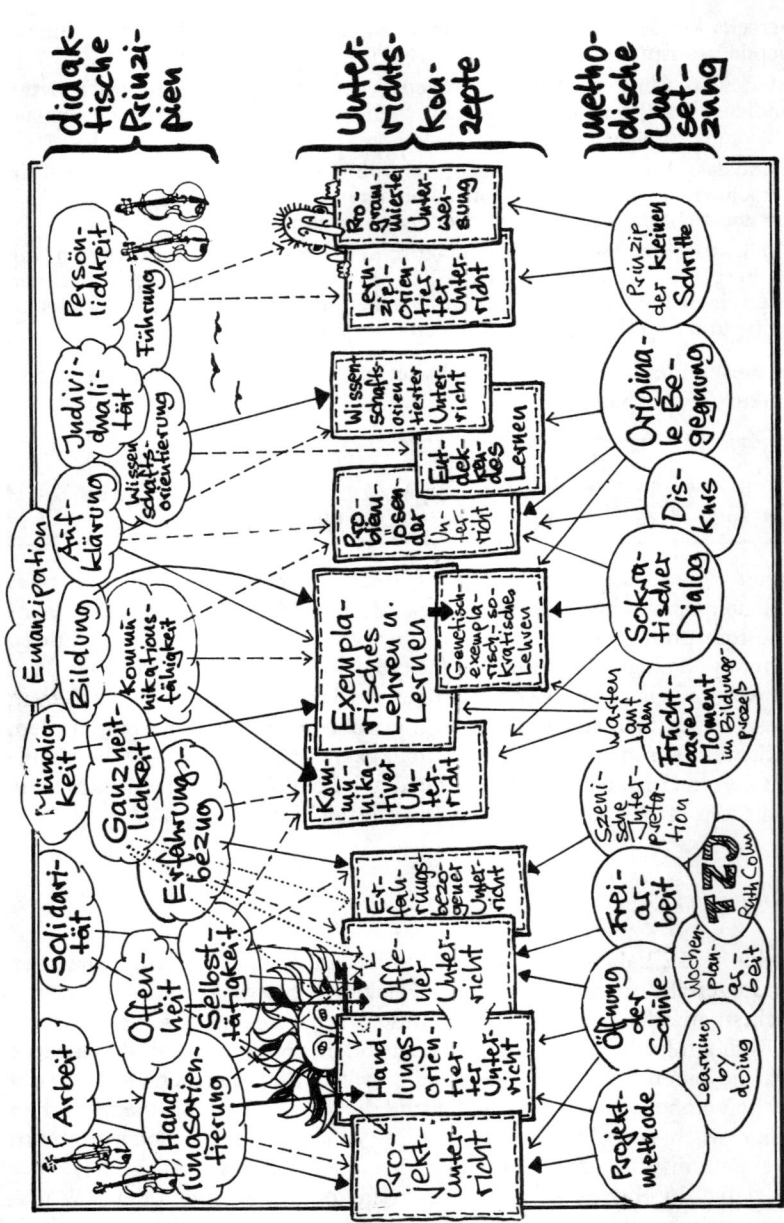

Abbildung 8.2: Unterrichtskonzepte

8.1 Begriffsklärungen und Überblick

Überblicksdarstellungen über die in den letzten zehn, zwanzig Jahren diskutierten Unterrichtskonzepte finden Sie bei Oblinger/Kotzian/Waldmann (1985), Bönsch (1986) und van Dick (1991). Ausführliche Literaturhinweise zu der Mehrzahl der Konzepte stehen bei Meyer (1987 a, S. 210-213).
In diesem Abschnitt werden wir die 13 in Abbildung 8.2 genannten und einige weitere Unterrichtskonzepte mit ein, zwei Sätzen charakterisieren, um Ihnen über die mitgelieferten Literaturhinweise ein Weiterstudieren zu ermöglichen. Wir beginnen mit den im linken Drittel der Abbildung 8.2 notierten Konzepten, die sich direkt oder indirekt auf die *Tradition der Reformpädagogik* vom Anfang dieses Jahrhunderts beziehen:

❏ *Projektunterricht* (auch: Projektarbeit, Projektmethode, Projektorientierter Unterricht) stellt den Versuch dar, zur Selbstorganisation von Lehr-/Lernprozessen durch die Vereinbarung konkreter Vorhaben bzw. Projekte überzugehen. Dies setzt die Demokratisierung der Leitungsstrukturen und die Öffnung der Schule voraus. Als »Vater« des Projektunterrichts wird John Dewey bezeichnet (s.o., S. 119). Seit den 70er Jahren gibt es in der BRD eine Fülle von erfolgreichen Experimenten mit der Projektarbeit (vgl. Frey 1982; Bastian/Gudjons 1986; Hänsel 1986; Hänsel/Müller 1988).

❏ Der *Handlungsorientierte* sowie der eng verwandte *Handelnde Unterricht* werden in der 9. Lektion ausführlich dargestellt.

❏ *Als Praktisches Lernen* wird ein seit mehreren Jahren in Tübingen von einer Arbeitsgruppe um Andreas Flitner konzipiertes und bundesweit – unter anderem mit finanzieller Hilfestellung der Robert-Bosch-Stiftung Stuttgart – erprobtes Konzept zur stärkeren Verknüpfung von Kopf- und Handarbeit bezeichnet (Fauser/Fintelmann/Flitner 1983; Schulz 1990 a).

❏ Der *Offene Unterricht* nimmt die zu Beginn der 70er Jahre geführte Diskussion über offene Curricula auf und verbindet sie mit Elementen mehrerer anderer gängiger Unterrichtskonzepte (wie Planungsbeteiligung der Schüler, Handlungsorientierung, Öffnung der Schule). Noch wird das Konzept überwiegend in der Primarstufe verwirklicht. Es ist abzusehen, daß in Zukunft auch in den Sekundarstufen I und II eine wachsende Zahl von AnhängerInnen finden wird. Theoretisch grundlegend: Ramseger (2. Aufl. 1985). Vgl. Abschnitt 8.4 dieser Lektion.

❏ *Erfahrungsbezogener Unterricht* versucht, die Aufarbeitung der von den SchülerInnen gemachten (sozialen, politischen, familialen) Erfahrungen in den Mittelpunkt des Unterrichts zu stellen (Scheller 1981; zusammenfassend Jank 1986; vgl. Abschnitt 8.3).

❏ Der weit verbreitete Ausdruck *»Schülerorientierter Unterricht«* fehlt in Abbildung 8.2. Für uns bezeichnet er die konkrete Utopie eines an den subjektiven und objektiven Interessen der SchülerInnen ausgerichteten Unterrichts (Meyer 1980, S. 190-220). Ein solches Ziel kann auf absehbare Zeit nur ansatzweise und widersprüchlich verwirklicht werden. Wir halten die Konzepte des Handlungsorientierten und des Offenen Unterrichts für den ersten Schritt auf dem langen Marsch hin zur Schülerorientierung.

In der Mitte der Abbildung 8.2 sind die in der Tradition der *Bildungstheoretischen Didaktik* stehenden Konzepte plaziert (vgl. auch Abbildung 4.3, S. 109):

- Der *Kommunikative Unterricht* versucht, neuere Kommunikations- und Interaktionstheorien (von Watzlawick bis Habermas) aufzuarbeiten, und gelangt zu differenzierten Analysen der Kommunikationsstruktur des Unterrichts (Rosenbusch 1986; Winkel 2. Aufl. 1988).
- Nach den bildungstheoretischen Schlüsselbegriffen des Exemplarischen, Fundamentalen und Elementaren (s.o., S. 146) sind – mit wechselnden Begrifflichkeiten – Konzepte des *Exemplarischen Lehrens und Lernens* entwickelt worden, in denen die Suche nach geeigneten Bildungsinhalten im Vordergrund der Aufmerksamkeit stand (Gerner 1963).
- Im Konzept des *Genetischen Lernens* (auch: Genetisch-exemplarisch-sokratisches Lernen) wird versucht, den historischen Entstehungszusammenhang der Unterrichtsinhalte mit dem entdeckenden Lernen der SchülerInnen zu verknüpfen (Wagenschein 4. Aufl. 1976, 1983). In einigen Fachdidaktiken wie Arbeitslehre, Physik, Chemie usw. gibt es Varianten dieses Ansatzes, die z.B. als »historisch-genetisch« bezeichnet werden (Berg 1985).
- Hans-Christoph Berg aus Marburg bemüht sich darum, den schon von Comenius benutzten Begriff der »Lehrkunst« wieder ins Gespräch zu bringen. Als *Lehrkunstdidaktik* bezeichnet er den Versuch, von klassischen »Lehrstükken« ausgehend, den Studierenden und den fertig ausgebildeten Lehrer zum schöpferischen Neuerfinden klassischer Lehrfiguren zu führen (Berg 1990).
- *Mehrperspektivischer Unterricht:* Dieses Konzept ist in der Grundschule entwickelt worden, stellt aber den Anspruch, für jeglichen Unterricht entfaltet werden zu können. Es will die Schüler befähigen, die Unterrichtsthemen aus verschiedenen, z.T. auch in Widerspruch zueinander stehenden Perspektiven aufzuarbeiten (Hiller 1973; Giel u.a. 1975).

Die folgenden drei Konzepte sind stärker als die anderen an der Vermittlung *wissenschaftlicher Erkenntnisse und Fähigkeiten* orientiert. Sie stützen sich auf Ergebnisse der Curriculumforschung der 70er Jahre und auf Untersuchungen zur Könnensentwicklung in der DDR:

- Auf der Grundlage neuerer kognitionspsychologischer Lerntheorien (z.B. von Jerome Bruner) wurde das Konzept *Entdeckenden Lernens* entwickelt und vor allem in mathematisch-naturwissenschaftlichen Fächern erprobt (Neber 1973).
- Konzepte des *Problemorientierten, -lösenden* oder *Problemhaften Unterrichts* betonen die intelligenz- und kreativitätsfördernde Funktion der Beschäftigung der SchülerInnen mit »Problemen«, d.h. mit nicht routinemäßig zu lösenden Aufgaben (Lange 1986; Fuhrmann 2. Aufl. 1987).
- *Wissenschaftsorientierte* und *Wissenschaftspropädeutische Konzepte* berufen sich häufig auf den »Strukturplan« des Deutschen Bildungsrats (1970), in dem die Wissenschaftsorientierung sämtlichen Lehrens und Lernens in allen Fächern und auf allen Schulstufen gefordert wurde. Als »wissenschaftspropädeutisch« wird ein Unterricht – insbesondere in der Sekundarstufe II – bezeichnet, der die Probleme, Voraussetzungen und Folgen wissenschaftlichen Erkenntnisgewinns thematisiert (Fölling 1986).

Die letzten beiden, ganz rechts in Abbildung 8.2 plazierten Konzepte stützen sich auf ein *empirisch-analytisches Wissenschaftsverständnis*:

❑ *Lernzielorientierter Unterricht* wollte durch die präzise Ausformulierung der Ziele die Lehrpläne von verstaubten, nicht mehr zu rechtfertigenden Inhalten befreien. Er hat sich durch die Überbetonung dieses Teilaspekts der Unterrichtsplanung jedoch in eine inzwischen scharf kritisierte Lernziel-Akrobatik verrannt (Möller 4. Aufl. 1973). Einen intelligenten Versuch zur Schüler-Orientierung dieses Konzepts liefert Lemke (1981).

❑ Im *Programmierten Unterricht* (auch Programmierte Unterweisung) wird eine bestimmte Sozialform (die Einzelarbeit) mit technischen Medien (programmierte Lehrbücher, Computer usw.) auf der theoretischen Grundlage des Behaviorismus (= Verhaltensforschung), der Kybernetik (= Steuerungslehre) und der Informatik (= Informationstheorie) verknüpft. In den 60er Jahren hatte dieses Konzept Konjunktur, seither stagniert die theoretische und praktische Weiterentwicklung (vgl. von Cube 1986). In Zukunft könnten durch die technischen Möglichkeiten anspruchsvoller Computer-Software neue Impulse für dieses Konzept entstehen.

Aus der *Geschichte* der Pädagogik sind weitere Unterrichtskonzepte bekannt, die zum Teil bis heute aktuell geblieben sind:

❑ Im Rückgriff auf Johann Friedrich Herbart (1776-1841) wurde das Konzept des *»Erziehenden Unterrichts«* entworfen, in dem statt der Erziehung in Ständen und Klassen nun eine allgemeine, moralische und politische Erziehung aller erfolgen sollte. Eine konservative Neuauflage dieses Ansatzes hat Erich Geißler (2. Aufl. 1984), eine kritisch-konstruktive Jörg Ramseger (1991) vorgestellt.

❑ Das wichtigste Unterrichtskonzept der Reformpädagogik war das der *Arbeitsschule*. *Georg Kerschensteiner* (1854-1932) prägte den Begriff und lieferte ein »staatstragendes« theoretisches Konzept für seine Entfaltung. *Hugo Gaudig* (1860-1923), Kerschensteiners Kontrahent innerhalb der Arbeitsschulbewegung, hat mit Hartnäckigkeit und Phantasie den Gedanken der »Selbständigkeit durch Selbsttätigkeit« verfochten.

Hugo Gaudig

❑ *Berthold Otto* (1859-1933) ist der »Erfinder« des freien *Gesamtunterrichts*, eines anarchisch anmutenden, thematisch offenen, vom Lehrer partnerschaftlich geleiteten, grundsätzlich von den Fragen der Schüler ausgehenden Unterrichtsgesprächs. Gesamtunterricht als »geistige Gemeinschaft« aller Lehrer und Schüler dient der Organisation, der Ausgestaltung und der Auswertung des Fachunterrichts.

Berthold Otto

Besonderes Gewicht für die Schulreform haben in den letzten Jahren Unterrichtskonzepte erhalten, die als radikale Alternative zum herkömmlichen lehrerzentrierten Unterricht konsequent die Selbsttätigkeit der SchülerInnen in den Vordergrund gerückt haben:

❑ In Frankreich entwickelte *Célestin Freinet* (1896-1966) die Freinet-Pädagogik. Wichtige Grundsätze seines Konzepts sind: ein kooperatives und solidarisches Verhältnis von LehrerInnen und SchülerInnen, die Einbeziehung der Umwelt (z.B. durch Erkundungen außerhalb der Schule), die Arbeit als Mittelpunkt (»Nur in der Arbeit drückt sich das Individuum völlig aus und verwirklicht sich wirksam«) und die demokratische Entscheidungsfindung in der Klassenkooperative. Typische Merkmale der Freinet-Pädagogik sind die Klassendruckereien, in denen die SchülerInnen schon in der Grundschule lernen, kleine Texte selbst herzustellen und sie später dann für Klassenkorrespondenzen zu nutzen (Freinet 1980; Laun 1982).

❑ Aus Italien kommt die Kinderärztin und Pädagogin *Maria Montessori* (1870-1952), die ein in Montessori-Schulen praktiziertes geschlossenes Konzept ganzheitlichen und schüleraktiven Lernens entwickelt hat, das weltweit immer mehr Anerkennung findet. Ziel des Konzepts ist »Hilfe für die menschliche Person, ihre Unabhängigkeit zu erobern«. In Montessori-Schulen wird auf eine sorgfältig gestaltete »vorbereitete Umwelt« geachtet. Die Kinder erhalten ein ihren Bedürfnissen entsprechendes Mobiliar und von Montessori entwickelte Arbeitsmaterialien, die ihre Selbsttätigkeit fördern sollen. Der Stundenrhythmus ist abgeschafft. SchülerInnen mehrerer Jahrgänge werden zu einem Klassenverband zusammengeführt (Montessori 1980; Kramer 1983).

❑ *Peter Petersen* (1884-1952) war Professor für Erziehungswissenschaft in Jena und hat dort an der Versuchsschule der Universität den »Jena-Plan einer freien allgemeinen Volksschule« (Petersen 1927) zusammen mit seiner Frau Else und vielen Kollegen aus der Praxis entwickelt. Merkmale seines Unterrichtskonzepts sind: Beteiligung der SchülerInnen an der Unterrichtsplanung (»Wochenplan«), gegenseitige Hilfestellungen (»Helfersystem«), konsequente Verknüpfung von Klassen-, Gruppen- und Einzelarbeit, Förderung des Gemeinschaftslebens. Die Frage, ob und wieweit sich Petersen im Nationalsozialismus kompromittiert hat, ist bis heute umstritten.

8.2 Lernzielorientierter Unterricht

8.2.1 Arbeitsdefinition

Lernzielorientierter Unterricht versucht, über eine empirisch kontrollierte Zweck-Mittel-Programmierung Unterrichtsabläufe durchschaubar und planbar zu machen.

8.2 Lernzielorientierter Unterricht

> **Definition 8.2:** Lernzielorientierter Unterricht bezeichnet ein Konzept, bei dem durch eine möglichst transparente und präzise Festlegung der im Unterricht anzustrebenden Ziele und durch die empirisch kontrollierte Zuordnung von Mitteln (= Inhalten, Methoden, Medien) die zweckrationale Steuerung der Unterrichtsabläufe verbessert werden soll.

Dabei wird, wie dies in der folgenden schematischen Darstellung von Christine Möller (4. Aufl. 1973) deutlich wird, der Lernprozeß als *kybernetischer Regelkreis* dargestellt:

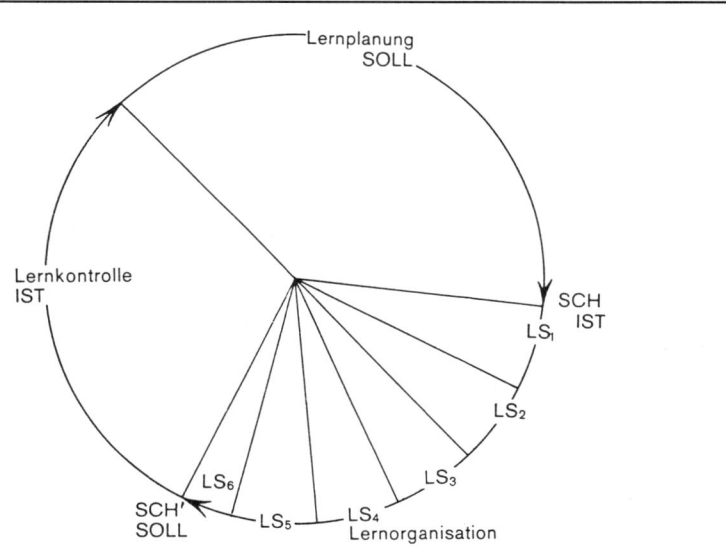

Schematische Darstellung der Curriculumentwicklung mit den drei Teilprozessen Lernplanung, Lernorganisation und Lernkontrolle. In den ersten Arbeitsschritten werden Lernziele für eine Unterrichtseinheit erstellt (Planung des Lern-Soll-Verhaltens = Lernplanung), hierauf optimale Lernstrategien zur Erreichung der ausgewählten Lernziele geplant (Planung eines optimalen Versuchs, das Lern-Soll-Verhalten zu erreichen = Lernorganisation) und schließlich Kontrollverfahren konstruiert, die überprüfen sollen, ob erstens die Lernziele erreicht wurden und aus dem Schüler SCH ein Schüler SCH' geworden ist und zweitens, ob die geplanten Lernstrategien und Lernmaterialien zur Erreichung der ausgewählten Lernziele optimal sind (Planung eines lernzielorientierten Meßinstruments, das feststellen soll, ob das geplante Lern-Soll-Verhalten mit dem tatsächlichen Lern-Ist-Verhalten übereinstimmt = Lernkontrolle).

Abkürzungen:		
	SCH	Schüler am Anfang des Lernprozesses
	SCH'	Schüler am Ende des Lernprozesses
	LS	Lernschritt

Abbildung 8.3 (aus: Möller 4. Aufl. 1973, S. 30)

Die Diskussion über dieses Konzept erlebte zu Beginn der 70er Jahre in der Bundesrepublik ihren Höhepunkt. (In den USA war die Begeisterung schon einige Jahre früher einer nüchternen Begrenzung des Geltungsanspruchs und der Effektivität dieser zum »teacher proof curriculum« gehörenden Konzeption gewichen.) In den 70er Jahren konnte man geradezu von einem *Siegeszug* des Konzepts durch die Schreibstuben der Kultusministerien, der Richtlinienkommissionen und der Lehrerseminare sprechen. Nur im Alltag berufserfahrener LehrerInnen spielte die Lernzielorientierung kaum eine Rolle. Das Konzept wurde – wie andere, anspruchsvollere Ansätze der Zeit auch – zu den »Feiertagsdidaktiken« gezählt, die man als ReferendarIn fürs Durchkommen durch die Prüfung benötigte, aber schon kurz nach dem Examen zu den Akten legte.

Nun läßt sich um die konkrete Ausformulierung von Unterrichtskonzepten trefflich streiten (und wir werden dies auch tun), aber die grundsätzliche Einsicht darf darüber nicht verlorengehen:

> **These 8.3:**
> Verantwortliche Unterrichtsführung setzt die sorgfältige Reflexion der in den Unterricht eingehenden Zielstellungen voraus.

Unterricht *ohne* Ziele ist überhaupt nicht denkbar. Es fragt sich nur, wer welche Ziele in wessen Interesse verfolgt. Dies gilt übrigens für die Lehrerin bzw. den Lehrer genauso wie für die Schülerin bzw. den Schüler. Auch die SchülerInnen setzen sich Ziele und verfolgen sie locker-lässig, verbissen oder souverän. Deshalb ist es naheliegend, den pauschalen Begriff »Lernziel« aufzugeben und von *Lehrer-* und *Schüler*zielen oder von »Lehrzielen der LehrerInnen« und »Handlungszielen der SchülerInnen« zu sprechen.

Alle wichtigen Bücher zum Lernzielorientierten Unterricht sind in den 60er und 70er Jahren erschienen (Mager 1965; 1973; Möller 4. Aufl. 1973; Peterßen 1974; Füglister 1978). In den 80er Jahren hat es, wenn man von einigen auf einzelne Fachdidaktiken begrenzten Diskussionssträngen absieht (insbesondere im berufsbildenden Bereich, der angesichts seiner spezifischen Bildungsaufgaben offensichtlich eine besondere Nähe zum Lernzielansatz aufweist), so gut wie keine neuen Impulse zur Lernzielorientierung gegeben. Der von *Herwig Blankertz* schon 1969 gelieferte prominente Verriß (1969 b, S. 150-153) dürfte eine, sicherlich nicht die einzige Ursache für das abrupte Ende der akademischen Diskussion sein. Die Lernzielorientierte Didaktik ist eigentlich gar keine »Didaktik«, sondern eine einseitige Strategie zur Rationalisierung eines Teilaspekts didaktischen Denkens. Sie fiel deshalb schon in den 70er Jahren hinter den damals erreichten Stand der didaktischen Diskussion zurück, weil sie die Wechselwirkung von Ziel-, Inhalts-, Methoden- und

8.2 Lernzielorientierter Unterricht

Organisationsentscheidungen unterschlug. Aus diesem Grund bezeichnen wir sie hier auch nicht als »Didaktik«, sondern sprechen vom »Unterrichtskonzept«. Im Mittelpunkt des Interesses stehen formale Techniken zur Lernzielanalyse (siehe Abschnitt 8.2.2). Die wichtige Frage der Lernzielbegründung wird ausgeklammert. Die für das Funktionieren des Konzepts erforderlichen empirischen Forschungsergebnisse zur Optimierung von Lernstrategien sind nie geliefert worden.

> **These 8.4:**
> Das Konzept der Lernzielorientierung liefert ein formales Modell zur zweckrationalen Steuerung curricularer Entscheidungsprozesse. Es ist keine ausreichende Grundlage für die Analyse und Planung von Unterricht.

Der einzige Autor, der diesen Ansatz unseres Erachtens mit Erfolg in Richtung auf einen Schülerorientierten Unterricht weiterentwickelt hat, ist der Bielefelder Altphilologe *Dietrich Lemke*. In seiner Habilitationsschrift »Lernzielorientierter Unterricht – revidiert« (1981) zeigt er durch interessante historische Rückgriffe bis zu Ratke und Comenius auf, daß die Idee der Lernzieloperationalisierung (s.u.) keine neumodische Erfindung US-amerikanischer Technokraten, sondern eine uralte Idee der europäischen Didaktik ist.

Eine aktualisierte Darstellung des Konzepts für die Hand von StudentInnen und ReferendarInnen bringt Peterßen (3. Aufl. 1988, S. 114-152). Ein lernzielorientierter Unterrichtsentwurf findet sich bei Meyer (1980, S. 107-112).

8.2.2 Techniken der Lernzielanalyse

Die folgenden Techniken zur Lernzielanalyse sind in den 50er Jahren in den USA auf der methodologischen Grundlage des Behaviorismus (siehe oben, S. 102) entwickelt und in den 60er Jahren in der Bundesrepublik rezipiert worden. Sie sind dem empirisch-analytischen Forschungsparadigma verpflichtet.

 Was ist ein Lernziel?

Ein Ziel wird »gesetzt« oder »angestrebt«. Es darf nicht mit dem, was dann tatsächlich beim Unterrichten herauskommt, verwechselt werden. Denn im Unterricht kommt nahezu immer anderes, weniger und manchmal auch mehr als das heraus, was sich der Lehrer bzw. die Lehrerin vorgenommen hatte. Wir schlagen deshalb vor, streng zwischen den angestrebten *Zielen* und den tatsächlich eingetretenen *Ergebnissen* zu unterscheiden. Zielformulierungen sind präskriptiv, Ergebnis-Feststellungen deskriptiv (vgl. S. 62-65). Autoren wie Robert Mager und Christine Möller fordern nun, nur solche Lernzielformulierungen als gelungen anzuerkennen, die sich auf eine *beobachtbare* Verhaltensänderung der SchülerInnen beziehen. Alles andere halten sie für Spekulation und eine Behinderung der Arbeit des Lehrers. Deshalb gelangen sie zu der folgenden engen *Lernzieldefinition:*

> **Definition 8.3:** Ein Lernziel ist die sprachlich artikulierte Vorstellung von der durch Unterricht (oder andere Lehrveranstaltungen) zu bewirkenden beobachtbaren Verhaltensänderung eines Lernenden.

Ein *Beispiel:* »Der Schüler soll lernen, ein englischsprachiges Interview von vier Minuten Dauer mit einem amerikanischen Gastschüler über dessen High School zu führen und dabei mindestens 7 der 15 neuen Vokabeln der Lektion 8 zu benutzen.«

Diese nur auf beobachtbare Verhaltensweisen von Schülern ausgelegte Definition ist u.E. wissenschaftstheoretisch problematisch (vgl. S. 103 f.) und im Schulalltag wenig praktikabel. Schon scheinbar einfache Lernfortschritte in einer ersten Schulklasse sind in Wirklichkeit nicht ausschließlich auf beobachtbare Tatbestände zurückzuführen, sondern indirekt von vielen psychischen und sozialen Faktoren mitbestimmt. Wenn Sie als LehrerIn nur noch das Beobachtete zur Richtschnur Ihres Handelns im Unterricht machen wollten, wären Fehldeutungen und in deren Folge falsche Entscheidungen unvermeidbar.

Wegen der Schwächen einer engen Lernzieldefinition empfiehlt es sich, eine weitere Definition zu wählen, bei der deutlich wird, daß Lernziele immer *Interpretationen* und Zusammenfassungen von nur *teilweise* beobachtbaren Verhaltensäußerungen sind. Geeignet dafür ist der aus der Psychologie stammende Begriff der Verhaltensdisposition.

> **Definition 8.4:** Ein Lernziel ist die sprachlich artikulierte Vorstellung von der durch Unterricht (oder andere Lehrveranstaltungen) zu bewirkenden gewünschten Verhaltensdisposition eines Lernenden.

Eine Disposition ist nicht unmittelbar beobachtbar. Mit Dispositionsangaben werden Fähigkeiten bezeichnet, Gelerntes auch in nicht eindeutig voraussehbaren Situationen »sinngemäß« richtig zu beherrschen.

Ein *Beispiel:* »Die SchülerInnen sollen lernen, am Beispiel des Kuckucks das Brutpflegeverhalten von Vögeln ohne falsche Anthropomorphisierungen (= vermenschlichende Urteile) zu betrachten.«

Was heißt Lernzieloperationalisierung?

In einem ersten, *weiten* Begriffsverständnis bezeichnet Operationalisierung den *Prozeß des Kleinarbeitens* einer unklaren, abstrakten Zielformulierung hin zu einer möglichst eindeutigen Formulierung.

Dieser Prozeß des Kleinarbeitens von Zielformeln, der am besten in gemeinsamer Diskussion mehrerer StudentInnen, LehrerInnen oder WissenschaftlerInnen erfolgt, ist technisch oder logisch nicht zu rationalisieren. Er bleibt, wie wir dies am Lernziel-Tannenbaum von Seite 85 demonstriert haben, grundsätzlich hermeneutisch vermittelt.

> **Definition 8.5:** Lernzieloperationalisierung im weiten Sinn ist die Kleinarbeitung einer ungenauen Lernzielangabe bis hin zur sprachlich möglichst eindeutigen Angabe beobachtbarer Elemente der gewünschten neuen Verhaltensdisposition des Lernenden.

(Von »möglichst eindeutig« sprechen wir, weil es eine völlige Eindeutigkeit wegen der Lebendigkeit alltäglichen Unterrichts nicht geben kann.)

Ein zweites, *engeres* Verständnis des Operationalisierens liegt dann vor, wenn die Zuordnung eines *Meßverfahrens* (genauer: einer Meßoperation) zu einer konkreten Zielformulierung vorgenommen wird. (Sozialwissenschaftler anderer Disziplinen benutzen nur für dieses zweite Begriffsverständnis den Operationalisierungsbegriff.)

> **Definition 8.6:** Lernzieloperationalisierung im engeren Sinne ist die Angabe der Meßoperation, mit der ein beobachtbares Element einer gewünschten Veränderung des Schülerverhaltens kontrolliert werden kann.

Beim Operationalisieren im engeren Sinn geht es also um die Angabe einer Schüler-Tätigkeit, anhand derer entschieden werden kann, ob die im Lernziel formulierte neue Verhaltensdisposition vorliegt oder nicht. Anders formuliert: Es werden »Indikatoren« festgelegt, die als Indiz für das Erreichen der gewünschten Verhaltensdisposition genommen werden. Die Legitimationsfrage, also die Diskussion darüber, ob das operationalisierte Lernziel wünschenswert ist oder nicht, wird dabei grundsätzlich ausgeklammert.

Nach Robert Mager (1965) gilt ein Lernziel dann als ausreichend operationalisiert, wenn die folgenden drei Bedingungen erfüllt sind:

1. Es müssen *beobachtbare* Verhaltensweisen der Schülerin beschrieben werden, die diese nach Ablauf des Unterrichts beherrschen soll (z.b. aufschreiben, logarithmieren, ablesen usw.).
2. Es müssen die *Bedingungen* genannt werden, unter denen das Verhalten der Schülerin kontrolliert werden soll (z.b. die zugestandene Lern-Zeit; die erlaubten oder verbotenen Hilfsmittel; die zugelassene Zusammenarbeit mit anderen SchülerInnen usw.).
3. Es muß ein *Bewertungsmaßstab* angegeben werden, nach dem entschieden werden kann, ob und in welchem Ausmaß die Schülerin das Ziel erreicht hat (z.B. die Angabe, wie viele Aufgaben aus der Gesamtmenge richtig gelöst sein müssen).

Ein *Beispiel:* »Die Schülerin soll aus einer schriftlich vorgegebenen Liste mit europäischen Hauptstädten mindestens fünf von neun Hauptstädten ankreuzen können, deren Staaten Mitglied der EG sind.«

Beim Operationalisieren handelt es sich um eine formale Umformung von ungenauen zu genauen Lernzielangaben. Durch das Operationalisieren wird ein Lernziel in keiner Weise besser oder brauchbarer als vorher. Es wird lediglich eine Vereinbarung darüber getroffen, wann davon auszugehen ist, daß alle SchülerInnen einer Klasse ein bestimmtes Lernziel erreicht haben oder nicht.

Die Frage, ob die Lehrerin oder der Lehrer Ziele operationalisieren sollte, kann nicht aufgrund der Regeln des Operationalisierens selbst, sondern nur nach inhaltlichen Gesichtspunkten entschieden werden: Die beim Anlegen einer Sicherheitsweste vom Fluggast zu erreichenden Lernziele sollten z.B. ohne alle Skrupel operationalisiert werden. Denn das Meßbarmachen der Zielerreichung könnte lebensrettend sein. (Dies ist kein Freibrief für ganze Unterrichtsfächer. Es gibt in jedem Fach, auch in Mathematik und den naturwissenschaftlichen Unterrichtsfächern, große Lernzielbereiche, für die eine Operationalisierung nicht in Frage kommt.) Ziele, die sich auf die Kreativität und Selbstbestimmung der SchülerInnen beziehen, sollten sicherlich nicht operationalisiert werden, und zwar deshalb nicht, weil dies das Erreichen dieser Ziele verhindern würde. Die Angabe einer genauen Meßoperation z.B. für »emanzipiertes Verhalten« wäre ein Widerspruch in sich selbst: »Emanzipation« besagt ja gerade, daß jemand aus eigenem Antrieb und in eigener Verantwortung, nicht jedoch am Gängelband der Lehrerin oder des Lehrers zu handeln gelernt hat.

> **These 8.5.:**
> Lernziele, die die Emanzipation des Schülers/der Schülerin zum Gegenstand haben, können nicht operationalisiert werden.

 Lernzieldimensionierung

Beim Lernzieldimensionieren geht es darum, Lernziele nach formalen Kriterien bestimmten Bereichen bzw. Dimensionen zuzuordnen, um sie besser mit anderen Lernzielkatalogen vergleichen zu können.

Der gebräuchlichste Dimensionierungsraster ist in den 50er und 60er Jahren in den USA von den behavioristisch orientierten Lerntheoretikern Benjamin Bloom, David Krathwohl u.a. entwickelt worden (Bloom 1972; Krathwohl/Bloom/Masia 1975). Sie unterscheiden drei Dimensionen:

○ *Kognitive Lernziele* beziehen sich auf Denken, Wissen und Problemlösen, auf Kenntnisse und intellektuelle Fähigkeiten.
  Beispiel: »Die Begriffe Rolle, Vorurteil, Verhalten, Erziehungsstil, Erziehungsnorm, Rollenverteilung ... auf konkrete Beispiele beziehen und anwenden können.«

○ *Affektive Lernziele* beziehen sich auf die Veränderung von Interessenlagen, auf die Bereitschaft, etwas zu tun oder zu denken und auf die Entwicklung dauerhafter Werthaltungen.
  Beispiel: »Der Schüler soll lernen, daß wissenschaftliche Arbeit Gründlichkeit und Wahrhaftigkeit erfordert.«

○ *Psychomotorische Lernziele* beziehen sich auf die manipulativen und motorischen Fertigkeiten des Schülers.
  Beispiel: »Die kleinen und großen Buchstaben des Ausgangsalphabets (außer q, Q, x, X, y, Y) nach Vorbild und aus der Vorstellung leserlich, flüssig und formklar schreiben.«

Es handelt sich bei dieser Unterscheidung von drei Lernzieldimensionen um eine *analytische* Unterscheidung: Für die SchülerInnen gibt es immer nur *einen* Lernprozeß, in dem Lernziele aus den drei Dimensionen unauflöslich ineinander verwoben sind: Es wäre unsinnig anzunehmen, daß die Schülerin oder der Schüler in der ersten halben Stunde das kognitive Lernziel erreicht, zwei und zwei zu vier zusammenzuzählen, um dann in den verbleibenden 15 Minuten eine positive affektive Einstellung zum Kopfrechnen zu erwerben.

Benjamin Bloom und Mitarbeiter gehen in ihrem Modell davon aus, daß alle denkmöglichen Lernziele einer der drei Dimensionen zugeordnet werden können. Wer eine vierte Dimension ausgliedert (z.B. die des sozialen Lernens), sprengt ihren theoretischen Ansatz (vgl. Bloom 1972). Das kann man natürlich tun – man darf sich dann aber nicht mehr auf diese Lernzieltheorie berufen.

Lernzielhierarchisierung

Erst nachdem man die Lernziele operationalisiert und nach Dimensionen geordnet hat, kann man darangehen, sie zu hierarchisieren. Damit ist das *Ordnen der Lernziele nach ihrem Schwierigkeitsgrad* gemeint.
Das gebräuchlichste Hierarchisierungsinstrument ist die »Lernzieltaxonomie« (»Taxonomy of Educational Objectives«) von Benjamin S. Bloom und Mitarbeitern, die in den 50er und 60er Jahren in den USA entwickelt wurde, um die Aufnahmeprüfungen verschiedener Colleges und Universitäten vergleichbar zu machen und zu vereinheitlichen.
Taxonomien sind in verschiedenen Wissenschaften gebräuchlich. Vielleicht kennen Sie das von dem schwedischen Naturforscher Carl von Linné entwickelten »Natursystem« aus dem Jahre 1735, mit dem alle Lebewesen systematisch nach Arten und Klassen unterteilt werden konnten. (Wörtlich übersetzt heißt »Taxonomie« nichts anderes als »gesetzmäßige Ordnung«.)
Die von Bloom und Mitarbeitern zunächst für den kognitiven, dann für den affektiven Lernzielbereich vorgelegte Taxonomie (die für den psychomotorischen Bereich ist nie erschienen!) ist ein formales Analyseinstrument, mit dem beliebige Lernziele auf einer Skala von Schwierigkeits- bzw. Komplexitätsgraden eingeordnet werden können. Die Frage, ob diese Lernziele wünschenswert sind oder nicht, steht dabei nicht zur Debatte.
Die empirisch in US-amerikanischen Feldversuchen gut bestätigte, dennoch in ihrem Allgemeingültigkeitsanspruch problematische Hauptthese der Taxonomie lautet: »Das Erreichen komplexer Ziele setzt jeweils die Beherrschung von Lernzielen aller vorausgehenden Taxonomie-Stufen voraus.« Diese These ist problematisch, weil sie pauschal von der Übertragbarkeit der in dem einen Inhaltsbereich entwickelten Kompetenzen in andere Bereiche ausgeht. (Für den *Vergleich* von Prüfungsleistungen ist dies kein Problem. Sobald man versucht, mit der Taxonomie Curricula zu entwickeln, kommt man jedoch in unüberwindliche Schwierigkeiten.)
Wie sieht nun eine Lernziel-Taxonomie aus? In der kognitiven Dimension besteht sie im Modell von Bloom u.a. aus sechs Stufen (zit. nach Meyer 2. Aufl. 1975, S. 103):

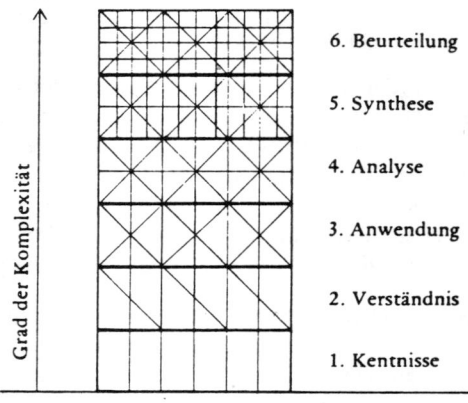

Abbildung 8.4

8.2 Lernzielorientierter Unterricht

Diese sechs Stufen werden dann in der Taxonomie in eine Reihe von Unterstufen untergliedert (Bloom 1972, S. 217-223):

Stufe 1 (Kenntnisse)
1.1 Kenntnis konkreter Einzelheiten
1.2 Kenntnis von Wegen und Mitteln für den Umgang mit konkreten Einzelheiten
1.3 Kenntnis der Universalien und Abstraktionen eines Gebietes

---

Stufe 2 (Verständnis)
2.1 Übertragung
2.2 Interpretation
2.3 Extrapolation

Stufe 3 (Anwendung)
(keine Unterstufen)

Stufe 4 (Analyse)
4.1 Analyse von Elementen
4.2 Analyse von Beziehungen
4.3 Analyse von organisatorischen Prinzipien

Stufe 5 (Synthese)
5.1 Schaffen einer einheitlichen Kommunikation
5.2 Entwerfen eines Plans oder eines Programms für eine Reihe von Operationen
5.3 Ableitung einer Reihe abstrakter Beziehungen

Stufe 6 (Beurteilung)
6.1 Beurteilungen im Hinblick auf innere Klarheit
6.2 Beurteilungen im Hinblick auf äußere Kriterien

Abbildung 8.5

Wozu kann man eine solche Lernzieltaxonomie nutzen?

❏ Die Taxonomie ist *nicht* geeignet, unmittelbar die *Planung* einer Unterrichtsstunde anzuleiten, und zwar deshalb nicht, weil es in jeder Unterrichtsstunde ein fortwährendes Auf und Ab im Schwierigkeitsgrad der Lernziele gibt und weil man grundsätzlich nicht aus Analysetechniken Planungsprinzipien machen kann (s.o., S. 204).

❏ Die Taxonomie kann jedoch wertvolle Hilfen bei der kritischen Analyse von Unterrichtsdokumenten, von Schulbüchern, Richtlinien usw. liefern. So kann der differenzierte Nachweis, daß in einem Geographieschulbuch nur die Stufen 1 bis 3 erreicht werden, Anlaß zur Revision der Schulbuchentscheidung werden. So könnte eine genauere Analyse aufgetretener Schwierigkeiten im Unterricht des Lehrers A. zeigen, daß er fortwährend Ziele der Stufen 5 und 6 angezielt hat, ohne ein ausreichend breites Fundament von erreichten Zielen der Stufen 1 bis 4 erarbeitet zu haben.

Übrigens: Die Taxonomie im kognitiven Lernzielbereich ist nur scheinbar »unhistorisch«. Die sechs Stufen zeigen überraschende Parallelen zu Herbarts Assoziationspsychologie und zur Formalstufentheorie der Herbartianer – bis in die zentralen Begriffe der Analyse und Synthese (vgl. Meyer 1987 b, S. 167, S. 170).

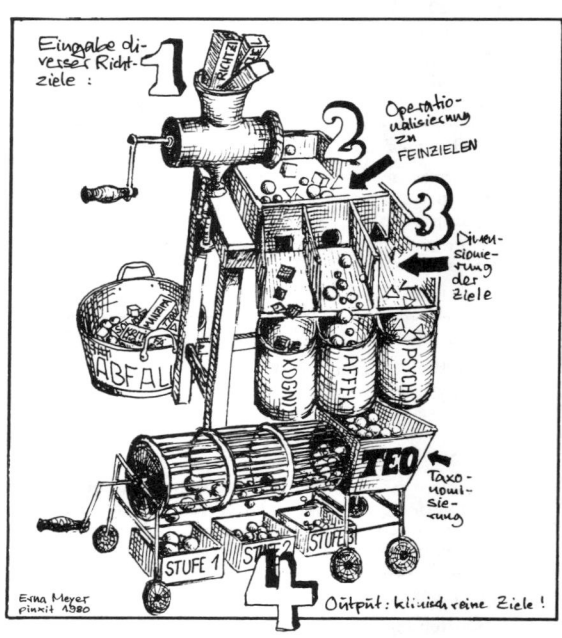

Wir halten noch einmal fest: Die Techniken zur Lernzielanalyse dienen der Entscheidungsvorbereitung, nicht der Entscheidung selbst. Für die Rechtfertigung der Entscheidungen selbst sind *inhaltliche* (aus Richtlinien, Allgemein- und Fachdidaktiken stammende) Kriterien erforderlich.

Diese Beschränkung auf vermeintlich reine Analyseaufgaben macht die Techniken keineswegs wertfrei. Dem Selbstverständnis ihrer Autoren nach sind sie zwar weltweit in jeder denkmöglichen Lebenswelt einzusetzen und neutral gegenüber spezifischen Akzentuierungen. Tatsächlich folgen sie doch einem bestimmten Interesse, nämlich dem der möglichst lückenlosen Kontrolle menschlichen Lernens.

> **These 8.6:**
> Die verfügbaren Techniken zur Lernzielanalyse folgen einem technischen Erkenntnisinteresse.

8.2.3 Sinn und Unsinn der Lernzielorientierung

Robert Mager hat in der Einleitung seines Buchs »Zielanalyse« (1973) als Zielsetzung formuliert: »Die Funktion der Zielanalyse ist, das Undefinierbare zu definieren, das Ungreifbare zu greifen«. In diesem kurzen Satz kommt ein überzogenes, technokratisches (Miß-)Verständnis vom Bildungsprozeß zum

Ausdruck. Mager tut so, als ob Unterricht ausschließlich aus zweckrational planbaren Entscheidungen und Handlungen der LehrerInnen und SchülerInnen bestünde. Er unterschlägt damit den in der 4. Lektion auf S. 106 beschriebenen Tatbestand, daß menschliche Kommunikation lebenspraktischen Erkenntnisinteressen folgt. Deshalb die nächste These:

> **These 8.7:**
> Es ist nicht möglich, aber auch nicht wünschenswert, die Lehrer-Schüler-Interaktion im Unterricht vollständig zu verplanen.

LehrerInnen *und* SchülerInnen lassen sich ihre Subjektivität und das Recht zu spontanen Handlungen nicht völlig rauben!

Gegen die allgemeine Forderung, den Unterricht rationaler als bisher üblich zu gestalten, läßt sich kaum etwas einwenden. Zum Problem wird diese Forderung erst in ihrer konkreten Gestalt. Es ist zu fragen, ob die Vorteile einer behavioristisch orientierten strengen Ziel-Mittel-Planung im Unterricht die ungewollten Nebenwirkungen aufzuwiegen vermögen. Das Konzept sollte deshalb an den selbstgesetzten Ansprüchen gemessen werden:

- Durch die Lernzielorientierung soll der Akzent der Unterrichtsvorbereitung von den Unterrichtsinhalten auf die SchülerInnen verlagert werden. Da aber in den vorliegenden Konzepten zum Lernzielorientierten Unterricht (mit der Ausnahme von Lemke und Füglister) die Beteiligung der SchülerInnen an der Planung und Durchführung des Unterrichts nicht vorgesehen ist, besteht die große Gefahr, daß aus der vermeintlichen Schülerorientierung eine Lehrerzentrierung des Unterrichts wird.
- Durch die Lernzielorientierung der Unterrichtsplanung soll den Studierenden und den ReferendarInnen Verhaltenssicherheit im Unterricht geliefert werden. Aber dieser Vorteil greift nur dann, wenn es tatsächlich möglich sein sollte, Unterricht vollständig zu verplanen (was wir bezweifeln).

Wir sind der Auffassung, daß die Orientierung des Berufsanfängers am engen, behavioristischen Konzept Lernzielorientierten Unterrichts nur *Scheinsicherheiten* schafft:

- Es besteht die Gefahr, daß durch die Lernzielorientierung *sachlogische Zusammenhänge zerstückelt* werden. (Die aus dem Programmierten Unterricht bekannte Theorie der »kleinsten Schritte« ist nur bei einigen wenigen Lernaufgaben sinnvoll!)
- Lernzielorientierung hemmt die *Spontaneität von Lehrern und Schülern,* weil nur die auf das angestrebte Endverhalten passenden Aktivitäten der SchülerInnen zugelassen werden; die Frage, ob die Unterrichtsplanung während der Stunde geändert werden solle, wird entweder ausgeklammert oder nur auf die Methoden, nicht auf die Ziele bezogen.

❏ Lernzielorientierung könnte zwar eine gerechtere (nicht mehr an der Normalverteilungskurve orientierte) Beurteilung der Schülerleistungen fördern, sie könnte aber auch eine durch äußere Faktoren (z.b. den Numerus-Clausus-Druck) bereits aufgeblähte *Leistungsfixierung* der SchülerInnen noch mehr bestärken.

❏ Es besteht die Gefahr einer *Überschätzung der Voraussagbarkeit von Unterrichtsverläufen und Lernergebnissen.* Gerade ReferendarInnen legen sich manchmal selbst Fesseln an, indem sie sklavisch die auf die Minute genau festgelegten Teillernziele einer Unterrichtsstunde zu erreichen versuchen. Das begründete Abrücken von einer vorgestellten Lernzielplanung ist eine größere Leistung als die hundertprozentige Sollerfüllung. Hinzu kommt, daß die Gedächtniskapazität eines Lehrers (und jedes anderen Menschen) bei weitem überfordert ist, wenn er zwanzig oder gar dreißig Feinlernziele bei Stundenbeginn im Kopf haben will.

❏ Es besteht die Gefahr einer *Vernachlässigung fachdidaktischer Analysen.* Es ist ein Irrtum zu glauben, daß ohne die Zwischenschaltung der zuständigen Fachdidaktiken aus allgemeinen Qualifikationskatalogen oder Richtzielen über Grob- bis zu Feinzielen deduziert werden könnte. Lernzielorientierung ist kein Ersatz, sondern eine Ergänzung und Präzisierung der fachdidaktischen Aufbereitung des Unterrichts.

❏ Lernzielorientierung birgt die dauernde Gefahr einer *Vernachlässigung der Unterrichtsmethodenprobleme* in sich. Immer wieder werden Stundenentwürfe vorgelegt, in denen die lange Latte vorangestellter Lernziele im Abschnitt »geplanter Stundenverlauf« nicht mehr wiederzufinden ist.

❏ Es besteht die Gefahr, daß die *Wechselwirkungen* von Ziel-, Inhalts- und Methodenentscheidungen bei der Unterrichtsvorbereitung unterschlagen und während des Unterrichtens nicht beachtet wird.

Notwendig ist sozusagen eine »Lernzieltheorie der zweiten Generation«, die von der durch Klingberg herausgearbeiteten Einsicht ausgeht, daß trotz einer allgemeinen Zielorientierung des didaktischen Handelns im Unterrichts*prozeß* die Unterrichtsmethodik zur »Führungsgröße« wird (s.o., S. 265).

8.3 Erfahrungsbezogener Unterricht

In den späten 70er Jahren entstanden mehrere, zum Teil nur auf ein einziges Unterrichtsfach bezogene Unterrichtskonzeptionen, die ausdrücklich den Begriff »Erfahrung« in ihrem Namen führen (etwa Garlichs/Groddeck 1978, Nykrin 1978; vgl. den Überblick bei Jank 1986). Wir beschreiben in diesem Abschnitt den »Erfahrungsbezogenen Unterricht« *Ingo Schellers* (1981), weil sein Konzept nicht fachgebunden ist (wie das von Nykrin) und weil es praxisnah entwickelt, erprobt und weitergedacht wurde.

Ingo Scheller unterrichtet an der Carl-von-Ossietzky-Universität Oldenburg und leitet dort die Arbeitsstelle »Szenisches Spiel«. In seinem Konzept fordert er, die körperlichen, sinnlichen, kognitiven und sozialen Erfahrungen

8.3 Erfahrungsbezogener Unterricht

der SchülerInnen und LehrerInnen, ihre Gefühle, Phantasien und Haltungen gegenüber den Unterrichtsthemen zum Ausgangs- und Zielpunkt von Unterricht zu machen und für die Identitätsbildung der SchülerInnen zu nutzen. Sein Ansatzpunkt dafür ist die Arbeit an den »Haltungen« der einzelnen LehrerInnen, nicht die vage Hoffnung auf eine irgendwann einmal gelingende Curriculum-Revision oder auf die Entbürokratisierung der Schule durch die Schulbürokratie selbst. Scheller versucht, sein Konzept selbst »erfahrungsbezogen« an StudentInnen und LehrerInnen zu vermitteln. Er tut dies durch Einbeziehung der Körpersprache, durch »Arbeit an Haltungen«, durch »Standbild-Bauen«, Szenisches Spiel und viele andere Formen der Arbeit mit »Erfahrung«.

In den 80er Jahren hat Ingo Scheller sein Konzept weiterentwickelt und u.a. eine *Spielleiter-Ausbildung* an der Universität aufgebaut und zahlreiche schulfachspezifische und fächerübergreifende Veröffentlichungen zur *Szenischen Interpretation* von Dramen, Opern u.a. vorgelegt[1]. Wir referieren im folgenden im wesentlichen die Position von 1981. Einen guten Einblick in die aktuelle Position liefern die beiden Bände »Wir machen unsere Inszenierungen selber« (1989 a; 1989 b).

Das Konzept des Erfahrungsbezogenen Unterrichts verdankt seine Attraktivität

☐ der Glaubwürdigkeit, mit der in ihm ein Unterricht gefordert, beschrieben und durch Beispiele illustriert wird, der auf die Erfahrungen der SchülerInnen bezogen ist,

☐ der einfachen Struktur eines Schemas von drei Unterrichtsphasen, das Ingo Scheller als Gliederungsrahmen für den Aufbau von Unterrichtseinheiten vorschlug,

☐ der Tatsache, daß viele LehrerInnen, vor allem aber viele StudentInnen und BerufsanfängerInnen Schellers kritische Haltung gegenüber der Institution Schule teilen, und

☐ den zahlreichen Vorschlägen für einen kreativen Umgang mit verschiedenen »Symbolisierungsformen« (siehe unten).

8.3.1 Schulkritik als Ausgangspunkt

Ausgangspunkt für die Entwicklung des Schellerschen Konzepts ist eine vehemente Kritik der Schule als Institution. Dies unterscheidet seinen Ansatz grundlegend von dem im vorhergehenden Abschnitt referierten, zehn Jahre

---

1 Diese Berichte sind vor allem vom Zentrum für pädagogische Berufspraxis an der Carl-von-Ossietzky-Universität Oldenburg veröffentlicht worden und auch von dort zu beziehen (ZpB, Universität, Postfach 2503, 2900 Oldenburg), etwa Scheller/Schumacher 1984; Scheller 1987 a und 1989 a, 1989 b; Bartels/Kötter/Loose/Scheller 1987; Nebhuth/Brinkmann 1988. Vgl. auch Berichte zu Erfahrungsbezogenem Unterricht im Schulfach Musik von Stroh 1982 und 1985; Nebhuth/Stroh 1990.

älteren Konzept des Lernzielorientierten Unterrichts. Schellers Kritik konzentriert sich auf folgende Punkte (Scheller 1981, S. 29-51):

Zeichnung: Peter Gaymann

○ Viele *Unterrichtsthemen* können von den SchülerInnen nicht mehr mit eigenen, sinnlichen Erlebnissen und Erfahrungen in Verbindung gebracht werden. Es sind »von subjektiven Einschlägen gereinigte Wissensstoffe« (Scheller 1981, S. 35): fachspezifisch zergliedert, in den Schulbüchern vorgekaut, abgeschottet gegen die Bedeutungen, Erwartungen und Erfahrungen, die ihnen die SchülerInnen individuell entgegenbringen. Kurz: Sie treten auf als Schulweisheiten, als *»Schulwissen«* (Rumpf 1981).

○ Die Aneigungsprozesse in der Schule sind überwiegend *sprachlich* bestimmt. Damit verbunden ist die Konzentration auf kognitive Aneignungsprozesse, die die Schüler hindern, sich Unterrichtsinhalte auch sinnlich-praktisch anzueignen. Zu dieser Entsinnlichung tritt die *Ritualisierung* pädagogischer Handlungsmuster, die dann zu den – ebenfalls meist sprachlich determinierten – typischen Formen wie dem fragend-entwickelnden Unterrichtsgespräch erstarren. »Die schulische Karriere von Schülern hängt nicht selten davon ab, wie weit sie lernen, die institutionell erwarteten Sprachhandlungsmuster zu beherrschen und wirkungsvoll einzusetzen« (Scheller 1981, S. 38).

○ Entsprechend ritualisiert sind auch die *sozialen Beziehungen* und das *Rollenverhalten* von LehrerInnen und SchülerInnen. Oft werden Bedürfnisse, Interessen und Erlebnisse, die nicht unmittelbar zum Unterrichtsthema gehören, gar nicht oder nur indirekt thematisiert: auf SchülerInnenseite etwa durch eine aggressive Inszenierung der eigenen Identität in Kleidung, Sprache und Verhalten oder durch Lustlosigkeit, durch Flucht in produktive und unproduktive Nebentätigkeiten, auf LehrerInnenseite durch langatmig-aggressives Zur-Rede-Stellen der SchülerInnen, durch vorweggenommene Negativ-Reaktionen (»Ich finde diese Sache gut – aber ich weiß ja, ihr werdet auch damit nichts anfangen können!«) usw.

○ Die öde *Klassenraumgestaltung* der meisten Schulen isoliert nicht nur LehrerInnen und SchülerInnen von dem, was außerhalb des Schulgebäudes abläuft, sondern kanalisiert und beschränkt die Wahrnehmungs- und Bewegungsmöglichkeiten aller »Anstaltsangehörigen«.

○ Ähnlich fremdbestimmend wirkt sich die Zerstückelung der Unterrichtszeit in eine »Abfolge kleiner, gegeneinander isolierter Zeiteinheiten« aus, durch die »die Inhalte auseinandergerissen werden«, so daß die für den Lernprozeß wesentlichen Erfahrungs*zusammenhänge* gar nicht erst entstehen können (Scheller 1981, S. 47).

○ Schulische Sozialisation, so faßt Scheller zusammen, führe zu einem *»Formierungsprozeß«* der Individuen, der den herrschenden ökonomischen und politischen Interessen entspreche. Die SchülerInnen seien gezwungen, »eine Unmenge von Wissen aufzunehmen, ohne die Sinnfrage stellen und eigene

Erlebnisse, Erfahrungen und Phantasien aktiv verarbeiten zu können« (Scheller 1981, S. 49).

○ Diese verschiedenen Faktoren verhinderten – verstärkt durch Notenzwang und Zensurendruck – den Aufbau *solidarischer Beziehungen* der SchülerInnen untereinander und zwischen LehrerInnen und SchülerInnen.

These 8.8:
Schulisches Lernen ist entfremdetes Lernen.

Schellers Konzept des Erfahrungsbezogenen Unterrichts stellt den Versuch dar, die fälligen Konsequenzen aus dieser Schul- und Unterrichtskritik zu ziehen.

8.3.2 Erlebnisse – Erfahrungen – Haltungen

Die Erlebnisse und Erfahrungen, die die SchülerInnen machen, mögen intensiv, lebendig, tröstlich oder frustierend sein – sie sind aber kein Wert an sich, sondern erhalten ihre Bedeutung erst als Grundlage für die *Arbeit an den Einstellungen und Haltungen* der SchülerInnen. Scheller gliedert den Prozeß der Verarbeitung von Erlebnissen und Erfahrungen zu Haltungen und Handlungsmustern in mehrere Stufen: Erfahrungen bauen auf sinnlich-ganzheitlichen *Erlebnissen* auf, die im Rahmen von konkreten, praktischen Lebens- und Interaktionszusammenhängen und -vollzügen gemacht worden sind.

Die Erlebnisse werden in einem komplexen Aneignungsprozeß *verarbeitet:* Sie werden in Beziehung zu früheren Erlebnissen gesetzt, zu gemachten Erfahrungen, zu Stimmungen und Gefühlen, zum Handeln. Erlebnisse sind also mehr als bloß zufällige Eindrücke und Reaktionen; sie sind eingelagert in die individuellen *Erlebnisweisen,* die wiederum Produkt vergehender und vergangener Interaktionen und Erlebnisse sind. »In diesem Sinne sind Erlebnisse Teil meiner Lebensgeschichte und bestimmen diese« (Scheller 1980, S. 27).

Zu einer »Erfahrung« verdichten sich Erlebnisse aber erst, wenn sie »in ihrer Entstehung und Wirkung in der Situation und im Subjekt erklärt werden können« (Scheller 1981, S. 61). Dazu braucht man Distanz, Reflexion, Erinnerung, Vergleich, Austausch mit anderen, also die Interaktion mit anderen Menschen mit Hilfe von Symbolen und Symbolsystemen. Die im Schulalltag gebräuchlichste Symbolisierungsform ist die Sprache. Scheller verwendet viel Aufmerksamkeit und Raum darauf, *alternative* Symbolisierungsformen zu beschreiben und didaktisch zu kommentieren: insbesondere das szenische Spiel, aber auch Fotografieren, Tanzen, Musizieren, Zeichnen usw. Die Verständigung zwischen den Interaktionspartnern wird umso eher glücken, je genauer und aspektreicher die SchülerInnen die Bedeutung der eingesetzten Symbole und Symbolisierungsformen kennen und nutzen gelernt haben[1]. Dann werden die im Unterricht gemachten Erfahrungen auch das *künftige* Denken, Fühlen und Handeln mitbestimmen können.

Erfahrungen entstehen also im sinnlichen Erleben an und in unseren Körpern, und sie schlagen sich als »Haltungen« nieder.

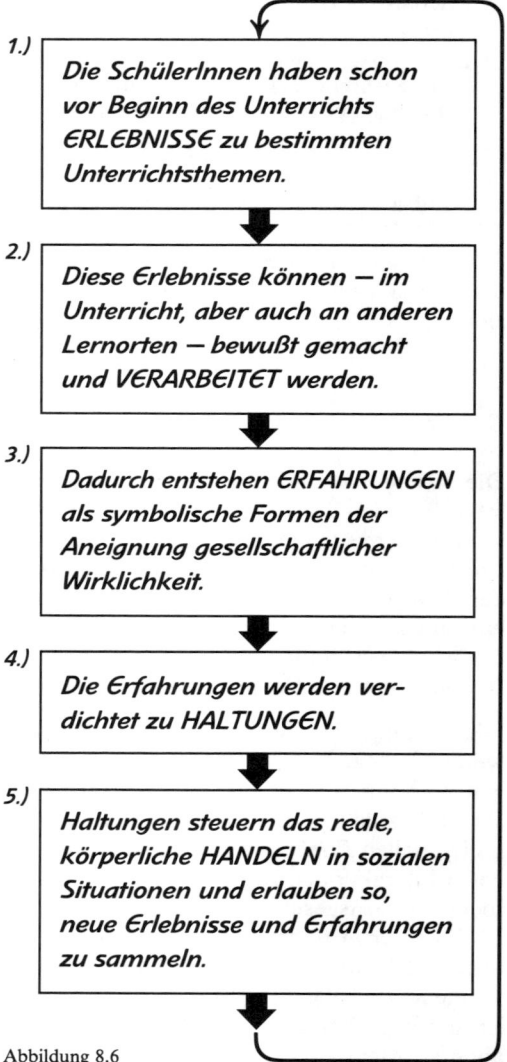

Abbildung 8.6

---

1 An dieser Argumentation können Insider erkennen, daß Scheller sich auf die Theorie der Symbolischen Interaktion stützt. Wir haben diese Theorie und ihre Herkunft aus dem Amerikanischen Pragmatismus in der 4. Lektion beschrieben (S. 119-122). Scheller (1981; ausführlicher: 1980, S. 25-57) machte diese Theorie in einer psychoanalytisch akzentuierten Variante zur Grundlage seines Konzepts (vgl. Lorenzer 1972; auch Fürstenau 1969; Wellendorf 1973).

8.3 Erfahrungsbezogener Unterricht

> **Definition 8.7:** Erfahrungen sind jene in einem komplexen Aneignungsprozeß mit Hilfe symbolischer Formen verarbeiteten Wahrnehmungen und Erlebnisse, die sich aufgrund dieser Verarbeitung zu einem neuen Deutungs- und Handlungsmuster des Individuums verdichten und in Haltungen niederschlagen.[1]

Wie läuft die »Verdichtung« von Erfahrungen zu mehr oder weniger stabilen Haltungen ab? Scheller hat in mehreren Studien den Aufbau und die Möglichkeiten der Arbeit an Haltungen analysiert (Scheller 1981, 1982, 1986). Haltungen haben eine äußere, sichtbare und eine innere, durch Deutung der äußeren zu erschließende Seite:

»Haltungen sind Niederschläge *real erlebter, körperbestimmter Interaktionen* und der in diese Interaktionen eingehenden gesellschaftlichen Beziehungen. Sie werden in ihren strukturbildenden Momenten im vorsprachlichen Raum in der frühen Mutter-Kind-Beziehung produziert (vgl. Lorenzer 1973, S. 30) und im Verlaufe des Lebens durch neue Erlebnisse geformt, entfaltet und überarbeitet. Dabei wird der Körperausdruck zunehmend auf geschlechts-, schichten- und berufsspezifisch anerkannte Körperbilder und -haltungen hin entwickelt, an diesen gemessen, entsprechend eingeschränkt oder gemodelt. Über Beobachtung und Nachahmung körperlicher Verhaltensmuster, die dem einzelnen gezeigt, nahegelegt oder zur Abgrenzung demonstriert werden, entwickelt der Mensch bestimmte Verhaltensvorstellungen und versucht – überwiegend unbewußt –, sie mit seinen spezifischen körperlichen Voraussetzungen und Fähigkeiten in eine äußere Haltung umzusetzen« (Scheller 1986, S. 205; Hervorhebung bei Scheller).

> **Definition 8.8:** Eine Haltung ist das Gesamt an privaten, sozialen und politischen Vorstellungen und Interessen einerseits, an sprachlichen, handlungsbezogenen und körperlichen Ausdrucksmöglichkeiten andererseits (vgl. Scheller 1986, S. 205).

Die *Arbeit an Haltungen* ist ein Mittel des Erfahrungsbezogenen Unterrichts. Haltungen sind aus den genannten Gründen relativ stabil und durch bloße kognitive Belehrung sicherlich nicht zu verändern. Deshalb müssen Lernsituationen geschaffen werden, in denen die SchülerInnen an jene Situationen rückerinnert werden, in denen sie die im Unterricht thematisierten Haltungen aufgebaut haben. Eine der Möglichkeiten dazu, so Scheller, ist das szenische Spiel. Im Spiel (Stegreifspiel, Rollenspiel, Soziodrama, Theater) können verfestigte Haltungen wieder »verflüssigt« werden.

---

1 Grundlegende Untersuchungen zum Begriff und zur pädagogischen Bedeutung von Erfahrung haben auch Buck (2. Aufl. 1969), Krüger/Lersch (1982) und Duncker (1987) vorgelegt.

Scheller fordert von Lehrerinnen und Lehrern, die sein Konzept übernehmen wollen,

- daß sie sinnlich-ganzheitliches und körperbestimmtes Handeln fördern, anstatt es zu verhindern,
- daß sie Themen anbieten und Lernsituationen schaffen, in denen die SchülerInnen ihre eigene Lebensgeschichte neu symbolisieren und dadurch in ungewohnter Perspektive verarbeiten können,
- daß sie mit ihren Schülern und Schülerinnen alternative Symbolisierungsformen erproben,
- daß sie ihren SchülerInnen durch die Arbeit an eigenen und fremden Haltungen die Möglichkeit zur reflektierenden Verarbeitung und kritischen Distanz geben
- und daß sie durch Probe-Handeln in vorgestellten Situationen Handlungsalternativen anbieten und das Selbstbewußtsein der SchülerInnen stärken.

Diese Ziele können sie nur dann bewußt verfolgen, wenn sie sich ihrer eigenen LehrerInnenhaltungen bewußt geworden sind und ihre Wirkung auf die SchülerInnen kennengelernt haben. Der erste Schritt zur Verwirklichung Erfahrungsbezogenen Unterrichts ist deshalb die Arbeit an LehrerInnen-Haltungen. Scheller hat eine Reihe methodisch phantasievoller Formen der Arbeit an LehrerInnen-Haltungen entwickelt und in der LehrerInnenaus- und -weiterbildung erprobt.

8.3.3 Phasenschema zur Unterrichtsplanung

Scheller schlägt vor (und illustriert in seinem Buch an zahlreichen Beispielen), Unterrichtseinheiten in drei Phasen zu gliedern, in denen sich der Prozeß der Erfahrungsverarbeitung spiegelt (vgl. Abb. 8.7 auf S. 317).

Wer selbst eine Unterrichtseinheit nach Schellers Konzept plant, kann sich an der folgenden *»Checkliste«* des Autors orientieren (1981, S. 217 f.). Scheller betont, daß sein Phasenschema in der Regel nur auf größere Unterrichtskomplexe und nicht auf isolierte Einzelstunden anzuwenden ist.

Aneignung von Erfahrungen

- *Welche Ausgangssituation* (Bild, Text, Film, Erkundung, Spiel u.a.) ist geeignet, um die Schüler zu provozieren, ihre eigenen Erfahrungen und Probleme zu veröffentlichen?
- In welchen *Produkten* (Wandzeitungen, Texte, Textkollagen, Text-Bild-Montagen, Spiel u.a.) können die Schüler ihre Erfahrungen und Deutungen festhalten, und über welche *Aneignungsweisen* und Verfahren können sie diese erarbeiten?

8.3 Erfahrungsbezogener Unterricht

Aneignung: Es sollen Situationen geschaffen werden, in denen die SchülerInnen die Möglichkeit haben, sich die Erlebnisse, Phantasien und Bedeutungen, die sie mit dem jeweiligen Unterrichtsthema verbinden, zunächst allein anzueignen und sie dann in Kleingruppen zu verarbeiten. Denn erst durch die Herstellung einer *Beziehung zur Unterrichtssituation und zum Thema bzw. Inhalt* kann eine erfahrungsbezogene Auseinandersetzung mit neuen Fragen, Gesichtspunkten und Begriffen ermöglicht werden (Scheller 1981, S. 65, S. 224).

Verarbeitung: Es sollen Situationen geschaffen werden, in denen eine *Konfrontation* der themenbezogenen subjektiven Bedeutungszuschreibungen und Haltungen der SchülerInnen *mit den Erfahrungen und dem Wissen anderer* (anderer SchülerInnen, LehrerInnen, WissenschaftlerInnen usw.) stattfinden kann (Scheller 1981, S. 65 f.).

Veröffentlichung: Es soll den SchülerInnen die Möglichkeit eröffnet werden, die Resultate ihrer Lernprozesse *auch über den Rahmen der eigenen Klasse hinaus* öffentlich zur Diskussion zu stellen: Indem die SchülerInnen den eigenen Lernprozeß rekonstruieren und indem sie andere anregen, eigene Erfahrungen einzubringen und eigene Standpunkte zu überprüfen, will Scheller die Folgenlosigkeit und Diskontinuität alltäglichen Unterrichts abbauen und Verbindlichkeit schaffen (Scheller 1981, S. 67).

Abbildung 8.7

- Welche individuellen und *sozialen Erfahrungen* sollen die Schüler machen? Wie ist das Verhältnis zwischen Einzelarbeit, Gruppenarbeit und der Arbeit im Klassenverband? Sollen Einzel- oder Gruppenprodukte hergestellt werden?
- Wieviel *Zeit* steht im Rahmen der Unterrichtseinheit für diese erste Phase zur Verfügung, und was kann man realistischerweise in dieser Zeit bewältigen?
- Welche *räumlichen* (Wandflächen, Sitzordnung, Arbeitsflächen) und *technischen Voraussetzungen* (Tageslichtschreiber, Folien, Papier für Wandzeitungen, Filzschreiber, Fotoapparate, Schreib- und Malutensilien u.a.) müssen berücksichtigt oder geschaffen werden?

Verarbeitung von Erfahrungen

- *An welchen Dokumenten* (Texte, Bilder, Filme, Referate) *kann man exemplarisch Zusammenhänge* (Begriffe) *erarbeiten?*
- *In welchen Produkten* (Reportage, Dokumentation, Text-Montage, Diaschau, Spielszenen, Podiumsdiskussion u.a.) *sollen* die in dieser Phase erarbeiteten *Zusammenhänge vergegenständlicht* und veröffentlicht werden, und *welche Verarbeitungsweisen* (z.B. Beschreiben, Fotografieren, Rollenspiel, Interview) *müssen* dabei *gelernt und erprobt* werden? Wie können Produkte der Aneignungsphase berücksichtigt werden? Wo sind Klassenarbeiten, Klausuren oder Tests so integrierbar, daß sie Teil des Verarbeitungsprozesses bleiben?
- In welcher *Sozialform* soll in welcher Weise an den einzelnen Themenaspekten gearbeitet werden: Klassengespräch, Kleingruppen (arbeitsgleich oder arbeitsteilig), Partnerarbeit, Einzelarbeit? Sollen Einzel-, Gruppen- oder Klassenprodukte erstellt werden?
- Wieviel *Zeit* steht zur Verfügung? Was von dem Geplanten ist durchführbar? Wo sind Abstriche zu machen?
- Welche *räumlichen und technischen Voraussetzungen* müssen für diese Phase berücksichtigt oder geschaffen werden?

Veröffentlichung von Erfahrungen

- Wem (Klassenverband, andere Klassen, Lehrer, Eltern, Jugendheim u.a.) soll das Arbeitsprodukt zugänglich gemacht und was soll damit erreicht werden?
- Welche *Veröffentlichungsweisen* (Ausstellung, Buch, Zeitung, Theateraufführung, Dia-Vortrag u.a.) sind geeignet, um Verständnis für die dargestellten Zusammenhänge zu erwecken? In welcher Weise müssen die Arbeitsprodukte für die spezifischen Adressaten umgearbeitet werden?
- Wie kann über welche Darstellungsweisen (z.B. Berichte, Skizzen, Kommentare, Vorträge) gewährleistet werden, daß nicht nur das Produkt, sondern auch der Arbeits- und Erfahrungsprozeß der Schüler der Öffentlichkeit zugänglich gemacht wird? Wie kann mit den Schülern der Arbeitsprozeß rekonstruiert werden?
- Wieviel *Zeit* kann und will man in die Auswertung und Veröffentlichung der Unterrichtseinheit investieren? Welcher zusätzliche Zeitaufwand (außerhalb der Schulzeit) wird notwendig? Wieweit und unter welchen Umständen sind die Schüler bereit, diesen auf sich zu nehmen usw.?
- Welche *räumlichen und technischen Voraussetzungen* müssen bei der Veröffentlichung berücksichtigt oder geschaffen werden?

Es handelt sich bei den drei Phasen der Aneignung, Verarbeitung und Veröffentlichung von Erfahrungen um ein Stufen- bzw. *Phasenschema* des Unterrichts, wie es in der Geschichte der Didaktik seit Comenius und Herbart

8.3 Erfahrungsbezogener Unterricht

immer wieder in variierter Form vorgeschlagen worden ist (ausführlich dargestellt bei Meyer 1987 a, S. 155-206). Viele aus der Geschichte bekannte Schemata sind problematisch, weil sie behaupten, streng lerntheoretisch begründet zu sein, in Wirklichkeit jedoch eine pseudotheoretische Rechtfertigung gewaltsamer Eingriffe des Lehrers in den Lernprozeß der Schüler darstellen. Dieser Vorwurf kann gegen Schellers Schema nicht erhoben werden. Wir halten es deshalb für eine wesentliche Bereicherung der didaktischen Landschaft:

- ❏ Das Schema besteht aus »*einheimischen Begriffen*« im Sinne Herbarts. Die gewählten Grundbegriffe Aneignung, Verarbeitung, Veröffentlichung sind nicht aus einer psychologischen Bewußtseinstheorie (wie z.B. das Etappenmodell der Tätigkeitstheorie, s.u., S. 352) abgeleitet oder gar aus unterrichtsfernen Wissenschaften in die Didaktik importiert, sondern in alltäglicher Unterrichts- und Ausbildungspraxis schrittweise entwickelt worden.

- ❏ Das Schema ist so konzipiert, daß *LehrerInnen und SchülerInnen gemeinsam* den Lernprozeß gestalten: Die Lehrerin oder der Lehrer bleibt zwar für die Organisation der Lernsituation verantwortlich, aber Gegenstand der Unterrichtsarbeit sind ja nicht ferne Lernzielvorgaben aus Richtlinien und Schulbüchern, sondern die Erfahrungen der SchülerInnen (und der LehrerInnen) mit dem Thema.

- ❏ Darin steckt auch die *politische Brisanz* des Erfahrungsbezogenen Unterrichts. Der Anspruch des Staates vorzuschreiben, was und wie SchülerInnen lernen sollen, wird damit tendenziell unterlaufen.

- ❏ Das Schema ist (zumindest auf den ersten Blick) *einfach und leicht verständlich!* Das hat Vor- und Nachteile: Es zwingt den Studenten/die Studentin, die SchülerInnenperspektive auf Unterricht frühzeitig wahrzunehmen. Es kann aber auch dazu verleiten, das Schema umstandslos beliebigen Unterrichtsthemen überzustülpen, ohne überprüft zu haben, ob es in der vorgesehenen Form für erfahrungsbezogenen Unterricht geeignet ist.

Vor, und nicht nach der Entscheidung für dieses Schema sollte man sich Rechenschaft darüber ablegen, ob es für *diese* Schulklasse mit *diesem* Unterrichtsklima bei *diesen* Lehrzielen und *diesen* Vorerfahrungen geeignet ist.

These 8.9:
Die Orientierung der Planungstätigkeit an den drei Phasen Aneignung/Verarbeitung/Veröffentlichung von Erfahrungen ermöglicht es, Entfremdungserscheinungen alltäglichen Unterrichts tendenziell aufzuheben.

8.3.4 Symbolisierungsformen des Unterrichts

Es bedarf gezielter Unterrichtsvorbereitung, um SchülerInnen »aus der Reserve zu locken« und ihnen Möglichkeiten zu geben, ihre (Vor-)Erfahrungen in den Unterricht einzubringen, sie sich (wieder) anzueignen, sie mit den anderen gemeinsam zu verarbeiten und die Ergebnisse schließlich über die noch begrenzte »Öffentlichkeit« der Schulklasse hinaus öffentlich für andere zu machen. Die SchülerInnen müssen Angebote und Anregungen erhalten, sich ihre Erfahrungen bewußt zu machen und sie mitzuteilen. Die bloße Aufforderung dazu reicht nur selten aus. Vor allem SchülerInnen, die sich sprachlich gehemmt fühlen, werden kaum je »frei von der Leber weg« subjektive Erfahrungen vor der gesamten Klasse und der Lehrerin bzw. dem Lehrer preisgeben. Deshalb bedarf es eines strukturierten Angebots von »Symbolisierungsformen«, mit Hilfe derer die SchülerInnen sich ihre Erfahrungen selbst bewußt machen, anderen mitteilen, sie gemeinsam verarbeiten und erweitern und sie schließlich für Dritte veröffentlichen können. Symbolisierungsformen können helfen, Erlebnisse, Gefühle, Erfahrungen und Haltungen zu *vergegenständlichen*. Scheller übernimmt den Begriff »Vergegenständlichung« von Thomas Ziehe (1980, S. 41):

»Vergegenständlichung meint hier materielle und symbolische Produktion (den Erwerb von Kompetenz hierzu mit eingeschlossen) von Texten, von Bildern, von Körperausdruck, von Gebrauchsgegenständen, von wissenschaftlichen Inhalten – eine Vergegenständlichung, die immer auch Verständigung mit anderen und mit sich selbst bedeutet, die nicht nur situativ vorhanden ist, sondern als Kompetenz und als Produkt – auch aus einer räumlichen und zeitlichen Distanz überdauert, einem selbst und anderen ‚gegenübersteht'.«

Solche Vergegenständlichungen durch Symbolisierungen – etwa als Kurzgeschichte, als Standbild, als Reportage, als Rollenspiel, als Bewegungsspiel, als eine Foto-Sammlung usw. – sind nicht bloß Imitationen der Wirklichkeit:

> **These 8.10:**
> »*Symbolisierungsformen* bilden Erlebnisse und Wirklichkeit nicht einfach ab, sondern strukturieren und *interpretieren* sie in bestimmter Weise« (Scheller 1981, S. 75).

Scheller beschreibt in seinem Buch (1981, S. 121-214) detailliert und mit vielen Praxishinweisen eine Fülle von Symbolisierungsformen:

- ❏ *Das Gespräch:* Rundgespräch, Kreisgespräch, Befragung, Diskussion, Rollengespräch, Positionsgespräch, Pro- und Contra-Diskussion.
- ❏ *Das Schreiben:* Notieren; Sammeln; Transkribieren; Erzählen; Berichten; Beschreiben; Protokollieren; Biographien von Dingen/von Personen herstellen; Szenarien; Gedichte; Flugblätter; Zeitung; Wandzeitung; Korrespondenz; SchülerInnenbuch.

8.3 Erfahrungsbezogener Unterricht

❑ *Das Lesen von Literatur:* Textstellen anstreichen, kommentieren und umschreiben; Beispiele benennen; Briefe an Personen/Figuren des Textes schreiben; Figuren szenisch spielen, durch Bilder ergänzen; Collagieren; über Literatur schreiben; »Kollektive Lektüre«; Variationen schaffen; Texte weiterschreiben; »eingreifende Montage«.

❑ *Das Fotografieren:* Fotos herstellen, sammeln, auswählen, systematisieren, kommentieren, zu Sequenzen zusammenstellen; Fotocollage gestalten; einen Fotoroman herstellen; Reportagen, Bildbände erstellen; Konzept für eine Diaschau entwerfen; Fotografien übermalen.

❑ *Das szenische Spielen:* Autodrama; Standbild-Bauen; Pantomime; »Zeitlupe«; Maskenspiel; Clownspiel; Soziodrama; Lehrstück; Planspiel; Vorführ-Theater; Mitspiel-Theater; Unsichtbares Theater; Stegreifspiel; Revue.

8.3.5 Rückfragen

Wenn man mit Lothar Klingberg davon ausgeht, daß der Unterrichtsinhalt erst im konkreten Vollzug des Unterrichtsprozesses im gemeinsamen Handeln von LehrerInnen und SchülerInnen »zu Ende konstituiert« wird (vgl. Abschnitt 7.6.2), dann kann man Schellers Konzept als eine radikalisierte Fassung dessen ansehen: Klingberg beschreibt den Prozeß der Konstituierung von Inhalt als Prozeß der individuell je verschiedenen Aneignung des Inhalts, in dem Lehr- und Lernintention, Lehr- und Lernlogik, subjektive Interpretation des Inhalts durch die LehrerInnen, individueller Assoziations- und Erfahrungshintergrund der SchülerInnen und schließlich aktuelle, im Prozeß entstehende »zusätzliche Inhalte« aufeinandertreffen (s.o., S. 279). Im Zentrum steht bei ihm nach wie vor der Inhalt, wie sehr dieser auch gemodelt und verändert wird. Bei Scheller verschiebt sich das Zentrum dieses Konstituierungsprozesses vom Inhalt auf die Bedeutungen und Interpretationen, die die beteiligten Personen zum Inhalt einbringen: *Konstituiert werden nicht mehr »Inhalte«, sondern die subjektiven Bedeutungszuschreibungen* der LehrerInnen und der SchülerInnen zu den Unterrichtsthemen. Die Verantwortung für die Auswahl und Legitimation der Unterrichtsinhalte wird bei Scheller in die Hände des Lehrers bzw. der Lehrerin und der SchülerInnen gelegt. Eine Curriculum- oder Bildungstheorie, in der denkmögliche Unterrichtsthemen klassifiziert werden, sucht man bei ihm vergebens. Dennoch sind Auswahl und Stoßrichtung der Bearbeitung der Unterrichtsthemen nicht beliebig. Es müssen solche Themen gewählt werden, die die Aufarbeitung der eigenen Erlebnisse und Erfahrungen gestatten und zugleich die kritische Distanzierung und Reflexion durch Vergleich mit den Erfahrungen anderer ermöglichen.

Unterricht nach Schellers Konzept setzt voraus, daß die SchülerInnen bereit sind, ihre subjektiven Erlebnisse, Phantasien, Ängste und Projektionen mit den zu bearbeitenden Themen zu veröffentlichen. Dies wird nicht immer der Fall sein. SchülerInnen haben häufig schlechte Erfahrungen damit gemacht, wenn sie im Unterricht »ihr Innerstes nach außen kehrten«. Pädagogischer Takt der LehrerIn und ein vertrauensvolles Unterrichtsklima sind deshalb für Erfahrungsbezogenen Unterricht besonders wichtig. Die Subjektivität der SchülerInnen darf nicht instrumentalisiert werden. SchülerInnen haben das Recht, sich auch einmal zu verschließen. Gerade deshalb ist die *Form* der Vergegenständlichung von Erfahrungen (s.o.) mit Behutsamkeit zu bestimmen.

Scheller hat sein Konzept bisher hauptsächlich im Blick auf sprachlich-ästhetische und zum Teil auf sozialwissenschaftlich-politische Themenbereiche und Schulfächer entfaltet. Das verweist auf die Frage, wie »allgemein« das Konzept ist. Gerade für mathematischen und naturwissenschaftlichen Unterricht könnte dieser Ansatz – vorausgesetzt, die grundsätzlich notwendige fachdidaktische Spezifizierung gelingt – dringend erforderliche Impulse geben.

Christel Wopp:
8.4 Offener Unterricht

Seit über zwanzig Jahren versuchen sich Lehrerinnen und Lehrer im Offenen Unterricht. Zunächst waren es einige wenige (vgl. Scheel 1978; Benner/Ramseger 1981). Inzwischen ist das Netz der offen arbeitenden LehrerInnen immer enger geworden. Die Stärke der Bewegung hin zum Offenen Unterricht rührt daher, daß sie nicht von der Schuladministration verordnet wurde, sondern sich als *Basisbewegung* an den Grundschulen der Bundesrepublik (alt) entwickelt hat, aber im Einklang mit den bestehenden Richtlinien und Erlassen verwirklicht werden kann. Insofern unterscheidet sich Offener Unterricht grundlegend von dem im Abschnitt 8.2 skizzierten Lernzielorientierten Unterricht. Die Vielfalt, mit der inzwischen landauf, landab offen unterrichtet wird, und die Zufriedenheit der LehrerInnen, SchülerInnen und Eltern sind beeindruckend. Diese neue Erfahrung ermuntert weitere KollegInnen, den Weg der Öffnung zu beschreiten. Es ist zu hoffen, daß das Konzept in den nächsten Jahren – mit den notwendigen Modifikationen – auch in den Sekundarstufen I und II Anhänger findet.

Dieser Abschnitt ist von mir, Christel Wopp, verfaßt. Ich bin Grundschullehrerin in Oldenburg und habe meinen Unterricht zunächst in bestimmten Teilen und inzwischen vollständig offen gemacht. Mein nun folgender Bericht bezieht sich auf meine eigene Unterrichtspraxis (vgl. auch S. 33 f.).

Wichtige Veröffentlichungen zu diesem Konzept stammen von Jörg Ramseger (2. Aufl. 1985; 1987), Hans Brügelmann (3. Aufl. 1989) und Wulf Wallrabenstein (1990).

8.4.1 Was ist Offener Unterricht?

Offener Unterricht ist zunächst nichts, was dem herkömmlichen Unterricht einfach entgegengesetzt werden könnte. Vielmehr ist es der Versuch, historische Erfahrungen, die zu Beginn dieses Jahrhunderts in der Reformpädagogik gemacht wurden, aufzugreifen und auf die aktuellen Bedingungen schulischen Lernens zu übertragen. Deshalb sind viele Grundsätze herkömmlichen Unterrichts im Offenen Unterricht ebenso wiederzufinden wie auch Ideen, Anregungen und Experimente, deren Ursprünge teilweise viele Jahrzehnte zurückliegen. Grundsätze herkömmlichen Unterrichts, historische Erfahrungen und ein Ernstnehmen der aktuellen Lebensbedingungen der Schüler und Schülerinnen werden in einem offenen und dynamischen Prozeß miteinander verbunden.

> **These 8.11:**
> »Offener Unterricht« ist kein Unterrichtskonzept im üblichen Sinne, sondern ein dynamischer und vernetzter Prozeß der Entfaltung einer neuen Unterrichtskultur im Schulalltag.

Zwei verschiedene Entwicklungslinien führen hin zur Öffnung des Unterrichts: zum einen die Wiederbelebung reformpädagogischer Traditionen, zum anderen die immer spürbarer werdenden Veränderungen von Kindheitsmustern:

○ **Reformpädagogik**

Theoretische und praktische Ansätze für Offenen Unterricht lassen sich sowohl bei Célestin *Freinet,* Maria *Montessori* und Peter *Petersen* (s.o., S. 298) als auch bei dem noch ein Jahrhundert früher tätigen Johann Heinrich *Pestalozzi* (»Lernen mit Kopf, Herz und Hand«) finden (s. Abb. 8.8 auf S. 324).

Offen zu unterrichten, bedeutet aber nicht, die Theorie eines bzw. einer der genannten PädagogInnen einfach zu übernehmen, sondern eher, sich jeweils »die Rosinen herauszupicken« und daraus einen zeitgemäßen und auf die jeweilige Lerngruppe zugeschnittenen Unterricht zu entwickeln.

○ **Veränderte Kindheit**

Offener Unterricht ist eine notwendige, prozeßhafte Weiterentwicklung herkömmlichen schulischen Lernens unter Einbeziehung aller Bedingungen von Unterricht. Dabei ist als zwingendste Ursache für eine gezielte Veränderung gewohnten Unterrichts sicher die in den letzten zwanzig Jahren erheblich veränderte Kindheit und das daraus erwachsene deutlich veränderte Sozial- und Lernverhalten der SchülerInnen zu betrachten. In zunehmendem Umfang

324   8. Lektion: Unterrichtskonzepte im Überblick

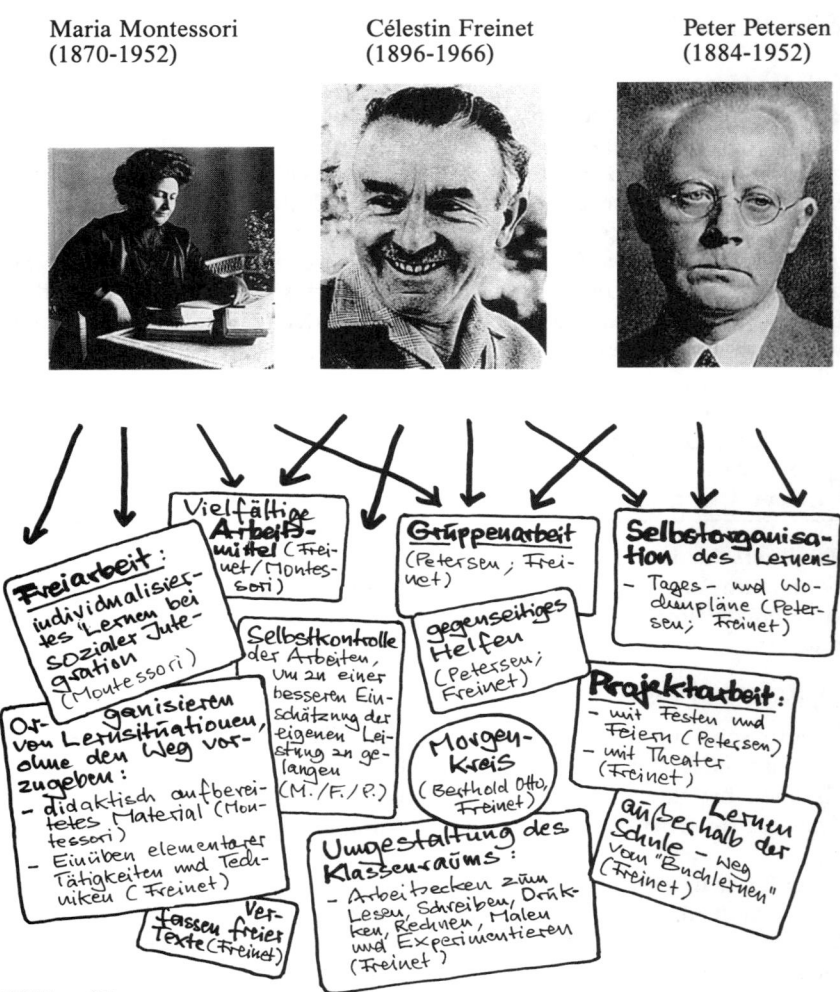

Abbildung 8.8

ist in den Klassen der ersten Schuljahre das zu beobachten, was ich als »Prinzen- und Prinzessinnensyndrom« bezeichnen möchte. Damit ist eine Egozentrik gemeint, die sich vorrangig dadurch äußert, daß die Kinder verstärkt ihren individuellen Neigungen nachgehen, ohne Rücksicht auf ihre Gruppe oder Klasse zu nehmen. Sie zeigen ein ausgeprägtes Selbstbewußtsein, das sich aber häufig im Verschaffen persönlicher Vorteile erschöpft. Sie unterziehen sich nur ungern den etwas mühsameren Lernprozessen, wollen aber alles möglichst ohne Anstrengung erreichen.

8.4 Offener Unterricht

Dieses Kindheitsverhalten veränderte sich vorrangig durch gewandelte Familienstrukturen, Lebensräume und Tagesabläufe der Kinder, durch stetig zunehmenden Medienkonsum und durch gewandelte Erziehungsziele der Eltern. Nicht mehr Ordnung, Sauberkeit und Disziplin werden heute als entscheidende Erziehungsziele genannt, sondern die Erziehung zur Selbständigkeit und Kreativität wird höherrangig eingestuft (Fölling-Albers 1989, S. 400 f.; vgl. Rolff/Zimmermann 2. Aufl. 1990).

In ihrer Erziehungsarbeit fühlen sich viele Eltern überfordert und nehmen immer häufiger Musik- und Kunstschulen, Sportvereine, Erziehungsberatungsstellen und ähnliche Institutionen in Anspruch.

Die vielfältigen Probleme, mit denen Kinder sich auseinandersetzen müssen, und die sicherlich auch positiv einzuschätzenden Lern- und Erfahrungsangebote, die Kinder vor ihrer Einschulung genießen können, führen zu einer zunehmenden *Differenzierung von Kindheitsmustern*. Nicht alle Eltern verfügen über das nötige Zeit- und Geldbudget zur zusätzlichen Förderung ihrer Kinder, so daß die Entwicklungsschere besonders zu Beginn der Schulzeit immer weiter auseinanderklafft.

Intensive Differenzierungsmaßnahmen als erste Reaktion von Schule auf die veränderten Kindheitsbedingungen konnten die immer größeren Unterschiede in den Lernvoraussetzungen der Kinder nicht beheben. Die veränderten Kindheitsmuster erfordern vielmehr eine veränderte Schule.

8.4.2 Funktionen und Ziele der Öffnung

Sicher würde es die einzelne Lehrerin bzw. den einzelnen Lehrer überfordern, für jedes Kind ein passendes individuelles Lernprogramm zu erstellen. Ebenso wenig könnte ein gemeinsamer Lehrgang für alle zu einem befriedigenden Ergebnis führen, ist doch die jeweilige Unter- bzw. Überforderung offenkundig. Hier wird deutlich, daß ein *Öffnungsprozeß* stattfinden muß, der alle Beteiligten und alle Bereiche von Schule umfaßt, der Individualität fördern und gleichermaßen gemeinsames Lernen ermöglichen kann und der – schrittweise vollzogen – für alle durchschaubar bleibt.

○ **Sich für das Leben öffnen**

Dazu ist es erforderlich, daß sich die LehrerInnen zunächst von ihrer herkömmlichen LehrerInnenrolle lösen müssen. Sie bestimmen nicht mehr allein die Unterrichtsinhalte und legen sinnvolle Lernschritte fest, sondern initiieren Lernen und lassen sich dann auf gemeinsame Lernprozesse ein.

○ Den Unterricht öffnen

Das funktioniert nur, wenn die Kinder den gegebenen Anstoß in eigenständige Aktivitäten umsetzen können. Schwerpunkt der Unterrichtsvorbereitung wird deshalb sein, ansprechende Inhalte auszuwählen (anzubieten) und den Einstieg so zu gestalten, daß den Kindern die Gegenwartsbedeutung und die Zielsetzung des gesamten Themas oder der Unterrichtseinheit klar werden. Nur so können sie gezielt eigene Ideen, Materialien und Lernvorschläge einbringen, auf die die LehrerInnen mit Zusatzmaterialien, Denkanstößen usw. reagieren können. Das erfordert Geduld, denn sicher gibt es oft direktere Wege zum Lernziel, als die SchülerInnen sie beschreiten. Jeder zu frühe Eingriff würde aber das »Lernen lernen« der SchülerInnen unterbinden. Nur dann, wenn die SchülerInnen beim Lösen der Probleme zum blinden Raten übergehen, sollte die Lehrerin oder der Lehrer mit didaktisch aufbereitetem Material zu Hilfe kommen.

Besonders am Schulanfang muß sich jede(r) LehrerIn auf jedes einzelne Kind hin öffnen. Stärken und Schwächen der Kinder müssen festgestellt und Lernsituationen so gestaltet werden, daß sie jedes Kind dort abholen, wo es von seiner Entwicklung her steht. Wenn sich die Lehrerin den Lernvorstellungen der SchülerInnen geöffnet hat, wenn sie deren Lernvermögen berücksichtigt und sie als handelnde eigenständige Persönlichkeiten anerkennt, kann sie darauf vertrauen, daß alle Kinder lernen wollen.

In einer Lernatmosphäre, in der jede(r) SchülerIn Stärken und Schwächen zeigen kann, vollzieht sich auch eine *Öffnung der SchülerInnen untereinander.* Sie beginnen, sich wahrzunehmen und gegenseitig zu akzeptieren.

○ Die Schule öffnen

Auch die *Eltern* betrifft der Öffnungsprozeß. Zum einen sollten sie auf Elternabenden ausführlich über Offenen Unterricht informiert werden, zum anderen sollten sie immer wieder in schulische Arbeit mit einbezogen werden, sei es bei der Planung und Gestaltung des Schullebens, sei es als Experten für bestimmte Themen oder als Unterrichtsbesucher.

Auf diese Weise kann sich die Schule den *außerschulischen Lernorten* öffnen, wie den öffentlichen Einrichtungen der Gemeinde, den unterschiedlichen Geschäften und Berufen. Doch auch der nahegelegene Wald, die unbebaute Wiese, die wilde Müllkippe sollten als Lernanlaß in die Öffnung einbezogen und für eine Öffnung der Curricula genutzt werden.

An dieser Stelle wird deutlich, daß Offener Unterricht nicht nach dem Laissez-faire-Prinzip gestaltet werden darf, sondern daß er geplant und organisiert werden muß. Nur so bezieht er von vornherein die Kinder als handelnde, mitplanende und mitbestimmende Persönlichkeiten ein.

> **Definition 8.9:** Offener Unterricht ist ein schüler- und handlungsorientierter, auf Problemlösen angelegter und deshalb notwendig fächerübergreifender Unterricht, der sich im Sinne von Projektarbeit um einen Themenschwerpunkt zusammenfügt.

Die Lehrerin/der Lehrer sollte also versuchen, bei jedem Thema an die Interessen und den jeweiligen Könnensstand der Schülerinnen und Schüler anzuknüpfen und ihnen von möglichst vielen Fachgebieten her einen handelnden Zugang zum Thema zu verschaffen. Handlungsorientiertes Lernen im Offenen Unterricht sollte deshalb im Sinne von These 9.8 (Seite 358) ein ausgewogenes Verhältnis von Kopf- und Handarbeit anstreben.

8.4.3 Bausteine für einen Offenen Unterricht

Bei der Umsetzung eines solchen Konzepts in praktische Schularbeit tauchen immer wieder die gleichen Begriffe auf, die allesamt schon in der Reformpädagogik gebräuchlich waren, inhaltlich aber nur wenig präzise umrissen sind: Morgenkreis, Tagesplan, Planungsarbeit, Wochenplan, Freie Arbeit und Projektarbeit. Dies sind für mich die wesentlichen Bausteine für einen Offenen Unterricht. Hinzukommen muß auf LehrerInnen- wie auf SchülerInnenseite die schrittweise Aneignung der für offenes Arbeiten erforderlichen Arbeits- und Sozialformen, die den LehrerInnen ein langsames Hineinwachsen in die neue Rolle ermöglichen und den SchülerInnen die Gelegenheit geben, nach und nach die erforderlichen Handlungskompetenzen für ein selbständiges Arbeiten zu erwerben. Offener Unterricht kann nicht »auf einen Schlag« eingeführt werden. Eine Kontinuität der Unterrichtsorganisation ist unverzichtbar.

○ **Gemeinsamer Unterricht**

Unterricht im Klassenverband wird im Umfang spürbar begrenzt, er findet aber immer noch regelmäßig statt: als Morgenkreis, als Planungsgespräch, für kurze Demonstrationen, zum Geschichtenerzählen, zum Musizieren usw.

○ **Tagesplan/Wochenplan**

Im Mittelpunkt der gemeinsamen Planungsarbeit steht die Erstellung des Wochenplans für jede Schülerin/jeden Schüler. Abbildung 8.9 auf S. 329 zeigt ein Beispiel eines solchen Plans aus meinem 4. Schuljahr. Dieser Plan ist zugleich ein Teil der zur selben Zeit stattfindenden Projektarbeit.

Die Aufgaben, Forschungsaufträge und Spielanregungen des Wochenplans stehen in engem Zusammenhang zum gemeinsamen Unterricht der Klasse. Sie sind von allen Kindern verpflichtend im vorgegebenen Zeitrahmen zu erledigen. Im Wochenplan erscheinen vornehmlich *die* Themen und Fachgebiete, die den SchülerInnen einen stärker individualisierten Zugang zu den Unterrichtsinhalten ermöglichen. Durch die inhaltliche Einbindung der Wochenplanarbeiten in den gemeinsamen Unterricht haben alle SchülerInnen die Chance, sich mit ihren Vorschlägen an der Unterrichtsplanung zu beteiligen.

Rechtzeitig vor Beginn eines neuen Wochenplans (dessen Zeitdauer in höheren Klassen häufig mehr als eine Woche beträgt) legt die Lehrerin oder der Lehrer die Planungsvorschläge offen, und die Kinder ergänzen sie. Oft ergeben sich auch aus dem gemeinsamen Unterricht Wünsche für den nächsten Wochenplan. Eine Sammlung dieser Wünsche, z.B. an einer Pinwand, ist hilfreich für die Strukturierung des *Planungsgespräches,* das immer vor Beginn eines neuen Wochenplanes stattfinden sollte. Aufgabe des Lehrers/der Lehrerin ist es dann, die abgesprochenen Aufgaben in eine für alle verständliche und ansprechende Form zu bringen und den Zeitrahmen festzusetzen. Ein Wochenplan sollte täglich zu erledigende Übungsaufgaben, zeitlich aufwendige und deshalb von den Kindern überlegt einzuteilende schriftliche Arbeiten und Aufgaben, die nur in Partner- bzw. Gruppenarbeit zu lösen sind, enthalten. Alle Aufgaben sind so zu stellen, daß sie eine *Selbstkontrolle* ermöglichen, bevor sie im gemeinsamen Unterricht vorgestellt oder von der Lehrerin/dem Lehrer begutachtet werden. Eine ausgewogene Verteilung dieser Aufgabentypen bedingt einen besseren Übungseffekt, verhindert, daß wettlaufartig die Schnellen ihre Arbeit nach zwei statt der vorgesehenen sechs Tage beenden können, und unterstützt die Kinder in ihrem eigenverantwortlichen Umgang mit ihrer Arbeitszeit.

Zwei bis drei Stunden am Tag können die SchülerInnen ihre Aufgaben in wechselnden, der Aufgabenstellung entsprechenden Sozialformen erledigen. Jede kontrollierte und gegebenenfalls verbesserte Aufgabe wird auf dem Wochenplan als fertig abgehakt. Das ermöglicht den Kindern und LehrerInnen einen Überblick über die Zeiteinteilung und eventuell erforderliche Hilfestellung. Die Kinder arbeiten nicht in Konkurrenz zueinander, sondern sprechen ihre Arbeiten immer wieder mit ihren NachbarInnen ab, geben sich gegenseitig Tips oder schlagen die Einrichtung einer von der Lehrerin/vom Lehrer geleiteten Fördergruppe vor, wenn ihnen die Lösung einer Aufgabe trotz intensiven Bemühens nicht gelingt. Solch individuelle Förderung ist immer wieder möglich, da die übrigen Kinder sinnvoll weiterarbeiten können. Auch im Offenen Unterricht ist die Qualität der Arbeitsergebnisse natürlich unterschiedlich, so wie Kinder eben unterschiedlich sind. Da schreiben die einen z.B. spannende Geschichten, während andere ihre Ideen nur in wenigen kurzen Sätzen ausdrücken können. Doch zu beobachten ist, daß jedes Kind entsprechend seinen Möglichkeiten mit ganzem Einsatz arbeitet.

8.4 Offener Unterricht

Wochenplan vom 7.5. bis zum 15.5.1990

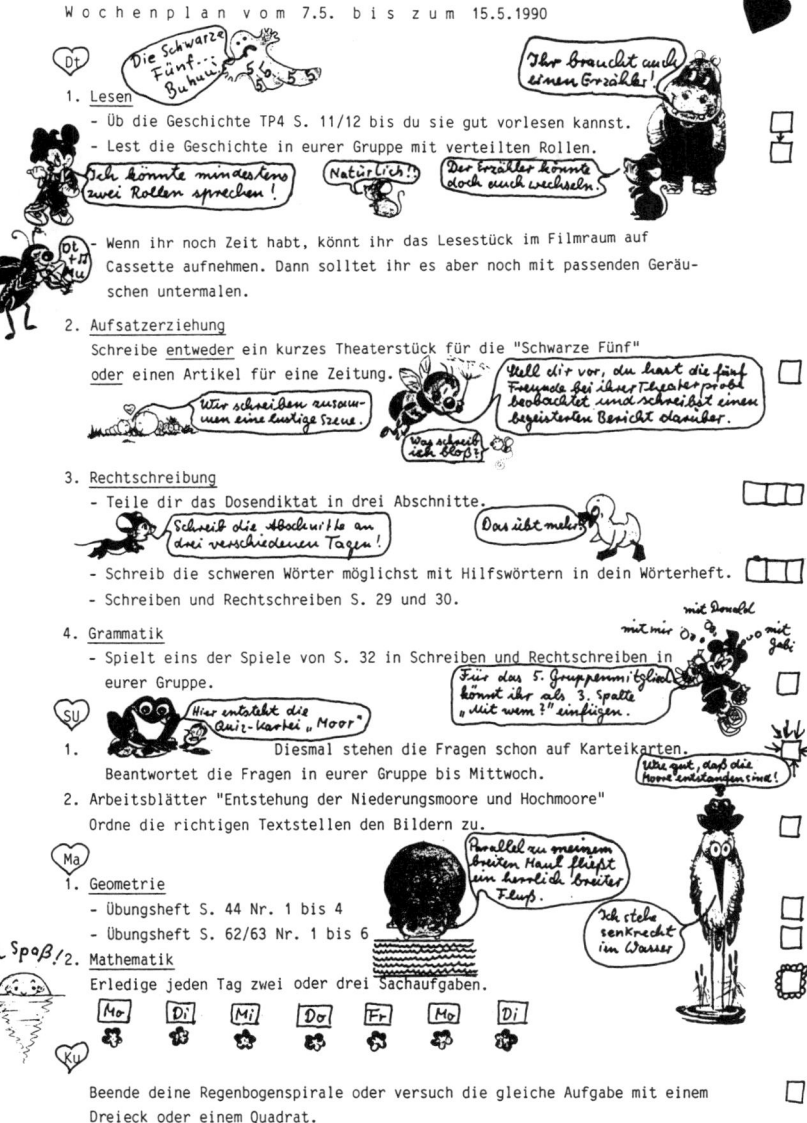

Dt
1. Lesen
   - Üb die Geschichte TP4 S. 11/12 bis du sie gut vorlesen kannst.
   - Lest die Geschichte in eurer Gruppe mit verteilten Rollen.
   - Wenn ihr noch Zeit habt, könnt ihr das Lesestück im Filmraum auf Cassette aufnehmen. Dann solltet ihr es aber noch mit passenden Geräuschen untermalen.

2. Aufsatzerziehung
   Schreibe entweder ein kurzes Theaterstück für die "Schwarze Fünf" oder einen Artikel für eine Zeitung.

3. Rechtschreibung
   - Teile dir das Dosendiktat in drei Abschnitte.
   - Schreib die schweren Wörter möglichst mit Hilfswörtern in dein Wörterheft.
   - Schreiben und Rechtschreiben S. 29 und 30.

4. Grammatik
   - Spielt eins der Spiele von S. 32 in Schreiben und Rechtschreiben in eurer Gruppe.

Su
1. Diesmal stehen die Fragen schon auf Karteikarten. Beantwortet die Fragen in eurer Gruppe bis Mittwoch.
2. Arbeitsblätter "Entstehung der Niederungsmoore und Hochmoore" Ordne die richtigen Textstellen den Bildern zu.

Ma
1. Geometrie
   - Übungsheft S. 44 Nr. 1 bis 4
   - Übungsheft S. 62/63 Nr. 1 bis 6
2. Mathematik
   Erledige jeden Tag zwei oder drei Sachaufgaben.

Beende deine Regenbogenspirale oder versuch die gleiche Aufgabe mit einem Dreieck oder einem Quadrat.

Abbildung 8.9

○ **Freie Arbeit**

Großer Fleiß und Einsatz sind auch bei der *Freien Arbeit* zu beobachten, die nach meinem Verständnis vom Offenen Unterricht nicht in die Wochenplanarbeitszeit fällt. Für die Freie Arbeit stehen den SchülerInnen in der Zeit außerhalb der Wochenplanphase drei Stunden wöchentlich zur Verfügung. Hier können alle Kinder – auch die, die den verpflichtenden Wochenplan unter Ausschöpfung des gesamten Zeitbudgets nur bei großer Konzentration schaffen – die gesamte zur Verfügung stehende Zeit zum freien Arbeiten nutzen. Rechtzeitig vor den freien Arbeitsstunden planen die Kinder ihre Inhalte, sprechen eventuelle Partner- und Gruppenarbeiten ab und besorgen sich notwendiges Material. Während einige sich zu kleinen Forschungsteams zusammenfinden, die in gemeinsamen Gesprächskreisen ihre Beobachtungen einer gleichermaßen interessierten Zuhörerschaft vortragen, nutzen andere mit der gleichen Arbeitsintensität das wiederverwendbare Übungsmaterial, die Sachspiele, Fachbücher und experimentieren mit dem in der Klasse vorhandenen Material. Auch ihre Fortschritte, Ergebnisse und Beobachtungen finden bei allen ihre gebührende Beachtung und stecken immer wieder zum Selbst-Ausprobieren und Mitmachen an.

8.4 Offener Unterricht

◯ **Projektorientiertes Arbeiten**

Bei der Einbettung der Arbeitsergebnisse eines Wochenplanes in den gemeinsamen Unterricht, aber auch bei der Vorstellung der Arbeitsergebnisse aus den freien Arbeitsstunden tauchen immer wieder Probleme auf, die eine weitere Beschäftigung im Unterricht erfordern. Wenn auf diese Weise den SchülerInnen die komplexen Lernzusammenhänge immer deutlicher werden und die LehrerInnen sich auf die Wechselwirkungsprozesse beim problemlösenden Lernen einlassen, fordern die SchülerInnen schließlich immer größere Räume für Eigeninitiative.

◯ **Projekt**

Je mehr Eigeninitiativen die Kinder in meinem Unterricht entwickelten, desto mehr bin ich an die Grenzen der eben skizzierten dreigeteilten Unterrichtsorganisation in gemeinsamen Unterricht/Wochenplanarbeit/Freie Arbeit gestoßen. Der Unterricht hat sich immer mehr hin zum Projektunterricht im klassischen Sinne entwickelt. Hilfreich war dabei, wenn die jüngeren Kinder in einem jahrgangsübergreifenden Projekt erste Erfahrungen mit dieser Lernform durch Mitmachen sammeln konnten. Das ist ein Prozeß, der nicht linear, sondern vernetzt verläuft: Alle Beteiligten nähern sich schrittweise und in alle Richtungen ausprobierend der neuen Lernform, ohne die alten Organisationsformen völlig fallen zu lassen.

◯ **Räumliche und materielle Ausstattung**

Zu den unabdingbaren Rahmenbedingungen eines Offenen Unterrichts gehört auch eine gute räumliche und materielle Ausstattung. Jeder Klassenraum sollte in einen gemeinsamen Lernort und verschiedene Funktionsecken unterteilt sein. In die für Offenen Unterricht notwendige Materialfülle sollten die Kinder langsam hineinwachsen, um ein orientierungsloses Verhalten wie in einem mit Spielzeug überfüllten Kinderzimmer zu vermeiden. Darin liegt auch eine Chance für die LehrerInnen, die mit Offenem Unterricht beginnen wollen. Wiederverwendbares Arbeitsmaterial und Material, das Selbstkontrolle impliziert, sind teuer in der Anschaffung und zeitaufwendig in der Herstellung. Nach und nach mit Hilfe von Eltern, Kindern und Kollegium kann es angeschafft bzw. erstellt werden. Entsprechend der wachsenden Materialfülle kann dann der Unterricht in kleinen Schritten geöffnet werden.

Gleichzeitig sollten jedoch auch jene Möglichkeiten der Öffnung erprobt werden, die kein zusätzliches Material erfordern, sondern nur eine andere Unterrichtsplanung und -organisation, um Kinder aktiv und kreativ Inhalte gestalten zu lassen. Dazu gehören z.B. der fächerübergreifende Unterricht, die Anregung zur selbständigen Informations- und Materialbeschaffung, der

klassenübergreifende Projektunterricht, der Übungsstoff einer Woche zur freien Zeiteinteilung oder die Zeit für Experimente und Erkundungen.

 In der Abbildung 8.10 von Seite 334 f. sind die einzelnen Bausteine zu einer großen »*Baustelle zum Offenen Unterricht*« zusammengefügt.

8.4.4 »Wege entstehen beim Gehen«

Das Lernen mit selbstbewußt und sozial handelnden Mitschülern und die hohe Identifikation mit dem Lernort fördern nicht nur die Eigenständigkeit der Kinder, sondern vermitteln auch LehrerInnen mit langjähriger Berufserfahrung eine neue Dimension von Spaß am Unterricht. Es wäre aber unangemessen, vom Offenen Unterricht die Lösung *aller* Schulprobleme zu erwarten. Doch die beim selbstbestimmten Arbeiten der SchülerInnen schrittweise entwickelte, sicher unterschiedlich ausgeprägte Handlungskompetenz wirkt sich positiv auf die Persönlichkeitsentwicklung aller Kinder aus. Vor allem lernen sie, Stärken und Schwächen gleichermaßen zeigen zu dürfen. Die Erfahrung, akzeptiert zu werden und Hilfen zu bekommen, ermutigt lern-

8.4 Offener Unterricht

schwache Kinder, an ihren Schwächen zu arbeiten, und die im Verhalten Auffälligen, sich in die Klassengemeinschaft zu integrieren. Die individuellen Fördermöglichkeiten sind im Offenen Unterricht schon deshalb wesentlich größer als im herkömmlichen, weil die Lehrerin oder der Lehrer spürbar mehr Zeit und Ruhe zur genauen Beobachtung der Kinder hat. Dennoch gibt es auch hier Kinder, die versagen. Wenn die erforderlichen Rahmenbedingungen geschaffen werden (wozu ich vor allem die Betreuung einer Klasse durch ein Team von Lehrer/Lehrerin, Sozialpädagoge/in und Sonderpädagoge/in zähle), können im Offenen Unterricht Problemkinder sehr viel besser integriert und entsprechend ihren Möglichkeiten gefördert werden als im herkömmlichen Unterricht (vgl. Wopp 1989).

Es gibt keine Rezepte für Offenen Unterricht. Er muß von jeder Lehrerin, jedem Lehrer selbst entwickelt werden. Auch wenn sie bzw. er einen gangbaren Weg für die vielen Teilfragen gefunden hat, heißt dies nicht, daß dieser Weg einfach auf die nächste Schulklasse übertragen werden könnte. Dies birgt die Gefahr in sich, im Kollegium zur Einzelkämpferin, zum Einzelkämpfer zu werden. Sicherlich muß auch bedacht werden, daß die Arbeitsbelastung bei der Einführung des Offenen Unterrichts hoch ist und durch weiter anwachsende Lern- und Verhaltensprobleme der Kinder, durch immer neue Erlasse, durch das in den nächsten Jahren zu erwartende Heraufsetzen der Klassenfrequenzen und durch die viele Verwaltungsarbeit weiter erhöht zu werden droht. Hinderlich ist auch die Tatsache, daß durch den Einstellungsstop der 80er Jahre und die nun erst zögerlich beginnenden Neueinstellungen neue Ideen junger Kolleginnen und Kollegen nicht in dem erforderlichen Umfang in die Schularbeit einfließen konnten. Schließlich wird eine stärkere Verbreitung des Offenen Unterrichts auch dadurch behindert, daß diejenigen, die diese Lern- und Lehrform ihren KollegInnen als radikale Veränderung herkömmlichen Unterrichts vorführen, nicht den langen, mit kleinen Schritten eingeleiteten Weg dorthin vermitteln.

Einsteigen in Offenen Unterricht läßt sich jedoch jederzeit. Die zunehmende Selbständigkeit der Kinder und die wachsende Sicherheit der Lehrerin bzw. des Lehrers im Umgang mit dieser Lernform bestimmen dann den weiteren Weg der Öffnung. Deshalb die wichtigste These zum Schluß:

These 8.12:
Wege entstehen beim Gehen.

NEUNTE LEKTION

HANDLUNGS- ORIENTIERTER UNTERRICHT

Ziele + Inhalte der Lektion:

Der Handlungsorientierte Unterricht ist jenes Konzept, mit dem wir Autoren uns am stärksten identifizieren. Entsprechend engagiert fällt das Plädoyer für diesen Ansatz aus.

- ❏ Im *ersten Abschnitt* skizzieren wir, wogegen sich der Ansatz wendet, nämlich gegen einen einseitig lehrerzentrierten und verkopften Unterricht.
- ❏ Der *zweite Abschnitt* liefert in der gebotenen Kürze einen Überblick über das historische Umfeld dieses Ansatzes.
- ❏ *Abschnitt 3* enthält eine Arbeitsdefinition für Handlungsorientierten Unterricht, weitere Begriffsklärungen und die Beschreibung von Merkmalen dieses Konzepts.
- ❏ Der *vierte Abschnitt* enthält unterrichtspraktische Umsetzungen und Ratschläge. Er wendet sich vorrangig an StudentInnen und ReferendarInnen.
- ❏ *Im Abschnitt 5,* der eigentlich von einem fremden Autor hätte geschrieben werden müssen, werden Vor- und Nachteile des Konzepts erörtert.
- ❏ Zum Schluß berichtet der Lehrer Bernhard Hauke über ein Schulprojekt – die Gründung einer Schülergenossenschaft. Diesen Abschnitt 6 können Sie auch als Einstieg vorweg lesen.

9.1 Warum Handlungsorientierung?

9.1.1 Langeweile-Syndrom

Als »handlungsorientiert« bezeichnen wir einen Unterricht, in dem die SchülerInnen nicht nur mit dem Kopf, sondern auch mit den Händen und Füßen, mit dem Herzen und allen Sinnen lernen können. Dazu bedarf es einer handlungsorientierten Öffnung des Unterrichts, die dadurch eingeleitet wird, daß sich die SchülerInnen mit der Lehrerin/dem Lehrer darüber verständigen, welches Handlungsergebnis am Schluß einer Unterrichtsphase erreicht sein soll. Eine genauere Definition folgt auf Seite 354.

Um einem möglichen Mißverständnis gleich vorweg zu begegnen: Wir sind *nicht* der Auffassung, daß der gesamte Unterricht an Regelschulen in Zukunft handlungsorientiert erfolgen sollte. Der normale Schulbetrieb bräche dann in kurzer Zeit zusammen. Wir halten aber eine spürbare Ausweitung des Handlungsorientierten Unterrichts bis auf einen Anteil von etwa einem Drittel für sinnvoll.

Ein zweites mögliches Mißverständnis sei hier ebenfalls ausgeräumt. Das Schlagwort von der Handlungsorientiertheit darf nicht so gedeutet werden (wie dies einige Gegner des Konzepts tun), als ob das Handeln der SchülerInnen *an die Stelle* des Nachdenkens, Kritisierens und vertiefenden Übens treten solle. Ganz im Gegenteil! Wir meinen, daß Handlungsorientierter Unterricht heutzutage *eher* zu einer anspruchsvollen Form der Theorie-Orientierung der SchülerInnen führt als die übliche, verkopft-lehrerzentrierte Information über Wissenschaftsinhalte. Gerade die *ausgewogene Verknüpfung* von Denken und Handeln ist lehrreich!

Es kann aber keine Rede davon sein, daß eine solche Ausgewogenheit im alltäglichen Unterricht an Regelschulen erreicht sei. Dies belegen die auf S. 272 -275 referierten Erhebungen aus Nordrhein-Westfalen und Karl-Marx-Stadt/Chemnitz:

- ❏ 75 bis 90 % des alltäglichen Unterrichts werden als Frontalunterricht erteilt.
- ❏ Zwei Drittel dieses Frontalunterrichts werden durch das gelenkte Unterrichtsgespräch ausgefüllt.
- ❏ Nur 5 bis höchstens 10 Prozent werden in Form von Gruppenunterricht erteilt.

Insbesondere der überaus hohe Prozentanteil des gelenkten Unterrichtsgesprächs fällt auf. Dabei gibt es kaum eine Methode, die anspruchsvoller und schwieriger wäre. Unterrichtsgespräche stehen immer in der Gefahr, entweder zum »Labern« zu verkommen oder aber eine Pseudo-Demokratisierung der Unterrichtsarbeit zu leisten, bei der die SchülerInnen an langer Leine genau dorthin geführt werden sollen, wo sie der Lehrer haben will (vgl. das Beispiel von S. 50-52).

Fragt man Schülerinnen und Schüler der Sekundarstufen I und II, was sie

9.1 Warum Handlungsorientierung?

am Unterricht am meisten störe, so lautet die häufigste Antwort, der Unterricht sei zu langweilig (vgl. Hagstedt/Hildebrand-Nilshon 1980; Fichten 1989; Czerwenka u.a. 1990). LehrerInnen dagegen klagen so gut wie nie über Langeweile im Unterricht, sondern über Unruhe, Hektik und Streß. Zwei im Widerspruch stehende Wahrnehmungen ein und derselben Sache! Hier besteht eine aufklärungsbedürftige Differenz zwischen der subjektiven Sicht von LehrerInnen und SchülerInnen. Wir möchten sie als »*Langeweile-Syndrom*« bezeichnen und folgendermaßen erklären:

- ❏ Der Unterricht wird über weite Strecken und aus vielfältigen, in der Organisationsstruktur der Schule verankerten Gründen *lehrerzentriert* durchgeführt.
- ❏ Die Lehrerzentriertheit der Unterrichtsplanung und -durchführung führt immer wieder dazu, daß der Frontalunterricht, der Lehrervortrag und – allen anderen methodischen Grundformen voraus – das *gelenkte Unterrichtsgespräch* die am häufigsten eingesetzten Methoden sind.
- ❏ Dies hat fast zwangsläufig eine »*Verkopfung*«, also eine überwiegend sprachlich vermittelte und sachlogisch strukturierte Gestaltung der Unterrichtsinhalte zur Folge.
- ❏ Diese »Verkopfung« (der Begriff stammt aus der Reformpädagogik vom Beginn dieses Jahrhunderts) produziert aber sehr oft eine *Gleichgültigkeit* der SchülerInnen gegenüber den *vielen Inhalten,* mit denen sie konfrontiert werden. Nur in wenigen Fächern und bei wenigen LehrerInnen wird eine stabile Interessenlage der SchülerInnen entwickelt.
- ❏ Die Gleichgültigkeit der SchülerInnen aber zwingt den Lehrer, ob er dies nun will oder nicht, seinen Unterricht »durchzuziehen«, und das heißt, ihn *noch lehrerzentrierter* zu gestalten, als er es sich bei der Unterrichtsvorbereitung vorgenommen hatte.

So wird der Unterricht für die eine Seite zur kraftzehrenden Schwerstarbeit und für die andere zu einer lästigen Verrichtung, die man durch allerlei Nebentätigkeiten abwechslungsreicher zu gestalten versucht.

These 9.1:
Im alltäglichen Schulbetrieb besteht die Gefahr einer sich in Wechselwirkung gegenseitig verstärkenden SchülerInnen-Langeweile und LehrerInnen-Hektik.

9.1.2 Die Verantwortung der SchülerInnen für den Lehrerfolg der LehrerInnen

Der Begriff der Methode enthält in der Pädagogik das heimliche Versprechen, die SchülerInnen von der Leitung der LehrerInnen zu befreien. Wer methodisch eigenständig zu denken und zu handeln gelernt hat, ist nicht mehr auf die Anweisungen seiner LehrerInnen angewiesen, sondern kann selbst entscheiden, was sie/er lernen will und wie sie/er dies tut. Methodisches Handeln sollte deshalb kein Privileg der LehrerInnen sein. Nur diejenigen sind auch »gute« LehrerInnen, die ihre Methodenkompetenzen an die SchülerInnen weitergeben (können). Hier hapert es offensichtlich sowohl in der theoretischen Reflexion vieler LehrerInnen (und HochschullehrerInnen!) als auch im faktischen didaktisch-methodischen Handeln:

- ❏ Viele LehrerInnen haben ein verkürztes Methodenverständnis. Sie definieren »Methode« als die »Art und Weise der Stoffvermittlung« und denken dabei an die damit verbundene Mühe und Arbeit. Sie unterschlagen dabei das Ziel, die Methodenkompetenzen der SchülerInnen planmäßig aufzubauen.

- ❏ SchülerInnen fehlt erst recht das Bewußtsein der Verantwortung für die Art und Weise, in der sie in der Schule lernen. Die Frage, welche Methoden sie während des Unterrichts einsetzen, um zielstrebig zu lernen, löst bei SchülerInnen und oft genug auch bei LehrerInnen Staunen, Spott und kritische Rückfragen aus, wie das denn gemeint sei.

Das folgende kurze Gespräch kam vor einigen Jahren in der Oldenburger Innenstadt zustande, als einer der beiden Autoren eine größere Gruppe von SchülerInnen der 9. Klasse eines Innenstadtgymnasiums traf, die verbotenerweise in der großen Pause zum Brötchenkaufen gegangen waren:

Ich:	»Ihr wißt doch, was Methoden sind?! – Die Formen und Verfahren, mit denen im Unterricht gelernt wird. Nun hab' ich eine Frage an Euch: Welche Methoden benutzt ihr als Schüler im Unterricht?«
Schüler:	»Wie meinen Sie das?«
Ich:	»Die Art und Weise, wie ihr versucht, im Unterricht klarzukommen!«
Schülerin:	»Freundliches Gesicht machen und so tun, als ob man bei der Sache ist...«
Schülerin:	»Ja, genauso! Mit der Zeit kriegt man das raus, wie man die einzelnen Lehrer behandeln muß. Wir haben da einen in Geschichte...«
Ich:	»Aber das sind doch eher Lernverhinderungs-Methoden! – Ich wollte von euch wissen, wie ihr vorgeht, wenn ihr euch einen Unterrichtsinhalt aneignet!«
Schüler:	»Das ist doch die Aufgabe des Lehrers! Der muß uns das beibringen! Und beim einen schläfste eben ein und beim anderen geht's so halbwegs!«

SchülerInnen lehnen die Verantwortung für ihr eigenes Lernen häufig ab. Dies ist angesichts des oben skizzierten Langeweile-Syndroms leicht zu erklären, aber es bleibt ein Ärgernis für jeden, der unter Schule-Halten mehr als Stoffvermitteln und Pauken verstehen möchte. Deshalb die nächste These:

> **These 9.2:**
> Unterricht muß so gestaltet werden, daß er den SchülerInnen die Chance läßt, selbst die Verantwortung für das Lernen zu übernehmen.

Dieses anspruchsvolle handlungsorientierte Ziel ist jedoch nur dann zu erreichen, wenn die LehrerInnen ihre SchülerInnen an der Vorbereitung, Durchführung und Auswertung des Unterrichts beteiligen und wenn sie ihnen immer wieder begrenzte Lehraufgaben übertragen. Überspitzt formuliert: Die SchülerInnen müssen lernen, Verantwortung für den Lehrerfolg ihrer LehrerInnen zu übernehmen.

9.1.3 SchülerInnen-Nebentätigkeiten im Unterricht

SchülerInnen werden im Unterricht aller Schulformen und -fächer hauptsächlich kognitiv gefordert. Sie sollen stillsitzen, zuhören, sich an Diskussionen beteiligen, lesen, schreiben, rechnen usw. Die SchülerInnen reagieren auf diese einseitige Anforderungsstruktur alltäglichen Unterrichts dadurch, daß sie zu immer mehr produktiven und unproduktiven Nebentätigkeiten übergehen (vgl. Fichten 1992; Meyer 1987 b, S. 66-74):

- ❏ SchülerInnen sind mit sich und ihrem Körper beschäftigt: Sie kauen an den Fingernägeln, popeln in der Nase, kratzen sich, sie träumen, dösen, schauen aus dem Fenster.
- ❏ Unter den Tischplatten entfaltet sich ein reiches Eigenleben: Briefchen werden geschrieben (oft genug mit deutlich besserer Handschrift als der parallel oberhalb der Tischplatte geschriebene Text); Spiele unter der Bank werden durchgeführt (Schiffe versenken, »Käseecken«, Briefmarken-Tauschen, Schach-Spielen usw.).
- ❏ SchülerInnen kommunizieren miteinander: Sie schwatzen mit dem Nachbarn, sie rufen durch die Klasse, sie drehen sich nach hinten um, flechten einer Mitschülerin einen Zopf in die Haare, sie verabreden sich für ein Pausenspiel oder hänseln einen ungeliebten Außenseiter.
- ❏ Die LehrerInnen werden planmäßig abgelenkt: vom Thema abgebracht, auf Lieblingsthemen und Hobbies angesprochen, vom Stellen der Hausaufgaben/ von der Bestrafung eines Mitschülers abgebracht, in Schein-Dispute verwickelt.
- ❏ Die Langeweile wird durch Zeichnen, Lesen unter der Bank, Witze-Erzählen, mit dem Stuhl Kippeln, Körperteile und Kleidung Bemalen, auch durch Selbstverletzungen bekämpft.

Wie sind diese Nebentätigkeiten didaktisch zu beurteilen? Die SchülerInnen wollen damit den offiziellen Gang des Unterrichts bewußt oder unbewußt unterlaufen; sie wollen den Lehrer kommentieren, kritisieren und parodieren. Sie wollen testen, wieviel Spielraum ihnen der Lehrer/die Lehrerin dazu beläßt.

Es fällt fast allen LehrerInnen aus naheliegenden Gründen schwer, die Nebentätigkeiten der SchülerInnen »sine ira et studio« (also »rein sachlich«) zu bewerten. Sie werden kaum als Bereicherung, sondern in aller Regel als Störung, zumeist als direkte oder indirekte Kritik an der eigenen Unterrichtsführung und zuweilen auch als Bedrohung wahrgenommen. Eine pauschale Verurteilung der Nebentätigkeiten wird der Vielschichtigkeit des Problems jedoch nicht gerecht:

❏ Einerseits binden die Nebentätigkeiten die Aufmerksamkeit, Energie und Phantasie der Schüler, die dann zwangsläufig der Beschäftigung mit dem »eigentlichen« Unterrichtsthema entzogen werden.

❏ Andererseits können die Schüler – zumindest bei einem Teilbereich dieser Tätigkeiten – sehr viel lernen: Sie entwickeln ihre Feinmotorik und Körpersprache, sie fördern ihre Konzentrationsfähigkeit (es ist eine beträchtliche Leistung, unter der Tischplatte beim Schachspiel zu siegen und oberhalb der Tischplatte den Eindruck aufmerksamen Zuhörens zu erwecken). Nebentätigkeiten können zu sprachlichen, dramaturgischen, bildnerischen und mimisch-gestischen Meisterleistungen führen. Sie helfen, das Selbstwertgefühl der Schüler zu entwickeln, und sie haben einen kaum zu überschätzenden Stellenwert bei der Entwicklung des »Klassengeistes« und der Förderung solidarischen Handelns.

Was soll der Lehrer tun? Er hat nur begrenzte Möglichkeiten, gezielt auf die Nebentätigkeiten zu reagieren: Er kann versuchen, sie möglichst geräuschlos einzudämmen, sich also nicht von seinem Hauptgeschäft des Lehrens abbringen zu lassen. Er kann aber hier und dort ein Briefchen einzusammeln, sich neben einen unruhigen Schüler stellen usw. Er kann die Nebentätigkeiten bewußt ignorieren. Er kann auch bestimmte Nebentätigkeiten (z.B. das Essen oder Stricken) legalisieren. Aber das Problem ist dadurch nicht gelöst. Denn die Schüler wollen den Lehrer ja gerade als »Scheuerpfahl« für den Aufbau ihrer Ich-Stärke benutzen. Sie werden also nach der Legalisierung bestimmter Tätigkeiten neue Fronten des Verbotenen suchen und austesten. – Ein didaktisches Konzept, das Nebentätigkeiten didaktisch vernünftig zu integrieren erlaubt, gibt es nicht (uns ist zumindest noch keines bekannt geworden).

Es lohnt sich jedoch, die Struktur dieser Nebentätigkeiten genauer anzuschauen. Sie machen eindringlicher als jede theoretische Analyse deutlich, was den Schülern im alltäglichen Schulbetrieb fehlt:

❏ Die Nebentätigkeiten sind zumeist *sinnlich-ganzheitlich* strukturiert.

❏ Sie sind *gefühls-* und *körperbezogen* und leisten oft eine phantasievolle Verknüpfung von Kopf- und Handarbeit.

❏ Sie sind in der Mehrzahl durch ein hohes Maß an *Selbsttätigkeit* und *Kooperation* mit den Mitschülern gekennzeichnet.

Eine konstruktive, nicht beim Kurieren der Symptome stehenbleibende Lösung des Nebentätigkeiten-Problems muß deshalb in der Veränderung des Unterrichtskonzepts gesucht werden:

> **These 9.3:**
> Der Anteil sinnlich-ganzheitlicher, Kopf, Herz und Hände einbeziehender Unterrichtsmethoden muß erhöht und der Umfang der Schülerselbsttätigkeit ausgeweitet werden, um das Ausmaß der störenden Nebentätigkeiten zu verringern.

In der Ausweitung des *selbsttätigen Lernens* liegt der Schlüssel zur Lösung der Probleme herkömmlichen Unterrichts. Diese Einsicht ist nicht neu. Sie ist so alt wie die Didaktik überhaupt. Daß trotz dieser Einsicht Schule weitgehend lehrerzentriert organisiert ist, darf nicht als »Betriebsunfall« verharmlost werden und auch nicht dem einzelnen Lehrer/der einzelnen Lehrerin angelastet werden. Die Lehrerzentriertheit ist vielmehr Ausdruck eines Konstruktionsfehlers der Schule von Anbegin an. Sie hat vielfältige curriculare, institutionelle und juristische Ursachen und kann deshalb nicht vom einen auf den anderen Tag abgeschafft werden.

Selbsttätigkeit der SchülerInnen stellt – für sich allein betrachtet – noch keinen Wert dar. Sie kann zu »action and fun«, also zu unproduktivem Leerlauf führen. Selbsttätigkeit als Methode Handlungsorientierten Unterrichts muß eine didaktisch reflektierte Zielrichtung erhalten. Sie ist nur dann gerechtfertigt, wenn sie die SchülerInnen zum selbstverantwortlichen Handeln anregt. Dies macht es notwendig, die wünschenwerte Ausweitung der SchülerInnen-Selbsttätigkeit in ein dafür geeignetes Unterrichtskonzept einzubinden.

9.1.4 Lernen in der Risiko-Gesellschaft

Schule war schon immer verkopft. Die Klagen über die Lernfeindlichkeit der »Buchschule« gibt es seit dem Mittelalter. Brisant wird die Situation jedoch dadurch, daß es aufgrund der in den letzten 45 Jahren eingetretenen Veränderungen der Lebensbedingungen immer schwieriger für die SchülerInnen wird, die Handlungs- und Erfahrungsarmut der Buchschule in Familie und Freizeit zu kompensieren:

○ Die *Lebens- und Berufsperspektiven werden unübersichtlicher.* Tradierte Normen und Wertsysteme (wie sie z.B. durch die Klassenzugehörigkeit, durch die Einbindung in die Kirchen, in regionale Kulturtraditionen usw. geboten wurden) verlieren an Bedeutung. An ihre Stelle treten individuelle Strategien des Sich-Durchwurstelns durch das Leben. Man wechselt häufiger den Beruf, häufiger den Partner und auch häufiger die Weltanschauung, die Parteizugehörigkeit usw.

○ Die Kinder und Jugendlichen müssen mit einer wachsenden *Vereinzelung* fertig werden. Es gibt immer mehr Ein-Kind-Familien und immer mehr alleinerziehende Mütter und Väter. Viele Kinder erleben in der 1. Klasse das erste Mal, sich mit Gleichaltrigen auseinandersetzen zu müssen (s.o., S. 324 f.).

○ Wir leben – zumindest in den alten Bundesländern – in einer *Konsum- und Überflußgesellschaft*. Und dies wirkt sich trotz Neuer Armut und trotz wachsender sozialer Randgruppen auf das Weltbild und die Haltungen der Kinder und Jugendlichen aus: Das Konsumieren gilt als selbstverständlich. Im Schlager »Ich will alles, und zwar sofort« wird diese Konsumhaltung karikiert. Sie bietet Chancen zur Befreiung von überholten Traditionen und Zwängen, birgt aber auch die Gefahr einer neuen Abhängigkeit von Moden, Medien und Märkten.

○ Es findet eine *Reduzierung der Eigentätigkeit* statt. Der Stellenwert der Medien (Fernsehen, Video, Computer) wird immer gewichtiger. Das leibhaftige Erleben von Wirklichkeit wird zunehmend ersetzt durch ein »Leben aus zweiter Hand«. Dies ist nicht ausschließlich negativ zu sehen. Kinder und Jugendliche erarbeiten sich neue Wirklichkeiten und Lebenswelten, die zum Teil durchaus als handlungsaktiv zu kennzeichnen sind. Dies ergeben zum Beispiel Untersuchungen zum Umgang von Kindern mit Computern (vgl. Rolff/Zimmermann 1990).

○ Immer mehr Kinder und Jugendliche zeigen *Verhaltensauffälligkeiten*. Aggressivität und Vandalismus nehmen in den Schulen zu. Es gibt aber auch *leise Störungen* des Unterrichtsbetriebs, die sich in wachsender Unlust, im Schwänzen und in einer für die LehrerInnen nervenzehrenden Unverbindlichkeit des Verhaltens äußern. Stoßseufzer einer Göttinger Grundschullehrerin: »Die Anzahl verhaltensauffälliger Kinder nimmt von Jahrgang zu Jahrgang zu. Kinder für das Lernen zu motivieren, die bei anderen KollegInnen Spielchen unter der Bank machen, gelingt mir ja noch. Aber es fällt mir zunehmend schwerer, mit der Aggressivität der Kinder umzugehen und sie in produktive Bahnen umzulenken. Und noch weniger gelingt es mir, jene Kinder zu integrieren, die sich vorwiegend von Sadismus leiten lassen.«

Soziologen sprechen davon, daß wir in einer postmodernen »Risiko-Gesellschaft« leben, die große Chancen zur individuellen Entfaltung bietet, die es aber immer schwieriger macht, die eigene Identität aufzubauen (vgl. U. Beck 1986; Fabian 1987; Fölling-Albers 1989).

These 9.4:
Es wird schwieriger, Kind zu sein und Erwachsener zu werden, weil die Lebensumwelt der Kinder und Jugendlichen *lernfeindlicher* und die Orientierungsangebote der Gesellschaft diffus, maßlos und dadurch oft auch überfordernd geworden sind.

9.1.5 Entschleunigung der Didaktik

Wie sollen die Schulen und die LehrerInnen auf diese Veränderungen der Lebensbedingungen der SchülerInnen reagieren? Sie können sich ihre SchülerInnen ja nicht aussuchen! (Nach der Freigabe des Elternwillens bei der Schulformwahl nicht einmal mehr am Gymnasium.) Also bleibt den LehrerInnen – ob sie dies nun begrüßen oder nicht – kaum etwas anderes übrig, als den veränderten Lernvoraussetzungen Rechnung zu tragen. Es wird immer mehr darauf ankommen, den SchülerInnen sinnlich-handgreifliche Ersterfahrungen im Umgang mit der gefährdeten Natur, aber auch im Umgang mit den MitschülerInnen und Erwachsenen und in der Auseinandersetzung mit einer anonymer werdenden Politik, Wirtschaft und Verwaltung zu geben.

> **These 9.5:**
> Schulen müssen in Zukunft stärker als bisher üblich ein differenziertes *Schul-Leben* entfalten, in dem LehrerInnen und SchülerInnen Erfahrungen sammeln und Handlungsmöglichkeiten erproben können, die außerhalb der Schule immer mehr verschüttet werden.

In diesem Zusammenhang wird häufig das Schlagwort von der »Öffnung der Schule« zitiert. Es ist nicht unproblematisch: Man muß vermeiden, die in These 9.4 beklagte Reizüberflutung, Unruhe, Unübersichtlichkeit und Unverbindlichkeit außerschulischer Lernangebote in den Schulbetrieb hineinzuholen und alles noch schlimmer als vorher zu machen. »Öffnung der Schule« sollte deshalb zunächst eine Öffnung nach innen sein (s.u.). Und sie muß mit der Intensivierung des Lernens und dem Zur-Ruhekommen verknüpft werden.

Die Didaktik hat sich von ihren Anfängen an, also seit dem Zeitalter des Barock (Ratke, Comenius), als *Lernbeschleunigungs-Maschinerie* verstanden. Sie wollte die Lernbarrieren senken, sie wollte immer mehr SchülerInnen immer schneller immer weiter bringen. Der Frankfurter Erziehungswissenschaftler Horst Rumpf hat als einer der ersten diese unheilvolle Tradition analysiert und kritisiert. In Zukunft, so argumentiert er, wird es weniger darauf ankommen, immer mehr SchülerInnen immer schneller zum Schulabschluß zu bringen, sondern darauf, durch die Verlangsamung der Lernprozesse die aus vielerlei Gründen verloren gegangene Intensität des Lernens wiederherzustellen.

Das von Comenius gemachte Versprechen, die »große Didaktik« werde »alle Menschen alles lehren«, und zwar »rasch, angenehm und gründlich« (Comenius 2. Aufl. 1960, S. 9), ist überholt. Es kommt in Zukunft immer mehr darauf an, eine *Didaktik der Ruhe, der Konzentration und der Intensität* zu entwickeln.

Handlungsorientierter Unterricht soll dieses Problem anpacken. Er ist deshalb mühsam. Er benötigt gründliche Vorbereitung auf Lehrer- wie auf Schülerseite; er ist materialintensiv und risikoreicher als herkömmlicher Unterricht. Die große Aufmerksamkeit, die dieses Unterrichtskonzept dennoch in den letzten zehn Jahren gefunden hat, rührt unseres Erachtens eben daher, daß viele Lehrerinnen und Lehrer immer deutlicher spüren, daß sie mit ihrem »Latein« am Ende sind. Sie wollen neue Unterrichtskonzepte erproben, die dem alltäglichen K(r)ampf um die Motivation und die Ruhigstellung der SchülerInnen ein Ende setzen können.

9.2 Das historische Umfeld des Handlungsorientierten Unterrichts

9.2.1 Überblick

Das Konzept des Handlungsorientierten Unterrichts ist in den letzten zehn Jahren auf dem Hintergrund einer bis ins 17. Jahrhundert zurückreichenden Theorietradition entwickelt worden. In *Abbildung 9.1* wird diese Tradition angedeutet. (Vgl. auch Fauser u.a. 1983, S. 127-147; Wopp 1986.)

Für die Klassiker der Pädagogik war es eine Selbstverständlichkeit, daß »Bildung« die »proportionierliche Entfaltung« von Kopf, Herz und Hand voraussetzt und daß dieses anspruchsvolle Ziel nicht erreicht werden kann, wenn die Schüler sich mit nichts anderem als Büchern, Papier und Stiften beschäftigen:

- ❑ Schon der bereits mehrfach zitierte Johann Amos *Comenius* (1592-1670) forderte den Lehrer auf, die Stoffvermittlung durch die Berücksichtigung aller Sinne zu erleichtern: »Es muß z.B. das Gehör mit dem Gesicht, und die Sprache mit der Hand stets verbunden werden, indem man den Wissensstoff nicht bloß durch Erzählung vorträgt, daß er in die Ohren eindringe, sondern auch bildlich darstellt, damit er sich durch das  Auge der Vorstellung einpräge. Die Schüler ihrerseits sollen früh lernen, sich mit der Sprache und mit der Hand auszudrücken, und keine Sache soll beiseite gelegt werden, bevor sie sich dem Ohr, dem Auge, dem Verstand und dem Gedächtnis hinreichend eingeprägt hat« (Comenius 2. Aufl. 1960, S. 105 f.).
- ❑ Was bei Comenius ein eher mechanistisch gedachtes Verknüpfen der einzelnen Sinnestätigkeiten war (wie dies auch in dem Holzschnitt aus dem »Orbis sensualium pictus« von Comenius zum Ausdruck kommt), wird in Jean Jacques *Rousseaus* Erziehungsroman »Emile« zu einem ganzheitlichen Bildungsideal. Insbesondere im 2. und 3. Buch finden Sie ein durchdachtes Konzept und zahlreiche beeindruckende Beispiele für handlungsorientiertes Lehren – auch wenn der Begriff selbst noch nicht verwandt wird.
- ❑ Und von Johann Heinrich *Pestalozzi* stammt die in den letzten Jahren immer häufiger zitierte Formel des »Lernens mit Kopf, Herz und Hand« (vgl. Meyer 1987 a, S. 34).

9.2 Das historische Umfeld des Handlungsorientierten Unterrichts

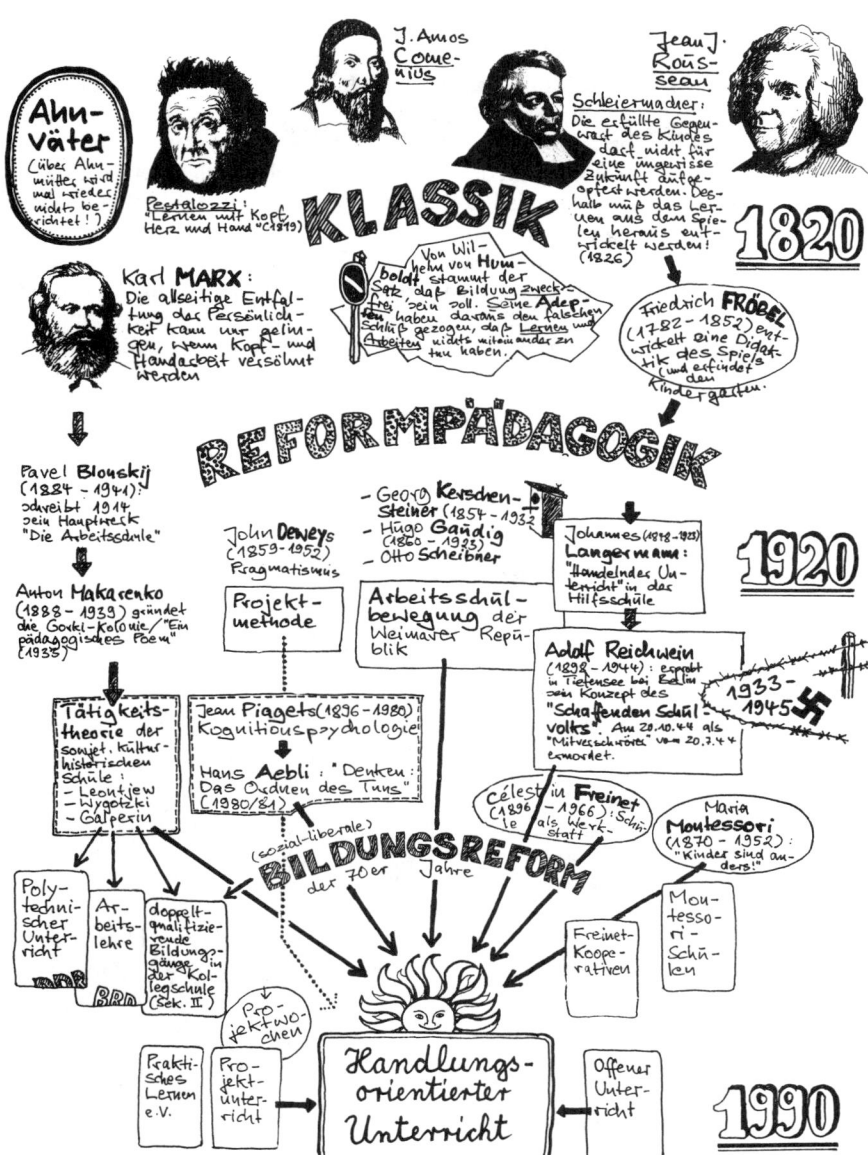

Abbildung 9.1

Es gibt aber auch *gegenläufige Theorietraditionen,* die in ihrem Einfluß auf den Unterricht an Regelschulen letztlich die Oberhand behalten haben. *Wilhelm von Humboldt* hat die strikte Trennung von Berufs- und Allgemeinbildung gefordert, aber sogleich angemerkt, daß es dem Gelehrten gut tue, wenn er tischlern könne und umgekehrt. Humboldts Adepten haben aus seiner ganzheitlichen Allgemeinbildungstheorie eine bürgerliche Allgemeinbildungsideologie gemacht, in der die geistige Distanz des gymnasialen Bildungskanons zu Beruf und Ökonomie als Garant für die Mündigkeit und Kritikfähigkeit mißverstanden wurde – ein Mißverständnis, das erst im 20. Jahrhundert durch Berufsbildungstheoretiker wie Kerschensteiner, Spranger und Blankertz ausgeräumt wurde (Blankertz 2. Aufl. 1985). Es wirkt bis heute nach und behindert die Entfaltung des Handlungsorientierten Unterrichts in der Sekundarstufe II.

Zu den gegenläufigen Theorietraditionen zählen auch die Unterrichtstheorien der *Herbartianer* aus der 2. Hälfte des 19. Jahrhunderts, die mit ihren Formalstufen-Theorien und Leitfäden zur Unterrichtsvorbereitung die gängige Praxis eines lehrerzentrierten Frontalunterrichts gerechtfertigt und mit den Weihen der Wissenschaftlichkeit versehen haben (Adl-Amini/Oelkers/Neumann 1979).

Besonderes Gewicht unter den historischen Vorläufern des Handlungsorientierten Unterrichts kommt der *Reform-Pädagogik* zu:

- *Maria Montessori, Célestin Freinet, Georg Kerschensteiner* und *Peter Petersen* wurden schon erwähnt (s.o., S. 298).
- *Hugo Gaudig* (1860-1923), engagierter Schulreformer aus Leipzig und ebenfalls Verfechter der Idee der Arbeitsschule, teilte mit Kerschensteiner die Kritik an der Buchschule, war in seinen Forderungen aber deutlich radikaler. Er betonte die Selbsttätigkeit der SchülerInnen und schrieb: »Sofern der Schüler selbsttätig ist, ist seine Arbeit eine ‚Handlung', bei der er das ‚handelnde Subjekt', oder wie man es ausdrücken kann: ‚der Täter seiner Taten' ist.«
- *Otto Haase* (1893-1961) wollte neben die Ausbildung der Kulturtechniken und den freien Gesamtunterricht im Sinne *Berthold Ottos* (1885-1933) als dritte methodische Grundform des Volksschulunterrichts das »Vorhaben« setzen.
- Schließlich ist *Adolf Reichwein* (1898-1944) zu nennen, der mit seinem Buch »Schaffendes Schulvolk« (1939) einen klassischen Vorläufer heutiger Konzepte handlungsorientierten Unterrichts geschrieben und in seiner Dorfschule erprobt hat. (Reichwein wurde als designierter Kultusminister wegen seiner Beteiligung am Attentat auf Hitler vom 20. Juli 1944 hingerichtet).

Adolf Reichwein

Der kurze Überblick soll vor allem eines deutlich machen: Das heute diskutierte Konzept des Handlungsorientierten Unterrichts kann sich auf ein enges Netz von theoretisch und praktisch bedeutsamen Vorläufern beziehen, die allerdings von recht unterschiedlichen Idealen ausgegangen und auch zu ganz unterschiedlichen Ergebnissen gelangt sind. Auch aus bildungs- und gesellschaftspolitischer Sicht gibt es keine klaren Linien: Paul Oestreich, Otto Karstädt, Otto Rühle oder Otto Kanitz waren politisch links einzuordnen und zugleich engagierte Verteidiger der Weimarer Republik; Berthold Otto hat schlimme Sätze über die Nicht-Integrierbarkeit polnischer Mitschüler geschrieben; Georg Kerschensteiner war trotz oder vielleicht wegen seiner proletarischen Herkunft ein ausgesprochen Konservativer. Es gab vor und während des I. Weltkrieges Reformpädagogen, die »handlungsorientiert« zur Kriegsbegeisterung erziehen wollten (vgl. Lemmermann 1984, Wißmann 1989). Und auch bei nationalsozialistischen Pädagogen läßt sich so etwas wie »Handlungsorientierung« der Arbeit in der HJ, beim BDM usw. feststellen (vgl. Gamm 1964, S. 170-196; 304-360). Ein pauschaler Verweis auf die Tradition Handlungsorientierten Unterrichts ist deshalb wenig wert. Man muß schon genauer ausformulieren, aus welchen Gründen und mit welchen Zielsetzungen man sich für dieses Konzept ausspricht.

9.2.2 Johannes Langermanns Konzept des »Handelnden Unterrichts«

Der erste, der den Begriff »Handelnder Unterricht« zur Kennzeichnung seines Unterrichtskonzepts verwandt hat, ist unseres Wissens der Reformpädagoge und Hilfsschullehrer *Johannes Langermann* (1848-1923).

In dem Buch »Der Erziehungsstaat nach Stein-Fichteschen Grundsätzen« (1. Aufl. 1911; 3. Aufl. 1963) beschreibt Langermann sehr lebendig, wie er sich seinen »Handelnden Unterricht« vorstellt. Er polemisiert gegen den üblichen (Frontal-)Unterricht und fordert, ganz im Sinne von Rousseau, Schleiermacher und Fröbel, das Lernen aus dem Spielen heraus zu entwickeln: »Das Kind *will* nicht lernen. Es will dagegen *handeln,* schaffen, und zwar in der Form, die seiner Natur angemessen ist. Diese Form aber ist das *Spiel. Lernen* will das Kind nur insoweit, als es das Lernen zu seinem Spiele nötig hat« (zit. nach Hausmann 1959, S. 182).

Daraus folgert Langermann keineswegs, daß die Kinder nur so viel und so lange lernen sollten, wie sie

J. Langermann

Lust zu spielen hätten. Er habe »die Freiheit des Kindes zum Handeln wohl als die Vorbedingung, nicht aber als das Ziel der Erziehung gefordert. Das Ziel einer jeden natur- und kulturgemäßen Entwicklung des Kindes (ist) aber die sittliche, d.h. die ethisch gebundene Freiheit« (ebd.).

Wir zitieren eine Passage aus der von Gottfried Hausmann zusammengestellten Langermannschen Beschreibung seines Unterrichts an einer Hilfsschule in Barmen/Nordrhein-Westfalen im ersten Jahrzehnt dieses Jahrhunderts (Hausmann 1959, S. 181-185 – vgl. Langermann 3. Aufl. 1963, S. 5-11). Die Schule hatte gerade einen *Schulgarten* erwerben können. Langermann beschreibt, wie die Kinder ihn in Besitz nehmen:

»,Liebe Kinder, seht euch einmal um! Dieser Garten hier soll von jetzt ab euch gehören. Möchtet ihr ihn wohl haben?' ,Ha, was sollen wir denn damit machen?' ,Sollen? – Nichts! Aber alles, was ihr wollt! Doch versteht mich auch recht: alles, was ihr zusammen, gemeinsam wollt'«. Dann zeigte Langermann auf die reichlich vorhandenen Geräte: »,Diese Geräte sind für euch gekauft, daß ihr sie benutzen und Freude bei der Arbeit haben sollt, soviel euch nur irgend möglich ist'. ,Auch richtig?', lautete die zweifelnde Frage der Kinder. »,Ja, ganz richtig'«. Alles stürzte sich mit lautem Freudengeschrei auf die Werkzeuge los. Es entstand sofort »ein, wenn auch verkleinertes, so doch naturgetreues Spiegelbild des Konkurrenzkampfes der heutigen Gesellschaft um das Werkzeug«. »Während so der Kampf tobte,... hatte ich in der Hauptsache den Vorgang zu beobachten, damit nur kein Unglück passierte«.

Erst als einige starke Räuber im besten Zuge waren, ihre auf die Schiebkarre geladene Beute triumphierend ins Trockene zu bringen, demgegenüber sich ein Haufen Schwächerer mit geballten Fäusten und keifenden Protesten zur Wehr setzte, bereitete »ein plötzliches und donnerndes ,Halt!'« Langermanns wie mit einem Schlage dem grausamen Spiel ein jähes Ende. »Sofort bringe ein jeder die Sachen wieder an den alten Platz! Jetzt schnell zum Kreise angetreten! Wer hat etwas zu sagen?« – »'Er hat mir meinen Spaten aus der Hand gerissen!« ,Warum du nicht ihm?' ,Er ist stärker'. ,Wärest du stärker als er, so hättest du ihm

9.2 Das historische Umfeld des Handlungsorientierten Unterrichts

doch gewiß die Karre abgenommen?' ‚Gewiß aber!' ‚Nun, warum beklagst du dich denn! Bist du denn etwa besser als er! Denn daß er stärker ist als du, ist doch nichts Schlechtes. Oder möchtest du nicht ebenso stark sein wie er?' ‚Ja'. ‚Das versteht sich! Denn welcher tüchtige Junge möchte wohl nicht stark sein? Aber einen Grund zur Klage hast du deshalb nicht. Oder meinst du doch?' ‚Nein'«. Die Räuber wollten schon triumphieren, sollten aber gleich auch an die Reihe kommen. »,Nun, wem hat denn das da soeben gefallen?' Alle mit Ausnahme der Räuber verneinten: ‚Mir nicht'. ‚Gut! Wer will nun, daß wir eine Ordnung schaffen, wo jeder zu seinem Recht kommt, und wo dann jeder seine Freude hat?' 27 antworteten mit ja, drei mit nein!« Zu den drei letzteren sagte Langermann: »Daß ihr nicht wollt, ist euer Recht, das euch niemand nehmen kann noch darf. Daß ihr das offen zeigt und euch nicht drückt, sagt mir, daß ihr ehrliche, tapfere Jungen seid, worüber wir uns freuen können. Bleibt stets so ehrlich und tapfer! – Doch nun: zur Ehrlichkeit und Tapferkeit gehören auch, daß man ganz offen ist und seinen Grund sagt. Warum also, A., willst du nicht?« Er schweigt verlegen. Ein anderer von den dreien: »Ich hatte den Spaten zuerst«. »Gut! 's ist möglich. Doch das macht zusammen drei Geräte; denn jeder kann zur Zeit immer nur eins gebrauchen. Aber hattet ihr denn nur drei Geräte?« Alle, wie aus einem Munde: »Beinahe alles hatten sie!« Nach einem Zwischenspiel über die Gründe fährt Langermann dann fort: »Habt ihr nicht beachtet, was ich euch sagte, als ich Garten und Geräte übergab? Ich sagte euch, ihr dürftet alles damit machen, was ihr zusammen, gemeinsam wollt. Wer hat das gehört?« Alle zeigten. »Das war also die Bedingung. Darum gilt auch nur, was alle – versteht ihr? – was alle gemeinsam wollen, was ich indessen nur wissen kann, wenn ich abstimmen lasse. Also muß ich jedesmal darüber abstimmen lassen. Ist's recht so oder unrecht? Sagt's selbst«. Unter allseitiger Zustimmung: »Recht!« konnte Langermann dann diese »Lehrhandlung« abschließen.

Langermanns Schilderungen belegen, wie umfassend er sein Konzept handelnden Unterrichts verstanden wissen wollte. Es ist zugleich:

❏ *Sprachunterricht,* bei dem reale Handlungssituationen »natürliche« Sprech- und Argumentationsanlässe schaffen;

❏ *Politikunterricht,* wobei die schulischen Handlungssituationen als Abbild gesamtgesellschaftlicher Auseinandersetzungen betrachtet werden;

❏ *Moralerziehung,* die dem von Immanuel Kant formulierten kategorischen Imperativ folgt (vgl. S. 221);

❏ *Sachunterricht* durch die Arbeit im Schulgarten

❏ und ein Stück weit auch noch *Berufsvorbereitung.*

Der Tonfall, in dem Langermann spricht, wirkt heutzutage antiquiert, das Lehrer-Schüler-Verhältnis ebenfalls; die bezogene pädagogische Position ist demgegenüber modern: Der Lehrer muß seine SchülerInnen zum selbsttätigen Handeln freigeben, aber dies bedeutet nicht, daß er sie sich selbst überläßt. Vielmehr sorgt er mit »sanfter Gewalt« dafür, daß sich die SchülerInnen untereinander verständigen und an soziale Normen halten.

> **These 9.6:**
> Handlungsorientierter Unterricht ist nur als ein ganzheitlicher und fächerübergreifender, soziales Lernen einschließender Unterricht denkbar.

9.3 Grundbegriffe und Merkmale

9.3.1 Handelnder oder Handlungsorientierter Unterricht?

Wir haben bisher sowohl vom »handelnden« als auch vom »handlungsorientierten« Unterricht gesprochen. Beide Begriffe werden in der aktuellen Diskussion verwandt, jedoch zur Kennzeichnung unterschiedlicher Konzepte:

- ❑ Vom *Handlungsorientierten* Unterricht, der auch den Titel dieser 9. Lektion geliefert hat, sprechen jene Autoren, die sich auf die breite reformpädagogische Tradition berufen, so z.B. Herbert Gudjons (1986) und Manfred Bönsch (1986). Fachdidaktische Variationen bringen z.B. Bach/Timm (1989), Konukiewitz (1990), Schewe (1990).
- ❑ Vom *Handelnden* Unterricht sprechen heute insbesondere diejenigen Autoren, die sich der von Lew Semjonowitsch Wygotski (1977), Alexej Leontjew (1982) und Pjotr J. Galperin (1980) entwickelten Tätigkeitstheorie der (sowjetischen) Kulturhistorischen Schule verpflichtet fühlen, so z.B. Wolfgang Jantzen (1986), Iris Mann (2. Aufl. 1977) und Barbara Rohr (1980).

Für die Didaktik ist die Tätigkeitstheorie durch die Entwicklung des sogenannten *Etappenmodells* der Herausbildung geistiger Operationen interessant geworden. Es liefert eine komplexe Theorie der Bewußtseins- und Kompetenzentwicklung, darf allerdings nicht, worauf Jantzen ausdrücklich hinweist, unmittelbar als Phasen- oder Stufenmodell im Unterricht angewandt werden (Jantzen 1983, S. 36).

> **These 9.7:**
> Eine psychologische Theorie der Bewußtseinsentwicklung ist keine ausreichende Grundlage für die didaktische Gestaltung von Unterrichtsprozessen.

Denn eine solche Theorie (und sei sie noch so weit entfaltet) sagt nur etwas über individuelle Gesetzmäßigkeiten des Lernens. Sie sagt jedoch nichts aus über die Dialektik des Lehrens und Lernens und über die institutionellen Rahmenbedingungen schulischen Unterrichts.

Trotz der theoretischen Stringenz des Etappenmodells sprechen wir nicht vom Handelnden Unterricht. Wir ziehen die behutsamere Formulierung vom Handlungs*orientierten* Unterricht aus folgenden Gründen vor:

❏ Die Formulierung soll deutlich machen, daß *Lernen und Handeln* zwar sehr eng miteinander verknüpft werden können, aber *nicht ohne Rest ineinander aufgehen.*

❏ Die Formulierung soll zeigen, daß das Ziel, Lernen durch Handeln zu bewirken, zwar theoretisch und praktisch gut zu begründen, bildungspolitisch aber nur ansatzweise durchzusetzen ist.

Wir dürfen nicht so tun, als ob die in Jahrhunderten gewachsene »Verkopfung« der Schule und die Absonderung schulischen Lernens von der Lebens- und Arbeitswelt der Erwachsenen von Pädagogen in eigener Verantwortung aufgehoben werden könnte.

9.3.2 Handlungsbegriff

In der erziehungswissenschaftlichen Diskussion ist seit etwa 15 Jahren ein geradezu inflationärer Gebrauch der Begriffe »Handeln« bzw. »Handlung« und ihrer Komposita Handlungskompetenz, Handlungsmuster, Handlungsorientierung usw. zu beobachten (vgl. Mollenhauer 1972; Lingelbach/Diederich 1979; Krüger/Lersch 1982; Lenzen/Mollenhauer 1983; Haft/Kordes 1984; Haller/Meyer 1986). Nahezu alle unterrichtlichen Prozesse werden inzwischen als »Handlungen« bezeichnet. Man spricht von Sprachhandlungen, vom Entscheidungshandeln, vom Denken als Probehandeln usw. Aufgrund dieses Sprachgebrauchs könnte die Forderung nach »Handlungsorientierung« unverständlich werden. Die in der 3. Lektion eingeführte grundlegende Unterscheidung von deskriptiven und präskriptiven Aussagen (s.o., S. 62 und 65) muß hier in Erinnerung gerufen werden:

❏ Handeln im deskriptiv-analytischen Begriffsverständnis bezeichnet jedes zweckgerichtete Tun. Es setzt eine Absicht beim (handlungsfähigen) Subjekt voraus und kann sich auf materielles, praktisches Handeln genauso gut wie auf immaterielles, vergeistigtes Handeln beziehen. Es kann aber auch die willentliche Unterlassung einer Aktion meinen.

❏ Handeln im zweiten, präskriptiven Sinn meint demgegenüber eine bestimmte, politisch und pädagogisch verantwortbare Praxis unterrichtlichen Handelns. Es ist nicht damit getan, daß die Schüler durch die Klasse wuseln und am Stundenende glücklich und erschöpft sind. Es muß auch etwas Vernünftiges dabei herauskommen!

Wenn wir vom Handlungsorientierten Unterricht sprechen, beziehen wir uns immer auf die zweite, präskriptive Bedeutung des Begriffs.

Eine umfassende Aufarbeitung vorliegender Handlungstheorien in pädagogischer Absicht hat Hans *Aebli* in dem zweibändigen Werk »Denken: das Ordnen des Tuns« (1980; 1981) unter Rückgriff auf die kognitive Entwicklungspsychologie seines akademischen Lehrers Jean Piaget (1896-1980) vorgelegt. Auch Herbert Gudjons stützt sich in seinem empfehlenswerten, einführenden Buch »Handlungsorientiert lehren und lernen« (1986) auf diese Position.

Es ist eigentlich überraschend, daß die Verfechter des Handlungsorientierten Unterrichts trotz einer umfangreichen sozialwissenschaftlichen Theorienbildung zum kommunikativen Handeln (vgl. z.B. Habermas 1981) nur selten handlungstheoretische Vorklärungen getroffen haben. Positive Ausnahmen stellen die Arbeiten von Söltenfuß (1983) und Mühlhausen (1986) dar. Häufiger werden die Unterrichtskonzepte aus einer unmittelbar empfundenen unterrichtspraktischen Notwendigkeit heraus entwickelt. Der Handlungsbegriff wird dann eher in einem naiv-emphatischen Sinne verwandt, so als ob die Benutzung dieses Schlagworts schon die Qualität des damit etikettierten Unterrichtskonzepts garantiere (vgl. Langewand 1983).

> Friedrich Wilhelm *Schelling* (1775-1854): »Handeln, Handeln, das ist der Ruf, der zwar von vielen Seiten ertönt, am lautesten aber von denjenigen angestimmt wird, bei denen es mit dem Wissen nicht fort will« (zit. nach Blankertz 1982, S. 131).

9.3.3 Arbeitsdefinition

Im Handlungsorientierten Unterricht sollen, wie dies die Begriffswahl zum Ausdruck bringt, Schüler-Handlungen in den Mittelpunkt der Unterrichtsarbeit gestellt werden. Die Lehrer sollen – häufiger als im herkömmlichen Unterricht üblich – mit ihren SchülerInnen etwas tun, das »Hand und Fuß« hat. Der Unterricht soll, wenn irgend möglich, zu Ergebnissen kommen, die man anfassen oder vorführen, mit denen man spielen oder weiterarbeiten kann, die für die SchülerInnen augenblicklich und auch noch später Gebrauchswert besitzen.

> **Definition 9.1:** Handlungsorientierter Unterricht ist ein ganzheitlicher und schüleraktiver Unterricht, in dem die zwischen dem Lehrer/der Lehrerin und den SchülerInnen vereinbarten Handlungsprodukte die Gestaltung des Unterrichtsprozesses leiten, so daß Kopf- und Handarbeit der SchülerInnen in ein ausgewogenes Verhältnis zueinander gebracht werden können.

Handlungsorientierter Unterricht wird von einem kritischen *pädagogischen Optimismus* getragen. Die Verfechter des Konzepts setzen darauf, daß SchülerInnen gerne, freiwillig und selbständig lernen – wenn man sie nur läßt und ihnen die unverzichtbaren didaktisch-methodischen Hilfestellungen gibt.

9.3 Grundbegriffe und Merkmale

Hinter jedem Unterrichtskonzept steht ein bestimmtes *Welt- und Menschenbild;* das des Handlungsorientierten Unterrichts läßt sich mit folgenden fünf Sätzen skizzieren:

1. Handlungsorientierter Unterricht geht davon aus, daß der Mensch zur Vernunft und Freiheit, aber auch zur Selbstzerstörung befähigt ist.
2. Handlungsorientierter Unterricht geht davon aus, daß Lernen grundsätzlich ganzheitlich, also mit Kopf, Herz, Händen und allen Sinnen abläuft.
3. Handlungsorientierter Unterricht baut darauf, daß junge Menschen neugierig sind, daß sie fragen und staunen können, daß sie ihre Umwelt erfahren und experimentierend erproben wollen.
4. Handlungsorientierter Unterricht rechnet damit, daß weder die Lehrer noch die Schüler perfekte Wesen sind, sondern Fehler machen und versagen, daß sie aber aus Fehlern lernen können.
5. Handlungsorientierter Unterricht berücksichtigt, daß ein nicht-entfremdetes Leben und Lernen in der Schule nur ansatzweise und widersprüchlich möglich ist.

Das Konzept hat zum Teil utopische Züge. Es setzt darauf, daß SchülerInnen lieber gemeinsam als allein lernen, daß sie zu solidarischem Handeln fähig und zur diskursiven Verständigung mit ihren Lehrern bereit sind. Daß diese Voraussetzungen nicht immer zu erfüllen sind, ist bekannt. Andererseits ist festzuhalten, daß praktisch jeder Einzelvorschlag, der im folgenden gemacht wird, schon irgendwo mit Erfolg verwirklicht worden ist.

9.3.4 Sieben Merkmale Handlungsorientierten Unterrichts

Wer Handlungsorientierten Unterricht machen will, begibt sich in einen *offenen Prozeß* der Auseinandersetzung mit seinen SchülerInnen. Deshalb gibt es auch keine »ehernen« Prinzipien dieses Konzepts, sondern Merkmale, die die Richtung beschreiben, in die herkömmlicher Unterricht weiterentwickelt werden sollte. Wir empfehlen, bei der Umstellung des eigenen Unterrichts auf die folgenden sieben Merkmale zu achten.

1. Handlungsorientierter Unterricht ist *ganzheitlich.* Die Ganzheitlichkeit hat mehrere Aspekte:

Personaler Aspekt: Im Handlungsorientierten Unterricht soll der »ganze« Schüler angesprochen werden. Er soll also mit dem Kopf, aber auch mit dem Herzen (= den Gefühlen), den Händen und allen Sinnen dabei sein.

Inhaltlicher Aspekt: Die im Handlungsorientierten Unterricht bearbeiteten Unterrichtsinhalte werden nicht aufgrund einer wissenschaftlichen Fachsystematik, sondern aufgrund der Probleme und Fragestellungen ausgewählt, die sich aus dem vereinbarten Handlungsprodukt ergeben. Selbstverständlich gibt es auch im Handlungsorientierten Unterricht lehrgangsmäßig strukturierte Phasen, in denen sich die Schüler Kompetenzen aneignen, um Probleme zu lösen. Die für den Fachunterricht an Regelschulen übliche Zerteilung in Einzelstunden wird jedoch so weit wie möglich vermieden.

Methodischer Aspekt: Wenn es richtig ist, daß Menschen besser lernen, wenn sie mit Kopf, Herz und Händen dabei sein können, dann müssen auch die ausgewählten Unterrichtsmethoden ganzheitlich sein: Gruppen- und Partnerarbeit, Projektunterricht, Geschichtenerzählen, verschiedene Formen der szenischen Interpretation, Standbild-Bauen, Rollenspiel, Planspiel, Experimentieren, Erkunden gehören dazu.

2. Handlungsorientierter Unterricht ist *schüleraktiv,* d.h. der Lehrer versucht, den Schülern möglichst wenig vorzukauen und sie möglichst viel selbst erkunden, erproben, entdecken, erörtern, planen und verwerfen zu lassen. Das Konzept baut darauf, daß Selbsttätigkeit die unverzichtbare Voraussetzung für Selbständigkeit ist. Dabei herrscht eine *Dialektik von Führung und Selbsttätigkeit.* Je mehr Handlungskompetenzen der Lehrer seinen Schülern vermittelt hat, desto selbständiger können sie weiterarbeiten.

3. Im Mittelpunkt des Handlungsorientierten Unterrichts steht die Herstellung von *Handlungsprodukten,* mit denen weitergearbeitet, gespielt und gelernt werden kann. Handlungsprodukte sind die veröffentlichungsfähigen materiellen und geistigen Ergebnisse der Unterrichtsarbeit. Mit diesen Produkten können sich die Schüler identifizieren, sie bieten aber auch Gelegenheit für eine von den Schülern selbst getragene Auswertung und Kritik der Unterrichtsarbeit. Handlungsprodukte sind in unterschiedlichen Symbolisierungsformen (siehe unten, S. 360 f.) möglich: Sie werden von den Schülern unter Anleitung des Lehrers *inszeniert* (Standbild-Bauen, Rollenspiel, Planspiel, Zeitungstheater, Musik, Tanz usw.) oder *hergestellt* (Wandzeitung, Collage, Modell, Schülerbuch, Klassenzeitung, Flugschrift, Leserbrief, Experiment). Sie können zu kleineren und größeren *Vorhaben* und Projekten ausgeweitet werden (Aufführung, Ausstellung, Elternabend, Erkundung/Exkursion, Klassenfahrt, Wettbewerb, Workshop usw.).

An diesem Merkmal wird der Unterschied des Handlungsorientierten zum Handelnden Unterricht deutlich. In dem am Galperinschen Etappenmodell ausgerichteten Unterricht stehen die materiellen Handlungen immer am Anfang des Lernprozesses; ebenso grundsätzlich steht am Schluß die »rein« geistige, also im weitesten Sinne kognitive Problembewältigung. Im Handlungsorientierten Unterricht steht am Anfang ein eher kognitiver, wenn auch komplexer Planungsprozeß und am Schluß das Produkt materieller Handlungen.

9.3 Grundbegriffe und Merkmale 357

Handlungsorientierter Unterricht bemüht sich, die *subjektiven Schülerinteressen* zum Ausgangspunkt der Unterrichtsarbeit zu machen. Er bleibt aber nicht dabei stehen, sondern gibt den SchülerInnen Gelegenheit, durch einen handelnden Umgang mit neuen Themen und Problemen die eigenen Interessen weiterzuentwickeln.

Es wird aus den in Abschnitt 9.1.4 genannten Gründen für viele SchülerInnen heute immer schwerer, sich ihrer Interessen bewußt zu werden. Interessen sind nicht ein für allemal gegeben, vielmehr entstehen und vergehen sie im Unterrichtsprozeß und verschmelzen mit weiteren Motiven und Einstellungen. Manche Schüler sind »Meister« im Entwickeln der eigenen Interessen – oft sind die Interessen aber auch oberflächlich und kurzatmig (was Herbart als »Flattersinn« kritisierte).

Schülerinteressen sind nicht nur auf ein Thema bzw. einen Inhalt bezogen, sie haben immer auch eine soziale und personale Dimension. Handlungsorientierter Unterricht schafft die Freiräume, in denen sich die Schüler im handelnden Umgang mit neuen Themen und Aufgabenstellungen ihrer Interessen bewußt werden können. Er schafft aber auch – und dies ist heute wohl noch wichtiger – das Forum zur Veröffentlichung und Kritik der subjektiven Interessen. Denn hier können sie auf ihren Realitätsgehalt überprüft und gegebenenfalls modifiziert werden.

»Handlungsorientierter Unterricht ist interessenbezogen, schüleraktiv und ...« – frei nach Johannes Hickel

5. Handlungsorientierter Unterricht *beteiligt die SchülerInnen* von Anfang an an der *Planung, Durchführung und Auswertung* des Unterrichts. Dies kostet Kraft und Zeit, weil sich der Lehrer/die Lehrerin nicht mehr hinter Lehrplanvorgaben oder Schulbuch-Themen zurückziehen kann, sondern im offenen Diskurs mit den SchülerInnen *inhaltlich begründen* muß, welche Ziel-, Inhalts- und Methodenauswahl im Blick auf das angestrebte Handlungsprodukt sinnvoll ist. Dies stärkt aber sicherlich auch die Autorität des Lehrers/der Lehrerin.

6. Handlungsorientierter Unterricht führt zur *Öffnung der Schule:* Als Öffnung *nach innen* bezeichnen wir das Aufeinanderzugehen der SchülerInnen und LehrerInnen, die Förderung individueller Lernwege, die Ausweitung fächerübergreifenden Unterrichts und die Weiterentwicklung des Schullebens. Als Öffnung *nach außen* ist der Aufbau eines *Lernorte-Netzes* gemeint, in dem die SchülerInnen erkunden können, was sie für ihre Vorhaben und Projekte wissen müssen. »Öffnung der Schule« darf keine Einbahnstraße sein. Die SchülerInnen sollen das Schulgelände verlassen; aber es ist ebenso wichtig, daß Eltern, Experten, Kommunalpolitiker usw. hin und wieder in den Unterricht kommen, um dort Rede und Antwort zu stehen und um Kritik an den von den Schülern erarbeiteten Handlungsprodukten zu üben.

7. Im Handlungsorientierten Unterricht wird versucht, Kopf- und Handarbeit in ein ausgewogenes Verhältnis zu bringen. Als *»Handarbeit«* bezeichnen wir alle mit Hilfe des Körpers durchgeführten materiellen Handlungen. *»Kopfarbeit«* sind dann alle geistigen, immateriellen Handlungen (Denken, Diskutieren, Kritisieren, Träumen, Planen).

Handlungsorientierter Unterricht geht von der theoretischen Prämisse aus, daß es *keine* aufsteigende Linie von der Hand- zur Kopfarbeit, sondern eine den gesamten Lernprozeß begleitende dynamische Wechselwirkung zwischen beiden Komponenten gibt:

These 9.8:
Kopf- und Handarbeit der SchülerInnen stehen im Lernprozeß in dynamischer Wechselwirkung zueinander.

Es entspricht der von uns allen fest verinnerlichten abendländischen Denktradition, die Kopfarbeit für anspruchsvoller, wichtiger und komplizierter als die Handarbeit zu halten. Dies hat offensichtlich die falsche Annahme in unserem Bewußtsein verfestigt, anspruchsvolle Lernprozesse müßten *immer* von der Hand- zur Kopfarbeit führen:

9.3 Grundbegriffe und Merkmale

❑ Zielgerichtete *Arbeit,* so die falsche Vorstellung, müsse vom direkten, sinnlich-anschaulichen Handeln zu dem »wertvolleren« rational kontrollierten Handeln führen.

❑ Die *Interaktion* müsse vom ichbezogenen, auf unmittelbare Bedürfnisbefriedigung zielenden Handeln zum »sozialen«, nach moralischen Kategorien gesteuerten Handeln führen.

❑ Und die für jede Arbeit und Interaktion unverzichtbare sprachliche *Verständigung* müsse von der kontext- und handlungsbezogenen zur situationsunabhängigen, »theoretischen« Sprachbewältigung weiterentwickelt werden.

Aber wohin hat uns diese »Verkopfung« der Schule und der ganzen Gesellschaft gebracht? Zu einer immer problematischer werdenden Abwertung praktischer Arbeit und zu einer falschen Entgegensetzung von Emotionalität und Rationalität! Ganzheitliches Denken erfordert zwingend, an die Stelle der linearen Über- und Unterordnung ein Modell der Vernetzung von Kopf- und Handarbeit im Lernprozeß zu setzen, wie dies in Abbildung 9.2 zum Ausdruck gebracht wird:

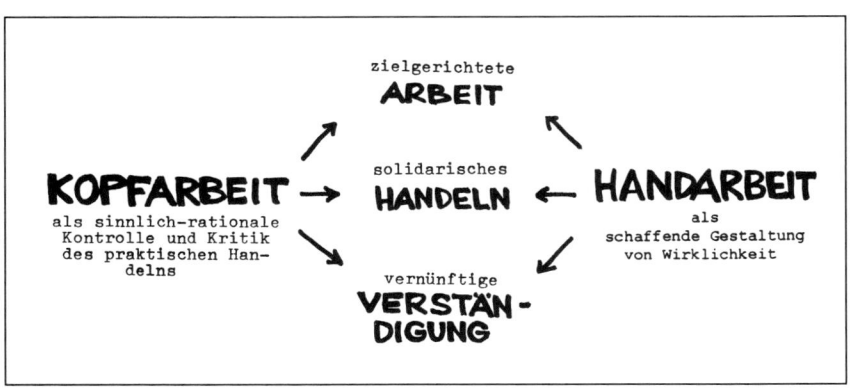

Abbildung 9.2

Praktisches Handeln ist mithin keine Behinderung, es kann sogar als Vollendung der geistigen Arbeit betrachtet werden. Wenn dem so ist, muß Unterricht grundsätzlich – also nicht nur in Einstiegsphasen, in niedrigen Klassen oder in der praktischen Berufsausbildung – auf ein ausgewogenes Verhältnis von Kopf- und Handarbeit hinarbeiten, um durch die Ganzheitlichkeit der Lehr- und Lernformen den Erfolg des Unterrichts zu sichern.

Es ist sicherlich schwierig, die These 9.8 nach den üblichen Standards der empirisch-analytischen Lernforschung zu belegen. Es handelt sich nicht um einen bewiesenen Satz, sondern um eine Arbeitshypothese und ein Programm. Die Verwirklichung dieses Programms macht weitreichende theoretische und praktische Neuorientierungen der Unterrichtsarbeit und des Gesellschafts- und Menschenbildes notwendig.

9.3.5 Perestroika

Es ist die Aufgabe des Lehrers/der Lehrerin, die SchülerInnen durch eine geschickte Inszenierung des Unterrichts zur Selbsttätigkeit und – in deren Gefolge – zur Selbständigkeit zu verführen (s.o.). Wie macht man das? Durch das, was wir Perestroika-Prinzip nennen. Perestroika heißt wörtlich übersetzt: »Umgestaltung«.

Als Perestroika bezeichnen wir den planvollen Wechsel zwischen den vom Lehrer und den Schülern genutzten Symbolisierungsformen (zum Begriff siehe S. 313). Das Ganze hört sich komplizierter an, als es in Wirklichkeit ist: In These 3.10 von Seite 82 hatten wir festgestellt, daß im Unterricht nicht die »wirkliche« Wirklichkeit der Welt, sondern immer nur deren symbolisch vermittelte Abbildungen vorhanden sind. Die »Sachen«, »Probleme« usw. sind nicht wirklich vorhanden, vielmehr wird *über* sie gesprochen; oder etwas wird neu hergestellt oder inszeniert. Solches Verlebendigen der Unterrichtsthemen erfolgt mit Hilfe von *Inszenierungstechniken* (zum Begriff vgl. Meyer 1987 a, S. 119):

❏ Der Lehrer *zeigt* auf einen Gegenstand;
❏ er *verrätselt* ein Problem und läßt es die SchülerInnen enträtseln;
❏ die Lehrerin kann sortieren, polarisieren, karikieren, *verfremden;*
❏ sie kann schlicht *eine Frage stellen* oder absichtlich gar nichts tun.

Das Zeigen, das Verrätseln, Sortieren, Vergrößern, Verkleinern, Verlangsamen usw. sind solche Inszenierungstechniken. Sie werden auf der Grundlage der oben genannten *Symbolisierungsformen* menschlicher Tätigkeit verwirklicht:

❏ Wer eine Frage stellt, nutzt die *Sprache* als Symbolisierungsform.
❏ Wer eine Collage anfertigt, benutzt das *Bild* als Symbolisierungsform.

Folgende Symbolisierungsformen sind für den Unterricht grundlegend:

❏ Sprechen / Schreiben / Lesen / Rechnen / bildnerisches Gestalten / Musizieren / Spielen / Tanzen / Szenisches Darstellen / Gehen / Werken.

Das Interessante an den verschiedenen Inszenierungstechniken ist nun, daß sie in mehreren Symbolisierungsformen auftreten können:

❏ *Verfremden* kann man vertraute Gegenstände oder Bezüge sowohl durch Sprache als auch durch die Kunst oder die Musik.
❏ *Collagieren* oder Montieren kann man sowohl in der Sprache als auch in der Musik, in der Bildenden Kunst, im Tanz.

9.3 Grundbegriffe und Merkmale 361

❑ *Karikieren* und Parodieren kann man durch Mimik und Gestik, aber auch durch Sprache, durch Musik und Kunst.

❑ Für das *Verkürzen* und *Verlängern,* für Beschleunigen und Verlangsamen, für Vergrößern und Verkleinern gilt das Gleiche.

Solange die von den Schülern genutzten Symbolisierungsformen denen des Lehrers ähneln oder gleichen, ist die Wahrscheinlichkeit groß, daß sie lediglich nachahmen, was ihnen der Lehrer vorgemacht hat. In vielen Fällen ist dies ja auch ausdrücklich gewünscht und didaktisch sinnvoll. Aber durch bloßes Nachahmen – so kunstvoll es auch sein mag – ist noch niemand selbständig geworden. Erst dann, wenn der Lehrer auf vorprogrammierte Lösungen verzichtet, können die SchülerInnen zeigen, was in ihnen steckt.

> **These 9.9:**
> Durch den systematischen Wechsel der Symbolisierungsformen entstehen Impulse und Freiräume für selbständiges Schüler-Handeln.

Gelegenheiten dazu gibt es vor allem beim Übergang vom Frontalunterricht zur Gruppen-, Partner- oder Einzelarbeit.

9.3.6 Unterrichtsorganisation

Um Handlungsorientierten Unterricht dauerhaft an Regelschulen verankern zu können, müssen sich diese Schulen spürbar wandeln. Der schwerwiegendste Eingriff ist sicherlich die für diesen Unterricht unverzichtbare Verringerung des Umfangs des Fachunterrichts. Das Fachunterrichtsmonopol der Sekundarstufen I und II sollte durchbrochen und durch eine *Dreigliederung der Unterrichtsorganisation* ersetzt werden, wie sie schon heute an einer Reihe von Versuchs- und auch an Regel- und Sonderschulen praktiziert wird:

❑ *Fachunterricht:* Handlungsorientierter Unterricht kann nicht in Konkurrenz, sondern nur in Ergänzung zum Fachunterricht verwirklicht werden (so, wie Christel Wopp dies für den offenen Grundschulunterricht auf S. 327 beschrieben hat). Fachunterricht ist *lehrgangsmäßig* organisiert. Die führende Rolle des Lehrers/der Lehrerin ist deutlich. Als Sozialform wird der Frontalunterricht oft vorherrschen, er kann aber durch Gruppen-, Partner- und Einzelarbeit aufgelockert werden.

❑ *Freiarbeit:* Die zweite »Säule« der Unterrichtsorganisation ist ein stark, aber nicht ausschließlich individualisierter, lehrergeleiteter Unterricht, der in der Tradition der Montessori- und Freinet-Pädagogik steht (s.o., S. 298). »Freiarbeit« bedeutet, daß die SchülerInnen mit den LehrerInnen in Planungsgesprächen und in Einzelberatung feste Lernaufgaben für abgesprochene Zeiten vereinbaren, aber selbst entscheiden, welche Aufgaben sie wann erledigen. Freiarbeit setzt Selbstkontrolle der erledigten Aufgaben voraus. Freiarbeit kann unterschiedliche Funktionen haben: Sie dient der Leistungsdifferenzierung *und* der Integration; sie ist für das selbständige Erarbeiten neuer Themen und Aufgabenfelder gut geeignet, sie kann aber auch dem vertiefenden Üben, der Lektüre, der Erledigung von Zusatzaufgaben dienen. Freiarbeit wird im Offenen Unterricht an Grundschulen seit einer Reihe von Jahren mit großem Erfolg praktiziert (s.o.). Was dort bei unterrichtsmethodisch sehr anspruchsvollen Lehrzielen (wie dem Lese- und Schreiblehrgang) gelingt, wird auch in den Sekundarstufen I und II zu bewältigen sein!

❏ *Projektarbeit:* Projektarbeit sollte nicht auf die alljährlich einmal stattfindenden Projektwochen abgeschoben, sondern zum festen Bestandteil des alltäglichen Unterrichts gemacht werden. Der Schwerpunkt der Projektarbeit liegt im *gemeinsamen* Unterricht an abgesprochenen kleinen und großen Vorhaben. Die Freiarbeit und der Fachunterricht erhalten »Zulieferer-Funktionen«, was nicht heißt, daß sie ihre Eigenständigkeit verlieren müssen.

Es bietet sich an, in dieser »Zukunftsschule« den Schulvormittag in drei Zweistunden-Blöcke aufzuteilen: in einen ersten Block für den Fachunterricht, die nächsten beiden für die Frei- und die Projektarbeit. Die Reihenfolge kann während der Woche wechseln. Für bestimmte Zeiten kann Epochenunterricht angesetzt werden.

Handlungsorientierter Unterricht im oben definierten Sinn kann in allen drei Organisationsformen dieser Stundentafel verwirklicht werden. Es liegt aber nahe, ihn im Fachunterricht selten, in der Freiarbeit hin und wieder und in der Projektarbeit nahezu ausschließlich zu praktizieren.

9.4 Orientierungshilfen

Dieser vierte Abschnitt der Lektion wendet sich vor allem an StudentInnen und ReferendarInnen. Berufserfahrene LehrerInnen haben zumeist eigene, auf den individuellen Planungsstil zugeschnittene Raster und Schemata entwickelt, die das Gleiche – zumeist in kürzerer Zeit – leisten, nämlich sicherzustellen, daß die Unterrichtsvorbereitung halbwegs vollständig und zielorientiert erfolgt.

9.4.1 Planungsraster

Im folgenden Raster (Abbildung 9.3) wird der idealtypische Ablauf einer handlungsorientiert gestalteten Unterrichtseinheit skizziert. Der Akzent dieses Planungsrasters liegt darin, daß die Schüler und Schülerinnen mit ihren Lernvoraussetzungen, aber auch mit ihren Handlungsabsichten, Hoffnungen und Ängsten stärker beachtet werden, als dies z.B. im Planungsraster der Kritisch-konstruktiven Didaktik (s.o., S. 171) oder der Lehrtheoretischen Didaktik von 1965 (S. 199) der Fall ist. Unser Raster hat deshalb zwei Stränge,

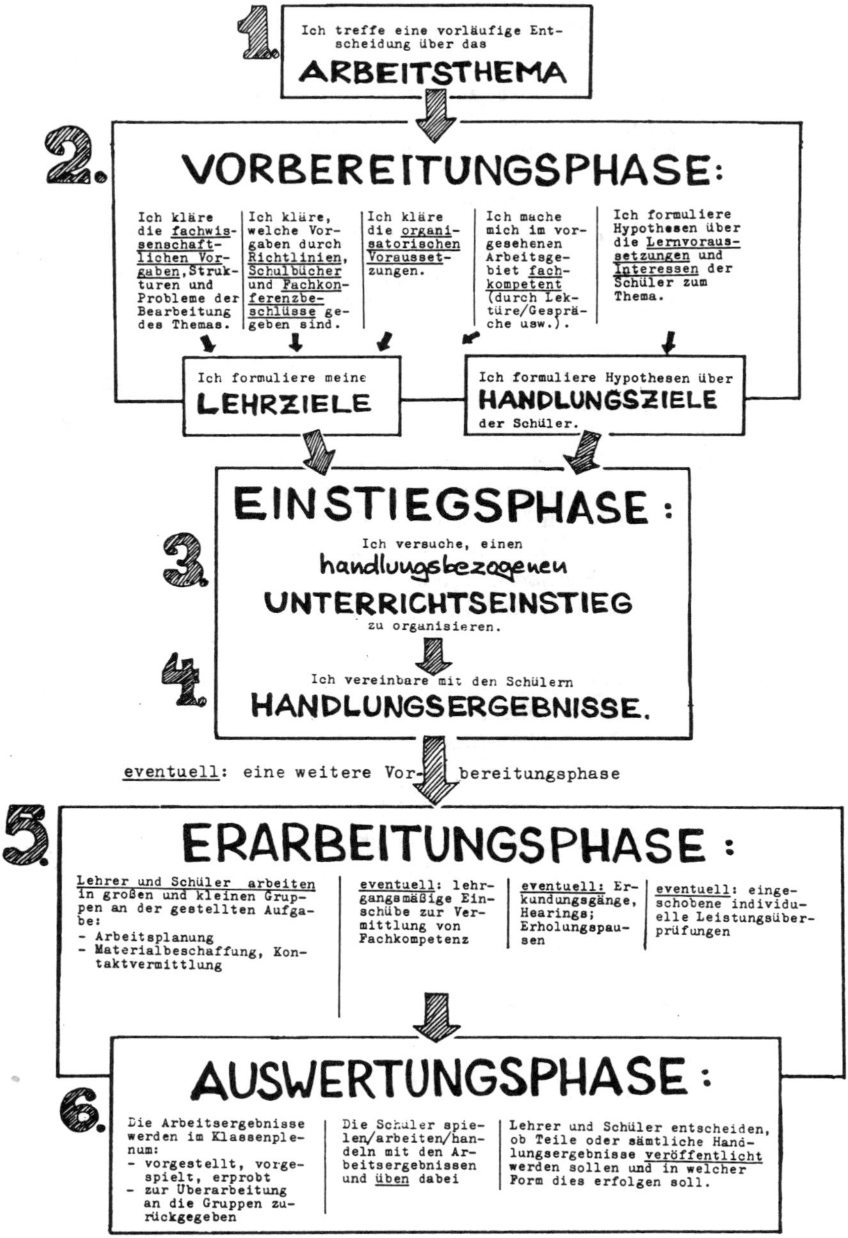

9.4 Orientierungshilfen

1. Ich treffe eine vorläufige Entscheidung über das
ARBEITSTHEMA

2. ## VORBEREITUNGSPHASE:

| Ich kläre die <u>fachwissenschaftlichen</u> Vorgaben, Strukturen und Probleme der Bearbeitung des Themas. | Ich kläre, welche Vorgaben durch <u>Richtlinien</u>, <u>Schulbücher</u> und <u>Fachkonferenzbeschlüsse</u> gegeben sind. | Ich kläre die <u>organisatorischen Voraussetzungen</u>. | Ich mache mich im vorgesehenen Arbeitsgebiet <u>fachkompetent</u> (durch Lektüre/Gespräche usw.). | Ich formuliere Hypothesen über die <u>Lernvoraussetzungen</u> und <u>Interessen</u> der Schüler zum Thema. |

| Ich formuliere meine **LEHRZIELE** | Ich formuliere Hypothesen über **HANDLUNGSZIELE** der Schüler. |

3. ## EINSTIEGSPHASE:
Ich versuche, einen handlungsbezogenen
UNTERRICHTSEINSTIEG
zu organisieren.

4. Ich vereinbare mit den Schülern
HANDLUNGSERGEBNISSE.

<u>eventuell</u>: eine weitere Vorbereitungsphase

5. ## ERARBEITUNGSPHASE:

| Lehrer und Schüler arbeiten in großen und kleinen Gruppen an der gestellten Aufgabe:
- Arbeitsplanung
- Materialbeschaffung, Kontaktvermittlung | eventuell: lehrgangsmäßige Einschübe zur Vermittlung von Fachkompetenz | eventuell: Erkundungsgänge, Hearings; Erholungspausen | eventuell: eingeschobene individuelle Leistungsüberprüfungen |

6. ## AUSWERTUNGSPHASE:

| Die Arbeitsergebnisse werden im Klassenplenum:
- vorgestellt, vorgespielt, erprobt
- zur Überarbeitung an die Gruppen zurückgegeben | Die Schüler spielen/arbeiten/handeln mit den Arbeitsergebnissen und <u>üben</u> dabei | Lehrer und Schüler entscheiden, ob Teile oder sämtliche Handlungsergebnisse <u>veröffentlicht</u> werden sollen und in welcher Form dies erfolgen soll. |

Abbildung 9.3: Planungsraster

denen in der schriftlichen Unterrichtsplanung zwei Argumentationslinien entsprechen müßten:

❏ Zum einen der *»Lehrer-Strang«* auf der linken Hälfte des Schemas, in dem die fachlichen, curricularen und organisatorischen Vorgaben für den Unterricht erfaßt werden. Sie stellen die Grundlage für die Lehrzielentscheidungen des Lehrers dar.

❏ Zum anderen der *»Schüler-Strang«*, in dem die vermuteten Interessen, aber auch die Lernvoraussetzungen und sonstigen Vorgaben auf Schülerseite erfaßt werden. Die Forderung, Hypothesen über die Handlungsziele der Schüler in die Unterrichtsvorbereitung einzubeziehen, gleicht so lange der Einführung eines *Jokers* in die Planungsarbeit, wie die Schüler nicht an ihr beteiligt werden.

Bei dem Versuch, die Lehrziele und die Handlungsziele »auf einen Nenner zu bringen«, stoßen die zwei Stränge dann wieder aufeinander.

Ratschläge zur Anlage und Durchführung dieser Vorbereitung enthält die 10. Lektion. Ausführliche Anleitungen zur lang-, mittel- und kurzfristigen Planung finden sich bei Wilhelm Peterßen (3. Aufl. 1988, S. 213-320). Ratschläge, die spezifisch auf Projektunterricht bezogen sind, liefern Johannes Bastian/Herbert Gudjons mit dem »Projektbuch« (1986) und dem »Projektbuch II« (1990) sowie Dagmar Hänsel (1986) und Hänsel/Müller (1988).

Nach der Vorbereitungsphase folgen drei weitere Phasen, die sich so oder ähnlich in nahezu sämtlichen Planungsrastern der gängigen didaktischen Modelle wiederfinden:

❏ In der *Einstiegsphase* geht es darum, Interesse am Thema zu wecken, Vorkenntnisse zu aktivieren und Planungsabsprachen zu treffen.

❏ In der *Erarbeitungsphase* wird das vereinbarte Handlungsprodukt hergestellt.

❏ In der *Auswertungs-* oder *Veröffentlichungsphase* werden die Unterrichtsergebnisse vorgeführt oder vorgespielt, diskutiert und kritisiert.

Die drei Phasen folgen einer inneren Logik (dem sogenannten methodischen Gang des Unterrichts), die nicht umkehrbar ist, sich jedoch im realen Prozeß des Unterrichts ausfasert. Es gibt immer wieder kürzere oder längere Einschübe, in denen die Planung überdacht und zumeist auch korrigiert wird. Erarbeitungsphasen müssen unter Umständen unterbrochen, ausgeweitet, wiederholt oder abgebrochen werden. Die Auswertungsphase kann mit oder ohne Veröffentlichung der Ergebnisse gegenüber Dritten (andere Klassen, Eltern, lokale Öffentlichkeit) ablaufen.

9.4.2 Einstiegsphase

Der Einstieg soll den Schülern einen *Orientierungsrahmen* für die gestellte Aufgabe bzw. das zu lösende Problem vermitteln. Er sollte deshalb an zentralen und nicht an nebensächlichen Aspekten des Gesamtthemas festgemacht werden.

Es gibt schüleraktive und lehreraktive Einstiegsformen. Welche jeweils gewählt wird, hängt von der Aufgabenstellung, von den Fachkompetenzen des Lehrers, vom Niveau der Planungskompetenz der Schüler und anderem mehr ab.

Der Lehrer sollte sich nicht scheuen, sein ganzes Methodenrepertoire einzusetzen, um das neue Unterrichtsthema für die Schüler lebendig und anschaulich zu machen, z.B. durch:

- vorspielen, vormachen, vorsingen
- dramatisieren, experimentieren, zerlegen und zusammensetzen,
- Modelle, Landkarten, Friese, Wandzeitungen, Collagen anfertigen,
- Experten ins Klassenzimmer holen, zu Experten gehen,
- verfremden, provozieren,
- aber auch vergrößern, vergröbern, überspitzen.

»Alle methodische Kunst liegt darin beschlossen, tote Sachverhalte in lebendige Handlungen rückzuverwandeln, aus denen sie entsprungen sind: Gegenstände in Erfindungen und Entdeckungen, Werke in Schöpfungen, Pläne in Sorgen, Verträge in Beschlüsse, Lösungen in Aufgaben, Phänomene in Urphänomene« (Heinrich Roth, Die »originale Begegnung« als methodisches Prinzip, in: Roth 7. Aufl. 1963, S. 116)

Und schon jetzt, in der Einstiegsphase, sollten die SchülerInnen die Gelegenheit haben, mit dem Thema bzw. Problem der neuen Unterrichtseinheit handelnd umzugehen, also ebenfalls zu spielen, zu modellieren, zu bauen, zu planen usw.

Ein handlungsbezogener Unterrichtseinstieg schafft eine *offene* Unterrichtssituation. Sie ist das Gegenteil der »leeren« Unterrichtssituation, die z.B. dann entsteht, wenn der Lehrer die Schüler auffordert: »So, nun sagt ihr doch mal, was ihr wollt!«, ohne ihnen Hilfestellungen und Anregungen zur Annäherung an das neue Thema gegeben zu haben.

Lesehinweis: Im Praxisband der »UnterrichtsMethoden« finden Sie eine Liste handlungsbezogener Unterrichtseinstiege (Meyer 1987 b, S. 137-149).

9.4.3 Verständigung über das anzustrebende Handlungsprodukt

Der wichtigste Schritt bei der Realisierung Handlungsorientierten Unterrichts ist unter der Ziffer 4 der Abbildung 9.3 notiert: Lehrer und Schüler müssen sich darüber *verständigen,* was in der Erarbeitungsphase geschehen soll. Dies ist zumeist auch der schwierigste Schritt, weil der Lehrer die Verantwortung dafür trägt, zwei im Prinzip unterschiedliche Ziele miteinander zu verbinden. Er muß sicherstellen, daß die abgesprochenen Handlungsprodukte den Richtlinienvorgaben genügen, fachdidaktisch angemessen umgesetzt werden können und keine Über- oder Unterforderung enthalten. Er muß aber auch versuchen, den subjektiven Interessen der SchülerInnen möglichst weit entgegenzukommen und ihnen so viele Handlungsspielräume für die Verwirklichung eigener Ideen und Initiativen zu belassen wie nur irgend möglich. Es bietet sich an, die Planungsabsprachen auf einer Pinwand, einer Wandzeitung oder in einem Projekt-Tagebuch festzuhalten und bei Zwischenbesprechungen zu ergänzen oder zu korrigieren.

Klassen und LehrerInnen, die noch wenig Erfahrung mit dem Handlungsorientierten Unterricht haben, sollten mit *kleineren oder mittelgroßen Vorhaben* beginnen, z.B.:

- einen *Comic* in Gruppenarbeit erstellen und für alle Schüler vervielfältigen;
- mit selbstgebastelten Instrumenten eine *Pausenmusik* für die anderen Klassen der Schule veranstalten;
- einen Tag lang den *Unterricht* so gestalten, wie er vor 50 oder 100 Jahren ausgesehen hätte;
- an einer Gemeinderatssitzung teilnehmen;
- eine *Ausstellung* über die Umgestaltung des Schulhofes machen;
- mit der Videokamera eine lokale *»Tagesschau«* produzieren und auf einem Elternabend vorführen;
- eine *Eingabe* beim Schulleiter machen;
- ein *Zeitungstheater* (nach Augusto Boal 1979, S. 28-66) über den Prozeß der deutschen Vereinigung inszenieren;
- den Bahnhof oder den Flugplatz besuchen und englischsprechende Reisende *interviewen*;
- im Chemie- oder Biologieunterricht selbst *Kosmetika* herstellen.

Wenn die SchülerInnen schon über komplexere Methodenkompetenzen verfügen (also z.B. Gruppenarbeit gewohnt sind, selbständig Protokolle anfertigen, eine Wandzeitung erstellen können usw.), können sie sich an größere Vorhaben wagen, z.B.:

- einen *Flohmarkt* auf dem Schulhof organisieren, der aus Sperrmüll-Funden entstanden ist, und eine Ausstellung dazu machen (vgl. Lüpkes u.a. 1989, S. 185-204);

9.4 Orientierungshilfen

- in der Grundschule einen *Dinosaurier-Kongreß* veranstalten, auf dem anhand der Ergebnisse vorher durchgeführter Gruppenarbeit diskutiert wird, warum die Saurier ausgestorben sind;
- ein »*Schülerbuch*« über Themen der Regionalgeschichte oder über die vorher durchgeführte Unterrichtseinheit »Landwirtschaft« schreiben.

Und wenn man sich und seinen SchülerInnen viel zutraut, kann man – wie dies im Abschnitt 9.6 beschrieben wird – eine *Genossenschaft* gründen und ans Geldverdienen gehen.

9.4.4 Erarbeitungsphase

Nach der Verständigung über das anzustrebende Handlungsprodukt ist unter Umständen eine Phase »normalen« Unterrichts einzuschieben, um in der Zwischenzeit Planungs- und Erkundungsaufträge zu erledigen, die die Voraussetzung für den Beginn der *Erarbeitungsphase* bilden. Diese Phase ist sicherlich in den meisten Fällen die längste (was im Raster optisch nicht zum Ausdruck kommt).

Die SchülerInnen werden in der Erarbeitungsphase vor allem an das angestrebte Handlungsprodukt denken und ihre Arbeit entsprechend organisieren. Die Lehrerin muß zusätzlich darauf achten, die Sach- und Methodenkompetenzen der SchülerInnen planmäßig auszuweiten. Sie muß sie dazu anhalten, ihren eigenen Lernweg bewußt wahrzunehmen, z.B. dadurch,

- daß *Arbeitstechniken* (z.B. für Gruppenunterricht, zur Gesprächsführung, zum Rollen-Spielen) zum Thema einer Einführungsstunde gemacht und dann solange geübimst werden, bis sie »sitzen«;
- daß die SchülerInnen schriftliche *Erläuterungen von Unterrichtsmethoden* erhalten und hinterher über die Erfahrungen mit diesen Texten berichten;
- daß die Lehrerin *Übungstechniken* einführt und einübt;
- daß die Lehrerin den SchülerInnen verschiedene Arbeitstechniken vorführt und sie deren Effektivität *vergleichen* lehrt;
- daß sie ihnen den Freiraum gibt, im *Versuch- und Irrtum-Verfahren* selbst auszuknobeln, mit welcher Methode sie das gesetzte Unterrichtsziel am besten erreichen;
- daß die Lehrerin einzelnen SchülerInnen und SchülerInnengruppen begrenzte *Lehraufgaben* überträgt (z.B. einen Vortrag über eine Erkundung halten; eine Planungsbesprechung leiten usw.).

9.4.5 Auswertungsphase

Die Auswertungsphase hat folgende Funktionen: Sie dient der *Dokumentation* der geleisteten Arbeit und der *Präsentation* der hergestellten bzw. inszenierten Handlungsprodukte. Sie dient der *kritischen Bewertung* der geleisteten Arbeit und hilft dadurch, so etwas wie eine demokratische Kontrolle des Unterrichts zu ermöglichen.

Die Form, in der die Auswertung vorgenommen wird, ergibt sich zumeist zwanglos aus dem Gegenstand der Arbeit:

- ❑ Wenn eine Ausstellung im Pausenhof das Ziel der Arbeit ist, kann die Auswertung im systematischen Sammeln der Kommentare der Ausstellungsbesucher, vielleicht auch im Einholen einer »Rezension« des Schulleiters oder einzelner Eltern bestehen.
- ❑ Wenn ein Podiumsgespräch mit geladenen Gästen den Abschluß bildet, kann das Gespräch auf Band aufgenommen und ausgewertet werden.
- ❑ Wenn ein Vorhaben – aus welchen Gründen auch immer – abgebrochen werden mußte, kann man sich noch einmal im Sitzkreis versammeln und über die Gründe nachdenken und – vielleicht – entdecken, daß man doch eine ganze Menge gelernt hat.

Die SchülerInnen haben erfahrungsgemäß am Schluß einer Unterrichtseinheit wenig Neigung, sich ihre Handlungsprodukte durch kritisches Nachfragen »zerreden« zu lassen. Hier muß der Lehrer mit pädagogischem Takt vorgehen und deutlich machen, daß auch im Handlungsorientierten Unterricht klare Leistungsmaßstäbe zu gelten haben.

Im Abschnitt 8.3.3 (S. 318) sind einige Fragen zur Strukturierung der Auswertung festgehalten; weitere Ratschläge finden sich im Abschnitt »Ergebnissicherung« bei Meyer (1987 b, S. 161-180).

9.5 Pro und Contra

9.5.1 Unterrichtspraktische Kritik

Handlungsorientierter Unterricht bietet, wenn er gekonnt vorbereitet und durchgeführt wird, eine Reihe von Vorteilen gegenüber herkömmlicher Unterrichtsgestaltung:

- ❑ SchülerInnen können sich mit einem Unterricht, an dessen Planung und Durchführung sie aktiv beteiligt sind, besser *identifizieren* als mit der in aller Regel abstrakt und »unbesetzt« bleibenden Information des Lehrers über die Ziele einer Lektion.
- ❑ Die Verständigung des Lehrers und der SchülerInnen über das im Unterricht anzustrebende Handlungsprodukt setzt Phantasie und Bereitschaft zur Mitarbeit auf Schülerseite frei. Die SchülerInnen übernehmen *Verantwortung* für den

Unterrichtsverlauf. Fremddisziplin des Lehrers kann durch die gesetzte Aufgabe in Selbstdisziplin überführt werden. SchülerInnen, die selbstorganisiertes Lernen nicht gewohnt sind, neigen manchmal dazu, die gegebenen Freiräume zu mißbrauchen. SchülerInnen, die diese Form der Unterrichtsarbeit von der ersten Klasse an gewohnt sind, tun dies kaum mehr.

❏ Durch die Veröffentlichung der Arbeitsergebnisse wird ein Forum für die *demokratische Kontrolle und Kritik* der Unterrichtsarbeit geschaffen. So wird vermieden, die Ergebnissicherung des Unterrichts auf die Leistungsbewertung durch die LehrerIn zu reduzieren.

❏ Die *Methodenkompetenzen und -defizite* der Schülerinnen können im Handlungsorientierten Unterricht bewußt gemacht und gezielt weiterentwickelt bzw. ausgeglichen werden. Die Verständigung über das anzustrebende Handlungsprodukt erhält eine organisierende Kraft für die Gestaltung des Unterrichtsablaufs. Die SchülerInnen lernen, nicht einfach »drauflos zu wurschteln«, sondern sich und die anderen beim Lernprozeß zu beobachten.

❏ LehrerInnen, die über einen längeren Zeitraum hinweg handlungsorientiert unterrichtet haben, betonen, daß nach einer Umstellungsphase der *Streß abnimmt*, weil die kräftezehrende Disziplinierung der SchülerInnen im Frontalunterricht wegfällt oder zumindest weniger Gewicht hat.

Handlungsorientierter Unterricht ist für die SchülerInnen *und* die LehrerInnen häufig anstrengender, manchmal auch risikoreicher als herkömmlicher Unterricht – aber er ist auch befriedigender.

Es gibt ernstzunehmende *Einwände* gegen Handlungsorientierten Unterricht. Zunächst zu den Einwänden unterrichtspraktischer und -organisatorischer Art:

❏ Handlungsorientierter Unterricht schafft, wenn er schlecht vorbereitet worden ist, aufgrund der Komplexität der Organisationsstruktur (vielfacher Wechsel der Sozial- und Symbolisierungsformen/Durchbrechung des Fachunterrichtsprinzips) *Unruhe* und Reibungen im alltäglichen Schulbetrieb. Andere Lehrer und Klassen werden hin und wieder gestört.

❏ Manche Vorhaben benötigen *viel Material* und sonstige Ressourcen. Frontalunterricht kommt mit Tafel, Kreide und Video aus – Handlungsorientierter Unterricht nicht!

❏ Es besteht die Gefahr, daß die SchülerInnen im Handlungsorientierten Unterricht *motivational überfordert* werden – insbesondere dann, wenn die Einstiegsphase nicht geglückt ist. Sie können schnell »Feuer und Flamme« für ein neues Vorhaben sein, ohne jedoch die vielfältigen Hindernisse auf dem Weg zum Ziel zu überblicken. Schon kleinere Pannen (ein einzuladender Experte ist telefonisch nicht zu erreichen; die Videokamera ist defekt usw.) wirken dann lähmend.

❏ Handlungsorientierter Unterricht setzt voraus, daß sich die SchülerInnen intensiv und lange mit bestimmten Themen befassen. Es dauert einfach länger, bis sie zum Ziel gekommen sind. Und dieser *zeitliche Mehraufwand* zahlt sich nicht auf der Stelle, sondern zumeist erst sehr viel später aus – dann nämlich, wenn die Schüler so viele Methodenkompetenzen erworben haben, daß sie selbständig weiterlernen.

- Auch Lehrer und Lehrerinnen können Motivations- und vor allem *Zeitprobleme* haben und deshalb auf Handlungsorientierten Unterricht verzichten. LehrerInnen, die sich eine Zeitlang eingearbeitet haben (z.B. im Rahmen des Offenen Unterrichts an Grundschulen), betonen jedoch, daß sich der Arbeitsaufwand nach ein, zwei Jahren der Umstellung deutlich verringert.
- Handlungsorientierter Unterricht kann besser im *Team* als vom Einzelkämpfer verwirklicht werden. Aber was macht man, wenn die KollegInnen nicht mitziehen?
- SchülerInnen, die längere Zeit handlungsorientiert unterrichtet worden sind, haben vielleicht Probleme, wenn sie die Schule wechseln oder wenn die ganze Klasse einen neuen Lehrer bekommt, der von diesem Konzept nichts hält. Aber solche Schwierigkeiten können bei jedem anderen Unterrichtskonzept ebenfalls auftreten.

Wir fassen zusammen:

> **These 9.10:**
> Handlungsorientierter Unterricht ist störungsanfälliger als herkömmlicher Papier-und-Bleistift-Unterricht.

Und das ist wahrscheinlich der wichtigste Grund dafür, daß er an Regelschulen (noch) so wenig praktiziert wird.

Ein weiterer grundsätzlicher Einwand betrifft die schultheoretischen Annahmen des Konzepts. Die Verfechter Handlungsorientierten Unterrichts versuchen, die seit den Zeiten der Reformpädagogik bekannte Forderung in die Tat umzusetzen, das *Leben, Lernen und Arbeiten der »Schulgemeinschaft«* enger miteinander zu verknüpfen. Aber woher sollen die LehrerInnen die Kraft und die Zeit nehmen, das Schulleben nach dieser Maxime zu gestalten? Und nach welchen Kriterien soll entschieden werden, wie weit diese Verknüpfung gehen soll und in welchen Themengebieten und Fächern sie sinnvoll ist?

- Soll die Schule den Kindern beibringen, Fahrrad oder Auto zu fahren?
- Soll sich die Schule mit New Age, Heavy metal, Homosexualität, mit Leben und Sterben des Nachbarn beschäftigen?

»Seien wir ehrlich: wenn man es den Pädagogen überlassen würde, den Kindern das Fahrradfahren beizubringen, gäbe es nicht viele Radfahrer. Bevor man auf ein Fahrrad steigt, muß man es doch kennen, das ist doch grundlegend, man muß die Teile, aus denen es zusammengesetzt ist, einzeln, von oben bis unten, betrachten und mit Erfolg viele Versuche mit den mechanischen Grundlagen der Übersetzung und mit dem Gleichgewicht absolviert haben.
Danach – aber nur danach! – würde dem Kind erlaubt, auf das Fahrrad zu steigen. Oh, keine Angst vor Überei-

☐ Was tut der Lehrer, wenn sich die SchülerInnen weigern, für sie subjektiv wichtige Themen im Unterricht »zerreden« zu lassen?

Ein Lehrer, der Leben und Lernen verknüpfen will, benötigt viel *pädagogischen Takt!* Er muß akzeptieren, daß die SchülerInnen einen Anspruch auf die Wahrung ihrer Privatsphäre haben, daß sie nicht jeden Tag bereit sein können, ihr Innerstes nach außen zu kehren.

Es besteht die Gefahr, eigentlich ungeeignete lebenspraktische Fragen aus einer falsch verstandenen »Betroffenheitspädagogik« in den Unterricht zu ziehen und sie dadurch zu verschulen. (Dies ist die Folge der in These 9.5 geforderten Funktionsausweitung der Schulen.) Dieser Gefahr kann nur durch eine erneute bildungstheoretische Reflexion der Ziele und Aufgaben von Schule und Unterricht begegnet werden.

lung, ganz ruhig. Man würde es doch nicht ganz unbedacht auf einer schwierigen Straße loslassen, wo es möglicherweise die Passanten gefährdet. Die Pädagogen hätten selbstverständlich gute Übungsfahrräder entwickelt, die auf einem Stativ befestigt sind, ins Leere drehen, und auf denen die Kinder ohne Risiko lernen können, sich auf dem Sattel zu halten und in die Pedale zu treten.
Aber sicher, erst wenn der Schüler fehlerfrei auf das Fahrrad steigen könnte, dürfte er sich frei dessen Mechanik aussetzen.
Glücklicherweise machen die Kinder solchen allzu klugen und allzu methodischen Vorhaben der Pädagogen von vornherein einen Strich durch die Rechnung. In einer Scheune entdecken sie einen alten Bock ohne Reifen und Bremse, und heimlich lernen sie im Nu aufzusteigen, so wie im übrigen alle Kinder lernen: ohne irgendwelche Kenntnis von Regeln oder Grundsätzen grapschen sie sich die Maschine, steuern auf den Abhang zu und ... landen im Straßengraben. Hartnäckig fangen sie von vorn an und – in einer Rekordzeit können sie Fahrrad fahren. Übung macht den Rest.«

Célestin Freinet (1980, S. 21)

These 9.11:
»Handlungsorientierung« ist kein Selbstzweck. Ziele und Aufgaben von Schule und Unterricht müssen neu durchdacht werden, um der Gefahr einer unnötigen »Verschulung des Lebens« zu begegnen.

9.5.2 Bildungstheoretische Begründung

Auf der Ebene unterrichtspraktischer Argumente gibt es Gründe *für* und *gegen* Handlungsorientierten Unterricht. Deshalb ist eine grundsätzliche, bildungstheoretische Begründung des Konzepts erforderlich. Sie soll in diesem Abschnitt angedeutet werden:

○ **Wenn die Erziehung zur Selbständigkeit ein übergeordnetes Ziel der Schule ist, dann muß sie im Unterricht geübt werden.**

Es wäre naiv zu meinen, daß sich Selbständigkeit im Denken, Handeln und Fühlen am Ende der Schulzeit von selbst einstellt, wenn nur zuvor ein ausreichendes Maß an Sach- und Sozialkompetenz vermittelt worden ist. Selbständigkeit muß geübt werden. Handlungsorientierter Unterricht liefert einen Handlungs*rahmen* dafür.

○ **Handlungsorientierter Unterricht kann die SchülerInnen bei der schwieriger gewordenen Identitätsbildung unterstützen.**

Die auf die Schüler einstürmenden Orientierungsangebote der Gesellschaft sind unübersichtlicher und unverbindlicher geworden (s.o., These 9.4). Die Schüler leben in sehr unterschiedlich strukturierten, oft gegeneinander abgeschotteten Lebenswelten. Und sie wechseln schnell, ohne zu zögern und scheinbar mühelos von der einen in die andere Lebenswelt. Der Aufbau einer ich-starken Identität ist dadurch nicht unmöglich gemacht, aber er wird komplizierter. Handlungsorientierter Unterricht bietet die Gelegenheit, die eigenen Interessen zu artikulieren, Haltungen zu entwickeln und an ihnen zu arbeiten, Lebens- und Weltbilder probeweise zu übernehmen.

○ **Handlungsorientierter Unterricht ist notwendig, um dem allmählichen Verschwinden der Wirklichkeit aus dem Lernprozeß zu begegnen.**

Das in der Schule vermittelte Wissen wird immer *abstrakter* und formaler. Immer häufiger sollen die Schüler nur noch die »Strukturen«, die »Kernprobleme« erlernen, die Zusammenhänge erkennen. Immer häufiger werden *Theorien* (möglichst gleich mehrere zum selben Thema) erörtert – die praktischen Aspekte aber nicht mehr in den Blick genommen.

Handlungsorientierter Unterricht läßt demgegenüber zu, daß wieder so etwas wie die von Heinrich Roth geforderte »originale Begegnung« stattfindet (s.o., S. 147).

○ **Handlungsorientierter Unterricht ist notwendig, um der Ausgrenzung der Sinnlichkeit im Lehr-/Lernprozeß entgegenzuwirken.**

Der Soziologe Norbert Elias hat in seinem Buch »Über den Prozeß der Zivilisation« (1979 und 1980) dargelegt, daß es in den hochzivilisierten Gesellschaften eine seit dem Beginn der Neuzeit nachzuweisende »Rationalisierung« der Sinnlichkeit in nahezu allen gesellschaftlichen und menschlichen Beziehungen gegeben hat:

❏ Die Art und Weise, unsere Gefühle auszudrücken, ist immer mehr verfeinert worden, zum Teil aber auch verkümmert.
❏ Direkte körperliche Gewaltanwendung zwischen Menschen wird immer mehr durch eine vom Individuum selbst zu leistende interne Disziplinierung ersetzt.
❏ Die Beherrschung der immer komplizierter werdenden technischen Prozesse in der Arbeitswelt und im Privatleben (vom Computer-Einsatz bis zum Autofahren) setzt eine nüchterne, analytisch-kühle Umgangsweise voraus.

Das, was früher in der Familie, in der Schule und im Lehrbetrieb – oft genug mit roher Gewalt – an Disziplinierung durchgesetzt wurde, wird heute immer stärker in die innere psychische Struktur des Heranwachsenden verlagert. Von den SchülerInnen wird schon sehr früh erwartet, daß sie sich diszipliniert und »sachlich« verhalten. Wer dies nicht schafft, zahlt einen hohen Preis. Er wird zum »Fall«, mit dem sich Klassenkonferenzen, Schulpsychologen, Rechtspfleger und andere mehr befassen. Wenn man aber – wie Horst Rumpf (1981) – davon ausgeht, daß in dieser Frage die Grenzen der Belastbarkeit der Jugendlichen erreicht und überschritten sind, so bleibt als Konsequenz nur der Versuch, in der Schule kompensatorisch eine *neue Sinnlichkeit* zu entwickeln. Dies ist ein wagemutiges Unterfangen – aber wir sehen keine Alternative.

○ **Handlungsorientierter Unterricht ist notwendig, um den gesellschaftlichen Verwertungszusammenhang des in der Schule angeeigneten Wissens durchschauen und kritisieren zu können.**

Es war für Schüler schon immer schwierig zu durchschauen, in wessen Interesse schulisches Wissen vermittelt wird.

Deshalb ist es wichtig, daß die Schüler an einfachen, noch überschaubaren Zusammenhängen erfahren können, daß die Wissensproduktion *interessengebunden* verläuft. In schulischen Projekten, die sich z.B. um den örtlichen Umweltschutz, um Kommunalpolitik, um Industrieansiedlungen und ähnliche Themen kümmern, können die Schüler sinnlich-handgreiflich erfahren, wie Informationen interessengebunden produziert und verbreitet oder auch unterdrückt werden.

Wir fassen zusammen:
Es gibt eine Reihe von Argumenten, die dafür sprechen, mehr Handlungsorientierten Unterricht im Schulalltag zu verwirklichen. Aber diese Argumente zielen mehrheitlich auf die Herausbildung formaler und methodischer Kompetenzen der Schüler sowie auf die Persönlichkeitsbildung. Kriterien und Argumente, um konkrete Themen- und Inhaltsentscheidungen theoretisch zu untermauern, fehlen jedoch. Gerade dies war und ist jedoch die Stärke bildungstheoretischen Denkens. Deshalb die nächste These:

> **These 9.12:**
> Das Konzept des Handlungsorientierten Unterrichts muß durch eine Theorie allgemeiner Bildung ergänzt werden.

Vielleicht sind die von Wolfgang Klafki definierten »Schlüsselprobleme« (s.o., S. 178) ein geeigneter Ansatzpunkt für die Weiterentwicklung des Konzepts.

9.5.3 Wie realistisch ist ein solches Konzept?

Schaut man sich die Entwicklung des Schulsystems der BRD (alt) in den letzten 20 Jahren, also seit der Veröffentlichung des »Strukturplans« des Deutschen Bildungsrates im Jahre 1969, an, so erkennt man, daß die von der Kultusminister-Konferenz und den Landesregierungen eingeleiteten Reformen genau dort steckengeblieben sind, wo versucht wurde, mit der Integration von Kopf- und Handarbeit ernstzumachen:

❏ in der Sekundarstufe I bei dem Versuch, das Fach *Arbeitslehre* für alle Schüler aller Schulformen, also auch für Gymnasiasten zu einem Hauptfach zu machen,

❏ in der Sekundarstufe II bei dem Versuch der *Integration der gymnasialen Oberstufen mit berufsbildenden Schulen*

❏ und in der LehrerInnenausbildung im Modellversuch zur *Einphasigen Lehrerausbildung* an den Universitäten in Oldenburg und Osnabrück, der zum Ziel hatte, praktische und theoretische Ausbildungsanteile vom ersten Semester an zu verknüpfen.

Dennoch gibt es einige Bereiche des allgemeinbildenden Schulwesens, in denen beachtliche Fortschritte in Richtung auf Handlungsorientierung gemacht worden sind – allerdings weniger aufgrund von Vorgaben der Schulverwaltungen, sondern als »*Innovationen von unten*«, die die LehrerInnen durchgeführt haben, ohne lange auf Erlasse und Richtlinien zu warten:

❏ bei der Umstellung vieler Grundschulklassen auf Offenen Unterricht,

❏ bei radikalen, aus der Not geborenen Änderungen des Unterrichtsbetriebs an *Hauptschulen* (Flexibilisierung der Stundentafeln, Einführung von Freiarbeit)

❏ und bei den inzwischen auch an vielen Schulen der neuen Bundesländer erprobten *Projektwochen*.

Im gleichen Zeitraum hat es eine vor zwanzig Jahren nicht für möglich gehaltene Renaissance von *Privat-, Alternativ- und Freien Schulen* gegeben, die offensichtlich dem Bedürfnis nach einem Lernen »mit Kopf, Herz und Hand« besser nachkommen als die öffentlichen Regelschulen:

❏ Waldorf-Schulen werden nicht mehr verlacht, sondern mit immer mehr Interesse betrachtet. Lehrplan und Gebäude, Lehrerverhalten und Elternmitarbeit wirken vorbildhaft. Selbst die Eurhythmie wird ernstgenommen.

❏ Landerziehungsheime, Montessori-Schulen, Freinet-Initiativen gewinnen an Gewicht; in vielen Städten wurden und werden »Freie Schulen« gegründet.

❏ Schulen, die sowohl das Abitur als auch einen Facharbeiterbrief vergeben (z.B. die Hibernia-Schule oder die Odenwald-Schule), haben regen Zulauf.

Im öffentlich-rechtlichen Schulwesen sind vergleichbare Reformvorhaben (z.B. der Kollegschul-Versuch Nordrhein-Westfalen) zwar mit riesigem bürokratisch-wissenschaftlichem Aufwand eingeleitet, aber nirgendwo konsequent zu Ende geführt worden (vgl. Kutscha 1989). Solche Reformversuche haben, wie

Andreas Flitner und Mitarbeiter feststellen, eher zu einer »*Gymnasialisierung unseres ganzen Schulwesens*« (Fauser u.a. 1983, S. 136) als zu einer tatsächlichen Reform geführt – zu einer Gymnasialisierung, die sich hinter dem Rücken der Bildungspolitiker und ohne öffentlich verantwortete Zielplanung durchgesetzt hat. Denn die Gymnasien nehmen heute angesichts der rasant gestiegenen und noch weiter steigenden Schülerzahlen immer deutlicher jenen Platz ein, der im »Strukturplan« von 1969 den Gesamtschulen zugedacht war. Die Gymnasien gehen aber nur zögerlich daran, ihre Lehrpläne und Unterrichtskonzepte der veränderten Situation anzupassen.

Wir meinen, daß sich der Handlungsorientierte Unterricht im Offenen Unterricht der Grundschulen, in der Freiarbeit der Sekundarstufe I, im projektorientierten Unterricht, an Sonderschulen und in vielfältigen Versuchen zur Öffnung der Schulen bereits *mehr als ausreichend bewährt* hat. Diese Erfolge bergen allerdings die Gefahr in sich, daß das Konzept in Randbereiche des öffentlichen Bildungswesens abgedrängt wird – in jene Bereiche, in denen die Leistungskonkurrenz gering und die vergebenen Berechtigungen wenig wert sind. Entscheidend ist deshalb die Frage, ob und wenn ja, in welchem Umfang Handlungsorientierter Unterricht an den Realschulen und Gymnasien verwirklicht werden kann:

> **These 9.13:**
> Die Nagelprobe auf die Eignung des Konzepts muß bei den heimlichen Siegern der Bildungsreform der 70er Jahre, d.h. bei den Realschulen und Gymnasien erfolgen.

Gerade in der Sekundarstufe II ist die Verkopfung des Unterrichts in Grund- und Leistungskursen besonders weit fortgeschritten. Dabei sind die rechtlichen und curricularen Voraussetzungen für eine Ausweitung handlungsorientierter Unterrichtsanteile durchaus gegeben. Würde der in allen (alten) Bundesländern gültige Erlaß »Arbeit in der gymnasialen Oberstufe« mit seinen eindeutigen Vorgaben zur methodischen Gestaltung des Unterrichts auch nur ansatzweise ernstgenommen, bliebe den Schulen eigentlich gar nichts anderes übrig, als in der Oberstufe über größere Strecken handlungsorientiert zu arbeiten.

Bernhard Hauke:

9.6 »Appelbräu e.G.« – Bericht über ein Schulprojekt

Der folgende Bericht über die Gründung einer Schülergenossenschaft stammt von Bernhard Hauke, Realschullehrer in Berne bei Oldenburg. Der Autor hat eine Reihe von Veröffentlichungen zur Allgemein- und Fachdidaktik (vgl. Hauke 1987) und zur Umwelterziehung (1990) vorgelegt. Er bezieht sich mit seinen Arbeiten ausdrücklich auf das in dieser Lektion vorgestellte Konzept zum Handlungsorientierten Unterricht.

1. Vorbemerkungen

Unterricht zu halten, wird immer anspruchsvoller und anstrengender. Er soll, so wird vielfach gefordert, stärker handlungsorientiert sein, die Interessen der SchülerInnen sollen mehr Berücksichtigung finden, die Schule soll sich gegenüber dem Stadtteil bzw. der Gemeinde öffnen... Zu allem kommt heute noch die Forderung nach einer ökologischen Orientierung des Unterrichts und der Schule. Bei dem folgenden, in der Praxis in mehreren Varianten erprobten Projekt lassen sich viele dieser Aspekte in einem *ganzheitlichen Lernen* verbinden.

Im Zentrum des Projekts stand in allen Varianten das, was ich die *Kernhandlung* nenne: eine sinnvolle Tätigkeit, ein Produktionsprozeß, der im Kindergarten, bei einem Erwachsenenbildungsprojekt, in einer Ökologiestation die daran Beteiligten immer wieder in Bann gezogen hat: *Mit einer Saftpresse und einem Zerkleinerungsgerät (Obstmühle) werden rohe Äpfel und auch Birnen zu frischem Obstsaft verarbeitet.*

Ob kleine oder große Kinder, Jugendliche oder Erwachsene – so gut wie alle werden zum Mitmachen angeregt, wenn sie die Obstpresse in Aktion sehen. Der Saft schmeckt wirklich unvergleichlich gut, jeder möchte mal die Äpfel zerkleinern helfen, jeder will versuchen, ob er die Spindel herunterdrücken kann; neue Äpfel müssen herangeschafft und gereinigt werden. So organisiert diese Obstpresse wie von selbst Kommunikationsprozesse und Handlungsabläufe in der Freizeit, aber auch in der Schule, dort aber zusätzlich mit einer Fülle von Lernmöglichkeiten.

Das hört sich zunächst sehr einfach an, und das ist es auch, wenn einige Randbedingungen beachtet werden: Wichtig für die Entfaltung der Faszination des Saftpressens für Kinder und Erwachsene ist nach meinen Erfahrungen die *Beschaffung der richtigen Saftpresse* und der übrigen Geräte. Bei zu kleinen Geräten macht sich bald Lustlosigkeit breit; zu großes Gerät ist zu teuer und schlecht zu transportieren; einige preisgünstige Geräte halten den Beanspruchungen kaum stand. Als gut brauchbar hat sich die Obstmühle OM 10 und die Obstpresse OP 20 (= 20 l Korbinhalt) der Fa. Rauch erwiesen. Sie ist sehr robust und bringt gute Ergebnisse (ca. 30 l Saft pro Stunde).

9.6 »Appelbräu e.G.« – Bericht über ein Schulprojekt

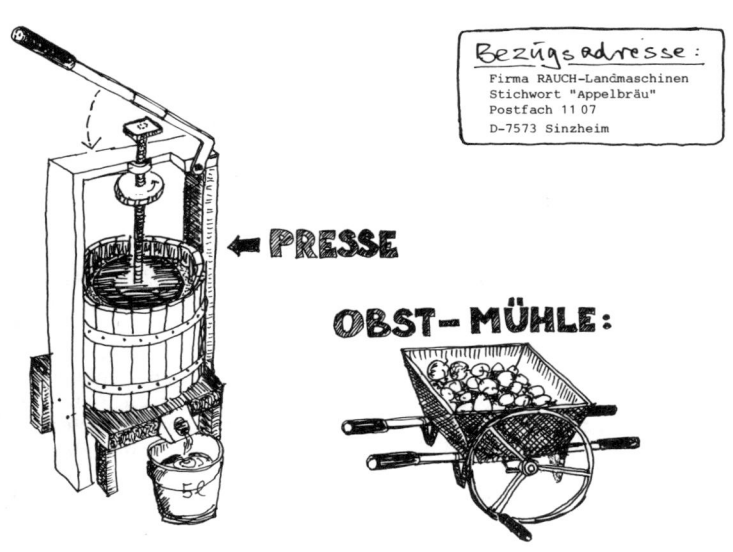

Bezugsadresse:
Firma RAUCH-Landmaschinen
Stichwort "Appelbräu"
Postfach 11 07
D-7573 Sinzheim

2. Kernhandlung

Zunächst müssen die folgenden Geräte und Materialien besorgt werden: das oben erwähnte Zerkleinerungsgerät (Obstmühle) und die Obstpresse, ein oder zwei Wannen zum Waschen der Äpfel und Birnen, ein Gefäß zum Auffangen des Saftes (5-10 l Kunststoffschüssel), ein Gefäß zum Zwischenlagern des Saftes (Wassertank vom Camping, Gärgefäß aus Glas oder Kunststoff o.ä.; für eine Nachmittagsproduktion braucht man ca. 30 bis 60 l »Lagerkapazität«). Wenn der Saft anschließend an die Hersteller oder andere Leute verteilt werden soll, benötigt man noch Flaschen (z.B. Weinflaschen, Sprudelflaschen mit Schraubverschluß, Korken oder Gummikappen zum Verschließen). Der rohe Saft sollte sofort, also innerhalb von ein bis zwei Tagen verbraucht sein; im Kühlschrank ist er ungefähr vier Tage haltbar.
Soll der Saft *sterilisiert* werden, so sind zusätzlich nötig: ein größerer Topf (am besten Einkochtopf mit Thermometer) zum Erhitzen des Saftes, ein Herd, ein Trichter, saubere Flaschen, Gummikappen.
Das *Waschen der Äpfel* kann im Freien oder in einem Naßraum (z.B. Duschraum) geschehen. Nötig ist in jedem Falle ein Wasserschlauch. Auch das *Zerkleinern* und das *Pressen* sollten entweder im Freien oder in einem Naßraum vorgenommen werden, der mit einem Schlauch abgespritzt werden kann. Das Sterilisieren geschieht am besten in einer Küche. Die Flaschen werden gut gereinigt und im Backofen bei 100 Grad Hitze vorgewärmt, damit sie steril werden und nicht zerspringen, wenn der 80 Grad heiße Saft eingefüllt wird.

3. Handlungsmöglichkeiten im Unterricht

Mit dieser Kernhandlung lassen sich nun je nach Schulstufe, Schulform und Methodenkompetenzen der Schüler weiterführende Fragestellungen und Arbeitsschritte verbinden:

- ❏ in der Sekundarstufe II z.B. die Rolle der Mikroorganismen bei der Umwandlung nicht-sterilisierten Saftes;
- ❏ bei behinderten Schülern die Einübung motorischer Fertigkeiten;
- ❏ in der Grundschule ein Vergleich der Eigenproduktion mit dem Säfteangebot des Supermarkts.

Fächerübergreifender Unterricht bietet sich dabei an. In *Deutsch:* Vorgangsbeschreibungen, technische Beschreibungen, Werbetexte, Erstellung einer Satzung. In *Kunst:* Entwurf der Flaschenetiketten, Werbeplakate. *Arbeit/Wirtschaft:* Unternehmensformen, Aufbau und Organisationsablauf eines Betriebes; Markt, Preis, Angebot und Nachfrage; der gerechte Lohn; Bankgeschäfte; Verbrauchererziehung: Lebensmittelqualität, Hygienevorschriften, Kennzeichnungsverordnung, Fruchtsaftverordnung, Lebensmittelüberwachung; *Mathematik:* Buchführung, Bilanz, Jahresabschluß, Schaubilder zur Geschäftsentwicklung usw.

Wer noch wenig Erfahrungen mit Handlungsorientiertem Unterricht hat, sollte mit einem »*Tagesprojekt*« beginnen, bei dem die Kernhandlung und einige der angedeuteten Weiterführungen – auf einen Tag begrenzt – verwirklicht werden. Ich habe ein solches Tagesprojekt im Fach Arbeit/Wirtschaft in einigen 9. Realschulklassen mit einer geliehenen Presse zusammen mit den Schülern geplant und durchgeführt. Die Vorbereitung geschah ausschließlich im normalen AW-Fachunterricht. Das Arbeitsgerät und die Arbeitsvorgänge wurden den Schülern zunächst auf dem Bilde vorgeführt. Dann erhielt jeder bestimmte Aufgaben und Verantwortungsbereiche:

Tätigkeit	Ort	Geräte & Hilfsmittel
Obst pflücken, kaufen, sich schenken lassen	Garten, Markt	Leiter, Pflücker, Kisten, Säcke zum Transport
Obst reinigen	im Freien, Küche, Badewanne	Wanne, Wasser
Maische herstellen	im Freien oder gefliesten Raum mit Wasserabfluß	Obstmühle

9.6 »Appelbräu e.G.« – Bericht über ein Schulprojekt

Anhand dieser einzelnen Arbeitsschritte und nach der Besprechung der sich dabei ergebenden Organisationsaufgaben wurde dann in einem Schema der *Betriebsaufbau* und *-ablauf* einer Apfelsaft-Firma erarbeitet:

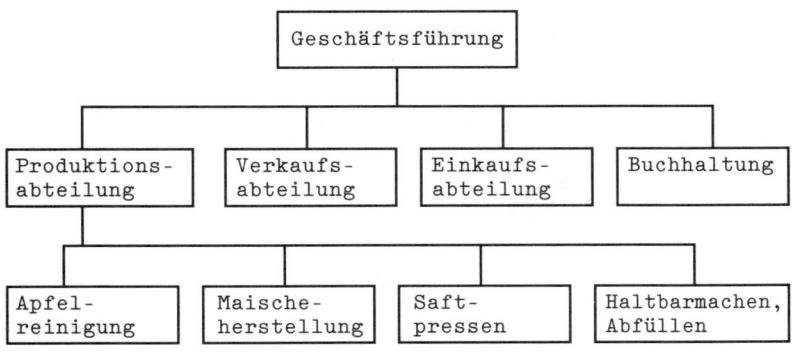

An dem »*Produktionstag*« war dann die gesamte Schulklasse den vollen Schulvormittag nur mit dem Apfelsaften beschäftigt. Es wurden ca. 60 l Apfelsaft gepreßt und in Weinflaschen steril abgefüllt. Beim Schulfest wurde der Saft dann verkauft.
In der *Auswertungsphase* im anschließenden Fachunterricht spielten Fragen der Entlohnung, der Betriebsorganisation, Einnahme- und Ausgabenrechnungen usw. eine Rolle.

4. Wahl der Unternehmensform

Etwas ausführlicher möchte ich nun auf die Variante »Schülergenossenschaft Appelbräu e.G.« eingehen, die seit 1987 an der Realschule Berne besteht. Rein rechtlich handelt es sich bei dieser »Lernfirma« um einen Betrieb und nicht um eine Genossenschaft nach dem Genossenschaftsrecht. Laut Auskunft des von mir angeschriebenen Finanzamtes handelt es sich um eine BGB-Gesellschaft nach §§ 705 ff. BGB:

Finanzamt Nordenham

Az.: VI/6 a	Anschrift: Bahnhofstraße 56, 2890 Nordenham
(Bei jeder Zuschrift oder Zahlung bitte angeben)	Sprechstunden: Montag bis Freitag 8.30–12.00 Uhr
	Bearbeiter: Steueramtmann Rohlfs
	Zimmer-Nr.: 23

Sehr geehrter Herr Hauke!   Nordenham, 22. Dezember 1987

Die von Ihnen gegründete "Genossenschaft" stellt privat- und steuerrechtlich eine Gesellschaft bürgerlichen Rechts (§§ 705 ff BGB) dar. Die geschilderten Handlungen erfolgen selbständig, nachhaltig und mit Gewinnerzielungsabsicht. Da außerdem eine Beteiligung am allgemeinen wirtschaftlichen Verkehr erfolgt, handelt es sich um einen gewerblichen Betrieb im Sinne der Steuergesetze. Die Umsätze sind im Rahmen der geltenden Freibeträge umsatzsteuerpflichtig und der Gewinn unterliegt der Gewerbesteuer. Bei dem von Ihnen geschilderten Umfang tritt jedoch insoweit keine Steuerpflicht ein. Ob ggf. eine Gewerbeanmeldung bei der Gemeinde erfolgen muß, bitte ich mit der Gemeindeverwaltung in Berne zu klären.

Ein eventueller Gewinn ist gesondert festzustellen und auf die einzelnen Gesellschaftsmitglieder zu verteilen. Die Versteuerung erfolgt dann bei dem Beteiligten selbst.

Sofern die von Ihnen geschilderten Einnahmen jedoch nicht wesentlich überschritten werden, wird der Betrieb steuerlich nicht erfaßt. Sollten sich die Einnahmen erheblich verändern, bitte ich um Mitteilung. Soweit noch weitere Unklarheiten bestehen, stehe ich Ihnen gern für Auskünfte zur Verfügung.

                                        Mit freundlichem Gruß
                                        Im Auftrag

                                        (Rohlfs)

Die schulischen Bedingungen für ein solches Projekt waren selten so günstig: Ich hatte in der 9. Klasse 4 Wochenstunden (2 Stunden Arbeit/Wirtschaft; 2 Stunden Physik); die Klasse war sehr klein (15 SchülerInnen), und ich verstand mich sehr gut mit diesen Jugendlichen. Ich konnte also epochal unterrichten und Physik auf das Winterhalbjahr verschieben.

Die SchülerInnen erklärten ihre Bereitschaft, zusätzlich in ihrer Freizeit zu arbeiten. (Das Apfelsaftpressen spielte sich überwiegend nachmittags ab; die Schüler trafen sich dazu sogar in den Herbstferien.) Die Eltern wurden auf einer Elternversammlung informiert und gaben ihre Einwilligung. Auch der Schulleiter, die KollegInnen und der Hausmeister waren einverstanden. Um möglichen Konflikten aus dem Weg zu gehen, hielt ich diese Informationsarbeit für erforderlich – Konflikte gab es dann noch genug!
Für die SchülerInnen und auch für mich war der Ausgang des Experiments völlig offen. Ich war mir allerdings aufgrund der früheren Erfahrungen mit anderen Klassen sehr sicher, daß die Kernhandlung des Obstpressens die Schüler motivieren würde.
Es war klar, daß wir uns eine Obstpresse kaufen wollten – eine Investition von mindestens 1000 DM – und damit eine Firma betreiben wollten, die Saft herstellt und verkauft und die Presse zum Verleih anbietet.
Zunächst beschäftigten wir uns mit verschiedenen *Unternehmensformen,* und zwar in Form von Gruppenunterricht: mit der Aktiengesellschaft, der Kommanditgesellschaft, der Einzelunternehmung, der Offenen Handelsgesellschaft und der Genossenschaft. Die Gruppen trugen ihre Standpunkte vor, und wir entschieden uns schließlich für die Genossenschaft als günstigster Unternehmensform. Bei einigen SchülerInnen gab es starke Vorlieben für eine Aktiengesellschaft. Sie hatten die Hoffnung, durch den Einsatz von Beträgen bis zu 100,– DM später satte Gewinne zu erzielen. – *Die »Genossenschaftler« setzten sich schließlich durch.*
Für die Bildung einer Genossenschaft sprechen ökonomische, vor allem aber auch pädagogische Gründe:

❏ Bei der Bildung einer Genossenschaft kommt es nicht so sehr auf pure Gewinnmaximierung an, im Vordergrund steht vielmehr die Überlegung, gemeinsame Interessen, die der einzelne nicht finanzieren könnte, gemeinsam zu verfolgen.

❏ Im Vordergrund der Genossenschaftsarbeit steht solidarisches Handeln. Gemeinnutz und Eigennutz gehen Hand in Hand.

❏ Auch die Erfahrung, daß die Mitarbeiter des Unternehmens gleichzeitig die Eigentümer sind und wichtige Unternehmensentscheidungen in gemeinsamer Beratung fällen, scheint mir eine pädagogisch wertvolle Vision zu sein, die in dem Projekt ansatzweise erfahrbar gemacht werden kann.

5. Die Appelbräu e.G.

Wir gründeten also eine Genossenschaft: Jeder Schüler, jede Schülerin der Klasse kaufte einen Geschäftsanteil von 10,– DM. Das ergab ein Grundkapital von 150,– DM. Wir hielten eine Gründungsversammlung nach den Regeln des Genossenschaftsgesetzes ab. Es wurden der Vorstand (Katja und Michaela) und der Aufsichtsrat (Anja, Sonja und Birgit) gewählt. Alles wurde vorschriftsmäßig in einem gebundenen und mit Seitennumerierung versehenen Protokollbuch festgehalten. Das Buch stiftete die örtliche Genossenschaftsbank. Um das Grundkapital zu erhöhen, öffneten wir die Genossenschaft für weitere Mitglieder: Einige Schüler aus der Parallelklasse und auch Lehrer aus dem Kollegium traten bei.

Nun begannen die *Kreditverhandlungen* mit der Bank. Der Vorstand schloß einen Kreditvertrag über 700,- DM zu 7% ab. Da weder die Bank noch die Schule die Haftung für diesen Kredit übernehmen wollte, trat ich als Lehrer dafür ein. Wir eröffneten bei der lokalen Bank ein Girokonto als Geschäftskonto und ein Kreditkonto.

Nun konnten wir die Obstpresse und Mühle bestellen. Am letzten Tag vor den Herbstferien wurden sie endlich geliefert. Die SchülerInnen gingen sofort mit sehr viel Freude an die Arbeit.

Die beiden Geschäftsführerinnen nahmen die Presse in den Ferien mit nach Hause und stellten über 100 l Saft her. Sie liehen die Presse für 25,- DM pro Tag an Nichtmitglieder und für 15,- DM an Mitglieder aus. Von der Ausleihe wurde recht bald reger Gebrauch gemacht. Wir hatten eine echte Marktlücke ausfindig gemacht. Dies wirkte auf die SchülerInnen zusätzlich motivierend.

Berne/Lemwerder Nummer 259 Freitag, den 6. November 1987 W 14 **NWZ**

Berner Realschüler gründeten eine Firma: Genossenschaft Appelbräu e. G.

Unternehmen soll Saft herstellen – Kredit für Obstpresse aufgenommen

st Berne. Weitgehend unbemerkt von der Öffentlichkeit, gründeten sich am 15. September dieses Jahres mit 15 Mitgliedern die Genossenschaft „Appelbräu" in Berne. Zu Mitgliedern des Vorstandes wurden gewählt: Katja Könneke, Michaela Gutte, zu Mitgliedern des Aufsichtsrates: Birgit Arning, Sonja Marschall, Anja Grummer. Die Geschäftsführer sind: Katja Könneke und Michaela Gutte.

Die neue Genossenschaft beschloß eine enge Zusammenarbeit mit der Spar- und Darlehnskasse Berne. Berater ist deren Chef Hauke Maeker. Er berät die Genossenschaft bei allen auftauchenden Fragen, vornehmlich bei Erstellung der Bilanzen, bei Vorbereitung der Generalversammlung, und unterstützt sie durch Bereitstellung von Materialien wie notwendiger Formularien.

Zweck der Genossenschaft sind Herstellung und Vertrieb naturreinen Apfelsaftes mit Hilfe einer handbetriebenen Obstpresse. Die Produktionskapazität schätzt der Vorstand auf 30 Liter pro Stunde. Zur Produktion sollen ausschließlich Äpfel aus der Gemeinde Berne Verwendung finden.

Die Genossenschaft beschloß über die einzelnen Leistungen. Sie bietet den Verleih der Presse und setzt die Preise für Rohsaft und für „sterilen Saft in Flaschen" fest. Mitglieder erhalten eine Preisvergünstigung. Die Lieferungen von Rohsaft erfolgt nur einmal wöchentlich am Donnerstag oder Freitag.

Der erste offizielle Beschluß der Genossenschaft galt der Aufnahme eines Kredites zum Kauf einer Obstpresse. Die erste Bilanz soll im neuen Jahr erstellt werden. „Vater" der Genossenschaft ist Dr. Bernhard Hauke von der Realschule Berne, ihre Mitglieder sind Schülerinnen und Schüler der Klasse 9 a der Realschule, ihre Förderer Eltern und Lehrer.

Zur Vorstellung in der Öffentlichkeit gab es am Mittwoch einen Empfang. Realschulrektor Falk Ernstson führte aus, es sei kein Lippenbekenntnis, wenn er dieses besondere Projekt begrüße und Dr. Hauke für die Initiative danke. „Es ist wichtig, schon in der Schule Erfahrungen für das Leben zu sammeln", sagte der Schulleiter.

Bürgermeister Groeneveld überreichte der Genossenschaft eine einbruchsichere Geldkassette. Rolf Bloem, der Hauke Maeker von der Spadaka vertrat, überbrachte einen großen Geldschein und nannte das Projekt eine „einmalige Idee".

Dr. Hauke führte den Gästen die Gründungsgeschichte der Genossenschaft vor Augen und den pädagogischen Zweck: „Das Lernen ist heute häufig zu sehr verkopft. Durch lebensnahen projekt- und handlungsorientierten Unterricht kann das Lernen lebendiger werden und zu besseren Lernerfolgen führen. Wichtig ist auch die Zusammenarbeit der Schule mit der Arbeitswelt." Hauke wies auch darauf hin, daß die Arbeit am Projekt außerhalb der Unterrichtszeit stattfindet.

Nach den Ansprachen führten die Genossenschafts-Schüler die Obstpresse vor. Jeder Gast erhielt natürlich ein volles Glas Apfelsaft – naturrein, aromatisch, bekömmlich – und garantiert von Berner Äpfeln.

6. Unterricht

Im Unterricht nach den Herbstferien wurden die gesammelten Erfahrungen aufgearbeitet. Es ging um die Funktion der »Nachfrage« im Wirtschaftsleben, um Werbestrategien und Promotion-Aktionen. (Wir hatten mit Plakaten in Geschäften, mit Handzetteln und in der Lokalpresse geworben.)

Schemata des Betriebsaufbaus und der Betriebshierarchie ergaben sich wie von selbst. Auch eine einfache Form der Buchhaltung wurde gefunden. Regelmäßig am Mittwochnachmittag trafen sich die SchülerInnen weiterhin zum Saftpressen. Dazu hatte uns der Hausmeister einen gekachelten Duschraum zur Verfügung gestellt.

Interessant war die Haltung der SchülerInnen zur Frage des gerechten Lohns. Während sie in früheren Projekten Lohnunterschiede von mehreren 100 Prozent fraglos akzeptiert hatten, waren sie sich sehr bald einig, daß jeder den gleichen Lohn zu bekommen habe: 2,- DM je Arbeitsstunde. Die

Arbeitsstunden wurden auf Arbeitskarten festgehalten; niemand mogelte, und niemand mißtraute dem anderen.

Die Verkaufsabteilung hatte bald einen festen Kundenkreis aus dem Kollegium, aus Mitarbeitern der Bank und aus Elternkreisen aufgebaut. Die Bestellungen übertrafen bei weitem die Produktionsmöglichkeiten. Jeweils am Donnerstagvormittag wurde frischer Saft in der großen Pause an die SchülerInnen verkauft. Das Unternehmen florierte. Die Schüler waren mit Eifer und Freude bei der Sache. Andere Schulfächer wurden mitunter vernachlässigt. Doch die KollegInnen ertrugen es mit wohlwollender Duldung.

7. Krise

Alles lief gut, bis eines Tages eine Krise kam. Das Vertrauen der SchülerInnen in meine Person war plötzlich erschüttert. Und das kam so:
Die Parallelklasse, in der ich zwei Stunden Physik hatte und die zu 80 Prozent der Genossenschaft beigetreten war, beschwerte sich, daß in den reichlich erschienenen Zeitungsartikeln immer nur die 9a und nicht sie, die 9b, erwähnt würde. Ich erklärte ihnen, daß dies richtig sei, da Vorstand und Aufsichtsrat von der 9a gestellt würden. Sie, die SchülerInnen der 9b, seien sozusagen »passive Mitglieder«. Sie hätten aber das Recht, eine Generalversammlung zu fordern und unter bestimmten Umständen *Vorstand und Geschäftsführung neu zu wählen.*
Diese von mir als reine Information gedachte Äußerung kam auf dem Gerüchteweg in der 9a ganz anders an: Ich hätte die 9b gegen sie aufgehetzt und wolle den bestehenden Vorstand und Aufsichtsrat stürzen. Das sei gemein und hinterhältig von mir. – Es gelang mir nur sehr schwer, diese Vorwürfe zu entkräften. Mehrere Krisensitzungen waren erforderlich. Dabei stellten die SchülerInnen fest, daß sie das Genossenschaftsrecht nur ungenau kannten. Sie hielten mir vor, ich hätte sie zu Beginn des Projektes genauer über Satzungsfragen aufklären müssen. Die Satzung sei ja das wichtigste.
In einer Generalversammlung, in der beide Klassen vertreten waren, wurde in einer hitzigen, aber fairen Diskussion wieder Einvernehmen erzielt. Es blieb aber die Erkenntnis, daß man unbedingt eine Satzung brauche, um ähnliche Konflikte in Zukunft zu vermeiden.
Mehrere SchülerInnen erklärten sich bereit, eine Satzung zu erarbeiten. Die Satzung einer Obstgenossenschaft wurde dazu als Vorlage benutzt. Die Schüler arbeiteten sie Paragraph für Paragraph durch und paßten sie unseren Bedürfnissen an. Ein Vertreter der Bank und auch ich halfen den Schülern bei dieser »trockenen« Arbeit, die dadurch erleichtert wurde, daß sie eine AG-Stunde für diese Arbeit zugestanden bekamen. Es war für mich erstaunlich, wie lange und ausdauernd sich die Schüler mit dieser Frage beschäftigten.

8. Schluß

Bis Ende des Jahres hatten wir ca. 800,- DM durch den Verkauf von Saft und weitere 300,- durch den Verleih der Presse eingenommen. Bei den Ausgaben waren die größten Posten der Arbeitslohn mit ca. 400,- DM und die Abschreibung für die Presse mit etwas über 300,- DM.

Bis Anfang Dezember gab es noch Äpfel zum Pressen. (Es gibt in Berne noch sehr viele Hochstammbäume älterer Apfelsorten, die von den Eigentümern nicht genutzt werden. Sie stellten uns diese Äpfel gern zur Verfügung.)
In der Zeit nach der Apfelsaison bis etwa zum März 88 war dann noch der Jahresabschluß (Gewinn- und Verlustrechnung/Bilanz) zu erstellen. Die Bank spielte die Rolle des Amtsgerichts und des Prüfungsverbandes.

```
                Geschäftsbericht                    14.06.1988

        1. Wir hatten einen sehr unsicheren Anfang. Durch die Unter-
           stützung der Bank, des Bürgermeisters, des Landrates, der
           Schule, sowie der guten Mitarbeit unserer Mitglieder
           hatten wir einen sehr guten Erfolg.
           Wir haben rd. 300 l Saft gepreßt. Die Presse haben wir
           12x ausgeliehen, davon 7x an Nichtmitglieder und 5x an
           Mitglieder.
           Über 300 DM haben wir an Spenden eingenommen.
           Die größten Ausgaben entstanden durch Löhne (400 DM) und
           durch Abschreibung der Presse (ca. 300 DM).
           Wir haben eine gute Liquiditäten, d.h. wir können rd.
           300 DM ausgeben ohne das wir den Kredit der Bank in
           Anspruch nehmen müßten.
        2. Ausgaben, die wir für die nächste Saison haben werden:
                - eine neue Wanne
                - Flaschen
                - Flaschenverschlüsse
                - Becher
                - 2 Kanister, die wir gebraucht bekommen können
        3. Herr Lösekan muß gefragt werden, ob wir weiterhin im
           Duschraum pressen dürfen.
           Wir benötigen einen Maischeabnehmer.



        Unterschrift der Geschäftsführer:

        Katja Kämmerbe
        Michaela Gutte
```

Im zweiten Geschäftsjahr haben die SchülerInnen den Betrieb dann völlig selbständig weitergeführt. Da ihre Schulzeit insgesamt zu Ende ging, war eine Auflösung der Firma »mit Gewinnabschöpfung« im Gespräch. Kurz vor der Schulentlassung einigten sie sich dann doch darauf, den Betrieb weiterleben zu lassen, damit auch die nachwachsenden Schülergenerationen ihren Spaß an der Appelbräu e.G. haben können.

ZEHNTE LEKTION:

Ziele + Inhalte dieser Lektion:

Das Abfassen schriftlicher Unterrichtsentwürfe ist für die meisten eine wenig geliebte, lästige Pflicht. Wer das Zweite Examen machen, wer Lebenszeitbeamter werden oder sich für eine Funktionsstelle bewerben will, kann diese Qualifikationshürde aber nicht umgehen. Die folgenden Ratschläge für solche Entwürfe sollen vor allem denen Hilfen geben, die zum ersten oder zweiten Mal an einem solchen Entwurf sitzen und ins Schwitzen geraten.

❏ Im ersten Abschnitt fragen wir nach den Funktionen solcher Entwürfe für PrüferInnen und Prüflinge.

❏ Der methodische Gang einer Unterrichtsstunde und die didaktischen Funktionen von Unterrichtsschritten – als wesentliche Elemente der Unterrichtsvorbereitung – sind Themen des zweiten Abschnitts.

❏ Im dritten Abschnitt haben wir Empfehlungen zur inhaltlichen Gliederung von Unterrichtsentwürfen gesammelt, und im vierten Abschnitt nennen wir abschließend einige Rezepte und Tips.

10.1 Vorbemerkungen

10.1.1 Über das Lesen von Prüfungsstundenentwürfen

Wie lesen die PrüferInnen (also die Seminarleiter, Schulräte, Regierungsschuldirektoren usw.) die Prüfungsstundenentwürfe, die ihnen mit reitendem Boten und heißen Wünschen zwei Tage, vielleicht auch nur einen Tag vor der Prüfungsstunde ins Haus gebracht worden sind?[1] Wir halten einen *Desillusionierungsversuch* für dringend geboten:

○ Nicht nur Sie, die Prüflinge, auch die PrüferInnen stehen in aller Regel unter großem *Zeitdruck* – vor allem zu Examenszeiten. Deshalb sollten Sie es weder für bösen Willen noch für Desinteresse halten, wenn Sie feststellen, daß Ihr Entwurf den Prüfern nicht in allen Einzelheiten präsent ist. Sie dürfen nicht damit rechnen, daß die Prüfer den Entwurf von vorn bis hinten gelesen haben. Niemand wird es offiziell zugeben, aber es hat schon viele Prüfungen gegeben, wo einer der drei Prüfer nur so getan hat, als ob er im Entwurf gelesen hätte. Sie brauchen sich also nicht zu wundern, wenn im mündlichen Teil der Prüfung Fragen wiederholt werden, die im Entwurf klipp und klar beantwortet sind, oder wenn an den von Ihnen im Entwurf genannten Intentionen für den Unterricht vorbeikritisiert wird.

○ Bei der Lektüre des Prüfungsstunden-Entwurfs haken PrüferInnen bei *Auffälligkeiten* ein – und dies ist durchaus subjektiv zu verstehen. Sie unterstreichen diejenigen zitierten Autoren, die ihnen geläufig sind. Oder gerade diejenigen, von denen sie noch nie etwas gehört haben. Sie machen sich Notizen an einer Stelle des Argumentationsstranges, an der sie noch einmal nachfragen möchten. Oder sie markieren ein Schlagwort, von dem sie den Verdacht haben, daß es der Prüfling nur aus kosmetischen Gründen gewählt hat. Man notiert sich die Stelle, an der man einen Widerspruch in der Planung meint entdeckt zu haben. Oder die Stelle, an der Argumente verwendet wurden, die in Fachdidaktik und Fachwissenschaft umstritten sind.

○ Zu solchen Auffälligkeiten gehört auch das *äußere Erscheinungsbild*. Es beeinflußt die Urteilsbildung ganz gehörig (und recht unabhängig vom Wissen oder Wollen der FachleiterInnen), ob der Entwurf viele oder wenige Tippfehler enthält, ob er auf der zwanzig Jahre alten Reiseschreibmaschine oder auf dem PC geschrieben wurde, ob er handschriftliche

---

[1] Wir bitten die LeserInnen in Österreich und in der Schweiz um Vergebung dafür, daß wir uns lediglich auf die Verhältnisse in der Bundesrepublik Deutschland beschränken und die hier üblichen Begriffe verwenden.

Korrekturen enthält und auf einem schlechten Kopiergerät mehr schwarz auf grau als auf weiß kopiert ist oder nicht.

O Die PrüferInnen haben das Thema dieser Stunde schon oft selber unterrichtet, als Lehrerausbilder Prüfungen darüber abgenommen oder es sogar als AutorIn eines Schulbuchs bearbeitet. Deshalb haben sie *relativ festgefügte Vorstellungen* darüber, was in dem Thema »drin ist« und was nicht, welche Literatur dafür heranzuziehen ist, welche methodischen Möglichkeiten es bietet und welche Querverbindungen zu anderen Themen sich im Unterricht lohnen könnten. Wer demgegenüber mit der Haltung »Hoppla, jetzt komm' ich!« versucht, den PrüferInnen zu beweisen, daß sie das Thema ganz anders als bisher sehen und im Unterricht umsetzen sollten, wird damit Schiffbruch erleiden – es sei denn, es gelingt ihm, eine Art »Funken überspringen« zu lassen und ihr Interesse an der neuen Sichtweise zu wecken.

O Viele – nicht alle – Ausbilder sind liberal im Blick auf die Frage, welche *Form und Gliederung* der schriftliche Unterrichtsentwurf haben müsse. Wer ein von dem an einem Seminar üblichen Schema abweichendes Planungskonzept vertritt, hat durchaus Chancen, es einzusetzen. Aber er wird häufiger als seine MitreferendarInnen aufgefordert, sein Vorgehen zu rechtfertigen. (Dies ist ungerecht, weil eigentlich jene sich rechtfertigen müßten, die alles beim alten lassen.)

O Die *wenigsten Prüfer legen sich* schon am Tag vorher auf die Teilnote *fest,* die sie für den Prüfungsstunden-Entwurf geben wollen. Sie definieren allenfalls für sich selbst die Richtung, in die die Note gehen könnte. Und die wenigsten Prüfer sagen vor oder während der Stunde ihren Mitprüfern, für welche Note sie plädieren werden. Das spart man sich für die Schlußrunde auf.

O Je nach Prüfungsordnung ist unterschiedlich geregelt, ob und mit welchem prozentualen Anteil die Note für den schriftlichen Entwurf in die *Gesamtnote* eingeht. Berufserfahrene Prüfer legen zumeist mehr Gewicht auf die in der Stunde gezeigte Persönlichkeitsstruktur und Fachkompetenz. Wohlgesonnene Prüfer setzen sich aber immer wieder dafür ein, in der Stunde deutlich gewordene Kompetenzmängel des Prüflings durch kluge Kommentierungen im Entwurf kompensieren zu lassen.

Sie müssen beim Abliefern Ihrer Prüfungsentwürfe also bedenken, daß die Prüfer eher mit skeptischer Distanz als mit Feuer und Flamme an die Lektüre gehen.

10.1.2 Widersprüchliche Erwartungen

Das Aufschreiben der vielfältigen Gedanken und Gedankensplitter, die man vor einer wichtigen Unterrichtsstunde im Kopf hat, ist u.E. der beste Weg zum Aufbau einer klaren Vorstellung der Ziele und einzelnen Schritte einer Unterrichtsstunde. Vom Schreiben geht der heilsame Zwang aus, sich zu entscheiden, was man wirklich will. Beim bloßen Nachdenken über eine Stunde neigen viele dazu, alles in der Schwebe zu lassen. Im schriftlichen Entwurf dagegen legt man sich fest. Dadurch wird man für den Ausbilder »berechenbar«.

> **These 10.1:**
> Die Verschriftlichung der Unterrichtsplanung dient dazu, Klarheit über die eigenen Absichten und über die der Planung zugrunde gelegten Voraussetzungen des Unterrichts zu schaffen.

Daß es keine vollständige, ja nicht einmal eine befriedigende Klarheit über *alle* den Unterricht bedingenden Faktoren geben kann, ist in den vorausgegangenen Lektionen wiederholt angemerkt worden.

Der Stellenwert eines schriftlichen Unterrichtsentwurfs wird von StudentInnen und ReferendarInnen allerdings häufig *überschätzt*:

❏ Der schriftliche Entwurf ist nur ein Teil der Gesamtvorbereitung. Zur Vorbereitung gehört auch, die SchülerInnen gut zu kennen, ein Vertrauensverhältnis zu ihnen geschaffen zu haben, mit den Ausbildern die organisatorischen Rahmenbedingungen abgeklärt zu haben, sich die für die Stunde erforderlichen Methodenkompetenzen und das Fachwissen angeeignet zu haben und – nicht zuletzt – gut ausgeschlafen zu sein.

❏ Ein guter Entwurf ist noch kein »Ticket« für eine gute Stunde und ebensowenig für eine gute Note. Leider kann diese Rechnung nicht umgedreht werden: Ein schlechter Entwurf wird von den meisten Ausbildern auch tatsächlich negativ bewertet, und diese Beurteilung geht auch in Prüfungsnoten und in die Vor-Urteilsbildungen bei den Unterrichtsbesuchen kurz vor dem zweiten Examen ein.

In *einem* Punkt sollten Sie den Stellenwert des Entwurfs aber auf keinen Fall unterschätzen:

> **These 10.2:**
> Der schriftliche Unterrichtsentwurf der StudentInnen bzw. ReferendarInnen ist ein Kontrollinstrument in der Hand der Ausbilder.

Er ist sozusagen Ihre »Visitenkarte«:
- ❏ Auf der Basis seiner Lektüre entwickeln Ihre Ausbilder ein erstes Bild davon, wie die Unterrichtsstunde verlaufen könnte und wo Schwachstellen oder Gefahrenpunkte liegen. An diesem ersten Eindruck werden sie dann den tatsächlichen Verlauf messen.
- ❏ Mit dem Stundenentwurf signalisieren Sie, auf welchem fachlichen und auf welchem didaktisch-methodischen Anspruchsniveau die Stunde angesiedelt ist.
- ❏ Der Stundenentwurf zeigt, ob Sie Ihre Planung eher offen halten für Schüleraktivitäten, -interessen und -beiträge oder ob Sie eher eine geschlossene, »wasserdichte« Verlaufsplanung verfolgen.
- ❏ Ihr Entwurf dokumentiert, ob Sie die Unterrichtsmaterialien und -medien angemessen ausgewählt haben und ob Sie sie in den Unterricht methodisch sinnvoll einplanen können.
- ❏ Schließlich ist Ihr Entwurf aber auch die Visitenkarte für die Beherrschung der von LehrerInnen erwarteten Kulturtechniken: Rechtschreibung, Silbentrennung, richtiges Zitieren, sprachliche Darstellung und stimmige Gliederung.

Die angedeutete Vielfalt von »offiziellen« und von eher heimlichen Funktionen und Ansprüchen, die mit dem schriftlichen Unterrichtsentwurf verbunden sind, macht es so schwierig, ihn zu schreiben: Wenn man ihnen allen gerecht werden will, setzt man sich zwischen alle Stühle! Die Funktionen und Ansprüche an den Entwurf stehen nämlich oft im Widerspruch zueinander:

EINERSEITS ... ANDERERSEITS ...

... soll der Entwurf die Fähigkeit des Kandidaten zu konsequenter und stringenter Unterrichtsplanung zeigen,

... soll der Entwurf aber auch die Fähigkeit zum flexiblen und offenen Eingehen auf die Schüler dokumentieren.

... soll er Grundlage für die Beratung und weitere Ausbildung der StudentInnen und ReferendarInnen sein – er kann und darf also Fehler enthalten, aus denen man lernen kann,

... ist er eine wichtige Grundlage für die Beurteilung durch die PrüferInnen – es empfiehlt sich also, möglichst keine Fehler zu machen.

... dient er zur Weiterentwicklung und Klärung der *eigenen* fachwissenschaftlichen und -didaktischen Position,

... empfiehlt es sich – weil er Beurteilungsgrundlage ist – die möglicherweise von den PrüferInnen vertretenen fachwissenschaftlichen und -didaktischen Positionen zu berücksichtigen.

... soll er so verfaßt werden, daß er den am jeweiligen Seminar erarbeiteten Grundsätzen und Empfehlungen weitgehend genügt und ins allgemeine Schema paßt,

... soll er aber demonstrieren, daß der Prüfling so etwas wie eine individuelle pädagogische »Handschrift« entwickelt hat oder entwickeln wird.

... sollen diese Stunde und ihr Entwurf fachlich und didaktisch sehr viel gründlicher durchdacht und vorbereitet werden als die übrigen Stunden, zu denen kein Beobachter kommt – und deshalb sind Stunde und Entwurf immer besondere Dinge, sozusagen ein »didaktischer Feiertag«,

... erwarten die PrüferInnen eine mehr oder weniger starke Identifikation des Prüflings mit seinem Thema – und das ist auch sinnvoll, denn nur dasjenige, womit man sich identifiziert hat, kann man wirklich überzeugend unterrichten,

... erwarten sie ein hohes Maß an Aufmerksamkeit und emotionaler Wärme für die einzelnen SchülerInnen,

... wollen aber die PrüferInnen gerade *nicht* eine einmalige Sonder-Stunde sehen, sondern eine Stunde, die zwar gut ist, aber auch ohne PrüferInnen-Besuch im »didaktischen Alltag« durchgeführt werden könnte.

... erwarten sie aber zugleich wissenschaftliche Nüchternheit und Distanz – vor allem dann, wenn es um politisch aufgeladene Themen geht (wie etwa die deutsche Einheit im Geschichtsunterricht, Fragen der Empfängnisverhütung im Biologie- und im Religionsunterricht oder Musik von Hanns Eisler, Dmitrij Schostakowitsch oder Wolf Biermann im Musikunterricht).

... zugleich aber fordern sie Objektivität und Gleichbehandlung aller.

Studienleiter und Referendar

Kein Mensch kann allen diesen heterogenen, zum Teil widersprüchlichen Anforderungen zugleich und in gleichem Maß gerecht werden. Dennoch haben aber *der* Entwurf und *die* Unterrichtsstunde, in denen dies am besten gelingt, die besten Chancen auf eine gute Zensur. Es ist, als würde von Ihnen die Quadratur des Kreises verlangt – und zwar unter verschärften äußeren

Bedingungen wie Zeitdruck, Erfolgszwang u.a.m. Deshalb sollten Sie von sich selbst nicht etwas verlangen, was unmöglich ist!

> **These 10.3:**
> Die Anforderungen an schriftliche Unterrichtsentwürfe sind so verschiedenartig, ja gegensätzlich, daß es unmöglich ist, sie alle zugleich zu befriedigen.

Deshalb ist es notwendig, sich diese Anforderungen und ihre Widersprüchlichkeit zwar einerseits klar zu machen, sich aber andererseits davon nicht irre machen zu lassen. An diesen Widersprüchen liegt es vor allem (und seltener am schlechten Willen oder am Unvermögen der AusbilderInnen), wenn selbst ein guter Entwurf und eine gute Stunde keine Garantie für eine gute Zensur sind. Denn weil niemand allen diesen widersprüchlichen Anforderungen zugleich gerecht werden kann, ist jeder Entwurf und ist jede Stunde immer aus irgendeiner Ecke angreifbar: Es kann sein, daß Ihre stringente, kleinschrittige Unterrichtsplanung gelobt wird als schülergerechte »Kleinarbeit« Ihres Unterrichtsthemas – möglicherweise wird Ihnen aber auch entgegengehalten, daß Sie damit jede eigenständige Schüleraktivität im Keim ersticken. Es kann sein, daß die freie Diskussion im Anschluß an die Erarbeitungsphase in ihrer Stunde gelobt wird, weil sie die SchülerInnen aktiviert hat und der Perspektiven-Vielfalt Ihres Themas entspricht – vielleicht wird aber auch gerade dies als zu wenig ergebnis- und zielorientiert kritisiert. Es kann sein, daß eine Stunde, die nicht so recht nach Ihrer Planung klappen wollte, nachher von den PrüferInnen zerpflückt und das Mißlingen auf mangelnde Planung zurückgeführt wird – es kann aber auch sein, daß das Mißlingen nicht Ihnen, sondern der Klasse oder irgendwelchen anderen Gründen angelastet wird und Sie dennoch eine gute Zensur bekommen.

Vorher kann das alles nicht berechnet und taktisch kalkuliert werden. Festzuhalten ist deshalb, daß die Unwägbarkeiten und Widersprüche, die sich Ihnen beim Schreiben Ihres Entwurfs in den Weg stellen, in der Sache selbst begründet sind und daß Sie sie nicht als Ihr eigenes Versagen fehlinterpretieren sollten! Vielmehr sollten Sie bedenken, daß Sie sich in den Phasen der Vorbereitung auf Stundenentwürfe und Lehrproben besonders intensiv mit diesen Widersprüchlichkeiten herumschlagen müssen, die nicht Sie selbst verursacht haben, sondern die durch das ganze System der Referendarausbildung bedingt sind.

> **These 10.4:**
> Viele widersprüchliche Anforderungen an Stundenentwürfe und Lehrproben *erscheinen* als individuell von den ReferendarInnen zu lösende Probleme, sind aber *in Wirklichkeit* systembedingte Widersprüche.

Weil die Unlösbarkeit der Widersprüche oft als individuelles Versagen empfunden wird, sind diese Phasen die streßhaltigsten, psychisch und physisch schwierigsten Zeiten in der Ausbildung für den LehrerInnenberuf.

Vielen LehrerausbilderInnen der zweiten Phase sind diese Probleme und Widersprüche bewußt – aber leider nicht allen. Viele – aber leider nicht alle – versuchen, die sich daraus für die ReferendarInnen ergebenden Unsicherheiten und Schwierigkeiten zu mildern, etwa durch eine ansatzweise demokratische und transparente Zensurenfindung, durch freigebig verteilte Tips und Hilfen, durch intensive und frühzeitige gemeinsame und offene Diskussion dieser Probleme im Seminar, durch ein Rollenverständnis eher als Berater und Supervisor denn als Zensor oder auch »nur« durch betonte Freundlichkeit, Höflichkeit und emotionale Wärme. Dies alles kann ReferendarInnen die schwierige Zeit der zweiten Phase und vor allem der Prüfungen erleichtern und Streß, Druck und Angst erheblich mildern. Aber es hebt die mit dem schriftlichen Unterrichtsentwurf, den Lehrproben und dem Referendariat insgesamt verbundenen Widersprüche nicht grundsätzlich auf (sondern verschleiert sie eher), weil diese ja systembedingt sind und aus der Organisationsstruktur und den gesetzlichen Vorgaben der zweiten Phase resultieren. Auch wenn sich die AusbilderInnen als BeraterInnen verstehen, müssen sie dennoch am Ende Noten verteilen.

Die zum Teil erschreckenden psychischen, psychosomatischen und vegetativen Folgen sind vielfach dokumentiert und untersucht – von Lea Fleischmanns sehr subjektivem Bericht (1980) und ähnlichen Dokumenten (etwa Vesper 1987) über empirische Erhebungen (etwa Bayer 1975 und 1978, Giesbrecht 1983, Holfort 1980; kritisch zusammenfassend: Liebrand-Bachmann 1981) bis hin zu eher hermeneutischen Analysen und normativen Forderungen an die Struktur des Referendariats (etwa Bayer 1982, Behl 1981, Fitzner 1978, Frech/Reichwein 1977, Gründer 1980, Henningsen 1973, Ott 1992, Tack 1983; vgl. auch die Bibliographie zu Fragen der zweiten Phase der Lehrerausbildung von Bettelhäuser u.a. 1980). Die Unterschiede mögen von Bundesland zu Bundesland, ja von Seminar zu Seminar und sogar von Fachleiterin zu Fachleiter so groß sein, daß kaum eine Erfahrung, eine Erkenntnis oder eine Strategie zur Bewältigung der zweiten Phase verallgemeinert werden kann – aber dennoch befürchten wir, daß an zu vielen Seminaren die Befunde über die zweite Phase, die nachdenklich stimmen könnten und müßten, gar nicht zur Kenntnis genommen oder daß keine Konsequenzen daraus gezogen werden. Auf Kritik reagieren Seminar- und Fachleiter, ebenso wie die Beamten der Schulbehörden, nach wie vor häufig mit Abwehr und Einigelung – vor allem, wenn die Kritik ins Grundsätzliche zielt. Zwar mehren sich die Berichte über positive Erfahrungen in der zweiten Phase – vor allem in den Grundschulseminaren – in jüngerer Zeit. Aber auch wenn die AusbilderInnen sich zunehmend an den alltäglichen Nöten und Ängsten »ihrer« ReferendarInnen orientieren, bleiben dennoch die Strukturen des Ausbildungssystems aufrechterhalten, die zu widersprüchlichen Anforderungen an die ReferendarInnen führen. Deshalb meinen wir, daß dauerhafte und wirksame Verbesserungen in der schulpraktischen Ausbildung von LehrerInnen *allein* durch die Humanisierung des Umgangs von PrüferInnen und Prüflingen untereinander nicht gesichert werden können, sondern daß die zweiphasige Lehrerausbildung insgesamt einer grundlegenden Reform bedarf.

10.1.3 Rezepte – Nein Danke – Ja bitte!

Angesichts der im vorigen Abschnitt genannten Widersprüche ist es umso problematischer, aber dennoch kaum zu vermeiden, sich bei der Vorbereitung auf die Prüfung an dieses oder jenes Rezept zu halten – allerdings erfährt man erst hinterher, ob gerade dieses Rezept nun geholfen oder geschadet hat. Da auch in diesem Fall die Regel gilt, daß viele Köche den Brei verderben, sollten Sie Rezepte nicht blindlings sammeln. Denn sie können nicht generalisiert werden. Das wichtigste »Rezept« lautet deshalb:

> **These 10.5:**
> Ein Prüfungsstundenentwurf sollte eine eigene, in sich stimmige Linie enthalten, die dann auch in der Stunde so weit wie möglich durchgehalten wird.

Wenn Sie uns nun fragen, was eine »stimmige Linie« sei, so können wir nur sagen: Dafür gibt's kein Rezept! Dennoch geben wir zunächst drei Ratschläge für die Gestaltung der Entwürfe, und in späteren Abschnitten dieser Lektion können Sie noch mehr Rezepte finden.

1. Die kniffligsten Stellen in einer Unterrichtsstunde sind häufig die Situationen, in denen ein Unterrichtsschritt abgeschlossen ist und der nächste initiiert werden muß. »Knifflig« deshalb, weil die SchülerInnen neu orientiert werden müssen, weil sie eine neue Aufgabe gestellt bekommen oder weil sie neues oder zusätzliches Material zur Bearbeitung erhalten. Deshalb ist es wichtig, an solchen *»Gelenkstellen«* des Unterrichtsprozesses für motivierende Impulse zu sorgen und sicherzustellen, daß auch wirklich alle die neue Aufgabenstellung mitbekommen. Die didaktische Funktion, die der Unterrichtsschritt erfüllen soll (vgl. S. 398 f.), muß klar sein, um eine Brücke zwischen dem vorausgegangenen und dem anschließenden Unterrichtsschritt zu schlagen. Bei der Unterrichtsvorbereitung ist es sinnvoll, sich auf diese Gelenkstellen besonders zu konzentrieren, sich ihren Ablauf genau auszumalen und Alternativen zu bedenken. Die Beschreibung solcher Situationen und möglicher Alternativen

kann im schriftlichen Entwurf z.B. dazu dienen, methodische Phantasie durch Alternativenreichtum zu demonstrieren, oder sie kann helfen, das auf die Stunde folgende Auswertungsgespräch vorzustrukturieren.

2. Sie sollten die oben geforderte »stimmige Linie« im Entwurf und im Auswertungsgespräch Ihren PrüferInnen klar und deutlich in Form von *einem oder zwei Stundenschwerpunkten* darstellen – etwa so: »Hauptanliegen der Stunde ist es, den Schülerinnen und Schülern den Zusammenhang zwischen dem algebraischen Funktionsterm und seiner geometrischen Darstellung zu vermitteln. ...« Das hilft nicht nur den PrüferInnen, die wichtigsten Intentionen der Stunde im Auge zu behalten, sondern auch Ihnen selbst. Und es erlaubt auch PrüferInnen, die den Entwurf nur »angelesen« haben (s.o.), eine Linie in Ihrem Unterricht wahrzunehmen, anstatt sich in der Vielzahl der Perspektiven zu verlieren, die der Unterricht bietet.

3. Zu einer »stimmigen Linie« gehört auch, den *methodischen Gang* einer Stunde konsequent, schülerorientiert und sachangemessen zu gestalten. Hinweise zur Gestaltung des methodischen Gangs finden Sie im folgenden Abschnitt 10.2.

An vielen Seminaren werden die Prüfungsstundenentwürfe Ihrer VorgängerInnen archiviert, zum Teil sogar *»Muster-Stundenentwürfe«* aufbewahrt. Solche älteren, positiv bewerteten Entwürfe können Ihnen zu einem Bild darüber verhelfen, was Ihre PrüferInnen von Ihnen erwarten: welches Anspruchsniveau, welche Planungsraster, welche inhaltlichen Grundpositionen. Häufig wird in diesen Entwürfen jenes allgemein- oder fachdidaktische Modell zugrunde gelegt, in dem sich die Hauptseminarleiterin oder der Fachleiter am besten auskennen. Mancherorts ist auch ein irgendwann einmal von allen Beteiligten gemeinsam erarbeiteter Raster für die Gliederung und inhaltliche Füllung von Stundenentwürfen feierlich zur Richtlinie erhoben worden. Oft finden Sie im Archiv auch bereits ältere Entwürfe zu Ihrem eigenen Thema, die Sie »ausschlachten« können. Sie sollten also ein wenig »Archäologie von Prüfungsstundenentwürfen« betreiben, um Ihre eigene Orientierung zu verbessern.

Es besteht zwar kein Mangel an Literatur über das Referendariat – aber es gibt nur wenige Bücher, die ganz konkrete Praxishilfen für das Referendariat, für die Vorbereitung der Lehrproben und das Verfassen von schriftlichen Entwürfen geben. Die drei im folgenden empfohlenen Bücher eignen sich, meinen wir, vorzüglich zur gemeinsamen Bearbeitung in einer Seminargruppe (sei es in offiziellen Seminarveranstaltungen, sei es in selbstorganisierten Arbeitsgruppen von ReferendarInnen):

❑ Herrmann, Ernst/Rupprecht, Erhard: Lehrer werden. 33 Lektionen für Berufsanfänger und Fortgeschrittene. Braunschweig (Westermann) 1978.

Das Buch ist aktuell, als wäre es gestern geschrieben. Amüsant und didaktisch hervorragend aufbereitet, führt es nicht nur in die offiziellen Seminarthemen ein (Entwickeln und Formulieren von Lernzielen, Unterrichtseinstieg, Lehrervortrag, Wissenschaft und Unterrichtsfach u.v.m.), sondern gibt auch, häufig mit ironisch-witziger Distanz, Hilfen zum Umgang mit Ausbildern, zur Lehrprobe, zum Verhalten bei Konflikten, mit der Bürokratie usw.

❏ Miller, Reinhold: Lehrer lernen. Ein pädagogisches Arbeitsbuch für Lehreranwärter, Referendare, Lehrer und Lehrergruppen. Weinheim/Basel (Beltz) 3. Aufl. 1989.

In diesem 360 Seiten langen Buch finden Sie (fast) alles, was im Referendariat zum Ausbildungsthema werden kann, in komprimierten, sehr gut aufbereiteten Lektionen, nach denen Sie sich das Prüfungswissen, aber auch die wichtigsten Aspekte der Unterrichts- und Lehrproben-Vorbereitung gut aneignen können.

❏ Frommer, Helmut (Hg.): Handbuch Praxis des Vorbereitungsdienstes. Bd. 1: Erziehungswissenschaftliche Grundlegungen. Bd. 2: Erziehungswissenschaftliche Problemfelder. Düsseldorf (Schwann) 1981 und 1982.

Während die beiden oben genannten Bücher mit dem Blick auf die Alltagsnöte von ReferendarInnen geschrieben und für sie gedacht sind, ist in diesem Handbuch das »Ausbilder- und Prüferwissen« gesammelt. Sie können davon ausgehen, daß viele Seminar- und FachleiterInnen ihr Wissen über die didaktischen Modelle, über historische Fragen zu Schule, Didaktik und Unterricht, über Unterrichtsmethoden wie »Lehrervortrag«, »Gruppenarbeit« usw. und über viele andere wichtige Themen der Ausbildung und des schulischen Unterrichts aus diesem Buch beziehen. Wenn Sie also wissen möchten, was Ihre Prüfer vermutlich wissen, sollten Sie zu diesen beiden Bänden greifen.

10.2 Methodischer Gang des Unterrichts

Der methodische Gang beschreibt die *Struktur des Unterrichts als Prozeß* (vgl. auch S. 266-272): die zeitliche Abfolge der einzelnen Unterrichtsschritte (äußere, sichtbare und beobachtbare Seite) und ihre Stimmigkeit, Folgerichtigkeit und Funktion (innere, nur interpretativ erschließbare Seite). Er wird vorangetrieben durch die Wechselbeziehung des methodischen Handelns der LehrerInnen einerseits, der SchülerInnen andererseits.

Für jeden einzelnen Unterrichtsschritt steht dabei die gesamte Palette unterrichtsmethodischer Möglichkeiten zur Verfügung. Wer Unterricht plant, muß also nicht nur die Abfolge der Unterrichtsschritte stimmig gestalten, sondern auch *für jeden Unterrichtsschritt* von neuem folgende Fragen beantworten:

❏ Durch welche allgemeinen und/oder fachspezifischen *Handlungsmuster* sollen der jeweilige Unterrichtsinhalt »inszeniert« (vgl. S. 82-84 und 360 f.) und die Handlungskompetenzen der SchülerInnen gefördert werden (vom Lehrervortrag bis hin zur freien Diskussion, vom präzise verregelten Spiel zur Übung des Kopfrechnens bis hin zum großangelegten offenen Planspiel, vom Experiment bis hin zum Geschichtenerzählen usw.)?

- ❏ Welche *Sozialformen* sind geeignet, um in diesem Unterrichtsschritt die Kommunikations- und Raumstruktur zu gestalten (Frontalunterricht, Gruppenarbeit, Partnerarbeit oder Einzelarbeit)?
- ❏ Gibt es bestimmte *Handlungssituationen,* die für diesen Unterrichtsschritt von entscheidender Bedeutung sind und die deshalb besonders sorgfältig geplant und gestaltet werden müssen?

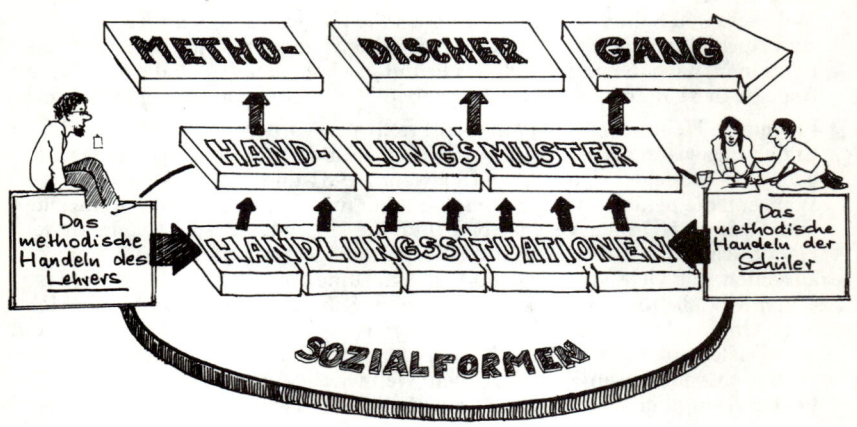

Abbildung 10.1

Ausführlich finden Sie diese Grundbegriffe der Unterrichtsmethodik dargestellt, diskutiert und systematisiert bei Meyer (1987 a, S. 109-153 und S. 234-240).

In der Geschichte der Pädagogik sind sehr verschiedene, z.T. einander durch ihre Gegensätzlichkeit ergänzende Muster des methodischen Gangs erarbeitet worden. Oft legen sie konkrete Entscheidungen für oder gegen bestimmte Handlungsmuster und Sozialformen nahe:

- ❏ Der methodische Gang kann, wie dies schon von Johann Friedrich Herbart als grundlegende Unterscheidung beschrieben worden ist, entweder *synthetisch* (also viele Teile zu einem Ganzen zusammensetzend) oder *analytisch* (also das Ganze in seine Teile zergliedernd) verlaufen. So kann z.B. im Leselehrgang mit einem ganzen Satz begonnen werden, der dann in seine Teile zerlegt wird, oder man sucht den Anfang bei den einzelnen Buchstaben bzw. Lauten, die zu einem Wort und dann zu einem Satz zusammengesetzt werden.
- ❏ Der methodische Gang kann vom *Einfachen* zum *Komplizierten* oder umgekehrt führen (wobei das logisch Einfache nicht unbedingt das psychologisch Einfache ist).
- ❏ Er kann vom *Vertrauten* zum *Fremden,* Abstoßenden oder Verwirrenden führen und umgekehrt.

10.2 Methodischer Gang des Unterrichts   397

- ❑ Er kann vom *Eindeutigen* und Gewissen zum *Zweideutigen*, Ungewissen, Widersprüchlichen und Paradoxen führen oder umgekehrt vom Staunen, Zweifeln und Verwirrtsein zur Sicherheit und Klarheit lenken.
- ❑ Er kann vom *Abstrakten* zum *Konkreten* oder umgekehrt vom Konkreten zum Abstrakten führen; er kann z.b. von einer Fallstudie zur Ermittlung allgemeiner Gesetzmäßigkeiten führen, er kann aber auch vom Gesetzeswissen zu verdeutlichenden Fallbeispielen führen.
- ❑ Er kann eher *deduktiv* sein, also von einer grundsätzlichen Klärung des Unterrichtsthemas zu vielfältigen Beispielen und Anwendungen fortschreiten; er kann auch *induktiv* sein, also aus Einzelheiten und konkreten Anwendungen auf das Allgemeine schließen.
- ❑ Der methodische Gang kann *kreisend* (zyklisch) sein; er kann aber auch *spiralförmig* angelegt sein, also immer wieder gleiche Themenstellungen auf jeweils höherem Kompetenzniveau aufarbeiten.
- ❑ Er kann mit einer hohen *Lehrerdominanz* beginnen und mit einer entsprechend hohen Schüleraktivität enden; er kann umgekehrt von der *Selbsttätigkeit* der Schüler zur lehrerzentrierten Ergebnissicherung führen.
- ❑ Er kann von *materiellen*, konkret ausgeführten Tätigkeiten schrittweise zu geistigen, *verinnerlichten Tätigkeiten* führen und umgekehrt (wie dies z.B. beim Aufbau des Zahlbegriffs in der Grundschule praktiziert wird).
- ❑ Er kann von einer gefühlvollen, *ganzheitlichen* Einbindung der Schüler in das Thema zu einer *rational-begrifflichen Klärung* voranschreiten; er kann umgekehrt mit einer rationalen Erklärung beginnen und mit einem moralischen Appell enden.

AnfängerInnen im Lehrberuf neigen dazu, die Planung des methodischen Gangs mit der Zergliederung des Lehrstoffs in Sacheinheiten zu verwechseln. Leider werden sie darin oft noch von ihren AusbilderInnen in der ersten und zweiten Phase bestärkt. Aber: *Was* bei den SchülerInnen ankommt, wird in hohem Maß mitgesteuert durch die Art und Weise, *wie* es ihnen vermittelt wird.

> **These 10.6:**
> Die gründliche, in sich stimmige Planung des methodischen Gangs ist genauso wichtig wie die der Ziele und Inhalte.

Und entsprechenden Stellenwert sollte der methodische Gang in der Darstellung im schriftlichen Unterrichtsentwurf haben. (In der Alltagspraxis der Lehrerausbildung beider Phasen wird dagegen die unterrichtsmethodische Vorbereitung insgesamt oft stiefmütterlich behandelt.)

Dabei ist es mit der bloß aufzählenden Aneinanderreihung der einzelnen Unterrichtsschritte nicht getan (etwa nach dem Muster: »Als Einstieg werde ich den Schülern eine Geschichte von ... erzählen. Danach sollen sie dann einen Text verfassen, der ...«). *Warum* der Unterrichtsverlauf so und nicht anders geplant ist, kann aufgrund einer solchen Addition von Einzelentscheidungen nicht beurteilt werden. Sie sollten deshalb versuchen, auch die *methodische Idee*, die der Stunde zugrunde liegt, und die innere Folgerichtigkeit der Schritte, die zur Verwirklichung der Idee getan werden, mitzuteilen. Etwa so wie in folgendem Satz aus einem Prüfungsstundenentwurf für einen gymnasialen Grundkurs Kunst:

»Im Mittelpunkt dieser Stunde soll der Versuch stehen, die Schüler auf der Grundlage ihrer vorhergehenden praktischen Arbeiten zu einer eigenen Definition des Begriffs ›Plastik‹ zu führen. Der Begriff wird also nicht vorgegeben, sondern auf der Grundlage der Arbeitserfahrungen der Schüler eher induktiv gewonnen.«

Es geht darum, zu begründen, warum an dieser Stelle des Unterrichts genau jener Unterrichtsschritt sinnvoll ist und kein anderer. Deshalb sollten Sie im Entwurf darstellen, was dieser Schritt – hoffentlich – im Unterrichtsprozeß leisten wird, mit anderen Worten: welche *Funktion* er haben soll.

Da für jeden Unterrichtsschritt von neuem die ganze Palette unterrichtsmethodischer Möglichkeiten zur Auswahl steht (s.o.), ist es mühsam, konkret zu Entscheidungen zu kommen. Die Klärung der didaktischen Funktion(en) eines jeden Unterrichtsschritts kann aber bei der Entscheidungsfindung helfen, weil die Bestimmung der didaktischen Funktion häufig ein bestimmtes Handlungsmuster und eine bestimmte Sozialform nahelegen und andere ausschließen, also so etwas wie eine Gewichtung innerhalb der breiten Palette der unterrichtsmethodischen Möglichkeiten erlauben.

> **These 10.7:**
> Die Bestimmung des methodischen Gangs einer Unterrichtsstunde setzt die Analyse der didaktischen Funktion(en) ihrer Einzelschritte voraus.

Eine Funktion bezeichnet ein Wirkungs- oder Leistungsverhältnis:

- Ein Lehrervortrag kann die Funktion haben, einen Sach-, Sinn- oder Problemzusammenhang aus der Sicht des Lehrers darzustellen. Er hat dann also Informations-, Darbietungs- oder Problematisierungsfunktion.
- Eine Übungsaufgabe hat, wie der Name sagt, Übungsfunktion.
- Das Vorlesenlassen eines Quellentextes hat die Funktion, alle SchülerInnen auf diesen Text zu konzentrieren.

Neben diesen didaktischen Funktionen können die hier erwähnten Beispiele für Unterrichtsschritte noch weitere, nicht auf den ersten Blick erkennbare Funktionen haben:

- Der Lehrervortrag dient nicht nur zur Sachinformation, sondern immer auch der emotionalen Einstimmung der Schüler.
- Die Übungsaufgabe kann zugleich Disziplinierungsfunktion haben.

❑ Das Vorlesen des Quellentextes hilft sicherzustellen, daß alle SchülerInnen gleichzeitig mit dem Lesen fertig werden und danach der Unterricht unmittelbar weitergehen kann usw.

Klarheit über die vorrangige didaktische Funktion, die ein Unterrichtsschritt haben soll, ist eine wichtige Voraussetzung dafür, das mit diesem Unterrichtsschritt angestrebte Ziel zu erreichen. Typische »Anfängerfehler« beim Unterrichten haben oft ihre Ursache in der mangelnden Klarheit darüber: Wenn etwa einzelne Unterrichtsschritte mit zu vielen didaktischen Funktionen überfrachtet werden, so kann es passieren, daß keine mehr ausreichend erfüllt wird. Z.B. ist es in der Regel nicht sinnvoll, in einem Unterrichtsschritt der Ergebnissicherung zugleich neue Inhalte einzubringen, weil dann weder die vorher erzielten Unterrichtsergebnisse ausreichend geübt noch die neuen Inhalte ausreichend geklärt werden können. Deshalb ist es sinnvoll, mit jedem Unterrichtsschritt nur eine einzige didaktische Funktion oder zwei Funktionen anzuzielen (sich aber gleichzeitig klarzumachen, welche weiteren Funktionen der Unterrichtsschritt implizit noch erfüllt, ohne daß sie ausdrücklich angestrebt werden).

Mit der Wahl bestimmter Handlungsmuster und Unterrichtsschritte und mit der Anordnung in einer bestimmten Abfolge sind immer auch Annahmen über *Lerngesetzmäßigkeiten* der SchülerInnen verbunden, etwa:

❑ Die Schüler lernen dann am besten, wenn ihre Erfahrungen und Vorkenntnisse zum Thema am Beginn des Unterrichts aktiviert werden.
❑ Schüler lernen dann am besten, wenn der neue Stoff in Mini-Häppchen aufgeteilt und ihnen Schritt für Schritt verabreicht wird.
❑ Schüler lernen dann besonders effektiv, wenn ein neuer Lernstoff verfremdet wird, weil es eine Neugierde weckende Distanz zu überwinden gilt.

Didaktische Funktionen einzelner Unterrichtsschritte können deshalb nicht beliebig festgelegt werden. – Es muß möglich sein, sie lerntheoretisch zu begründen.

These 10.8:
Mit Hilfe didaktischer Funktionen sollen die Lehrziele und Unterrichtsinhalte (logischer Aspekt) mit den Lerngesetzmäßigkeiten der Schüler (psychologischer Aspekt) verknüpft werden.

10.3 Gliederung des schriftlichen Unterrichtsentwurfs

In den verschiedenen Bundesländern und an den verschiedenen Seminaren gibt es z.T. große Unterschiede im Hinblick auf die »Strickmuster« für die Gliederung schriftlicher Unterrichtsentwürfe. Es ist kaum möglich und wenig sinnvoll, daraus ein »allgemeines« Strickmuster abzuleiten. Ob und in welcher Form Sie die folgenden Überlegungen auf Ihre Situation übertragen können, müssen Sie deshalb selbst prüfen.

Den entsprechenden Schlüsselwörtern, die im laufenden Text eines Entwurfs verwendet werden, können Fachleute zumeist ohne Umschweife entnehmen, welches der gängigen allgemeindidaktischen Modelle dafür Pate gestanden hat. Allerdings werden die Schlüsselwörter oft von fachdidaktischem Vokabular überformt: Fachspezifische Strickmuster der Erarbeitung (z.B. in Geschichte: Primärrezeption – Sachaussage – Sachurteil – Werturteil), lassen oft gar nicht mehr erkennen, daß sie von ihren Autoren in Anlehnung an allgemeindidaktische Modelle verfaßt worden sind. Für viele Fachleiter insbesondere an den Gymnasialseminaren ist es wichtiger, die Kategorien »ihrer« Fachdidaktik in den Entwürfen wiederzufinden, als die Verwendung fachunspezifischer allgemeindidaktischer Begriffe zu honorieren. Deshalb sollten Sie in Ihre Entwürfe in der Regel fachdidaktische Spezifika mit aufnehmen.

Die *Gliederungen* – also die Überschriften der einzelnen Abschnitte oder Kapitel eines Entwurfs und ihre Reihenfolge – sind ebenfalls nur selten vollständig aus den idealtypischen Vorlagen der allgemeindidaktischen Modelle und Konzepte entnommen. Die Auswahl bestimmter Reizwörter für die Kapitelüberschriften und ihre Reihenfolge signalisieren aber eine bestimmte Nähe oder Ferne zu einer didaktischen Theorie bzw. zu einem Unterrichtskonzept:

- Weit verbreitet ist etwa die Abfolge folgender drei Abschnitte: »Sachanalyse«, »Didaktische Analyse«, »Methodische Analyse« (oder besser: »Methodische Vorbereitung«). Diese Begriffe und ihre Abfolge signalisieren Nähe zur Bildungstheoretischen Didaktik.
- Die Zusammenfassung von zweien dieser drei Abschnitte zu »Didaktisch-methodischen Überlegungen« (die von vielen Seminar- und Fachleitern, vor allem an den Studienseminaren für die Gymnasien, nicht gerne gesehen wird) signalisiert eine gewisse Nähe zur Kritik an der starren Trennung zwischen Didaktik und Methodik; solche Kritik ist etwa von den Didaktikern der Lehrtheoretischen Didaktik formuliert worden.
- Ein eigener Abschnitt zum Verhältnis von Zielen, Inhalten und Methoden hingegen verweist auf die in der DDR-Didaktik bzw. -Methodik erarbeitete »Ziel-Inhalt-Methode-Relation«, kann aber auch mit westdeutschen Autoren (etwa Herwig Blankertz) begründet werden.
- Die Überschriften »Aneignung von Erfahrungen«, »Verarbeitung von Erfahrungen« und »Veröffentlichung von Erfahrungen« bieten sich an, wenn sich der Entwurf auf Schellers »Erfahrungsbezogenen Unterricht« stützt.

10.3.1 Vom Unterschied zwischen der Unterrichtsplanung und ihrer Darstellung im schriftlichen Entwurf

In der ersten Lektion dieses Buchs haben wir mit Hilfe von Sherlock Holmes beschrieben, daß der Prozeß der erziehungswissenschaftlichen Forschung nur selten so geradlinig und zielstrebig verläuft wie die systematische Darstellung ihrer Ergebnisse. In der Darstellung werden ja nicht mehr alle Irrwege und Umwege beschrieben, die den Forschungsprozeß begleiten. Wenn Sie Unterricht vorbereiten und dafür einen schriftlichen Entwurf verfassen, so betreiben Sie zwar nicht erziehungswissenschaftliche Forschung, aber dennoch sollten Sie eine im Prinzip ähnliche Unterscheidung treffen.

Nur in den seltensten Fällen gelingt es, Unterricht von vornherein folgerichtig und ohne jeden Umweg zu planen. Vielmehr muß das Stundenthema immer wieder »durchgekaut«, neu beleuchtet und mit unterrichtsmethodischen Alternativen durchgespielt werden, bis sich Ihre innere Vorstellung vom Ablauf der Stunde verfestigt. Im schriftlichen Entwurf zur Stunde ist die Auflistung dieser Nebengleise, Umwege und Sackgassen jedoch fehl am Platz. In ihm kommt es darauf an, das Ergebnis Ihrer Überlegungen so zusammenzufassen, daß sich eine stimmige Linie ergibt (s.o.) und daß in den Köpfen der Prüfer ein (möglichst positives) Bild des von Ihnen geplanten Unterrichts entsteht. Deshalb dürfen Sie nicht den *Prozeß* Ihrer Planungsüberlegungen so referieren, wie er »gewachsen« ist – nämlich chaotisch-zufällig-wildwüchsig –, sondern Sie müssen seine *Ergebnisse in systematisch geordneter Form* darstellen.

> **These 10.9:**
> Der Prozeß des Austüftelns einer Stundenplanung folgt einer anderen Logik als die Verschriftlichung der Planungsergebnisse.

10.3.2 Übungsaufgabe

Wenn Sie diese Lektion durcharbeiten, so bitten wir Sie, das folgende *Karteikartenspiel* durchzuführen – sei dies allein oder in einer Gruppe.

Das Spiel ist gedacht als Vorübung auf eine Aufgabe, die beim »Verschriftlichen« Ihrer Planungsergebnisse auf Sie zukommt, nämlich *das systematische Sortieren Ihrer Gedanken zur Planung der Lehrprobe* im Hinblick auf den schriftlichen Unterrichtsentwurf.

> **ARBEITSAUFTRAG**
>
> 1. Vorbereitung
>
> 1.1 Schreiben Sie alle in Abbildung 10.2 enthaltenen Begriffe auf je eine Karteikarte oder ein kleines Blatt Papier.
>
> 1.2 Legen Sie alle Karteikarten auf eine Tischplatte und verschaffen Sie sich einen ersten Überblick: Die einzelnen Begriffe und Stichworte bezeichnen jeweils einen möglichen Textabschnitt eines Unterrichtsentwurfs (von Aussagen, die nicht mehr als einen Satz nötig machen, bis hin zu umfangreichen Themenkomplexen). Die Begriffe sind nicht immer trennscharf; es gibt Überschneidungen und Parallelen.
>
> 2. Grobgliederung des Entwurfs
>
> 2.1 Versuchen Sie, in Ihrer Arbeitsgruppe einen Konsens darüber herbeizuführen, zu welchen größeren oder kleineren Abschnitten des Unterrichtsentwurfs die einzelnen Begriffe und Stichworte zusammengefaßt werden können. Schieben Sie die Karteikarten so lange hin und her, bis eine für Sie plausible Ordnung hergestellt ist.
>
> 2.2 Suchen Sie für diese Abschnitte jeweils passende Überschriften und schreiben Sie diese – möglichst mit anderer Farbe gekennzeichnet – auf neue Karteikarten. Sortieren Sie diese Überschriften zu einer Ihnen sinnvoll erscheinenden Reihenfolge.
>
> 3. Feingliederung des Entwurfs
>
> 3.1 Ordnen Sie nun die Karten aus Abbildung 10.2 Ihren neu formulierten Überschrifts-Karten zu.
>
> 3.2 Bringen Sie auch die einzelnen Begriffe und Stichworte innerhalb der Abschnitte in eine Ihnen sinnvoll erscheinende Reihenfolge.

Sie können bei der Lösung dieser Übungsaufgabe vorgegebene Begriffe weglassen. Sie können Begriffe, die Ihnen fehlen, ergänzen!

Begriffe, die Ihnen unbekannt sind, können über das Sachregister geklärt werden! Sie können bei der Formulierung von Überschriften (Schritt 2.2 des Arbeitsauftrags) auch auf Begriffe aus Abbildung 10.2 zurückgreifen!

10.3 Gliederung des schriftlichen Unterrichtsentwurfs

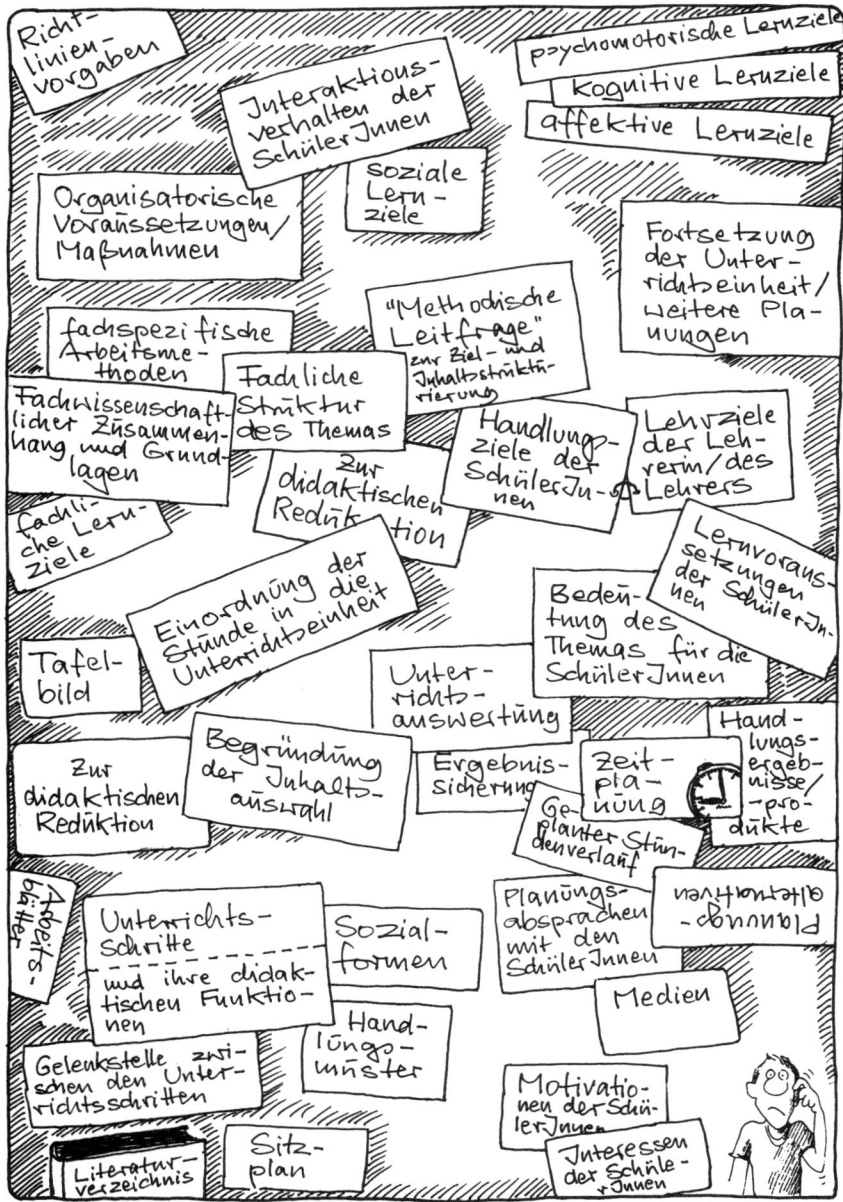

Abbildung 10.2

Ergebnisse Ihrer Sortier-Aufgabe könnten etwa ähnlich wie eines der folgenden beiden Beispiele aussehen:

BEISPIEL I [8]

1. Bild der Lerngruppe
- Lernvoraussetzungen der SchülerInnen
- Interessen der SchülerInnen
- Interaktionsverhalten der SchülerInnen

2. Bisher erteilter Unterricht
- Einordnung der Stunde in die Unterrichtseinheit
- Organisatorische Voraussetzungen
- Ausblick auf die Fortsetzung der Unterrichtseinheit

3. Sachanalyse
- Fachwissenschaftlicher Zusammenhang und Grundlagen
- fachliche Struktur des Themas

4. Didaktische Analyse
- Richtlinienvorgaben
- Bedeutung des Themas für die SchülerInnen
- „Methodische Leitfrage"
- Begründung der Inhaltsauswahl
- Zur didaktischen Reduktion

5. Lernziele
- Kognitive, affektive, psychomotorische Lernziele

oder:
- fachliche Lernziele
- soziale Lernziele

6. Methodische Überlegungen
- Unterrichtsschritte und ihre didaktischen Funktionen
- „Gelenkstellen" zwischen den Unterrichtsschritten
- Handlungsmuster
- Sozialformen
- Planungsalternativen
- Medien

7. Geplanter Stundenverlauf
- Zeitplan, ...
- Raster zum Stundenverlauf

8. Anhang
- Literaturverzeichnis
- Sitzplan
- Tafelbild
- Arbeitsblatt

Abbildung 10.3: Standard-Gliederung

1. Zur Wahl des Arbeitsthemas der Unterrichtseinheit
- Richtlinienvorgaben
- „Methodische Leitfrage"

2. Voraussetzungen
2.1 Voraussetzungen der Unterrichtseinheit
- Fachwissenschaftlicher Zusammenhang und Grundlagen
- Richtlinienvorgaben
- Organisatorische Voraussetzungen
- Lernvoraussetzungen, Interessen, Motivation und Interaktionsverhalten der SchülerInnen

2.2 Stellung der Stunde in der Unterrichtseinheit
- Einordnung der Stunde in die UE
- Fortsetzung der UE

3. Didaktisch-methodischer Begründungszusammenhang der Stunde
3.1 Lehrziele und Lehrinhalte
- Begründung der Inhaltsauswahl
- „Methodische Leitfrage"
- fachliche Ziele
- soziale Ziele
- eventuell: fachspezifische Arbeitsmethoden
- eventuell: Zusammenfassung zu einer Lehrziel-Liste

3.2 Mögliche Handlungsziele der SchülerInnen
- Bezugnahme auf Lernvoraussetzungen, Interessen, Motivation und Interaktionsverhalten der SchülerInnen
- Handlungsziele

3.3 Mögliche Handlungsergebnisse der Stunde
- Handlungsergebnisse
- Verhältnis zwischen Lehrzielen, möglichen Handlungszielen und möglichen Handlungsergebnissen

4. Methodischer Gang der Stunde
4.1 Unterrichtsschritte und ihre didaktischen Funktionen
- methodische Idee der Stunde
- Unterrichtsschritte und
- ihre didaktischen Funktionen
- „Gelenkstellen" zwischen den Unterrichtsschritten
- Planungsabsprachen/Verständigung mit den SchülerInnnen über den Unterrichtsablauf
- (gemeinsame) Unterrichtsauswertung
- Maßnahmen zur Ergebnissicherung

> 4.2 Handlungsmuster und Sozialformen
> — Handlungsmuster
> — Sozialformen
> — Medien
> — organisatorische Voraussetzungen und Maßnahmen
>
> 4.3 Planungsalternativen
>
> **5. Verlaufsplan in der Übersicht**
>
> **6. Anhang**
> — Literaturverzeichnis
> — eventuell: Arbeitsblätter, Protokolle vorausgegangener Arbeitsabsprachen mit den SchülerInnen, Wandzeitungen, Fotos usw.

Abbildung 10.4: Gliederungsentwurf für Handlungsorientierten Unterricht

Die erste der beiden Gliederungen (Abbildung 10.3) entspricht der, die an den Studienseminaren für das gymnasiale Lehramt in Niedersachsen weitgehend üblich ist (Didaktische Analyse und Methodische Überlegungen können an manchen Seminaren in Niedersachsen zu einem Kapitel zusammengefaßt werden, an anderen Seminaren ist eine solche Zusammenfassung verpönt). An den drei Begriffen der Sachanalyse, Didaktischen Analyse und Methodischen Überlegungen ist zu erkennen, daß diese Gliederung eine gewisse Nähe zu Klafkis Bildungstheoretischer Didaktik von 1958 und zu seinen bildungstheoretischen Vorläufern (etwa H. Roth) aufweist – auch wenn im Seminaralltag wohl nur selten auf diese Nähe eingegangen wird und vielleicht manche Seminar- und FachleiterInnen schon längst vergessen haben, daß sie diese Begriffe von dort entlehnt haben.

Die zweite Gliederung (Abbildung 10.4) setzt die im Planungsraster zum Handlungsorientierten Unterricht entwickelte Planungsstrategie in einen schriftlichen Entwurf um (vgl. S. 363). Schon aus der Gliederung wird sichtbar, daß zum Teil ganz andere Schwerpunkte gesetzt werden (z.B. gibt es keine eigenständige »Sachanalyse«, während die Handlungsspielräume der Lehrerin bzw. des Lehrers und Überlegungen zur Ergebnissicherung nun ausdrücklich thematisiert werden). Es zeigt sich aber auch, daß der weitaus größere Teil der in Abbildung 10.2 enthaltenen Begriffe in beiden Gliederungen ohne Probleme untergebracht werden kann. Wiederum andere Schwerpunktsetzungen ergäben sich bei Verwendung der Begriffe der Struktur- und der Faktorenanalyse aus der Lehrtheoretischen Didaktik oder bei Verwendung der aus Klingbergs Didaktik stammenden Begriffe. Aber auch in solche Entwürfe könnte ein Großteil der Begriffe im Kasten oben problemlos integriert werden.

Mit anderen Worten: Das, was Ihnen für Ihre Planung wichtig erscheint, können Sie in Gliederungsrastern unterschiedlicher theoretischer Ausrichtung unterbringen. Jedoch ist mit dem Wechsel der Gliederungsbegriffe und ihrer Abfolge in der Regel ein Wechsel der Schwerpunktsetzung verbunden.

An vielen Seminaren gibt es ein einheitliches Gliederungsschema für schriftliche Stundenentwürfe. Wer daran rüttelt, muß dies zumeist ausführlich rechtfertigen, an manchen Seminaren riskiert er sogar schlechtere Noten. Wir empfehlen Ihnen deshalb, sich frühzeitig im Referendariat über die bei Ihnen übliche Gliederung zu informieren und dann möglichst oft anläßlich eines (unbenoteten) Fachleiterbesuchs diese Gliederung – als Übung – in Stichworten inhaltlich auszufüllen. Denn der Versuch, ein ganz anderes Schema einzuführen, ist riskant. Das liegt nicht nur an der Bequemlichkeit der Ausbilder: Sie müssen bedenken, daß die Seminar- und FachleiterInnen oft mehrere Lehrproben an einem einzigen Tag sehen. Eine neue, ungewohnte Gliederung und ihre Konsequenzen zu verstehen und kritisch zu durchdenken, erfordert aber Zeit und Ruhe, weil dazu die Literatur, die den Hintergrund dieser neuen Gliederung bildet, in Erinnerung gerufen oder überhaupt erst gelesen werden müßte. Und Zeit und Ruhe sind vor allem zu den Prüfungszeiten Mangelware. Dazu kommt: Wenn PrüferInnen immer wieder einen neuen Vorschlag für eine Gliederung des Unterrichtsentwurfs präsentiert bekommen, wird es für sie immer schwieriger, einen Vergleich der Entwürfe verschiedener ReferendarInnen anzustellen, weil ja jede(r) ein anderes Schema bevorzugt. Es ist daher auch ein Gebot der gerechteren Zensurenfindung, wenn ReferendarInnen sich, oft gegen ihren inneren Willen, dem ungeschriebenen Gesetz beugen und der im Seminar gewohnten Gliederung folgen.

Weil Sie aber in fast jeder möglichen Gliederung Ihre Stichworte zur Unterrichtsplanung und -durchführung mehr oder weniger vollständig unterbringen und stärker oder schwächer betonen können, lohnt es sich unserer Meinung nach in der Regel nicht, über die Frage der Gliederung Konflikte mit den Seminar- und FachleiterInnen zu riskieren – zumal es an konfliktträchtigen Feldern im Referendariat ohnehin nicht mangelt.

10.3.3 Welchen Gliederungspunkten sollen Ihre einzelnen Aussagen zugeordnet werden?

Wir halten uns in diesem Abschnitt an die im Refendariat für das gymnasiale Lehramt in Niedersachsen übliche Gliederung, die wir oben beschrieben haben (S. 404), weil sie in dieser oder in ähnlicher Form in der Bundesrepublik (alt) weit verbreitet ist. Bei vielen der folgenden Vorschläge stützen wir uns auf einen Aufsatz eines Fachleiters an den Studienseminaren in Hannover (Bergmeier 1987).

In jedem einzelnen Kapitel bzw. Abschnitt des Entwurfs sollten Sie bedenken, daß es nicht sinnvoll ist, alles zu Papier zu bringen, was

Ihnen an Überlegungen zur Stunde durch den Kopf gegangen war. Zumeist sind die schriftlichen Unterrichtsentwürfe viel zu lang. Es ist ja auch tatsächlich nicht einfach, die Fülle der für die Stunde wichtigen Informationen und Überlegungen auf sechs bis zehn Seiten zu konzentrieren. Umso mehr sollten Sie Ihre Darstellung auf ein oder zwei Schwerpunkte hin ausrichten, und zwar nicht nur im Kapitel zur didaktischen Analyse, sondern vom Anfang bis zum Schluß Ihres Entwurfs. Die PrüferInnen verlangen und erwarten von Ihnen keine umfassende Erörterung des Themas, sondern sie wollen sehen, ob Sie Ihre Überlegungen konsequent zur Planung einer Unterrichtsstunde zu bündeln imstande sind. Deshalb sollten Sie alle Seitenstränge der Argumentation streichen.

These 10.10:
Im schriftlichen Unterrichtsentwurf kommt es nicht auf eine umfassende und getreue Darstellung der Vorüberlegungen zur Planung an, sondern auf eine gewichtete Darstellung ausgewählter, zentraler Aspekte.

Für die Verteilung der Gewichte gibt es kein allgemeingültiges Rezept. Sie muß für jede Lehrprobe neu austariert werden.

1. Bild der Lerngruppe

Halten Sie die allgemeinen Informationen (Schülerzahl, Anteile der Mädchen bzw. Jungen, seit wann Sie als ReferendarIn in der Klasse unterrichten usw.) sehr kurz – denn in der Regel folgt daraus so gut wie nichts für Ihren Unterrichtsplan. Konzentrieren Sie sich mehr auf folgende Themen:

- ❑ Interessen und Motivation der SchülerInnen in bezug auf das Unterrichtsfach und speziell für das aktuelle Unterrichtsthema,
- ❑ themenbezogene (Vor-)Kenntnisse und (Vor-)Erfahrungen der SchülerInnen,
- ❑ Interaktions-Verhalten der SchülerInnen untereinander (z. B. kooperativ oder eigenbrötlerisch, guter Zusammenhalt als Klasse oder Gruppierung in einige Gruppen, die sich deutlich voneinander abgrenzen usw.)
- ❑ Haltung und Verhalten der SchülerInnen Ihnen als LehrerIn gegenüber (distanziert-abwartend, aufgeschlossen-aktiv, ...),
- ❑ Ihr eigenes Interesse als LehrerIn oder ReferendarIn am Unterrichtsthema und Ihre eigene Haltung der Klasse gegenüber.

Es kommt keineswegs darauf an, daß Sie alle eben genannten Punkte auch tatsächlich gründlich im Entwurf abhandeln. Wichtig dagegen ist es, sich auf jene

10.3 Gliederung des schriftlichen Unterrichtsentwurfs

Gesichtspunkte zu konzentrieren, die für Ihre Unterrichtsplanung folgenreich waren und/oder die sich während des Unterrichtens in irgendeiner Form auswirken könnten.

Zwei Beispiele:

1) Wenn Sie in Ihrer Stunde fachspezifische praktische Fertigkeiten der SchülerInnen nutzen wollen (z.b. im Sportunterricht, im Kunst-, im Musik- oder Sprachunterricht), dann ist es sinnvoll, in diesem Kapitel des Entwurfs vor allem auf die einschlägigen Vorerfahrungen der SchülerInnen einzugehen und vielleicht auch eine Einschätzung darüber abzugeben, ob und in welcher Form bei der Bewältigung der praktischen Aufgaben innerhalb der Stunde Schwierigkeiten auftreten könnten.

2) Wenn Sie in der Klasse eine Schülerin oder einen Schüler haben, die bzw. der in einem Spezialgebiet, das mit Ihrem Unterrichtsthema zu tun hat, sehr gut Bescheid weiß, dann sollten Sie im Entwurf in diesem Kapitel darauf Bezug nehmen, weil dies ja den Unterrichtsprozeß unmittelbar beeinflussen kann. Einer der Autoren erlebte in Wilhelmshaven in einer 6. Klasse einen Schüler, der Spezialist für spätmittelalterliche Währungen, Münzen und überhaupt Zahlungsmittel war. Geschichtsunterricht über das Mittelalter war dort gar nicht möglich, ohne ihn zu berücksichtigen, zumal er gerne mit seinem Spezialwissen glänzte.

Wenn Sie als ReferendarIn eine Klasse erst seit kurzer Zeit kennen, dann können Sie meist nicht ausreichend überblicken, welche Motivationen, Interessen, Vorkenntnisse, Einstellungen und Verhaltensweisen die SchülerInnen mitbringen. Deshalb sollten Sie über dieses Kapitel besonders ausführlich mit dem bzw. der Fachlehrer(in) sprechen.

Warten Sie mit dem Schreiben dieses Kapitels nicht bis zu dem Zeitpunkt, zu dem Sie Ihre Lehrprobe konkret planen, denn der Zeitdruck an den letzten Tagen kommt ohnehin massiv genug. Viele Informationen für dieses Kapitel können Sie schon viel früher sammeln, zum Teil auch schon für den Entwurf ausformulieren.

2. Bisher erteilter Unterricht

Sie können dieses Kapitel Ihres Entwurfs auch anders nennen, z.B.: Übersicht über den Unterrichtszusammenhang.

Wir empfehlen, in diesem Kapitel nach der Reichweite zu ordnen:
- ❏ Einordnung in den Jahresplan bzw. die Rahmenrichtlinien,
- ❏ Einordnung in die aktuelle thematische Unterrichtseinheit,
- ❏ die Stunde(n) unmittelbar vor Ihrer Lehrprobe,
- ❏ die Lehrprobe, auf die sich der Entwurf bezieht,
- ❏ Ausblick auf den daran anschließenden Unterricht.

Leider wird dieses Kapitel oft als lästige Pflichtübung geringgeschätzt. Wir meinen dagegen, daß Sie es nutzen sollten, um die oben von uns geforderte »stimmige Linie« Ihrer ganzen Unterrichtseinheit – und nicht nur Ihrer Lehrproben-Stunde – zu demonstrieren. Zwar liegt es nahe, vor allem die zuvor bearbeiteten Unterrichts*inhalte* darzustellen. Aber Sie sollten prüfen, ob nicht auch unterrichts*methodische* Gesichtspunkte oder solche, die mit den Vorerfahrungen und Interessen der SchülerInnen zusammenhängen, hier einbezogen werden können. Das ist nämlich dann sinnvoll, wenn sich daraus Konsequenzen für Ihren Unterricht ergeben haben: Wenn Sie z.B. in einer Einheit über deutsche Lyrik der Romantik die einzelnen Gedichte mit jeweils verschiedenen unterrichtsmethodischen Zugängen bearbeitet haben (mal in Gruppenarbeit, mal mit einem präzise aufgebauten Arbeitsblatt zur Syntax und Grammatik, mal durch Sammeln von Assoziationen zu einem stark metaphorisch geprägten Gedicht), können Sie nun in der Lehrprobenstunde gezielt einen weiteren, in der Unterrichtseinheit zuvor noch nicht verwendeten unterrichtsmethodischen Zugang einsetzen.

Dieses Kapitel soll also nicht nur dem Nachweis der stimmigen Einordnung der Lehrprobenstunde in die gesamte Unterrichtseinheit dienen. Es soll zugleich auch die auf die Lehrprobenstunde bezogenen didaktischen und unterrichtsmethodischen Überlegungen vorbereiten.

3. Sachanalyse

Die Zeit der pädagogischen Glaubenskämpfe, ob die Sachanalyse unabhängig von pädagogischen Überlegungen und vor diesen anzustellen sei oder ob sie von vornherein unter pädagogischer Perspektive bearbeitet werden müsse (vgl. Abschnitte 5.4.6 bis 5.4.8), ist längst vorbei. Dennoch hat sich bei vielen Seminar- und Fach- bzw. StudienleiterInnen die Auffassung gehalten, es gebe eine sozusagen »reine«, vorpädagogische Sachanalyse, die jedenfalls *vor* einer didaktischen Analyse vorgenommen werden müsse.

> **These 10.11:**
> Es gibt bei der Unterrichtsvorbereitung keine »reine« Sachanalyse. Die Klärung der fachwissenschaftlichen Grundlagen des Unterrichtsthemas muß vielmehr von Anfang an in einen didaktisch-methodischen Argumentationszusammenhang eingebunden werden.

Die Sachanalyse hat drei primäre *Funktionen:*

1) Mit ihrer Hilfe können und sollen die *Prüflinge* zeigen, daß sie in bezug auf die unterrichteten Inhalte und Gegenstände fachlich sattelfest sind.
2) Die Sachanalyse ist wichtig für die *PrüferInnen,* weil sie vor allem fachfrem-

den PrüferInnen – aber auch den Fachprüfern – die wichtigsten fachlichen Grundlagen in Erinnerung ruft bzw. vielleicht auch erst vermittelt, die diese brauchen, um überhaupt der Stunde inhaltlich folgen zu können.

3) Sie liefert schließlich *Grundlagen für didaktische Entscheidungen* oder hilft, didaktische Entscheidungen – oft erst im nachhinein – fachwissenschaftlich abzusichern.

Ein Beispiel für den dritten Punkt: Die Entwicklung der altgriechischen Verfassung im 4. und 3. vorchristlichen Jahrhundert von Solon über Kleisthenes bis hin zu Perikles kann unter sehr verschiedenen Gesichtspunkten unterrichtet werden, etwa:

- ❏ verfassungsgeschichtlich im Hinblick auf die formalen Veränderungen in der Verfassung;
- ❏ unter der Perspektive des Vergleichs mit unserem heutigen Demokratieverständnis und dem politischen System der Bundesrepublik Deutschland;
- ❏ im Blick auf die Frage, welche politischen Mitsprachemöglichkeiten Frauen, Unterschichten und Sklaven eingeräumt wurden;
- ❏ mit einem Schwerpunkt auf der Frage, welche ökonomischen Grundlagen erst diese Verfassungen ermöglichten, oder welche außenpolitischen Gegebenheiten Einfluß auf die altgriechische Verfassungsgeschichte nahmen.

Solche verschiedenen unterrichtlichen Perspektiven auf ein und denselben thematischen Zusammenhang entsprechen ungefähr dem, was Herwig Blankertz als »methodische Leitfrage« bezeichnet hat (vgl. Abschnitt 5.5.2; vgl. auch Heimanns Forderung nach »intentionaler Bestimmung des Gegenstands«, S. 195 und Abschnitt 6.4.1).

Die Sachanalyse gibt Ihnen die Möglichkeit, Ihre *didaktische* Entscheidung für eine bestimmte dieser Perspektiven fachwissenschaftlich zu legitimieren, sie also *sachanalytisch* vorzubereiten. Sie können dies tun, indem Sie die fachwissenschaftliche Wichtigkeit Ihrer thematischen Perspektive begründen und indem Sie jene Gesichtspunkte des Themas in der Sachanalyse genauer darstellen, die inhaltlich für Ihre Stunde wesentlich sind. Es ist nicht erforderlich, *alle* Aspekte der Stunde in voller Breite aufzuarbeiten.

These 10.12:
Die Sachanalyse dient vor allem der argumentativen Vorbereitung und Begründung der didaktischen Entscheidungen.

Innerhalb dieses Kapitels ist es oft sinnvoll und möglich, in drei Arbeitsschritten vorzugehen: Zunächst können Sie (kurz und knapp) in einem allgemeinen

»Rundumschlag« Ihr Stundenthema in seine größeren fachwissenschaftlichen Zusammenhänge einordnen. In einem zweiten Schritt könnte dann die eben beschriebene sachanalytische Begründung der von Ihnen ausgewählten inhaltlichen Perspektive folgen. Schließlich können Sie einschlägige fachwissenschaftliche Kontroversen diskutieren – allerdings empfehlen wir Ihnen, dies nur dann zu tun, wenn diese Kontroversen für Ihre didaktischen Entscheidungen in irgendeiner Weise bedeutsam sind.

4. Didaktisch-methodische Überlegungen

An der Art und Weise, ob und wie Sie eine allgemein- oder fachdidaktische Theorie in diesem Kapitel unterrichtsbezogen verarbeiten, zeigen Sie die Qualität Ihres eigenen didaktischen Konzepts (vgl. 1. und 2. Lektion).

»Unterrichtsbezogen« bedeutet, daß Sie in diesem Kapitel Ihre Beobachtungen zur Lerngruppe, die in der Sachanalyse bearbeiteten fachwissenschaftlichen Aspekte Ihres Themas und den Ertrag des vorausgegangenen Unterrichts auf der Grundlage einer didaktischen Theorie zur Planung der Lehrprobenstunde bündeln sollen.

> **These 10.13:**
> In den didaktisch-methodischen Überlegungen sollen Sie Ihre eigene didaktische Position darstellen und zeigen, daß Sie Unterricht schüler- und sachgerecht planen können, indem Sie die fachwissenschaftlichen Grundlagen und die Voraussetzungen, Motive und Interessen der SchülerInnen aufeinander beziehen.

Das ist unseres Erachtens nach nur im Begründungs*zusammenhang* didaktischer *und* methodischer Entscheidungen möglich, weil beide einander bedingen und durchdringen. Diese Wechselbeziehung wird auch von den Autoren der maßgebenden didaktischen Modelle auf ihre je spezifische Weise betont (vgl. den II. Teil dieses Buchs). Da man aber nicht alle Aussagen in einen einzigen Satz packen kann, da also der Begründungszusammenhang in das Nacheinander einzelner Argumente aufgelöst werden muß, liegt es in vielen Fällen doch wieder nahe, die eher didaktischen und die eher methodischen Überlegungen in zwei Teilabschnitten zu referieren. Wenn Sie so vorgehen, sollten Sie aber auf jeden Fall in einem kurzen Abschnitt explizit auf die Wechselbeziehungen zwischen beiden Teilabschnitten zu sprechen kommen.

a) Didaktische Analyse

Wir schlagen vor, in den didaktischen Überlegungen die folgenden vier Aspekte zu besprechen:

- Stellenwert Ihres Stundenthemas in den *Rahmenrichtlinien* und im schulischen Lehrplan (sofern vorhanden). Dieser Teil-Abschnitt ist meist bloß eine legitimatorische Pflichtübung. Wir halten ihn – im Gegensatz zu den Schulbehörden und vielen Fach- und Seminarleitern – eigentlich für entbehrlich.
- Beschreibung der *thematischen Perspektive* bzw. der methodischen Leitfrage, unter der Sie Ihr Stundenthema bearbeiten wollen. Bei diesem zweiten Aspekt geht es um das, was im Kapitel 3.4 als didaktische Reduktion des Unterrichtsinhalts erörtert worden ist.
- Konsequenzen für den *methodischen Gang* der Stunde (vgl. Abschnitt 10.2): Unterrichtsschritte und ihre didaktischen Funktionen.
- *Wechselverhältnis* zwischen (eher) didaktischen und (eher) methodischen Überlegungen: methodischer Gehalt von didaktischen Entscheidungen und didaktische Rückwirkungen methodischer Entscheidungen.

Keiner dieser vier Aspekte kann allein auf der Basis einer allgemeindidaktischen Theorie bearbeitet werden. Denn es geht ja immer bereits um bestimmte, von Ihnen mit mehr oder weniger guten Gründen ausgewählte Themen, Inhalte und Gegenstände, also immer um eine *fachdidaktische Konkretisierung*. Dies ist einer der Gründe dafür, warum die Planungsraster der *allgemein*didaktischen Modelle höchst selten in »reinrassiger« Form als Grundlage für das Schreiben schriftlicher Unterrichtsentwürfe herangezogen werden. Viel häufiger werden entsprechende fachdidaktische Raster genutzt – und das ist auch gut und sinnvoll so, vor allem dann, wenn die allgemeindidaktischen Modelle dabei als eine Art »kritische Instanz« zu Rate gezogen werden.

Bedenklich finden wir es allerdings, wenn verschiedene fachdidaktische und/oder allgemeindidaktische Modelle und ihre Begriffssysteme und Raster nach Gutdünken ausgeschlachtet und zu einem Eintopf verrührt werden, wie das manche Fachdidaktiker empfehlen (etwa Füller/Strobel 1977, S. 100). Denn die Begriffssysteme sind nicht einfach austauschbar, weil sie ja jeweils einem mehr oder weniger geschlossenen Theoriegebäude entstammen.

b) Methodische Überlegungen

In der Regel wird nicht erwartet, daß Sie in diesem Kapitel die einzelnen unterrichtsmethodischen Schritte vollständig nachzeichnen. Jedoch sollten Sie den methodischen Gang der Stunde (vgl. Abschnitt 10.2) für die PrüferInnen (aber auch für die SchülerInnen!) durchschaubar und plausibel gestalten und darstellen.

These 10.14:
Mit Hilfe der unterrichtsmethodischen Überlegungen soll der methodische Gang einer Stunde bestimmt und begründet werden.

In noch stärkerem Maße als in den anderen Kapiteln des schriftlichen Unterrichtsentwurfs ist es hier von Ihrer tatsächlichen Unterrichtsplanung abhängig, welche Teilabschnitte dieses Kapitel enthalten soll. Sie müssen also im Einzelfall prüfen, ob die von uns vorgeschlagenen Teilabschnitte in Ihren Entwurf aufgenommen werden sollen oder nicht:

❑ Sie können schwerpunktmäßig die tragenden und/oder ungewöhnlichen methodischen Entscheidungen in das Zentrum Ihrer Überlegungen rücken.

❑ Sie können sich – sei es zusätzlich oder anstelle des eben genannten Schwerpunkts – auf die »Gelenkstellen« zwischen den einzelnen Unterrichtsschritten (vgl. S. 393 f.) konzentrieren, vor allem dann, wenn sie vielleicht schwierig zu gestalten sein werden.

❑ Häufig werden von Seminar- und Fachleitern im Unterrichtsentwurf Alternativüberlegungen zu einzelnen unterrichtsmethodischen Entscheidungen erwartet. Für die Unterrichts*vorbereitung* ist die Suche nach didaktischen und methodischen Alternativen auch tatsächlich unverzichtbar. Für verzichtbar halten wir es dagegen, wenn Sie im schriftlichen Unterrichts*entwurf* -- um zu zeigen, daß Sie auch wirklich Alternativen erwogen haben – solche mehr oder weniger künstlich konstruieren. Wenn Sie jedoch »echte« Alternativen entwikkelt haben, dann sollten Sie sie tatsächlich in den Entwurf aufnehmen.

❑ Für diejenigen unterrichtsmethodischen Entscheidungen, auf die Sie sich im Entwurf konzentrieren, sollten Sie zumindest die folgenden Teilaspekte klären (vgl. Meyer 1987 a und b):

didaktische Funktion des jeweiligen Unterrichtsschritts,
zeitlicher Rahmen,
geplante Handlungsmuster,
geplante Sozialform,
Medien.
Eine Hilfe zum Formulieren einiger dieser Teilaspekte könnten die beiden folgenden Fragen sein:
»Welche Tätigkeiten der Schüler sind erforderlich, um die Aneignung eines bestimmten Stoffes – seiner didaktisch bedeutsamen Erkenntnisse, Überzeugungen, Fähigkeiten und Fertigkeiten – zu gewährleisten? ... Welche Tätigkeiten des Lehrers (Lehrerhandlungen) sind nötig, um ziel- und stoffadäquate Schülerhandlungen auszulösen und planmäßig zu leiten?« (Klingberg 7. Aufl. 1989, S. 320).

❑ Unterrichtsmethoden sind einerseits die Vermittlungsmethoden des Lehrenden, andererseits die Aneignungsmethoden der Lernenden. Davon zu unterscheiden sind die (häufig, aber nicht immer fachbezogenen) Arbeitsmethoden, mit denen die SchülerInnen den jeweiligen Inhalt oder Gegenstand bearbeiten sollen. Aneignungs- und Arbeitsmethoden sind nicht immer identisch: Wenn SchülerInnen etwa lernen sollen, das statistische Maß des Mittelwerts zu berechnen, so wird dabei diese Arbeits*methode* zu einem Unterrichts*inhalt* (der z.B. *unterrichtsmethodisch* im Frontalunterricht durch Lehrervortrag und OH-Projektion vermittelt wird). Häufig können *Arbeits*methoden auch zu *Unterrichts*methoden werden (etwa wenn die SchülerInnen im Rahmen eines Planspiels eine Befragung der Anwohner eines Kinderspielplatzes durchführen, ob der Spielplatz geschlossen werden soll, weil auf ihm dioxinhaltige Schlacke nachgewiesen wurde). Deshalb ist es sinnvoll, bei der Unterrichtsvorbereitung nach dem Verhältnis von Vermittlungs- und Aneignungsmethoden einerseits und (fachbezogenen) Arbeitsmethoden andererseits zu fragen und die Ergebnisse dann im Unterrichtsentwurf darzustellen.

In jedem Fall aber halten wir es für notwendig, die unterrichtsmethodischen Entscheidungen in ihrer Wechselbeziehung zur didaktischen Analyse darzustellen.

Exkurs: Kritik an Abbild-Didaktiken

Die drei Kapitel des schriftlichen Unterrichtsentwurfs mit den Überschriften »Sachanalyse«, »Didaktische Analyse« und »Methodische Überlegungen« suggerieren, daß man sich auch schon während der Vorbereitung an diese Reihenfolge zu halten habe. Aber dies ist weder sinnvoll noch möglich (vgl. Kapitel 5.4.6 und 5.4.7). Während Sie bei der Vorbereitung je nach den Ideen, die Sie haben, von Sachfragen zur Didaktischen Analyse und zu methodischen Fragen zum Teil (scheinbar) recht zufällig-assoziativ springen (schließlich wissen Sie da ja noch nicht, welche Planung am Ende herauskommen wird!), geht es im schriftlichen Entwurf um die schlüssige Darstellung der Ergebnisse Ihrer Vorbereitungsarbeit. Es muß also, wie wir bereits mehrfach betont haben (vgl. Abschnitte 1.2.3 und 1.3.1), unterschieden werden zwischen dem Prozeß der Unterrichtsvorbereitung einerseits und der schriftlichen Fixierung der Ergebnisse im Unterrichtsentwurf andererseits.

Wenn man versucht, diesen Dreischritt konsequent einzuhalten, so ist das Ergebnis oft eine »abbilddidaktische« Konzeption. Als Abbild-Didaktiken werden in der didaktischen Diskussion diejenigen Konzepte der Unterrichtsvorbereitung bezeichnet, in denen der Unterrichtsprozeß als »Abbild« der in den Fachwissenschaften erarbeiteten Systematiken verstanden wird. Die fachwissenschaftlichen Strukturen werden also unverändert auf die Auswahl, Strukturierung und Rechtfertigung der Unterrichtsinhalte übertragen (vgl. zum Begriff: Meyer 1980, S. 254-258; Heursen 1989, Stichwort »Fachdidaktik«). Abbilddidaktisch geht zum Beispiel vor, wer im Sprachunterricht Grammatik entlang der grammatikalischen Strukturen und der sprachtheoretischen Erkenntnisse über sie unterrichtet, aber sich nicht oder nur am Rande um das tatsächliche Sprachverhalten seiner SchülerInnen kümmert. Dahinter steckt eine problematische Grundannahme, die so zusammengefaßt werden könnte: »Was für die Wissenschaft wichtig und richtig ist, muß auch für den Unterricht gut sein!« Abbild-Didaktiken benutzen folgende Entscheidungsstrategie:

Erster Schritt Sachanalyse	*Ermittle* den jüngsten fachwissenschaftlichen Stand der Forschung und Theoriebildung in der Bezugswissenschaft!

Zweiter Schritt didaktische Analyse	*Entscheide,* welche elementaren Strukturen, Probleme, Fragestellungen dieser Fachwissenschaft bestehen!

Dritter Schritt methodische Überlegungen	*Überlege,* in welcher Reihenfolge, an welchen Inhalten und mit welchen Methoden diese Strukturen, Probleme und Fragestellungen den Schülern vermittelt werden können!

Abbildung 10.5

Wir haben gegen diesen Dreischritt mehrere *Einwände:*

- Ein berufserfahrener Lehrer, der sich fachwissenschaftlich vorbereitet, wird immer schon didaktische oder methodische Vermutungen über die Lehrbarkeit oder die Irrelevanz des studierten Stoffes im Hinterkopf haben. Selbst wenn dieser Lehrer eine »reine« Sachanalyse machen wollte, würde es ihm nicht gelingen! Berufsanfänger haben aber sehr viel weniger unterrichtspraktische Erfahrungen. Sie werden sich, gerade weil sie im didaktisch-methodischen Bereich noch unsicher sind, häufig auf die Sachanalyse stürzen, weil sie hoffen, wenigstens dort Sicherheiten zu erwerben. Sachanalyse *anstelle* der Analyse der Schülererfahrungen und -interessen schafft aber nie Sicherheit, sondern Scheinsicherheit.
- In dem Schema wird fälschlich die *Deduzierbarkeit* der didaktischen und methodischen Entscheidungen aus den fachwissenschaftlichen Vorgaben unterstellt. Eine solche Deduzierbarkeit gibt es aber nicht (vgl. Abschnitt 3.5). Die Entscheidungen über Ziele, Inhalte und Methoden müssen eigenständig, aber miteinander verschränkt getroffen werden.
- Es ist überhaupt nicht klar, *was denn nun die zuständige Fachwissenschaft sei,* auf die sich die Abbilddidaktik zu beziehen habe. Für die meisten Schulfächer und Fachdidaktiken sind ja auch mehrere Fachwissenschaften »zuständig« (z.B. für Sozialkunde/Politik oder für Deutsch, für das keineswegs nur die Germanistik

zuständig ist). Für eine Reihe von Fächern ist nicht einmal geklärt, wie viele Teildisziplinen dazugehören (z.B. Sachunterricht in der Grundschule). Nur eines ist klar: Die Frage, welche Fachwissenschaften zuständig sind, muß mit didaktischen Kriterien entschieden werden!

❑ *Schüler* und Lehrer als die wichtigsten Interaktionspartner kommen in Abbild-Didaktiken nur untergeordnet und eher als »Störgrößen« vor, nicht aber als systematisch einbezogene Subjekte des Unterrichts.

Unserer Überzeugung nach gibt es keine hierarchische Über- und Unterordnung der fachwissenschaftlichen, der schüler- und der lehrerbezogenen Teilfragen der Unterrichtsvorbereitung, sondern von Anfang an ein komplexes Wechselwirkungsverhältnis. Deshalb ziehen wir es vor, die Ziel-, Inhalts-, Methoden- und Lernorganisationsentscheidungen eines Unterrichtsentwurfs von vornherein in einen *gemeinsamen Begründungszusammenhang* einzubringen. Und deshalb fänden wir es, im Gegensatz zur weithin üblichen Praxis, sinnvoller, diesen Begründungszusammenhang auch im schriftlichen Unterrichtsentwurf darzustellen und in der Gliederung deutlich zu machen. Als etwas eleganteren Begriff im Vergleich zu dem oben verwendeten (»didaktisch-methodische Überlegungen«) schlagen wir »Didaktische Strukturierung« vor (vgl. Meyer 1987 b, S. 408).

5. Lehrziele/Lernziele

Dieses Kapitel ist einer der kürzesten Abschnitte von Unterrichtsentwürfen, bereitet aber den ReferendarInnen dennoch oft gehörige Bauchschmerzen. Die harte Linie, nur »operationalisierte Lernziele« zuzulassen (vgl. Abschnitt 8.2), wird heute kaum mehr vertreten (wenn man von einer Handvoll Lehrender in einigen wenigen Erziehungswissenschaftlichen Instituten absieht). Die Aufgabe, Lern- oder Lehrziele zu formulieren, ist dadurch aber nicht leichter geworden, im Gegenteil: Für operationalisierte Lernziele war (scheinbar) exakt definiert, wie sie auszusehen hatten. Heute ist das unklarer. Einige Tips dazu haben wir bereits in Abschnitt 8.2.2 und in der 9. Lektion gegeben. Deshalb begnügen wir uns hier mit folgendem Ratschlag: Sprechen Sie frühzeitig mit Ihren AusbilderInnen darüber, welche Anforderungen an die Lehr-/Lernziel-Formulierung sie stellen, und diskutieren Sie diese Anforderungen anhand von Beispielen – seien es selbstentwickelte Beispiele oder Lernziellisten aus den Unterrichtsentwürfen Ihrer VorgängerInnen. Nur so lernen Sie, die Erwartungen Ihrer Seminar-, Fach- und StudienleiterInnen richtig einzuschätzen.

Übrigens: Wir bevorzugen den Begriff *»Lehrziel«* und unterscheiden ihn von den *Handlungszielen der SchülerInnen* (s. S. 362-364). Ein Lehrziel beschreibt die Bildungsabsichten der Lehrenden im Unterricht. Es gibt an, welche Sach-, Sozial- und Handlungskompetenzen die SchülerInnen erwerben sollen. Ein Handlungsziel beschreibt die Motive und Interessen der

SchülerInnen. Die Unterscheidung zwischen Lehrzielen der LehrerInnen und Handlungszielen der SchülerInnen hilft, die SchülerInnen von vornherein als aktive und handelnde Subjekte des Unterrichtsprozesses wahrzunehmen, den Unterricht entsprechend zu planen und während des Unterrichts entsprechend zu handeln. An den meisten Seminaren wird jedoch nach wie vor am Begriff der Lernziele festgehalten.

6. Geplanter Stundenverlauf

An den meisten Seminaren gibt es dafür mehr oder weniger feststehende Strickmuster. Wenn Sie ein neues Muster einführen wollen, stehen Sie unter erhöhtem Rechtfertigungszwang (s.o.). Deshalb sollten Sie sich in der Regel an das an Ihrem Seminar übliche Schema halten. Wir raten Ihnen, das Kapitel zum geplanten Stundenverlauf so knapp als möglich zu halten. Je feinmaschiger der Stundenverlauf formuliert ist, desto eher werden Sie hinterher, falls die Stunde ganz anders verlaufen ist als geplant, auf Einzelheiten aus der Verlaufsplanung festgenagelt.

Sie sollten nicht vergessen, daß die Hauptfunktion der Verlaufsplanung im schriftlichen Unterrichtsentwurf (die ja nicht mit dem Spickzettel identisch ist, den Sie selbst in der Stunde vor sich liegen haben) die ist, den PrüferInnen vor und während der Stunde die Möglichkeit einer schnellen Orientierung zu geben.

Das folgende Beispiel zu einer Musikstunde über das Stück »Der Elefant« aus dem »Karneval der Tiere« von Camille Saint-Saëns (Jank 1991) stammt aus Niedersachsen und ist schon fast zu ausführlich:

10.3 Gliederung des schriftlichen Unterrichtsentwurfs

Möglicher Ablauf der Stunde

Einstieg:
- Vorspielen *Der Elefant* von Cassette — HB
- Beziehung zwischen Musik und Sujet — U-Gespräch

Erarbeitung I:
- Partituren-Puzzle (formaler Aufbau des Stücks; die Partitur kennenlernen) — Partnerarbeit mit Arbeitsblättern
- Auswertung — U-Gespräch

Erarbeitung II:
- Vorspielen *Tanz der Sylphen* (Berlioz) von Cass. — HB
- Klärung des Gestus dieser Komposition — U-Gespräch
- Evtl. Singen des Lieds *Dreh' dich, dreh' dich*
- Klärung der Bezüge zwischen beiden Kompositionen — HB (Cass., evtl. Klavier)

Reflexion:
- Warum zitiert Saint-Saëns? — U-Gespräch und Information durch LehrerIn
- Unterschiede zwischen der Präsentation vor einem Fachpublikum und vor Schülern
- Subjektiver Umgang der Schüler mit dieser Komposition

Abschluß:
- Vorspielen *Der Elefant* von Cassette — HB

(Abkürzungen: HB = Hörbeispiel; U-Gespräch = Unterrichtsgespräch)
Abbildung 10.6

Eine Alternative zu diesem Strickmuster des »Geplanten Stundenverlaufs« könnte der folgende Raster sein. Er ermöglicht eher als der eben beschriebene die Berücksichtigung von Aspekten, die wir in der 9. und in dieser Lektion als wesentlich genannt hatten – vor allem der methodische Gang einer Stunde (Abschnitt 10.2) ist durch diesen Raster besser darstellbar:

Zeit	Funktionen	Unterrichts-schritte	Sozialformen u. Handlungs-muster	Medien

Abbildung 10.7

7. Literatur

Alle Literatur, die benutzt worden ist, muß angegeben werden. Anderenfalls riskieren Sie den Vorwurf eines Täuschungsversuchs. Ob im laufenden Text viel, wenig oder überhaupt nicht zitiert und/oder auf Fachliteratur verwiesen wird, hängt auch von Ihrem persönlichen Stil ab. Grundsätzlich muß der Entwurf als *wissenschaftlicher Text* betrachtet werden, bei dem dieselben Zitier- und Belegpflichten gelten wie bei einer Examensarbeit.

8. Anhang

In den Anhang gehören Arbeitsblätter der SchülerInnen, verwendete Folien oder Tafelbilder, der Sitzplan der SchülerInnen und ähnliche Materialien.

Zum Schluß möchten wir Ihnen eine letztes Rezept nennen, das nur scheinbar im Widerspruch zu den vielen vorher gegebenen Ratschlägen steht:

> **These 10.15:**
> In der Kürze liegt die Würze.

Sie unterschätzen Ihre PrüferInnen, wenn Sie meinen, diese durch einen lang geratenen Entwurf beeindrucken zu können. Sich kurz fassen ist schwieriger, als alles aufzuschreiben, was einem zum Thema eingefallen ist.

Wir wünschen Ihnen alles Gute für die Prüfung, ein bißchen Glück und gerechte PrüferInnen!

Werner Jank/Hilbert Meyer

"Kopf hoch, Herr Kollege!" oder: Aller Anfang ist schwer.

LITERATURVERZEICHNIS:

Abel-Struth, Sigrid: Methodik des Musikunterrichts. In: Schmidt-Brunner, Wolfgang (Hrsg.): Methoden des Musikunterrichts. Eine Bestandsaufnahme. Mainz (Schott) 1982, S. 30–47

Adl-Amini, Bijan (Hrsg.): Didaktik und Methodik. Weinheim und Basel (Beltz) 1981

Adl-Amini, Bijan: Grundriß einer pädagogischen Schultheorie. In: Twellmann, Walter (Hrsg.): Handbuch Schule und Unterricht. Bd. 7.1, Düsseldorf (Schwann) 1985, S. 63–94

Adl-Amini, Bijan: Ebenen didaktischer Theoriebildung. In: Haller/Meyer 1986, S. 27–48

Adl-Amini, Bijan/Künzli, Rudolf (Hrsg.): Didaktische Modelle und Unterrichtsplanung. München (Juventa) 1980

Adl-Amini, Bijan/Oelkers, Jürgen: Pädagogik, Bildung und Wissenschaft. Zur Grundlegung der geisteswissenschaftlichen Pädagogik. Bern (Paul Haupt) 1981

Adl-Amini, Bijan/Oelkers, Jürgen/Neumann, Dieter (Hrsg.): Didaktik in der Unterrichtspraxis. Grundlegung und Auswirkungen der Theorie der Formalstufen in Erziehung und Unterricht. Bern, Stuttgart (Paul Haupt) 1979

Adl-Amini, Bijan/Schulze, Theodor/Terhart, Ewald (Hrsg.): Unterrichtsmethode: Theorie und Forschung. Weinheim und Basel (Beltz) 1992

Adorno, Theodor W. u. a.: Der Positivismusstreit in der deutschen Soziologie. Darmstadt, Neuwied (Luchterhand) 1969 (= Adorno u. a. 1969)

Aebli, Hans: Denken: das Ordnen des Tuns. Band I: Kognitive Aspekte der Handlungstheorie. Stuttgart (Klett-Cotta) 1980

Aebli, Hans: Denken: das Ordnen des Tuns. Band II: Denkprozesse. Stuttgart (Klett-Cotta) 1981

Aebli, Hans: Zwölf Grundformen des Lehrens. Eine allgemeine Didaktik auf psychologischer Grundlage. Stuttgart (Klett-Cotta) 1983

Ahrens, Ernst (Hrsg.): Einführung in die Schulpraxis. Heidelberg (Quelle & Meyer) 1974

Albert, Hans: Traktat über kritische Vernunft. Tübingen (J. C. B. Mohr) 1968

Altrichter, Herbert/Posch, Peter: Lehrer erforschen ihren Unterricht. Eine Einführung in die Methoden der Aktionsforschung. Bad Heilbrunn/Obb. (Klinkhardt) 1990

Anz, Heinrich: Hermeneutik der Individualität: Wilhelm Diltheys hermeneutische Position und ihre Aporien. In: Birus (Hrsg.): 1982a, S. 59–88

Arbeitsgruppe Bildungsbericht: Das Bildungswesen in der Bundesrepublik Deutschland. Ein Überblick für Eltern, Lehrer und Schüler. Vollständig überarb. und erweiterte Neuausgabe, Reinbek bei Hamburg (Rowohlt) 1990

Arnold, Rolf: Deutungsmuster. Zu den Bedeutungselementen sowie den theoretischen und methodologischen Bezügen eines Begriffs. In: Zeitschrift für Pädagogik, 29. Jg., 6/1983, S. 893–912

Baacke, Dieter/Schulze, Theodor (Hrsg.): Pädagogische Biographieforschung. Weinheim und Basel (Beltz) 1985

Bach, Gerhard/Timm, Johannes-Peter (Hrsg.): Englischunterricht. Grundlagen und Methoden einer handlungsorientierten Unterrichtspraxis. Tübingen (Francke Verlag) 1989

Ballauff, Theodor: Skeptische Didaktik. Heidelberg (Quelle & Meyer) 1970

Bartels, Alois/Kötter, Winfried/Loose, Gerd/Scheller, Ingo: Das szenische Spiel als Lernform in der Sonderschule. Universität Oldenburg (Zentrum für pädagogische Berufspraxis) 1987

Bastian, Johannes/Gudjons, Herbert (Hrsg.): Das Projektbuch. Theorie – Praxisbeispiele – Erfahrungen. Hamburg (Bergmann + Helbig) 1986

Bastian, Johannes/Gudjons, Herbert (Hrsg.): Das Projektbuch II. Über die Projektwoche hinaus; Projektlernen im Fachunterricht. Hamburg (Bergmann + Helbig) 1990

Bayer, Manfred: Analyse und Revision von erziehungs-, gesellschaftswissenschaftlichen und schulpraktischen Ausbildungsanteilen für den Lehrerberuf aufgrund einer empirischen Untersuchung (der Zweiten Phase) im Vorbereitungsdienst. Abschlußbericht eines Forschungsvorhabens. Universität Oldenburg (Zentrum für pädagogische Berufspraxis) 1975

Bayer, Manfred: Lehrerausbildung und pädagogische Kompetenz. Eine Untersuchung über normative, institutionelle und curriculare Merkmale in der pädagogischen Ausbildung von Sekundarschullehrern. Frankfurt/M. (Deutsches Institut für Internationale Pädagogische Forschung; Reihe: Frankfurter Beiträge zur Lehrerausbildung, 4) 1978

Bayer, Manfred: Alternativen in der Lehrerausbildung. Kooperation und Selbstorganisation. Ein Arbeitsbuch der GEW. Reinbek bei Hamburg (Rowohlt) 1982

Beck, Ulrich: Risikogesellschaft. Auf dem Weg in eine andere Moderne. Frankfurt/M. (Suhrkamp) 1986

Beckmann, Hans-Karl: Fachdidaktik, Bereichsdidaktik, Stufendidaktik. In: Roth 1991, S. 674–688

Beckmann, Hans-Karl/Biller, Karlheinz (Hrsg.): Unterrichtsvorbereitung. Probleme und Materialien. Braunschweig (Westermann) 1978

Behl, Mareike (Mitarbeiterin): Das Referendarbuch. Köln (Pahl-Rugenstein) 1981

Benner, Dietrich: Hauptströmungen der Erziehungswissenschaft. Eine Systematik traditioneller und moderner Theorien. München (List) 1973; 3., verbesserte Aufl., Weinheim (Deutscher Studien Verlag) 1991

Benner, Dietrich: Allgemeine Pädagogik. Eine systematisch-problemgeschichtliche Einführung in die Grundstruktur pädagogischen Denkens und Handelns. Weinheim, München (Juventa) 1987

Benner, Dietrich/Ramseger, Jörg: Wenn die Schule sich öffnet. Erfahrungen aus dem Grundschulprojekt Gievenbeck. München (Juventa) 1981

Berg, Hans Christoph: Stichwort: Genetische Methode. In: Otto/Schulz 1985, S. 529–533

Berg, Hans Christoph (Hrsg.): „Lehrkunst". Themenheft der „Neuen Sammlung", 30. Jg., 1/1990, S. 5–156

Berger, Peter L./Luckmann, Thomas: Die gesellschaftliche Konstruktion der Wirklichkeit. Eine Theorie der Wissenssoziologie. Frankfurt/M. (S. Fischer) 1970

Bergmeier, Hinrich: Überlegungen zum Problem von Unterrichtsentwürfen im Fach Musik. In: Musik und Bildung, 19. Jg., 5/1987, S. 364–371

Bernfeld, Siegfried: Sisyphos oder die Grenzen der Erziehung. Leipzig, Wien, Zürich (Internationaler Psychoanalytischer Verlag) 1925 (neu verlegt: Frankfurt/M., Suhrkamp, 1967)

Bettelhäuser, Hans-Jörg/Plate, Ruth/ Sundermann, Claudia/Wiete, Susanne: Bibliographie zur zweiten Phase der Lehrerausbildung. In: Gründer (Hrsg.): 1980, S. 189–209 (= Bettelhäuser u. a. 1980)

Birus, Hendrik (Hrsg.): Hermeneutische Positionen. Schleiermacher, Dilthey, Heidegger, Gadamer. Göttingen (Vandenhoeck & Ruprecht) 1982 (= Birus 1982a)

Birus, Hendrik: Zwischen den Zeiten. Friedrich Schleiermacher als Klassiker der neuzeitlichen Hermeneutik. In: Birus (Hrsg.) 1982a, S. 15–58 (= Birus 1982b)

Birus, Hendrik: Einleitung. In: Birus (Hrsg.) 1982a, S. 5–14 (= Birus 1982c)

Blankertz, Herwig: Der Begriff der Pädagogik im Neukantianismus. Weinheim, Berlin (Beltz) 1959

Blankertz, Herwig: Bildung im Zeitalter der großen Industrie. Hannover (Schroedel) 1969 (= Blankertz 1969a)

Blankertz, Herwig: Theorien und Modelle der Didaktik. München (Juventa) 1969; 12. Aufl., 1986 (= Blankertz 1969b)

Blankertz, Herwig: Curriculumforschung – Strategien, Strukturierung, Konstruktion. Essen (Neue Deutsche Schule Verlagsgesellschaft) 1971 (= Blankertz 1971a)

Blankertz, Herwig: Pädagogik unter wissenschaftstheoretischer Kritik. In: Oppolzer, Siegfried (Hrsg.): Erziehungswissenschaft 1971 – Zwischen Herkunft und Zukunft der Gesellschaft. In memoriam Ernst Lichtenstein. Wuppertal, Ratingen (A. Henn) 1971, S. 20–33 (= Blankertz 1971b)

Blankertz, Herwig: Die Geschichte der Pädagogik. Von der Aufklärung bis zur Gegenwart. Wetzlar (Büchse der Pandora) 1982

Blankertz, Herwig: Berufsbildung und Utilitarismus. Problemgeschichtliche Untersuchungen. 2. Aufl., Weinheim, München (Juventa) 1985

Bloch, Ernst: Tübinger Einleitung in die Philosophie I. Frankfurt/M. Suhrkamp) 1963

Block, Achim: Was erwartet die Hochschule von den Absolventen eines Gymnasiums. In: Die Höhere Schule, 12/1990, S. 319–324

Bloom, Benjamin S. (Hrsg.): Taxonomie von Lernzielen im kognitiven Bereich. Weinheim und Basel (Beltz) 1972

Boal, Augusto: Theater der Unterdrückten, Frankfurt/M. (Suhrkamp) 1979

Boettcher, Wolfgang/Otto, Gunter/Sitta, Horst/Tymister, Hans Josef: Lehrer und Schüler machen Unterricht. Unterrichtsplanung als Sprachlernsituation. München, Wien, Baltimore (Urban & Schwarzenberg) 1978

Bönsch, Manfred: Unterrichtskonzepte. Baltmannsweiler (Burgbücherei) 1986

Bourdieu, Pierre: Zur Soziologie der symbolischen Formen. Frankfurt/M. (Suhrkamp) 1974

Brezinka, Wolfgang: Von der Pädagogik zur Erziehungswissenschaft. Eine Einführung in die Metatheorie der Erziehung. Weinheim, Berlin, Basel (Beltz) 1971

Bromme, Rainer: Das Denken von Lehrern bei der Unterrichtsvorbereitung. Eine empirische Untersuchung zu kognitiven Prozessen von Mathematiklehrern. Weinheim und Basel (Beltz) 1981

Bromme, Rainer: Was sind Routinen im Lehrerhandeln? Eine Begriffsklärung auf der Grundlage neuerer Ergebnisse der Problemlöseforschung. In: Unterrichtswissenschaft, 5. Jg., 2/1985, S. 182–192

Brück, Horst: Die Angst des Lehrers vor seinem Schüler. Zur Problematik verbliebener Kindlichkeit in der Unterrichtsarbeit des Lehrers – ein Modell. Reinbek bei Hamburg (Rowohlt) 1978
Brügelmann, Hans: Kinder auf dem Weg zur Schrift. 3., verbesserte Aufl., Konstanz (Faude Verlag) 1989
Brüggen, Friedhelm: Strukturen pädagogischer Handlungstheorie. Dilthey, Geisteswissenschaftliche Pädagogik, Mead, Habermas, Erlanger Schule. Freiburg, München (Karl Alber) 1980
Brumlik, Micha: Der symbolische Interaktionismus und seine pädagogische Bedeutung. Versuch einer systematischen Rekonstruktion. Frankfurt/M. (Fischer Athenäum) 1973
Brumlik, Micha: Stichwort: Symbolischer Interaktionismus. In: Lenzen/ Mollenhauer 1983, S. 232–245
Buck, Günther: Lernen und Erfahrung. Zum Begriff der didaktischen Induktion. 2., verbesserte Aufl., Stuttgart, Berlin, Köln, Mainz (Kohlhammer) 1969
Buhr, Manfred/Kosing, Alfred: Kleines Wörterbuch der marxistisch-leninistischen Philosophie. Berlin (Volk und Wissen) 1974
Büttemeyer, Wilhelm/Möller, Bernhard: Der Positivismusstreit in der deutschen Erziehungswissenschaft. München (Fink) 1979

Chalmers, Alan F.: Wege der Wissenschaft. Einführung in die Wissenschaftstheorie. 2., durchges. Aufl., Berlin u. a. (Springer) 1989
Cohn, Ruth C.: Von der Psychoanalyse zur themenzentrierten Interaktion. Von der Behandlung einzelner zu einer Pädagogik für alle. 7. Aufl., Stuttgart (Klett-Cotta) 1986
Comenius, Johann Amos: Große Didaktik. (Tschechisch 1628, lateinisch 1638) Übers. und hrsg. von A. Flitner. 2. Aufl., Düsseldorf, München (Küpper; vormals Bondi) 1960
Copei, Friedrich: Der fruchtbare Moment im Bildungsprozeß. (1930) 3., erg. Aufl., Heidelberg (Quelle & Meyer) 1955
Cube, Felix von: Die kybernetisch-informationstheoretische Didaktik. In: Gudjons/Teske/Winkel (Hrsg.) 1986, S. 47–60
Czerwenka, Kurt/Nölle, Karin/Pause, Gerhard/Schlotthaus, Werner/Schmidt, Hans-Joachim/Tessloff, Janina: Schülerurteile über die Schule. Bericht über eine internationale Untersuchung. Frankfurt/M., Bern, New York, Paris (Peter Lang) 1990

Dahmer, Ilse/Klafki, Wolfgang (Hrsg.): Geisteswissenschaftliche Pädagogik am Ausgang ihrer Epoche – Erich Weniger. Weinheim und Basel (Beltz) 1968
Danner, Helmut: Methoden geisteswissenschaftlicher Pädagogik. 2. überarb. u. erg. Aufl., München, Basel (Reinhardt Verlag) 1989
Deutscher Bildungsrat: Empfehlungen der Bildungskommission: Strukturplan für das Bildungswesen. Stuttgart (Klett) 1970
Dick, Lutz van: Freie Arbeit – Offener Unterricht – Projektunterricht – Handelnder Unterricht – Praktisches Lernen. Versuch einer Synopse. In: Pädagogik, 43. Jg., 6/1991, S. 31–34
Diederich, Jürgen: Didaktisches Denken. Eine Einführung in Anspruch und Aufgabe, Möglichkeiten und Grenzen der Allgemeinen Didaktik. Weinheim, München (Juventa) 1988
Diegritz, Theodor/Rosenbusch, Heinz S.: Kommunikation zwischen Schülern. München (Urban & Schwarzenberg) 1977
Dilthey, Wilhelm: Gesammelte Schriften. Bd. V, Stuttgart, Göttingen (Teubner; Vandenhoeck & Ruprecht) 1957

Dilthey, Wilhelm: Über die Möglichkeit einer allgemeinen pädagogischen Wissenschaft. (Erstveröffentlichung 1888). In: Gesammelte Schriften. Bd. VI, Stuttgart, Göttingen (Teubner; Vandenhoeck & Ruprecht) 1958, S. 56–82
Dilthey, Wilhelm: Gesammelte Schriften. Bd. XIV, 1. und 2. Halbband, Göttingen (Vandenhoeck & Ruprecht) 1966
Drefenstedt, Edgar/Neuner, Gerhart (Ltr.): Lehrplanwerk und Unterrichtsgestaltung. 3. Aufl., Berlin (Volk und Wissen) 1970
Drews, Ursula (Hrsg.): Didaktische Prinzipien. Standpunkte, Diskussionsprobleme, Lösungsvorschläge. Berlin (Volk und Wissen) 1976
Drews, Ursula/Fuhrmann, Elisabeth: Fragen und Antworten zur Gestaltung einer guten Unterrichtsstunde. Berlin (Volk und Wissen) 1980
Duncker, Ludwig: Erfahrung und Methode. Studien zur dialektischen Begründung einer Pädagogik der Schule. Langenau-Ulm (Armin Vaas Verlag) 1987

Eco, Umberto: Nachschrift zum „Namen der Rose". München (Deutscher Taschenbuch Verlag) 1986
Einsiedler, Wolfgang: Stichwort: Unterricht, schülerorientierter. In: Haller/Meyer 1986, S. 628–632
Elias, Norbert: Über den Prozeß der Zivilisation. Soziogenetische und psychogenetische Untersuchungen. Band 1: Wandlungen des Verhaltens in den weltlichen Oberschichten des Abendlandes. Band 2: Wandlungen der Gesellschaft – Entwurf zu einer Theorie der Zivilisation. (Erstveröffentlichung 1936) Frankfurt/M. (Suhrkamp) 1979 und 1980

Fabian, Rainer: Gesellschaftliche Bedingungen der Identitätsbildung von Jugendlichen in der Gegenwart. Oldenburger Vor-Drucke 14/87. Universität Oldenburg (Zentrum für Pädagogische Berufspraxis) 1987
Fauser, Peter/Fintelmann, Klaus J./Flitner, Andreas (Hrsg.): Lernen mit Kopf und Hand. Berichte und Anstöße zum praktischen Lernen in der Schule. Weinheim und Basel (Beltz) 1983
Feyerabend, Paul: Wider den Methodenzwang. Skizze einer anarchistischen Erkenntnistheorie. Frankfurt/M. (Suhrkamp) 1976
Fichten, Wolfgang: Was kann man tun, um mit Schülern über Unterrichtsmethoden ins Gespräch zu kommen? In: Pädagogik, 41. Jg., 1/1989, S. 30–35
Fichten, Wolfgang: Unterricht aus Schülersicht. Diss. phil., Oldenburg 1992
Figal, Günter: Selbstverstehen in instabiler Freiheit. Die hermeneutische Position Martin Heideggers. In: Birus (Hrsg.) 1982a, S. 89–119
Fitzner, Klaus D.: Praktikumszeit. Eine Studie zum Schulpraktikums-Alltag und seiner Zeit. Rheinstetten (Schindele-Verlag) 1978
Flanders, N. A.: Analyzing Teaching Behavior. Reading (Addison-Wesley) 1970
Fleischmann, Lea: Dies ist nicht mein Land. Hamburg (Hoffmann und Campe) 1980
Flitner, Wilhelm: Theorie des pädagogischen Wegs und der Methode. (Später mit dem Titel: Theorie des pädagogischen Weges.) Weinheim (Beltz) 1950
Fölling, Werner: Stichwort: Wissenschaftspropädeutischer Unterricht. In: Haller/Meyer 1986, S. 649–655
Fölling-Albers, Maria (Hrsg.): Veränderte Kindheit – Veränderte Grundschule. Frankfurt/M. (Arbeitskreis Grundschule) 1989
Frasch, Heidi/Wagner, Angelika C.: „Auf Jungen achtet man einfach mehr...". Eine empirische Untersuchung zu geschlechtsspezifischen Unterschieden im Lehrer/innenverhalten gegen-

über Jungen und Mädchen in der Grundschule. In: Bremer, Ilse (Hrsg.): Sexismus in der Schule. Weinheim und Basel (Beltz) 1982, S. 260–278
Frech, Hartmut-Wilhelm/Reichwein, Roland: Der vergessene Teil der Lehrerbildung. Institutionelle Bedingungen und inhaltliche Tendenzen im Referendariat der Gymnasiallehrer. Stuttgart (Klett-Cotta) 1977
„Freie Arbeit". Themenheft der Zeitschrift „Pädagogik", 43. Jg., 6/1991
Freinet, Célestin: Pädagogische Texte. Mit Beispielen aus der praktischen Arbeit nach Freinet. Reinbek bei Hamburg (Rowohlt) 1980
Frey, Karl: Die Projektmethode. Weinheim und Basel (Beltz) 1982 (3., überarb. und erw. Aufl., 1990)
Fromm, Martin: Die Sicht des Schülers in der Pädagogik. Weinheim (Deutscher Studien Verlag) 1988
Frommer, Helmut (Hrsg.): Handbuch Praxis des Vorbereitungsdienstes. Band 1: Erziehungswissenschaftliche Grundlegungen. Band 2: Erziehungswissenschaftliche Problemfelder. Düsseldorf (Schwann) 1981 und 1982
Füglister, Peter: Lehrzielberatung. Zur Reflexion didaktischen Handelns mit Schülern. München (Kösel) 1978
Fuhrmann, Elisabeth: Problemlösen im Unterricht. 2. Aufl., Berlin (Volk und Wissen) 1987
Fuhrmann, Elisabeth (Ltrin.): Könnensentwicklung der Lehrer – höhere Aktivität der Schüler im Unterricht. Berlin (Volk und Wissen) 1989
Fuhrmann, Elisabeth/Weck, Helmut: Forschungsproblem Unterrichtsmethoden. Berlin (Volk und Wissen) 1976
Füller, Klaus/Strobel, Hermann (Mitarb.): Kompendium Didaktik Musik. München (Ehrenwirth) 1977
Fürstenau, Peter: Zur Psychoanalyse der Schule als Institution. In: Zur Theorie der Schule. mit Beiträgen von Peter Fürstenau, Carl-Ludwig Furck, C. Wolfgang Müller, Wolfgang Schulz und Franz Wellendorf. Unter Mitarbeit von Gerhard Dallmann. Weinheim und Basel (Beltz) 1969, S. 9–25
Gage, Nathaniel L./Berliner, David C.: Pädagogische Psychologie. 4., völlig neu bearb. Aufl., Weinheim und Basel (Beltz) 1986
Gagné, Robert M.: Die Bedingungen des menschlichen Lernens. 2. Aufl., Hannover (Schroedel) 1973
Galperin, Pjotr J.: Zu Grundfragen der Psychologie. Köln (Pahl-Rugenstein) 1980
Gamm, Hans-Jochen: Führung und Verführung. Pädagogik des Nationalsozialismus. München (List) 1964
Garlichs, Ariane/Groddeck, Norbert (Hrsg.): Erfahrungsoffener Unterricht. Beispiele zur Überwindung der lebensfremden Lernschule. Freiburg i. Br. (Herder) 1978
Garz, Detlef: Paradigmenschwund und Krisenbewußtsein. Zum gegenwärtigen Stand erziehungswissenschaftlicher Theoriebildung. In: Pädagogische Rundschau, 43. Jg., 1/1989, S. 17–35
Garz, Detlef/Kraimer, Klaus (Hrsg.): Qualitativ-empirische Sozialforschung. Konzepte, Methoden, Analysen. Opladen (Westdeutscher Verlag) 1991
Geißler, Erich E.: Allgemeine Didaktik. 2. Aufl., Stuttgart (Klett-Cotta) 1984
Gerner, Berthold (Hrsg.): Das Exemplarische Prinzip. Beiträge zur Didaktik der Gegenwart. Darmstadt (Wissenschaftliche Buchgesellschaft) 1963
Giel, Klaus u. a.: Stücke zu einem mehrperspektivischen Unterricht. Stuttgart (Klett) 1975
Giera, Fritz: Formen des Unterrichts. In: Ahrens 1974, S. 47–71
Giesbrecht, Arno: Berufliche Sozialisation im Referendariat: Eine Untersuchung zur 2. Phase der Ausbildung von Lehrern beruflicher Fachrichtung in Nordrhein-Westfalen. Opladen (Westdeutscher Verlag) 1983

Girmes-Stein, Renate: Grundlagen einer handlungsorientierenden Wissenschaft von der Erziehung. Zur Thematisierung des Theorie/Praxis-Verhältnisses bei Erich Weniger. In: Zeitschrift für Pädagogik, 27. Jg., 1/1981, S. 39-51
Glöckel, Hans: Vom Unterricht. Lehrbuch der Allgemeinen Didaktik. Bad Heilbrunn/Obb. (Klinkhardt) 1990
Goffman, Erving: Interaktionsrituale. Über Verhalten in direkter Kommunikation. Frankfurt/M. (Suhrkamp) 1971
Goffman, Erving: Wir alle spielen Theater. Die Selbstdarstellung im Alltag. 3. Aufl., München (Piper) 1988
Grell, Jochen/Grell, Monika: Unterrichtsrezepte. München, Wien, Baltimore (Urban & Schwarzenberg) 1979
Groeben, Norbert/Wahl, Diethelm/ Schlee, Jörg/Scheele, Brigitte: Das Forschungsprojekt subjektive Theorien. Eine Einführung in die Psychologie des reflexiven Subjekts. Tübingen (Francke) 1988
Gründer, Konrad (Hrsg.): Unterrichten lernen. Probleme der zweiten Phase der Lehrerausbildung. Paderborn u. a. (Schöningh) 1980
Gudjons, Herbert: Handlungsorientiert lehren und lernen. Projektunterricht und Schüleraktivität. Bad Heilbrunn/ Obb. (Klinkhardt) 1986
Gudjons, Herbert/Teske, Rita/Winkel, Rainer (Hrsg.): Didaktische Theorien. Mit Beiträgen von Wolfgang Klafki, Wolfgang Schulz, Felix von Cube, Christine Möller, Rainer Winkel, Herwig Blankertz. Hamburg (Bergmann + Helbig) 1986
Günther, Ulrich/Ott, Thomas/Ritzel, Fred: Musikunterricht 5-11. Weinheim und Basel (Beltz) 1983

Habermas, Jürgen: Zur Logik der Sozialwissenschaften. Beiheft 5 der Philosophischen Rundschau, hrsg. von H.-G. Gadamer und H. Kuhn. (3. Aufl., Frankfurt/M., Suhrkamp, 1973) Tübingen (Mohr) 1967
Habermas, Jürgen: Erkenntnis und Interesse. Frankfurt/M. (Suhrkamp) 1968 (= Habermas 1968a)
Habermas, Jürgen: Technik und Wissenschaft als „Ideologie". Frankfurt/M. (Suhrkamp) 1968 (= Habermas 1968b)
Habermas, Jürgen: Analytische Wissenschaftstheorie und Dialektik. Ein Nachtrag zur Kontroverse zwischen Popper und Adorno. In: Adorno u. a. 1969, S. 155-191
Habermas, Jürgen: Vorbereitende Bemerkungen zu einer Theorie der kommunikativen Kompetenz. In: Habermas/Luhmann 1971, S. 101-141 (= Habermas 1971a)
Habermas, Jürgen: Theorie der Gesellschaft oder Sozialtechnologie? Eine Auseinandersetzung mit Niklas Luhmann. In: Habermas/Luhmann 1971, S. 142-290 (= Habermas 1971b)
Habermas, Jürgen: Legitimationsprobleme im Spätkapitalismus. Frankfurt/M. (Suhrkamp) 1973
Habermas, Jürgen: Theorie des kommunikativen Handelns. Band 1: Handlungsrationalität und gesellschaftliche Rationalisierung. Band 2: Zur Kritik der funktionalistischen Vernunft. Frankfurt/M. (Suhrkamp) 1981
Habermas, Jürgen/Luhmann, Niklas: Theorie der Gesellschaft oder Sozialtechnologie - Was leistet die Systemforschung? Frankfurt/M. (Suhrkamp) 1971
Hänsel, Dagmar (Hrsg.): Das Projektbuch Grundschule. Weinheim und Basel (Beltz) 1986
Hänsel, Dagmar/Müller, Hans (Hrsg.): Das Projektbuch Sekundarstufe. Weinheim und Basel (Beltz) 1988
Haft, Henning/Kordes, Hagen (Hrsg.): Methoden der Erziehungs- und Bildungsforschung (= Enzyklopädie Erziehungswissenschaft, hrsg. von Dieter Lenzen, Bd. 2). Stuttgart (Klett-Cotta) 1984

Hage, Klaus/Bischoff, Heinz/Dichanz, Horst/Eubel, Klaus-D./Oehlschläger, Heinz-Jörg/Schwittmann, Dieter: Das Methoden-Repertoire von Lehrern. Eine Untersuchung zum Schulalltag der Sekundarstufe I. Opladen (Leske + Budrich) 1985 (= Hage u. a. 1985)

Hagstedt, Herbert/Hildebrand-Nilshon, Martin (Hrsg.): Schüler beurteilen Schule. Analyse und Interpretation von Dokumenten zum Schulalltag aus dem Blickwinkel von Schülern. Düsseldorf (Schwann) 1980

Haller, Hans-Dieter/Meyer, Hilbert (Hrsg.): Ziele und Inhalte der Erziehung und des Unterrichts (= Enzyklopädie Erziehungswissenschaft, hrsg. von Dieter Lenzen, Bd. 3). Stuttgart (Klett-Cotta) 1986

Hartfiel, Günter: „Soziale Strukturen" als Bedingung didaktischer Entscheidungen. In: Northemann/Otto 1969, S. 187–206

Hauke, Bernhard: Das Vorverständnis von Schülern im Unterricht. Berlin (Express Edition) 1987

Hauke, Bernhard (Koordination): Bremer Netzwerk Umwelterziehung: „Umwelterziehung und Umweltbildung in Bremen – Empfehlung für die 90er Jahre". Bremen (Eigenverlag) 1990

Hausmann, Gottfried: Didaktik als Dramaturgie des Unterrichts. Heidelberg (Quelle & Meyer) 1959

Heimann, Paul: Didaktik 1965. In: Heimann/Otto/Schulz 1965, S. 7–12

Heimann, Paul: Didaktische Grundbegriffe. In: Reich/Thomas (Hrsg.) 1976, S. 103–141 (= Heimann 1976a)

Heimann, Paul: Didaktik als Theorie und Lehre. In: Reich/Thomas (Hrsg.): 1976, S. 142–167 (Erstveröffentlichung in: Die Deutsche Schule, 54. Jg., 9/1962, S. 409–427) (= Heimann 1976b)

Heimann, Paul/Otto, Gunter/Schulz, Wolfgang: Unterricht – Analyse und Planung. Hannover (Schroedel) 1965

Heinze, Thomas: Schülertaktiken. München, Wien, Baltimore (Urban & Schwarzenberg) 1980

Heinze, Thomas/Loser, Fritz W./Thiemann, Friedrich: Praxisforschung. Wie Alltagshandeln und Reflexion zusammengebracht werden können. München, Wien, Baltimore (Urban & Schwarzenberg) 1981

Henningsen, Jürgen: Die zweite Prüfung. Ethik und Rezepte. 2. Aufl., Bochum (Kamp) 1973

Henningsen, Jürgen: Erfolgreich manipulieren. Methoden des Beybringens. Ratingen, Kastellaun, Düsseldorf (Henn) 1974

Henningsen, Jürgen: Sprachen und Signale der Erziehungswissenschaft. Stuttgart (Klett) 1980

Hentig, Hartmut von: Systemzwang und Selbstbestimmung. 2., durchgesehene Auflage, Stuttgart (Klett) 1969

Herbart, Johann Friedrich: Pädagogische Schriften. 3 Bde., hrsg. von Walter Asmus. Düsseldorf (Küpper; vormals Bondi) 1964 und 1965

Herbart, Johann Friedrich: Systematische Pädagogik, hrsg. von Dietrich Benner. Stuttgart (Klett-Cotta) 1986

Herrmann, Ernst/Rupprecht, Erhard: Lehrer werden. 33 Lektionen für Berufsanfänger und Fortgeschrittene. Braunschweig (Westermann) 1978

Heursen, Gerd: Stichwort „Didaktik, allgemeine". In: Lenzen (Hrsg.) 1989, S. 307–317

Heursen, Gerd: Stichwort „Fachdidaktik". In: Lenzen (Hrsg.) 1989, S. 588–602

Heymann, Hans Werner/Lück, Willi van (Hrsg.): Allgemeinbildung und öffentliche Schule: Klärungsversuche. Bielefeld (Institut für Didaktik der Mathematik) 1990

Hiller, Gotthilf Gerhard: Konstruktive Didaktik. Düsseldorf (Schwann) 1973

Hiller, Gotthilf Gerhard: Ebenen der Unterrichtsvorbereitung. In: Adl-Amini/Künzli 1980, S. 119–141

Hofer, Manfred (Hrsg.): Informationsverarbeitung und Entscheidungsverhalten von Lehrern. Beiträge zu einer Handlungstheorie des Unterrichtens. München, Wien, Baltimore (Urban & Schwarzenberg) 1981

Hoffmann, Dietrich (Hrsg.): Bilanz der Paradigmendiskussion in der Erziehungswissenschaft. Leistungen, Defizite, Grenzen. Weinheim (Deutscher Studien Verlag) 1991

Hofmann, Franz: Allgemeinbildung. Eine problemgeschichtliche Studie. Köln (Pahl-Rugenstein) 1973

Hohendorf, Gerd/Rupp, Horst F. (Hrsg.): Diesterweg: Pädagogik – Lehrerbildung – Bildungspolitik. Weinheim (Deutscher Studien Verlag) 1990

Höhn, Karl-Rudolf: Schule und Alltag. Bestimmungsstücke zum Verhältnis von organisierter Unterweisung und praxisgebundenem Lernen, exemplifiziert am Natur-Wissen. Weinheim und Basel (Beltz) 1980

Holfort, Friedhelm: Lehramtsanwärter in der Ausbildung. Ein Versuch, einige relevante Teilaspekte der Ausbildung im Urteil der Betroffenen näher zu bestimmen. Opladen (Westdeutscher Verlag) 1980

Horkheimer, Max/Adorno, Theodor W.: Dialektik der Aufklärung. Philosophische Fragmente. (Erstveröffentlichung New York 1944) Frankfurt/M. (S. Fischer) 1969

Huisken, Freerk: Zur Kritik bürgerlicher Didaktik und Bildungsökonomie. München (List) 1972

Huisken, Freerk: Die Wissenschaft von der Erziehung. Einführung in die Grundlügen der Pädagogik. Hamburg (VSA-Verlag) 1991

Hunneshagen, Karl-Heinz/Leutert, Hans/Schulz, Manfred: Erfassen von Erfahrungen, Wirkungen und Problemen im Prozeß der Realisierung des neuen Lehrplanwerkes in der Unterrichtspraxis in den Klassen 5 bis 10. Forschungsbericht zur Praxisanalyse in Karl-Marx-Stadt vom 21.-25.3.1988. Akademie der Pädagogischen Wissenschaften der DDR. Institut für Didaktik. Berlin 1988

Huschke-Rhein, Rolf Bernhard: Zum Verhältnis von geisteswissenschaftlicher Pädagogik und kritischer Theorie. In: Zeitschrift für Pädagogik, 25. Jg., 6/1979, S. 933–940

Huwendiek, Volker: Modelle der Didaktik. In: Frommer (Hrsg.) 1982, S. 191–243

Jank, Werner: Stichwort: Unterricht, erfahrungsbezogener. In: Haller/Meyer 1986, S. 594–600

Jank, Werner: ELeFantEN. „Der Elefant" aus dem „Karneval der Tiere" von Saint-Saëns im Musikunterricht. In: Musik und Unterricht – Zeitschrift für Musikpädagogik, 2. Jg., 7/1991, S. 25–30

Jantzen, Wolfgang: Galperin Lesen. Anmerkungen zur Entwicklung einer historisch-materialistischen Theorie schulischen Lernens. In: Demokratische Erziehung, 9. Jg., 5/1983, S. 30–37

Jantzen, Wolfgang: Abbild und Tätigkeit. Studien zur Entwicklung des Psychischen. Solms-Oberbiel (Jarick) 1986

Jay, Martin: Dialektische Phantasie. Die Geschichte der Frankfurter Schule und des Instituts für Sozialforschung 1923–1950. Frankfurt/M. (S. Fischer) 1976

Jugendwerk der Deutschen Shell (Hrsg.): Jugend '81. Lebensentwürfe, Alltagskulturen, Zukunftsbilder. 2 Bde., Opladen (Leske + Budrich) 1982

Jugendwerk der Deutschen Shell (Hrsg.): Jugendliche + Erwachsene '85. Generationen im Vergleich. 5 Bde., Opladen (Leske + Budrich) 1985

Kaiser, Arnim/Kaiser, Ruth: Studienbuch Pädagogik. Grund- und Prüfungswissen. 5. Aufl., Frankfurt/M. (Cornelsen-Scriptor) 1991

Kaiser, Hermann-Josef: Erkenntnistheoretische Grundlagen pädagogischer Methodenbegriffe. In: Menck/Thoma (Hrsg.) 1972, S. 129–144

Kaiser, Hermann-Josef/Menck, Peter: Methodik und Didaktik. Vorüberlegungen zu einer Ortsbestimmung pädagogischer Methodenlehren. In: Menck/Thoma (Hrsg.) 1972, S. 145–157

Kanitz, Otto Felix: Das proletarische Kind in der bürgerlichen Gesellschaft. Jena (Urania-Verlag) 1925

Kant, Immanuel: Kritik der reinen Vernunft. (Riga 1787) Werke, Bd. II. Darmstadt (Wissenschaftliche Buchgesellschaft) 1966 (= Kant 1966a)

Kant, Immanuel: Kritik der praktischen Vernunft. (Riga 1788) Werke, Bd. IV, S. 105–302. Darmstadt (Wissenschaftliche Buchgesellschaft) 1966 (= Kant 1966b)

Kant, Immanuel: Beantwortung der Frage: Was ist Aufklärung? (1783) Werke, Bd. VI, S. 51–61. Darmstadt (Wissenschaftliche Buchgesellschaft) 1966 (= Kant 1966c)

Keim, Wolfgang (Hrsg.): Pädagogen und Pädagogik im Nationalsozialismus – Ein unerledigtes Problem der Erziehungswissenschaft. Frankfurt/M. usw. (Peter Lang) 1988

Kelly, George A.: The Psychology of Personal Constructs, Vol. I, II. New York (Northon) 1955

Klafki, Wolfgang: Das pädagogische Problem des Elementaren und die Theorie der kategorialen Bildung. Weinheim (Beltz) 1957

Klafki, Wolfgang: Didaktische Analyse als Kern der Unterrichtsvorbereitung. In: Die Deutsche Schule, 50. Jg., 10/1958, S. 450–471

Klafki, Wolfgang: Stichwort: Das Elementare, Fundamentale, Exemplarische. In: Groothoff, Hans-Herrmann/Stallmann, Martin (Hrsg.): Pädagogisches Lexikon. Stuttgart, Berlin (Kreuz-Verlag) 1961, S. 189–194

Klafki, Wolfgang: Didaktische Analyse als Kern der Unterrichtsvorbereitung. In: Roth/Blumenthal 1962, S. 5–32

Klafki, Wolfgang: Studien zur Bildungstheorie und Didaktik. Weinheim und Basel (Beltz) 1963 (= Klafki 1963)

Klafki, Wolfgang: Kategoriale Bildung. Zur bildungstheoretischen Deutung der modernen Didaktik. In: Klafki 1963, S. 25–45 (= Klafki 1963a)

Klafki, Wolfgang: Das Problem der Didaktik. In: Klafki 1963, S. 72–125 (= Klafki 1963b)

Klafki, Wolfgang: Didaktische Analyse als Kern der Unterrichtsvorbereitung. (Erstveröffentlichung: Klafki 1958) In: Klafki 1963, S. 126–153 (= Klafki 1963c)

Klafki, Wolfgang (Ltr.): Funk-Kolleg Erziehungswissenschaft. 3 Bde., Frankfurt/M. (Fischer) 1970 f.

Klafki, Wolfgang: Erziehungswissenschaft als kritisch-konstruktive Theorie: Hermeneutik – Empirie – Ideologiekritik. In: Klafki, Wolfgang (Hrsg.): Aspekte kritisch-konstruktiver Erziehungswissenschaft. Gesammelte Beiträge zur Theorie-Praxis-Diskussion. Weinheim und Basel (Beltz) 1976 (= Klafki 1976a)

Klafki, Wolfgang: Ideologiekritik und Erziehungswissenschaft. In: Klafki (Hrsg.) 1976a, S. 50–55 (= Klafki 1976b)

Klafki, Wolfgang: Zum Verhältnis von Didaktik und Methodik. In: Klafki/Otto/Schulz 1977, S. 13–39

Klafki, Wolfgang: Neue Studien zur Bildungstheorie und Didaktik. Beiträge zur kritisch-konstruktiven Didaktik. Weinheim und Basel (Beltz) 1985 (= Klafki 1985)

Klafki, Wolfgang: Konturen eines neuen Allgemeinbildungskonzepts. In: Klafki 1985, S. 12–30 (= Klafki 1985a)

Klafki, Wolfgang: Grundlinien kritisch-konstruktiver Didaktik. In: Klafki 1985, S. 31–86 (= Klafki 1985b)

Klafki, Wolfgang: Exemplarisches Lehren. In: Klafki 1985, S. 87–107 (= Klafki 1985c)

Klafki, Wolfgang: Innere Differenzierung des Unterrichts. In: Klafki 1985, S. 119–154 (= Klafki 1985d)

Klafki, Wolfgang: Zur Unterrichtsplanung im Sinne kritisch-konstruktiver Didaktik. In: Klafki 1985, S. 194–227 (= Klafki 1985e)

Klafki, Wolfgang: Die Bedeutung der klassischen Bildungstheorien für ein zeitgemäßes Konzept allgemeiner Bildung. In: Zeitschrift für Pädagogik, 32. Jg., 4/1986, S. 455–476 (= Klafki 1986a)

Klafki, Wolfgang: Die bildungstheoretische Didaktik im Rahmen kritisch-konstruktiver Erziehungswissenschaft. In: Gudjons/Teske/Winkel (Hrsg.) 1986, S. 11–26 (= Klafki 1986b)

Klafki, Wolfgang/Otto, Gunter/Schulz, Wolfgang: Didaktik und Praxis. Weinheim und Basel (Beltz) 1977

Klane, Rüdiger: Der ir-rationale Schrei des Körpers in der Wissenschaft. Beiträge zu einer ganzheitlichen Theorie des Körpers. Diss. phil., Oldenburg 1991

Kleinespel, Karin: Schule als biographische Erfahrung. Die Laborschule im Urteil ihrer Absolventen. Weinheim und Basel (Beltz) 1990

Klingberg, Lothar: Strukturprobleme der Unterrichtsstunde. In: Wissenschaftliche Zeitschrift der Karl-Marx-Universität Leipzig. Gesellschafts- und Sprachwissenschaftliche Reihe, 6. Jg., Heft 2, Universität Leipzig 1956/57, S. 157–161

Klingberg, Lothar: Zur Problematik der Allgemeinen Pädagogik als Lehrfach. In: Wissenschaftliche Zeitschrift der Karl-Marx-Universität Leipzig. Gesellschafts- und Sprachwissenschaftliche Reihe, 11. Jg., Heft 2, Universität Leipzig 1962, S. 213–216

Klingberg, Lothar: Einführung in die Allgemeine Didaktik. Vorlesungen. Frankfurt/M. (Fischer Athenäum) o. J. (1975)

Klingberg, Lothar: Zur didaktischen Inhalt-Methode-Relation. In: Wissenschaftliche Zeitschrift der Pädagogischen Hochschule „Karl Liebknecht" Potsdam, 27. Jg., 4/1983, S. 759–769 (= Klingberg 1983a)

Klingberg, Lothar: Theoretische und methodologische Prämissen – das Methodenproblem aus allgemeindidaktischer Sicht. In: Potsdamer Forschungen. Wissenschaftliche Schriftenreihe der Pädagogischen Hochschule „Karl Liebknecht" Potsdam. Erziehungswissenschaftliche Reihe, Heft 53, Pädagogische Hochschule Potsdam 1983, S. 10–27 (= Klingberg 1983b)

Klingberg, Lothar: Methodologische Fragen der Klassifizierung von Unterrichtsmethoden (Exkurs). In: Potsdamer Forschungen. Wissenschaftliche Schriftenreihe der Pädagogischen Hochschule „Karl Liebknecht" Potsdam. Erziehungswissenschaftliche Reihe, Heft 53, Pädagogische Hochschule Potsdam 1983, S. 109–143 (= Klingberg 1983c)

Klingberg, Lothar: Kategorien der Didaktik. In: Wissenschaftliche Zeitschrift der Pädagogischen Hochschule „Karl Liebknecht" Potsdam, 29. Jg., 4/1985, S. 722–738

Klingberg, Lothar: Unterrichtsprozeß und didaktische Fragestellung. Studien und Versuche. 3. Aufl., Berlin (Volk und Wissen) 1986

Klingberg, Lothar: Didaktik – Fragestellung und wissenschaftliches Umfeld. In: Klingberg 1986, S. 21–34 (= Klingberg 1986a)

Klingberg, Lothar: Zur Frage einer allgemeinen Didaktik. In: Klingberg 1986, S. 35–52 (= Klingberg 1986b)

Klingberg, Lothar: Lehren und Lernen als didaktische Grundprozesse – Zum Verhältnis der Akteure des Unterrichtsprozesses. In: Klingberg 1986, S. 53-66 (= Klingberg 1986c)

Klingberg, Lothar: Der Unterricht als Entwicklungsprozeß - Anmerkungen zur Dialektik des Unterrichts. In: Klingberg 1986, S. 67-89 (= Klingberg 1986d)

Klingberg, Lothar: Unterricht und Sprache. In: Klingberg 1986, S. 129-148 (= Klingberg 1986e)

Klingberg, Lothar: Zur Typologie didaktischer Sozialstrukturen. In: Klingberg 1986, S. 107-128 (= Klingberg 1986f)

Klingberg, Lothar: Der Unterricht als Erkenntnisprozeß - Zur kognitiven Funktion und Struktur des didaktischen Prozesses. In: Klingberg 1986, S. 91-106 (= Klingberg 1986g)

Klingberg, Lothar: Abbreviatur als didaktisches Problem. In: Wissenschaftliche Zeitschrift der Pädagogischen Hochschule „Karl Liebknecht" Potsdam, 30. Jg., 4/1986, S. 665-672 (= Klingberg 1986h)

Klingberg, Lothar: Überlegungen zur Dialektik von Lehrer- und Schülertätigkeit im Unterricht der sozialistischen Schule. In: Potsdamer Forschungen der Pädagogischen Hochschule „Karl Liebknecht" Potsdam. Erziehungswissenschaftliche Reihe, Heft 74, Pädagogische Hochschule Potsdam 1987

Klingberg, Lothar: Problemgeschichtliche Aspekte der Kategorie Lehren. In: Wissenschaftliche Zeitschrift der Pädagogischen Hochschule „Karl Liebknecht" Potsdam, 32. Jg., 4/1988, S. 61-71

Klingberg, Lothar: Einführung in die Allgemeine Didaktik. (Erstveröffentlicht 1972) 7., 1981 bearbeitete Aufl. Berlin (Volk und Wissen) 1989

Klingberg, Lothar: Lehrende und Lernende im Unterricht. Zu didaktischen Aspekten ihrer Positionen im Unterrichtsprozeß (überarb. Fassung von Klingberg 1987) Berlin (Volk und Wissen) 1990 (= Klingberg 1990a)

Klingberg, Lothar: Diesterweg über Unterrichtsmethode. In: Pädagogik und Schulalltag, 45. Jg., 9/1990, S. 705-718 (= Klingberg 1990b)

Knolle, Niels: Populäre Musik in Freizeit und Schule. Eine textkritische Untersuchung der musikpädagogischen Literatur seit 1945. Diss. phil., Oldenburg 1979

König, Eckard: Theorie der Erziehungswissenschaft. 3. Bde., München (Finck) 1975 bis 1978

König, Eckard: Bilanz der Theorieentwicklung in der Erziehungswissenschaft. In: Zeitschrift für Pädagogik, 36. Jg., 6/1990, S. 919-936

König, Eckard/Zedler, Peter: Einführung in die Wissenschaftstheorie der Erziehungswissenschaft. Düsseldorf (Schwann) 1983

Konukiewitz, Wolfgang: „Lernen, wie ich meinen eigenen Glauben finden kann". Zur Konzeption eines Handlungsorientierten Konfirmandenunterrichts. In: Der Evangelische Erzieher, 42. Jg., 5-6/1990, S. 547-564

Kramer, Rita: Maria Montessori. Leben und Werk einer großen Frau. Frankfurt/M. (Fischer) 1983

Kramp, Wolfgang: Stichwort: Unterrichtsvorbereitung und Nachbesinnung. In: Groothoff, Hans-Herrmann/Stallmann, Martin (Hrsg.): Pädagogisches Lexikon. Stuttgart, Berlin (Kreuz-Verlag) 1961, Sp. 986-988

Kramp, Wolfgang: Hinweise zur Unterrichtsvorbereitung für Anfänger. In: Roth/Blumenthal (Hrsg.) 1962, S. 33-65

Kramp, Wolfgang: Studien zur Theorie der Schule. München (Kösel) 1973

Krappmann, Lothar: Soziologische Dimensionen der Identität. Stuttgart (Klett) 1969

Krathwohl, David R./Bloom, Benjamin S./Masia, Benjamin B.: Taxonomie von Lernzielen im affektiven Bereich. Weinheim und Basel (Beltz) 1975

Krüger, Heinz-Hermann/Lersch, Rainer: Lernen und Erfahrung. Perspektiven einer Theorie schulischen Handelns. Bad Heilbrunn/Obb. (Klinkhardt) 1982

Krumm, Volker: Kritisch-rationale Erziehungswissenschaft. In: Lenzen/Mollenhauer 1983, S. 139–154

Kuhn, Thomas S.: Die Struktur wissenschaftlicher Revolutionen. Frankfurt/M. (Suhrkamp) 1967

Kutscha, Günter (Hrsg.): Bildung unter dem Anspruch von Aufklärung. Zur Pädagogik von Herwig Blankertz. Weinheim und Basel (Beltz) 1989

Lahn, Werner: Die Ansätze einer Lehrobjektivierung aus der Heimannschen „Matrix unterrichtlicher Handlungsmöglichkeiten". In: Northemann/Otto 1969, S. 219–249

Lakatos, Imre/Musgrave, Alan (Hrsg.): Kritik und Erkenntnisfortschritt. Abhandlungen des Internationalen Kolloquiums über die Philosophie der Wissenschaft, London 1965, Bd. 4. Braunschweig (Vieweg & Sohn) 1974

Lamnek, Siegfried: Qualitative Sozialforschung. 2 Bde., München, Weinheim (Psychologie Verlags Union) 1988 und 1990

Lange, Otto: Stichwort: Problemlösender Unterricht. In: Haller/Meyer 1986, S. 616–621

Langermann, Johannes: Der Erziehungsstaat nach Stein-Fichteschen Grundsätzen in einer Hilfsschule durchgeführt (1911), hrsg. von Erich Beschel. 3. Aufl., Berlin (Carl Marhold) 1963

Langeveld, Martinus Jan: Die Schule als Weg des Kindes. Versuch einer Anthropologie der Schule. 2., durchgesehene Aufl., Braunschweig (Westermann) 1963

Langewand, Alfred: Stichwort: Handeln. In: Lenzen/Mollenhauer 1983, S. 427–431

Laun, Roland: Freinet – 50 Jahre danach. Dokumente und Berichte aus drei französischen Grundschulklassen. Beispiele einer produktiven Pädagogik. Heidelberg (bvb-Edition Meichsner und Schmidt) 1982

Lefebvre, Henri: Kritik des Alltagslebens. (1958), 3 Bde., München (Hanser) 1974 und 1975

Leithäuser, Thomas u. a.: Entwurf zu einer Empirie des Alltagsbewußtseins. Frankfurt/M. (Suhrkamp) 1977

Lemke, Dietrich: Lernzielorientierter Unterricht – revidiert. Frankfurt/M., Bern (Peter Lang) 1981

Lemmermann, Heinz: Kriegserziehung im Kaiserreich. Studien zur politischen Funktion von Schule und Schulmusik 1890–1918. 2 Bde., Lilienthal/Bremen (eres edition) 1984

Lenzen, Dieter (Hrsg.): Enzyklopädie Erziehungswissenschaft. Handbuch und Lexikon der Erziehung. 13 Bde., Stuttgart (Klett-Cotta) 1983–1986

Lenzen, Dieter (Hrsg.): Pädagogische Grundbegriffe. 2 Bde., Reinbek bei Hamburg (Rowohlt) 1989

Lenzen, Dieter/Meyer, Hilbert L.: Das didaktische Strukturgitter – Aufbau und Funktion in der Curriculumentwicklung. In: Lenzen, Dieter (Hrsg.): Curriculumentwicklung für die Kollegschule: Der obligatorische Lernbereich. Frankfurt/M. (Fischer) 1975, S. 185–251

Lenzen, Dieter/Mollenhauer, Klaus (Hrsg.): Theorien und Grundbegriffe der Erziehung und Bildung (= Enzyklopädie Erziehungswissenschaft, Handbuch und Lexikon der Erziehung, Bd. 1). Stuttgart (Klett-Cotta) 1983

Leontjew, Alexej N.: Tätigkeit – Bewußtsein – Persönlichkeit. Köln (Pahl-Rugenstein) 1982

Liebau, Eckart: Gesellschaftliches Subjekt und Erziehung. Zur pädagogischen Bedeutung der Sozialisationstheorie von Pierre Bourdieu und

Ulrich Oevermann. Weinheim und München (Juventa) 1987

Liebrand-Bachmann, Margarete: Zum Stand der Ausbildungsforschung im Bereich der Lehrerausbildung. Versuch einer Klassifikation und Auswertung vorliegender Untersuchungen. Hamburg (Akademischer Hochschuldienst) 1981

Liimets, Heino/Naumann, Werner: Didaktik. Eine Unterrichtstheorie für die Mittel- und Oberstufe. Berlin (Volk und Wissen) 1982

Lingelbach, Karl Ch./Diederich, Jürgen: Handlungsprobleme des Lehrers. Eine Einführung in die Schulpädagogik. Band 1: Unterricht und Schulleben. Königstein/Ts. (Scriptor) 1979

Lippe, Rudolf zur: Am eigenen Leibe. Zur Ökonomie des Lebens. Frankfurt/M. (Syndikat) 1978

Lippitz, Wilfried: „Lebenswelt" oder die Rehabilitierung vorwissenschaftlicher Erfahrungen. Ansätze eines phänomenologisch begründeten anthropologischen und sozialwissenschaftlichen Denkens in der Erziehungswissenschaft. Weinheim und Basel (Beltz) 1980

Lippitz, Wilfried: Die hermeneutisch-phänomenologische Pädagogik. In: Westermanns Pädagogische Beiträge, 36. Jg., 1/1984, S. 40–44

Loch, Werner: Phänomenologische Pädagogik. In: Lenzen/Mollenhauer 1983, S. 155–173

Lorenzen, Paul/Schwemmer, Oswald: Konstruktive Logik, Ethik und Wissenschaftstheorie. Mannheim, Wien, Zürich (Bibliographisches Institut) 1973

Lorenzer, Alfred: Zur Begründung einer materialistischen Sozialisationstheorie. Frankfurt/M. (Suhrkamp) 1972

Lorenzer, Alfred: Sprachzerstörung und Rekonstruktion. Frankfurt/M. (Suhrkamp) 1973

Loser, Fritz/Terhart, Ewald (Hrsg.): Theorien des Lehrens. Stuttgart (Klett) 1977

Luckmann, Thomas: Lebenswelt und Gesellschaft. Grundstrukturen und geschichtliche Wandlungen. Paderborn u. a. (Schöningh) 1980

Luhmann, Niklas: Zweckbegriff und Systemrationalität. Über die Funktion von Zwecken in sozialen Systemen. Tübingen (J. C. B. Mohr) 1968

Luhmann, Niklas: Soziale Systeme. Grundriß einer allgemeinen Theorie. Frankfurt/M. (Suhrkamp) 1984

Luhmann, Niklas/Schorr, Karl-Eberhard: Reflexionsprobleme im Erziehungssystem. Stuttgart (Klett-Cotta) 1979

Lüpkes, Mariechen/Grothaus, Antje/Kringel, Andreas/Meyer, Hilbert: Das Müll-Buch. Vorschläge für fächerübergreifenden Sachunterricht zum Thema „Müll-Recycling". Schwerpunkt Sonderschulen. Universität Oldenburg (Zentrum für pädagogische Berufspraxis) 1989

Lyotard, Jean-Francois: Das postmoderne Wissen. Vollständig überarb. Fassung, Graz usw. (Böhlau) 1986

Mager, Robert F.: Lernziele und programmierter Unterricht. Weinheim, Berlin, Basel (Beltz) 1965 (völlig überarb. Neuausgabe unter dem Titel „Lernziele und Unterricht", Weinheim und Basel, Beltz 1977)

Mager, Robert F.: Zielanalyse. Weinheim und Basel (Beltz) 1973

Mähler, Bettina/Schröder, Stefan: Kleines Schullexikon für Lehrer in den neuen Bundesländern. Frankfurt/M. (Cornelsen-Scriptor) 1991

Mann, Iris: Lernen durch Handeln. Modell des handelnden Unterrichts. Alltagserfahrung und Schülerinteressen als didaktische Prinzipien. 2., überarb. Aufl., München, Wien, Baltimore (Urban & Schwarzenberg) 1977

Marx, Karl/Engels, Friedrich: Werke, Bd. 23: Das Kapital (Band 1). Berlin (Dietz) 1962

Matthes-Nagel, Ulrike: Stichwort: Objektiv-hermeneutische Bildungsforschung. In: Haft/Kordes 1984, S. 283–300

Mayring, Philipp: Einführung in die qualitative Sozialforschung. München, Weinheim (Psychologie Verlags Union) 1990

Memmert, Wolfgang: Didaktik in Grafiken und Tabellen. 3., verbesserte u. erweiterte Aufl., Bad Heilbrunn/Obb. (Klinkhardt) 1983

Menck, Peter: Ansätze zur Erforschung von Unterrichtsmethode in der BRD. In: Menck/Thoma (Hrsg.) 1972, S. 158–185

Menck, Peter: Anmerkungen zum Begriff der Didaktik. In: Zeitschrift für Pädagogik, 22. Jg., 4/1976, S. 793–801

Menck, Peter: Unterrichtsinhalt oder Ein Versuch über die Konstruktion der Wirklichkeit im Unterricht. Frankfurt/M., Bern, New York (Peter Lang) 1986

Menck, Peter/Thoma, Gösta (Hrsg.): Unterrichtsmethode. Intuition, Reflexion, Organisation. München (Kösel) 1972

Messner, Rudolf: Unterricht: ein Versuch, Unterrichtsgeschehen als Prozeß der Konstitution von Inhalten zu verstehen. Kassel (Gesamthochschul-Bibliothek) 1982

Messner, Rudolf: Neuordnung des Unterrichts. In: Skiba/Wulf/Wünsche 1983, S. 303–318

Meyer, Hilbert L.: Einführung in die Curriculum-Methodologie. München (Kösel) 1972

Meyer, Hilbert L.: Trainingsprogramm zur Lernzielanalyse. 2. überarbeitete Aufl., Frankfurt/M. (Fischer Athenäum) 1975 (12. Aufl., Frankfurt/M., Hain Verlag, 1991)

Meyer, Hilbert L.: Leitfaden zur Unterrichtsvorbereitung. Königstein/Ts. (Scriptor) 1980 (10. Aufl., Frankfurt/M., Cornelsen-Scriptor, 1991)

Meyer, Hilbert: Stichwort: Unterrichtsinhalt. In: Haller/Meyer 1986, S. 632–640

Meyer, Hilbert: UnterrichtsMethoden. Band 1: Theorieband (= Meyer 1987a); Band 2: Praxisband (= Meyer 1987b). Frankfurt/M. (Scriptor) 1987

Meyer-Drawe, Käte: Leiblichkeit und Sozialität. Phänomenologische Beiträge zu einer pädagogischen Theorie der Inter-Subjektivität. München (Wilhelm Fink Verlag) 1984

Meyer-Drawe, Käte: Stichwort: Lebenswelt. In: Haller/Meyer 1986, S. 505–511 (= Meyer-Drawe 1986a)

Meyer-Drawe, Käte: Das Risiko des Lernens. In: Lernen – Ereignis und Routine. Jahresheft IV, 1986, hrsg. vom Friedrich Verlag, Velber, S. 138–140 (= Meyer-Drawe 1986b)

Miller, Reinhold: Lehrer lernen. Ein pädagogisches Arbeitsbuch für Lehreranwärter, Referendare, Lehrer und Lehrergruppen. 3. Aufl., Weinheim und Basel (Beltz) 1989

Miller, Reinhold: Schilf-Wanderung. Wegweiser für die praktische Arbeit in der schulinternen Lehrerfortbildung. Weinheim und Basel (Beltz) 1990

Ministerium für Volksbildung (Hrsg.): Studienmaterial Grundlagen der Pädagogik. Für die Ausbildung von Lehrern an Universitäten und Hoch- und Fachschulen der DDR. 9. Aufl., Berlin (Volk und Wissen) 1986

Mollenhauer, Klaus: Erziehung und Emanzipation. Polemische Skizzen. München (Juventa) 1968

Mollenhauer, Klaus: Theorien zum Erziehungsprozeß. Zur Einführung in erziehungswissenschaftliche Fragestellungen. München (Juventa) 1972

Möller, Christine: Technik der Lernplanung. Methoden und Probleme der Lernzielerstellung. 4., völlig neu gestaltete Aufl., Weinheim und Basel (Beltz) 1973

Montessori, Maria: Kinder sind anders. Il segreto dell'infanzia. (1952) Frankfurt/M., Berlin, Wien (Klett-Cotta) 1980

Moser, Heinz: Ansätze einer kritischen Didaktik und Unterrichtstheorie. In: Moser, Heinz (Hrsg.): Probleme der Unterrichtsmethodik. Kronberg/Ts. (Athenäum) 1977, S. 7–64 (= Moser 1977a)

Moser, Heinz: Methoden der Aktionsforschung. Eine Einführung. München (Kösel) 1977 (= Moser 1977b)

Mühlhausen, Ulf: Lehrerpläne, Schülerpläne und die Struktur des Unterrichts. Eine handlungstheoretische Problembeschreibung des didaktischen Prinzips der Schülermitplanung. Diss. phil. Hannover 1986

Neber, Heinz (Hrsg.): Entdeckendes Lernen. Weinheim und Basel (Beltz) 1973

Nebhuth, Ralf/Brinkmann, Rainer: Szenische Interpretation von Opern. Oldenburger Vor-Drucke 49/88. Universität Oldenburg (Zentrum für pädagogische Berufspraxis) 1988

Nebhuth, Ralf/Stroh, Wolfgang M.: Szenische Interpretation von Opern – Wieder eine neue Operndidaktik? In: Praxis Musikerziehung/Musik und Bildung, 22. Jg., 1/1990, S. 16–21

Neuner, Gerhart (Ltr.): Allgemeinbildung – Lehrplanwerk – Unterricht. Berlin (Volk und Wissen) 1972

Neuner, Gerhart (Ltr.): Allgemeinbildung und Lehrplanwerk. 2., durchgesehene Aufl., Berlin (Volk und Wissen) 1988

Nohl, Herman: Die Pädagogische Bewegung in Deutschland und ihre Theorie. (1933) 3., unveränderte Aufl., Frankfurt/M. (Schulte-Blumke) 1949

Northemann, Wolfgang/Otto, Gunter (Hrsg.): Geplante Information. Paul Heimanns didakisches Konzept: Ansätze, Entwicklungen, Kritik. Weinheim, Berlin, Basel (Beltz) 1969

Nykrin, Rudolf: Erfahrungserschließende Musikerziehung. Konzepte – Argumente – Bilder. Regensburg (Bosse) 1978

Oblinger, Hermann/Kotzian, Ortfried/Waldmann, Johann: Grundlegende Unterrichtskonzeptionen. Donauwörth (Ludwig Auer) 1985

Ott, Thomas: Der heimliche Lehrplan der berufsbildenden Institutionen in der Musiklehrerausbildung (Arbeitstitel). In: Helms, Siegmund (Hrsg.): Schülerbild – Lehrerbild – Musiklehrerausbildung (= Gegenwartsfragen der Musikpädagogik, Schriftenreihe der Bundesfachgruppe Musikpädagogik, Bd. 4). Essen (die blaue eule) 1992 (in Vorbereitung)

Otto, Gunter: Didaktik der Ästhetischen Erziehung. Ansätze – Materialien – Verfahren. Braunschweig (Westermann) 1974

Otto, Gunter: Zur Etablierung der Didaktiken als Wissenschaften. Erinnerungen, Beobachtungen, Anmerkungen. Versuch einer Zwischenbilanz 1983. In: Zeitschrift für Pädagogik, 29. Jg., 4/1983, S. 519–543

Otto, Gunter: Medien der Erziehung und des Unterrichts. In: Otto/Schulz 1985, S. 74–107

Otto, Gunter/Sauer, Michael (Hrsg.): Bildung. Die Menschen stärken, die Sachen klären. Jahresheft 6/1988 des Friedrich Verlags. Seelze 1988

Otto, Gunter/Schulz, Wolfgang (Hrsg.): Methoden und Medien der Erziehung und des Unterrichts (= Enzyklopädie Erziehungswissenschaft, hrsg. von Dieter Lenzen, Bd. 4). Stuttgart (Klett-Cotta) 1985

Paradies, Liane: Gewalt- und Fluchtphantasien von Lehrerinnen. Diss. phil., Oldenburg 1992

Patry, Jean-Luc: Warum hat die Erziehungswissenschaft so wenig Einfluß auf die Erziehung? In: Die Realschule, 97. Jg., 3/1989, S. 107–113
Petersen, Peter: Der Jena-Plan einer freien allgemeinen Volksschule. Langensalza (Julius Beltz) 1927
Petersen, Peter: Führungslehre des Unterrichts. (1937) 3. Aufl., Braunschweig, Berlin, Hamburg (Westermann) 1951
Peterßen, Wilhelm H.: Grundlagen und Praxis lernzielorientierten Unterrichts. Ravensburg (Otto Meier) 1974
Peterßen, Wilhelm H.: Lehrbuch Allgemeine Didaktik. München (Ehrenwirth) 1983
Peterßen, Wilhelm H.: Handbuch Unterrichtsplanung. Grundfragen, Modelle, Stufen, Dimensionen. 3., erweiterte und aktualisierte Aufl., München (Ehrenwirth) 1988
Peukert, Helmut: Bildung – Reflexionen zu einem uneingelösten Versprechen. In: Otto/Sauer (Hrsg.) 1988, S. 12–17
Popper, Karl R.: Logik der Forschung. (1934) 2., erweiterte Aufl., Tübingen (J. C. B. Mohr) 1966

Raapke, Hans-Dietrich: Das Problem des freien Raumes im Jugendleben. Weinheim, Berlin (Beltz) 1958
Ramseger, Jörg: Offener Unterricht in der Erprobung. 2. Aufl., Weinheim, München (Juventa) 1985
Ramseger, Jörg: Stichwort: „Offener Unterricht". In: Sammlung Domino. Aktuelles Handbuch für Lehrer und Erzieher, hrsg. von H.-J. Ipfling u. a. München (Domino Verlag) 1987 (o. S.)
Ramseger, Jörg: Was heißt „durch Unterricht erziehen?" Erziehender Unterricht und Schulreform. Weinheim und Basel (Beltz) 1991
Rang, Adalbert: Zur Bedeutung des „Allgemeinen" im Konzept der allgemeinen Bildung. In: Zeitschrift für Pädagogik, 32. Jg., 4/1986, S. 477–487

Rastrigin, Leonhard A.: Zahl oder Wappen? Ein Buch über den Zufall. Leipzig (Urania) 1973
Rausch, Edgar: Selbständige geistige Tätigkeit im Unterricht. Berlin (Volk und Wissen) 1978
Reich, Kersten: Theorien der Allgemeinen Didaktik. Zu den Grundlinien didaktischer Wissenschaftsentwicklung in der Bundesrepublik Deutschland und in der Deutschen Demokratischen Republik. Stuttgart (Klett) 1977
Reich, Kersten: Unterricht – Bedingungsanalyse und Entscheidungsfindung. Ansätze zur neuen Grundlegung der Berliner Schule der Didaktik. Stuttgart (Klett-Cotta) 1979
Reich, Kersten/Thomas, Helga (Hrsg.): Paul Heimann – Didaktik als Unterrichtswissenschaft. Stuttgart (Klett) 1976
Reichwein, Adolf: Schaffendes Schulvolk. Stuttgart, Berlin (Kohlhammer) 1939 (Neuausgabe: Braunschweig usw., Westermann, 1951)
Reyem, Hilbert Lühr: The Development of Student's Lolative Strategies. In: Wittrock, M.C./Wiley, David E. (Eds.): The Evaluation of Instruction. Issues and Problems. New York (Holt, Rinehart and Winston) 1970, S. 149–164
Richter, Christoph: Theorie und Praxis der didaktischen Interpretation von Musik. Frankfurt/M. usw. (Diesterweg) 1976
Ritz-Fröhlich, Gertrud: Verbale Interaktionsstrategien im Unterricht. Impuls – Denkanstoß – Frage. Ravensburg (Otto Maier) 1973
Robinsohn, Saul B.: Bildungsreform als Revision des Curriculum. Neuwied und Berlin (Luchterhand) 1967
Rohr, Barbara: Handelnder Unterricht. Versuche zur Bestimmung eines materialistisch orientierten Unterrichts bei lernbehinderten Schülern. Heidelberg (G. Schinderle) 1980

Rolff, Hans-Günter/Zimmermann, Peter: Kindheit im Wandel. Eine Einführung in die Sozialisation im Kindesalter. (1985) Überarb. Neuausgabe, Weinheim und Basel (Beltz) 1990

Rosenbusch, Heinz S.: Die Beachtung nonverbaler Kommunikation als Beitrag zur Kommunikationshygiene im Unterricht. In: Rosenbusch, Heinz S./Schober, Otto (Hrsg.): Körpersprache in der schulischen Erziehung. Baltmannsweiler (Burgbücherei Schneider) 1986, S. 49–72

Rosenthal, Robert / Jacobson, Lenore: Pygmalion im Unterricht. Lehrererwartungen und Intelligenzentwicklung der Schüler. Weinheim, Berlin, Basel (Beltz) 1971

Roth, Heinrich: Pädagogische Psychologie des Lehrens und Lernens. 7., neugestaltete und durchgesehene Aufl., Hannover (Schroedel) 1963

Roth, Heinrich / Blumenthal, Alfred (Hrsg.): Didaktische Analyse. Auswahl – Grundlegende Aufsätze aus der Zeitschrift Die Deutsche Schule. Hannover (Schroedel) 1962

Roth, Leo: Effektivität von Unterrichtsmethoden. Hannover-Berlin-Darmstadt-Dortmund (Schroedel) 1971

Roth, Leo: Handlexikon zur Didaktik der Schulfächer. München (Ehrenwirth) 1980

Roth, Leo (Hrsg.): Pädagogik. Handbuch für Studium und Praxis. München (Ehrenwirth) 1991

Rousseau, Jean-Jacques: Emile oder Über die Erziehung, (1762) hrsg. von Martin Rang. Stuttgart (Reclam) 1963

Ruhloff, Jörg: Das ungelöste Normenproblem der Pädagogik. Eine Einführung. Heidelberg (Quelle & Meyer) 1979

Rumpf, Horst: Die übergangene Sinnlichkeit. Drei Kapitel über die Schule. München (Juventa) 1981

Rumpf, Horst: Die künstliche Schule und das wirkliche Lernen. Über verschüttete Züge im Menschenlernen. München (Ehrenwirth) 1986 (= Rumpf 1986a)

Rumpf, Horst: Mit fremdem Blick. Stücke gegen die Verbiederung der Welt. Weinheim und Basel (Beltz) 1986 (= Rumpf 1986b)

Rumpf, Horst: Belebungsversuche. Ausgrabungen gegen die Verödung der Lernkultur. Weinheim, München (Juventa) 1987

Ruprecht, Horst/Beckmann, Hans-Karl/ Cube, Felix von/Schulz, Wolfgang: Modelle grundlegender didaktischer Theorien. Hannover (Schroedel) 1972

Schäfer, Karl-Heinz/Schaller, Klaus: Kritische Erziehungswissenschaft und kommunikative Didaktik. Heidelberg (Quelle & Meyer) 1971

Scheel, Barbara: Offener Grundschulunterricht. Schülerzentrierter Unterricht mit Freier Arbeit und Wochenplan. Weinheim und Basel (Beltz) 1978

Scheller, Ingo: Erfahrungsbezogener Unterricht. Aneignung, Verarbeitung, Veröffentlichung. Universität Oldenburg (Zentrum für pädagogische Berufspraxis) 1980

Scheller, Ingo: Erfahrungsbezogener Unterricht. Praxis, Planung, Theorie. Königstein/Ts. (Scriptor) 1981

Scheller, Ingo: Lehrerhaltungen und was andere davon wahrnehmen. In: Westermanns Pädagogische Beiträge, 34. Jg., 10/1982, S. 416–423

Scheller, Ingo: Szenisches Spiel. In: Ott, Thomas/Scheller, Ingo/Scherler, Karlheinz/Selle, Gert: Stichwort: Lernbereich Ästhetik. In: Haller/Meyer (Hrsg.) 1986, S. 201–210

Scheller, Ingo: Szenische Interpretation: Georg Büchner: Woyzeck. Vorschläge und Dokumente zum erfahrungsbezogenen Umgang mit Literatur und Alltagsgeschichte. Universität Oldenburg (Zentrum für pädagogische Berufspraxis) 1987 (= Scheller 1987a)

Scheller, Ingo: Szenische Interpretation: Frank Wedekind: Frühlings Erwachen. Vorschläge, Materialien und Dokumente zum erfahrungsbezogenen Umgang mit Literatur und Alltagsgeschichte. Universität Oldenburg (Zentrum für pädagogische Berufspraxis) 1987 (= Scheller 1987b)

Scheller, Ingo: Wir machen unsere Inszenierungen selber. Band I: Szenische Interpretation von Dramentexten. Theorie und Verfahren zum erfahrungsbezogenen Umgang mit Literatur und Alltagsgeschichte(n). Universität Oldenburg (Zentrum für pädagogische Berufspraxis) 1989 (= Scheller 1989a)

Scheller, Ingo: Wir machen unsere Inszenierungen selber. Band II: Szenische Interpretation von Dramentexten: „Die Soldaten" (Lenz) – „Faust I" (Goethe) – „Maria Stuart" (Schiller) – „Der gute Mensch von Sezuan" (Brecht) – „Andorra" (Frisch) – „Die Physiker" (Dürrenmatt). Verlaufspläne und Materialien für einen erfahrungsbezogenen Umgang mit Literatur und Alltagsgeschichte(n). Universität Oldenburg (Zentrum für pädagogische Berufspraxis) 1989 (= Scheller 1989b)

Scheller, Ingo/Schumacher, Rolf: Das szenische Spiel als Lernform in der Hauptschule. Universität Oldenburg (Zentrum für pädagogische Berufspraxis) 1984

Scherler, Karlheinz: Elementare Didaktik. Vorgestellt an Beispielen aus dem Sportunterricht. Weinheim und Basel (Beltz) 1989

Schewe, Manfred: Dramapädagogik oder Unterricht als gestaltete Improvisation. In: Pädagogik, 42. Jg., 7–8/1990, S. 54–59

Schlee, Jörg/Wahl, Diethelm (Hrsg.): Veränderung subjektiver Theorien von Lehrern. Beiträge und Ergebnisse eines Symposiums an der Universität Oldenburg vom 16.–18. 2. 1986. Universität Oldenburg (Zentrum für pädagogische Berufspraxis) 1987

Schleiermacher, Friedrich Daniel Ernst: Pädagogische Schriften, hrsg. von Erich Weniger unter Mitwirkung von Theodor Schulze. 2 Bde., Düsseldorf (Küpper; vormals Bondi) 1957 (Neuaufl., Frankfurt/M., Berlin, Wien, Klett-Cotta/Ullstein, 1983)

Schleiermacher, Friedrich Daniel Ernst: Hermeneutik. Heidelberg (Carl Winter Universitätsverlag) 1959

Schründer, Agi: Alltagsorientierung in der Erziehungswissenschaft. Studien zu ihrem Anspruch und ihrer Leistung auf dem Hintergrund alltagstheoretischer Ansätze in den Sozialwissenschaften. Weinheim und Basel (Beltz) 1982

„*Schulinterne Lehrerfortbildung – Gemeinsam statt einsam*". Themenheft der Zeitschrift „Pädagogik", 43. Jg., 5/1991

Schulz, Wolfgang: Unterricht – Analyse und Planung. In: Heimann/Otto/Schulz 1965, S. 13–47

Schulz, Wolfgang: Umriß einer didaktischen Theorie der Schule. In: Zur Theorie der Schule. Mit Beiträgen von Peter Fürstenau, Carl-Ludwig Furck, C. Wolfgang Müller, Wolfgang Schulz und Franz Wellendorf. Unter Mitarbeit von Gerhard Dallmann. Weinheim, Berlin, Basel (Beltz) 1969, S. 27–45 (= Schulz 1969a)

Schulz, Wolfgang: Zur Differenzierung an Gesamtschulen. In: Zur Theorie der Schule. Mit Beiträgen von Peter Fürstenau u. a. Weinheim, Berlin, Basel (Beltz) 1969, S. 135–161 (= Schulz 1969b)

Schulz, Wolfgang: Aufgaben der Didaktik. Eine Darstellung aus lehrtheoretischer Sicht. In: Kochan, Detlef C. (Hrsg.): Allgemeine Didaktik – Fachdidaktik – Fachwissenschaft. Ausgewählte Beiträge aus den Jahren 1953 bis 1969. Darmstadt (Wissenschaftliche Buchgesellschaft) 1970, S. 403–440

Schulz, Wolfgang: Unterricht zwischen Funktionalisierung und Emanzipationshilfe – Zwischenbilanz auf dem Wege zu einer kritischen Didaktik. In: Ruprecht/Beckmann/von Cube/Schulz 1972, S. 155–184

Schulz, Wolfgang: Ein Hamburger Modell der Unterrichtsplanung – Seine Funktionen in der Alltagspraxis. In: Adl-Amini/Künzli (Hrsg.) 1980, S. 49–87

Schulz, Wolfgang: Unterrichtsplanung. Mit Materialien aus Unterrichtsfächern. 3., erw. Aufl., München, Wien, Baltimore (Urban & Schwarzenberg) 1981

Schulz, Wolfgang: Methoden der Erziehung und des Unterrichts unter der Perspektive der Mündigkeit. In: Otto/Schulz (Hrsg.) 1985, S. 53–73

Schulz, Wolfgang: Die lehrtheoretische Didaktik. In: Gudjons/Teske/Winkel (Hrsg.) 1986, S. 29–45

Schulz, Wolfgang: Die Perspektive heißt Bildung. In: Otto/Sauer (Hrsg.): ... 1988, S. 6–11

Schulz, Wolfgang: Praktisches Lernen und didaktisches Reflektieren. In: Neue Sammlung, 30. Jg., 3/1990, S. 395–406 (= Schulz 1990a)

Schulz, Wolfgang: Selbständigkeit – Selbstbestimmung – Selbstverantwortung. In: Pädagogik, 42. Jg., 6/1990, S. 34–40 (= Schulz 1990b)

Schulze, Theodor: Methoden und Medien der Erziehung. München (Juventa) 1978

Schwenk, Bernhard/Pogrell, Lorenz von: Stichwort: Bildung, formale – materiale. In: Haller/Meyer (Hrsg.) 1986, S. 394–399

Sloterdijk, Peter: Kritik der zynischen Vernunft. Frankfurt/M. (Suhrkamp) 1984

Skiba, Ernst-Günther/Wulf, Christoph/Wünsche, Konrad (Hrsg.): Erziehung im Jugendalter – Sekundarstufe I (= Enzyklopädie Erziehungswissenschaft, hrsg. von Dieter Lenzen, Bd. 8). Stuttgart (Klett-Cotta) 1983

Soeffner, Hans-Georg (Hrsg.): Interpretative Verfahren in den Sozial- und Textwissenschaften. Stuttgart (J. B. Metzler) 1979

Söltenfuß, Gerhard: Grundlagen handlungsorientierten Lernens. Bad Heilbrunn/Obb. (Klinkhardt) 1983

Spender, Dale: Frauen kommen nicht vor. Sexismus im Bildungswesen. Frankfurt/M. (Fischer) 1985

Spinner, Helmut F.: Ist der kritische Rationalismus am Ende? Weinheim und Basel (Beltz) 1982

Stegmüller, Wolfgang: Probleme und Resultate der Wissenschaftstheorie und Analytischen Philosophie. 4 Bde., Berlin u. a. (Springer) 1969–1973

Stephan, Petra: Untersuchungen zur Möglichkeit, durch eine vergleichende Analyse bisher erschienener Gesamtdarstellungen zur Didaktik in der DDR Anforderungen an künftige Gesamtdarstellungen abzuleiten. Habilitationsschrift (Promotion B). Berlin (Akademie der Pädagogischen Wissenschaften der DDR) 1990

Stöcker, Karl: Neuzeitliche Unterrichtsgestaltung. (1957) 13., neubearbeitete und erweiterte Aufl., München (Ehrenwirth) 1970

Stroh, Wolfgang Martin: Szenisches Spiel im Musikunterricht. In: Musik und Bildung, 14. Jg., 6/1982, S. 403–407

Stroh, Wolfgang Martin: Umgang mit Musik im erfahrungsbezogenen Unterricht. In: Bastian, Hans Günther (Hrsg.): Musikpädagogische Forschung. Band 6: Umgang mit Musik. Laaber (Laaber) 1985, S. 145–160

Tack, Karl: Wider die Anpassung des Lehrers: Strategien zur Reform der 2. Phase der Lehrerausbildung. Köln (Pahl-Rugenstein) 1983

Tenorth, Heinz-Elmar: Eduard Sprangers hochschulpolitischer Konflikt 1933 – Politisches Handeln eines Preußischen Gelehrten. In: Zeitschrift für Pädagogik, 36. Jg., 4/1990, S. 573–596
Terhart, Ewald: Interpretative Unterrichtsforschung. Kritische Rekonstruktion und Analyse konkurrierender Forschungsprogramme der Unterrichtswissenschaft. Stuttgart (Klett-Cotta) 1978
Terhart, Ewald: Erfahrungswissen und wissenschaftliches Wissen. In: Thiemann (Hrsg.) 1980, S. 83–105
Terhart, Ewald: Der Stand der Lehr-Lern-Forschung. In: Haller/Meyer (Hrsg.) 1986, S. 63–79
Terhart, Ewald: Selbständigkeit. Notizen zur Geschichte und Problematik einer pädagogischen Kategorie. In: Pädagogik, 42. Jg., 6/1990, S. 6–9
Thiemann, Friedrich (Hrsg.): Konturen des Alltäglichen. Interpretationen zum Unterricht. Königstein/Ts. (Scriptor) 1980
Tillmann, Klaus-Jürgen: Sozialisationstheorien. Eine Einführung in den Zusammenhang von Gesellschaft, Institution und Subjektwerdung. Reinbek bei Hamburg (Rowohlt) 1989
Turk, Horst: Wahrheit oder Methode? H.-G. Gadamers „Grundzüge einer philosophischen Hermeneutik". In: Birus (Hrsg.) 1982, S. 120–150
Twellmann, Walter (Hrsg.): Handbuch Schule und Unterricht. 8 Bde., Düsseldorf (Schwann) 1981–1985

Vesper, Stefan: Lust und Frust des Referendars. Zwölf subjektive Einblicke in das erste Jahr eines Geschichtslehrer-Referendariats. In: Geschichte in Wissenschaft und Unterricht, 38. Jg., 10/1987, S. 645–650
Vogel, Peter: Stichwort: Reduktion, didaktische. In: Haller/Meyer (Hrsg.) 1986, S. 567–571

Volpert, Walter: Handlungsstrukturanalyse als Beitrag zur Qualifikationsforschung. Köln (Pahl-Rugenstein) 1974

Wagenschein, Martin: Das „exemplarische Lehren" als ein Weg zur Erneuerung der Höheren Schule. Hamburg (Verlag der Gesellschaft der Freunde des vaterländischen Schul- und Erziehungswesens) 1954
Wagenschein, Martin: Die pädagogische Dimension der Physik. (1962) 4. Aufl., Braunschweig (Westermann) 1976
Wagenschein, Martin: Verstehen lehren. Genetisch – Sokratisch – Exemplarisch. (1968) 7., durchgesehene Aufl., Weinheim und Basel (Beltz) 1982
Wagenschein, Martin: Erinnerungen für morgen. Eine pädagogische Autobiographie. Weinheim und Basel (Beltz) 1983
Wagenschein, Martin: Kinder auf dem Wege zur Physik (Erste Ausgabe Stuttgart, Klett, 1973). Mit Beiträgen von A. Banholzer u. a. Weinheim und Basel (Beltz) 1990
Wahl, Diethelm/Schlee, Jörg/Krauth, Josef/Mureck, Jürgen: Naive Verhaltenstheorie von Lehrern. Abschlußbericht eines Forschungsvorhabens zur Rekonstruktion und Validierung subjektiver psychologischer Theorien. Universität Oldenburg (Zentrum für pädagogische Berufspraxis) 1983
Wallrabenstein, Wulf: Offene Schule – Offener Unterricht. Ratgeber für Eltern und Lehrer. Reinbek bei Hamburg (Rowohlt) 1990
Wellendorf, Franz: Schulische Sozialisation und Identität. Zur Sozialpsychologie der Schule als Institution. Weinheim und Basel (Beltz) 1973
Weniger, Erich: Theorie und Praxis in der Erziehung. (Erstveröffentlichung: 1929) In: Weniger, Erich: Ausgewählte Schriften. Band 6: Ausgewählte Schriften zur geisteswissen-

schaftlichen Pädagogik. Hrsg. von Bruno Schonig. Weinheim, Basel (Beltz) 1990, S. 29-44

Wettstedt, Günter: Polytechnische Erziehung. In: Pädagogik, 43. Jg., 6/1991, S. 44-48

Wilhelm, Theodor: Die Allgemeinbildung ist tot – Es lebe die Allgemeinbildung! In: Neue Sammlung, 25. Jg., 2/1985, S. 120-150

Winkel, Rainer: Antinomische Pädagogik und Kommunikative Didaktik. Studien zu den Widersprüchen und Spannungen in Erziehung und Schule. 2., verbesserte Aufl., Düsseldorf (Schwann) 1988

Winnefeld, Friedrich und Mitarbeiter: Pädagogischer Kontakt und Pädagogisches Feld. Beiträge zur Pädagogischen Psychologie. München, Basel (Reinhardt) 1957

Wißmann, Friedrich: Zur Geschichte der Kriegsbegeisterung in der Schule. Oldenburger Vor-Drucke 83/89. Universität Oldenburg (Zentrum für pädagogische Berufspraxis) 1989

Wopp, Christel: Lernschwierige Kinder im offenen Unterricht. In: Grundschule, 21. Jg., 5/1989, S. 35-37

Wopp, Christian: Stichwort: Unterricht, handlungsorientierter. In: Haller/Meyer (Hrsg.) 1986, S. 600-606

Wopp, Christian: Selbständigkeit im Sport. Köln (Pahl-Rugenstein) 1988

Wygotski, Lew Semjonowitsch: Denken und Sprechen. Frankfurt/M. (Fischer) 1977

Zedler, Peter/König, Eckard (Hrsg.): Rekonstruktionen pädagogischer Wissenschaftsgeschichte. Fallstudien, Ansätze, Perspektiven. Weinheim (Deutscher Studien Verlag) 1989

Zedler, Peter/Moser, Heinz (Hrsg.): Aspekte qualitativer Sozialforschung. Studien zu Aktionsforschung, empirischer Hermeneutik und reflexiver Sozialtechnologie. Opladen (Leske + Budrich) 1983

Zeilinger, H.-P.: Zur Gestaltung der sprachlichen Kommunikation im Unterricht. Dissertation (A), Rostock 1976

Ziehe, Thomas: Pubertät und Narzißmus. Sind Jugendliche entpolitisiert? Frankfurt/M., Köln (Europäische Verlagsanstalt) 1975

Ziehe, Thomas: Warum das Lernen heute schwieriger geworden ist. In: päd. extra 1/1980, S. 32-42

Ziehe, Thomas/Stubenrauch, Herbert: Plädoyer für ungewöhnliches Lernen. Ideen zur Jugendsituation. Reinbek bei Hamburg (Rowohlt) 1982

Bildnachweis

17 Gisela Blankertz, Münster
19 Vandenhoeck & Ruprecht, Göttingen
20 Eberhard Weniger, Berlin
37 aus: K. Rutschky (Hrsg.): Schwarze Pädagogik. Frankfurt/M. (Ullstein) 1977, S. 74
57 Zeichnung: Uli Radt, aus: Gerd-Bodo Reinert (Hrsg.): Praxishandbuch Unterricht. Grundwissen für Lehrer. Reinbek (Rowohlt) 1980, S. 296
59 aus: Comenius 3. Auflage 1985, S. 2
74 Interfoto, München
91 Zeichnung: A. Paul Weber, © VG Bild-Kunst, Bonn 1991
103 und 140 Interfoto, München
147 aus: Friedrich Copei 1902-1945. Dokumente seiner Forschungen aus Pädagogik, Schule und Landeskunde. Zusammengestellt und bearbeitet von V. Wehrmann, hrsg. vom Lippischen Heimatbund in Verbindung mit der Fakultät für Pädagogik der Univ. Bielefeld, Detmold 1982, S. 123
148 Beltz Verlag, Weinheim, Basel
251 aus: Rastrigin 1973
277 Zeichnung: Buchegger, Schwäbisches Tageblatt vom 11.3.1976
285 © KING FEATURES Syndicate Inc./Distr. Bulls, Frankfurt
312 Zeichnung: Peter Gaymann, © Fackelträger Verlag
324 v.l.: Rowohlt Verlag, Reinbek; Klett-Cotta, Stuttgart; Beltz Verlag, Weinheim, Basel
330 und 332 Peter Kraft, Münster
346 aus: Comenius 3. Auflage 1985, S. 80
348 aus: James L. Henderson: Adolf Reichwein. Eine politisch-pädagogische Biographie. Stuttgart (Deutsche Verlags-Anstalt) 1958
349 aus: Langermann 3. Auflage 1963, S. 3
357 aus: Johannes Hickel: Sanfter Schrecken. © Quelle & Meyer Verlag Heidelberg, Wiesbaden 1980
387 Zeichnung: Rolf Köhler, aus: Lehrerinnen- und Lehrerkalender. Gießen (Anabas Verlag) 1989
390 Zeichnung: H. Dräger, aus der Zeitschrift: »Musik und Bildung«, H. 17/5/1985, S. 333, Mainz (Schott)
408 Grell/Grell 1979, S. 208

PERSONEN- und SACHREGISTER

Abbild-Didaktik 252, 415-417
Abbreviatur 250-252
Abhängigkeit, korrelative 261f.
Abitur 176
Ablauf der Stunde 419
Ableitung 84, 119, 141, 238, 258, 293
Absicht 185f., 205
abstrakt 77
Abstraktionsebenen ▶ Ebenen didaktischer Reflexion
Abstraktionsniveaus von Lernzielen 85f., 303
Adl-Amini, Bijan 71, 110, 159, 271, 348
Adorno, Theodor W. 100f., 105, 167
Aebli, Hans 353
Ästhetik 252, 256
affektiv 305
Aktionsform 211
aktiv 28
Algorithmus 268
Allgemeinbildung/allgemeinbildend 81, 137-139, 175-179, 240, 348, 373
Allgemeinbildung, sozialistische 176, 246-250
Allgemeine Didaktik 18, 60, 92, 94, 160, 218, 226, 240, 287
Allgemeingültigkeit
– der didaktischen Modelle 94
– theoretischer Aussagen 17, 104
Alltagsbewußtsein 128
Alltagspraxis 224
Alltagstrott 55, 57
Alternativschule 374
Altrichter, Herbert 42
Analyse 70, 306
– deskriptive 62
– Didaktische **133-136**, 144f., 153, 156, 172, 210, 404, 413, 416
– methodische 400
– der Unterrichtswirklichkeit 61-69
– des Unterrichts 21, 63, 69-73, 197, 201-204, 307
Analyseraster 72, 210

analytisch 305, 396
Aneignung 265
– eines didaktischen Konzepts 39
– von Erfahrungen 317
– von Theoriewissen 33
Aneignungsprozeß 241-246, 251, 263, 276, 312
Aneignungsschwierigkeiten von Theoriewissen 18-35
Anmutung 206
Anpassung 47
Anschauung 29, 189
anthropogen 183, 189f., 193, 199
Antike 17, 19
Anwendung 306
»Anything goes« 126
Anz, Heinrich 113
Arbeit 244, 298, 359
Arbeitsformen 327
Arbeitslehre 374
Arbeitsmaterial 298, 331
Arbeitsprodukt 318
Arbeitsprozeß 318
Arbeitstechnik 367
Arbeitsthema 363, 405
Arbeitsschulbewegung 209, 245, 297, 348
Arbeitszeit 328
Artikulationsschema 211; ▶ Stufen- und Phasenschema
Aspektanalyse 252-257
Aspektzusammenhang didaktischer Modelle 94
Atmosphäre, pädagogische 229
Aufgabe 328
Aufklärung 73, 74, 76, 77, 90, 105, 118, 126, **140f.**, 177, 221, 247
Aufmerksamkeit 342
Aurin, Kurt 108
Ausgangslage 224f.
Ausgewogenheit 231f., 338, 354
Ausstattung 331
Auswertung 21, 358
Auswertungsgespräch 394
Auswertungsphase 363f., 368, 379

Automatisierung von Handlungsabläufen 48
Autonomie 138, 219f.
Autopoiesis 84
Autorität 31

Baacke, Dieter 127
Balance 226, 231f
Bastian, Johannes 295, 364
Bayer, Manfred 392
Beck, Ulrich 344
Beckmann, Hans-Karl 60, 218
Bedeutung 114, 317
– exemplarische 133f., 169, 171
– subjektive 321
Bedingungen 258
Bedingungsanalyse 171, 173
Bedingungsfeld 183f., 194
Bedingungsprüfung 198, 252
Begegnung, originale 147, 162, 165, 256, 365
Begriff 22, 29, 98, 102
– allgemeiner 71, 145
– einheimischer 319
Begründungsfrage 16
Begründungszusammenhang
– didaktisch-methodischer 405, 412
– von Zielen, Inhalten, Methoden 290
Behaviorismus 75, 102, 309
Benjamin, Walter 105
Benner, Dietrich 17, 141, 322
Beobachtung 62, 103f., 266, 302, 333
Bereicherung, dimensionale 206f.
Bereichsdidaktik 60, 93, 160
Berg, Hans Christoph 296
Bergmeier, Hinrich 407
Berliner Schule 182
Bernfeld, Siegfried 108
BerufsanfängerIn 31, 39, 48, 215f., 288, 309
Berufsbildung 348
Berufsethos 29
Berufssozialisation 41f., 291
Beschreibung
– normative 65
– phänomenologische 123
– präskriptive 65
Besinnung 84, 154

Betriebsblindheit 22, 54, 99
Betriebswissen 20, 287
Bettelhäuser, Hans-Jörg 392
Beurteilung 198, 306
Bewußtsein 123, 177
Bewußtseinstheorie 319, 352
Beziehung
– korrelative 195
– soziale 313
Bezugswissenschaft 119, 160, 416
Bildsamkeit 74
Bildung 77, 137-139, 175-179
– allseitige 175, 177, 248
– Einheit der 143
– funktionale 78, 143
– kategoriale **142-144**, 169, 248, 266
– methodische 78, 143
– universale 248
»Bildung für alle« 175-177, 248
Bildungsauftrag 79
Bildungsbegriff 107, 169, 204, 212-214
– bildungstheoretischer 137-142
– handlungsorientierter 213, 371-373
– sozialistischer 246-250
Bildungsgang 80
Bildungsgehalt 133, **152f.**, 173
Bildungsgut 242, 259
Bildungsinhalt 133, **152f.**, 173
Bildungsprozeß 138, 140, 218
Bildungsreform, sozial-liberale 110, 126, 291, 347, 374f.
Bildungstheoretische Didaktik 82, 93, **131-165**, 193, 204, 210f., 266, 400, 406
Bildungstheorie
– des handlungsorientierten Unterrichts 371-373
– formale/materiale 77-80, **142-144**, 177, 248
– Heimanns 204-214
– klassische 137, 143, 244f., 249
– sozialistische 246-250
– weltanschauliche 248
Bildungswert 145
Biographieforschung 127
Birus, Hendrik 113
Black-box-Modell 103

Blankertz, Herwig 17, 76, 77, 78, 82, 92, 94, 107, 108, 115, 118, 130, 138, 141, 170, 192, 201, 211, 217, 223, 226, 300, 348, 400, 411
Bloch, Ernst 280, 282
Block, Achim 176
Bloom, Benjamin 208, 305f.
Bönsch, Manfred 295, 352
Boettcher, Wolfgang 220
Bollnow, Otto F. 108, 116
BRD 60, 70, 93, 107f., 126, 208, 255, 272-275, 374f.
Brechung, didaktische 250-252
Brezinka, Wolfgang 104
Bromme, Rainer 22, 48
Brügelmann, Hans 322
Brumlik, Micha 122
Buchschule 343
Büttemeyer, Wilhelm 96, 100

Calvin, Jean 73
Chairman 228
Chalmers, Alan F. 101
Cohn, Ruth 226-230
Comenius 246, 301, 319, 345f.
Comte, Auguste 102
Copei, Friedrich 29, 147, 162, 165
Cube, Felix von 117
Curriculum 83, 177, 301
Curriculumentwicklung 299
Curriculumforschung 118, 126, 218, 291
Czerwenka, Klaus 339

Dahmer, Ilse 110, 115
Danner, Helmut 96, 101, 115, 123
Darstellung/Darstellungsmethode 24, 27, 401
Daseinsbewältigung 205f., 213
DDR 18, 24, 43, 60f., 70, 93, 107, 110, 117, 126, 176, 236-284, 292, 400
Deduktion/Deduktionsproblem 84-87, 104, 262, 417
deduktiv 21, 397
Deiters, Heinrich 108
Demokratie, demokratisch 75, 88, 167, 220, 230, 233, 369
Derbolav, Josef 108, 146
Descartes, René 73

Deskription 62, 70, 124, 301
deskriptiv-analytisch 199, 353
Deutschunterricht 50-56, 253-257, 334
Deutungsmuster 315
Deutungsperspektive 114
Dewey, John 76, 119f.
Dialektik 105-107, 241-246
– der Methode 175, 265
– der Methode und des Inhalts 265
– des Unterrichtsprozesses 241-246, 282
– kategoriale 144
– von formaler und materialer Seite des Bildungsprozesses 142
– von Form und Inhalt 256
– von Führung und Selbsttätigkeit 244f., 265, 356
– von Lehrer- und Schüler-orientierung 283
– von Lehrer- und Schülertätigkeit 276-284
Dialektik der Aufklärung 105
Dialektischer Materialismus 108, 240, 243f.
Dialog, dialogisch 254, 280
Didaktik 17, 60f., 65, 97, 159, 238
– Allgemeine 60, 94, 119, 160, 218, 226, 240, 287, 413
– Aufgabenbereiche der 61-69, 80
– Bildungstheoretische 82, 109, 127, **131-165**, 193, 204, 210f., 266, 400, 406
– Deduktionsproblem der 84-87
– Definitionen für **16f.**, 159-161, 239-241; ▶ DIDAKTISCHE SYNOPSE
– Dialektisch orientierte 235-284
– Ebenen der **69-73**, 155-159, 172, 195f., 240, 287
– Expansion der 60f.
– Gegenstand der 16, 94, 155-161, 237-240
– im engeren Sinne/im weiteren Sinne 156, 158, 159-161, 168, 238
– informationstheoretische 93, 126
– Kommunikative 93, 109
– kritisch-emanzipatorische 126
– Kritisch-konstruktive 93, 127, **165-175**

- kybernetische 93, 126
- Lehrtheoretische/Lerntheoretische 82, 93, 117, 127, 171, **181-233**, 258, 264, 400, 406
- Lernzielorientierte 84, 93, 126, 298-310
- normative 115f.

»Didaktik im Hinterkopf« 58, 130
Didaktikum 182, 216
Didaktische Analyse **133-136**, 144f., 153, 156, 172, 210, 400, 404, 413, 416
didáskein 17
Diederich, Jürgen 70, 72, 130, 353
Diesterweg, Adolf 243, 245, 266
Differenzierung, innere 174, 325
»Dignität der Praxis« 19, 116, 151
Dilthey, Wilhelm 66, 69, 74, **111-113**, 114
Dimensionen/Dimensionierung von Lernzielen
- affektiv/kognitiv/psychomotorisch 305
- kognitiv-aktiv/pathisch-affektiv/pragmatisch-dynamisch 205f., 210

Diskurs, herrschaftsfreier 89, **106**, 178, 230f., 358
Distanz 313, 320
Disziplin, wissenschaftliche 63, 96, 119
- als Erziehungsziel 325, 369

Drama 84, 321
Drefenstedt, Edgar 236, 247
Drews, Ursula 292

Ebenen
- der Didaktik **69-73**, 93, 155f., 160, 172, 240
- der Methodik 211
- der Unterrichtsplanung 218-220, 278
- didaktischen Handelns/didaktischer Reflexion 196f., 198-201, 232, 286f., 292

Egalisierung 219
Egozentrik 324
Eigenständigkeit 34
- der Pädagogik 74
- des Schülers 34

Eigentätigkeit 344
Einfache, das 251, 396

Einsiedler, Wolfgang 283
Einstellung 313
Einstieg 419
Einstiegsphase 363-365
Einzelphänomen 21, 23, 62, 63
Einzelwissenschaften 119
Elementare, das 146-152
Elias, Norbert 372
Eltern 230, 233, 238, 326, 381
Emanzipation, emanzipatorisch
- als Ziel 304f.
- Begriff 107
- der Erziehung 77
- der Gesellschaft 140
- des didaktischen Handelns 222
- des Lehrers/des Schülers 283
- des Menschen 76, 217
- durch Unterricht 220
- von Fremdbestimmung 244, 282

Empirie 21, 62, 102
Engels, Friedrich 243, 275
Entfremdung 313, 355
Entlastungsfunktion 47
Entscheidung 197, 199, 202
- des Lehrers/der Lehrerin 87, 184, 198, 210
- des Schülers/der Schülerin 277
- didaktische 23, 171f.
- Sinnhaftigkeit der 88

Entscheidungsfeld 183, 194
Entschleunigung der Didaktik 345f.
Entwicklung 242f., 263, 326
Entwurf ▶ Stundenentwurf
Erarbeitung 419
Erarbeitungsphase 363f., 367
Erfahrung 310-321
- Aspekte der 221
- Definition 315
- des Praktikers 22, 288
- gesellschaftliche 251
- leib-sinnliche 124
- schulische 150
- soziale 255f.

Erfahrungsfähigkeit 67, 68
Erfahrungswelt 67
Erfahrungswissen 286, 288
Erfolg 120
Erfolgskontrolle 49, 53, 224f.
Ergebnissicherung 185, 399, 405

Erkenntnis 66-69, 96, 98, 105, 186, 206, 251f.
Erkenntnisabsicht 186
Erkenntnisinteresse
- emanzipatorisches 106
- praktisches 106
- technisches/technologisches 106, 200, 308
Erkenntnisprozeß 250
Erklärung 21-23, 62, 112, 125, 197, 397
Erleben 206
Erlebnis 186, 313f., 320, 322
Erschließung, doppelseitige 152, 165, 227
Erstbegegnung 164
Ersterfahrung 345
Erweisbarkeit 171f.
Erzieherintentionen 243
Erziehung 77, 137, 240, 258
- sozialistische 259
- zur Methode 259
Erziehungswirklichkeit 97, 115f., 160
Erziehungsziel 34, 66, 117, 325
Etappenmodell 352, 356
Ethik, pädagogische 280
Examen, Zweites 34, 385-420
Exemplarische, das/exemplarisch 82, **146-153**, 296, 318
Existentialismus 124, 198
Existenzphilosophie 124
Experiment 98, 250
Experte 53, 87, 327
Expertenwissen 48, 287
Explikationszusammenhang 197

Fabian, Rainer 344
Fach 80, 81, 290
Fachdidaktik 18, 60, 93, 119, 160, 226, 239, 310, 400, 413
Fachinhalt 81
Fachmethodik 18, 239
Fachsozialisation 41
Fachsprache 253, 257
Fachunterricht 356, 361
Fachwissen 33
Fachwissenschaft 119, 160, 411, 416f.
Fächerkanon 176
Fähigkeit 186, 206

Faktenbeurteilung 198-201
Faktorenanalyse 198f., 202f.
Faktorenkomplexion 63
Falsifikation 98, 104
Falsifikationstheorie 104
Familienstruktur 325
Fauser, Peter 346, 375
Faust, Helmut 93
Feiertagsdidaktik 94, 233, 257, 300
Feinlernziel 84, 310
Feinziel 85, 86
Fertigkeiten 186, 206, 409
Feyerabend, Paul 125f.
Fichten, Wolfgang 128, 339, 341
Fischer, Aloys 102
Fleischmann, Lea 29, 392
Flitner, Andreas 375
Flitner, Wilhelm 75, 108, 146, 218
Fölling, Werner 296
Fölling-Albers, Maria 325, 344
Förderung/Fördergruppe 328
Formenanalyse 198-201
Forscher 63, 65
Forschung 24
- analytische 62
- empirisch-analytische 168
- Logik der 24, 27, 104
Forschungsergebnis 63, 65
Forschungsfrage 64, 65
Forschungsgegenstand 64f., 128
Forschungskonzept 96, 127,
▶ WISSENSCHAFTSTHEO-RETISCHE LANDKARTE
Forschungsmethoden 24, 64, 65
- empirisch-analytische 106
- erfahrungswissenschaftliche 167
- gesellschaftskritisch-ideologische 167
- hermeneutische 106
- historisch-hermeneutische 118, 167
- ideologiekritische 106, 118,
- Integration der 167
- Vermischung der 128
Forschungsparadigma 124f., 208
Forschungspraxis 96
- empirische 60
Forschungsprozeß 95
- offener 127
Fortschritt 75, 117, 125f.

Personen- und Sachregister 449

Frankfurter Schule 100, 105
Freiarbeit/freie Arbeit 324, 330, 361f., 375
Freie Schule 374
Freiheit/Befreiung 77, 106, 137f., 142, 199, 349f., 355
Freinet, Célestin 18, 298, 323f., 370f.
Fremdbestimmung 140, 217, 244, 282
Fremde, das 396
Fremdkontrolle 225
Fremdsprachen 78, 176, 179
Frey, Karl 295
Frieden 179
Frischeisen-Köhler, Max 11
Fromm, Martin 128
Frommer, Helmut 395
Frontalunterricht 52, 270, 338
Führung 28, 245f., 258, 263, 265, 356
Fuhrmann, Elisabeth 43, 271, 296
Fundamentale, das 146-153
Fundamentalontologie 124
Funktion, didaktische 246, 267, 274, 393, **398f.**, 405
– Kreislauf der 268
Funktionsecke 331

Gadamer, Hans-Georg 113
Galilei, Galileo 73
Galperin, Pjotr 352, 356
Gamm, Hans-Jochen 349
Gang, methodischer **267**, 271, 364, **394-399**, 405, 413f.
ganzheitlich/Ganzheitlichkeit 30, 40, 42, 49, 53, 154, 197, 226, 316, 335, 342f., 352, 354-356
ganzheitlich-dynamisch 84
Garlichs, Ariane 310
Garz, Detlef 104, 125 f.
Gaudig, Hugo 282, 297, 348
Gefühl 30, 39, 228, 311, 355, 372
Gefühlserfahrung 221-223
Gefühlsgrammatik 40
Gegenwartsbedeutung 133, 135, 171, 326
Gehör 346
Geißler, Erich E. 108, 297
Geisteswissenschaften 74, **109-112**, 160; ▶ WISSENSCHAFTSTHEO-RETISCHE LANDKARTE
Geisteswissenschaftliche Pädagogik 66, 82, **107-119**, 169, 211
Gelenkstelle 393, 405
Geltung 89
Geltungsanspruch von Theoriewissen 97-99
Gemeinschaft 139
genetisch 18, 109, 294, 296
Gerner, Berthold 147
Gesamtorientierung didaktisch-methodischen Handelns 290
Gesamtschule 375
Gesamtunterricht 226, 297
Geschichte der Pädagogik 23, 75f., 160, 297f., 324, 346-351, 396f.
Geschichtsunterricht 188, 207
Gesellschaft 69, 79, 86, 201, 217, 243
– bürgerlich-kapitalistische 76
– demokratische 75
– Lernfeindlichkeit der 344
– moderne 88, 208
– sozialistische 264
Gesellschaftswissenschaften 11
Gesetz
– allgemeingültiges 104
– der dimensionalen Bereicherung 206f.
– der permanenten Induktion 207
– der zwei Drittel 255
Gesetzeshypothese 104
Gesetzmäßigkeit 103, 292
Gesinnung 206
Gespräch 89, 321
Gewalt/gewaltsam 28, 39, 319, 351, 372
Gewaltfreiheit 282
Gewaltphantasie 288
Gewohnheit 206
Girmes-Stein, Renate 20
Glaube 73, 201
Gleichgültigkeit 339
Gliederung von Stundenentwürfen 399-420
Gliederungsraster 404-407
Glöckel, Hans 130
Glück 137
Göttinger Schule der Didaktik 132

Goffman, Erving 122
»Grammatik der Handlungen«, »der Gefühle«, »der Sprache« 40
Grell, Jochen/Grell, Monika 94, 288
Grobziel 85
Groeben, Norbert 40, 116, 127
Grundformen
– konstante 208
– methodische 269f., 274
Grundlagenbildung 248
Grundrelation
– des Lehrens und Lernens 241, 245
– des Inhalts und der Methode 242
– didaktische 241-246, 267
Grundschule 185-192, 322-333, 378
Grundstruktur des Unterrichts 185
Grundverhältnis, didaktisches 241-246, 267
Gruppe 227-229
Gruppenarbeit 227, 324, 338
Gruppenbezug 227
Gruppenklima 227
Gruppenunterricht 274, 338
Gudjons, Herbert 295, 352f., 364
Gültigkeit von Aussagen/ Entscheidungen 76, 219
Günther, Ulrich 217
Gymnasium 176, 374, 406
Gymnasialisierung des Schulwesens 375

Haase, Otto 348
Habermas, Jürgen 65, 88, 89, 100, 105-107, 111, 140, 167, 354
Hänsel, Dagmar 295, 364
Hage, Klaus 52, 272-275
Haltung
– Arbeit an 311, 315
– Definition 315
– der LehrerInnen 32, 39, 95, 311
– der SchülerInnen 206, 311, 313, 344, 372
Hamburger Modell der Didaktik 82, 217-233
Handeln 22, 205
– absichtsvolles 103, 353
– didaktisches 17, 92, 228
– didaktisch-methodisches 38, 87, 196, 290, 340

– gemeinsames 197
– körperliches 314, 316
– Kommunikationsfunktion des 55
– kommunikatives 120
– menschliches 123
– methodisches 339
– pädagogisches 17, 21, 62
– praktisches 38, 353, 359
– routiniertes 56
– solidarisches 342, 355
– unterrichtspraktisches 38-58, 77, 290
– zielorientiertes 22
Handelnder Unterricht 349-353, 356
Handlung 22, 48, 207, 353f.
Handlungsablauf 48
Handlungsalternative 35, 49
Handlungsbegriff 353
Handlungsdruck 89
Handlungsergebnis 405
Handlungsgrammatik 40, 44
Handlungskompetenz
– Begriff 22
– der LehrerInnen 21, 43, 57
– der SchülerInnen 327, 356, 395
– didaktisch-methodisch 22, 43
Handlungsmomente didaktischen Planens 224-226
Handlungsmuster 395, 399, 406
Handlungsorientierter Unterricht 337-384
Handlungsorientierung 61-69, 286, 338, 384, 405f.
Handlungsprodukt 354, 356f., 366f.
Handlungsrepertoire 44, 57
Handlungsroutine 29, 57
Handlungssituation 396
Handlungsspielraum 50, 57, 280, 406
Handlungsziel 300, 363f., 405, 418
Hartfiel, Günter 201, 216
Hausmann, Gottfried 350
Hegel, Georg Fr. W. 96, 242, 243, 251
Heidegger, Martin 113, 124
Heimann, Paul 159, 165, 182, 183-214, 226, 269, 411
Heimlicher Lehrplan 69
Hemme, Jürgen 93
Henningsen, Jürgen 75, 101, 392
Hentig, Hartmut von 108, 139

Herbart, Johann Friedrich 75, 186, 232,
  246, 281, 297, 308, 318f, 357, 396
Herbartianer 246, 308, 348
Hermann, Ernst 394
Hermeneutik 20, 74, **112-115**, 123;
  ▶ WISSENSCHAFTSTHEO-
  RETISCHE LANDKARTE
- objektive 114
hermeneutisch 86, 198
Herrschaft 106
Herrschaftsfreiheit 89
Herrschaftssicherung 57
Herrschaftsverhältnis 225
Hesse, Hermann 50, 253
Heuristik 268
Heursen, Gerd 17, 415
Heydorn, Heinz-Joachim 108
Heymann, Hans Werner 177
Hierarchisierung
- von Kopf- und Handarbeit 359
- von Lernzielen 306
Hiller, Gotthilf Gerhard 218, 296
Hinführung 268
historisch 117
Hochschuldidaktik 60
Hochschule, Pädagogische 60, 182
HochschullehrerIn 18, 19, 32, 99,
  215f.
Hoffmann, Dietrich 128
Hofmann, Franz 246f.
Holmes, Sherlock 25
Horkheimer, Max 105
Hospitation/Hospitationsunterricht
  38, 215f.
Huisken, Freerk 110, 117
Humboldt, Wilhelm von 76, 166,
  213, 348
Hunneshagen, Karl-Heinz 93, 272f.
Huschke-Rhein, Rolf B. 110
Husserl, Edmund 123
Huwendiek, Volker 155, 216
Huxley, Aldous 23
Hyperrealität 126
Hypothese 21, 98, 104, 111

Ich-Stärke 342
Ideal, pädagogisches 32
Idee, methodische 398, 405
Identifizierung 368

Identität/Identitätsbildung 121, 311f.,
  372
Ideologie/ideologisch 200f., 275
Ideologiekritik, permanente 198;
  ▶ WISSENSCHAFTSTHEO-
  RETISCHE LANDKARTE
ideologiekritisch 198-201
Imperativ, kategorischer 221, 351
Implikationszusammenhang von
  Zielen, Inhalten, Methoden, Medien
  197, 221, 223, 230-232
Impuls 55, 255
Individualisierung/Individualität 219,
  324, 325, 328
Individuum 140, 251
Indoktrination 138
Induktion 104
- permanente 207
induktiv 397
Information 49
Informationstheorie 117
Inhalt 16, 77, 79, 82, 133, 142, 145,
  151, 184, 194, 196, 208, 241f.,
  257-264, 278, 322
Inhalt-Methode-Relation 242, 278
Inhalt-Prozeß-Relation 278f.
Inhaltsauswahl 79
Inhaltsdidaktik 239, 278
Inszenierung
- didaktische 80, 84
- von Unterricht 39
- von Wirklichkeit 82
Inszenierungsmuster 83, 84
Inszenierungstechnik 360f.
Integration
- bereichsspezifischen Wissens 48
- von Forschungsmethoden 167
- von Theoriewissen 35
Intention 186, 195, 204, 279
Intentionalität 100, 103, 183, 188,
  193, 199, **204-208**, 220, 224
Interaktion 122, 220, 230, 276, 309,
  313, 315, 359
- Themenzentrierte 226-230
Interaktionismus, Symbolischer
  121f., 314
Interaktionsmuster 56
Interaktionsprozeß 174, 259
Interaktionsritual 122

Interaktionsstruktur 171
Interaktionsverhalten 408
Interdependenz 159, 192, **193-197**, 203, 212, 214, 242, 278
Interdependenzthese 168, 194
Interdependenzverhältnis von Lehren und Lernen 241
Interessen
- der Forschung 24
- der Gesellschaft 105, 312
- der LehrerInnen 50, 408
- der SchülerInnen 50, 207, 405
- des Wissenschaftlers 105f.
Interpretation 113-115
- der Wirklichkeit 320
- didaktische 133
- hermeneutische 114
- szenische 311
- von Texten 113
- von Themen 321
Intersubjektivität/intersubjektiv 89, 97

Jackson, Philip 23
Jacobson, Lenore 42
Jantzen, Wolfgang 352
Jaspers, Karl 124
Jena-Plan 298
Jugendlicher 343f.
JunglehrerIn 33

Kaiser, Arnim/Kaiser, Ruth 292
Kaiser, Hermann-Josef 170
Kampf 243
Kanitz, Otto 107, 349
Kant, Immanuel 29, 47, 73, 76, 140, 221
Karstädt, Otto 349
Kategorialanalyse 199
Kategoriale Bildung **142-144**, 169, 248, 266
Kategorie 42, 65, 71, 145, 242
Keim, Wolfgang 108
Kelly, Georg 42
Kenntnis 206, 306
Kenntnisnahme 186
Kerschensteiner, Georg 297, 348f.
Kilpatrick, William H. 121
Kindheit, veränderte 323, 343f.
Kindheitsmuster 325
Kirche 73, 74

Klafki, Wolfgang 76, 78, 107f., 110, 115-119, **132-179**, 194f., 217, 221, 227, 238, 245, 248f., 266, 284, 373, 406
Klane, Rüdiger 84, 126, 282
Klassengeist 342
Klassenklima 191
Klassenraumgestaltung 312, 335
Klassensituation 191
Klassenunterricht 274; ▶ Frontalunterricht
Klassifikationsschema für Unterrichtsmethoden 174, 211, 270-272
Klassische, das/Klassik 78, 347
Klein, Helmut 236
Klingberg, Lothar 24, 28, 71, 93, 110, 144, 170, 174, 211, **235-284**, 292f., 310, 321, 406, 414
Knolle, Niels 67
König, Eckard 101, 115, 125f.
König, Hans-Jörg 93
Können 206
Könnensentwicklung des Lehrers 43
Körper 39, 228, 314f., 341
Körperbild 315
Körpersprache 41, 43f., 255, 342
kognitiv 305
Kolleg-Schule 176, 374
Kollektiv 263, 282
Kollektives Subjekt 280-284
Kommunikation 93, 127
- gleichberechtigte 122
- symmetrische 106
- Theorie der 121
- unterrichtliche 260, 276, 341
Kommunikationsmuster 56
Kompetenz 320
- der SchülerInnen 220f., 281
- didaktische 280f.
- kommunikative 44
Kompetenzentwicklung 44, 352
Komplexität
- der Erziehungswirklichkeit 117
- der Lehrer-Schüler-Interaktion 43, 86
- der Wirklichkeit 80
- des didaktisch-methodischen Handelns 29
- des pädagogischen Handelns 21, 62
- des Unterrichts 197
- von Lernzielen 306

Komplexitätsreduktion 63, 80
Konfessionsschule 74
Konflikt 90
Konsens 89, 178
Konstanten des Unterrichts 184
Konstituierung
– des Lerngegenstandes 195
– des Unterrichtsinhalts/-gegenstands
  170, 187, 277-280, 283, 321
Konstitutionszusammenhang 197
Kontextualisierung 22
Kontrolle 308, 369, 388
Kontrollierbarkeit 204, 214
Konukiewitz, Wolfgang 352
Konzentration 345
Konzept 65
– didaktisches 17, 29, 39
– eigenes didaktisches 40-45, 57, 412
Kooperation
– didaktische 260
– im Unterricht 93, 276, 342
Kooperationsformen 269f.
Kopfarbeit/Handarbeit 342, 354,
  358-360
»Kopf, Herz, Hände und alle Sinne«
  29-35, 338, 355
»Kopf, Herz und Hand« 323, 343,
  346, 374
Krajewski, W. W. 282
Kramp, Wolfgang 132f., 162-165
Kreativität 23, 34, 238, 304, 325
Krieck, Ernst 116
Krise
– gesellschaftliche 89
– unterrichtliche 383
– wissenschaftliche 125
Kriterien
– der Richtlinienentwicklung 178
– der Unterrichtsplanung 172
– der Wissenschaftlichkeit 97
Kritik
– unterrichtliche 342, 357, 369
– wissenschaftliche 118, 250
Kritische Theorie der Gesellschaft
  105-107, 167
Kritisch-konstruktive Didaktik
  165-175
Kritischer Rationalismus 100, 103f.
Krumm, Volker 110

Kuhn, Thomas S. 124
Kutscha, Günter 374
Kybernetik 25

Lamnek, Siegfried 127
LANDKARTE, WISSENSCHAFTS-
  THEORETISCHE 100-107
Lange, Otto 296
Langermann, Johannes 349-351
Langeveld, Martin J. 76, 218
Langeweile 58, 341
Langeweile-Syndrom 338f.
Latein 78
Lateinschule 78
»Learning by doing« 121
Lebensäußerung 112f.
Lebensgestaltung 206, 213
Lebenssituation 226
Lebenswelt 68, 124, 372
Lebenswirklichkeit der SchülerInnen 68
Lebenszusammenhang 115
Legalität 230
Legitimation 49, 119, 238
– durch Diskurs 89f., 231
– durch Verfahren 88f.
– von Inhalten 238, 321
– von Lernzielen 303, 308
Legitimationsproblem der Didaktik
  87-90, 141
Legitimationsweisen 88-90
Legitimationswissen 130
Legitimität 88
Lehren/Lernen 16f., 28, 92, 174
– als didaktisches Grundverhältnis
  241
– Dialektik des 28, 242, 264
– Einheit des 264
– Widersprüchlichkeit des 28
Lehren-Lernen-Relation 241
Lehrerausbildung 60f., 216, 392f.
– einphasige 30, 374
Lehrerdominanz 339, 397
Lehrerecho 53
Lehrerfolg 19, 21, 204, 339-341
Lehrerfortbildung, schulinterne 42
Lehrerfrage 54, 254
Lehrer-Gehalt 19
LehrerInnenrolle 39, 55, 57, 325;
  ▶ DIDAKTISCHE SYNOPSE

Lehrervortrag 275
Lehrerzentriertheit des Unterrichts 339, 343
Lehrinhalt 405
Lehrkunstdidaktik 296
Lehr-Lern-Forschung 60
Lehr-Lern-Gesetzmäßigkeit 41
Lehr-Lern-Gruppe 227, 230
Lehr-Lern-Methode 264
Lehr-Lern-Prozeß 17, 28, 174
Lehr-Lern-Prozeßstruktur 171
Lehr-Lern-Situation 21, 40
Lehrlogik 279
Lehrmethode 259f., 269
Lehrplan 152f., 160, 177, 218f., 283
Lehrplan, heimlicher 69
Lehrplanwerk 237-241, 247, 263, 292
Lehrprobe 401
Lehrstoff 397
Lehrtheoretische Didaktik 82, 93, 117, 127, 171, **181-233**, 258, 264, 406
Lehrziel 300, 363f., 399, 405, 417f.
Leistungsfixierung 310
Leitfrage, methodische 82, 170, 405, 411
Lemke, Dietrich 301
Lemmermann, Heinz 349
Lenkung 255
Leontjew, Alexej 34, 352
Lernbiographie 22, 32, 80
- der Didaktik 45
- der SchülerInnen 86
Lernen 16f.
- entdeckendes 175, 296
- exemplarisches 296
- genetisches 296
- durch Handeln 205, 353
- soziales 352
»Lernen lernen« 326
Lerngegenstand 187, 212
Lerngesetzmäßigkeit 399
Lerngruppe 404, 408
Lerninhalt 33, 80, 212
Lernkapazität 189f.
Lernklima 39
Lernkontrolle 238, 299
Lernlogik 279
Lernmethode 259
Lernorganisation 299

Lernorte
- außerschulische 326, 358
- der Didaktik 32
Lernplanung 299
Lernprozeß 44, 171, 319, 358
Lernschnellweg 83
Lernsituation 28, 315f., 319, 324, 326
Lernstrategie 299
Lernstruktur 81
Lerntheoretische Didaktik 183
Lernumweg 83
Lernverhalten 323
Lernvoraussetzungen 175, 325, 345, 362
Lernvorgang 28, 30
Lernweg 82
Lernwerkstatt 83
Lernwunsch 86
Lernziel 84-87, **298-310**, 404, 417
Lernzielanalyse 301-308
Lernzieldeduktion 86
Lernzieldefinition 301f.
Lernzieldimensionierung 305
Lernzielhierarchiesierung 306f.
Lernziel-Kleinarbeitung 85, 303
Lernzieloperationalisierung 223, 303
Lernzielorientierte Didaktik 84-87, 301
Lernzielorientierung 300
Lernzielplanung 29, 310
Lernzielstufen 307
Lernzieltaxonomie 306f.
Lersch, Rainer 266, 315, 353
Lesen 321, 334, 386
Leutert, Hans 93, 272f.
Liimets, Heino 246
Linearität/Nicht-Linearität 40, 44, 117, 261, 331, 359
Lippitz, Wilfried 123f., 256
Litt, Theodor 152
Loch, Werner 123
Logik 25-27
Lolationsstrategien ▶ WISSENSCHAFTSTHEORETISCHE LANDKARTE
Luhmann, Niklas 88f., 117
Luther, Martin 73
Lyotard, Jean-François 126

Macht 31
Machtstruktur 56

Machtverhältnis von Lehrern und
  Schülern 55
Mager, Robert 29, 84, 304, 308
Manipulation 138, 141
Marx, Karl 140, 243f.
Marxismus 249
Marxismus-Leninismus 100, 126
Material 41, 80, 330f., 369
Materialismus
– Dialektischer 108, 240, 243f.
– Historischer 240, 243
Mathematik 24
Matrix zur Richtzielbestimmung 222
Maxime(n) 115-119, 221
Mayring, Philipp 127
Mead, George H. 120f.
Medien 184f., 188f., 193, 199, 211f., 344
Medienwahl 73, 208
Meisterlehrer 195
Memmert, Wolfgang 216
Menck, Peter 82, 170, 280
Menschenbild 73, 208
– des Forschers 64
– des Handlungsorientierten
  Unterrichts 355
– sozialistisches 247
Menschheit 139, 251
Menschlichkeit 137, 139
Merleau-Ponty, M. 124
Messner, Rudolf 71, 82, 280
Metaebene 72
Metatheorie 21, 96f.
Methoden 257-264
– deduktive 267f.
– der Aneignung, Darstellung,
  Vermittlung 245
– der Darstellung von Forschungs-
  ergebnissen 27
– der Forschung 24, 111, 127, 167
– deskriptiv-analytische 199
– des Lernens 77
– des Unterrichts 157, 174, 184, 191, 196
– Eigengesetzlichkeit der 261
– empirisch-analytische 106
– hermeneutische 106, 114f., 221
– historisch-hermeneutische 156
– ideologiekritische 106
– induktive 267f.
– Klassifikation von 270-272
– logische 24
Methodenforschung 175
Methodenkompetenz
– der SchülerInnen 340, 366, 369
– des Lehrers/der Lehrerin 229, 340
Methodenkonzept 290
Methodenkonzeption 211
Methodenorganisation 194
Methodenpraxis 272-275
Methodenreflexion 173
Methodenrepertoire
– der SchülerInnen 175
– des Lehrers/der Lehrerin 44, 175, 365
Methodenzwang 126
Methodik 16, 118, **156f.**, 161, 183, 193, 199, 224, 238f.
Methodische Leitfrage 82, **170**, 405
Methodischer Gang 267, 271, 364, **395-399**, 405, 413f.
Methodologie 96f., 127
– der Didaktik 240
Meyer-Drawe, Käte 83, 124, 256
Mill, John Stuart 110
Miller, Reinhold 42, 395
Mitbestimmung 167, 174, 177
Mitbestimmungsfähigkeit 166, 173
Mitentscheidung 281
Mitgestaltung der SchülerInnen 280f.
Mitplanung der SchülerInnen 174, 280
Mittel 185
Mitverantwortung 281f.
Modell, didaktisches
– Allgemeingültigkeit 94
– Annäherung der 284
– Arbeitsdefinition 92
– Beinahe-Fusion der 127
– Funktionen 17-19, 71, 94, 134
– Identifikation mit einem 32
– theoretischer Anspruch 92-95
Modellierung didaktischen Handelns 92
Möller, Bernhard 101
Möller, Christine 84, 299
Mollenhauer, Klaus 107f. 118, 140, 353
Moment, fruchtbarer 29, 147, 162, 165

Mondphasen-Beispiel 148-150, 185-192, 269
Montessori, Maria 291, 298, 323f.
Montessori-Schule 298, 374
Morgenkreis 324, 334
Moser, Heinz 127, 280
Müller, Hugo 236
Mündigkeit 76f., 86, 107, 137f., 140f., 348
Musik 65, 67f.
Musikunterricht 34, 67f., 419
Mut 221

Nachbesprechung 215
Nationalsozialismus 108, 116, 298, 349
Natur 111f., 243f.
Naturgesetz 75
Naturrecht 73, 201
Naturwissenschaft(en) 73f., 111f., 148-150
Naumann, Werner 246
Nebentätigkeiten 341-343
Neopositivismus 102
Neulehrer 236
Neuner, Gerhart 93, 236, 247, 292
Nohl, Herman 108, 111
Norm 68, 73, 77, 89, 116f., 120, 200, 343
Normenkritik 198-201
Normproblem
– der Didaktik 73-77, 87, 201
– der Pädagogik 76, 119f., 123
Normsystem 116, 201

Objekt 28, 143, 245
Objektivismus, bildungstheoretischer 78, 143
Objektposition 245
Objekttheorie 73, 153
Öffnung
– der SchülerInnen 326
– der Schule 326, 345, 358, 375
– des Unterrichts 322, 326, 328
Öffentlichkeit 318, 320
Oelkers, Jürgen 110, 348
Oestreich, Paul 349
Oevermann, Ulrich 114

offen 365
Offener Unterricht 34, 322-335, 375
Offenheit 57
Operationalisierung 303
Organisation 260
Organisationsformen 270
Orientierung, paradigmatische 125
Orientierungswissen 288, 290
Ott, Thomas 217, 392
Otto, Berthold 297, 348f.
Otto, Gunter 159, 182, 192, 196, 211, 217, 220

Pädagogik
– Allgemeine 240
– bürgerliche 248
– Geisteswissenschaftliche 66, 107-119, 160, 169
– Geschichte der 23
– sozialistische 248
Paradies, Liane 288
Paradigma 125
Paradigmenschwund/-verschmelzung/-wechsel 124-128
Patry, Jean-Luc 33, 70
Perestroika-Prinzip 360f.
Persönlichkeit, allseitig entfaltete 213, 232, 248, 326
Persönlichkeitsfaktoren 32
Persönlichkeitsstruktur 41, 43, 291
Person 227, 280
Perspektive
– inhaltliche 82, 412
– pädagogische 170
– thematische 413
Perspektivenschema zur Unterrichtsplanung 171
Perspektivplanung 218f., 230
Pestalozzi, Johann Heinrich 75, 209, 245, 323, 346f.
Petersen, Peter 108, 265, 298, 323f.
Peterßen, Wilhelm 130, 134-136, 151, 157, 192, 216, 218, 300, 364
Peukert, Helmut 139
Phänomen 29, 123, 148
Phänomenologie 123f.
Phantasie 57, 311, 322, 342, 368
– didaktisch-methodische 38, 394
Phase, Zweite 18, 385-420

Phasenschema 316-319
Philologie 113
Philosophie 96, 201
– postmoderne 126
Physikunterricht 191
Piaget, Jean 353
Planung ▶ Unterrichtsplanung
Planungsalternative 406, 414
Planungsarbeit, gemeinsame 327
Planungsbeteiligung der SchülerInnen 220, 276-280, 284, 309, 358
Planungsebenen 218-220, 292
Planungsentscheidung 69, 71
Planungsergebnis 401
Planungsgespräch 328
Planungskorrektur 218f.
Planungsprinzipien 204, 214
Planungsprozeß 401
Planungsraster für Unterricht 72, 171, 183, 193, 199, 210, 362-364, 394
Popper, Karl R. 96, 100, 103f.
Posch, Peter 42
Positivismus 75, 102, 198, 200; ▶ WISSENSCHAFTSTHEO-RETISCHE LANDKARTE
Positivismusstreit 100
Postmoderne 126
Postulate themenzentrierter Interaktion 227-229
Präsentation 255
Präskription/präskriptiv 65, 70, 121, 123, 290, 301, 353
Pragmata 208
Pragmatismus, Amerikanischer 119-121, 209
Praktiker-Theorie 20, 43
Praktikum 19, 23, 32, 38
»Praktisches Lernen« 295
Praxis
– Begriff 17
– des Lehren und Lernens 16
– Dignität der 19, 116, 151
– Entwurf besserer Praxis 23, 92, 167, 290
– menschliche 123
– pädagogische 75
– Umsetzung von Theorie in 33f., 38-45, 115-117, 250, ▶ Unterrichts-wirklichkeit, Wirklichkeit

Primat
– der allgemeinen Zielorientierung 197
– der Didaktik 118, **155-159**, 196, 212
– der Zielentscheidungen 168
– der Zielkomponente 262
Prinzen- und Prinzessinnensyndrom 324
Prinzip(ien)
– allgemeines 146
– der Entwicklung 241f.
– der Gesetzgebung 221
– der Interdependenz 195, 203f.
– der Kontrollierbarkeit 204
– der Theorie(n) 22
– der Variabilität 203f.
– der Wissenschaft 118
– des Elementaren, Fundamentalen, Exemplarischen 146, 150
– des Unterrichts 117, 174
– dialogisches 254
– didaktische 18, 292f.
– methodisches/unterrichts-methodisches 164, 365
Probehandeln 316
Problemanforderung 48
Problematisierungsraster 172
Problembearbeitung 48
Problemlösen 119f., 296, 327
Problemlösestrategie 120f.
Produkt 318, 320
Professional 217, 233
Programm 65
Projekt 295, 331, 336f., 358, 376-384
Projektarbeit 324, 327, 362
Projektion 40, 322
Projektmethode 121
Projektunterricht 295
Prozeß
– offener 355
– schöpferischer 239
– sozialer 174
Prozeßdenken 242
Prozeßdidaktik 239, 278
Prozeßebene 70, 156, 287, 292
Prozeßgestaltung 241, 277, 283
Prozeßkomponenten des Unterricht 257-264

Prozeßplanung 218f.
Prozeßstruktur des Unterrichts 242
Prüfung 30, 34, 386
Prüfungsstundenentwurf 386-420
Psychoanalyse 117, 122, 229
Psychologie/psychologisch 111f., 160, 266
psychomotorisch 305
Pygmalion-Effekt 42

Qualifikationsziel 274
Qualitätsstufe 205f.
Quasselwasser ▶ Lolationsstrategien

Raapke, Hans-Dietrich 118
Rahmenplanung 219
Rahmenrichtlinien 230, 237, 413
Ramseger, Jörg 297, 322
Rang, Adalbert 176
Raster zur Unterrichtsplanung 72, 171, 183, 193, 199, 210, 215, 362-364, 394
Rastrigin, Leonhard A. 25-27
Rationalismus, Kritischer 100, 103f.
Rationalität, eingehüllte 287
Rausch, Edgar 93, 255, 262, 269
Realität 62
Rechtfertigung ▶ Legitimation
Reduktion, didaktische 80-84, 150
Referendariat 15, 23, 30, 385-420
ReferendarIn 47, 215f., 291, 310, 388-420
Reflexion 49, 57, 72, 95, 191, 313, 322
Reflexionsebenen/-stufen der Didaktik 69-73, 199f., 202, 216, 232, 287
Reflexionsentlastung 49
Reformpädagogik 111, 209, 295, 323, 327, **347-349**
Regel 66
Regelschule 356, 361, 370
Regulation 255
Reich, Kersten 194, 200f., 216
Reichwein, Adolf 348
Reiz/Reaktion 103
Relation
– von Ziel und Inhalt 262, 278
– von Ziel, Inhalt, Methode 284, 299
– von Ziel, Inhalt, Methode, Organisation 258-264

Renaissance 73
Repräsentation, interne 48
Revolution
– Französische 74
– wissenschaftliche 124f.
Rezept 333, 393-395, 420
Rezeptionskapazität 80
Rezeptwissen 41, 288
Richter, Christoph 155
Richtlinien 87, 90, 152, 219, 363, 366
Richtziel 85, 86, 222, 310
Risiko-Gesellschaft 343f.
Ritual/Ritualisierung 57, 122, 312
Ritzel, Fred 217
Robinsohn, Saul 218
Rockmusik 67f.
Rohr, Barbara 352
Rolff, Hans-Günter 325, 344
Rolle/Rollentheorie 121
Rosenbusch, Heinz S. 93, 128, 296
Rosenthal, Robert 42
Roth, Heinrich 147, 154, 162, 165, 365
Roth, Leo 60, 62
Rousseau, Jean Jacques 74f., 245, 346f.
Routine 42, 57
Routinebildung 46-58, 99
– reflektierte 57
Routinehandeln, ritualisiertes 57
Routinehandlung 47, 49, 53
Routinisierung 54
Rühle, Otto 349
Ruhe 345
Ruhloff, Jörg 76, 101, 110, 113
Rumpf, Horst 83, 147, 312, 345, 373
Ruprecht, Horst 92

Saar, Hans 93
Sachanalyse **153-155**, 400, 404, **410-412**, 416
Sachbezug 227
Sache 79, 144, 154, 276, 360
Sacheinheit 397
Sacherfahrung 221-223
Sachstruktur 81, 133
Sartre, Jean-Paul 124
Schäfer, Karl-Heinz 93
Schaller, Klaus 93

Scheel, Barbara 322
Scheller, Ingo 116, 310-321, 400
Schelling, Friedrich W. 242, 354
Schewe, Manfred 352
Schleiermacher, Friedrich 19, 74, 76, 112f., 116, 151, 166, 213
Schlüsselproblem 139, 177-179
Schlüsselthema 178
Schlußfolgerung 68
Schritt, didaktischer 271
Schründer, Agi 128
Schüleraktivität/schüleraktiv 280, 354, 356, 397
Schülerbeteiligung am Unterricht 64, 230, 233, 284, 341, 358
Schülerfrage 254
Schülergenossenschaft 376-384
SchülerIn 20f., 29, 31, 64, 128, 142, 186, 212f., 277
Schülerintentionen 243
Schülerinteressen 116, 239, 357, 364, 405, 408, 412
Schüler-Nebentätigkeit 341-343
Schülerorientierung 31, 275, 327
Schülerrolle 50, 55
Schülertätigkeit 260, 274f.
Schülerverhalten 290
Schulalltag 32, 47, 323
Schulanfang 326
Schule 69, 74f., 190, 243, 311, 334f., 343, 374f.
Schulfach 81, 250, 417
Schulgarten 350
Schulgemeinschaft 370
Schulkritik 311-313, 338f., 374
Schulleben 326, 345, 358, 370
Schulpflicht 73
Schulpraktikum 19, 38
Schulprofil 42
Schulprojekt 376-384
Schulträger 219, 227
Schulwissen 312
Schulz, Manfred 93, 272f.
Schulz, Wolfgang 61, 82, 139, **182-233**, 284, 292
Schulze, Theodor 127, 271
Schulzeit 218
Schwenk, Bernhard 79
Seelenleben 111f.

Sekundarstufe I/II 374f., 378
Selbständigkeit 28f., 174, 245, 265, 280, 325, 333, 360, 371f.
Selbstbestimmung 17, 138, 174, 221, 232, 244, 304
Selbstbestimmungsfähigkeit 166, 173
Selbstbewußtsein 324
Selbstführung 246
Selbstkontrolle 328, 361
Selbstorganisation 324
Selbstregulation 34, 84
Selbsttätigkeit 34, 74, 244f., 265, 280, 282, 298, 342f., 348, 356, 360, 397
Selbstverständnis 73
Selbstverwirklichung 233
»self-fulfilling prophecy« 40
Sinn 22, 74, 106, 112, 114, 123, 266
Sinngewinnung 22
Sinnhaftigkeit
 - des Verhaltens 103
 - von Entscheidungen 88
Sinnhorizont 44
Sinnlichkeit 372f.
Sinnverstehen 113
Sinnzusammenhang 86
Situation 22, 185
Situationsbewertung 49, 53
Situationsbezug 191
Situationsdruck 191
Situationswahrnehmung 49, 53
Slogan 293
Sokratisch 39, 296
Solidarität 167, 174, 220f.
Solidaritätsfähigkeit 166, 173
Sozialerfahrung 221
Sozialformen des Unterrichts 39, 194, 211, 269, 274, 318, 327, 396, 406
Sozialforschung, quantitative und qualitative 127; ▶ WISSEN-SCHAFTSTHEORETISCHE LANDKARTE
Sozialisationstheorie 121
Sozialkontakt 23
sozialkulturell 183, 191, 193, 199
Sozialstrukturen 270
Sozialverhalten 323
Sozialwissenschaften 63, 110f.
Spaß 31f., 34

Spender, Dale 64
Spiel
- freies 334
- kindliches 349
- szenisches 310, 315, 321
Spirale, hermeneutische 114
Spontaneität 23, 309
Sprache 98, 188, 253-257, 313, 359
Sprachunterricht 253, 334, 351
Spranger, Eduard 108, 111, 116, 348
Sprechen, didaktisches 255
Sprechsituation, ideale 107
Staat 73f., 319
Stephan, Petra 60, 70, 117
Steuerung
- curricularer Entscheidungen 301
- des didaktisch-methodischen/unterrichtspraktischen Handelns 29, 45
- des Unterrichtsgeschehens 56
- des Unterrichtsprozesses 50, 117, 299
Stöcker, Hermann 174
Stöcker, Karl 154, 269
Störung 228f., 342, 344, 370
Stoff 237-241, 260f., 268
Stoffülle 146
Stoffvermittlung 340
Stratosphärendenken, bildungsphilosophisches 165, 204, 213
Streß 30
Struktur
- des Unterrichtsinhalts 135
- grundlegende didaktische 70f., 156, 195, 197, 232
- thematische 171
Strukturanalyse des Unterrichts **183-204**, 211, 224, 258, 264
Strukturgitter 223, 226
Strukturierung, didaktische 173, 417
Strukturmoment
- des Unterrichts 198
- didaktisches 71
Studentenbewegung 153, 217
Studentenrevolte 101, 110
Studierfähigkeit 176
Stufendidaktik 60, 93, 160
Stufen- und Phasenschemata 246, 267, 319, 352
Stundenentwurf 38, 385-420

Stundennachbesprechung 215, 394
Stundenprotokoll 215
Stundenthema 187, 401, ▶ Unterrichtsthema
Stundenverlauf
- geplanter 404, 418f.
- Raster zum 215, 419
Stundenziel 186f.
Subjekt 79, 143, 313
- des Aneignungsprozesses 245
- Freiheit des 106
- handelndes 28, 348, 418
- kollektives 280-282
Subjektivität 29, 116, 279f., 309, 322
Subjekt/Objekt 143, 245, 276
Subjektposition 245, 276-278, 280
Symbol 122, 313f.
Symbolisierung/Symbolisierungsformen 313f., 316, 320f., 356, 360
Synthese/synthetisch 306, 396
System 21
- der Wissenschaft 24, 111f., 160, 226, 250
- logisches 250
- soziales 88
Systemtheorie 117

Tätigkeit 44, 238, 244, 259, 341-343, 397, 414
Tätigkeitstheorie 34, 352
Tagesplan 327f., 335
Tagesprojekt 378
Takt, pädagogischer 232, 281, 322, 368, 371
Tat 206, 213, 282
Tatsache 68, 102
Tatsachenforschung 102, 156
»Tausendfüßler-Effekt« 23
Taxonomie 306
Team 333, 370
Techniken 208, 213
Technologie-Defizit 126
Tenorth, Elmar 108
Terhart, Ewald 60, 127, 271, 288
Thema 134, 168, 172, 184, 187, 222, 317, 365f., 411
- emanzipatorisches 173, 177
- exemplarisches 175
- instrumentelles 173

Thematik 183, 193, 199, **208-210**, 221-225
Theologie 20, 74, 113
»Theoretiker-Theorie« 43
Theorie 18, 21-24, 62, 102, 115-119
- Abstraktheit der 22
- Abstraktionsebenen 69-73, 156
- Definition 21, 92
- der Erziehung 74
- des Lehrens und Lernens 16
- didaktische 16, 21, 27
- ersten/zweiten/dritten Grades 20, 286
- Funktion(en) didaktischer Theorie 21, 69-73, 94, 97, 167, 250, 286f.
- Maßstabsfunktion der 34
- pädagogische 74
- Struktur der 98
- subjektive 40, 42, 116, 127
- wissenschaftliche 20
Theorieaneignung 29-35
Theoriebildung 97
Theoriekern 92
Theoriekompetenz 22
Theorieorientierung der SchülerInnen 338
Theorie-Praxis-Problem 20-23, 29-35, 38-45
Theorie-Praxis-Verhältnis 19, 94, 107; ▶ DIDAKTISCHE SYNOPSE
Theorie-Praxis-Verständnis 115
Theoriewissen
- Aneignungsschwierigkeiten des didaktischen 18-29, 33, 38
- Begriff 22
- Brauchbarkeit des 35
- didaktisches 18-35
- fachwissenschaftliches 38
- Geltungsanspruch des 98
- Lernbiographie des didaktischen 32
- Nutzung des 33
- Übersetzung des 38-45
- Umgang mit 21, 35, 286-288, 291, 412
Thoma, Gösta 170
Tick 47
Tillmann, Klaus-Jürgen 121
TZI 228f.

Überflußgesellschaft 344
Überlegungen
- didaktisch-methodische 400, 404, 412-415
- methodische 412, 416
Überprüfbarkeit 97
Überschuß, utopischer 76
Überzeugung 206
Umrißplanung 218f., 224-229
Umsetzungsdidaktik 239
Unmündigkeit 140
Unruhe 250, 369
Unterricht
- Aspekte des 252-257
- aufgebender 269f.
- darbietender 255, 269f.
- Demokratisierung des 220, 369
- erarbeitender 255, 269f.
- Erfahrungsbezogener 116, 310-322
- Erziehender 109, 297
- fächerübergreifender 327, 331, 352, 378
- gemeinsamer 327f., 362
- Handelnder 352f., 356
- Handlungsorientierter 38, 327, 337-384
- Kommunikativer 296
- lehrerzentrierter 275, 339
- Lernzielorientierter 298-310
- Mehrperspektivischer 296
- naturwissenschaftlicher 148-150, 185-192
- Offener 34, 174, 295, 322-335
- Problemorientierter 296
- Programmierter 62, 291, 294, 296
- Prozeßkomponenten des 257-264
- Schülerorientierter 174, 283, 295
- wissenschaftsorientierter 291, 294, 296
Unterrichtsanalyse 21, 70-73, 202-204, 307
Unterrichtsarten 164
Unterrichtsauswertung 21
Unterrichtsbeispiele 50-57, 134-136, 148-150, 163, 185-192, 253-256, 350-352, 376-384
Unterrichtsbilder des Lehrers/der Lehrerin 32, **40-45**, 286f., 291
Unterrichtseinheit 39, 43, 218

Unterrichtseinstieg 363, 365
Unterrichtsentwurf 134-136, 216,
 385-420
Unterrichtserfahrungen 41, 43
Unterrichtserfolg 43, 62
Unterrichtsformen 164
Unterrichtsforschung
– empirisch-analytische 60, 160
– interpretative 127
Unterrichtsgespräch 39, 50-52, 64,
 275, 312, 338f.
Unterrichtsgestaltung 66, 151
Unterrichtsinhalt
– als Gegenstand der Didaktischen
 Analyse 144
– Auswahl der 80-84, 150, 184, 237f.,
 223, 250-252
– Bearbeitung des 144
– Definition 278
– Inszenierung des 83-85
– Konstituierung 170, 187, 271-280
Unterrichtsklima 322
Unterrichtskonzept 17
– Beispiele 298-384
– Definition 290
– Überblick 293-298
Unterrichtskritik 174, 342, 357
Unterrichtsmaterial 81, 298, 331
Unterrichtsmethode 264-275
– äußere/innere Seite der 266-272, 395
– Definition 174f., 210-212, 259f.
– Dialektik der 175, 264-266
– Form 266
– ganzheitliche 343, 356
– Klassifikation von 270-272
– Spezifik der 144
– Vergleich von 62
– Verhältnis zum Unterrichtsinhalt
 170-172
Unterrichtsmethodik 65, 194, 215,
 224, 238
Unterrichtsmittel 162
Unterrichtsmodell 290
Unterrichtsorganisation 331, 361f.
Unterrichtsphasen 164
Unterrichtsplanung
– als Diskurs 230-233
– bildungstheoretische 134-136, 145
– Ebenen der 71, 150, 278

– erfahrungsbezogene 316-319
– gemeinsame 328; ► Planungs-
 beteiligung, Schülerbeteiligung
– handlungsorientierte 362-368
– Komplexität der 21
– kritisch-konstruktive 171-174
– lehrtheoretische 202-204
– offene 328
– Perspektivenschema zur 171
– Phasenschema zur 316-319
– Raster zur ► Planungsraster
– schriftliche 38-40, 385-420
– Schrittfolge der 153-155, 162-165,
 171-173
– Strukturschema zur 183-185
Unterrichtspraxis 23, 35, 40, 42, 66,
 68, 70, 117
Unterrichtsprinzip 203, 211, 290,
 292f.; ► Prinzipien
Unterrichtsprozeß
– Analyse des 63, 69
– Ausgestaltung des 159, 195
– Dialektik des 242, 246, 282
– Ebenen des Nachdenkens über
 70-73, 197
– Funktion der Methode im 170, 242,
 259
– Gang, methodischer des 267f.
– Gelenkstellen des 393, 405
– Gestaltung des 277
– Handlungen im 39
– Interdependenz des 195
– Komponenten des 257-264
– Planung des 69
– Steuerung des 50, 117
– Struktur des 395
– Theorie des 242
– Widersprüchlichkeit des 246
– zielorientierter 22
Unterrichtsreihe 218
Unterrichtsrezept 94, 117, 288
Unterrichtsschritt 267, 393, 395-399,
 405
Unterrichtssituation 23, 40, 44, 58,
 317, 365
Unterrichtssprache 253f.
Unterrichtsstil 34, 283
Unterrichtsthema 226, 312, 323, 365
Unterrichtsverfahren 162

Unterrichtsvorbereitung 31f., 118, 158, 162, 194, 201, 214, 326
Unterrichtswirklichkeit 17, 61, 63, 65f., 69, 82, 97, 205, 277
Unterrichtsziele 66, 224f.
– Differenzierung der 231
– Dimensionen und Stufen der 226
»Unterricht über Unterricht« 174
Urteilsform 211
Utopie, konkrete 65, 118, 130, 141f., 167, 230-233, 280, 284

Variabilität 203, 214
Veranschaulichung 80
Verantwortung 77f., 117, 340f., 368
Verarbeitung von Erfahrungen 317f.
Verdichtung
– der Erfahrung 315
– der Wahrnehmung 48
– des Wissens 48, 53
Verfahrenslegitimation 88f.
Vergegenständlichung 320
Vergleichsuntersuchung 19, 62
Verhaltensauffälligkeit 344
Verhaltensdisposition 302
Verkopfung 339, 353, 359
Verlangsamung 345
Verlaufsplan 406, 418
Vermittlung 16, 243, 245, 251, 265f.
– symbolische 82
Vermittlungsprozeß 241, 251, 276
Vermittlungsvariable 224f., 229
Vernetzung
– der Entfaltung von Unterrichtskultur 323
– des didaktischen Denkens und Handelns 40
– des Unterrichtsprozesses 331
Vernunft 74, 105, 138, 355
Veröffentlichung
– von Arbeitsergebnissen 369
– von Erfahrungen 317, 319
– von Interessen 357
Verständigung 320, 355, 366f.
Verständnis 306
Verstehen 112-115
Vertiefung 207
Vogel, Peter 80

Volksschule 162
Voraussetzungen des Unterrichts 69
– anthropogene 183, 189f., 193, 199
– Erforschung der 63
– sozialkulturelle 183, 191, 193, 199
– technische/räumliche 317
Vorbereitung, methodische 156, 162-165, 400
Vorbereitungsphase 363
Vorbesinnung, pädagogische 162
Voreinstellung 64, 68
Vorgaben 41, 86, 119
Vorhaben 348, 358, 362, 366
Vorkenntnisse
– der SchülerInnen 399, 408
– des Lehrers/der Lehrerin 81
Vorurteil 64, 68
Vorverständnis 64, 65, 103, 114

Wagenschein, Martin 18, 146f., 148-150, 269
Wahrheit/wahr 21, 88, 89, 95, 114, 120, 125, 149, 154
Wahrheitssuche, kooperative 89
Waldorfschule 374
Wallrabenstein, Wulf 322
Watson, John B. 75
Weber, A. Paul 91f.
Wechselbeziehung
– dialektische 262
– unterrichtlicher Einzelphänomene 63, 261
– von Didaktik und Methodik 158, 412f.
Wechselwirkung
– der Ebenen der Didaktik 71, 197
– der Handlungsmomente 232
– der Planungsmomente 195
– der Thematik 208
– von Inhalt und Methode 170, 194
– von Inhalt und Prozeß 278f.
– von Kopf und Handarbeit 358-360
– von Langeweile und Hektik 339
– von Lehren und Lernen 174
– von Sein und Bewußtsein 243
– von Theorie und Praxis 34f., 232
– von Theorieaneignung und Handlungskompetenz 44

- von Ziel-, Inhalts-, Methoden-, Organisationsentscheidungen 86, 261f., 300f., 310
- Widerspruchsfreiheit der 195, 203
- zwischen Didaktik und Methodik 157f., 194

Weck, Helmut 271
Wellendorf, Franz 57, 117, 122, 314
Welt 82, 123, 138, 176, 190, 248, 360
Weltanschauung 200
Weltbild 64, 73, 344, 355, 372
Welterkenntnis 190
Weltverständnis 73
Weniger, Erich 20, 108, 111, 115, 132, 152, 195, 286
Wenn-Dann-Programmierung 288
Werk 206, 213
wertfrei/Wertfreiheit 198-201, 217, 221, 264, 308
Wettstedt, Günter 292
Widersprüchlichkeit
- der Erwartungen im Referendariat 388-393
- des Unterrichtsprozesses 28
- von Schule 190
- von Zielen 366
Widerspruch
- dialektischer 243
- von Führung und Selbsttätigkeit 245
Widerspruchsfreiheit 27, 195
Wilhelm, Theodor 108, 177
Wille 17
- vernünftiger 89, 221
Winkel, Rainer 93, 296
Winnefeld, Friedrich 63
Wirklichkeit 29, 63, 80, 82, 126, 141, 143, 149, 166, 320, 344, 360
Wissen 48, 69, 80, 317
- gesellschaftliches 248, 373
- naturwissenschaftliches 150
- schulisches 312, 373
- wissenschaftliches 24, 288
Wissenschaft
- dialektische 100, 125, 242-246
- didaktische Brechung der 250-252
- empirisch-analytische 100, 102-105, 125
- Funktion 250
- Grenzen der 200

- hermeneutische 100, 125
- Selbstverständnis der 125
Wissenschaftstheorie 91-128
- anarchistische 125
- Definition 96
- Funktionen der 97
- Grundpositionen der 100-107;
  ▶ WISSENSCHAFTSTHEO-
  RETISCHE LANDKARTE
Wißmann, Fiedi 349
Wochenplan 327-329, 335
Wopp, Christel 322-332
Wopp, Christian 346
Wygotski, Lew S. 352

Zedler, Peter 101, 115, 127
Zeichen 114
Zeit 312, 317, 328, 331, 369f.
Ziehe, Thomas 320
Ziel(e) 257, 300
- allgemeines 259
- der Erziehung 75f.
- des Unterrichts 184, 196
- Primat der 168
Zieldifferenzierung 226, 259
Zieldimension 208
Ziel-Inhalt-Methode-Organisation-Relation 258-264
Ziel-Inhalt-Methode-Relation 196, 284, 400
Ziel-Inhalt-Relation 262, 278
Ziel-Mittel-Rationalisierung 299
Zielorientierung
- allgemeine 196, 284
- permanente 268
Zielperspektive 49, 53
Zirkel, hermeneutischer 114
Zufall 24-27
Zugänglichkeit 133, 136, 171
Zukunftsbedeutung 133, 135, 171
Zweck, unbedingter 77
Zweckmäßigkeit 196, 298f.
Zweckrationalität 105, 309